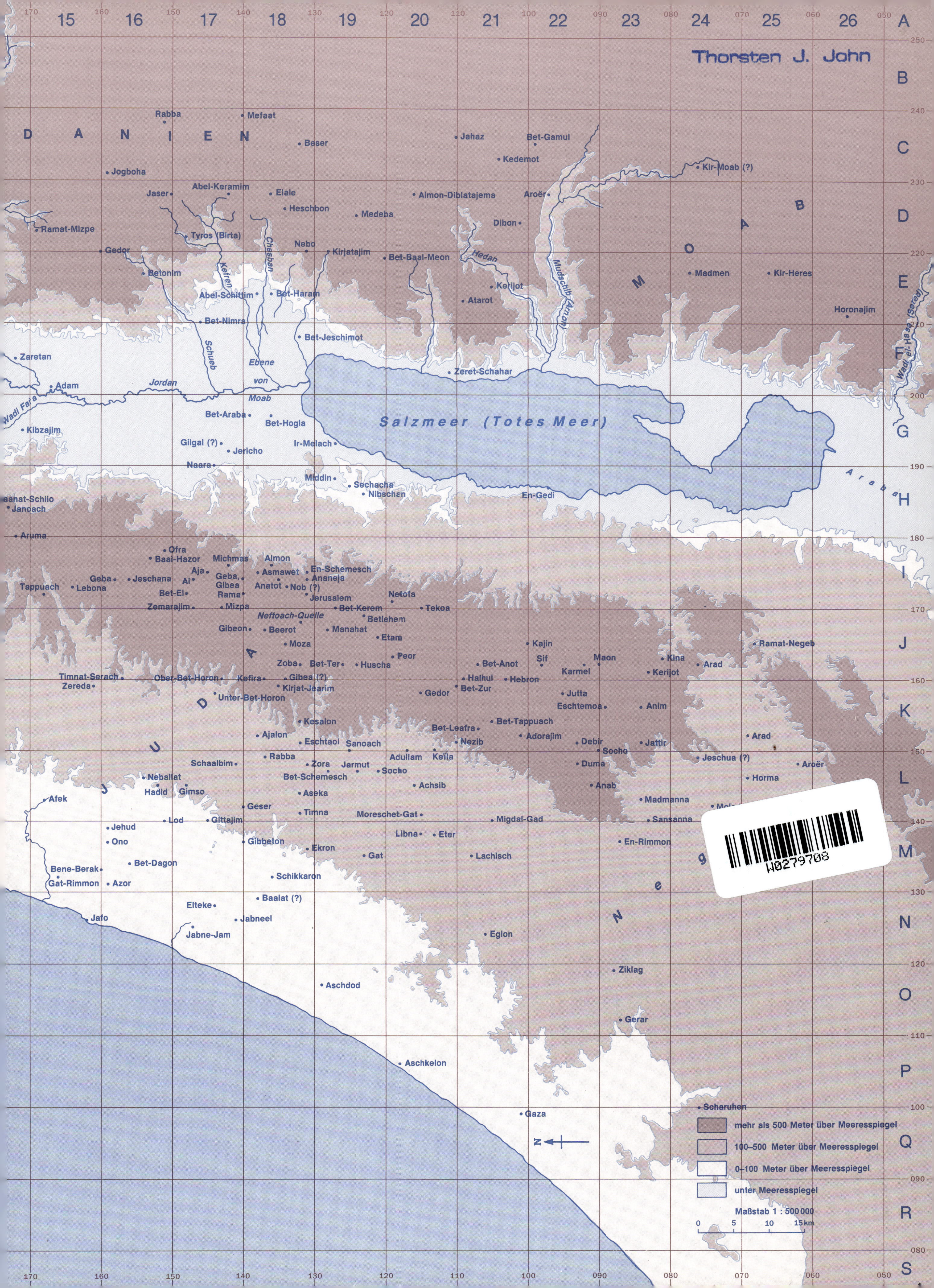

Thorsten J. John
D A N I E N
Rabba
Mefaat
Beser
Jahaz
Bet-Gamul
Kedemot
Kir-Moab (?)
Jogboha
Jaser
Abel-Keramim
Elale
Heschbon
Medeba
Almon-Diblatajema
Aroër
Dibon
M O A B
Ramat-Mizpe
Tyros (Birta)
Gedor
Nebo
Kirjatajim
Bet-Baal-Meon
Hedan
Betonim
Kefren
Chesban
Abel-Schittim
Bet-Haram
Kerijot
Ataroth
Mudschib (Arnon)
Madmen
Kir-Heres
Horonajim
Bet-Nimra
Bet-Jeschimot
Wadi el-Hasa (Sered)
Zaretan
Schueb
Ebene von Moab
Zeret-Schahar
Adam
Jordan
Wadi Fara
Bet-Araba
Bet-Hogla
Salzmeer (Totes Meer)
Kibzajim
Gilgal (?)
Jericho
Ir-Melach
Naara
Araba
Middin
Sechacha
Nibschan
En-Gedi
Taanat-Schilo
Janoach
Aruma
Ofra
Baal-Hazor
Michmas
Almon
Aja
Asmawet
En-Schemesch
Ananeja
Tappuach
Geba
Lebona
Jeschana
Ai
Geba, Gibea
Anatot
Nob (?)
Bet-El
Rama
Jerusalem
Netofa
Zemarajim
Mizpa
Bet-Kerem
Tekoa
Neftoach-Quelle
Betlehem
Gibeon
Beerot
Manahat
Etam
Moza
Kajin
Ramat-Negeb
Zoba
Bet-Ter
Huscha
Peor
Sif
Maon
Kina
Arad
Timnat-Serach
Ober-Bet-Horon
Kefira
Gibea (?)
Bet-Anot
Karmel
Kerijot
Zereda
Kirjat-Jearim
Halhul
Hebron
Unter-Bet-Horon
Bet-Zur
Gedor
Jutta
Eschtemoa
Anim
J U D A
Kesalon
Bet-Leafra
Bet-Tappuach
Ajalon
Eschtaol
Sanoach
Nezib
Adorajim
Debir
Jattir
Arad
Adullam
Keila
Socho
Schaalbim
Rabba
Zora
Jarmut
Socho
Duma
Jeschua (?)
Aroër
Neballat
Bet-Schemesch
Achsib
Anab
Horma
Hadid
Gimso
Aseka
Madmanna
Afek
Geser
Timna
Moreschet-Gat
Lod
Gittajim
Migdal-Gad
Sansanna
Jehud
Libna
Eter
En-Rimmon
Ono
Gibbeton
Ekron
Gat
Lachisch
Bet-Dagon
Bene-Berak
Schikkaron
Gat-Rimmon
Azor
N e g
Baalat (?)
Elteke
Jafo
Jabneel
Jabne-Jam
Eglon
Ziklag
Aschdod
Gerar
Aschkelon
Scharuhen
Gaza
N
mehr als 500 Meter über Meeresspiegel
100–500 Meter über Meeresspiegel
0–100 Meter über Meeresspiegel
unter Meeresspiegel
Maßstab 1 : 500 000
0 5 10 15 km
15 16 17 18 19 20 21 22 23 24 25 26
A B C D E F G H I J K L M N O P Q R S

Thorsten J. John

HERDERS GROSSER BIBEL ATLAS

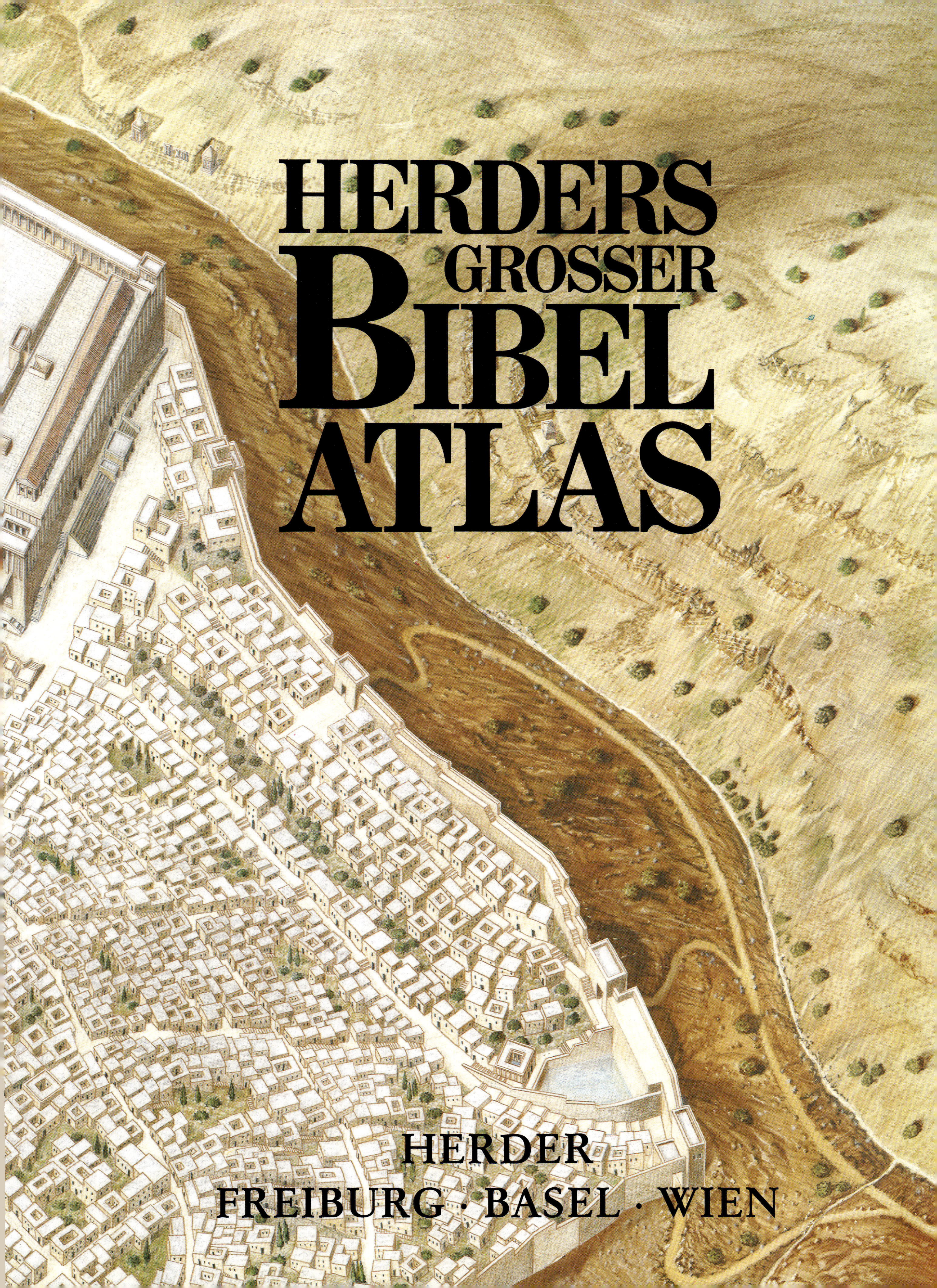

HERDERS GROSSER BIBEL ATLAS

HERDER
FREIBURG · BASEL · WIEN

THE TIMES ATLAS OF THE BIBLE

HERAUSGEGEBEN VON
James B. Pritchard, Universität Pennsylvania

Verantwortlich für den zwischentestamentlichen Teil:
John Bartlett, Trinity College, Dublin

Verantwortlich für den neutestamentlichen Teil:
Frederick F. Bruce, Universität Manchester; Raymond Hammer, Bibelgesellschaft London; Geza Vermes, Universität Oxford

UNTER MITARBEIT VON

Shimon Applebaum
Universität Tel Aviv

Ofer Bar-Yosef
Hebräische Universität, Jerusalem

Moris L. Bierbrier
Britisches Museum, London

Rupert Chapman
Palestine Exploration Fund, London

Graham I. Davies
Universität Cambridge

David A. Dorsey
Evangelical School of Theology, Pennsylvania

David French
British Institute of Archaeology, Ankara

Sean Freyne
Trinity College, Dublin

Shimon Gibson
University College, London

David Goldstein
British Library, London

Martin Goodman
Universität Birmingham

Vronwy Hankey
University College, London

John D. Hawkins
Universität London

John B. Hennessy
Universität Sydney

Ze'ev Herzog
Universität Tel Aviv

Benedikt S. J. Isserlin
Universität Leeds

Hendrick Jagersma
Universität Brüssel

Othmar Keel
Universität Fribourg

Kenneth A. Kitchen
Universität Liverpool

Nurit Kliot
Universität Haifa

Heinz-Wolfgang Kuhn
Universität München

Andrew Mayes
Trinity College, Dublin

Carole Mendleson
Britisches Museum, London

J. Maxwell Miller
Universität Atlanta

Terence C. Mitchell
Britisches Museum, London

James D. Muhly
Universität Pennsylvania

Jerome Murphy O'Connor O. P.
École Biblique et Archéologique Française, Jerusalem

Ehud Netzer
Hebräische Universität, Jerusalem

Magnus Ottosson
Universität Uppsala

David I. Owen
Universität Ithaca

Peter J. Parr
University College, London

Anson F. Rainey
Universität Tel Aviv

Donald B. Redford
Universität Toronto

Lucy Ritmeyer
Hebräische Universität, Jerusalem

Henry W. F. Saggs
Universität Wales

Martin Selman
Spurgeon's College, London

Robert Houston Smith
College of Wooster, Ohio

Ephraim Stern
Hebräische Universität, Jerusalem

Jonathan N. Tubb
Britisches Museum, London

John Wilkinson
British School of Archaeology, Jerusalem

Donald J. Wiseman
Universität London

Yigael Yadin
Hebräische Universität, Jerusalem

DEUTSCHE AUSGABE
HERAUSGEGEBEN UND BEARBEITET VON

OTHMAR KEEL UND MAX KÜCHLER,
BIBLISCHES INSTITUT DER UNIVERSITÄT FREIBURG/SCHWEIZ

ÜBERSETZUNG AUS DEM ENGLISCHEN:
Annemarie Ohler (S. 24–133), A. Nancy Bernet (S. 134–191), Georg Gnandt (Zeittafeln)
Register: Wolfgang Litzba

SONDERAUSGABE

Dritte Auflage

Satz: Freiburger Graphische Betriebe
Druck und Einband: Rotolito Lombarda, Mailand 1996
ISBN 3-451-26138-3

EINLEITUNG

Vom Land zwischen Dan und Beerscheba gibt es seit Jahrhunderten mehr Landkarten als von jedem anderen Land der Erde. Es ist kein Wunder, daß dieses Land so einzigartige Beachtung gefunden hat und immer noch findet: Drei Weltreligionen betrachten das kleine, relativ unfruchtbare Gebiet zwischen dem östlichen Ufer des Mittelmeers und der Jordansenke als Heiliges Land. Die normativen Schriften der Juden und der Christen, die in den verschiedenen Fassungen der Bibel gesammelt vorliegen, sind zum größten Teil dort entstanden und unverkennbar von den landschaftlichen und kulturellen Eigenarten des Landes geprägt. Das Anliegen der biblischen Schriftsteller war ja nicht, eine zeit- und raumlose, möglichst abstrakte ewige Lehre zu formulieren, sondern die Begegnungen konkreter Menschen mit ihrem Gott in einer bestimmten Zeit und an einem bestimmten Ort darzustellen. Spätere Geschlechter haben die ersten Versuche immer wieder neu für neue Zeiten und Orte fruchtbar zu machen versucht.

Angesichts dieses Anliegens kann es nicht überraschen, daß wir schon in der Bibel selber geographische Texte finden, wie z. B. die Beschreibung von Routen (Itinerarien), etwa des Exodus oder der Paulusreisen, oder exakte Angaben zu den Grenzen von Stammesgebieten. Es kann auch nicht erstaunen, daß man, um solche Texte besser zu verstehen, schon früh das Medium des Bildes benützt hat, das ja räumliche Relationen viel klarer darstellen kann als das Wort. R. Röhrichts Bibliographie zur „Cartographie" des Heiligen Landes von 1890 listet für die Zeit vom 4. bis zum Beginn des 19. Jahrhunderts über 300 Karten auf. Seither sind viele weitere entdeckt oder geschaffen worden.

Der vorliegende Atlas hat so eine lange und reiche Vorgeschichte. Es ist hier nicht der Ort, diese durch die Jahrhunderte hindurch nachzuzeichnen. Aber ein Blick auf jene Atlaswerke, die in diesem Jahrhundert ein breites Publikum angesprochen haben, kann zeigen, wie sich die Anliegen, Akzentsetzungen und Darstellungsweisen ebenso unmerklich wie tiefgreifend veränderten. Dabei hat jedes Werk seine eigenen Verdienste. Es geht nicht darum, diese gegeneinander auszuspielen, sondern sich der verschiedenen Standorte und Anliegen und des zurückgelegten Weges bewußt zu werden.

Vorgänger in diesem Jahrhundert

Das bekannteste und am meisten verwendete Kartenwerk zur Bibel in der ersten Hälfte dieses Jahrhunderts war der „Bibelatlas" des Leipziger Professors Hermann GUTHE, der zuerst 1911 und in einer zweiten, verbesserten Auflage 1926 erschienen ist. Das Werk besteht aus 20 Karten und einem alphabetischen Ortsnamenverzeichnis. Es ging im wesentlichen darum, die im 19. Jahrhundert vor allem von Edward ROBINSON, Victor Honoré GUÉRIN und dem *Survey of Western Palestine* identifizierten biblischen Ortslagen in Palästina auf Karten einzutragen, die damaligen kartographischen Ansprüchen genügten. Neben jedem biblischen Ortsnamen wird sorgfältig der damals gebräuchliche arabische vermerkt, in dem der biblische nicht selten noch fortlebt. Zusätzlich werden die im Laufe der Jahrhunderte wechselnden Grenzen eingetragen. Nur verhältnismäßig wenige Karten greifen über Palästina hinaus: Die erste Karte stellt Syrien und Ägypten um 1400 bis 1250 v. Chr. dar. Eine Karte ist dem assyrischen und babylonischen Reich gewidmet. Sehr kleine Nebenkarten stellen das Ruinenfeld von Ninive und das von Babylon sowie die Umgebung dieser Städte dar. Sonst treten die archäologischen Entdeckungen des 19. Jahrhunderts kaum in Erscheinung.

Nach dem 2. Weltkrieg beherrschte der vom niederländischen Dominikaner Luc H. GROLLENBERG geschaffene „Atlas van de Bijbel" das Feld. Die holländische Originalausgabe erschien 1954, die französische Übersetzung folgte 1955, die englische 1956 und die deutsche unter dem treffenden Titel „Bildatlas zur Bibel" 1957 (4. Auflage 1962!). GROLLENBERG geht weit über das schlichte und solide Kartenwerk von GUTHE hinaus und will den geographischen, historischen und kulturellen Rahmen der biblischen Bücher darstellen. Der geographische wird durch Karten illustriert, in die aber nur die biblischen, nicht mehr die arabischen Ortsnamen eingetragen sind. Dafür sind die Karten durch Pfeile, die Stoßrichtungen signalisieren, durch historische Informationen, die in roter Farbe direkt in die Karten hineingeschrieben sind, und durch ähnliche Mittel didaktisch geschickt aufbereitet. Zusätzlich zu den flächig projizierten Karten veranschaulichen zahlreiche Landschaftsphotos den geographischen Rahmen. Der Anspruch, auch den historischen Rahmen darzustellen, wird hauptsächlich durch umfangreiche Textkapitel eingelöst. Dabei wird Israels Geschichte unter Verweis auf die prophetische Metapher von Israel als Braut oder Sohn Gottes in Analogie zur Biographie einer Einzelperson dargestellt. Den kulturellen Rahmen veranschaulichen vor allem Photos von ägyptischen und vorderasiatischen Plastiken, Reliefs und anderen Kunstwerken, die die Archäologie zutage gefördert hat. Sie stellen hauptsächlich Gottheiten, Herrscher und „historische" Szenen dar. Der Alltag wird nur am Rande gestreift.

Schon 1964 und 1966 sind dann die hebräischen Vorläufer von Yohanan AHARONIS und Michael AVI-YONAHS „The Macmillan Bible Atlas" (1968) erschienen. Die deutsche Ausgabe ließ bis 1982 auf sich warten. Auf 264 kleinen Karten werden historische Situationen und Vorgänge vom Ende des 3. Jahrtausends bis zum Bar-Kochba-Aufstand dargestellt. Kurze Texte beschreiben die auf den Karten in ihrem historischen Aspekt dargestellten Ereignisse. In der Regel ist jeder Karten-Text-Einheit die Zeichnung eines archäologischen Artefakts beigegeben, der wie eine Vignette wirkt. Die so dargestellten Ereignisse spielen in Palästina, betreffen die Geschichte Israels oder Bewegungen der Großmächte, die Auswirkungen auf Israel gehabt haben. Die Aufteilung in 264 Karten ermöglicht zwar ein rasches Auffinden der Ortslagen, die mit einem bestimmten historischen Ereignis verbunden sind, erweckt aber den Eindruck einer Geschichte, die sich aus zahllosen isolierten Ereignissen zusammensetzt. Die Darstellung der Flucht der Heiligen Familie nach Ägypten und ähnlicher „Ereignisse" auf eigenen Karten führt dabei zu einem historisierenden Verständnis zahlreicher Texte, das ihrem literarischen Genus nicht gerecht wird.

Das vorliegende Atlaswerk

James B. PRITCHARD, der Herausgeber der englischen Originalausgabe dieses Atlasses, anerkennt dankend seine Abhängigkeit von AHARONIS Werk. Diese Abhängigkeit besteht nur teilweise. Das Schema AHARONIS, das je ein Ereignis oder eine Situation durch je eine Karte, einen kurzen Text und ein archäologisches Artefakt darstellt, ist nur für einen Teil der Doppelseiten übernommen. Die didaktische Aufbereitung der Karten geht vielmehr auf GROLLENBERG oder seinen geographischen Berater A. Van DEURSEN zurück, ebenso wie das Anliegen, den geographischen, historischen und kulturellen Rahmen der Bibel gleicherweise zur Anschauung zu bringen. Zwar fehlen in diesem Atlas die Landschaftsaufnahmen des GROLLENBERG-Atlasses. Aber die flächig projizierten, etwas abstrakten, weitgehend aus Punkten und Linien zusammengesetzten Karten der früheren Werke konnten dank der Errungenschaften des Raumzeitalters, dem die Kugelgestalt der Erde leicht zugänglich und vertraut geworden ist, durch realistischere Formen ersetzt werden. Man vergleiche nur einmal die Darstellung des Alexander-Zuges in GROLLENBERGS Atlas (Karte 25, S. 103) mit der Gestaltung desselben Vorgangs in diesem Atlas (S. 138 f). Die Veranschaulichung der geographischen Gegebenheiten, die bei der Benutzung des GROLLENBERG-Atlasses durch die Kombination der abstrakten Karten mit den Landschaftsphotographien jedesmal neu hergestellt werden mußte, wird hier durch die Plastizität der satellitenbildähnlichen Bildkarten geleistet. Die schematische Nordung aller Karten in früheren Werken ist hier nicht selten durch den Blickwinkel des Erzählablaufs ersetzt. So nähert man sich etwa beim Exodus der Sinaihalbinsel von Westen, von Ägypten, her. Man mag bedauern, daß die Vorstellungskraft der Benützer/innen dadurch weniger gefordert ist, aber die Ver-

EINLEITUNG

(Fortsetzung)

setzung in die fremde Welt bleibt auch so noch schwierig genug. Die verschiedenfarbigen Linien und Pfeile helfen, die Wanderungen, Heereszüge und Deportationsrouten schnell zu situieren. Ein Kritiker der englischen Ausgabe hat gespottet, die Seiten 56–57 mit den Exodusrouten sähen aus wie ein Pariser Métroplan. Aber die didaktische Verwöhntheit in Sachen schneller und deutlicher Informationsvermittlung besonders der jüngeren Leserschaft darf hier nicht verkannt werden.

Was die inhaltliche Seite anbelangt, repräsentiert das Werk einen hohen Standard historischer Kritik und historischen Problembewußtseins. So wird etwa – anders als noch bei Aharoni – der Fluchtweg der Heiligen Familie nach Ägypten nicht mehr kartographisch fixiert; und bei den Eroberungsgeschichten des Josuabuches etwa oder den Erscheinungsorten des Auferstandenen wird deutlich gesagt, daß es sich um geographische Veranschaulichung auf der Ebene der Erzählungen und nicht der historischen Vorgänge handelt. Längere, für die Geschichte Israels wichtige außerbiblische Texte werden wörtlich zitiert. Die Doppelseite 106 f veranschaulicht eindringlich die Probleme und Lösungsmöglichkeiten der altorientalischen und biblischen Chronologie.

Sehr stark unterscheidet sich der Atlas von seinen Vorgängern durch seinen entschieden weiteren geographischen und historischen Rahmen. Das hängt vorerst einmal mit dem Gewicht zusammen, das der Archäologie gegeben wird. Ihre Ergebnisse spielten bisher eine eher nebensächliche Rolle. Karten Griechenlands z. B., auf denen nichts anderes als die Siedlungen mit Keramikfunden der Periode Helladisch I–III B oder Helladisch III C eingetragen sind (S. 54 f), konnte man sich in einem früheren Atlas nicht vorstellen. Bei Guthe und Grollenberg bestimmt noch die biblische Geschichte im engeren Sinn vollständig den Rahmen. Aharoni und Avi-Yonah beginnen schon mit Karten, die die ältesten Texte zur historischen Geographie Palästinas illustrieren. Der vorliegende Atlas hingegen stellt die Geschichte des Epipaläolithikums, des Neolithikums, des Chalkolithikums und der Frühen Bronzezeit voran, die für Palästina praktisch ausschließlich aufgrund der Bodenfunde geschrieben werden kann.

Was soll dieser Einsatz viele Jahrtausende vor dem Beginn der biblischen Geschichte? Ist das Konzept des *Bibel*-Atlasses hier dem Eigengewicht der Archäologie zum Opfer gefallen? Hätte man z. B. nicht, als man nebst dem biblischen Arad aus der Eisenzeit auch noch ein frühbronzezeitliches Arad gefunden hatte, dieses einfach zugunsten einer *biblischen* Konzentrierung weglassen sollen? Die aufregenden Entdeckungen der Archäologie haben sicher ihren Teil zu diesem weiträumigen Aufriß beigetragen. Aber die eigentlichen Gründe liegen tiefer:

Schon die Bibel suchte in den ersten elf Kapiteln der Genesis – soweit das damals möglich war – die Ur- und Frühgeschichte der Menschheit von den Anfängen bis Abraham mit Hilfe alter *Mythen und Sagen* nachzuzeichnen. Dieses Vorgehen ist im 1. Chronikbuch und im Lukasevangelium wenigstens in der rudimentären Form einer *Genealogie* von Adam bis David oder bis Jesus nachgeahmt worden (vgl. die Ölbaummetapher in Röm 11, die sich auch auf das Verhältnis Alter Orient–Israel anwenden läßt). Es geht hier jeweils darum, das Israel-, das David- und das Jesus-Ereignis mit der Geschichte der Menschheit in Beziehung zu setzen und so für diese als relevant darzutun.

Um 320 n. Chr. entstand das berühmte Doppelwerk des Eusebius von Cäsarea, die „Praeparatio Evangelica" und die „Demonstratio Evangelica", in denen der Kirchenvater in gelehrten Disputen das darlegt, was schon seine „Chronik" aufzuweisen versuchte, daß nämlich das Judentum dem Heidentum ebenso überlegen sei wie das Christentum dem Judentum. Die Universalgeschichte mündet hier *apologetisch* konzentriert in die christlich-konstantinische Zeit ein! William F. Albright hat als erster in seinem berühmten Buch „From the Stone Age to Christianity" (1940, deutsch 1949) nicht mit Hilfe von Sagen und Mythen, von Genealogien oder apologetischem Disput, sondern mit Hilfe der modernen *Archäologie* einen Gesamtaufriß der Menschheitsgeschichte zu realisieren versucht. In einem umfangreichen ersten Kapitel stellt er die Geschichte Ägyptens und Vorderasiens von der Altsteinzeit bis zur Mittleren Bronzezeit dar, in der er dann die Geschichte Israels beginnen läßt. Das Kapitel ist jedoch mit „Praeparatio" überschrieben und gibt dadurch eine geradlinige Geschichtsauffassung eusebianischer Prägung zu erkennen.

In solch siegessicherem Triumphalismus bewegt sich der vorliegende Atlas nicht mehr. Die altorientalischen Kulturen, die ihre Blütezeit hatten, lange bevor das kleine und späte Israel in Erscheinung trat, nehmen in diesem Atlas einen breiten Raum ein. Solch eindrückliche kulturelle Phänomene wie das Reich von Akkad oder das ägyptische Mittlere Reich behalten ihr Eigengewicht und werden Israel nicht schlicht als „Vorbereitung" zu- und untergeordnet. Ganz ähnlich wird mit der kulturellen und organisatorischen Durchdringung der Welt durch den Hellenismus und das römische Imperium verfahren, die nicht nur als Wegbereitung der weltweiten Perspektive und Mission des Christentums dargestellt werden. Beidemal ist eine apologetische Engführung historiographisch unmöglich und theologisch unnötig.

Nebst dieser räumlich-zeitlichen bringt der Atlas noch eine weitere Dimension neu und konsequent zur Geltung: den Alltag. Auch dieser Aspekt ist wesentlich von der Archäologie, und zwar besonders der sogenannten „New Archaeology", mitgetragen (s. S. 188–191), die sich nicht nur um Tempel und Paläste, um den Aufbau und die Zerstörung von Städten, kurz um die Spuren historischer Ereignisse, sondern viel stärker um die Rekonstruktion der alltäglichen Lebenswelt kümmert. Sie versucht diese mit Hilfe einer Vielzahl neuer naturwissenschaftlicher Methoden zu realisieren. So wird in diesem Atlas nicht nur über Pharaonen und ihre Kriege, sondern auch über den ägyptischen Alltag informiert (S. 38 f). Von der Nahrungsmittelproduktion, über Textilherstellung und Metallverarbeitung, Handel und Gewerbe, Haus- und Städtebau, Schriftsysteme und Kultpraktiken bis zu den Begräbnissitten werden die verschiedensten Angelegenheiten des alltäglichen Lebens dargestellt. Aber auch diesem Aspekt liegt letztlich nicht einfach nur eine Eigengesetzlichkeit der Archäologie zugrunde, die unterdessen gelernt hat, daß sie viel besser geeignet ist, die generellen Eigenheiten einer Kultur und die Zusammenhänge zwischen verschiedenen Kulturen zu illustrieren als bestimmte historische Einzelergebnisse. Hinter diesem Interesse steht letztlich ein neues, demokratischeres oder, um biblisch zu sprechen, geschwisterlicheres Menschenbild, das nicht ausschließlich auf die großen Persönlichkeiten und ihre dramatischen Aktionen fixiert ist. Neben diesen kommt auch die Lebenswelt der ganz gewöhnlichen Menschen, die gerade die Helden und Heldinnen zahlreicher biblischer Geschichten und besonders vieler neutestamentlicher Gleichnisse sind, zu ihrem Recht.

Der Atlas rückt den nationalen Aspekt der biblischen Überlieferung, demzufolge ein auserwähltes Kollektiv zum Heil der Völker werden soll, nicht in den Vordergrund, sondern betont entschlossen die universale Seite, die jedem einzelnen, welcher Rasse und welchem Volk er auch angehört, seine individuelle Würde und Daseinsberechtigung zuspricht. Dieser Aspekt ist in der heutigen Situation der klein gewordenen Welt vital, die Priorität ist so richtig gesetzt. Der besondere und ganz spezifische Wert, der einzelnen Kulturen, Völkern und Bewegungen zukommen kann, wird nicht übersehen. Diese spezifischen Werte verhindern, daß das Ganze zu einer faden Masse verkommt. Die spezielle Sauerteigfunktion der biblischen Botschaft wird diskret angedeutet.

Dem geschwisterlichen Menschenbild entspricht auch, daß das vorliegende Werk von rund 50 Spezialisten und Spezialistinnen mit ganz verschiedenen Kompetenzen geschaffen worden ist, die ihren vollen Wert erst in einer Zusammenarbeit erhalten, die nur mit gegenseitigem Respekt und einem guten Maß an Bescheidenheit zustande kommt.

Othmar Keel *Max Küchler*

INHALT

ALTES TESTAMENT

Am Anfang

Israels Vorgeschichte: Väterüberlieferungen

Vor dem Auftreten Israels: Vorderasien unter dem Einfluß Ägyptens

Israels Frühgeschichte: Ein Volk im Werden

Der Anfang der Königszeit

Das Salomoreich

Die Zeit der beiden Reiche – Israel

Die Zeit der beiden Reiche – Juda

Das überlebende Reich – Juda

Juda unter der Herrschaft Babels

ZWISCHEN-TESTAMENT-LICHE ZEIT

Die persische Zeit

Die hellenistische Zeit

NEUES TESTAMENT

Die römische Zeit

ZEITTAFELN

Jede biblische Zeittafel stellt einen mehr oder weniger überzeugenden Versuch dar. Hinsichtlich Einzelfragen der absoluten Datierung, der Terminologie oder der Orthographie kann man durchaus begründeterweise zu unterschiedlichen Ergebnissen kommen.

Die hier gebotenen Zeittafeln orientieren sich zunächst am englischsprachigen Original. Dort wurde zurückgegriffen auf die Standardwerke: Cambridge Ancient History; A. L. OPPENHEIM, Ancient Mesopotamia, 1964; E. R. THIELE, The Mysterious Numbers of the Hebrew Kings, 1965; M. AVI-YONAH/E. STERN (Hrsg.), Encyclopedia of Archaeological Excavations in the Holy Land, Bd. IV, 1978. Für die deutsche Ausgabe wurden alle Angaben jedoch – in Kongruenz mit den Einzelbeiträgen dieses Bandes – kritisch überprüft, teilweise korrigiert bzw. ergänzt unter besonderer Berücksichtigung von O. KEEL/M. KÜCHLER/C. UEHLINGER, Orte und Landschaften der Bibel. Ein Handbuch und Studien-Reiseführer zum Heiligen Land. Bd. 1: Geographisch-geschichtliche Landeskunde. Mit Beiträgen von U. Staub, Zürich/Ensiedeln/Köln/Göttingen 1984.

In der letzten Spalte sind mit aller Vorsicht Entstehungsdaten einzelner biblischer Bücher beigeordnet. Dabei wird in etwa die *sententia communis* der Fachwissenschaft wiedergegeben, wobei eher ein zurückhaltender Standpunkt eingenommen wird. Gegenwärtig umstrittene Hypothesen zum Pentateuch oder zur Frühdatierung neutestamentlicher Schriften wurden daher ausgeklammert.

PRÄHISTORIE 1500000 bis 3500 v. Chr.

ZEIT v. Chr.	ARCHÄOLOG. PHASEN	KULTUR	FUNDORTE	LEBENSFORM
1500000	Alt-Paläolithikum	Alt-Acheuléen Mittel-Acheuléen Jung-Acheuléen/Jabrudien	'Ubeidija, Gescher Benot-Ja'akov, Umm-Quatafa-Höhle, Ma'ajam Baruch, Tabun-Höhle, Zuttijeh	Sammler
90000	Mittel-Paläolithikum	Moustérien	Suchul, Dschebel Qafzeh, Tabun, Kebara	Jäger und Sammler
40000 bis 18000	Jung-Paläolithikum	‚Übergangs-Industrie' und ‚Emiran' Levante-Aurignacien	Boker Tachtit, Erq el-Ahmar, El-Wad, Hajonim, Boker	
17000 12500	Epipaläothikum	Kebara-Kultur Geometrische Kebara-Kultur Mushab-Kultur	En-Gev, Kebara, Haon, Hefziba	Sammler? (wildes Getreide und Hülsenfrüchte?) Jäger und Sammler (Jagdtiere: Gazelle, Damwild, Wildschwein, Wildvieh, Steinbock, Hase)
10300 8500		Natuf-Kultur Harif-Kultur Khiam-Kultur	El-Wad, Enan, Hajonim-Höhlen, Abu Salem, Salibija IX	Jäger und Sammler (Fischen an Seen und am Meer; Jagdtiere: Gazelle, Steinbock; Wildvieh, Wildschwein; Sammeln: Hülsenfrüchte, wildes Getreide)
8300 8000	(Vor-Keramik-Neolithikum A)	Sultan-Kultur und andere unbenannte Wüstenkulturen	Jericho, Nativ Hagdud, Gilgal, Nachal Oren	Siedler; Jäger und Sammler, Bauern (Landwirtschaft: domestizierter Weizen, Gerste, Hülsenfrüchte, Feigen; Jagdtiere: Gazelle, Fuchs, Wildschwein, Vieh, Ziege; Viehwirtschaft: Gazelle)
7500	Frühes Neolithikum (Vor-Keramik Neolithikum B)	Tahun-Kultur und andere unbenannte Wüstenkulturen	Jericho, En-Ghazal (Amman), Abu Ghosch, Besamun, Gilat, Megiddo	Viehwirtschaft (Ziegen und Schafe); Jagd (Gazelle) Landwirtschaft (domestiziertes Getreide, Hülsenfrüchte, Flachs, wilde Gerste, Hafer, Pistaziennuß, Eicheln, Erbsen, Wicken)
6000	Spätes Neolithikum oder Keramik-Neolithikum	Jarmuk-Kultur	Scha'ar ha-Golan, Jericho, Munchatta, Telelat Ghassul, Bataschi, Nachal Essaron, Nizzanim, Giveat Haparsah	Anbau von Getreidesorten, Viehwirtschaft; in den Wüsten vereinzelt Jagen und Sammeln
5000		Keramik-Neolithikum B	Murebit	Landwirtschaft und Viehwirtschaft
4800			Kadesch-Barnea	
4500	Chalkolithikum	Ghassul-Kultur	Telelat Ghassul (spätere Schichten), En-Gedi, Safadi, Tell Abu Matar, Wadi Rabah	Obst- und Gartenbau (Oliven); Landwirtschaft, Gartenbau und Viehwirtschaft Mischwirtschaft (Schaf, Schwein, Ziege, Viehzucht, Weizen, Gerste, Oliven) Jagd und Viehwirtschaft in den Wüsten, Viehwirtschaft: Nutzung von Wolle und Milchprodukten
3500 3400		Beerscheba-Kultur	Beerscheba, Tell Abu Matar, En-Gedi, Safadi, Nachal Mischmar, Azor, Hadera, Chirbet Bene Beraq, Giv'atajim, Tabaqat Fachil (Pella), Golan-Orte, Newe Ur	Kupferproduktion, Elfenbeinwerkstätten, Kupferabbau
3150 2850	Frühe Bronzezeit I A–C Frühe Bronzezeit II			

KLIMATISCHE VERHÄLTNISSE	TECHNISCHE FERTIGKEIT	SOZIALFORM	ARCHITEKTUR
		(wenig bekannt) Kleingruppen	
		Kleingruppen	
		Kleingruppen	
naß und kalt geringfügige Erwärmung	steinerne Kleinwerkzeuge, einige Knochenwerkzeuge, Stößel Nutzung des Bogens	Kleingruppen	schwache einfache Hütten
naß und kühl naß geringfügige Erwärmung	Bogen und einfache Pfeile, sorgfältig ausgearbeitete Knochenwerkzeuge, (Korbflechten?), steinerne Getreidesilos, Kunstobjekte, Gebrauch von Stößel und Mörser, Sicheln	mobile Kleingruppen in den Wüsten Siedlungen im Mittelmeerraum	Pfahlbauten
naß und kühl	Ziegel (an einer Seite flach, an der anderen konvex)	Dörfer in Anbaugebieten Kleingruppen in den Wüsten	Nachal Oren: ovale Häuser mit Lehmputz Jericho: Stadtmauer, Rundhäuser mit tiefergelegenem Fußboden, Lehmziegel, runder oder ovaler Steinbau
naß und kühl (Wüsten überflutet) Zunahme der Feuchtigkeit	Korbflechten, primitiver Webstuhl, sorgfältig ausgearbeiteter Pfeil und Bogen, Bearbeitung von Steinen unter Hitze, weißes Geschirr in Syrien. Obsidian von Anatolien, Pfeilspitzen, Sichelblätter, Bohrer, Beil, Hacke, Handmühle, Schleifstein, Kleingeräte, Lehmfiguren, Lehmschädel, Gruppen von Lehmfiguren, weißes Geschirr	Dorfbewohner, Kleingruppen in den Wüsten	Kalkmörtel-Produktion En-Ghazal (Amman)/Beidha: rechteckige Häuser, Pflasterboden Beidha VI-I: Rundhäuser halb unter der Erde, Steinbau, Holzgebälk, Pflasterböden und Wände poliert und bemalt Jericho: Stadtmauer, rechteckige Häuser, Pflasterboden, Tempelschrein
warm Trockenheitsperiode Zunahme von Feuchtigkeit und Wärme	Pfeilspitzen und Sichelblätter, Äxte gewöhnlich geglättet aufgeriebene rote Farbe auf cremefarbige Keramik	mehr oder weniger feste Siedlungen	Jericho/Munchatta: Gruben-Wohnungen
Trockenheitsperiode feucht, gelegentliche Sommerregen, warm	Keramik Keramik entwickelte Keramikherstellung, Hornbecher etc., Wandmalereien, Fenster, bemalte Keramik, gebogener Rand, vielfältige Gefäße, Tierfiguren, vereinzelt Butterfässer, Brechen von Feuersteinen, Flügelschaber, wenige Pfeilspitzen Spindel? Aufkommen von Kupfer-Metallverarbeitung Beziehungen zwischen Beerscheba und Golan	Stammesführer, seßhafte Dorfbewohner, Neugeborene in Gefäßen unter dem Fußboden in einer Zimmerecke bestattet Skelettfunde in unterirdischen Stollen Erdwall-Gräber, Keramik-Ossuarien für eine zweite Bestattung	Jericho: rechteckige Lehmziegel-Häuser, Gruben-Wohnungen Telelat Ghassul: Gruben-Wohnungen abgelöst von großen rechteckigen Lehmziegel-Gebäuden mit Steinfundament, Hofräume, mit Steinen/Pflastersteinen ausgefütterte Lager-Gruben, Steinummauerung, Doppeltempel En-Gedi: Steinummauerung, Torhaus, Doppeltempel rechteckige Ziegelhäuser

2650 v. Chr.

EREIGNISSE MIT EINFLUSS AUF DIE GESCHICHTE PALÄSTINAS		VORHERRSCHENDE FREMDMÄCHTE		EPOCHE	BIBLISCHE BÜCHER
				ca. 2650–2350 Frühe Bronzezeit III	
2400	Archive von Ebla Die Stadt Mari				
				ca. 2350–2200 Frühe Bronzezeit IV	
				ca. 2200–2000 Mittlere Bronzezeit I	
				ca. 2000–1750 Mittlere Bronzezeit II A	
ca. 1792–1750	Hammurabi von Babel (Codex Hammurabi)				
1760	Hammurabi besiegt Zimrilim von Mari				
				ca. 1750–1550 Mittlere Bronzezeit II B	
ab 1700	Hyksosherrschaft in Ägypten				
Mitte 16. Jh.	Kriegerische Aktionen des Kamose in Kanaan?	ÄGYPTISCHE HERRSCHER			
		XVIII. Dynastie:			
	Ahmose I. vertreibt die Hyksos	**1551/40?–1515**	Ahmose I.		
				ca. 1550–1400 Späte Bronzezeit I	
		1515–1494	Amenophis I.		
		1494–1482	Thutmosis I.		
		1482–1479	Thutmosis II.		
		1479–1458	Hatschepsut		
		1497–1425	Thutmosis III. (zeitweise Mitregent)		
	Thutmosis III. weitet sein Herrschaftsgebiet nach Palästina hin aus				
1457	Schlacht bei Megiddo; die Stadt wird von Thutmosis III. erobert				
		1427–1401	Amenophis II.		
		1401–1390	Thutmosis IV.	**ca. 1400–1300** Späte Bronzezeit II A	
		1390–1353	Amenophis III.		
ab 1400	Konsonantenschrift in Ugarit				
ab 1400	Amarna-Briefe	**1353–1336**	Amenophis IV. (Echnaton)		
		1336–1333	Meritaton?, dann Semenchkare		
		1332–1323	Tutanchamun		
		1323–1319	Aja		
		1319–1292	Haremhab		
		XIX. Dynastie:		**ca. 1300–1200** Späte Bronzezeit II B	
		1292–1290	Ramses I.		
	Feldzug Sethos' I. im Küstengebiet	**1290–1279**	Sethos I.		
	Sethos I. bekämpft die Hetiter bei Kadesch				
1259/58	Ramses II. besiegt die Hetiter, vertragliche Einigung	**1279–1213**	Ramses II.		

EREIGNISSE MIT EINFLUSS AUF DIE GESCHICHTE PALÄSTINAS		VORHERRSCHENDE FREMDMÄCHTE	EPOCHE	BIBLISCHE BÜCHER
		ÄGYPTISCHE HERRSCHER (Forts.)		
	vermutlich unter Merenptah: Auszug aus Ägypten (Exodus)	**1213–1203** Merenptah		
		1203–1196 Sethos II., vorübergehend Amenmesses		
		1196–1188 Tausret Siptah		
ca. 1200	Einwanderung der Seevölker	XX. Dynastie:	**ca. 1200–1150** Eisenzeit I A	
		1186–1184 Sethnacht		
	Ramses III. läßt die besiegten Philister in der Küstenebene des südlichen Palästina ansiedeln: Philisterstädte (Gaza, Aschkelon, Aschdod, Ekron, Gat)	**1184–1153** Ramses III.		
		1153–1147 Ramses IV.		
		1147–1143 Ramses V.		
		1143–1135 Ramses VI.		
		1135–1134 Ramses VII.	**ca. 1150–1000** Eisenzeit I B	
		1134–1127 Ramses VIII.		
		1127–1107 Ramses IX.		
		1107–1099 Ramses X.		
		1099–1070 Ramses XI.		
				ab vorstaatlicher Zeit: Stammes-, Helden- und Kultortsagen, die später – theologisch bearbeitet – Eingang finden in den Pentateuch und die deuteronomistische Literatur
		1112–609 v. Chr. NEU-ASSYRISCHES REICH		
ca. 1000	Die Phönizier beginnen, im Mittelmeerraum Handel zu treiben		**ca. 1000–900** Eisenzeit II A	
ca. ab 1012	König Saul			
1000–961	König David			
961–931	König Salomo			**ab 10. Jh.:** Sprichwörter als Lehrmaterial in Schreiberschulen

950 v. Chr.

	EREIGNISSE MIT EINFLUSS AUF DIE GESCHICHTE PALÄSTINAS			VORHERRSCHENDE FREMDMÄCHTE	EPOCHE	BIBLISCHE BÜCHER
		KÖNIGE VON ISRAEL UND JUDA		ASSYRISCHE KÖNIGE		**Ab 10. Jh.:** schriftliche Vorstufen des späteren Pentateuchs und deuteronomistischen Geschichtswerkes
		ISRAEL	JUDA	**934–912** Assur-dan II.		
931	Zerfall des davidisch-salomonischen Großreiches	**931–910** Jerobeam I.	**931–913** Rehabeam			
924	Palästinafeldzug des Pharao Schischak I. (Scheschonk)					
			913–911 Abija			
		910–909 Nadab	**911–870** Asa	**911–891** Adad-nirari II.		
		909–886 Bascha			**ca. 900–800** Eisenzeit II B	
				890–884 Tukulti-Ninurta II.		
		886–885 Ela				
		885 Simri				
		885–874 Omri		**883–859** Assurnasirpal II.		
		874–853 Ahab				Unter Ahab: Auftreten des Propheten Elija
			870–848 Joschafat	**859–824** Salmanassar III.		
853	Schlacht bei Karkar: Ahab als Verbündeter der Aramäer gegen die Assyrer	**853–852** Ahasja				
		852–841 Joram				
			848–841 Joram			
841	Jehu tributpflichtig gegen Salmanassar III.	**841–814** Jehu	**841** Ahasja			Unter Jehu: Auftreten des Propheten Elischa
			841–835 Atalja			
			835–796 Joasch			
				823–811 Schamschi-Adad V.		
		814–798 Joahas				
				810–783 Adad-nirari III.		
					ca. 800–600 (587) Eisenzeit II C	
		798–782 Joasch				
			796–767(?) Amazja			
		782–747 Jerobeam II.		**782–773** Salmanassar IV.		
				772–755 Assur-dan III.		
			767(?)–740 Asarja (Usija)			Die Propheten Amos und Hosea
				754–745 Assur-nirari V.		
		747 Secharja				
		747 Schallum				
		747–742 Menahem				
	Menahem tributpflichtig gegen Tiglat-Pileser III.			**745–727** Tiglat-Pileser III.		Die Propheten Jesaja und Micha
		742–740 Pekachja				
		740–732 Pekach	**740–734** Jotam			
			734–728 Ahas			
733	sog. syrisch-efraimitischer Krieg					
	Ahas tributpflichtig gegen Tiglat-Pileser III.					
732	Hoschea von Tiglat-Pileser III. eingesetzt als König	**732–722** Hoschea				
				726–722 Salmanassar V.		
722	Eroberung Samarias, Untergang des Staates Israel			**722–705** Sargon II.		
			728–699 Hiskija			
712	assyrischer Rachefeldzug gegen Aschdod					
				705–681 Sanherib		
701	Sanherib erobert Lachisch					
			699–643 Manasse			
				680–669 Asarhaddon		
670	Manasse tributpflichtig gegen Asarhaddon					
				669–627 Assurbanipal		

EREIGNISSE MIT EINFLUSS AUF DIE GESCHICHTE PALÄSTINAS		JUDA (Forts.)	VORHERRSCHENDE FREMDMÄCHTE	EPOCHE	BIBLISCHE BÜCHER
		643–641 Amon **641–609** Joschija			
622	Reform des Joschija		**626–624?** Assur-etel-ilani Sin-schumu-lischir **624?–612** Sin-schar-ischkun		Die Propheten Jeremia, Nahum, Habakuk, Zefanja
612	Fall Ninives				
609	Joschija fällt im Kampf gegen Necho II. aus Ägypten	**609** Joahas **609–598** Jojakim	**611–609** Assur-uballit II.		
			CHALDÄISCHE HERRSCHER		
597	Jerusalem kapituliert vor Nebukadnezzar II.	**598–597** Jojachin	**625–605** Nabu-apla-usur **605–562** Nebukadnezzar		
	Jojachin wird nach Babel deportiert	**597–587** Zidkija			
587	Eroberung Jerusalems; Beginn des babylonischen Exils				
561	Begnadigung Jojachins		**561–560** Ewil-Merodach (Awil-Marduk) **559–556** Nergal-schar-usur **556** Labschi-Marduk **555–539** Nabonid	**587–333** Babylonische und Persische Epoche	Die Propheten Ezechiel, Obadja, Deuterojesaja
			PERSISCHE HERRSCHER		
545	Sardes erobert				
539	Babylon erobert		**559–529** Kyrus II.		
538	Kyrus-Edikt				Endredaktion des deuteronomistischen Geschichtswerkes
			530–522 Kambyses II.		
ca.522	Kambyses erobert Ägypten				Die Propheten Haggai, Sacharja
ab 520	Wiederaufbau des Tempels in Jerusalem, Einweihung 515		**522–486** Darius I.		
					Nachexilisch: Sammlung von Sprichwörtern; Ijob; Psalter; Endredaktion des Pentateuchs und einzelner Prophetenbücher
490	Erster Perserkrieg gegen die Griechen Schlacht bei Marathon				
			486–465 Xerxes I.		
480	Zweiter Perserkrieg gegen die Griechen Kämpfe an den Thermopylen, Seeschlacht bei Salamis, der endgültige Sieg der Griechen bei Plataä (479)				
			464–423 Artaxerxes I. Longimanus		
	? Esra in Jerusalem tätig (wahrscheinlicher jedoch um 398, s. u.) (Sanktionierung des jüdischen Gesetzes als königlich-persisches Recht)				Der Prophet Maleachi
	Nehemia Statthalter, Wiedererrichtung der Stadtmauer von Jerusalem				
			423–404 Darius II. Nothos		
um 410	Zerstörung des jüdischen Tempels von Elephantine				
			404–359 Artaxerxes II. Mnemon		Die Bücher Joel und Jona?
	Aufstand Ägyptens gegen die Perser				
	? Esra in Jerusalem tätig				**Zwischen 400 und 200 v. Chr.:** Die Bücher 1/2 Chr, Esra, Nehemia
			359–338 Artaxerxes III. Ochos		
			338–336 Arses		Das Buch Rut?
			336–332 Darius III., letzter persischer Großkönig		

EREIGNISSE MIT EINFLUSS AUF DIE GESCHICHTE PALÄSTINAS

332	Sieg Alexanders des Großen über die Perser
323	Beginn der Herrschaft der Seleukiden (Babylon) Tod Alexanders des Großen
305	Beginn der Herrschaft der Ptolemäer (Ägypten)
	SYRISCH-ÄGYPTISCHE KRIEGE UM PALÄSTINA
274–271	Kriegerische Auseinandersetzungen zwischen Ptolemäus II. und Antiochus I.
260–253	Kriegerische Auseinandersetzungen zwischen Ptolemäus II. und Antiochus II.
246–241	Kriegerische Auseinandersetzungen zwischen Ptolemäus III. und Seleukus II.
219–217	Kriegerische Auseinandersetzungen zwischen Ptolemäus IV. und Antiochus III.
202–200	Kriegerische Auseinandersetzungen zwischen Ptolemäus V. und Antiochus III.
198	Sieg Antiochus' III. über Ptolemäus V. bei Paneas; Syrien und Palästina endgültig unter der Herrschaft der Seleukiden
190	Niederlage Antiochus' III. gegen die Römer bei Magnesia
188	Friedensschluß von Apamea zwischen Antiochus III. und Römern
175/4	Seleukus IV. versucht, den Tempelschatz zu konfiszieren (2 Makk 3) Jason erkauft sich das Amt des Hohenpriesters
170–168	Kriegerische Auseinandersetzungen zwischen Ptolemäus VI. und Antiochus IV.
169–168	Feldzug Antiochus' IV. gegen Ägypten, Niederlage gegen die die Ptolemäer unterstützenden Römer
169	Antiochus IV. plündert den Jerusalemer Tempel
166–160	Aufstand unter Judas dem Makkabäer
um 150	Gründung der Gemeinde von Qumran
63	Pompeius in Syrien, greift in den Streit zwischen Aristobul II. und Hyrkanus II. ein

DIE HASMONÄER (MAKKABÄER)

160	Tod des Judas Makkabäus
160–143	Jonatan (ab 153 auch Hoherpriester)
142–134	Simeon
134–104	Johannes Hyrkanus I.
104–103	Aristobul I.
104	Tod des Antigonus
103–76	Alexander Jannäus
76–67	Salome Alexandra
67–63	Aristobul II.
63–40	Johannes Hyrkanus II.
49	Alexander, einer der Söhne Aristobuls II., von Pompeius hingerichtet

VORHERRSCHENDE FREMDMÄCHTE

HELLENISTISCHE HERRSCHER

336–323	Alexander der Große

DIE PTOLEMÄER

305–283	Ptolemäus I. Soter
283–246	Ptolemäus II. Philadelphus
246–221	Ptolemäus III. Euergetes I.
221–204	Ptolemäus IV. Philopator
204–180	Ptolemäus V. Epiphanes
180–145	Ptolemäus VI. Philometor (gemeinsam mit Ptolemäus VIII. Euergetes und Kleopatra 170–164; mit Kleopatra 163–145)
145–116	Ptolemäus VIII. Euergetes II. (wieder eingesetzt)
116–107	Kleopatra III. und Ptolemäus IX. Soter (Lathyrus)
107–101	Kleopatra III. und Ptolemäus X. Alexander
101–88	Ptolemäus X. Alexander und Kleopatra Berenike
88–81	Ptolemäus IX. Soter
80	Kleopatra Berenike und Ptolemäus XI. Alexander
80–58	Ptolemäus XII. Neos Dionysus (Auletes)
58–56	Berenike IV. (zunächst mit Kleopatra Tryphaena)
56–55	Berenike IV. und Archelaus
55–51	Ptolemäus XII. Neos Dionysus (wiedereingesetzt)
51–30	Kleopatra VII. Philopator

DIE SELEUKIDEN

305–281	Seleukus I. Nikator
281–261	Antiochus I. Soter
261–246	Antiochus II. Theos
246–225	Seleukus II. Callinikus
225–223	Seleukus III. Soter
223–187	Antiochus III. der Große
187–175	Seleukus IV. Philopator
175–164	Antiochus IV. Epiphanes
164–162	Antiochus V. Eupator
162–150	Demetrius I. Soter
150–145	Alexander Balas
145–140	Demetrius II. Nikator
145–142/1 (od. 139/8)	Antiochus VI. Dionysos
138–129	Antiochus VII. Sidetes
129–126/5	Demetrius II. Nikator wieder-eingesetzt
126/5–123	Kleopatra Thea
126/5–96	Antiochus VIII. Grypus
126	Seleukus V.
114/13–95	Antiochus IX. Philopator (Cyzicenus)
95	Seleukus VI.
95	Antiochus X. Eusebes Philopator
95–88	Demetrius III. Philopator Soter
95	Antiochus XI. Epiphanes Philadelphus
95–84/3	Philipp I.
87	Antiochus XII. Dionysus
84/3	Philipp II.

EPOCHE

332–153 Erste Hellenistische Periode

153–37 Zweite Hellenistische Periode (Hasmonäer)

BIBLISCHE BÜCHER

Das Buch Ester?

3. Jh.: Die Bücher Kohelet, das Hohelied

Um 180: Hebräische Fassung des Buches Jesus Sirach

Endfassung des Buches Daniel?

Nach 160: 2 Makk

132: Jesus Sirach

Um 100 v. Chr.: 1 Makk

1. Jh. v. Chr.: Das Buch der Weisheit

Ereignisse mit Einfluss auf die Geschichte Palästinas		Vorherrschende Fremdmächte		Epoche	Biblische Bücher
	DIE HASMONÄER (Forts.)		RÖMISCHE HERRSCHER		
40–37	Mattatias Antigonus II.	**48**	Pompeius ermordet		
37–4 v. Chr.	Herodes der Große				
35	Tod Aristobuls III.	**47–44**	Cäsar		
		16. Jan. 27 v. Chr. – 19. Aug. 14 n. Chr.	Augustus	**37–324 n. Chr.** Römische Epoche	
4 v. Chr. – 6 n. Chr.	Herodes Archelaus Ethnarch über Judäa, Samaria, Idumäa				
4 v. Chr. – 33/4 n. Chr.	Philippus Tetrarch über Trachonitis, Batanäa, Auranitis				
4 v. Chr. – 39 n. Chr.	Herodes Antipas Tetrarch über Galiläa und Peräa				
n. Chr.					
6–41	Judäa wird römische Provinz mit einem Prokurator				
		17. Sept. 14 – 16. März 37	Tiberius		
ca. 28 (31)	Beginn des öffentlichen Wirkens Jesu				
30 oder 33	Kreuzigung Jesu				
33/4	Bekehrung des Paulus				
36	? Erste Missionsreise des Paulus				
37	Agrippa I. Tetrarch über Batanäa	**16. März 37 – 24. Jan. 41**	Gaius Caesar (Caligula)		
40	sog. Edikt des Claudius				
40	Agrippa I. fügt Galiläa und Peräa seinem Herrschaftsgebiet hinzu				
41–44	Agrippa I. König von ganz Judäa, Samaria usw.	**24. Jan. 41 – 13. Okt. 54**	Claudius		
44–66	Judäa unter direkter römischer Herrschaft				
ca. 45–51	(Erste? und) Zweite Missionsreise des Paulus				
ca. 50–53	Agrippa II. König von Chalkis (Libanon)				
51–52	Gallio Prokonsul von Achaia				
ca. 50	Apostelkonvent in Jerusalem				
52–56	Dritte Missionsreise des Paulus				Erste Paulusbriefe
53–92/3	Agrippa II. König von Batanäa usw. und (später) von Teilen Galiläas und Peräas	**13. Okt. 54 – 9. Juni 68**	Nero		
66–70/3	Erster jüdischer Aufstand (jüdischer Krieg)	**10. Juni 68 – 15. Jan. 69**	Galba		
		15. Jan. 69 – 14. April 69	Otho		
		2. Jan. 69 – 20. Dez. 69	Vitellius		**ca. 70** Entstehung des Mk-Evangeliums
		1. Juli 69 – 24. Juni 79	Vespasian		**ab 80** Entstehung des Mt- und Lk-Evangeliums
		24. Juni 79 – 13. Sept. 81	Titus		
		14. Sept. 81 – 16. Sept. 96	Domitian		
					Apg
					ab 90 johanneische Schriften
		16. Sept. 96 – 25. Jan. 98	Nerva		**ca. 110** Briefe des Ignatius
		25. Jan. 98 – 8. Aug. 117	Trajan		
132–135	Zweiter jüdischer Aufstand (Bar-Kochba-Aufstand)	**11. Aug. 117 – 10. Juli 138**	Hadrian		

AM ANFANG:

Jäger und Sammler – frühe Nahrungsproduktion

Auf die letzte Eiszeit folgte eine Zeit milderen Klimas (12 500–11 000 v.Chr.), in der sich Gruppen von Jägern und Sammlern rasch in den bewohnbaren Gebieten des Vorderen Orients ausbreiteten. Bald nach 11 000 v. Chr. aber verschlechterte sich das Klima; die Nahrung reichte nicht mehr aus. Eine ständig wachsende Bevölkerung mußte eine neue Lebensform finden; die sogenannte Natuf-Kultur entstand.

Die Natuf-Kultur (benannt nach Funden bei Schuqba im Wadi Natuf) wurde zum ersten Mal 1930 beschrieben; D. Garrod und R. Neuville stützten sich dabei auf Funde am Karmel und in Höhlen und Felsspalten der Wüste Juda. Sie glaubten, Spuren der letzten Höhlenbewohner Südwestasiens entdeckt zu haben; doch große, freiliegende Fundstätten im Gebiet der Mittelmeervegetation und am Rand der Iranisch-Turanischen Steppe vermittelten später ein anderes Bild vom Leben dieser Menschen.

Mit Hilfe der C14-Analyse läßt sich die Natuf-Kultur auf die Zeit um 10 800–8500 v. Chr. datieren; eine frühe (10 800– 9300) und eine späte (9300–8500) Natuf-Periode heben sich voneinander ab.

Die Natuf-Leute hielten sich teils an Dauerwohnplätzen auf, die den Archäologen reiches Material bieten, teils in kurzzeitig benützten Lagern, wo sich meist nur einige bearbeitete Steine finden. An den Wohnplätzen entdeckte man Grundrisse der Wohnungen und einzelner Vorratslager, Einzel- und Gruppengräber, Kunstgegenstände, viele handwerklich bearbeitete Knochen, Schlag- und einige Schleifwerkzeuge aus Stein.

Es handelt sich vor allem um Mikrolithen (steinerne Kleingeräte), kurze und breite Klingen oder schmale Splitter aus Feuerstein. Halbmondförmig gebogene Steine dominieren; in der frühen Natuf-Kultur entstanden sie durch beidseitige Bearbeitung der Steine; für die späte Periode charakteristisch ist die jähe, stumpf abgeschlagene Kante. Weniger bedeutsam für das Alter des Fundes ist es, ob die Schneiden erst schräg angebohrt und dann abgeschlagen worden sind. Bestimmte Gruppen der Natuf-Kultur benutzten diese Technik lange, andere, gleichzeitig lebende gar nicht. Sie war wahrscheinlich im vorhergehenden Jahrtausend durch die in den Sinai vordringenden Muschabe-Leute aus Nordafrika in den Vorderen Orient gekommen.

An den Wohnplätzen der Natuf-Kultur, u. a. in Enan (En Mallaha), in der Höhle und auf der Terrasse Hajonim, oder an dem erst kürzlich entdeckten Fundort im Wadi Hammeh, fanden sich Spuren gut gebauter Wohnungen. In Enan und in der Hajonim-Höhle sind sie zur Hälfte unterirdisch, rund oder oval, mit einem Durchmesser von 5 bis zu 10 m. Bis zu 1 m hoch sind ringsum Steinmauern aufgeführt. In Enan weisen bei einem auffallenden halbrunden Gebäude mit einem Durchmesser von 10 m Zapflöcher im Stein darauf hin, daß ein nicht erhaltener Überbau aus organischem Material (Äste, Felle o. ä.) vorgesehen war. Die Verwendung eines einfachen Lehmverputzes setzte in dieser Zeit ein; verputzt wurden Wohnräume und die seltenen Vorratsgruben, wie man sie in Enan fand.

Für die frühe Natuf-Zeit charakteristisch sind Gemeinschaftsgräber, wahrscheinlich Familiengräber. Die Toten wurden im allgemeinen mit ihrem Schmuck, ausgestreckt in Rückenlage, in halber oder ganzer Kauerstellung beigesetzt. In der späten Natuf-Zeit sind Einzelgräber üblich; die Toten sind nur noch selten geschmückt. Männer tragen mehr Schmuck als Frauen, einzelne Männer mehr als andere – es gab also wohl eine gewisse soziale Rangordnung. Die Ausgräber fanden Schmuck sowohl an Hals und Kopf als auch um Fesseln und Handgelenke. Hergestellt wurden die Schmuckgegenstände, z.B. Anhänger, aus Knochen oder Flußmuscheln oder aus beidem zugleich. Meeresmuscheln stammten vor allem vom Mittelmeer, einige aber waren im Tauschhandel vom Roten Meer her gekommen.

Kunstgegenstände fand man selten; aus der Wad- und der Kebara-Höhle stammen z.B. knöcherne Sichelgriffe mit Gazellen. Steinfigürchen aus Enan und der Wad-Höhle stellen in schematischer Weise Menschen dar. Zu den seltenen Tierfigürchen gehören eine in Kalkstein gearbeitete Gazelle (Umm ez Zuwetina), eine Schildkröte (Enan), eine Doppelfigur bestehend aus Hund und Eule (Nachal Oren).

Aus der Hajonim-Höhle stammt eine Anzahl Platten, die mit Ritzzeichnungen versehen sind; man kann u.a. einen Fisch erkennen sowie mehrmals die gleiche Grundfigur. Aus alldem geht hervor, welch entscheidend neue Möglichkeiten künstlerischer Darstellung sich die Menschen der Natuf-Kultur in dieser Gegend erschlossen. Möglicherweise spiegeln sich darin zunehmende soziale Aktivitäten; vielleicht sollten Bündnisse von Gruppen untereinander mit Hilfe der Kunstgegenstände gefestigt werden.

Typisch für die Natuf-Kultur ist die Verwendung von Tierknochen, Geweihen und Hörnern zur Herstellung von Sichelgriffen und Spitzen verschiedener Art, von Schabern, selten auch Harpunen und Haken (vgl. die Abbildungen gegenüber), von Anhängern usw. Zum ersten Mal in Südwestasien wurde diese Art von Material so vielfältig verwendet. Die Knochenwerkzeuge deuten darauf hin, daß man Flechtarbeiten und die Verwendung von Häuten kannte. Aus der Art der Einkerbungen in manchen Steinen kann man u. U. schließen, daß mit ihrer Hilfe Pfeile gerichtet wurden, daß also Pfeil und Bogen bekannt waren. Dies stände allerdings erst fest, wenn man noch unverrottete Reste solcher aus organischem Material bestehenden Waffen in einer Wüstenhöhle fände.

Ihren Lebensunterhalt gewannen die Natuf-Leute vor allem durch die Jagd (auf Gazellen, Damwild, Wildschweine), den Fischfang (vor allem in Süßwasserseen), die Fallenstellerei (auf Vögel, vor allem Wanderenten), das Sammeln und Abernten von Pflanzen. Trotz der nur seltenen Funde pflanzlicher Überreste darf man annehmen, daß sie systematisch wildwachsende Pflanzen nutzten; gesammeltes Getreide, Hülsenfrüchte, Baumfrüchte (Pistazien, Mandeln, Eicheln usw.) bildeten den Hauptteil ihrer Nahrung. Messungen des Strontium/Kalzium-Gehaltes der menschlichen Knochen unterstützen diese Annahme. (Vergleicht man den Strontium/Kalzium-Gehalt in den Knochen von Pflanzen- und Fleischfressern derselben Fundorte, kann man sich eine Vorstellung davon machen, wie die Nahrung am jeweiligen Ort zusammengesetzt war.)

Zahlreiche Stampfwerkzeuge, meist aus heimischem Kalkstein hergestellt, fand man an den Wohnplätzen der Natuf-Leute, z. B. Mörser, Schalen, Becher und Stößel. Einzelne Stößel, selten auch Mörser, sind aus Basalt. Die Tatsache, daß man sie fern von den natürlichen Vorkommen dieses Werkstoffes fand, zeigt, daß es Tauschhandel über weite Strecken hinweg gab.

An den Wohnplätzen der frühen Natuf-Kultur lebten die ersten seßhaften Menschen; das beweisen Hausmäuse und Spatzen, die zur Mikrofauna dieser Fundorte gehören. Auch die zahlreichen Begräbnisplätze im Wohngebiet deuten auf eine seßhafte Lebensweise hin; ob sie auch das Territorium der dort lebenden Gruppe markieren sollten? Jeder dieser Wohnplätze der frühen Natuf-Kultur besaß eine nur ihm eigene Identität, die etwa in einer jeweils anderen Art des Schmuckes ihren Ausdruck fand. Er war wohl am ehesten eine Art Basislager, d. h. nur in einer bestimmten Jahreszeit bewohnt (manche Forscher sprechen freilich auch von Dörfern oder Weilern), doch wahrte jeder Ort über lange Zeit hinweg seine Eigenart.

Mit dem Anwachsen der Bevölkerung war eine zunehmende Ausbeutung der natürlichen Ressourcen unvermeidlich. Die Territorien der späten Natuf-Kultur sind größer; neue Wohnorte in versteppten Gebieten des Nahen Ostens wurden u. a. Murebit und Abu Hurera am Mittleren Eufrat; Rosch Zin und Rosch Horescha im Negeb.

Klimaschwankungen um 8500–8300 v. Chr. beschleunigten einen Prozeß, der in den Gebieten mit Mittelmeerklima zur Züchtung von Kulturpflanzen führte; bäuerliche Gemeinschaften entstanden. Randgruppen der späten Natuf-Kultur waren zu anderen besonderen Anpassungsstrategien gezwungen. Ein Beispiel ist die Harif-Kultur im Negeb und nördlichen Sinai. Sie war mit der Natuf-Kultur verwandt, aber gekennzeichnet durch hohe Mobilität. Im Winter lebten die Harif-Leute verstreut in kleinen Gruppen in den sandigen Niederungen des westlichen Negeb und nördlichen Sinai. Im Sommer versammelten sie sich im Bergland des Negeb. Ihre Lebensweise glich mehr der der Jäger und Sammler als derjenigen der sich entwickelnden Jäger-Ackerbauern-Gemeinschaften. Systematisches Sammeln pflanzlicher Nahrung, vielleicht Tauschhandel mit Gruppen, die in den Gegenden lebten, in denen wilde Getreidearten häufiger vorkamen, ermöglichten ihnen über Jahrhunderte hinweg das Leben in unwirtlichen Gegenden. Archäologen entdeckten sichere Hinweise auf ein weitgespanntes Netz des Tauschhandels; Meeresmuscheln, die dabei benützt wurden, stammen vom Roten Meer. Die Harif-Kultur verschwand zur gleichen Zeit, als die ersten landbebauenden Gemeinschaften im *fruchtbaren Halbmond* heimisch wurden, in jenem Gürtel landwirtschaftlich nutzbaren Bodens, der vom Mittleren Eufrat aus über das Becken von Damaskus bis ins untere Jordantal reicht.

KUSCH ZEUGTE NIMROD; DIESER WURDE DER ERSTE HELD AUF DER ERDE. ER WAR EIN TÜCHTIGER JÄGER VOR DEM HERRN. GEN 10,8–9

3

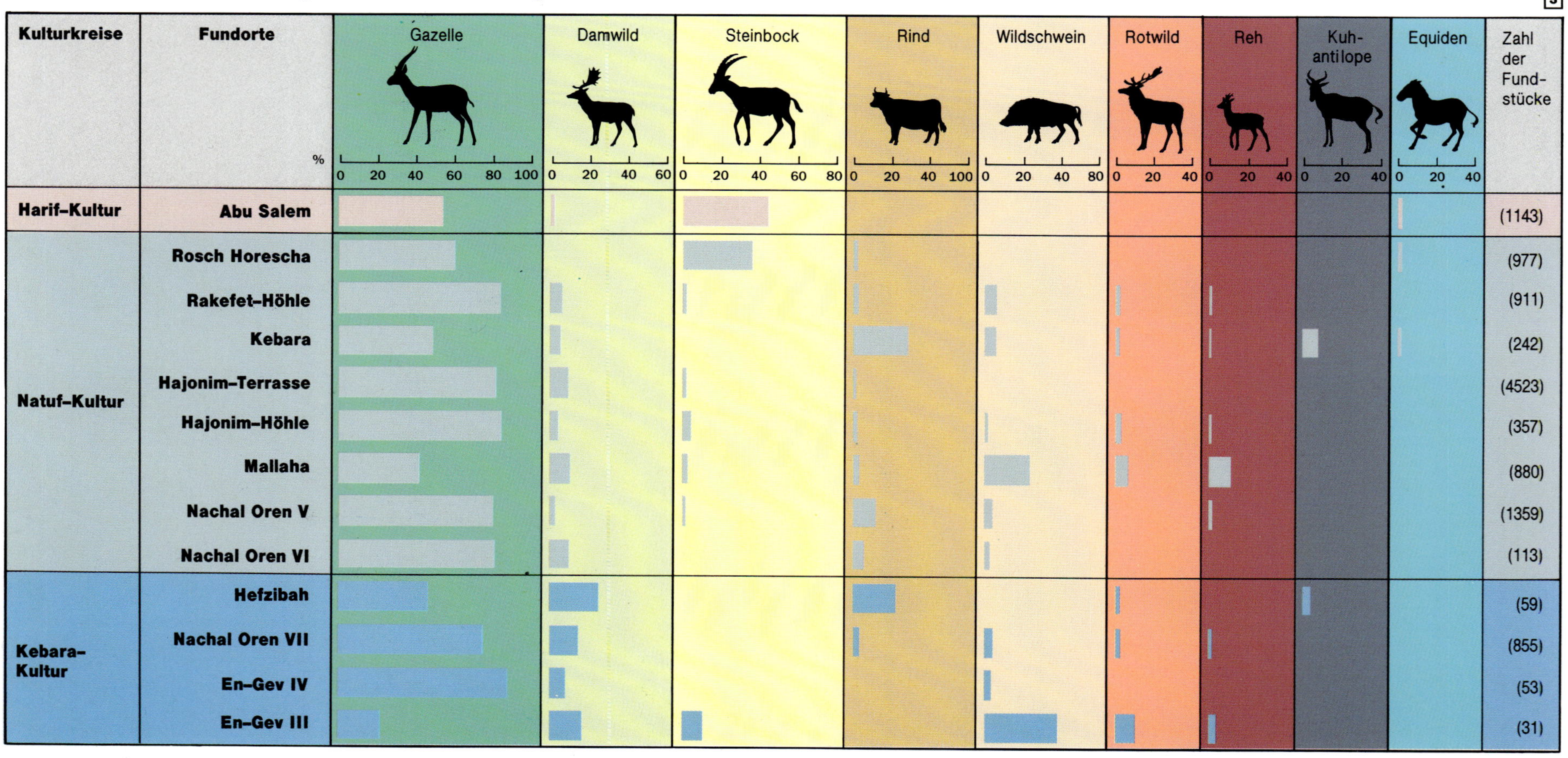

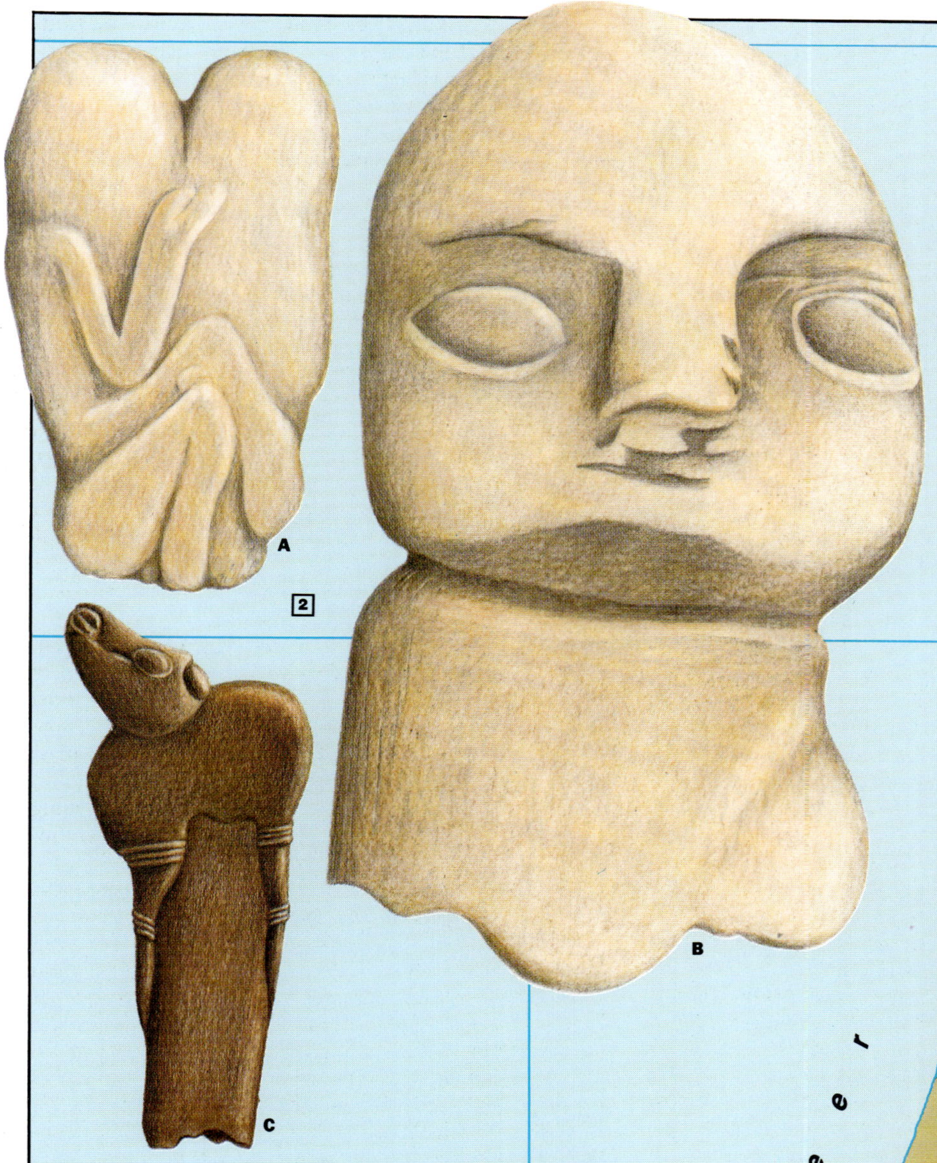

1 ***Früheste Spuren des Menschen in Palästina***

● Fundorte der Natuf-Kultur

3 ***Links***
Aus dem Verzeichnis der Tierknochenfunde geht hervor, daß das bevorzugte Jagdwild der Natuf-Kultur die Gazelle war. An manchen Fundorten wurden vornehmlich andere Tiere gejagt: der Steinbock im Bergland des Negeb (Rosch Horescha), Wildschweine im Hule-Tal (En Mallaha). Die Zahl aufgefundener Knochen der jeweiligen Tierart ist in Prozenten der Gesamtzahl aller am jeweiligen Ort gefundenen Tierknochen angegeben. (In Rosch Horescha z. B. fand man 977 Tierknochen, 60% davon stammten von Gazellen.)

2 ***Oben***
Einige kunstvoll bearbeitete Gegenstände der Natuf-Kultur. **A** Ein sich umarmendes Paar, vielleicht ein Fruchtbarkeitssymbol, etwa 10 cm hoch. Aus En Sachri, einer Höhle in der Wüste Juda. **B** Ein menschlicher Kopf, fast 4 cm hoch, hier vergrößert. Hergestellt aus Stein. Aus El-Wad. **C** Eine junge Gazelle, Schmuck an einem knöchernen Sichelgriff von etwa 10 cm Länge. Der Gegenstand glänzt wie poliert; Knochen, die dem Feuer ausgesetzt waren, gewinnen dieses Aussehen. Gefunden in El-Wad auf dem Karmel. **D** Harpune, aus Knochen hergestellt. **E** Fischhaken, aus Knochen hergestellt.

1 ***Karte rechts***
Fundstätten der Natuf-Kultur.

Schon im 9. und 8. Jhtsd. v. Chr. gab es im Nahen Osten feste Siedlungen, z. B. bei Jericho und Nachal Oren in Palästina, Murebit in Syrien, Çayönü in Anatolien und Ganj Dare im Iran. Im 7. Jhtsd. nahm ihre Zahl kräftig zu; möglich und notwendig wurde die neue Lebensweise in festen Siedlungen, weil die Menschen allmählich lernten, sich von Ackerbau und Viehzucht zu ernähren.

Die ganze Jungsteinzeit hindurch (etwa 8300–4800 v. Chr.) ergänzte man allerdings Getreidekost und tierische Nahrung aus der zunehmenden bäuerlichen Produktion weiterhin durch Jagdbeute und gesammelte wilde Früchte. Der umstürzend wichtige Prozeß der Domestizierung scheint rein zufällig angestoßen worden zu sein, wahrscheinlich gleichzeitig an verschiedenen Orten. Doch man tauschte gewiß auch neue Ideen untereinander aus; deutliche Spuren des Tauschhandels belegen, daß die einzelnen Gruppen keineswegs isoliert lebten.

Am dichtesten und am weitesten verbreitet sind jungsteinzeitliche Siedlungen in Palästina zwischen 7500 und 6000 v. Chr., in der sogenannten „Vorkeramischen Epoche der Jungsteinzeit B". Größere Siedlungen bestanden bei Jericho, Munchata, Beda, En Ghazal (Amman). Wände und Fußböden der gutgebauten, mehrräumigen, rechtwinkligen Gebäude waren oft von feinpoliertem Lehmputz überzogen. Derselbe Verputz kleidete Vorratsgruben aus; aus dem gleichen Lehm geformt sind männliche und weibliche Figuren, die man in En Ghazal entdeckte. An verschiedenen Orten, u.a. in Jericho und Murebit in Syrien, deuten entsprechende Funde auf einen Ahnenkult hin. Die ältesten Beispiele von Gebäuden mit rechtwinkligem Grundriß finden sich in Beda

AM ANFANG:

Seßhafte Bauern

Im Buch Genesis erzählt die Bibel von den Anfängen des Ackerbaus und des seßhaften Lebens. Erste feste Siedlungen in Palästina stammen aus der Jungsteinzeit; Menschen gaben nach und nach das Leben als Jäger und Sammler auf und begannen, seßhaft, als Ackerbauern und Viehzüchter, zu leben.

Steinsplitter und bearbeitete Steine, die man in großer Zahl fand, dienten weiterhin als Werkzeuge. Die z. T. recht großen Klingen zeigen an, daß die Holzverarbeitung zugenommen hatte. Pfeilspitzen aus Feuerstein beweisen, daß immer noch die Jagd einen Teil des Nahrungsbedarfs abdeckte. Nach wie vor wurde Obsidian (ein Stein, der die Herstellung scharfer Klingen ermöglicht) aus Anatolien importiert; der Handel mit Muscheln, Halbedelsteinen und allerlei anderen Erzeugnissen scheint zugenommen zu haben.

Um 6000 wurde das Klima im Nahen Osten trockener; die meisten Siedlungen der vorkeramischen Jungsteinzeit B in Palästina veröden, zuerst sind es die Siedlungen in den Randgebieten. Als in der Mitte des 6. Jhtsds. neue Siedlungen entstehen, ist der nun anzutreffende Siedlungstyp verändert. Größere regionale Unterschiede fallen auf. Das mag auf die unterschiedliche Herkunft der Neuankömmlinge zurückzuführen sein.

An vielen Fundorten dieser späteren Epoche der Jungsteinzeit – in der man bereits die Keramik kennt – wohnten die Menschen zunächst in Gruben; anderswo errichteten sie von Anfang an große, rechtwinklige Gebäude. Vielleicht hatten die Menschen, die sich dort niederließen, von anderswoher bereits Kenntnisse der Baukunst mitgebracht. Unter den Steinwerkzeugen nimmt die Zahl der Sicheln zu. Daraus kann man schließen, daß der Getreideanbau offenbar an Bedeutung gewann. Fleisch lieferten vor allem Haustiere. Die zahlreichen Handelsgüter früherer Perioden sind weiterhin bekannt. Besonders fällt der enge Kontakt zu Fundorten im Libanon auf.

DANN SPRACH GOTT: HIERMIT ÜBERGEBE ICH EUCH ALLE PFLANZEN AUF DER GANZEN ERDE, DIE SAMEN TRAGEN, UND ALLE BÄUME MIT SAMENHALTIGEN FRÜCHTEN. EUCH SOLLEN SIE ZUR NAHRUNG DIENEN. GEN 1,29

ABEL WURDE SCHAFHIRT UND KAIN ACKERBAUER. GEN 4,2

3

3 Links
Jericho war die größte feste Siedlung in Palästina. Auf dem Foto ist ein Teil des Verteidigungssystems zu sehen, bestehend aus einem Graben und massiven mörtellosen Steinmauern aus der vorkeramischen Jungsteinzeit, Periode A.

4

4 Rechts
Ein Haus der vorkeramischen Jungsteinzeit, Periode B mit glatt verputztem Fußboden aus En Ghazal.

5

5 Rechts außen
Steinturm in Jericho, aus der vorkeramischen Jungsteinzeit, Periode A.

6

6 Rechts
Bemalte Lehmfigur; in die Augen sind Muscheln eingelegt, aus Jericho.

7

7 Unten
Schädel aus Jericho. Das Gesicht mit Lehm modelliert.

2 Frühe Siedlungen im Nahen Osten
- 9. und 8. Jhtsd. v. Chr.
- 7. Jhtsd. v. Chr.

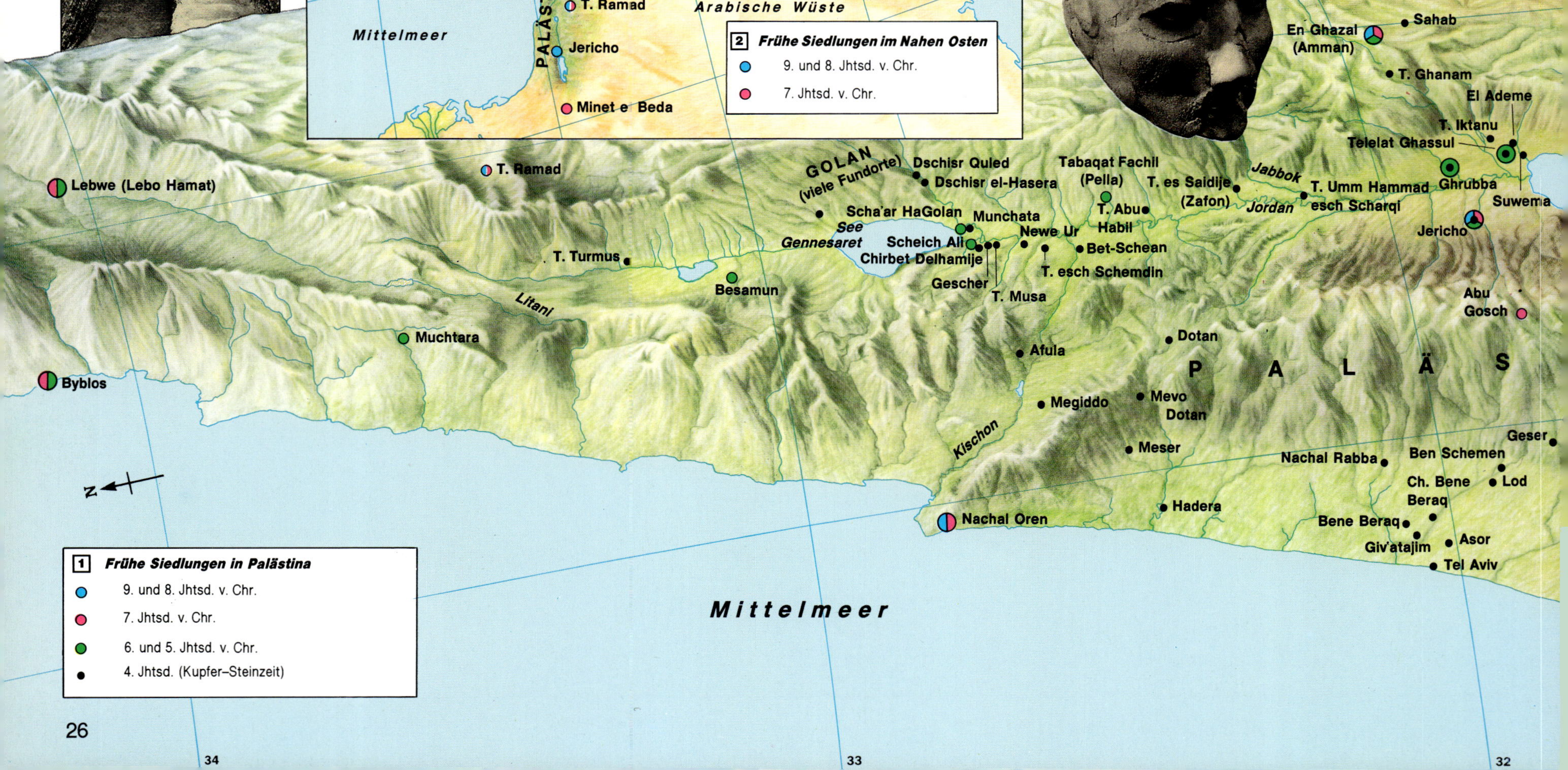

1 Frühe Siedlungen in Palästina
- 9. und 8. Jhtsd. v. Chr.
- 7. Jhtsd. v. Chr.
- 6. und 5. Jhtsd. v. Chr.
- 4. Jhtsd. (Kupfer-Steinzeit)

Im 5. und 4. Jhtsd. v. Chr. (dem Chalkolithikum, so benannt nach den griechischen Wörtern für *Kupfer* und *Stein*) bleiben ältere Siedlungen Palästinas und Jordaniens weiter bewohnt, doch viele neue kommen hinzu. In der Größe unterscheiden sie sich sehr, die größten fand man natürlich in den günstigsten Lagen. Doch auch im Negeb und auf der Sinaihalbinsel gab es zahlreiche Siedlungen; wahrscheinlich wegen des beginnenden Bergbaus, durch den Kupfer und Türkis gewonnen wurden. Nach der ersten Fundstätte, Telelat Ghassul am Nordostende des Toten Meeres, spricht man von der *Ghassul–Kultur.*

Genauer ist der Ausdruck „Ghassul–Beerscheba–Kultur". Vor etwa dreißig Jahren entdeckte man in der Gegend von Beerscheba chalkolithische Orte, die späteren Schichten von Telelat Ghassul gleichen und nach Auskunft der C14–Analysen länger besiedelt waren als jener Fundort. Formen der Keramik, die erst in der letzten Schicht von Telelat Ghassul auftauchen, sind an Beerscheba–Fundorten von Anfang an verbreitet. Die gleichen Steinwerkzeuge und –waffen begegnen hier wie dort; Kupfergegenstände aber, die nur vereinzelt und erst in der jüngsten Schicht von Telelat Ghassul auftauchen, gab es in der Beerscheba–Kultur zahlreich; sie sind Zeugnisse einer hochentwickelten Metallindustrie. Die wichtigste Sammlung an Metallgegenständen aus der Frühzeit des Nahen Ostens ist ein umfangreicher Kupferschatz aus einer Höhle am Nachal Mischmar.

Die Siedlung in Telelat Ghassul war groß und offen; sie umfaßte etwa 24 ha, die mit soliden rechtwinkligen Häusern aus getrockneten Lehmziegeln bebaut waren, welche oft auf Steinfundamenten standen. In der Gegend um Beerscheba wohnten die ersten Siedler zum Teil in Höhlen; aber es gab auch gut gebaute Häuser mit rechtwinkligem Grundriß.

In beiden Bereichen fand man Kultzentren. In Telelat Ghassul standen in einem ummauerten Hof zwei auffällige Gebäude, mit zahlreichen Tonkesseln und Figuren, wahrscheinlich Kultgegenstände. Eine fast identische, vollständiger erhaltene Ummauerung kam in En–Gedi zutage; auch dort lassen die aufgefundenen Gegenstände an ein Kultzentrum denken. In Gilat und Megiddo grub man ebenfalls Kultbauten aus; bei neuesten Ausgrabungen auf den Golanhöhen schließlich identifizierte man Heiligtümer, die sich in Privathäusern fanden, u. a. menschen– und tierförmige Basaltfiguren. In Telelat Ghassul lagen tönerne Tierfiguren in Vorratskrügen zusammen mit Resten von Getreide oder Oliven.

Wie in vielen anderen frühen Gesellschaften scheint die Blüte der Kunst mit dem religiösen Brauchtum zusammenzuhängen. Wandmalereien von Telelat Ghassul haben wohl religiöse Themen. Eine davon zeigt eine Prozession liturgisch gekleideter und maskierter menschlicher Figuren, die sich anscheinend einem Heiligtum nähern. Der Anführer hält einen sichelförmigen Gegenstand mit der Biegung über seine Schulter zurück in der rechten Hand. In Safadi hat man ähnliche sichelförmige Gegenstände aus Elfenbein gefunden. Aus Elfenbein und Metall gefertigte Kunstgegenstände aus der Gegend um Beerscheba vermitteln ein lebendiges Bild der hochentwickelten künstlerischen Fähigkeiten der Menschen der Kupfer–Steinzeit und gewiß auch ihres religiösen Eifers.

Zu den interessantesten Produkten chalkolithischer Kunst in Palästina gehören die zahlreich gefundenen Ossuarien, Knochenbehälter. In Telelat Ghassul fand sich kein Erwachsenengrab; aber unter Wänden und Fußböden der Häuser rund 40 Gräber neugeborener Kinder, vielleicht wurden sie bei der Grundsteinlegung geopfert.

AM ANFANG:

Anfänge der Metallverarbeitung

Im Chalkolithikum wächst die Bevölkerung Palästinas beträchtlich. Heimische Kulturen leben fort; zugleich bringen neue Gruppen neue Fertigkeiten mit, besonders die Kunst der Metallverarbeitung. Grundlage des Wirtschaftslebens bleibt aber nach wie vor der Ackerbau. Eindrucksvoll blühen Kunst und Religion; Zeugnisse dafür sind vor allem Wandmalereien.

ZILLA GEBAR TUBAL–KAJIN, DER DIE GERÄTE ALLER ERZ– UND EISENHANDWERKER SCHMIEDETE.
GEN 4,22

1 ***Karte unten***
Feste Siedlungen gab es in Palästina bereits seit dem 9. Jhtsd. v. Chr.

2 ***Karte 2 auf S. 26 Mitte***
Im 7. Jhtsd. nahm die Zahl der festen Siedlungen beträchtlich zu.

8 ***Rechts***
Aus der Ghassul–Kultur des Jordantals: **A** Trinkhorn aus Ton, Telelat Ghassul. **B** Basalt–Mörser und –Stößel aus dem Heiligtum B in Telelat Ghassul. **C** Zwei Tonschalen aus Tabaqat Fachil, um 3500–3300 v. Chr. **D** Palette aus poliertem Knochen, um 3700. **E** Blattförmiger Schaber, wahrscheinlich zur Bearbeitung von Häuten, aus Telelat Ghassul. **F** Standgefäß mit durchbrochenem Fuß aus dem Heiligtum B in Telelat Ghassul. **G** Ein ungewöhnliches Doppeltrinkhorn aus Telelat Ghassul, um 3700. **H** Tonfigur, Telelat Ghassul, Heiligtum B, um 3700 v. Chr. **I** Tonfigur eines Schafes, um 3700 v. Chr.

Um 3000 v. Chr. verödeten in Palästina viele Dörfer. An ihre Stelle trat eine kleinere Zahl ummauerter Städte, meist an wichtigeren Wegen gelegen, Marktplätze für die Umgebung und wahrscheinlich Schnittpunkte eines Handelsnetzes, das nach Ägypten hinüber reichte.

In den Städten Innersyriens war aus Handels- und Kulturbeziehungen zu Sumer bereits eine reiche Schriftkultur erwachsen, wie sie z. B. bei der Ausgrabung des Tell Mardich, der die Stadt Ebla barg, ans Licht kam. Die frühbronzezeitlichen Städte Palästinas dagegen waren klein und reizlos, die Schreibkunst kannte man offenbar nicht. Eindrucksvoll sind jedoch die Verteidigungsanlagen, unterschiedlich gebaute Mauern aus unbehauenen Steinen und ungebrannten Lehmziegeln. Die Mauer von Arad (s. Abb. 3), eine der am besten erhaltenen, besaß in regelmäßigen Abständen halbrunde Bollwerke; genauso ist auf dem Wandgemälde eines ägyptischen Grabes der 5. Dynastie (Abb. 4) eine umkämpfte Stadt Palästinas dargestellt. Die Mauer Jerichos verstärkten rechteckige und halbrunde Türme; das einfache, aber starke Tor von Tell el Far'a flankierten rechteckige Lehmziegeltürme (Abb. 5). Umbauten und Erweiterungen machten die Befestigungsanlagen im Laufe der Zeit immer komplexer; am Ende der Periode waren manche Städte von doppelten oder gar dreifachen Mauern umgeben; Torwege führten hindurch, Außenwerke sicherten sie.

Die wenigen weiträumig ausgegrabenen Fundstätten zeigen, daß man etwas von Stadtplanung verstand. In einem durch eine Mauer abgetrennten Areal in Arad mag man den „Königshof" mit „Palast" und Verwaltungsgebäude sehen, nahe dabei lag ein Doppeltempel. In Arad und in Ai gab es in der Stadt Wasserreservoire zur Speicherung des Winterregens.

Megiddo und Tell el Far'a sind vermutlich sogar nach einem Netzplan angelegt; schmale Gassen trennen die Häuserblocks voneinander. Aussehen und Größe der Bauten selber variieren beträchtlich, obwohl anscheinend Tempel und einfache Wohnhäuser nach dem gleichen Muster gebaut sind: Zugrunde liegt ein Rechteck, der Eingang befindet sich auf einer Langseite, an den drei übrigen Seiten stehen oft Bänke.

AM ANFANG:

„Auf, wir wollen uns eine Stadt bauen!"

Gegen Ende des 4. Jhtsds. setzte im Nahen Osten eine Entwicklung ein, die nach 3000, am Beginn der Frühen Bronzezeit, zum Bau von Städten führte. Tiefgreifende gesellschaftliche Veränderungen kündigen sich darin an: Wo Großbauten wie Befestigungen und Tempel errichtet werden können, sind soziale, wirtschaftliche und politische Kräfte bereits zu einem komplexen System vereint.

Sollte der Handel Wohlstand gebracht haben, so wirkt sich das auf das Handwerk Palästinas jedenfalls nicht aus; im Vergleich zu Ägypten und Mesopotamien steht es auf sehr niedrigem Niveau. Einige Zylinder- und Stempelsiegel, die an mesopotamische Vorbilder erinnern, sie aber nicht nachahmen, sind fast das einzige, was man Kunst nennen kann. Die hochausgebildete Technik der Kupferverarbeitung, die Funde aus dem Chalkolithikum auszeichnen, scheint unbekannt zu sein. (Kupfer, nicht Bronze, ist das Metall der ersten Epoche der Frühen Bronzezeit.) Das Fehlen gutgearbeiteter Kupfergegenstände mag sich aber auch damit erklären, daß man Metallobjekte ständig einschmolz und neu verarbeitete. Die wenigen aufgefundenen Werkzeuge und Waffen sind jedenfalls nur in einfachen, offenen Gußformen hergestellt.

Nur in der Keramik ist technischer Fortschritt festzustellen; der Ton ist sorgfältiger präpariert, die Töpferscheibe bekannt, das Brennen besser unter Kontrolle. Diese letztere Entwicklung belegt ein Brennofen aus Tell el Far'a. Zwei frühbronzezeitliche Gefäße, eine hübsche Kanne und ein großer eiförmiger Vorratskrug, sind besonders interessant, da man entsprechende Exportartikel in Ägypten fand, Beweise für den Ölhandel.

3 ***Oben***
Ausgrabungen in Arad ermöglichten es, wenigstens teilweise ein Bild von der Anlage einer frühbronzezeitlichen Stadt zu gewinnen. Die schwarze Begrenzungslinie des eingeblendeten Diagramms bezeichnet den Gesamtumfang der Ausgrabung. Auch in ägyptischen Darstellungen sind halbrunde Verteidigungstürme Kennzeichen der Städte Palästinas, vgl. dazu Abb. 4.

2 ***Links***
Rekonstruktion des Getreidespeichers von Bet-Jerach. Aus den von B. Mazar und anderen ausgegrabenen Überresten ist der Grundriß der Anlage zwar zu rekonstruieren, jedoch nicht ihr ursprüngliches Aussehen. Die Ausgräber selber nehmen an, daß es sich um eine Gruppe frei stehender Silos handelte. Andere gehen davon aus, daß die Silos, wie hier dargestellt, in ein größeres Gebäude eingefügt waren. Das Bauwerk umfaßte etwa 33 mal 43 m; 800 Tonnen Getreide konnten darin gelagert werden. Der Durchmesser der Silos betrug 10 m; sie waren aus verputzten Lehmziegeln gebaut, die Dächer wahrscheinlich aus Schilf und Lehm.

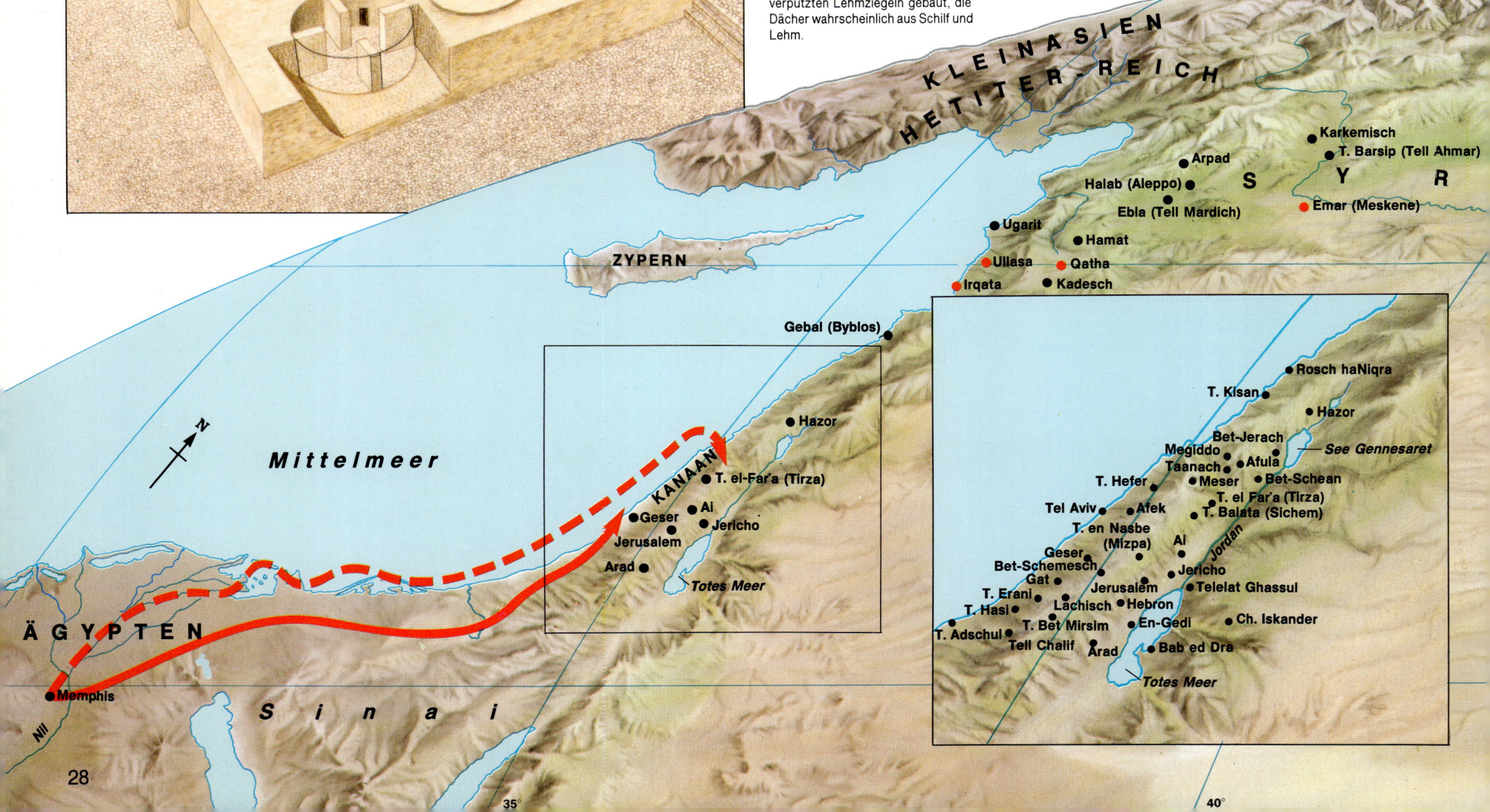

Befestigungen, z. B. in Jericho, Tell el Far'a und Ai, wurden oft ausgebessert oder verstärkt; es war offenbar keine friedliche Epoche. Hauptsächlich mögen Streitigkeiten der Städte untereinander daran schuld gewesen sein; ägyptische Quellen berichten aber auch von militärischen Interventionen der Pharaonen in Palästina. Manche frühbronzezeitliche Stadt verödete jedoch mitten im Frieden, mehrere andere, z. B. Arad und Tell el Far'a, erlebten ihren Niedergang schon wenige Jahrhunderte nach der Gründung. Schuld daran war der Niedergang des Handels mit Ägypten.

Innerägyptische Entwicklungen trugen dazu bei; aber auch in Syrien sind Gründe dafür zu suchen. Jüngste Entdeckungen in Tell Mardich (Ebla) beweisen, daß dort damals eine durch Sumer inspirierte Kultur kraftvoll aufblühte. Tontafeln aus Ebla belegen, daß die Stadt nach 2400 v. Chr. bis nach Damaskus hin die Führung beanspruchte; ihre Handelsbeziehungen jedoch reichten noch viel weiter. Ägypten geriet ins Hintertreffen; so erklärt sich, daß am Ende der Frühbronzezeit Gegenstände nördlicher Herkunft immer häufiger in Palästina auftauchen.

Der Rückzug Ägyptens wirkte sich auf die Städte Palästinas verheerend aus. Zwar erwähnen die Ebla–Texte einige dieser Orte, doch im allgemeinen erlebte Palästina in den letzten Jahrhunderten des 3. Jhtsds. sozial und wirtschaftlich einen Abstieg. Zerstörte Stadtmauern und vernachlässigte öffentliche Gebäude wurden bis zur Mittleren Bronzezeit II (nach 2000 v. Chr.) nicht wieder aufgebaut. Stadtstaaten lösten sich auf; wie im 4. Jhtsd. wurde Palästina wieder ein Land der Bauerndörfer und Hirtenlager.

Es mögen auch neue halbnomadische Gruppen aufgetreten sein, die zum Niedergang der Stadtkultur beitrugen. Manche Gelehrte identifizieren sie mit den in der Bibel erwähnten Amoritern. Doch neueste Erkenntnisse lassen eher vermuten, daß Hauptgrund der Veränderung ein wirtschaftlicher Zusammenbruch war. Der Handel mit Ägypten hatte um 3000 den Städtebau gefördert; als er aufhörte, war auch das frühbronzezeitliche Zwischenspiel beendet.

4 ***Rechts***
Ägypter greifen eine asiatische Stadt an. Die Mauern sind im Grundriß, die Bewohner in Seitenansicht dargestellt. Aus einem Grab bei Deschasche.

1 ***Karte unten***
Frühbronzezeitliche Städte. Die Angaben über Städte im frühbronzezeitlichen Kanaan sind Feldzugsberichten des Pharao Pepi I. (um 2332–2283 v. Chr.) entnommen.

AUF, BAUEN WIR UNS EINE STADT UND EINEN TURM MIT EINER SPITZE BIS ZUM HIMMEL, UND MACHEN WIR UNS DAMIT EINEN NAMEN, DANN WERDEN WIR UNS NICHT ÜBER DIE GANZE ERDE ZERSTREUEN.
GEN 11,4

5 ***Unten***
Die Stadttore in Tell el Far'a. Lehmziegelmauern auf Steinfundamenten.

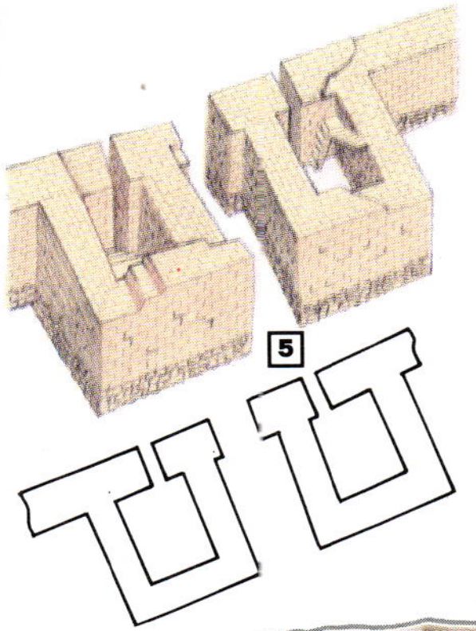

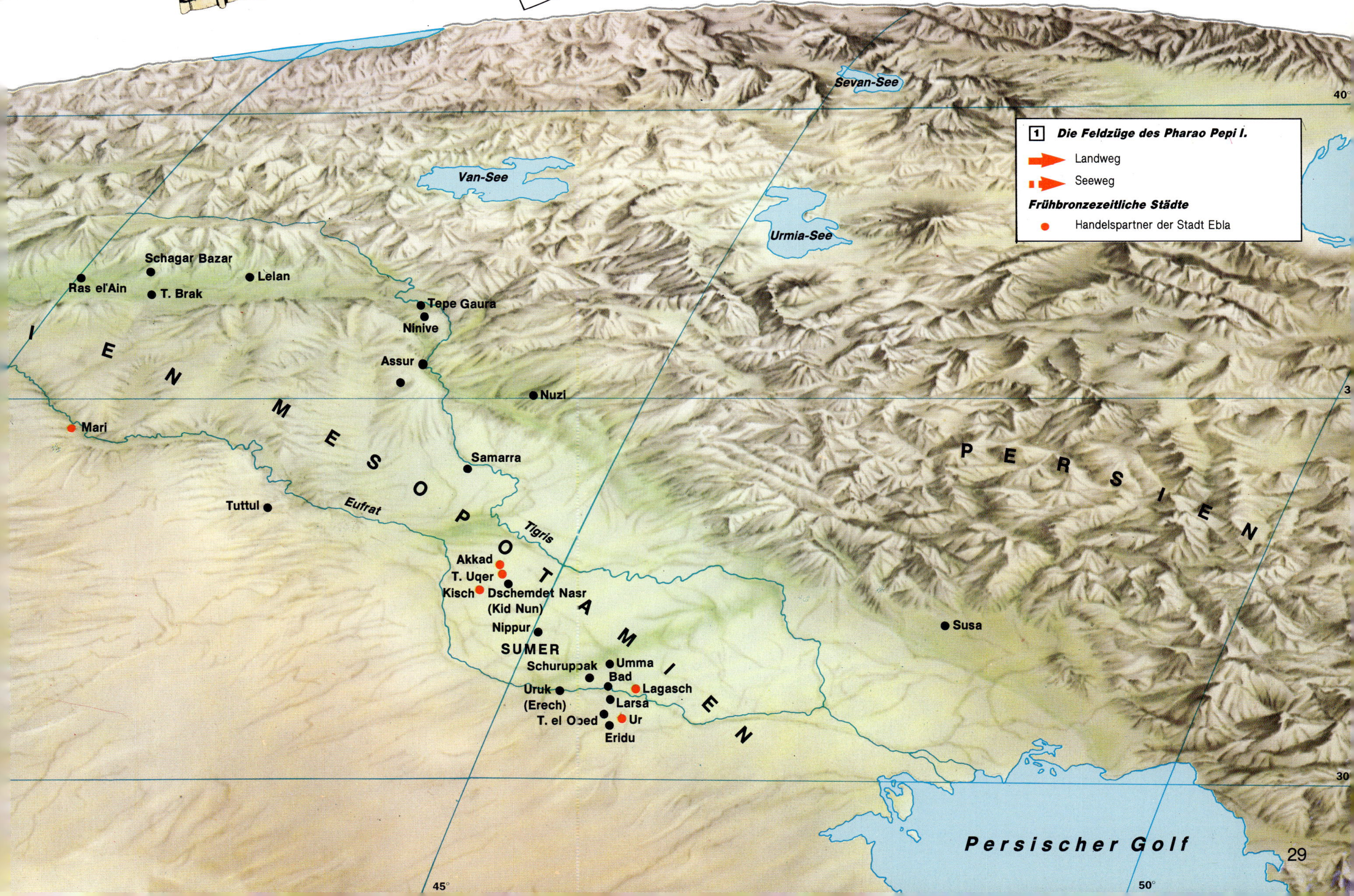

ISRAELS VORGESCHICHTE: VÄTERÜBERLIEFERUNGEN

Die Wanderungen Abrahams

Nach biblischer Überlieferung verließ Abraham, der erste der Väter Israels, seine Heimat in Ur und zog nach Kanaan. Die biblischen Erzählungen sind nicht daran interessiert, seine Wanderung zeitlich einzuordnen; so kommt es, daß moderne Forscher sie verschieden ansetzen, zwischen 3000 und 1000. Außerbiblische Quellen belegen, daß in dieser Zeit Reisewege existierten, auf denen auch Abraham gewandert sein mag.

Die Bibel gibt weder einen Grund an für den Aufbruch Abrahams aus Ur noch über den Zeitpunkt und den Weg seiner Wanderungen. Mit gelehrten Vermutungen versuchte man, die Lücken zu füllen. Vielleicht ging es darum, der Beziehung zu den Aramäern in Haran (siehe Jakob) eine noch ältere, weiträumigere zum südlichen Mesopotamien voranzustellen. Man nahm auch an, Abrahams Zug von Ur in Chaldäa nach Haran hänge damit zusammen, daß an beiden Orten der Mondgott Sin verehrt wurde. Doch dies sind nicht mehr als Vermutungen. Ein Dokument aus dem 18. Jh. nennt Stationen einer Karawane, die aus Ur aufbrach, über Assur und Ninive den Tigris hinaufzog und den westlichen Weg nach Haran einschlug. Um 1760 v. Chr. zog Zimri–Lim, König von Mari, Eufrat und Chabur hinauf, über Haran nach Aleppo; die Rückreise führte ihn am Orontes entlang und über den Wüstenweg nach neun Monaten nach Mari zurück. Umgekehrt konnte man am Orontes entlang nach Kanaan wandern. Von Haran aus lag es freilich näher, am Balich entlang und über den Wüstenweg nach Damaskus zu ziehen.

Im 2. Jhtsd. waren Handelsreisen nicht selten; auch (amoritische) Stämme waren unterwegs; Abrahams Wanderung wird als keines von beidem dargestellt. Die Bibel läßt am ehesten an eine Sippenwanderung denken. Zwischen Mesopotamien, Syrien, Palästina waren ständig Halbnomaden unterwegs zwischen Städten, in denen ihre Familie gute Beziehungen besaß. Anders als Heerzüge, reisende Könige oder wandernde Stämme hinterließen sie keine Spuren in schriftlichen Dokumenten. Die Wege, die sie ebenso wie Händler, Krieger, Diplomaten benützten (vgl. die Routen in Karte 1), blieben viele Jahrhunderte lang in Gebrauch.

Nach der Vorstellung in Gen 12 zog Abraham von Haran

AUS DEM GESETZ DES MOSE

Der Herr sprach zu Mose: Komm herauf zu mir auf den Berg, und bleib hier! Ich will dir die Steintafeln übergeben, die Weisung und die Gebote, die ich aufgeschrieben habe. Du sollst das Volk darin unterweisen. Ex 24,12

... dann mußt du geben: Leben für Leben, Auge für Auge, Zahn für Zahn, Hand für Hand, Fuß für Fuß, Brandmal für Brandmal, Wunde für Wunde, Strieme für Strieme. Ex 21,23–25

Hat das Rind schon früher gestoßen und hat der Eigentümer, obwohl man ihn darauf aufmerksam gemacht hat, auf das Tier nicht aufgepaßt, so daß es einen Mann oder eine Frau getötet hat, dann soll man das Rind steinigen, und auch sein Eigentümer soll getötet werden. Ex 21,29

AUS DEN GESETZEN HAMMURAPIS

Ich, Hammurapi, bin der König der Gerechtigkeit, dem Schamasch das Gesetz anvertraute. Meine Worte sind auserlesen, meine Taten ohnegleichen, nur der Törichte beachtet sie nicht ...

Wenn ein freier Mann einem anderen freien Mann das Auge ausstach, soll man ihm das Auge ausstechen.
Wenn er einem anderen freien Mann einen Knochen brach, soll man seinen Knochen brechen.

Wenn das Rind eines freien Mannes stößig war und der Rat der Stadt jenen Mann darauf aufmerksam gemacht hat, dieser aber weder die Hörner gepolstert noch das Rind angebunden hat, und wenn dann das Rind einen freien Mann stößt und tötet, dann soll der Besitzer eine halbe Mine Silber bezahlen.

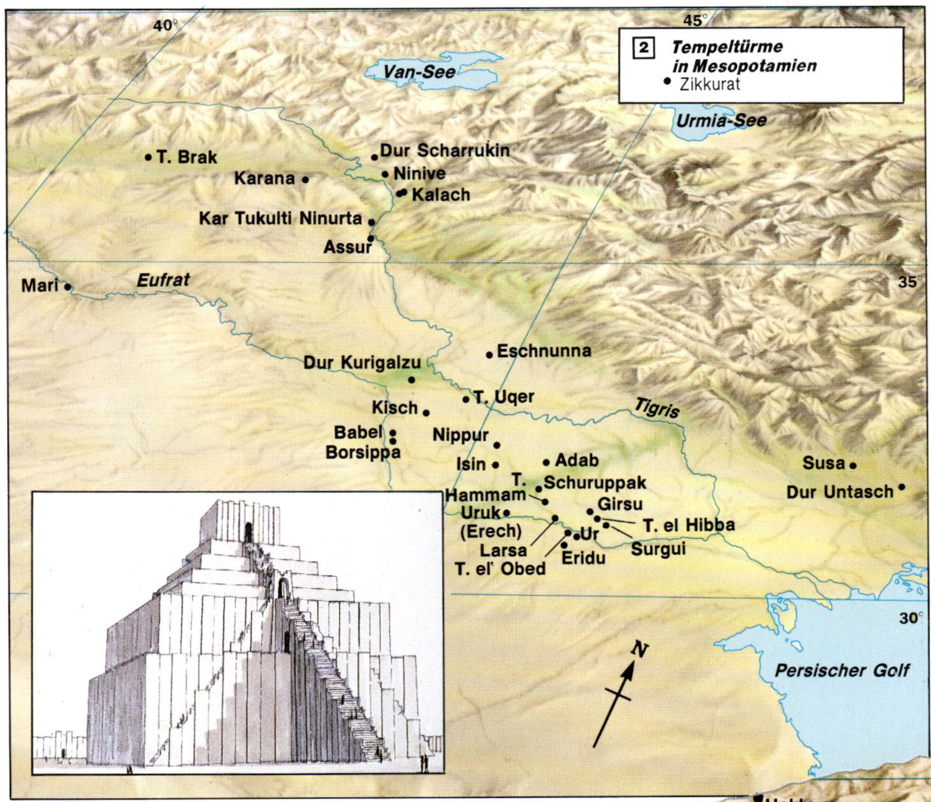

3 Rechts
Das bedeutendste Dokument, aus dem wir Lebensformen und Gesellschaftsordnung im alten Babel kennen, ist diese etwa 2 m hohe Stele mit über 250 Gesetzen. Am Kopf der Säule ließ sich König Hammurapi von Babel darstellen. Als ein spätes Volk im Alten Orient übernahm Israel vieles aus den damals bereits uralten juridischen Traditionen anderer Völker und fügte es ein in seine Vorstellungen vom Gesetz als der Gabe seines Gottes. Aus juridischen wurden nun zentrale religiöse Traditionen: Achtung vor dem Recht des Mitmenschen ist der Maßstab rechten Lebens vor Gott.

1 Karte unten
Seit der frühen Bronzezeit war der Nahe Osten von einem weitgespannten Netz von Handelsrouten durchzogen.

2 Karte oben
Eine Nachbildung der Zikkurat (des Tempelturms) in Babel ist in die Karte eingeblendet.

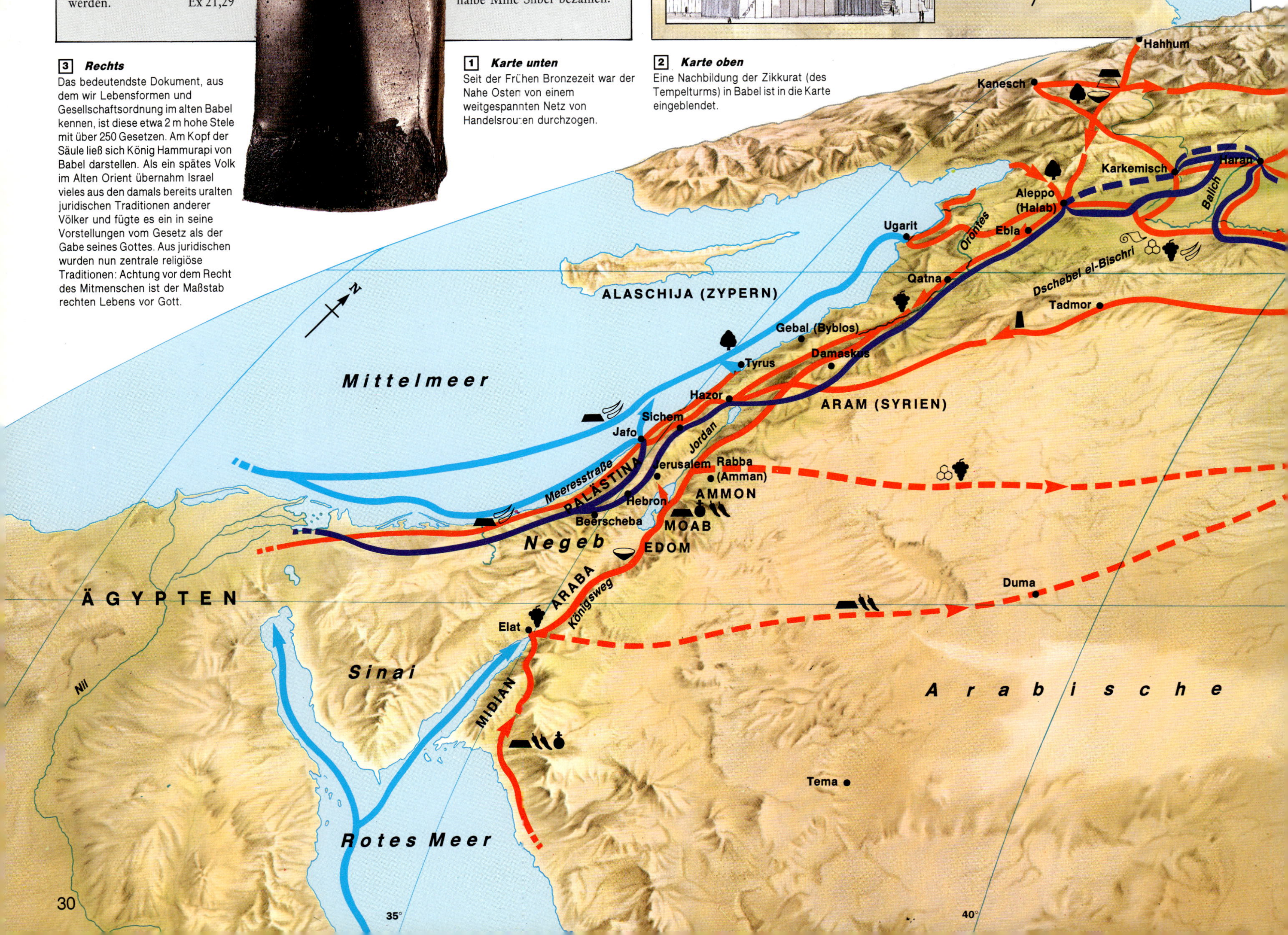

aus über Beerscheba bis nach Ägypten. Die Existenz einer solchen Reiseroute ist gut bezeugt: Von Haran führte sie am Balich entlang nach Aleppo, über Qatna, Damaskus, Hazor, über die Wasserscheide des westjordanischen Berglandes mit Sichem, dann südwärts nach Hebron (Mamre), Beerscheba, schließlich durch den nördlichen Sinai nach Ägypten. Auf solchen Karawanenwegen wanderten nicht nur materielle Güter, sondern auch geistige wie z. B. Erzählgut und Gesetzestraditionen.

Internationale Handelsstraßen

Schon im 2. Jhtsd. führten größere Städte Importlisten über Gold, Silber, Edelsteine, Wein, Rohstoffe (z. B. Kupfer, Zinn, Öl) und Luxuswaren (z. B. Textilien, Schmuck). Hofbeamte, Diplomaten, wandernde Spezialisten (z. B. Ärzte) handelten unterwegs mit Kostbarkeiten.

Jahrtausendelang war der Haupthandelsweg Palästinas die *Küstenstraße* von Ägypten durch den nördlichen Sinai und die Küstenebene Palästinas. Hinzu kam der Seehandel mit Hafenstädten wie Jafo, Byblos, Tyros, Ugarit. Schiffe aus Afrika und Südarabien landeten in Häfen des Roten Meeres; Karawanen brachten Gold und Gewürze von Scheba über die Oasen Tema und Duma bis nach Babel oder nach Westen über den „Königsweg" durch Midian, Edom, Moab oder weiter nach Norden über Rabba bis nach Damaskus. Wertvolles Holz wurde vom Libanon zur Küste geflößt oder nach Osten transportiert, oft als Tribut der Besiegten. Im Norden tauschte man Zinn aus dem Osten Mesopotamiens gegen Kupfer; über Hazor kam Zinn aus Mari auch nach Kanaan.

DER HERR SPRACH ZU ABRAM: ZIEH WEG AUS DEINEM LAND, VON DEINER VERWANDTSCHAFT UND AUS DEINEM VATERHAUS IN DAS LAND, DAS ICH DIR ZEIGEN WERDE. ICH WERDE DICH ZU EINEM GROSSEN VOLK MACHEN, DICH SEGNEN UND DEINEN NAMEN GROSS MACHEN. EIN SEGEN SOLLST DU SEIN. ICH WILL SEGNEN, DIE DICH SEGNEN; WER DICH VERWÜNSCHT, DEN WILL ICH VERFLUCHEN. DURCH DICH SOLLEN ALLE GESCHLECHTER DER ERDE SEGEN ERLANGEN. DA ZOG ABRAM WEG, WIE DER HERR IHM GESAGT HATTE, UND MIT IHM GING AUCH LOT. ABRAM WAR FÜNFUNDSIEBZIG JAHRE ALT, ALS ER AUS HARAN FORTZOG.
GEN 12,1–4

Die Fluterzählung aus dem Gilgameschepos

Eine in Ninive gefundene Tontafel (vgl. Abb. rechts; Höhe 15 cm, Brit. Museum, London) enthält eine assyrische Fluterzählung, Teil eines Epos, das noch weitere interessante Parallelen zu Erzählungen des Buches Genesis enthält. (Übersetzung nach: W. v. Soden / A. Schott, Das Gilgameschepos. Stuttgart 1958, S. 87 – 91.)
Utnapischtim aus Schuruppak, der Held der Sintfluterzählung, berichtet:

Schuruppak, eine Stadt, die du kennst,
die am Ufer des Eufrats liegt,
diese Stadt war schon alt, auch die Götter darinnen.
Da entbrannte den großen Göttern das Herz,
eine Sintflut wollten sie machen.

Der Gott Ea befiehlt Utnapischtim, sich vorzubereiten:

Mann von Schuruppak, Sohn Ubar-Tutus!
Reiß ab das Haus, erbau ein Schiff!
Laß fahren Reichtum, dem Leben jag nach!
Besitz gib auf, der Seele erhalte das Leben!
Heb hinein allerlei beseelten Samen ins Schiff!
Das Schiff, das du erbauen sollst,
dessen Maße sollen abgemessen sein,
gleichgemessen seien ihm Breite und Länge.

Utnapischtim baut das Schiff:

Am fünften Tage entwarf ich des Schiffes Außenbau,
ein „Feld" groß war seine Bodenfläche,
je zehnmal zwölf Ellen hoch seine Wände,
zehnmal zwölf Ellen hoch ins Geviert der Rand seiner Decke.
Ich entwarf seinen Aufriß und führte ihn aus:
Sechs Böden zog ich ihm ein,
in sieben Geschosse teilt' ich es ein,
seinen Grundriß teilte ich neunfach ein . . .
Was ich hatte, lud ich darein an allerlei Lebenssamen:
Steigen ließ ich ins Schiff all mein Geschlecht und Sippe,
Wild des Feldes, Getier des Feldes;
alle Arten von Handwerkern hab' ich hineinsteigen lassen.

Die Schilderung des Unwetters:

Sechs Tage und sieben Nächte
bläst weiter der Wind, die Sintflut,
ebnet der Südsturm das Land ein.
Wie nun der siebente Tag herbeikam,
schlug der Südsturm die Sintflut nieder im Kampf,
nachdem sie wie eine Gebärende um sich geschlagen.

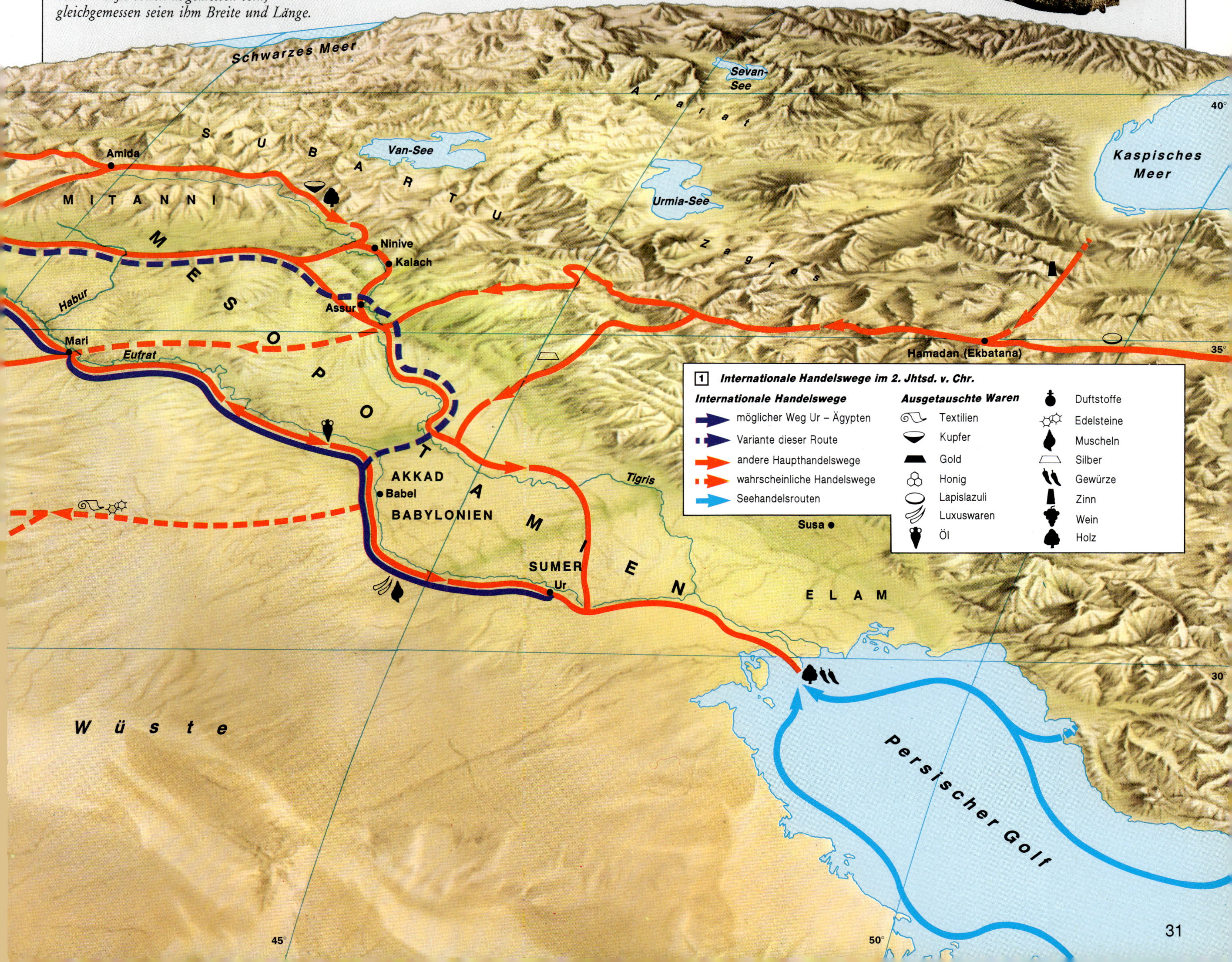

ISRAELS VORGESCHICHTE: VÄTERÜBERLIEFERUNGEN

Wanderungen und Feldzüge in Kanaan nach Genesis 12–14

Die Bibel erzählt, daß Israels Vorfahren aus Mesopotamien nach Kanaan kamen, sich dort im Bergland als Kleinviehhirten aufhielten und auch Heiligtümer (wie Sichem, Bet-El, Beerscheba) gründeten. Der Zeitpunkt ist umstritten; denkbar ist das Ende der Bronze- und der Beginn der Eisenzeit (1300–1150 v. Chr.).

Nach biblischer Überlieferung fanden Israels Väter in Kanaan Stadtstaaten (z. B. Sichem, Gerar) und freie Bürgergemeinden (z. B. Hebron) vor. Sie selber waren danach Hirten, die gelegentlich auch Landwirtschaft betrieben (Gen 26,12–14) oder versuchten, in Städten Aufnahme zu finden (Gen 19,1–14). Meist hielten sie sich im Bergland auf, entlang der Wasserscheide von Sichem über Bet–El nach Hebron und weiter bis nach Beerscheba. Der einzige Vorstoß zur Küste führt nach Gerar (vielleicht Tell Abu Hurere), wo sie einen Stadtstaat der Philister vorfinden (Gen 20 und 26).

Zeitweise nahmen Gelehrte an, Israels Vorfahren seien am Anfang der Mittleren Bronzezeit (2200–2000 v. Chr.) nach Kanaan gekommen; doch zu jener Zeit gab es weder Stadtstaaten noch Siedlungen in der Gegend um Beerscheba. Die den Vätererzählungen zugrundeliegenden Vorstellungen passen nicht zu dem, was wir heute von der Mittleren Bronzezeit wissen.

Vergleicht man etwa Stationen der Väterwanderungen mit Orten, die in Ächtungstexten (vgl. Karte 3), in Feldzugsberichten der Pharaonen der 18. Dynastie oder in den Amarna–Briefen genannt werden, so findet man kaum Übereinstimmungen. In den Gegenden, wo nach biblischer Überlieferung die Väter lebten, lagen die Stadtstaaten weit verstreut.

Zudem nennen die Vätererzählungen Volksgruppen, die den Quellen der Mittleren und Späten Bronzezeit unbekannt sind: Philister, Midianiter, Ismaeliter; Edom, Moab, Ammon sollen von den Vätern abstammen. Mit gutem Grund datiert man die Vätererzählungen also an das Ende der Bronze- und den Beginn der Eisenzeit. Vom Standpunkt der späten israelitischen Königs–, Exils– und Nachexilszeit aus sind sie später mit unterschiedlicher Zielsetzung wiederholt neu erzählt worden.

Kanaan in der Mittleren Bronzezeit

In der ersten Epoche der Mittleren Bronzezeit (MB I) ermöglichte der Rückgang städtischer Siedlungen den Zustrom halbnomadischer Hirten, die ärmliche Dörfer oder Lager errichteten, oft am Ufer der Flüsse (vor allem im Ostjordanland), gelegentlich auf Ruinen frühbronzezeitlicher Städte. Sie waren wohl aus der Steppe vom Rand der Arabischen Wüste gekommen, denn dort liegen die Fundorte ihrer Lagerplätze und ihrer wenigen festen Siedlungen am dichtesten beieinander. Beziehungen nach Ägypten, das in dieser Zeit eine Schwächeperiode durchmachte, hatten sie kaum.

Am Beginn der zweiten Epoche der Mittleren Bronzezeit (MB IIA, 2000–1750 v. Chr.) entstanden von neuem städtische Zentren. Der Anstoß dazu kam von Norden (Phönizien, Syrien) und wirkte sich besonders an der Küste aus. In der MB IIB blühten die Küstenstädte auf, feste Handelsbeziehungen nach Ägypten sind bezeugt.

Auaris, eine in der Mittleren Bronzezeit (MB IIA) in Ägypten gegründete Handelskolonie, ist in MB IIB stark gewachsen und importiert zahlreiche Waren aus Südkanaan. Am Ende der Epoche (MB IIC) ist Auaris politische Hauptstadt; ihre Herrscher (die 15. Dynastie) kontrollieren das Delta und einen Teil Mittelägyptens. Ihre Skarabäen–Siegel und die ihrer Beamten findet man im Süden Kanaans bis hin zum Karmel. In Ägypten heißen sie *Herrscher der Fremdländer*; sie sind die *Hyksos* Manethos (des griechisch schreibenden ägyptischen Historiographen aus dem 3. Jh. v. Chr.).

Schriftliche Quellen der Mittleren Bronzezeit

Nur wenige schriftliche Quellen beleuchten Kanaan in der Mittleren Bronzezeit. Ein ägyptischer „Roman" (vielleicht die Kopie einer Grabinschrift) erzählt von dem hochrangigen politischen Flüchtling Sinuhe. In der Sinaiwüste hilft ihm ein Hirtenclan, dessen Anführer ihn von Ägypten her kennt. Er kommt nach Byblos, wo er so viele Ägypter trifft, daß er lieber nach Qedem „umkehrt" (vielleicht ein Ort am See Gennesaret). Dort heiratet er in eine lokale Herrscherfamilie mit dem typisch westsemitischen Namen „Ammi–Ensi" ein, erhält ein Lehen und dient dem Schwiegervater als Offizier. Er lebt hier in einer kultivierten Gesellschaft, die Getreide– und Obstanbau sowie Viehwirtschaft kennt.

Die sogenannten Ächtungstexte (drei verschieden alte Sammlungen von Beschwörungen) verzeichnen auf kleinen

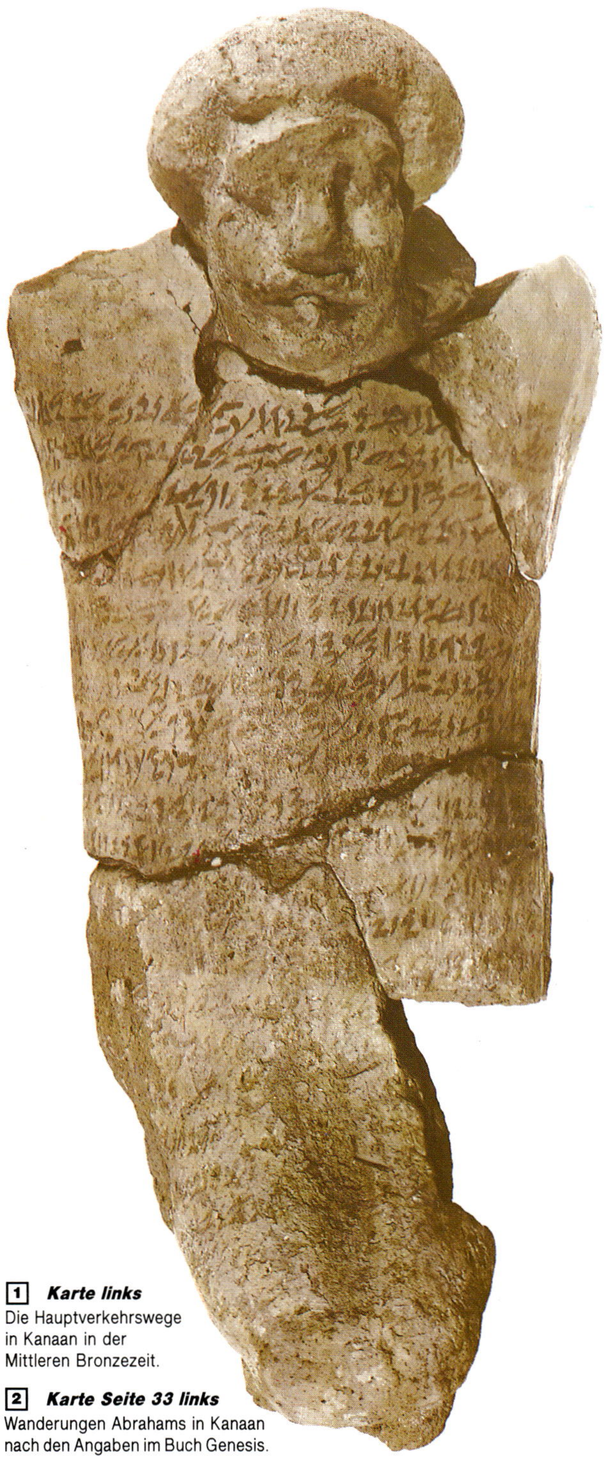

1 Karte links
Die Hauptverkehrswege in Kanaan in der Mittleren Bronzezeit.

2 Karte Seite 33 links
Wanderungen Abrahams in Kanaan nach den Angaben im Buch Genesis.

3 Karte Seite 33 rechts
In ägyptischen Ächtungstexten erwähnte Städte.

4 Abbildung oben
Eine Figur, mit einem Ächtungstext beschrieben. Der auf die Tonfigur geschriebene Fluch wurde magisch in Kraft gesetzt, indem man die Figur zerschmetterte. Die Ächtungstexte liefern dem Historiker Namen fremder Herrscher und Städte, die den Ägyptern als Feinde galten.

Schüsseln oder Figuren die Namen potentieller Feinde des Pharao, u.a. Namen der Herrscher von Retschenu (Kanaan). In der älteren Sammlung (um 1900 v. Chr.) sind nur wenige Städte wiederzuerkennen. Die jüngste Gruppe aber (um 1800) nennt viele aus der Bibel bekannte Orte und westsemitische (amoritische oder kanaanäische) Herrschernamen.

Die Herren Kanaans kamen also wohl aus einer Schicht, die mit den Bewohnern nordsyrischer Staaten und Herrschern Mesopotamiens (Hammurapi von Babel) verwandt war. In der Ebene liegen die kanaanäischen Stadtstaaten dicht beieinander; das gilt auch noch für die Spätbronzezeit. Aus dem Bergland sind nur Sichem und Jerusalem genannt (Schilo, Bet-El und Bet-Zur, die es damals schon gab, bleiben unerwähnt). Bei einem Vergleich der frühen mit späteren Ächtungstexten mag sich ein Trend hin zu stärkerer Zentralisierung abzeichnen, aber nicht – wie man früher annahm – ein Trend vom Nomadentum zum städtischen Leben.

ABRAM ZOG DURCH DAS LAND BIS ZUR STÄTTE VON SICHEM, BIS ZUR ORAKELEICHE. DIE KANAANITER WAREN DAMALS IM LAND. DER HERR ERSCHIEN ABRAM UND SPRACH: DEINEN NACHKOMMEN GEBE ICH DIESES LAND. DORT BAUTE ER DEM HERRN, DER IHM ERSCHIENEN WAR, EINEN ALTAR. VON DA BRACH ER AUF ZUM BERGLAND ÖSTLICH VON BET-EL UND SCHLUG SEIN ZELT SO AUF, DASS ER BET-EL IM WESTEN UND AI IM OSTEN HATTE. DORT BAUTE ER DEM HERRN EINEN ALTAR UND RIEF DEN NAMEN DES HERRN AN. DANN ZOG ABRAM IMMER WEITER, DEM NEGEB ZU. GEN 12,6–9

2 *Wege der Patriarchen durch Kanaan nach den Angaben im Buch Genesis*
Wanderungen Abrahams in Kanaan nach Gen 12–13
Sagenhafter Feldzug Kedor-Laomers gegen kanaanäische Könige, Gen 14
○ Siedlung der Mittleren Bronzezeit I (2200–2000 v. Chr.)
• Siedlung der Mittleren Bronzezeit II (2000–1550 v. Chr.)

3 *Identifizierbare Orte aus den ägyptischen Ächtungstexten*
• aus dem Text von ca. 1900 v. Chr.
• aus dem Text von ca. 1800 v. Chr.

Die Bibel erzählt: Jakob hat seinen Bruder um den Segen des Vaters geprellt; die Mutter Rebekka drängt ihn, vor den Mordplänen des Betrogenen nach Haran zu fliehen. Rebekka stammt von einem Bruder Abrahams ab; Jakob soll an die verwandtschaftlichen Bindungen anknüpfen und in der Familie des Bruders Rebekkas, bei Laban, dem Aramäer, eine Frau suchen.

Haran, eine größere Stadt im Nordwesten Mesopotamiens, ist mehr als 1000 km von Jakobs Heimat Beerscheba entfernt. Sie liegt am Balich, einem östlichen Nebenfluß des Eufrat; dementsprechend erzählt Gen 31,21, daß Jakob bei der Rückkehr „den Fluß", d.h. den Eufrat, überqueren mußte.

Haran war berühmt als Station einer internationalen Handelsroute und als Kultzentrum des Mondgottes Sin. Biblische Autoren nennen das Gebiet um Haran *Paddan–Aram* oder *Aram–Naharajim* (d.h. „Aram zwischen den beiden Strömen"); es liegt zwischen dem Fluß Chabur und dem Eufratknie im Westen.

Jakob wandert von Beerscheba aus zunächst an Hebron, Jerusalem, Schilo, Sichem vorbei. In Bet–El, das noch Lus heißt, erscheint ihm Gott im Traum (Gen 28,12–17). – Zwei größere Wege führten von Kanaan zum Eufrat hinüber, einer von Damaskus über Tadmor und Mari nach Babel, der andere, den man sich für die Reise Jakobs eher vorstellen möchte, führte nordwärts bis Hamat, von dort nach Karkemisch.

In Haran gehört Jakob zum Haushalt Labans und heiratet seine Kusinen Rahel und Lea. Seine Rückkehr nach Palästina mag man sich als Reise über Damaskus denken; dort begann der *Königsweg*, eine wichtige Handelsroute, die Städte wie Ramot–Gilead und Rabba im Ostjordanland berührte und über Edom, die Heimat Esaus, zum Roten Meer führte. Diese direkte Reiseroute würde gut zu Jakobs eiligem Aufbruch aus Haran passen. Die Bibel erzählt, Laban habe Jakob nach siebentägiger Wanderung im Bergland von Gilead eingeholt. Nach harter Auseinandersetzung schließen die beiden Männer einen Vertrag und häufen zur Erinnerung daran Steine zu einem Gal–'Ed (Hügel des Zeugnisses), der als Zeuge der Übereinkunft dienen soll. Von dort steigt Jakob ins Tal des Jabbok hinab; hier begegnet ihm Gott ein zweites Mal bei Penuel („Angesicht Gottes"). Bald darauf kommt es im Streit mit Esau zur Versöhnung. Esau kehrte nach Süden zurück ins Gebirge von Edom, Jakob überquert den Jordan. Eine Zeitlang hält er sich bei Sichem auf, später bei Bet–El, um schließlich zu seinem Vater nach Hebron zurückzukehren.

Die Stadt Mari

Mari am Westufer des Eufrat, etwa 300 km südöstlich von Haran, wurde 1933 entdeckt. Die Ausgräber stießen bald auf den Palast des Königs Zimri–Lim (Abb. 4). Die Überreste des riesigen Komplexes führen eindrucksvoll vor Augen, wie man sich das Leben in dieser Gegend am Eufrat in der ersten Hälfte des zweiten Jahrtausends vorzustellen hat. Noch präzisere Auskünfte geben die etwa 25 000 Keilschrifttafeln, die man dort fand. Man erfährt, daß Mari Handel trieb mit Kanaan, Hattuscha in Anatolien, Städten auf Alaschija (Zypern) und Kreta. Zinnlieferungen aus Lajisch und Hazor sind erwähnt. Aus anderen Tafeln erfährt man von göttlichen Traumoffenbarungen, diplomatischen Verhandlungen, Gesetzen und Verträgen; manche enthalten gar triviale Schülerbriefe. Ein Junge schilt seine Mutter, die ihn nicht ordentlich mit Kleidung versorge; er schreibt: „Wolle hat man bei uns verbraucht wie Brot, meine Kleider aber hast du immer billiger gemacht ... Je billiger und knapper du meine Kleider machtest, desto reicher wurdest du."

ISRAELS VORGESCHICHTE: VÄTERÜBERLIEFERUNGEN

Jakobs Reise nach Haran

Ein wichtiger Teil der Väterüberlieferungen spielt fern von Kanaan, fern der Heimat Israels. Nach Gen 12 macht Abraham in Haran, im Gebiet der Aramäer, am oberen Eufrat, Station; Isaaks Frau Rebekka kommt von dort; Jakob verbringt dort 20 Jahre als Hirt im Dienste Labans. Funde der Archäologen machen es möglich, eine Vorstellung der alten Geschichte dieser Gegend zu gewinnen. Eine Blütezeit war besonders die erste Hälfte des zweiten Jahrtausends; vom Klima her hätte man in dieser Gegend vor allem Viehwirtschaft erwartet, damals jedoch brachte der Handel Wohlstand dorthin.

Ebla in Nordsyrien

Zur gleichen Zeit wie Mari blühte Ebla, das man 1964 beim Tell Mardich entdeckte, rund 55 km südwestlich von Aleppo. Tausende an Keilschrifttafeln aus der Zeit von etwa 2400 bis 2250 v. Chr. fand man auch dort. Es geht aus ihnen u. a. hervor, daß Ebla durch Handel und Politik Einfluß besaß vom Süden Mesopotamiens bis nach Palästina. Noch in altsyrischer Zeit (um 2000 bis 1600 v. Chr.) war der Ort bewohnt; an der Architektur aus dieser Periode ist abzulesen, daß Ebla weiterhin mit Kanaan in Verbindung stand (siehe Abb. 2).

MACH DICH AUF, GEH NACH PADDAN–ARAM, ZUM HAUS BETUELS, DES VATERS DEINER MUTTER! HOL DIR DORT EINE FRAU, EINE VON DEN TÖCHTERN LABANS, DES BRUDERS DEINER MUTTER! GEN 28,2

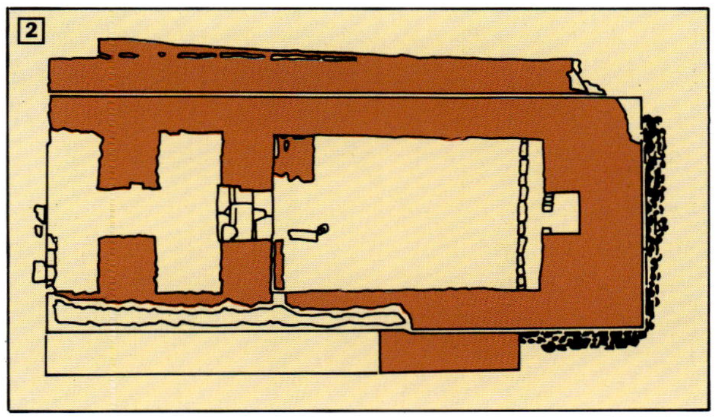

3 Oben
Das Südwesttor Eblas. Die Stadt war von einem etwa 30 m breiten, 19,5 m hohen Wall umgeben. Zu betreten war sie durch einen Torweg mit doppelten Toren. Diese Form des Stadttores war wahrscheinlich ein Vorläufer israelitischer Stadttore (vgl. S. 86, Abb. 1).

4 Oben rechts
Die Stadt Mari im 2. Jhtsd. v. Chr. Der Palast Zimri–Lims umfaßte mehr als 260 Höfe und Räume.

5 Unten rechts
Teil einer Wandmalerei aus dem Palast Zimri–Lims.

6 Unten rechts außen
Zimri–Lim herrschte in Mari um 1800 v. Chr. Hammurapi von Babel besiegte ihn im Jahre 1760.

2 Oben
Grundriß des großen Tempels von Ebla (Tell Mardich). Der Tempel war in der ersten Hälfte des zweiten Jahrtausends in Gebrauch. Er ist ein frühes Beispiel einer weitverbreiteten Art des Tempelbaus. Sehr wahrscheinlich steht der Tempel Salomos, errichtet im 10. Jahrhundert (vgl. S. 86), in der gleichen Bautradition, die zur Zeit Salomos also bereits seit 1000 Jahren in Syrien beheimatet war.

1 Karte rechts
Gen 28–33 erzählt von Jakobs Reise nach Haran, seinem Aufenthalt dort und seiner Rückkehr nach Kanaan. Aus verschiedenen Quellen sind wir heute über Reisewege im Alten Vorderen Orient informiert. Es ist aufschlußreich, die Jakobssagen damit zu vergleichen: Die großen Handelszentren, über die Jakobs Weg führte, sind für die biblischen Erzähler unwichtig; die wichtigsten Stationen der Reise, Stätten der Begegnung Jakobs mit Gott, sind Bet–El und Penuel, damals unbedeutende Orte.

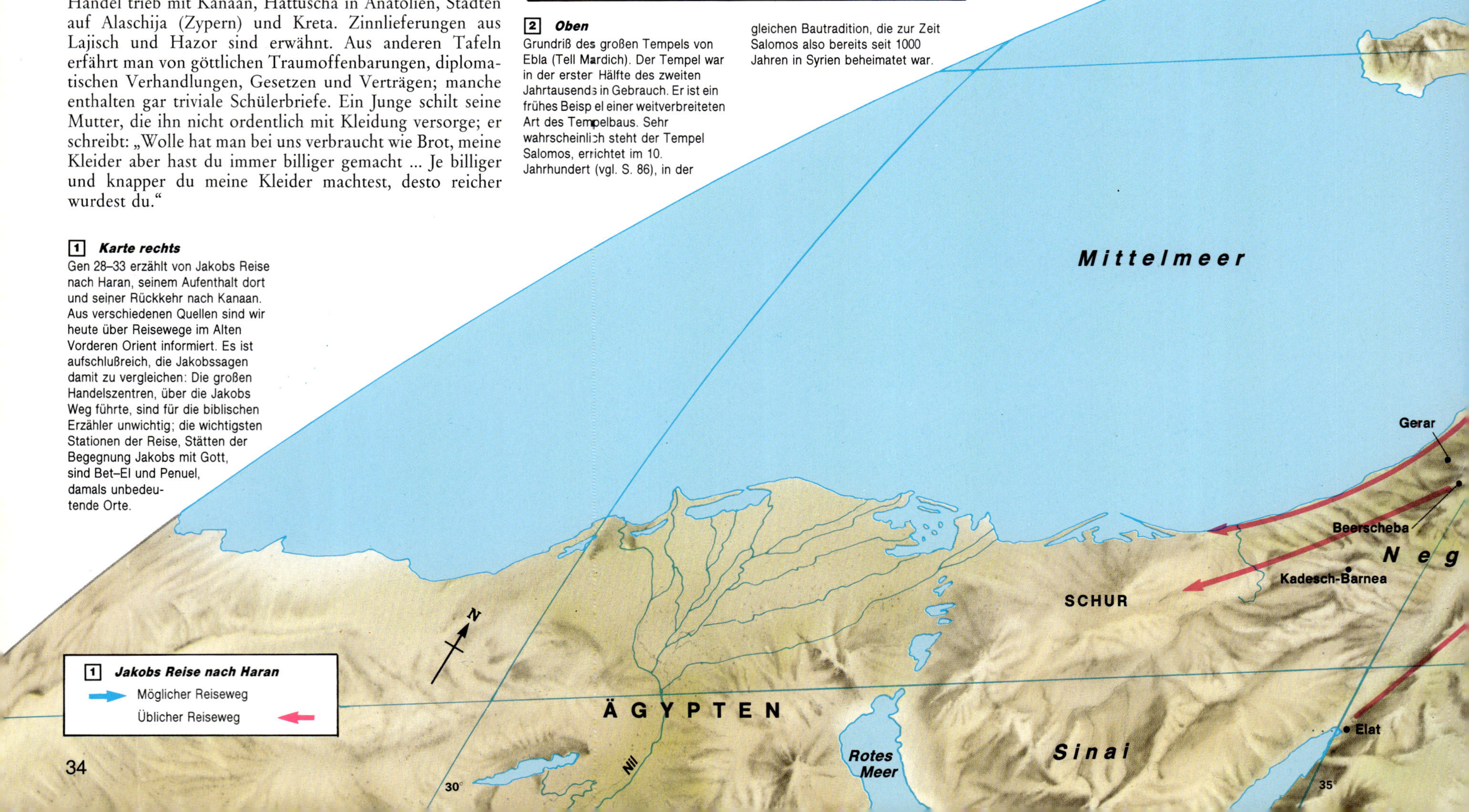

4

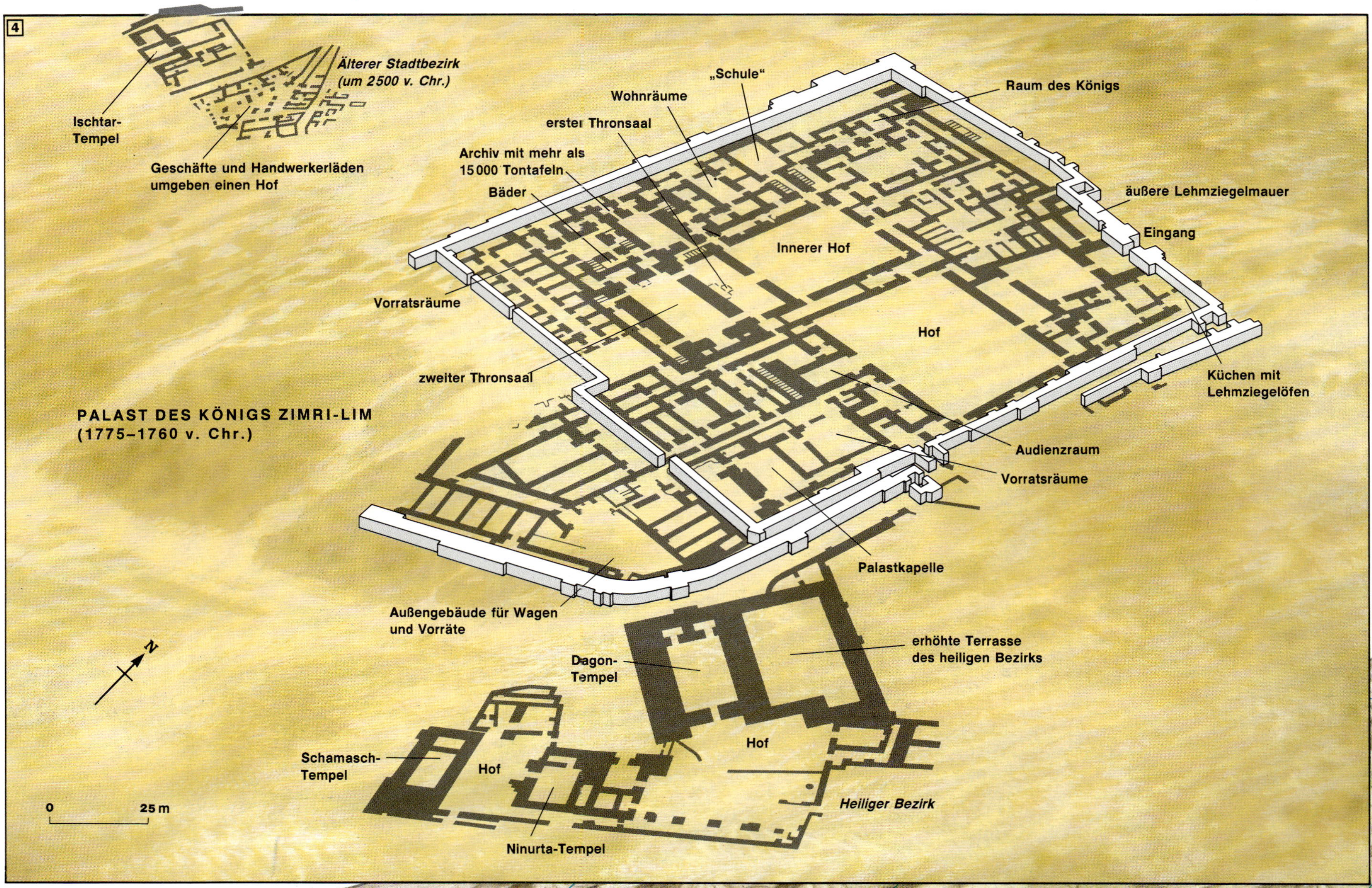
PALAST DES KÖNIGS ZIMRI-LIM
(1775–1760 v. Chr.)
Ischtar-Tempel
Älterer Stadtbezirk (um 2500 v. Chr.)
Geschäfte und Handwerkerläden umgeben einen Hof
„Schule"
Wohnräume
erster Thronsaal
Raum des Königs
Archiv mit mehr als 15000 Tontafeln
Bäder
äußere Lehmziegelmauer
Eingang
Innerer Hof
Vorratsräume
Hof
zweiter Thronsaal
Küchen mit Lehmziegelöfen
Audienzraum
Vorratsräume
Palastkapelle
Außengebäude für Wagen und Vorräte
N
Dagon-Tempel
erhöhte Terrasse des heiligen Bezirks
Hof
Schamasch-Tempel
Hof
Heiliger Bezirk
Ninurta-Tempel
0
25 m

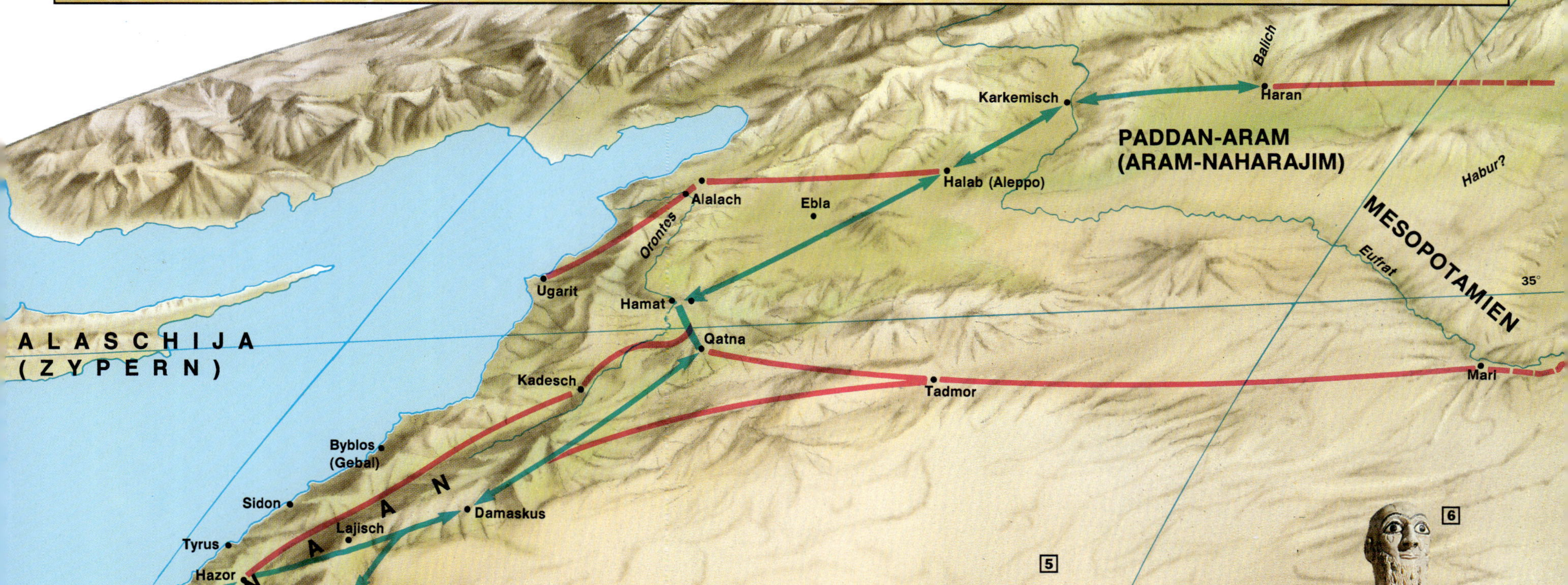
40°
Balich
Karkemisch
Haran
PADDAN-ARAM
(ARAM-NAHARAJIM)
Halab (Aleppo)
Alalach
Ebla
Habur?
MESOPOTAMIEN
Orontes
Eufrat
Ugarit
Hamat
35°
Qatna
ALASCHIJA
(ZYPERN)
Kadesch
Tadmor
Mari
Byblos
(Gebal)
KANAAN
Sidon
Damaskus
Lajisch
Tyrus
Hazor
Aschtarot
Megiddo
Dotan
Bet-Schean
Ramot-Gilead
Sichem
Sukkot
GILEAD
Schilo
Jordan
Penuel
Bet-El (Lus)
Ai
Mahanajim
Rabba
Jerusalem
Betlehem
Hebron
Königsweg
Totes Meer
EDOM
30°
40°

5

6

ISRAELS VORGESCHICHTE:
VÄTERÜBERLIEFERUNGEN

Josef, nach Ägypten verkauft

Gen 37 ff erzählt, wie Josef, Jakobs Sohn, den Neid seiner Brüder erregt; sie verkaufen ihn an Sklavenhändler; so kommt er nach Ägypten. Dort steigt er auf in ein hohes Amt. Als nun eine Hungersnot über Kanaan hereinbricht, reisen die Brüder nach Ägypten, um Getreide zu kaufen. Statt Rache zu nehmen, versöhnt Josef sich mit ihnen und sorgt für sie. Ägypten war im Altertum ein fruchtbares Land, das Getreide im Überfluß produzierte. Hungernde aus ärmeren Ländern suchten oft dort Hilfe.

Viele Einzelheiten der Josefserzählung in Gen 37–50 passen zu dem, was man heute vom Leben im Alten Ägypten weiß. Oft kamen Fremde nach Ägypten; darunter gewiß auch „midianitische" oder „ismaelitische" Händler wie die, die Josef verkauften. Die Städte Sichem und Dotan, die im Bericht von Josefs Wanderung in Gen 37 vorkommen, blühten nach archäologischem Befund schon seit der Mittleren Bronzezeit.

Josef wurde Sklave eines Ägypters: Ein Dokument aus der Zeit um 1740 v. Chr. nennt 79 Diener eines ägyptischen Haushaltes; mehr als die Hälfte trägt semitische Namen wie Jakob, Ascher, Issachar u. a. 20 Schekel, der Preis, für den die Brüder Josef verkauften (Gen 37,28), war nach dem Hammurapi-Kodex und Gesetzen aus Mari der Durchschnittspreis für einen Sklaven.

Eine Hungersnot in ihrer Heimat zwingt Josefs Brüder, in Ägypten Getreide zu kaufen: Auch ägyptische Quellen wissen von hungernden Fremdlingen aus der Ferne, die im fruchtbaren Ägypten mit seinen Getreideüberschüssen Hilfe erbitten. Zuweilen aber fiel auch in Ägypten die Ernte schlecht aus; an das biblische Motiv der sieben mageren Jahre sieht man sich bei einer ägyptischen Inschrift aus hellenistischer Zeit erinnert, die von einer siebenjährigen Hungerperiode spricht.

Der biblische Erzähler kennt offenbar ägyptische Bräuche. Aus einer altägyptischen Gefängnisliste geht etwa hervor, daß es in größeren Gefängnissen Direktor und Aufseher gab (vgl. Gen 39,22); eine andere macht bis zu sieben verschiedene Angaben über Gefängnisinsassen, angefangen von deren Namen und Geschlecht bis zum Entlassungsvermerk. Von Frauen, die, wie die Ägypterin bei Josef, sexuelle Abenteuer suchen, sprechen auch der Papyrus Westcar (18. Jh. v. Chr.) und der jüngere Papyrus d'Orbiney (vgl. S. 39).

Was die Josefserzählung vom königlichen Mundschenken und Bäckermeister berichtet, entspricht Nachrichten über Männer in der Stellung des Hausdieners oder Mundschenken am Hof des Pharao, die, direkt dem Pharao unterstellt, hoch angesehen und einflußreich waren. Daß Josef Träume deuten kann, paßt zu einer Zeit, in der man derlei Praktiken ungemein hoch schätzte; es gab sogar Handbücher für den Unterricht in der Kunst der Traumdeutung. Nach Gen 41,42 erhielt Josef bei der Amtseinsetzung eine goldene Halskette und das königliche Siegel, nach ägyptischen Quellen die übliche Form der Bestallung. Die Einbalsamierung des Leichnams Josefs und die Beisetzung in einem Sarg entsprechen nicht hebräischer Sitte, sondern waren typisch ägyptische Bräuche.

Das Auftreten der Hyksos

Manche Gelehrte halten es für denkbar, daß in der Josefserzählung ferne Erinnerung an eine Zeit nachklingt, in welcher Fremde in Ägypten herrschten, die sogenannten *Hyksos* (vgl. S. 32). Deren Vorfahren stammten aus der Levante, von wo sie als Holzarbeiter, Schiffbauer und Schmiede nach Ägypten gekommen waren, wie die Funde vom Tell el-Dab'a, dem alten Auaris, nahelegen. Eselsbestattungen weisen auf Beziehungen zu Karawanen früherer Clans im nördlichen Mesopotamien hin. Woher die Hyksos kamen, ist ungewiß; manche tragen semitische, andere hurritische Namen oder Namen unsicherer Herkunft. Wichtiger ist, daß sie Pferde kannten, d.h. die für Ägypten neue militärische Technik des Streitwagenkampfes. –

In ägyptischen Quellen begegnen vom 19. und 18. Jahrhundert an immer mehr Fremde auf hohen und niederen Posten in Ägypten, in großen Privathaushalten oder im Dienst von Institutionen wie den Tempeln und der Tempelverwaltung. Ihr Zustrom wuchs; in der 13. Dynastie gab es schließlich einen Pharao mit einem semitischen Namen (Chendjer, vgl. semitisch *chansir*, Eber). Zwischen 1750 und 1650 v. Chr. mag es dem einen oder anderen Häuptling gelungen sein, örtlich begrenzt Herrschaft im Ostdelta auszuüben (die sogenannte 16. Dynastie). Da die Könige der 12. und 13. Dynastie mit dem bei *Auaris* gelegenen Ro-waty den Schlüssel zum Delta in der Hand hatten (wahrscheinlich besaßen sie dort eine Sommerresidenz), lernten diese „naturalisierten" Häuptlinge das politische Tagesgeschäft ägyptischer Könige kennen. Um 1650 v. Chr. beherrschte einer dieser Hyksos-Herren das ganze Land bis nach Memphis; er begründete damit die 15. oder *Hyksosdynastie.*

Die Könige der 13. Dynastie sahen sich auf Theben und den Süden beschränkt und wurden von den Hyksoskönigen wie Vasallen behandelt, ebenso die nur schattenhaft existierende 14. Dynastie im Ostdelta. Die Sommerresidenz Ro-waty verlegten (oder vergrößerten) die Hyksoskönige nach Auaris, dem Zentrum der Verehrung Sets, der unter den ägyptischen Göttern am ehesten den Wettergöttern des Nahen Ostens wie Baal, Teschub, Hadad gleicht. Die Hyksos ahmten ägyptische Königsriten nach und ließen die ägyptische Bürokratie im allgemeinen bestehen, besetzten aber wichtige Posten mit Fremden.

Ungewiß ist, wie weit sie Kanaan beherrschten. Kamose von Theben nennt seinen Hyksosgegner Apophis „Herrscher von Retschenu"; sah er in ihm den Herrn über einen Teil Palästinas? Skarabäensiegel der Hyksos und ein zerbrochener Türsturz aus der Nähe von Jabne mit Resten einer Inschrift, die deren Königstitel enthält, könnten anzeigen, daß ihr Herrschaftsbereich bis nach Jafo reichte und am kanaanäischen Hügelland entlang vom Tell Bet Mirsim bis Geser. Die Vorstellung von einem großen „Hyksosreich" ruht jedoch auf unsicherem Fundament. Einzelne Hyksosobjekte aus Jericho und dem Karmel weisen eher auf lockere Beziehungen hin, in Kreta und in Bogazköj (Kleinasien) entdeckte Gegenstände, die den Namen des Königs Chjan tragen, auf diplomatische und Handelsbeziehungen; eine kleine Löwenfigur aus Bagdad wird später als einzelnes Beutestück dorthin gekommen sein.

Um 1560–1540 v. Chr. erhoben sich tatkräftige Herrscher Thebens gegen die Hyksos. Ihr erster, Seqenenre, kam wahrscheinlich in der Schlacht um; sein Nachfolger Kamose trieb die Hyksos bis nach Auaris ins Ostdelta zurück. Sein Bruder Ahmose I. (der Gründer der 18. Dynastie und des Neuen Reiches) brauchte aber noch zehn Jahre, bis er Chamudi, den letzten Hyksoskönig, vertrieben hatte; drei Jahre lang mußte er dann nach Scharuhen (Tell Adschul?) belagern, um die Macht der Hyksos im Süden Kanaans endgültig zu brechen. Die Ägypter waren entschlossen, sich solche Eindringlinge künftig vom Leibe zu halten; darum banden sie Städte Kanaans als Vasallen an Ägypten und verstärkten ihren Einfluß im Nahen Osten.

JOSEF HATTE MAN NACH ÄGYPTEN GEBRACHT. EIN HOFBEAMTER DES PHARAO, EIN ÄGYPTER NAMENS POTIFAR, DER OBERSTE DER LEIBWACHE, HATTE IHN DEN ISMAELITERN ABGEKAUFT, DIE IHN DORTHIN GEBRACHT HATTEN. DER HERR WAR MIT JOSEF, UND SO GLÜCKTE IHM ALLES. ER BLIEB IM HAUS SEINES ÄGYPTISCHEN HERRN. DIESER SAH, DASS DER HERR MIT JOSEF WAR UND DASS DER HERR ALLES, WAS ER UNTERNAHM, UNTER SEINEN HÄNDEN GELINGEN LIESS. SO FAND JOSEF SEIN WOHLWOLLEN, UND ER DURFTE IHN BEDIENEN. ER BESTELLTE IHN ZUM VERWALTER SEINES HAUSES UND VERTRAUTE IHM ALLES AN, WAS ER BESASS.
GEN 39,1–4

2

3

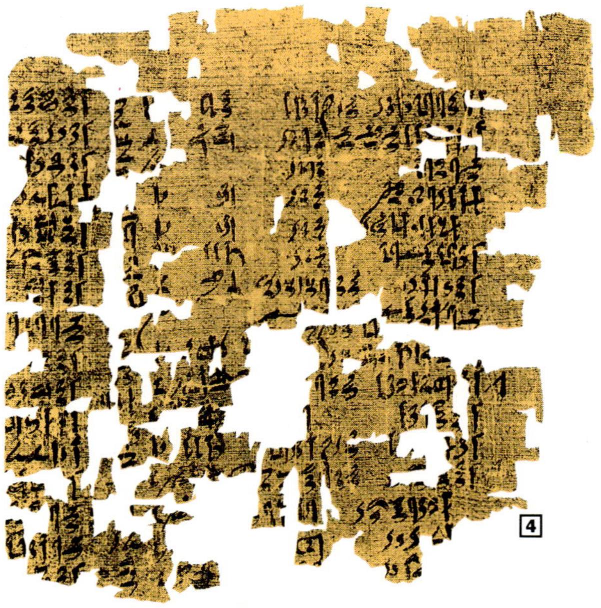
4

5

1 ***Karte unten***
Nach der Josefserzählung zog die Familie Jakobs mit ihren Herden im ganzen westjordanischen Bergland, zwischen Hebron und Dotan, umher. Dotan (wo nach Ger 37 Josef an midianitische Händler verkauft wurde) liegt an einem bekannten Handelsweg; er führt von Gilead her über die Jordanfurten bei Bet-Schean, durch die Jesreelebene, am Karmel vorbei, zur Küstenebene und nach Ägypten. Ziel von Händlern, die hier unterwegs waren, war Auaris in Ägypten. Regierungshauptstadt der Hyksos war Memphis.

2 ***Oben***
Eine Szene aus dem Grab des Provinzgouverneurs Chnumhotep. Nach der Inschrift stellt sie „37 Asiaten, die Augenschminke bringen", dar. Mit ihren Bärten und bunten Kleidern unterscheiden sie sich von den dunkelhäutigen, glattrasierten Ägyptern, die weiße Röcke tragen. Die Figuren sind etwa 45 cm groß.

3 ***Oben***
Hungernde Asiatinnen. Aus einem Relief am Aufgang zur Pyramide des Pharao Unas in Sakkara (2480–2350).

4 ***Links***
Teil einer Sklavenliste eines ägyptischen Privathauses um 1740 v. Chr. Viele der Sklaven haben semitische Namen.

5 ***Unten links***
Ein Beamter namens Paser erhält von Sethos I. das Ehrengold. Die Darstellung erinnert an die Josefserzählung.

6 ***Unten***
Der Wettergott Baal. Auaris war ein Kultzentrum des ägyptischen Gottes Set, der dem kanaanäischen Baal gleichgesetzt wurde.

6

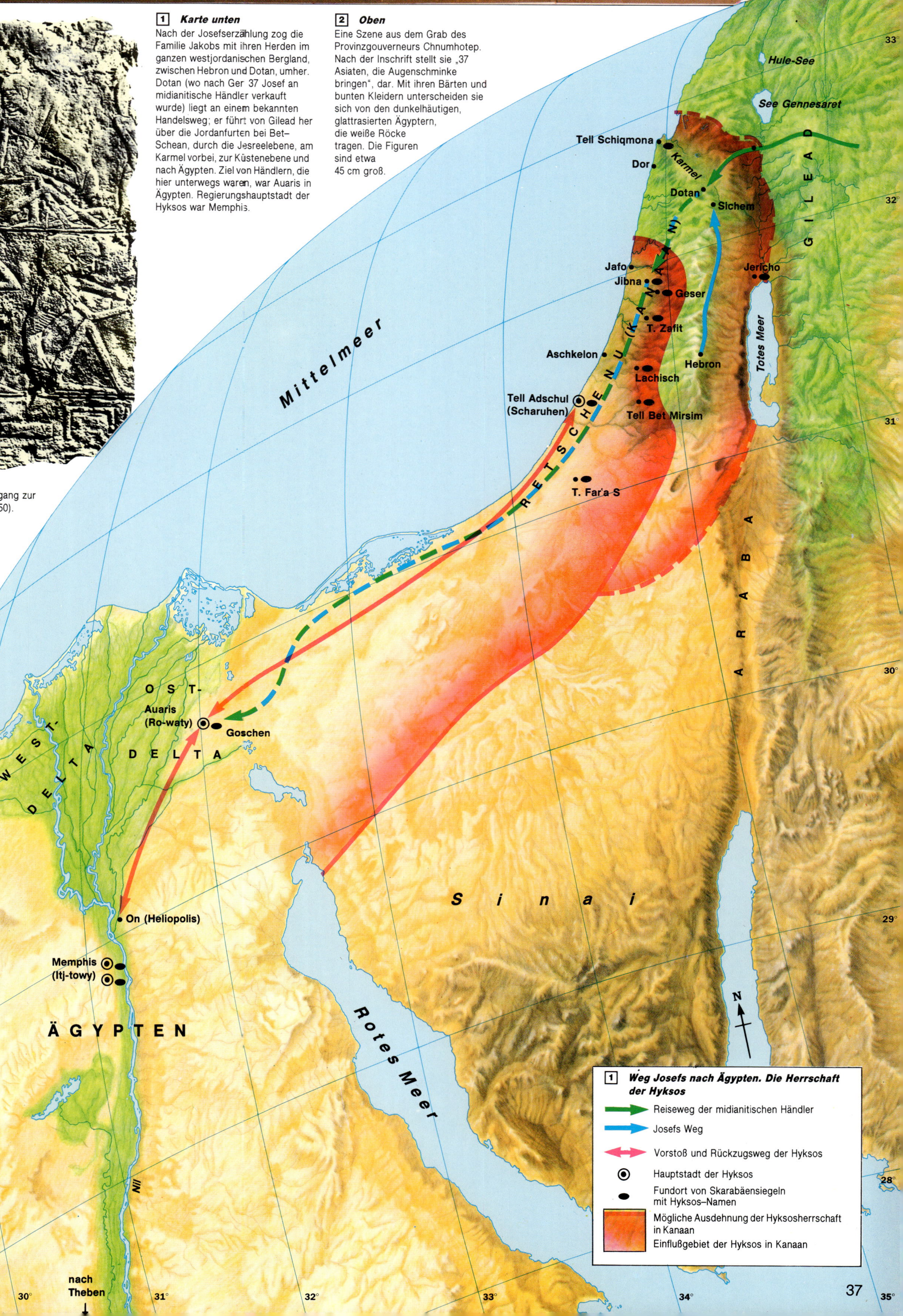

ISRAELS VORGESCHICHTE: VÄTERÜBERLIEFERUNGEN

Alltagsleben im Alten Ägypten

Dank der außergewöhnlichen Fruchtbarkeit des vom Nil bewässerten Landes entstand im Alten Ägypten eine hochentwickelte Kultur. Eine gut ausgebaute Verwaltung, schlagkräftige Heere, Baukunst und bildende Kunst verschafften Ägypten Macht und Einfluß im Alten Orient.

Altägypten besaß eine bäuerliche Bevölkerung: Pächter und Arbeiter auf den Ländereien der Krone, der Tempel und des Adels und Bauern, die ein Stückchen eigenes Land bebauten. Den Lebensrhythmus bestimmte die jährliche Nilflut; sie ermöglichte Bewässerung und lud den Schlamm ab, der Ägypten zum fruchtbarsten Land des Alten Orients machte. Wenn im Oktober das Wasser fiel, waren Felder und Grundbesitz neu zu vermessen, Bewässerungskanäle zu reinigen, Saaten auszubringen.

Hauptsächlich baute man Emmer (Weizen) und Gerste an. Brot aus Weizen, Bier aus Gerste waren die Grundnahrungsmittel. Flachs brauchte man für die Herstellung von Leinen. In Gärten wuchs Gemüse wie Salat und Linsen; zu großen Gütern gehörten Weingärten. Vieh- und Geflügelzucht lieferten Fleisch.

Sobald die Ernte reifte, schätzten Steuerbeamte den Ertrag und setzten die Abgaben fest. Steuern waren in Naturalien zu zahlen, die man in staatlichen Vorratshäusern lagerte. Meist konnte die Bevölkerung von der Ernte gut leben; oft blieb ein Überschuß in den Speichern. Bei geringer Nilschwemme aber verminderte sich der Ernteertrag; kam das mehrmals nacheinander vor, brach eine Hungersnot aus.

Wenn während der Überschwemmung die Landwirtschaft ruhte, wurden die Bauern zur Arbeit an staatlichen Bauten herangezogen. Es muß aber auch einen festen Stamm von Bauspezialisten gegeben haben. Wohlhabende konnten sich von der Fronarbeit freikaufen, indem sie Ersatzleute stellten.

Altägyptische Dörfer sind, abgesehen von einigen Arbeitersiedlungen, kaum erhalten. Die Häuser, an schmalen Gassen aufgereiht, waren durch einen Torweg zu betreten und bestanden aus drei oder vier zusammenhängenden Räumen, die mit Truhen, Hockern, Stühlen, Tischen spärlich möbliert waren. Eine Treppe führte auf das Flachdach, wo die Familie heiße Sommerabende verbrachte. Gebaut wurde mit Ziegeln aus dem reichlich vorhandenen Lehm. Damit der Lehm die richtige Konsistenz bekam, mischte man ihn mit Wasser und knetete Stroh ein. Die in einer Form gepreßten Ziegel härteten an der Sonne aus. Eine kleinere Sorte Ziegel brauchte man für Wohnhäuser, eine größere für öffentliche Gebäude.

Bauern- und Landarbeiterdörfer sahen wohl ähnlich aus, waren aber gewiß unregelmäßiger angelegt. Natürlich besaßen Adelige und hohe Beamte größere Häuser, geräumigere Zimmer, mehr Möbel und sogar eingefriedete Gärten.

Die ägyptische Verwaltung

Eine ganze Hierarchie an Beamten führte Aufsicht über die Alltagsarbeit der Ägypter. An ihrer Spitze stand der König. Normalerweise ererbte er seinen Rang vom Vater, aber es kam auch vor, daß eine Dynastie gestürzt wurde und eine neue Familie, oft aus Militärkreisen, an ihre Stelle trat.

Die Residenz des Pharao lag an wechselnden Orten. Zu Beginn des Neuen Reiches rückte Theben an den ersten Platz und blieb seitdem religiöse Hauptstadt und königliche Residenz. Doch die Stadt lag zu sehr im Süden, besonders als Ägypten sich mehr und mehr in Westasien engagierte. Memphis war die Hauptstadt des Nordens; sie behielt ihre Bedeutung auch, als im Delta neue Hauptstädte entstanden wie Auaris zur Zeit der Hyksos oder Pi-Ramses (heute Qantir) zur Zeit der Ramessiden. Die Reichsverwaltung war zwei Wesiren übertragen, dem einen für Ober-, dem anderen für Unterägypten.

Zahlreiche Beamte unterstanden den Wesiren, angefangen vom Schatzmeister, Speicherverwalter, Aufseher über das Vieh bis hin zu Ortsbeamten wie den Bürgermeistern. Jedes wichtige Amt hatte einen eigenen Stab an Schreibern, Türhütern und anderen Hilfskräften. Der Wesir war anfangs auch für die Verwaltung der riesigen Tempelbesitz-

1 Karte unten rechts
Der Nil schafft einen Streifen fruchtbaren Bodens durch ganz Ägypten. Im Süden liegt die Hauptstadt des Neuen Reiches, Theben; im Norden waren Memphis und Auaris – Pi-Ramses wichtige Verwaltungszentren.

2 Oben rechts
Statue eines Schreibers, aus der 5. Dynastie, aus Sakkara. Aus bemaltem Kalkstein, die Augen sind Einlegearbeit aus Quarz, Kristall und Ebenholz. Etwa 50 cm hoch.

3 Rechts
Palast Amenophis' III. in Malqata/Theben, erbaut z.Z. der 18. Dynastie.
Erläuterungen zum Grundriß:
1. Größter Audienzsaal
2. Großer Audienzsaal
3. Kleiner Audienzsaal
4. Säulenvorraum, großer Haremssaal
5. Thronraum
6. Baderaum
7. Vorraum zum königl. Schlafraum
8. Schlafraum des Königs
9. Küchen
10. Südlicher Palast

4 Unter dem Palastgrundriß
Holzmodell eines Getreidespeichers aus einem Grab. Die Ägypter waren überzeugt, mit solchen Grabbeigaben für ein Leben nach dem Tode vorsorgen zu können. Diesem Glauben verdanken wir viele Darstellungen ihres Alltagslebens.

5 Unten links
Eine andere Grabbeigabe, ein Mann führt an zwei Griffen einen von zwei Ochsen gezogenen Pflug.

6 Unten, zweite Darstellung von links
Das Grabgemälde stellt Tätigkeiten bei der Ernte dar (unten: Einbringen des Getreides; oben: Dreschen und Worfeln). Aus dem Grab des ägyptischen Beamten Nacht, aus der Regierungszeit Thutmosis' IV., (etwa 75 cm hoch).

3
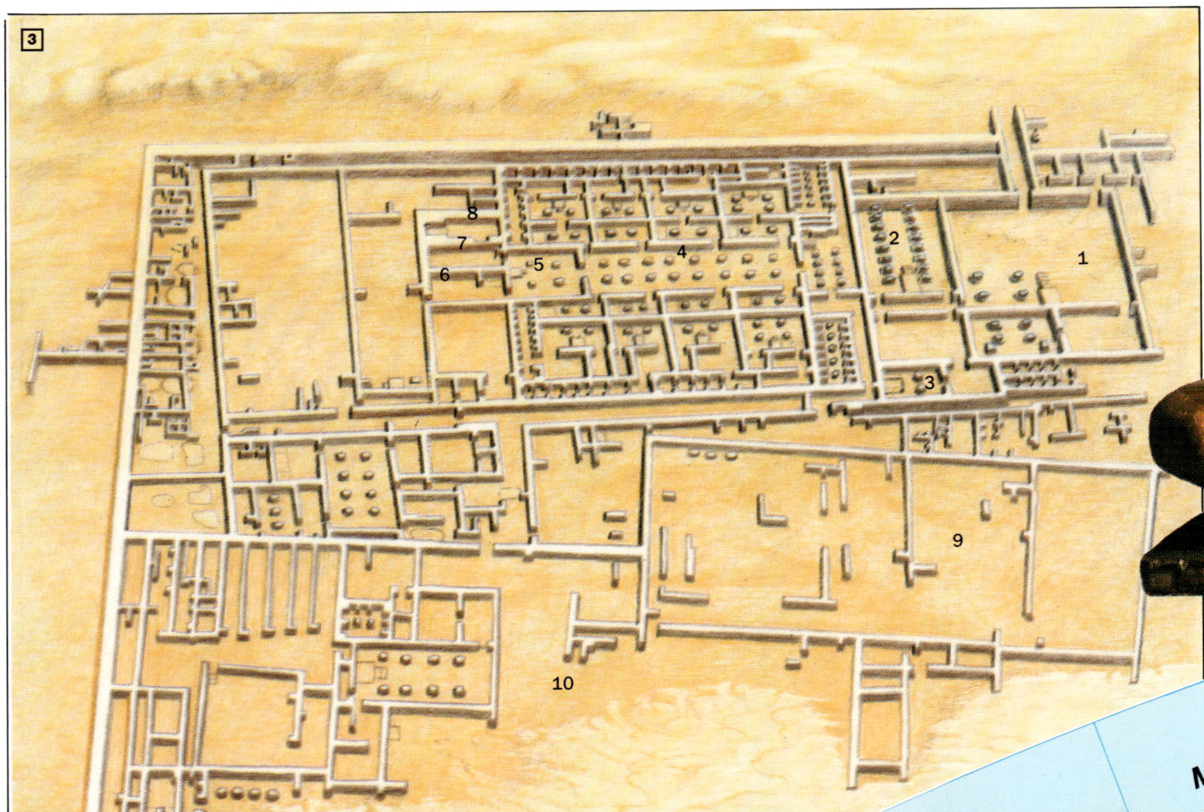

2
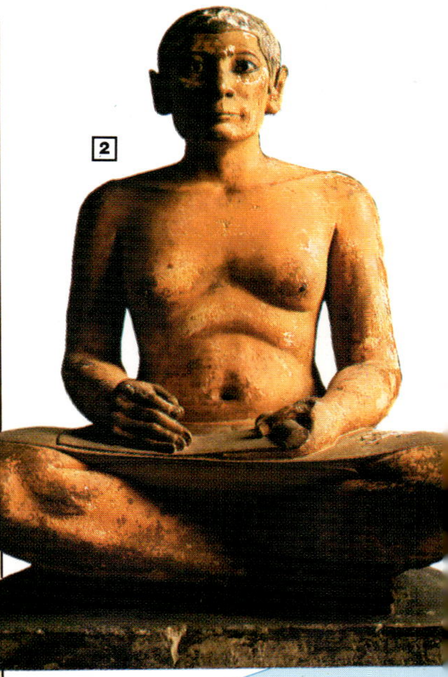

4

5

6

7

tümer zuständig, für die eine zweite unabhängige Bürokratie existierte. Eine dritte Verwaltungseinheit beim Militär unterstand ebenfalls dem Wesir. Jede Lieferung an die königlichen Vorratshäuser und jede Auslieferung wurde peinlich genau registriert; die Quellen bezeugen freilich auch Fälle von Beamtenkorruption. Zum Heer gehörten Freiwillige und Dienstverpflichtete; hier fand der einfachste Dörfler eine Aufstiegschance, wenn er Talent und gute Beziehungen besaß. Männern, die im Kampf Tapferkeit bewiesen hatten, wurden nicht selten militärische Ehren und Land verliehen; deren Nachkommen hielten an beidem hartnäckig fest. Krieger konnten in zivile und priesterliche Spitzenpositionen einrücken. Im zivilen Dienst aufzusteigen war schwieriger, da man für einen Posten in der Verwaltung zumindest Grundkenntnisse in der Schreibkunst brauchte.

Die Schreibkunst wurde in der älteren Zeit ebenso wie auch die Handwerkskünste vom Vater an den Sohn weitergegeben. Seit dem Mittleren Reich (etwa 2000 v. Chr.) entstanden Schreiberschulen, in denen mehrere Schüler unter einem Lehrer in Klassen zusammengefaßt waren. Den Schulbüchern merkt man den Ursprung in der Familienlehre weiterhin an; der Lehrer redet den Schüler als „Sohn" an; er hat väterliche Autorität.

Schulbücher, an denen angehende Schreiber sich übten, enthielten meist Sprichwörtersammlungen, Kompendien von Lebensregeln und -erfahrungen, die sich, poetisch geformt, leicht einprägten. Es ging in diesen Schulen nicht nur um die Vermittlung von Schreibkunst und Wissensstoff. Vor allem sollte der Schüler in die *Weisheit* eingeführt, d. h. fähig werden, sich in allen Lebenslagen recht zu verhalten. Als beste Voraussetzung, um das zu erreichen, galt unterwürfiger Gehorsam gegenüber der Autorität des Lehrers. Züchtigung des unwilligen Schülers war allgemein gebilligt; galt es doch, ihn auf den Weg der rechten Ordnung zu bringen und ihm so einen glücklichen Lebensweg zu sichern. Diese Einstellung spricht aus vielen Sprichwörtern der ägyptischen Schulbücher: „Das Ohr des Knaben sitzt auf seinem Rücken, er hört, wenn man ihn schlägt."

Ein erstaunlich reicher Fund an Schriftstücken aus der königlichen Arbeitersiedlung bei Theben zeigte, daß literarische Bildung offenbar weiter verbreitet war, als man zuvor angenommen hatte. Die Arbeiter lasen sowohl Lebensregeln der Weisheitsliteratur als auch volkstümliche Abenteuererzählungen und anzügliche Göttergeschichten. Am beliebtesten scheint eine Satire auf das Soldatenleben aus der Sicht eines Schreibers gewesen zu sein (vgl. S. 50).

Besondere Privilegien besaßen die zahlreichen Priester an den großen Tempeln der Hauptgötter Ägyptens. Sorgfältig ausgeführte Rituale sollten die Götter günstig stimmen. Täglich öffneten Priester den Schrein des Gottes oder der Göttin, kleideten die Statue in neue Gewänder, reichten ihr feinste Speisen. An Festtagen stellten sie die Gottheit auf eine Sänfte und trugen sie in den Tempelvorhof, damit das gewöhnliche Volk sie sähe. Gelegentlich verließ die Gottheit sogar ihren Tempelbezirk und wurde in Prozession zu einem Nachbartempel überführt, der ihr selbst oder ihrem göttlichen Partner geweiht war. Man trug das Götterbild auch an Orte, wo man ein wichtiges Orakel, z. B. zu Streitfragen der Verwaltung oder des Grundbesitzes, von ihm erhoffte. Wie man dabei vorging, ist nicht ganz klar; wahrscheinlich zeigten Bewegungen der Sänfte an, ob die Gottheit zustimmte oder nicht. Zu den Pflichten der Priester gehörte vor allem die Verwaltung des Tempelbesitzes. Götter wie Amun-Re erhielten reiche Stiftungen der Pharaonen und besaßen viel Land.

Priesterämter wurden gewöhnlich in der Familie vererbt; der Pharao konnte sie allerdings auch Günstlingen vom Hof oder Männern aus dem Militär als Lohn für gute Dienste verleihen. Die Priesterschaft gewisser Tempel besaß so viel Reichtum und Einfluß, daß die Einsetzung eines Hohenpriesters eine wichtige politische Entscheidung war. Derartige Stellen wurden am ehesten mit Außenseitern besetzt, die nicht aus den Priesterfamilien kamen.

Die Priester der großen Tempel besaßen kein Kultmonopol. Es gab viele kleine Heiligtümer, an denen jeder selber direkt zu den Göttern beten konnte. In der Arbeitersiedlung von Deir el-Medine, wahrscheinlich auch in anderen kleinen Dörfern, übernahmen die Einwohner selber priesterliche Aufgaben in ihren Ortsheiligtümern und kleinen Tempeln; sie trugen z. B. das Gottesbild selber in Prozessionen umher.

Die Erzählung vom Standhaften Jungen Mann

Die schriftliche Hinterlassenschaft Ägyptens ist groß. Am häufigsten finden sich Gedenkinschriften aus Tempeln und Gräbern. Gewöhnlich rühmen diese, oft weit übertrieben, Kriegserfolge und Siege der Pharaonen. Es gab aber auch volkstümliche Literatur; ein Beispiel dafür ist die folgende Erzählung. Sie stammt vom Papyrus d'Orbiney, einem Schriftstück aus der Zeit um 1225 v. Chr., und erzählt von einem tugendhaften jungen Mann, den die Frau des eigenen Bruders verführen will. Als er ihre Künste zornig zurückweist, klagt sie ihn wegen versuchter Vergewaltigung an. Die Erzählung erinnert an die biblische Verführungsszene zwischen Josef und der Frau des Potifar (Gen 39,7–18). Die Brüder heißen Anubis und Bata, wie zwei ägyptische Götter; ägyptische Mythologie klingt also an; Hauptzweck der Erzählung jedoch war es, zu unterhalten.

„Er sandte seinen jüngeren Bruder aus und sagte: ‚Geh, hol doch Samen aus dem Dorf!' Der jüngere Bruder aber fand die Frau des Älteren; sie saß und kämmte ihr Haar ... Sie sagte zu ihm: ‚Wieviel trägst du da auf der Schulter?' Er antwortete: ‚Drei Säcke Emmer, zwei Säcke Gerste, insgesamt fünf Säcke trage ich auf der Schulter.' So sprach er zu ihr. Sie aber redete mit ihm und sagte: ‚Große Kraft besitzt du! Ich möchte deine Stärke täglich sehen!' Sie wollte ihn kennenlernen wie eine Frau den Mann. Sie stand auf, hielt ihn fest und sagte zu ihm: ‚Komm, wir wollen eine Stunde lang zusammen schlafen! Das wird dir Gutes einbringen, ich will dir schöne Kleider machen!' Der Bursche aber wurde wie ein Leopard vor großem Zorn über den bösen Vorschlag, den sie ihm gemacht hatte, und sie war sehr, sehr erschreckt. Er stritt mit ihr und sagte: ‚... Was für ein schweres Verbrechen hast du mir da angetragen? Sprich nie wieder so mit mir!' "

> LOT BLICKTE AUF UND SAH, DASS DIE GANZE JORDANGEGEND BEWÄSSERT WAR. BEVOR DER HERR SODOM UND GOMORRA VERNICHTETE, WAR SIE BIS ZOAR HIN WIE DER GARTEN DES HERRN, WIE DAS LAND ÄGYPTEN. GEN 13,10

7 ***Unten, dritte Darstellung von links***
Arbeitersiedlung in Deir el-Medine bei Theben. In Dörfern wie diesem lebten die Arbeiter, die an den ägyptischen Großbauten eingesetzt waren.

8 ***Unten***
Foto eines Arbeiters, der, wie in der Bibel beschrieben, aus Lehm und Stroh Ziegel formt.

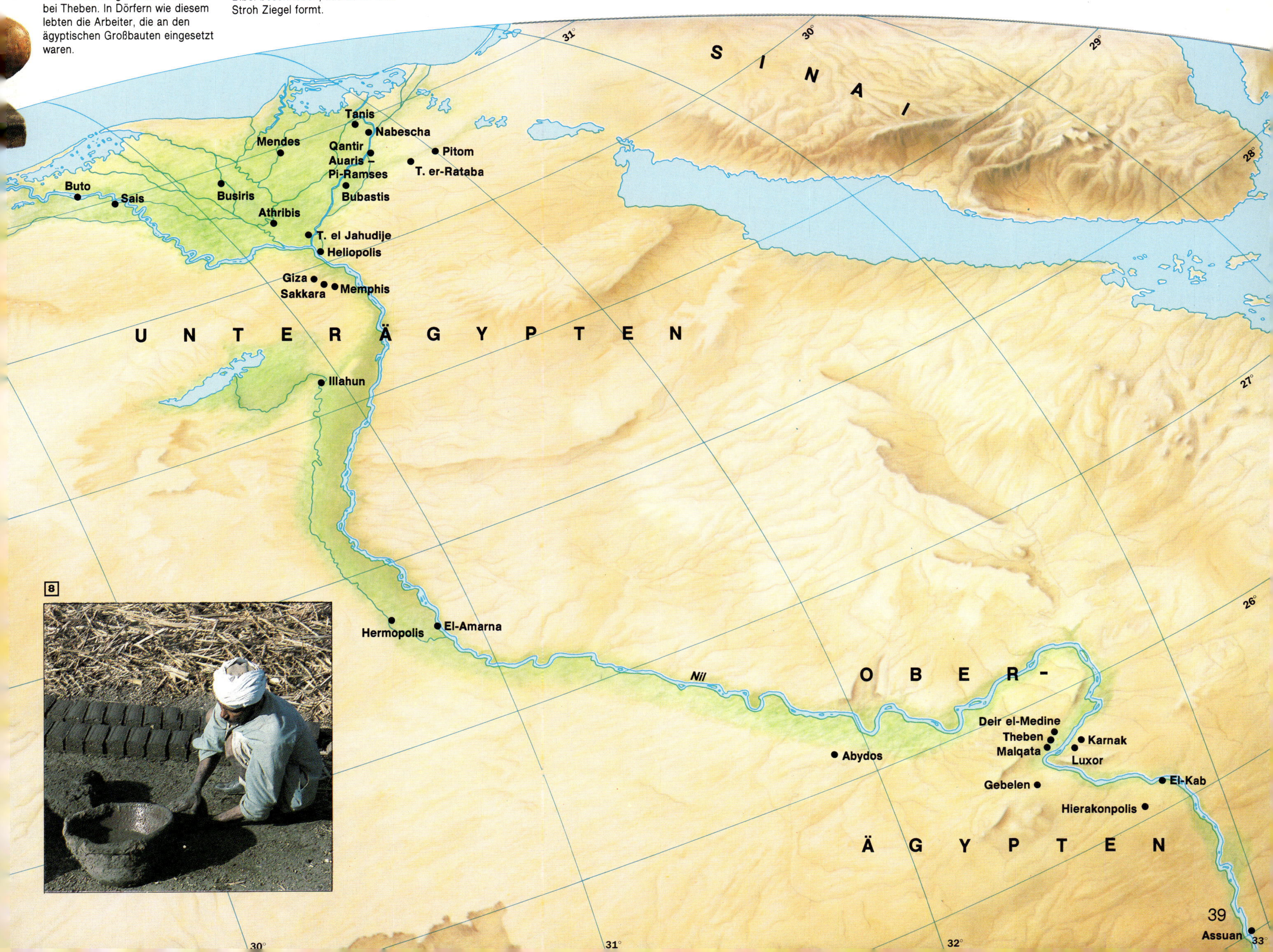

8

VOR DEM AUFTRETEN ISRAELS: VORDERASIEN UNTER DEM EINFLUSS ÄGYPTENS

Ägyptens Aufstieg unter Thutmosis III.

Die Bibel erinnert vielfach daran, daß am Anfang der Glaubensgeschichte Israels der Auszug aus Ägypten steht. Eine andere Vorstellung von Ägypten scheint auf, wenn Propheten des 8. Jhs. ihre Zeitgenossen vor dem Vertrauen auf Ägypten warnen: Ägypten galt als Schutzmacht der kleinen Länder Vorderasiens. In dieser Vorstellung leben jahrhundertealte Erfahrungen der Menschen in Kanaan aus vorisraelitischer Zeit fort. Die Pharaonen der 18. Dynastie sicherten nach der Vertreibung der Hyksos das asiatische Vorfeld ihres Reiches und bauten dort einen Bereich ägyptischer Oberhoheit auf, die in der späteren Heimat Israels bis ins 12. Jh. hinein erhalten blieb.

Ägypten gilt im biblischen Glaubensbekenntnis als „Sklavenhaus", aus dem Gott sein Volk befreite und für sich gewann (vgl. Ex 20,2). In diesem Glaubenssatz lebt die Erinnerung daran fort, daß zu den Vorfahren Israels eine Schar von Menschen gehört hatte, die den Frondienst nicht ertrugen und aus Ägypten flohen.

Daneben muß es in Altisrael ein ganz anderes Bild Ägyptens gegeben haben; mit einem im 8. Jh. ganz ungerechtfertigten Vertrauen erwarteten Menschen von Ägypten Hilfe gegen den Feind aus dem Osten (vgl. Jes 20,5f). Diese Vorstellung von der Schutzmacht Ägypten stammte aus Jahrhunderten, in denen es Israel noch nicht gab und Ägypten die Großmacht des Nahen Ostens war. Israels Heimat war in den Jahrhunderten, bevor Israel entstand, von der ägyptischen Kultur geprägt worden. Aufgebaut wurde diese Vormachtstellung Ägyptens nach der Vertreibung der Hyksos. In der 18. Dynastie folgten starke Pharaonen aufeinander, die die Einflußsphäre Ägyptens bis nach Mitanni hin ausdehnten. Vor allem Thutmosis III. festigte in zahlreichen Feldzügen Ägyptens Macht.

Bis ins 16. Jh. beherrschten Fremde, die *Hyksos* (vgl. S. 36), von Auaris aus das Nildelta und Mittelägypten. Im Süden, in Theben, duldeten sie einheimische Könige als Vasallen. Es läßt sich nicht beweisen, daß sie auch Kanaan (Retschenu) und Syrien beherrschten; doch fand man, besonders in der Küstenebene, Skarabäen mit ihren Namen. Große Flottenverbände brachten Tribut oder Handelswaren aus Syrien nach Auaris. Ausgrabungen im Delta an Orten, die die Hyksos gegründet oder besetzt hatten, zeigen neben ägyptischen Einflüssen auch solche aus Westasien (Mittlere Bronzezeit IIB).

Der Niedergang der Hyksos

Der Kampf um die Befreiung Ägyptens begann in Theben unter Führung einer Familie ehemaliger Vasallen der Hyksos, die zum Teil nubischer Abstammung war. Der dritte König dieser 17. Dynastie, Kamose, brach den ungewissen Frieden, indem er Schützlinge der Hyksos in Mittelägypten mit seinem eigenen kleinen Heer und nubischen Hilfstruppen angriff. In Neferusi und Kynopolis richtete er Verwüstungen an, die Verbindung zwischen den Hyksos und Kusch (Sudan) unterbrach er, doch für den Angriff auf Auaris fehlten ihm Streitmacht und Belagerungsmaschinen. Die Quellen berichten, daß er die Mauern der Hyksos–Hauptstadt sah und sich nach Theben zurückzog; er konnte wohl den Hyksos nicht standhalten.

Sein Bruder Ahmose beendete sein Werk. Am Anfang seiner Herrschaft bemächtigte er sich der altägyptischen Hauptstadt Memphis, zehn Jahre lang führte er mehrmals zerstörerische Angriffskriege gegen Auaris. Dann nahm er Heliopolis ein und die Grenzfestung Sile. Im elften Regierungsjahr fiel Auaris. Ägyptische Truppen verfolgten die Reste der Hyksos bis in die Gegend von Gaza; die nahegelegene Hyksosfestung Scharuhen (Tell Adschul?) kapitulierte nach dreijähriger Belagerung.

Die 18. Dynastie

Noch 80 Jahre nach der Vertreibung der Hyksos hielten die Könige der frühen 18. Dynastie einen Angriff der „Fremdherrscher" für möglich und Sicherungen dagegen für notwendig. Die Asienfeldzüge der beiden Nachfolger des Ahmose waren aber zugleich Reaktion auf die Entstehung einer neuen Großmacht am Orontes (in Syrien), Tunip, einer Gründung der Hurriter. Thutmosis I. drang sogar bis zum Eufrat vor und griff den hurritischen Staat Mitanni an. Unter dem kränklichen Thutmosis II. zog sich Ägypten aus Syrien zurück; sein Angriff auf die Schasu (im Negeb?) war nur eine Strafexpedition gegen lästige Nomaden. Diese Feldzüge vergrößerten die Einflußsphäre Ägyptens gewaltig; doch ein ägyptisches Imperium in Westasien zu errichten kam den Pharaonen nicht in den Sinn.

Thutmosis III.

Thutmosis III. zog in seiner zwanzigjährigen Regierung fast jedes Jahr nach Asien (vgl. die Tafel auf S. 40). Die sogenannten *Annalen*, aus denen wir diese Feldzüge kennen, sind verläßlicher als die meisten anderen Kriegsberichte des Altertums. Sie basieren auf offiziellen Königsakten (Tagebuch, Reisebericht, Beutelisten), dokumentieren eine Periode von 20 Jahren, vom 22. bis zum 42. Jahr des Königs, und wurden in die Wände des Amun–Tempels in Theben gemeißelt, teils aus Dankbarkeit gegen den Helfer Amun, teils als Gedächtnisstütze für die Priester; das Volk bekam sie nicht zu Gesicht. Sie dienten also nicht der Propaganda und sind darum wohl recht realistisch.

Strafexpeditionen in das Gebiet um Gaza unternahm Thutmosis wohl schon in der Regierungszeit seiner Tante Hatschepsut. Als diese im Spätwinter des Jahres 1458 v. Chr. starb, beschloß eine Koalition syrischer Stadtstaaten, ange-

4

5

4 ***Oben***
Das Relief vom Amun–Tempel in Karnak stellt u.a. gefangene Asiaten dar (mit Bart); es sind 12 der 150 Figuren, die je einen Namen eines von Thutmosis besiegten Ortes tragen.

5 ***Oben***
Der siegreiche Thutmosis in der traditionellen Darstellung als Triumphator über die Fremdländer, die er im Bündel bei den Haaren hält.

DIE FELDZÜGE DES PHARAO THUTMOSIS III.

Nr.	Jahr	Gegner	Ort der Kämpfe	„Geschenke" an Thutmosis
1	22–23	Kadesch u. Verbündete	Megiddo	
2	24	Inspektionsfeldzug	Palästina?	Gaben aus Assur
(3)	25	(?)	Retschenu	Eine Pflanzenkollektion
(4)	26(?)	(?)	(?)	
5	29	Phönizische Küstenstädte	Phönizische Küste	
6	30	Kadesch, Sumura, Ardata	Südl. Syrien, Phönizische Küste	
(7)	31	Ullasa	Phönizische Küste	
(8)	33	Mitanni	Nordsyrien	Elefantenjagd; Gaben aus Hatti und Babel
(9)	34	3 ungenannte Städte	Nordsyrien (Nuchasche)	Gaben aus Zypern
10	35	Mitanni	Nordsyrien, Aruna	
(11)	36	(?)	(?)	
12	37	(?)	(?)	
13	(38?)	(?)	Nordsyrien (Nuchasche)	Gaben aus Zypern und Alalach
14	39	Schasu	Südpalästina oder Transjordanien	
15	40	(?)		
16	41	(?)		
17	42	Irqata, Tunip, 3 Orte bei Kadesch, Mitanni		

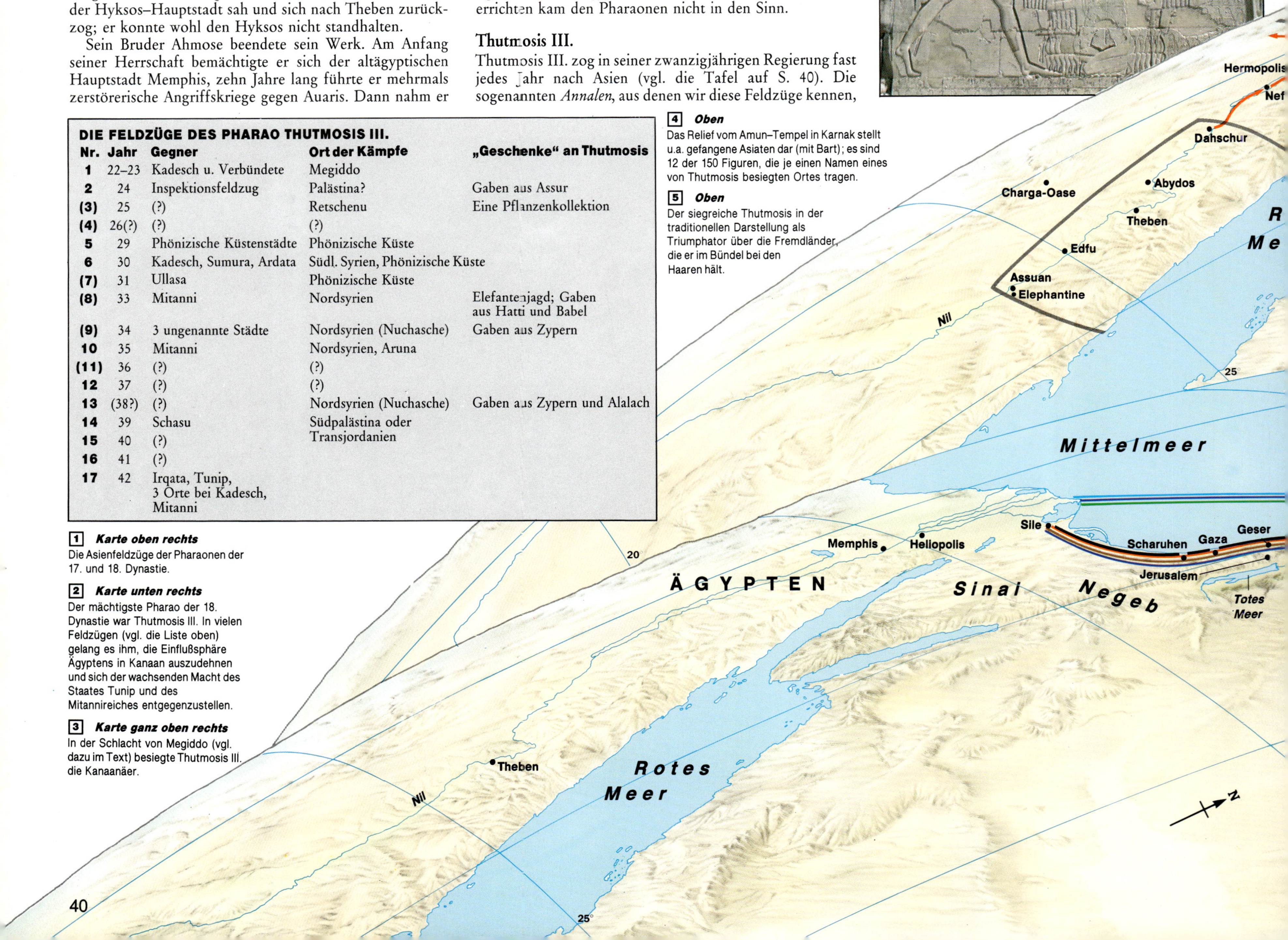

1 ***Karte oben rechts***
Die Asienfeldzüge der Pharaonen der 17. und 18. Dynastie.

2 ***Karte unten rechts***
Der mächtigste Pharao der 18. Dynastie war Thutmosis III. In vielen Feldzügen (vgl. die Liste oben) gelang es ihm, die Einflußsphäre Ägyptens in Kanaan auszudehnen und sich der wachsenden Macht des Staates Tunip und des Mitannireiches entgegenzustellen.

3 ***Karte ganz oben rechts***
In der Schlacht von Megiddo (vgl. dazu im Text) besiegte Thutmosis III. die Kanaanäer.

führt vom König von Kadesch, sich gegen Ägypten zu erheben. Sie musterten ihre Streitmacht in der Jesreelebene, vor den Toren Megiddos. Thutmosis aber marschierte mit seinen Truppen innerhalb von nur drei Wochen zu diesem Schauplatz und überraschte sie. Es kam zur Schlacht und zur Belagerung Megiddos; Ägypten siegte überwältigend.

Die Schlacht von Megiddo

In der Schlacht von Megiddo (Mitte Mai 1457 v. Chr.) bewies Thutmosis taktisches Geschick und Wagemut. Die Kanaanäer wollten von der Jesreelebene aus nach Ägypten aufbrechen. Thutmosis kam ihnen durch den außerordentlich raschen Vormarsch seines Heeres zuvor. Aber die Kanaanäer waren immer noch in der besseren strategischen Position. Da sie jedoch nicht wußten, auf welchem der drei möglichen Wege die Ägypter die Ausläufer des Karmel überqueren würden, und nicht genügend Truppen hatten, alle drei zu sichern, waren sie gezwungen, den Plan Thutmosis' zu erraten. Sie entschieden sich, zwei der möglichen Wege zu bewachen. Doch damit hatten sie ihre Truppen zu weit auseinandergezogen.

Thutmosis dagegen lehnte den vorsichtigeren Vorschlag seiner Generale ab und entschied sich für den direkten Weg nach Megiddo, d.h., er führte seine Krieger, die in langer Linie einzeln hintereinander marschieren mußten, durch den Engpaß und überraschte den Feind vollständig. Gegen Mittag erreichte die Vorhut die Ebene, und eine Stunde später schlug Thutmosis sein Hauptquartier am Ufer des Baches südlich von Megiddo auf. In großer Eile zogen die Kanaanäer die Streitmacht ab, die den Weg von Taanach blockieren sollte, und stellten sie zwischen dem ägyptischen Heer und den Mauern von Megiddo auf. Bei Anbruch der Dunkelheit standen die feindlichen Linien einander gegenüber. Im Morgengrauen begann die Schlacht; Thutmosis selbst führte sie in vorderster Front an. Die Schlachtreihen der Kanaanäer brachen auseinander und flohen. Megiddo wurde belagert und kapitulierte sechs Monate später.

Die späteren Feldzüge Thutmosis' III.

Weitere Kriegszüge des Pharaos sollten Tunip am Orontes schwächen und dem über den Eufrat hinausgreifenden Reich Mitanni Einhalt gebieten. Die Strategie war meisterlich. Ein fünfter Feldzug sicherte die Hafenstädte, so daß es künftig eine Verbindung mit Ägypten über See gab; ein sechster galt dem Gebiet von Kadesch; der achte (den Zeitgenossen für den wichtigsten hielten) endete mit dem Sieg vor den Toren Karkemischs.

BEUTELISTE SEINER MAJESTÄT VON DER STADT MEGIDDO: 340 LEBENDE GEFANGENE UND 83 HÄNDE; 2041 PFERDE, 191 FOHLEN, 6 HENGSTE... 1 STREITWAGEN JENES FEINDES MIT GOLDBELAG; 1 SCHÖNER GOLDBELEGTER STREITWAGEN DES FÜRSTEN... 892 WAGEN SEINER ELENDEN ARMEE; 1 SCHÖNE BRONZERÜSTUNG JENES FEINDES; 1 SCHÖNE BRONZERÜSTUNG DES FÜRSTEN VON MEGIDDO; 200 LEDERRÜSTUNGEN SEINER ELENDEN ARMEE; 502 BOGEN; 7 PFOSTEN MERU-HOLZ, SILBERBESCHLAGEN AUS DEM ZELT JENES FEINDES. – AUSSERDEM NAHM DAS HEER MIT: ... 1929 KÜHE; 2000 ZIEGEN;... ZUDEM: 38 MARJANNU (RITTER); 84 KINDER UND FÜRSTEN, DIE ZU JENEM FEIND GEHÖRTEN; 1796 SKLAVEN UND SKLAVINNEN UND DEREN KINDER; 103 BEGNADIGTE, DIE AUS HUNGER ÜBERGELAUFEN WAREN ... AUSSERDEM: SCHALEN AUS EDELSTEIN UND GOLD; VERSCHIEDENE KRÜGE; ... GOLD IN SCHEIBEN, UNBEARBEITET, UND VIEL SILBER – 966 DEBEN (ETWA 100 KG) – ... 1 TRAGSTUHL JENES FEINDES AUS ELFENBEIN UND CAROB-HOLZ; 6 SEINER FUSSSCHEMEL; 6 GROSSE TISCHE AUS ELFENBEIN UND HOLZ, EIN HOLZBETT JENES FEINDES, MIT GOLD UND EDELSTEINEN BELEGT; EINE HOLZSTATUE JENES FEINDES MIT GOLD BELEGT, DER KOPF AUS LAPISLAZULI. AUS DER INSCHRIFT AM TEMPEL IN KARNAK

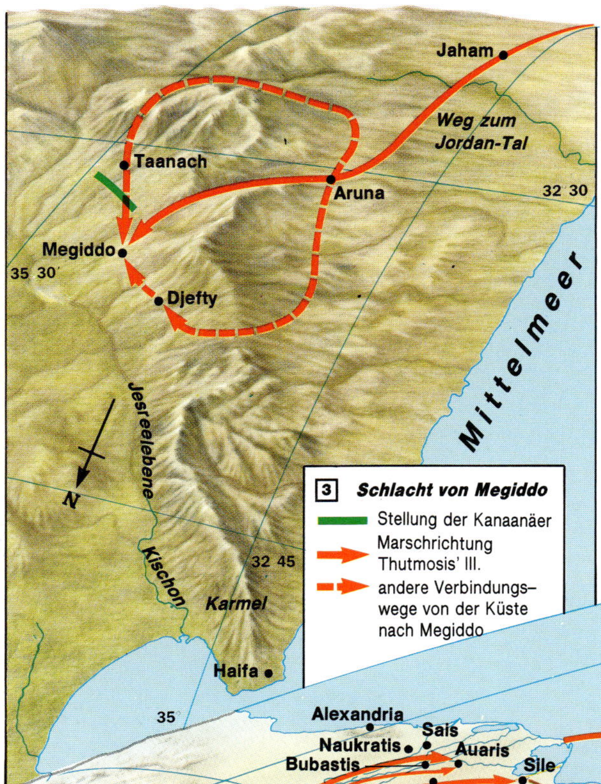

3 Schlacht von Megiddo
- Stellung der Kanaanäer
- Marschrichtung Thutmosis' III.
- andere Verbindungswege von der Küste nach Megiddo

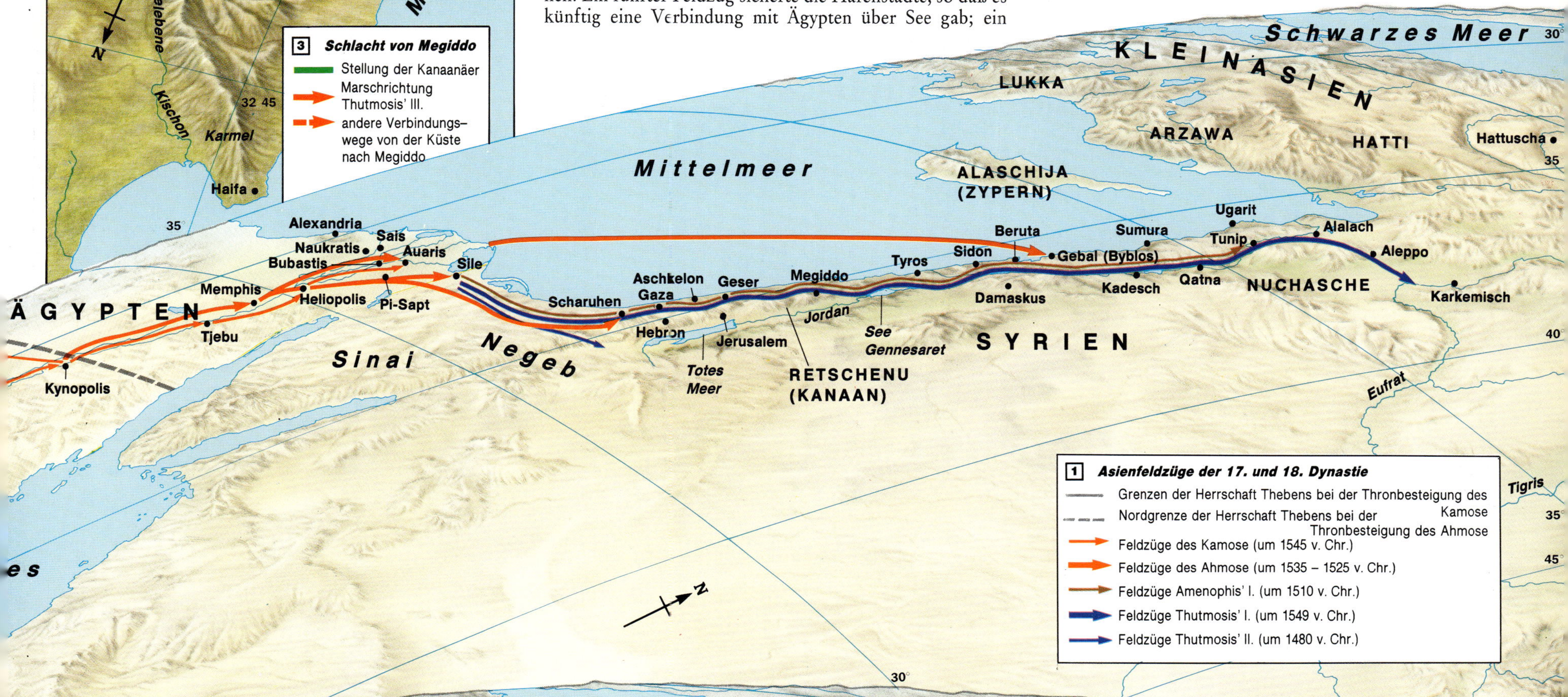

1 Asienfeldzüge der 17. und 18. Dynastie
- Grenzen der Herrschaft Thebens bei der Thronbesteigung des Kamose
- Nordgrenze der Herrschaft Thebens bei der Thronbesteigung des Ahmose
- Feldzüge des Kamose (um 1545 v. Chr.)
- Feldzüge des Ahmose (um 1535 – 1525 v. Chr.)
- Feldzüge Amenophis' I. (um 1510 v. Chr.)
- Feldzüge Thutmosis' I. (um 1549 v. Chr.)
- Feldzüge Thutmosis' II. (um 1480 v. Chr.)

2 Feldzüge Thutmosis' III.
- 1. Feldzug (1457 v. Chr.)
- 5. Feldzug (1451 v. Chr.)
- 6. Feldzug (1451 v. Chr.)
- 8. Feldzug (1448 v. Chr.)
- 10. Feldzug (1446 v. Chr.)
- 17. Feldzug (1439 v. Chr.)

VOR DEM AUFTRETEN ISRAELS: VORDERASIEN UNTER DEM EINFLUSS ÄGYPTENS

Feldzüge des Pharao Amenophis II. nach Asien

Unruhen in Ägypten führten auch in Kanaan zu Aufständen. In zwei Feldzügen demonstrierte der Pharao Amenophis seine Macht. Ägyptische Berichte darüber sind jedoch kritisch zu lesen, da sie nur von Siegen, nie von Niederlagen wissen.

Mit seinen kriegerischen Unternehmungen hatte *Thutmosis III.* seinen Nachfolgern den Weg vorgezeichnet: Ägypten mußte sich weiterhin als Schutzmacht der Staaten in Palästina und Syrien bewähren. Das war nur gegen immer wieder aufflackernde Widerstände möglich. Herd der Unruhen war Mitanni als Rivale um die Vorherrschaft in Palästina; doch Mitanni brauchte nur Feindseligkeiten zu schüren, die in den kleineren Staaten ausbrachen, weil man dort die Abgaben an Ägypten und die Heeresfolge als unnötige Last empfand.

So war Thutmosis III. gegen Ende seiner Regierung genötigt, seinen Sohn *Amenophis* als Mitregenten einzusetzen, denn Ägypten brauchte einen jungen, tatkräftigen Herrscher, der in dem unruhigen Syrien–Palästina nach dem Rechten sehen konnte. Noch vor dem Tod des Vaters hatte Amenophis einen Aufstand in Tachsi zu unterdrücken, dem biblischen Tahasch (Gen 22,24), einem Staatengebilde im oberen Orontestal, nördlich Damaskus.

Auf diesen Feldzug nach Tachsi könnten sich zwei Briefe beziehen, die man in Taanach fand und die der Schrift und dem archäologischen Kontext nach aus dem 15. Jh. stammen. Sie geben Einblick in die Beziehungen der Kleinfürsten Palästinas zur Großmacht Ägypten: Ein hochgestellter Ägypter namens Amenophis – ohne Königstitel – befiehlt dem Fürsten von Taanach, unverzüglich Streitwagen nach Megiddo zu schicken. Im zweiten Brief macht er ihm Vorwürfe, daß er der ägyptischen Armee keine Truppen zur Verfügung gestellt und Berichte nach Gaza zurückgehalten habe.

Im übrigen weiß man von diesem Feldzug nach Tachsi nur, weil er auf einer Stele im Tempel von Amada erwähnt ist. Bei der Rückkehr nach Ägypten empfing Amenophis die Nachricht, sein Vater liege im Sterben. Als neuer Pharao stellte er die Leichen mehrerer während des Feldzuges erschlagener Feinde auf den Mauern seiner Hauptstadt aus; eine dieser Trophäen sandte er zur Warnung nach Nubien.

Bald mußte der junge König sich der Herausforderung des Erzrivalen Mitanni stellen. Eine Stele aus Memphis und eine zweite ähnliche aus Karnak berichten von zwei Feldzügen. Sie zählen, nach der Thronbesteigung, die Taten des Pharao neu, lassen den Feldzug nach Tachsi weg. Im siebten Regierungsjahr unternahm Amenophis also den offiziell ersten Feldzug. Erste Kämpfe gab es bei Schamschu–Adam. Dieser Name steht in der Liste Thutmosis' III. an der 51. Stelle, vor Anuhartu (biblisch: Anaharat in Untergaliläa). Man hat darum an Adama in Naftali gedacht. Aus den Amenophis–Stelen dagegen läßt sich folgern, daß Schamschu–Adam eine Tagesreise von Qatna entfernt im südlichen Syrien lag. – Nach Auskunft der Stelen hat Amenophis dann den Orontes überquert; dort standen Truppen aus Qatna bereit, um ihn aufzuhalten. Der nächste Abschnitt spricht bereits vom Rückweg nach Ägypten. Eine kurze, schlecht erhaltene Marschbeschreibung im Tempel von Karnak hilft, die Lücke zu füllen. Als nördlichsten Ort nennt sie Halab (Aleppo). Nicht erwähnt ist, was der Pharao dort tat; hatte er keinen Erfolg? Immerhin kam er bis nach Niji (Qal'at el–Mudiq), wo man ihn respektvoll empfing.

Spione meldeten ihm dort, daß die ägyptische Besatzung in *Ikat* in Bedrängnis sei. Ikat ist vielleicht Ugarit, vom ägyptischen Schreiber falsch geschrieben. Amenophis unterdrückte den Aufstand: Nach der Marschbeschreibung aus Karnak schlug er zehn Tage nach der Ankunft in Niji sein Lager bei Salqa auf, das aus ugaritischen Texten als Buchsbaumholz–Lieferant bekannt ist und auch in Texten aus Alalach vorkommt. Man hat gemeint, Niji liege für den Abstecher nach Ugarit zu weit ab; doch Amenophis kann von Salqa aus nach Ugarit gezogen sein. Ob in Ugarit eine ägyptische Besatzung lag, muß offenbleiben; vielleicht schützte sie ägyptische Händler und Diplomaten; jedenfalls war Ugarit nicht ägyptischer Vasall.

Als nächstes plünderte Amenophis das Dorf Mansatu und wurde dann in Hassila' („Der Felsen") und Janqa, zwei nicht identifizierten Orten nördlich von Kadesch, herzlich empfangen. Der Herrscher von Kadesch huldigte ihm; Amenophis bewies ihm sein Geschick im Bogenschießen und ging bald danach auf die Jagd nach Lebo (Lebo–Hamat). Widerstand in Haschabu im Beqa–Tal war schnell gebrochen. Auf dem Rückweg nach Ägypten nahm Amenophis im *Surina–Tal*, der Scharonebene der Bibel, einen Streitwagenkämpfer gefangen, der wohl hinter dem Rücken des Pharao den Widerstand neu schüren sollte.

Zwei Jahre später, im neunten Regierungsjahr, zog Amenophis wieder nach Retschenu (Kanaan), diesmal mitten in das von Ägypten kontrollierte Gebiet. Der Herrscher in Afek empfing ihn; dann kam er nach Jaham. Dörfer westlich von Socho ließ er plündern (ähnliches weiß später 1 Kön 4,10 zu berichten). Der Name einer weiteren Stadt ist ausgelöscht, wahrscheinlich handelte es sich um Gat–Padalla, das als Nr. 70 der Thutmosis–Liste vorkommt; der Herrscher schloß die Tore, aber der Pharao erzwang den Eintritt und machte Gefangene. Der Gott Amun erschien dem Pharao in der Nacht und kündigte eine Entscheidungsschlacht an. Sie fand statt bei Migdol und dem nicht identifizierten Ort Adoren. Amenophis siegte und bewachte angeblich eine Nacht lang selbst die Gefangenen.

Ungestört durchzog Amenophis dann die Jesreelebene, bestrafte Anuhartu (wahrscheinlich der Tell Rechesch/Tel Mucharchasch ca. 7 km südöstlich des Berges Tabor) und kehrte nach Megiddo zurück. Eine Abteilung schickte er zum nahegelegenen Geba–Schomen („Hügel der Acht"; Abu Schusch); der Herrscher wurde gefangengenommen, ein neuer Herrscher eingesetzt.

Die Inschriften Amenophis' II. liefern auch Nachrichten über die Zusammensetzung der Bevölkerung des Nahen Ostens im 15. Jh. v. Chr.: Sie nennen Herrscher, den Adel, der diese unterstützt, vor allem als Streitwagenkämpfer; sie benennen Menschen nach ihrer geographischen Herkunft – Kanaan, Nuchasche (Syrien nördlich von Tunip), reden von Nomaden, besonders von 'Apiru, ein Begriff, der sowohl ethnische wie soziologische Bedeutung zu haben scheint.

Amenophis II. schildert seine Eroberungen

(Die im folgenden hier auszugsweise wiedergegebenen Texte aus Memphis und Karnak rücken die Taten Amenophis' in hellstes Licht.)

„Seine Majestät brach zum ersten siegreichen Feldzug nach Retschenu auf, um die Grenzgebiete mit dem Besitz der Abtrünnigen zu erweitern. Sein Antlitz – schrecklich wie Bastet, wie Set im Augenblick des Zorns. Seine Majestät kam nach Schamschu–Adam, zerschlug es in einem Nu wie ein Löwe, grimmigen Angesichts, Fremdländer zertretend. Die Majestät stand in dem Streitwagen, dessen Name lautet: Amun, der Starke. Liste der Beute seines Armes: Lebende Asiaten: 35; Vieh: 22.

2

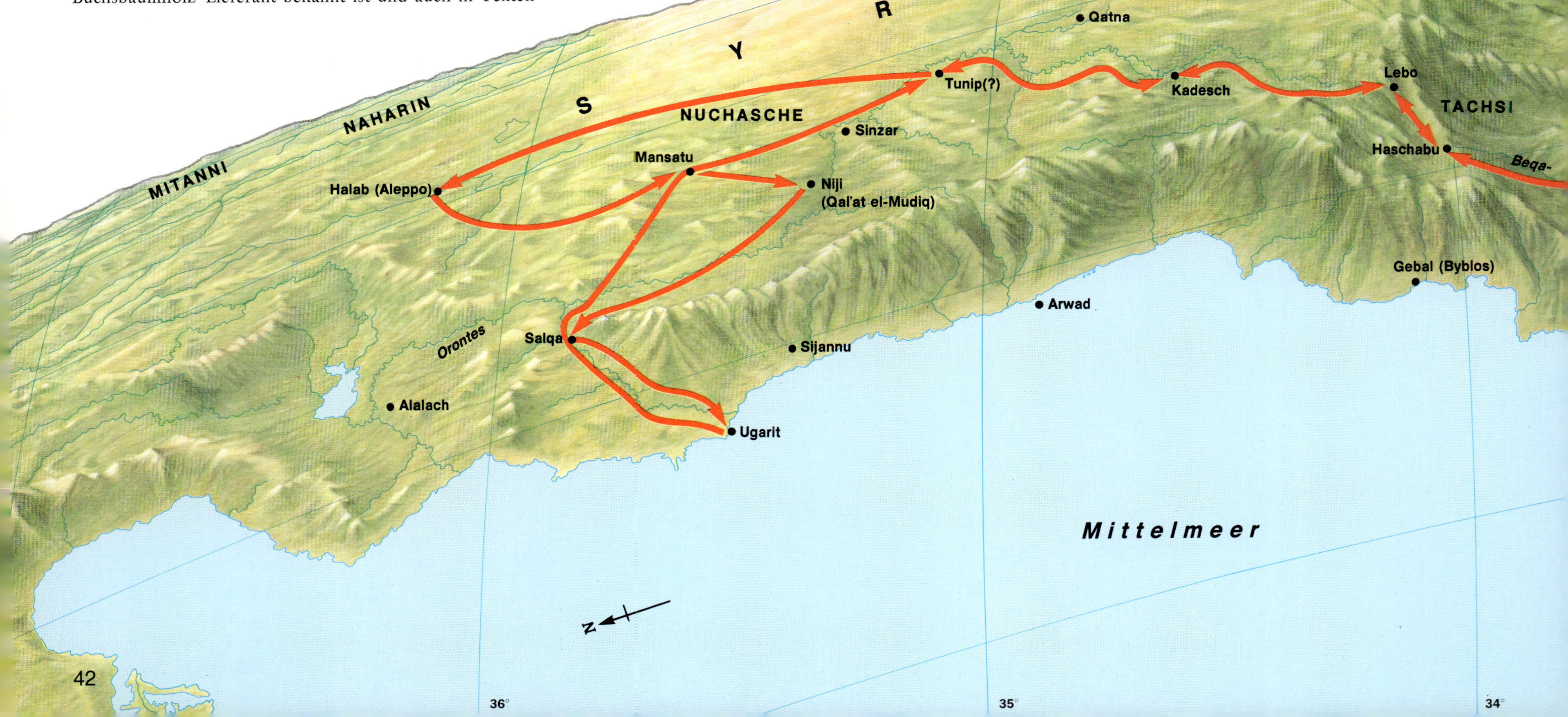

Seine Majestät überquerte den Orontes, auf gefährlichem Wasser, wie Reschef. Als er sich nach der Nachhut umsah, erblickte er ein paar Asiaten, sie schlichen heran, bewaffnet, um des Königs Heer anzugreifen. Seine Majestät stürmte gegen sie an wie der Gottesfalke im Flug. Die Zuversicht ihrer Herzen erlahmte, sie fielen um, einer auf den anderen, bis hin zum Befehlshaber. Kein einziger war bei Seiner Majestät, nur er selbst mit seinem starken Arm. Seine Majestät tötete sie mit Pfeilen. Dann wandte er sich ab, frohen Herzens wie Montu, der Starke, wenn er triumphiert. Liste dessen, was Seine Majestät an diesem Tag gefangennahm: 2 Fürsten und 6 Marjannu (‚Ritter'), ferner ihre Wagen, ihre Gespanne und alle ihre Kriegswaffen.

Seine Majestät ging nach Süden und erreichte Niji. Dessen Fürst und all sein Volk, Männer und Frauen, hielten Frieden mit Seiner Majestät; ihre Gesichter waren vom Glanz Seiner Majestät geblendet. Seine Majestät erreichte Ikat (Ugarit?). Er schloß jeden Rebellen ein und tötete ihn, wie einen, der nie gewesen ist, legte ihn hin, umgestürzt. Von dort kehrte er zurück in der Freude des Herzens; sein ganzes Land war in Knechtschaft unter ihm ...

2 und 3 *Links und weiter links*
Die Malereien (S. 42) aus dem Grab Amenophis' II. zeigen Götter, die dem toten Pharao „Leben geben", von oben nach unten sind es Osiris, Anubis und Isis. Die Statue (S. 43) stellt Amenophis dar. Sie stammt aus dem sogenannten *Tal der Könige* am Westufer des Nils bei Theben.

4 *Unten*
Die Geschicklichkeit Amenophis' II. im Bogenschießen war berühmt. Hier schießt er von einem in voller Geschwindigkeit fahrenden Wagen aus und durchbohrt eine – nach der beigegebenen Inschrift – 5 bis 7 cm dicke Kupferplatte.

Seine Majestät erreichte Kadesch. Der Fürst kam in Frieden hinaus zu Seiner Majestät. Man brachte ihn dazu, den Lehenseid auf sich zu nehmen, ihn und all seine Kinder. Darauf schoß Seine Majestät in ihrer Gegenwart südlich der Stadt auf zwei kupferne Zielscheiben. Man ging auf die Jagd in den Wald nach Rebi (Rebi = unbekannter Ort) und erlegte dort Gazellen, *maset*, Hasen und Wildesel ohne Zahl.

Seine Majestät fuhr im Wagen nach Haschabu, allein, ohne Begleiter. Bald kam er zurück und brachte 16 lebende Marjannu mit, an beiden Seiten seines Streitwagens, 20 Hände am Kopfgeschirr der Pferde, 60 Stück Vieh trieb man vor ihm her. Unterwerfung unter Seine Majestät vollzog diese Stadt.

Als Seine Majestät nach Süden zog, mitten durch die Scharonebene, traf er einen Boten des Fürsten von Naharin, der einen Tontafel–Brief an seinem Hals trug. Er nahm ihn mit als lebenden Gefangenen an der Seite seines Streitwagens. Seine Majestät setzte im Wagen den Weg nach Ägypten fort, der Marja (Streitwagenkämpfer) als lebender Gefangener allein mit ihm im Wagen.

Seine Majestät kam nach Memphis, frohen Herzens, der Mächtige Stier. Liste seiner Beute: Marjannu: 550; deren Frauen: 240; Kanaanäer: 640; Fürstensöhne: 232; Fürstentöchter: 323; Damen der Fürsten aller Fremdländer: 270; Frauen mit all ihrem Schmuck zum Vergnügen des Herzens aus Silber und Gold: zusammen 2214; Pferde: 820; Wagen: 730 mit allem Kriegsgerät. So sahen die Gottesgemahlin, die Königsgemahlin und die Königs(–tochter) den Sieg Seiner Majestät.

9. Jahr, 3. Monat der 1. Jahreszeit, 25. Tag. Seine Majestät zog nach Retschenu im zweiten siegreichen Feldzug, gegen die Stadt Afek. Sie kamen heraus, sich dem großen Sieg des Pharao – Leben, Gedeihen, Gesundheit! – auszuliefern. Seine Majestät fuhr weiter im Streitwagen, im Schmuck der Kriegswaffen, gegen die Stadt Jaham. Dann nahm Seine Majestät die Siedlungen Mepesen ein, zusammen mit den Siedlungen Chettjen, zwei Orte westlich von Socho. Dort wütete Seine Majestät wie ein Gottesfalke, seine Pferde flogen wie ein Himmelsstern. Seine Majestät gelangte hinein, und ihre Fürsten, ihre Kinder und ihre Frauen nahm er fort als lebende Gefangene, ebenso all ihre Gefolgsleute, all ihren Besitz, ohne Zahl, ihr Vieh, ihre Pferde und alles Kleinvieh.

Darauf ruhte Seine Majestät. Die Majestät des höchsten Gottes, Amun, Herr der Throne der beiden Länder, erschien im Traum, um seinem Sohn Kraft zu geben, Aa–Chefru–Re. Sein Vater Amun–Re war der magische Schutz seiner Person, wachend über dem Herrscher."

DER HERR WIRD SICH DEN ÄGYPTERN OFFENBAREN, UND DIE ÄGYPTER WERDEN AN JENEM TAG DEN HERRN ERKENNEN; SIE WERDEN IHM SCHLACHTOPFER UND SPEISEOPFER DARBRINGEN, SIE WERDEN DEM HERRN GELÜBDE ABLEGEN UND SIE AUCH ERFÜLLEN. JES 19,21

1 *Karte unten*
Um die Vorherrschaft zu behaupten, mußte Amenophis in fremdes Hoheitsgebiet vordringen. Der erste Feldzug führte ihn weit nach Norden; in Aleppo und wohl auch Ugarit (s. Text) festigte er sein Ansehen neu. Zwei Jahre danach war ein neuer Feldzug notwendig, der vor allem nach Retschenu (Kanaan) führte, wo der Pharao aufständische Städte bestrafte.

VOR DEM AUFTRETEN ISRAELS: VORDERASIEN UNTER DEM EINFLUSS ÄGYPTENS

Ugarit – einflußreiches Handelszentrum

Die Handelsstadt Ugarit ist vor allem wegen der zahlreichen, dort entdeckten Tontafeln berühmt. Sie enthalten in alphabetischer Keilschrift Texte in einer semitischen Sprache, die dem Hebräischen des Alten Testamentes nahesteht. Auch Inhalte und Sprachformen ugaritischer Texte kehren in biblischen Schriften wieder: Die Bibel erscheint von hier aus als der am besten bekannte Teil der kanaanäischen Literatur.

Aus keiner anderen Stadt des Alten Orients existieren so zahlreiche und differenzierte Quellen für Kultur und Alltagsleben der Zeit von 1400 bis 1200 v. Chr. wie aus Ugarit. Das hängt damit zusammen, daß eine der Katastrophen, die am Ende des 13. Jhs. viele Stätten der Bronzezeit zerstörten, auch das blühende Ugarit plötzlich auslöschte. Erst Jahrhunderte später konnte in phönizischen Städten von neuem eine ähnlich hochverfeinerte Kultur erstehen.

Ugarit und sein Hafen Machadu (heute: Ras Schamra und Minet el-Beda) waren Zentrum eines riesigen Handelsnetzes, das den Nahen Osten überspannte und bis nach Anatolien und Griechenland reichte. Ausgrabungen in Ras Schamra bewiesen, daß Ugarit ein wichtiger kultureller Mittelpunkt war; auch schriftliche Zeugnisse aus Mari, Ägypten und der hetitischen Hauptstadt Hattuscha nennen Ugarit. Texte aus Ebla belegen, daß die Stadt bereits im 3. Jhtsd. v. Chr. bestand.

Das Königreich Ugarit besaß rund 3000 qkm wasserreichen, z.T. bewaldeten, fruchtbaren Landes. Die Hauptstadt umfaßte 21 Hektar und war gut befestigt.

Eselkarawanen aus Syrien, Anatolien, Mesopotamien tauschten hier ihre Waren mit Händlern aus Kanaan und Ägypten sowie mit Seekaufleuten aus Zypern, Kreta, dem Ägäischen Meer. Ugarit war ein Markt für Import, Tausch, Export fremder und einheimischer Waren; ugaritische Handwerker bearbeiteten Textilien, Metall, Elfenbein, Holz, landwirtschaftliche Produkte, Keramik zu Waren für den Handel. Eine Handelsflotte von vielen Hunderten von Schiffen, dem König unterstellt, bemannt mit erfahrenen Seeleuten, wagte Fahrten nach Ägypten, Kreta, vielleicht noch weiter.

Fast die ganze Spätbronzezeit hindurch beherrschten syrische Seeleute den Handel im östlichen Mittelmeer. In zwei kürzlich vor der Südküste der Türkei, bei Kaş und Kap Gelidonja, entdeckten Schiffen aus dem 13. und 14. Jh. v. Chr. fand man folgende Waren: Kupfer, Zinn, Werkzeuge, Chemikalien, Glasplatten, Fayencen, Amber–Perlen; Keramik aus Zypern, Kanaan und Mykene; Elfenbein von Elefanten und Flußpferden; Luxuswaren, Schmuck und Halbedelsteine sowie leicht verderbliche Güter, von denen noch Reste zeugten: Textilien, Holz, Nahrungsmittel. Die Kaufleute besaßen Gewichte, an denen Maßeinheiten verschiedener Gegenden abzulesen waren, persönliche Siegel und Werkzeuge, mit denen sie unterwegs Metallwaren herstellen konnten.

Der Tauschwert wurde vornehmlich in Silber berechnet, doch meist handelte es sich um Tauschgeschäfte mit Waren gleichen Wertes. Zinn, ohne das die Zivilisation der Bronzezeit nicht existieren konnte, wurde in Barren verschifft. Transportiert wurde daneben aber auch lebende Ladung wie Schafe, Ziegen, Rinder, gelegentlich exotische Tiere.

Ugarit war eine weltoffene Stadt, bewohnt von Menschen aus fast dem ganzen Nahen Osten, verschiedener Volkszugehörigkeit und Muttersprache. Nicht weniger als zehn verschiedene Sprachen in fünf verschiedenen Schriften waren in Ugarit vertreten. Eine davon, die alphabetische Keilschrift, wurde wohl in der Schreiberschule Ugarits entwickelt. Internationale Verträge und ein kompliziertes Rechtssystem sorgten für die Sicherheit der Kaufleute und gerechten Handel. Die Beteiligung am internationalen Handel erforderte ein hohes politisches Geschick der ugaritischen Herrscher, die nicht selten eine Gratwanderung zwischen den beiden Großmächten, Ägypten und dem Hetiterreich, vollbringen mußten. Dem letzteren waren sie fast die ganze Zeit hindurch durch einen Vasallenvertrag verpflichtet.

> ALS DEINE WAREN VOM MEER HER KAMEN, HAST DU VIELE VÖLKER GESÄTTIGT. DIE KÖNIGE DER ERDE MACHTEST DU REICH MIT DEINEM GEWALTIGEN REICHTUM UND DEINEN HANDELSWAREN.
>
> EZ 27,33

2 Links
Der Königspalast in Ugarit war kein sorgfältig geplantes Gebäude; Räume und Höfe wurden vielmehr über lange Zeit hinweg je nach Bedarf aneinandergereiht und bedeckten schließlich eine Fläche von 5000 qm. Der Palast stammt aus der Späten Bronzezeit, um 1550–1200 v. Chr. Am Ende dieser Zeit brach mit dem plötzlichen Einfall der *Seevölker* die ugaritische Kultur zusammen.

3 Unten links
Elfenbeinerner Frauenkopf, wahrscheinlich eine Prinzessin darstellend. Haar und hoher Kopfschmuck waren ursprünglich dünn mit Gold belegt, die Augenlider mit schwarzem Kupfer inkrustiert. Der Kopf fand sich im Palast. Höhe etwa 15 cm.

4 Rechts
Die etwa 24 cm hohe Elfenbeinplatte schmückte das Kopfende eines Bettes; dargestellt ist der König (oder eine königliche Gestalt); er umarmt seine Gemahlin und läßt eine Hand auf ihrer Brust ruhen. Die Frau bietet ihm einen Krug mit Salböl an. Aus der Zeit zwischen 1400 und 1350 v. Chr.

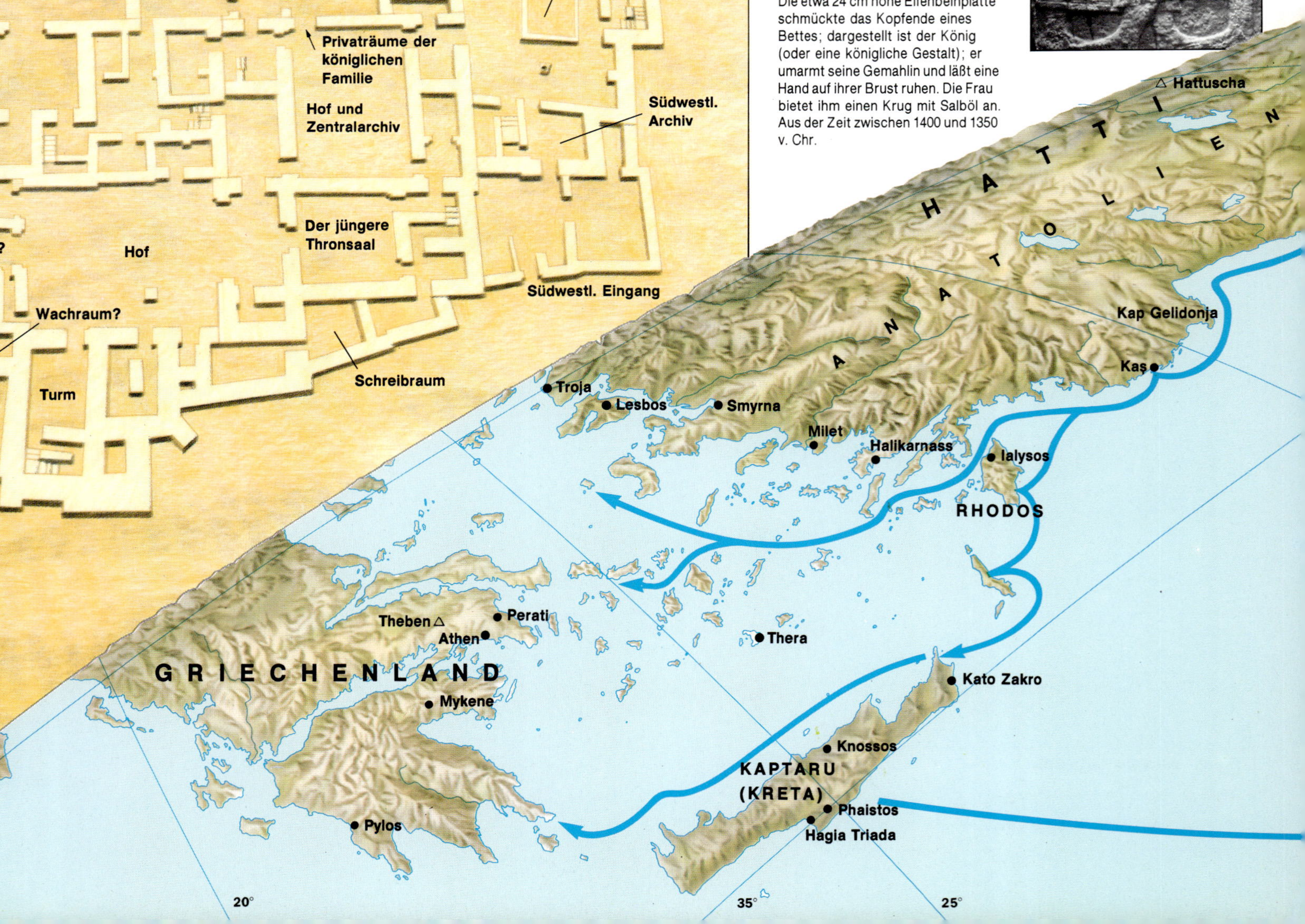

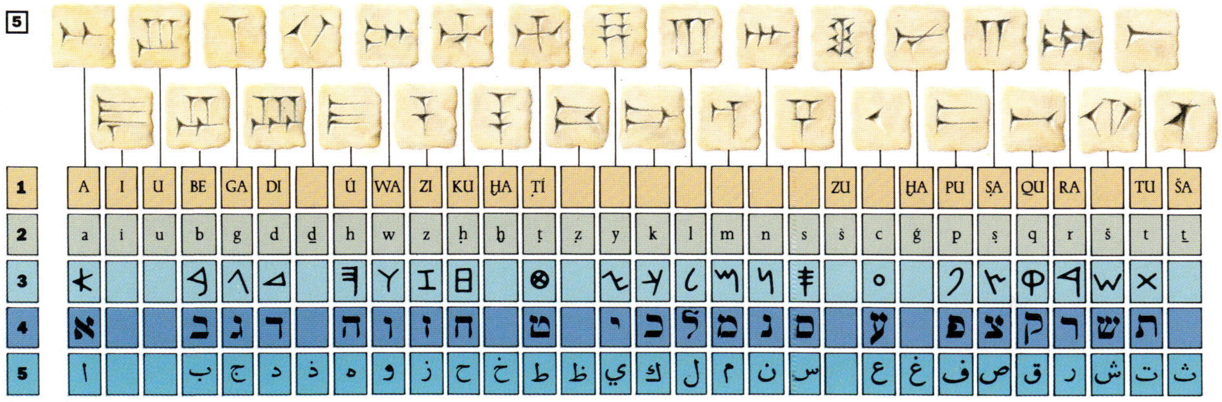

6

8

7

9

5 *Ganz oben*
Einer der bedeutendsten Funde in Ugarit war eine Tontafelsammlung, in alphabetischer Keilschrift beschrieben. Das Diagramm vergleicht die ugaritischen Schriftzeichen mit den Buchstaben anderer alphabetischer Schriften; wiedergegeben sind der Reihe nach: 1. Der Silbenwert ugaritischer Buchstabenzeichen im Akkadischen, soweit bekannt. 2. Der entsprechende frühphönizische Lautwert. 3. Buchstaben der althebräischen Schrift. 4. Buchstaben der hebräischen Quadratschrift. 5. Arabische Buchstaben.

6 *Oben*
Eine Tontafel aus Ugarit mit dem ältesten bisher bekannten Alphabet, in Keilschriftzeichen geschrieben.

7 *Links*
Kleine Figur einer knienden Frau mit Zimbeln.

8 *Oben rechts*
Spätbronzezeitliches, zweisprachiges Siegel eines hethitischen Königs aus dem königlichen Palast in Ugarit.

9 *Rechts*
Gewicht in Form eines Männerkopfes aus Ugarit.

AUSGEWÄHLTE PREISE DES UGARITISCHEN MARKTES

Ware	Preis in Silberschekeln
1 männlicher Sklave	10
1 Schaf	2/3—1
1 junger Stier	10—17
1 Stute	35
1 Pferd	300
1 Esel	30
12 Fichtenbretter	1
12 Tannenbretter	1
1 Wacholderbalken (vielleicht 12 Bretter)	1
12 (große Krüge) Importwein	440
1 Talent Tierfett	1 2/3
1 Stück Karneol	1/50
1 Talent Basalt	1
1 Talent Kupfer	15
1 Schekel Gold	4
1 Kupferschale	2
1 Bronzebecken	100
1 silberne „Trinkschale der Königin" (260 Schekel schwer)	80 Schekel Gold
1 Talent blaugefärbter Wolle	4—7 1/2
1 Talent unbehandelter Wolle	2—7
1 Talent Wollgewebe	5
1 Talent Wolle, lapislazulifarben	5 1/3
1 Ritualgewand aus Leinen	25
1 Kleid	1 1/2—2 1/2
1 purpurfarbenes Wollkleid aus Tyrus	2
1 scharlachfarbenes Gewand	15

(Ein ugaritischer Schekel wog 9—10 g; ein Talent 28—30 kg. Die Preise wurden aus einer Vielzahl von Quellentexten zum Wirtschaftsleben in Ugarit errechnet. Obwohl es relativ viele Quellen gibt, besitzen wir bis jetzt noch keinerlei Hinweise auf die Preise grundlegender Handelswaren wie Gerste, Weizen, Öl, Wein des Landes, Weinessig.)

1 *Karte unten*
Ugarit besaß nicht nur den besten Hafen an der Ostküste des Mittelmeeres, sondern auch eine einzigartige Lage am Kreuzungspunkt der großen Land- und Seehandelsrouten. Kaufleute von weit her, aus Syrien, Kleinasien (dem Hetiterreich), Kanaan, Ägypten, Zypern (Alaschija), Kreta (Kaptaru) und Mesopotamien, trieben Handel mit Ugarit.

Die rund 380 Tontafeln des königlichen Archivs von Amarna (altägyptisch: Achetaton) enthalten Keilschrifttexte, die, abgesehen von einem hurritischen und einem hetitischen, in akkadischen Dialekten verfaßt sind. Man bediente sich damals im internationalen Schriftverkehr offenbar des Akkadischen, der Sprache Mesopotamiens. In Briefen aus Kanaan fallen hie und da kanaanäische Wort- und Satzbildungen auf.

Die Briefe sind meist geschrieben an die oder von den Pharaonen Amenophis III. (1390–1353), Amenophis IV. (Echnaton, 1353–36) und Tutanchamun (1332–1323). Amenophis IV. brachte die Korrespondenz seines Vorgängers mit, als er im sechsten Regierungsjahr das Außenministerium in seine neue Hauptstadt Achetaton verlegte. Als Tutanchamun die Stadt um 1329 v. Chr. aufgab, ließ er alle Tafeln darin zurück.

Außenpolitisch lebte Ägypten in Frieden; es erfreute sich vertraglich gesicherter Abmachungen mit Mitanni in Nordsyrien und unterhielt gute diplomatische Beziehungen zu den Kassiten in Babel. Die Briefe des Archivs aus Mitanni und Babel stammen meist aus der Zeit Amenophis' III.; einige, aus den Anfangsjahren seines Sohnes, des „häretischen" Amenophis IV., zeigen, wie bedrohlich inzwischen die Hetiter unter dem energischen König Schupiluliuma für Mitanni geworden waren. Als dieser Mitanni eroberte und die Vorherrschaft über Nordsyrien erlangte, waren ägyptische Interessen berührt. Andere Briefe bezeugen, daß es diplomatische Kontakte zu dem gerade unabhängig gewordenen Assur und zu Zypern gab.

Vor allem zeichnen die Amarna–Briefe ein farbiges Bild Kanaans. Das Gebiet unter ägyptischer Oberhoheit ließe sich in etwa mit den Grenzen Kanaans in Num 34,1–12 umschreiben; hinzu kamen die Staaten Qatna, Kadesch am Orontes und Amurru. Ein Dokument aus Ugarit setzt voraus, daß *Kanaan*, rechtlich gesehen, eine Einheit war: „Söhne (Bürger) Kanaans" sollen in einem bestimmten Fall Schadenersatz an die „Söhne Ugarits" zahlen. Ägyptische Verwaltungszentren für Kanaan waren Gaza, Sumur und Kumidi. Ein ägyptischer Regierungsbeamter leitete ein Nachschublager in Jarimuta (Lage unbekannt); in Jafo gab es einen Hauptquartiermeister und ein Waffendepot. In Bet–Schean standen ägyptische Truppen, die Karawanen bei der Jordanüberquerung beaufsichtigten. In einigen Stadtstaaten, u.a. in Jerusalem, lagen Hilfstruppen aus nubischen oder anderen unterworfenen Völkern. Legionäre aus Kanaan (ʿApiru) dagegen wurden in Nubien eingesetzt.

Ägyptische Beamte hatten entscheidenden Anteil an Vorgängen in den kanaanäischen Stadtstaaten und führten dabei oft unmittelbar Befehle des Pharao aus. Man behauptet gelegentlich, Amenophis IV. habe sein Reich vernachlässigt. Zu beweisen ist das nicht. Im Gegenteil, er war in Staatsgeschäften gut informiert und erließ Direktiven gegen Störenfriede.

Die Amarna–Briefe werfen auch ein Licht auf das ägyptische System der Besteuerung. In jedem der kanaanäischen Kleinstaaten wachte eine Beamtenhierarchie darüber, daß die Abgaben an den ägyptischen Fiskus regelmäßig geleistet wurden. Jeder lokale Fürst mußte seinen Teil an der

VOR DEM AUFTRETEN ISRAELS: VORDERASIEN UNTER DEM EINFLUSS ÄGYPTENS

Die Amarna–Briefe und die Feldzüge Sethos' I.

In der Amarna–Zeit (Mitte des 14. Jhs. v. Chr.) herrschte Frieden zwischen Ägypten und Mitanni. In Palästina ging es turbulent zu; kanaanäische Fürsten, deren Briefe im Archiv von Amarna gefunden wurden, erbitten verschiedentlich den Schutz Ägyptens. Diesen Briefen verdanken wir heute Kenntnisse über zahlreiche Orte Kanaans aus der Zeit kurz vor dem ersten Auftreten Israels. – Nach der Amarna–Zeit nahm Sethos I., ein Pharao der neuen 19. Dynastie, die Tradition der asiatischen Feldzüge wieder auf.

mazza (hebr. *mas* = „Fron") leisten, entweder mit Getreide von den eigenen Feldern, oder indem er Leute für die Arbeit auf den Domänen des Pharao stellte. In einem Brief beklagt sich z. B. Biridija von Megiddo darüber, er werde die verlangten Getreidemengen nicht liefern können, wenn er nicht stärkeren militärischen Schutz von Ägypten erhalte.

Auch die innere Struktur der Staaten Kanaans spiegelt sich in den Briefen. Zum großen Teil handelte es sich um kleine Stadtstaaten. Zu einer Stadt gehörten jeweils eine Reihe von Dörfern ringsum, die unmittelbar dem Stadtkönig oder einzelnen Adeligen unterstanden. Die Adeligen mußten Streitwagen, Pferde und Knappen stellen. Der Rat der Adeligen unterstützte und beriet den König, setzte zuweilen sogar einen König zugunsten eines anderen ab. Das Land gehörte dem Adel und wurde von Pächtern bebaut, die auch im Fußvolk dienten. Jeder Stadtstaat war zu Tributleistungen und Kriegsdienst für Ägypten verpflichtet.

Neben der Bevölkerung der Stadtstaaten gab es in Kanaan nach dem Zeugnis der Amarna–Texte noch *Sutu* und ʿApiru, beide nicht seßhaft. ʿApiru dienten als „Fremdenlegionäre" im ägyptischen Heer; oft berichten die Briefe aber auch, daß sie unabhängig agierten und die Stadtstaaten bedrohten. Die ʿApiru waren ursprünglich wohl auch Nomaden, die versprengt allerhand Flüchtlinge assimiliert hatten und in verschiedenen Berufen (Söldner) aktiv geworden waren (vgl. zu einer ähnlichen Situation 1 Sam 22,2 und 1 Sam 27,1–12). In Banden machten sie einsame Gegenden unsicher, z.B. die bewaldeten Abhänge des Libanon, das Hügelland um Sichem oder das Gebirge Obergaliläas. Die ʿApiru begegnen im ganzen 2. Jhtsd. überall im Fruchtbaren Halbmond. Ein Zusammenhang zwischen „ʿapiru" und „ʿibrim" (Hebräer) ist nicht nachzuweisen noch einer zwischen den ʿApiru und den Vätern Israels. Die Vätersagen selbst erzählen von friedlichen Kleinviehhirten; die ʿApiru gingen auch gewaltsam oder subversiv gegen Stadtkönige vor und halfen andererseits, z.B. die Dynastie und den Staat Amurru an der Nordgrenze Kanaans zu begründen.

Als Achetaton aufgegeben wurde, blieb die Korrespondenz der Pharaonen zurück. So bilden manche Briefe ein geschlossenes Aktenpaket zu Affären, mit denen sich die ägyptische Verwaltung auseinanderzusetzen hatte.

Fürst Abdi–Hepa von Jerusalem z. B. beklagt sich mehrfach über den Fürsten von Geser und einen ʿApiru–Häuptling: Sie haben ägyptische Truppen von Geser, Gat und Keïla verjagt und das „Land von Rubbuti" eingenommen: „Der Fürst dieses Landes ging zu den ʿApiru–Leuten." Für Abdi–Hepa ist also „zu den ʿApiru gehen" dasselbe wie „Aufstand gegen Ägypten".

Ein anderes Aktenpaket enthält interessante Nachrichten

2

3

4

2 ***Erste Abbildung rechts***
Triumphstele des Pharao Sethos I. aus Bet–Schean. Der Pharao bringt ein Opfer dar vor Re–Harachte, der in der rechten Hand ein Zepter, in der linken ein Lebenszeichen hält. Aus Basalt, etwa 2,40 m hoch.

4 ***Außen rechts***
Pharao Sethos I. vor der Göttin Isis. Wandmalerei auf einer Säule im Tor des 4. Korridors im Grab des Sethos in Theben.

3 ***Mittlere Abbildung rechts***
Kanaanäer beim Holzfällen. Relief Sethos' I. in Karnak.

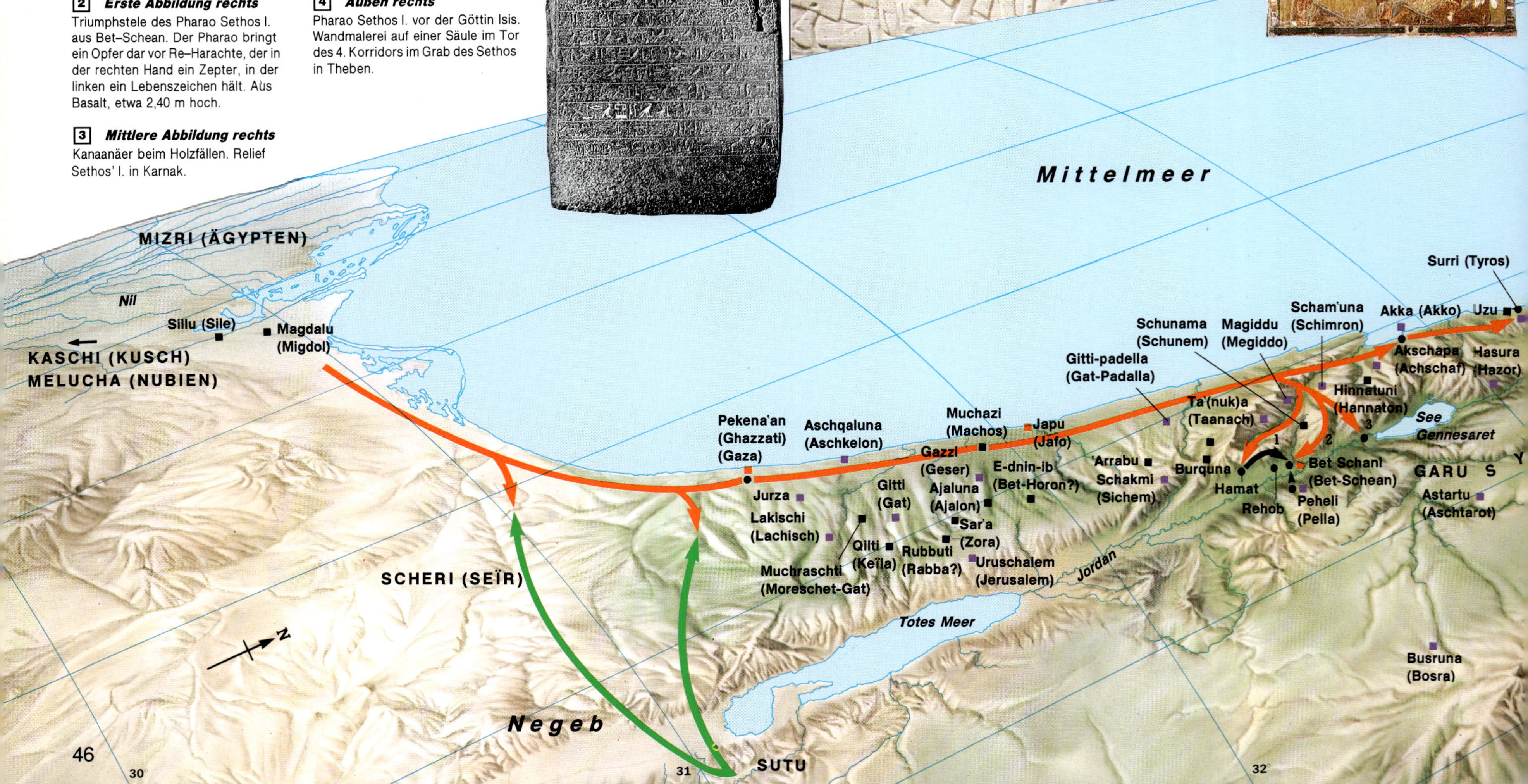

über den Fürsten von Sichem, der offenbar nicht nur Stadtkönig ist, sondern ein größeres Territorium nördlich Jerusalems beherrscht. Biridija von Megiddo klagt, daß Labaja von Sichem den ʿApiru bei einem Angriff auf Megiddo geholfen habe. Er habe zudem den ʿApiru großen Einfluß in Sichem zugestanden und damit gegen Ägypten rebelliert; denn alle ägyptentreuen Fürsten sollten sich gegen diese ʿApiru einig sein. Später ist zu lesen, daß der Fürst von Megiddo Labaja gefangengenommen, in Akko eingekerkert und ihn nur gegen Lösegeld freigelassen hat. Kurze Zeit darauf wird Labaja getötet, doch seine Söhne arbeiten nach Auskunft weiterer Briefe ebenso mit den ʿApiru zusammen und schüren in benachbarten Stadtstaaten den Aufstand gegen Ägypten.

Als drittes Beispiel seien die Briefe des Rib–Haddi von Gubla (Byblos) genannt. Rib–Haddi warnt Amenophis III. vor einem Abdi–Aschirta, der eine unabhängige Koalition gründe. Ägyptische Truppen wurden ausgesandt; Abdi–Aschirta fand den Tod. Seine Söhne jedoch, besonders ein Asiru, fachten, als Amenophis IV. den Thron bestieg, den Aufstand neu an, offenbar unterstützt von ägyptischen Beamten. Asiru konnte die Städte der Gegend zu einem Territorialstaat einen, gegen den Protest Rib–Haddis, der schließlich von der eigenen Stadtbevölkerung vertrieben und ermordet wurde. Asiru suchte Ägypten auf, aber nach seiner Rückkehr, wahrscheinlich in der letzten Zeit Amenophis' IV., trat er zu den Hetitern über.

Die Feldzüge Sethos' I.

In der Amarna–Zeit hatte Ägypten an Ansehen verloren. Eine neue Dynastie, die 19., die um 1300 v. Chr. zur Herrschaft kam, festigte es von neuem. Besonders Sethos I. setzte die ägyptische Vorherrschaft bis zum Jordan neu durch.

Auskunft über die Feldzüge Sethos' I. geben nur vage formulierte Triumphinschriften, u.a. Reliefs in Karnak, die Sethos als Krieger darstellen, Ortslisten und zwei Siegesstelen in Bet–Schean. Ende Mai im ersten Regierungsjahr (1290 v. Chr.), drei Monate nach seiner Thronbesteigung, erhielt Sethos Nachricht, der Herrscher von Hammat habe sich mit Pella verbündet und beunruhige Bet–Schean und Rehob. Beinahe gleichzeitig erfuhr er, daß Schasu–Beduinen aus Transjordanien in den Negeb und nördlichen Sinai eingebrochen waren und den Landweg von Ägypten nach Asien bedrohten. Sethos benützte diese Vorfälle wahrscheinlich, um unter dem Vorwand einer lokal begrenzten Strafexpedition die Hetiter anzugreifen. Die Armee, rasch marschbereit, besiegte die Beduinen, nahm Gaza ein und zog die Küstenebene hinauf. Von Akko sandte Sethos drei Divisionen aus; sie erstickten die Unruhe, die der Herrscher von Hammat angefacht hatte.

Die Reliefs von Karnak zeigen kanaanäische Herren beim Holzfällen im Libanon. Die Ortsliste nennt Orte der phönizischen Küste, u.a. Tyros, Uzu, Ullasa; wahrscheinlich war dies die Hauptroute des Feldzugs. Tatsächlich wurde eine Sethos–Stele in Tyros entdeckt. Die Ortsliste nennt auch Tachsi, Tunip, Kadesch, Hazor; doch diese Namen mögen zu einem späteren Feldzug gehören, mit dem Sethos den Streit mit den Hetitern wiederaufnahm.

Aus den Amarna–Tafeln

Jahtiri, Kommandant von Gaza und Jafo um 1400 v. Chr., bittet, nach Ägypten zurückkehren und im Heer dienen zu dürfen (Übersetzung der unter *6* abgebildeten Tontafel):

„Zum König, meinem Herrn, meinem Pantheon und meinem Sonnengott, spreche ich:

So spricht Jahtiri, dein Knecht, Staub deiner Füße. Zu Füßen meines Königs, meines Pantheons und meines Sonnengottes, falle ich siebenmal siebenmal nieder.

Ferner: Ich bin ein treuer Knecht des Königs, meines Herrn. Ich schaue hier und schaue dort und sehe kein Licht. Ich schaue zum König, meinem Herrn, und dort ist Licht. Ein Ziegel mag sich unterm Nachbarziegel fortbewegen, ich bewege mich nicht fort unter den Füßen des Königs, meines Herrn.

Möge der König, mein Herr, doch Janhamu fragen lassen, seinen Boten! Als ich jung war, brachte dieser mich nach Ägypten, und ich diente dem König, meinem Herrn, und stand im Tor des Königs, meines Herrn. Möge der König, mein Herr, doch seinen Boten fragen lassen, ob ich das Tor von Gaza und von Jafo bewache. Doch mit den Truppen des Königs, meines Herrn, möchte ich ziehen, wohin sie ziehen. Und, wahrhaftig: ich habe damit angefangen, das Königsjoch auf meinen Nacken zu legen, und will es tragen."

Die rechts unten (7) abgebildete Tontafel schickte um 1350 Tuschratta, der König von Mitanni. Er beklagt sich, weil seine Gesandten in Ägypten zurückgehalten werden:

„Zu Nafuririja (Amenophis IV.), König von Ägypten, meinem Bruder, meinem Schwiegersohn, der mich liebt und den ich liebe, spreche ich:

So spricht Tuschratta, König von Mitanni, dein Schwiegervater, der dich liebt, dein Bruder. Mir geht es gut. Möge es dir gut gehen! Möge es deinen Staaten sehr gut gehen, ebenso Teje, deiner Mutter, der Königin des Landes Ägypten, Taduhepa, meiner Tochter, deiner Gemahlin, deinen übrigen Gemahlinnen, deinen Söhnen, deinen Häusern, deinen Streitwagen, deinen Soldaten, deinem Land und allem, was dir gehört.

Pirizzi und Tulupri, meine Boten, habe ich als Eilboten meinem Bruder gesandt und befahl ihnen, sehr schnell zu sein. In der Tat, ich sandte sie fort mit kleiner Begleitung. Früher habe ich einmal zu meinem Bruder gesagt: ‚Ich werde Mane zurückhalten, den Boten meines Bruders, bis mein Bruder meine Boten freigibt und sie zurückkehren.'

Jetzt aber will mein Bruder sie nicht freigeben, so daß sie zurückkehren; er hat sie schon sehr lange festgehalten. Warum? Sind meine Boten denn nicht Vögel, die fliegen und zurückkommen? Warum bringt mein Bruder solche Todesangst über die Boten? Warum darf der eine nicht ... in Gegenwart des anderen, so daß einer den anderen nicht grüßen hört?

Jeden Tag sollten wir außerordentlich glücklich sein! Mein Bruder lasse in Eile meine Boten frei, damit ich die Grüße meines Bruders höre und mich freue!

In der Tat, ich liebe meinen Bruder, und ich will meinen Boten um gute Nachrichten an meinen Bruder senden; inzwischen lasse mich gute Nachrichten von meinem Bruder hören! Denn mein Bruder ist gut, und mein Bruder wird tun, was ich wünsche, und er wird mein Herz nicht trauern lassen.

Und alle Worte, die ich mit deinem Vater sprach, Teje, deine Mutter, kennt sie alle. Niemand anders kennt sie; du magst Teje, deine Mutter, nach allen befragen."

5

5 *Foto links*
Die *Zedern* werden gern mit den Nadelhölzern identifiziert, die Ägypten und die anderen Staaten des Alten Orients aus dem Libanon importierten. Die krummen Stämme waren als Bauholz aber nicht geeignet. Wahrscheinlich handelt es sich um kilikische Tannen.

6 *und* 7 *Unten*
Zwei der Amarna–Tafeln, ihr Text ist oben übersetzt. Die Amarna–Briefe sind wichtige Quellen für Vorgänge bei den Nachbarn Ägyptens, z.B. in Kanaan.

1 *Karte unten*
Tontafeln aus dem königlichen Archiv in El–Amarna nennen Orte, die im 14. Jh. v. Chr. in Kanaan existierten. Die Karte zeigt auch die Feldzüge, die Sethos I. 1290 v. Chr. unternahm, um das Ansehen Ägyptens neu zu festigen.

6

7

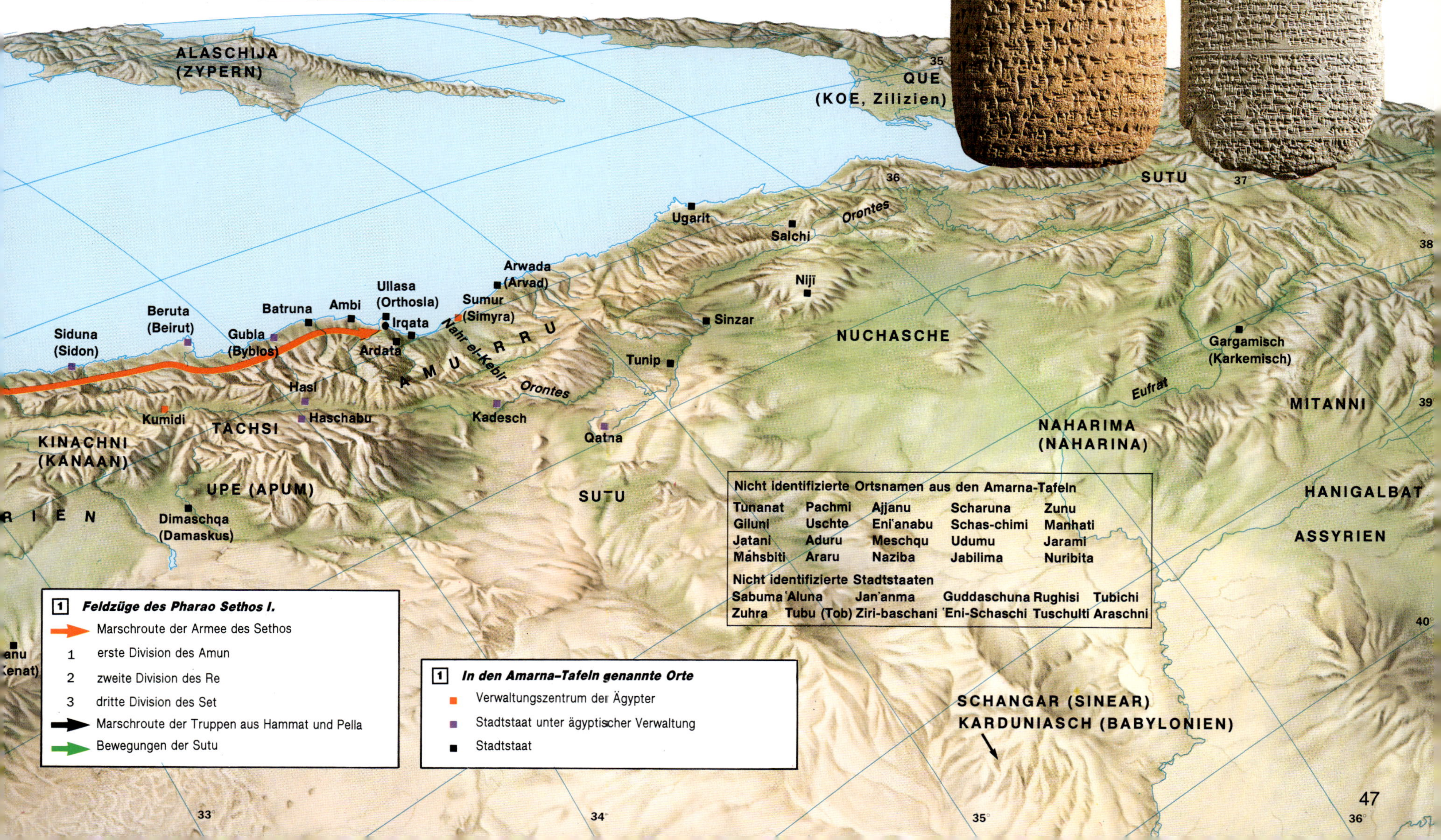

VOR DEM AUFTRETEN ISRAELS:
VORDERASIEN
UNTER DEM EINFLUSS ÄGYPTENS

Die Auseinandersetzungen des Pharao Ramses II. mit dem Hetiterreich

Der Entschluß Ramses' II., Amurru und Kadesch zurückzugewinnen, war ein bestimmender Faktor der großen Politik des frühen 13. Jhs. In der Amarna-Zeit hatte Echnaton die beiden syrischen Länder verloren; Sethos I., der Vater Ramses' II., hatte sie nur für kurze Zeit zurückerobert. Durch diese Kleinstaaten führte der Weg zum westlichen Eufrat-Knie; Ramses wollte, wie seine Vorgänger, bis dorthin vordringen.

Ein ganzes Jahrzehnt lang versuchte Ramses II., die nordsyrischen Gebiete für Ägypten wiederzugewinnen. In seinem 4. Jahr (1275 v. Chr.) eilte er der Küste entlang nach Norden bis Simyra, um ägyptische Ansprüche gegen Übergriffe des benachbarten Bergkönigtums Amurru zu verteidigen, überfiel Amurru und zwang dessen Herrscher, die ägyptische Oberhoheit anzuerkennen. Dieser sandte Eilboten an den Hetiterkönig Muwatallis, um ihm zu melden, daß dieser Treuebruch erzwungen worden sei.

Dieser erste, siegreiche Feldzug ermutigte den jungen Pharao. Sogleich im folgenden Jahre wollte er Kadesch zurückerobern und den Weg nach Nordsyrien öffnen. Er musterte das Heer in Pi–Ramses, der Hauptstadt des Ostdeltas, und zog über den Küstenweg nach Gaza. Dort teilte er sein Heer auf: Die Elitetruppe (im Ägyptischen mit dem semitischen Namen Ne'arim, *junge Leute*, benannt) sollte an der Küste Ansprüche Ägyptens sichern, Amurru Schach bieten und dann landeinwärts ziehen, um kurz vor Kadesch zum Hauptteil des Heeres zu stoßen, den der Pharao durchs Landesinnere dorthin führte: östlich an Galiläa vorbei, durch die Beqa–Ebene nach Kumidi, das den Namen „Ramsesstadt im Zederntal" erhielt, und weiter zur Hügelkette von Kadesch gegenüber von Arnam, von wo aus man im Norden den Tell von Kadesch sieht.

Dort stieß Ramses auf zwei Beduinen, die behaupteten, mit ihren Stämmen zu den Ägyptern überlaufen zu wollen, und meldeten, Muwatallis, der Hetiterkönig, halte sich noch bei Aleppo auf. Das war zu schön, um wahr zu sein; der schlaue Hetiter hatte die Beduinen vorgeschickt, um Ramses in Sicherheit zu wiegen. Die List gelang. Der Feind lagerte östlich von Kadesch; ahnungslos jagte der Pharao mit seinem Gefolge durch die südliche Orontesfurt, nach ihm die erste ägyptische Division (benannt nach dem Gott Amun), die nordwestlich vor Kadesch ein Feldlager errichten sollte.

Als die zweite Division (benannt nach dem Gott Re) schon nachrückte, faßten ägyptische Späher zwei hetitische Spione. Der Pharao befragte sie und erkannte seine mißliche Lage. Sofort schickte er den Wesir mit Ordonnanzen aus, um den Vormarsch der dritten und vierten Division (nach Ptah und Set benannt) zu beschleunigen, und ließ Mitglieder der Königsfamilie aus der Gefahrenzone bringen.

In diesem Moment stürmten hetitische Streitwagen vor, westlich über den Orontes mitten in die arglose zweite ägyptische Division und rissen sie auseinander. Sie rasten weiter nach Norden, trieben die Fliehenden vor sich her und griffen die Division Amun an, die noch dabei war, das Lager aufzuschlagen. Ramses blieb ruhig und führte mit seinen persönlichen Adjutanten sechs verzweifelte Angriffe gegen den Feind, der ins Lager eindrang. In dieser Not kamen unerwartet die Ne'arim mit ihren erfahrenen Kommandanten an und griffen sofort in den Kampf ein. In die Zange genommen, geriet die Linie der hetitischen Streitwagen ins Wanken und zerbrach. Hals über Kopf liefen die Hetiter vor Ramses und den Ne'arim davon; die Flucht endete am Orontes, wo es beim Versuch der Überquerung wüste Gefechte zwischen Fliehenden und Verfolgern gab. Als alles vorüber war, rückten endlich die dritte und vierte ägyptische Division an.

Am nächsten Tag unternahm Ramses überraschend einen Gegenangriff. Doch er scheiterte an den unerschütterlichen hetitischen Fußtruppen. Muwatallis schlug einen Friedensvertrag vor: Rückkehr zum Status vor Ausbruch der Feindseligkeiten; Amurru und Kadesch sollten hetitisch bleiben; die Ägypter die Küste bis nach Simyra behalten.

Ramses war damit kaum zufrieden, aber die Armee wollte nicht mehr kämpfen; so kehrte er nach Ägypten zurück und feierte einen nichtssagenden Triumph seiner persönlichen Tapferkeit. Muwatallis beanspruchte Amurru und Kadesch und fiel sogar in die ägyptische Provinz Upe (mit Damaskus) ein. Auf der anderen Seite mußte der Hetiter, während er sich mit dem Pharao auseinandersetzte, den Verlust der Provinz Hanigalbat an Assur hinnehmen.

Mit einer aufgefrischten Armee zog Ramses im 8. Regierungsjahr (1271) wieder nach Kanaan. Er mußte Unruhen in Galiläa und wahrscheinlich auch in Transjordanien (Moab und Seïr/Edom) unterdrücken, bevor er aufbrechen konnte, um Upe zurückzugewinnen und seine Stellung an der libanesischen Küste zu festigen. Erst jetzt kam er über das Tal des Eleutheros hinaus, um Dapur in Amurru anzugreifen und die Eroberung der Stadt mit der Errichtung seiner Statue zu besiegeln. Doch kaum war Ramses zu Hause, rebellierte Dapur und kehrte in das Bündnis mit den Hetitern zurück.

Im Jahr 10 war Ramses schon wieder im Norden und führte einen weiteren Angriff gegen Dapur an, bei dem er sogar auf seinen Leibpanzer verzichtete. Ramses wollte mit diesen Feldzügen die Flanke von Kadesch bloßlegen und nach Nordsyrien vordringen. Doch solange wie die mächtigen hetitischen Zentren Aleppo und Karkemisch unberührt blieben, waren Angriffe gegen kleinere Stadtstaaten wie Dapur unnütz. Sogar Ramses sah das auf die Dauer ein.

Innere Unruhen hatten die Hetiter gehindert, die Angriffe gegen Nordsyrien zu beantworten. Der Sohn und Nachfolger Muwatallis', Mursilis I., wurde nach sieben Jahren unsicherer Herrschaft seines Onkels, Hattuschili III., vertrieben. Der gestürzte König floh nach Ägypten; Hattuschili verlangte Auslieferung; Ramses verweigerte sie. Hattuschili drohte mit Krieg, und Ramses zog ihm (1258 v. Chr.) bis Bet-Schean entgegen. Doch ein neuer König in Assur nahm wiederum das hetitische Vasallenland Hanigalbat ein (dieses Mal auf Dauer) und bedrohte Karkemisch. Hattuschili konnte keinen Zweifrontenkrieg führen.

Rechtzeitig aufgenommene Verhandlungen mit Ägypten wurden im 21. Jahr des Ramses mit einem Vertrag abgeschlossen. Nach einigem Hin und Her wurden die Beziehungen zwischen Ägypten und den Hetitern immerhin so eng, daß Hattuschili zwei seiner Töchter an Ramses II. verheiratete, eine um 1245, eine andere etwa zehn Jahre später.

> DER GROSSE FÜRST VON HATTI SOLL NIE WIEDER ÄGYPTISCHE RECHTE VERLETZEN ...
> UND USER-MAAT-RE SETEP-EN-RE, DER GROSSE HERRSCHER ÄGYPTENS, SOLL NIE WIEDER RECHTE DES LANDES HATTI VERLETZEN ...
> WENN EIN ANDERER FEIND DAS LAND VON USER-MAAT-RE ANGREIFT ... UND DIESER DEM GROSSEN FÜRST VON HATTI SAGEN LÄSST: „KOMM MIT MIR ZUR VERSTÄRKUNG GEGEN IHN", DANN SOLL DER GROSSE FÜRST VON HATTI KOMMEN ...
> VERTRAG ZWISCHEN ÄGYPTERN UND HETITERN,
> 1259 v. Chr.

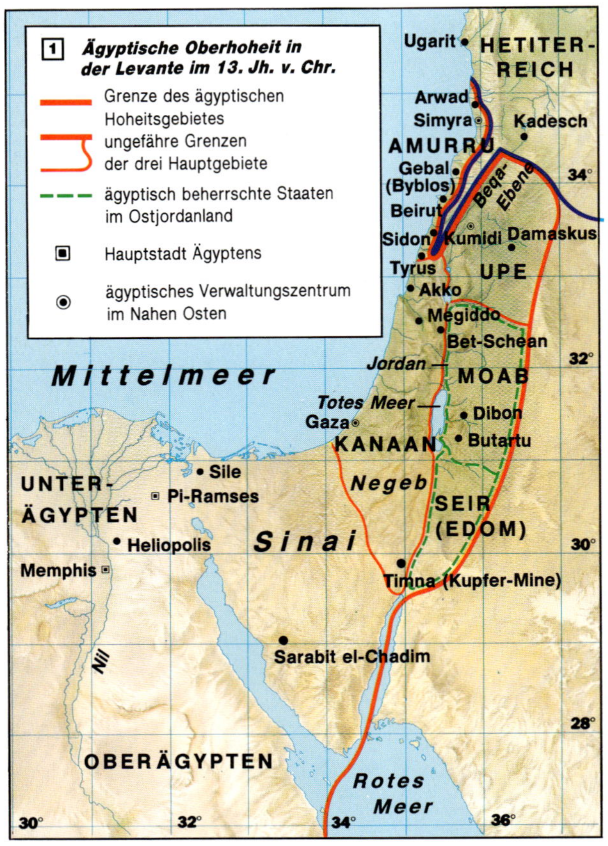

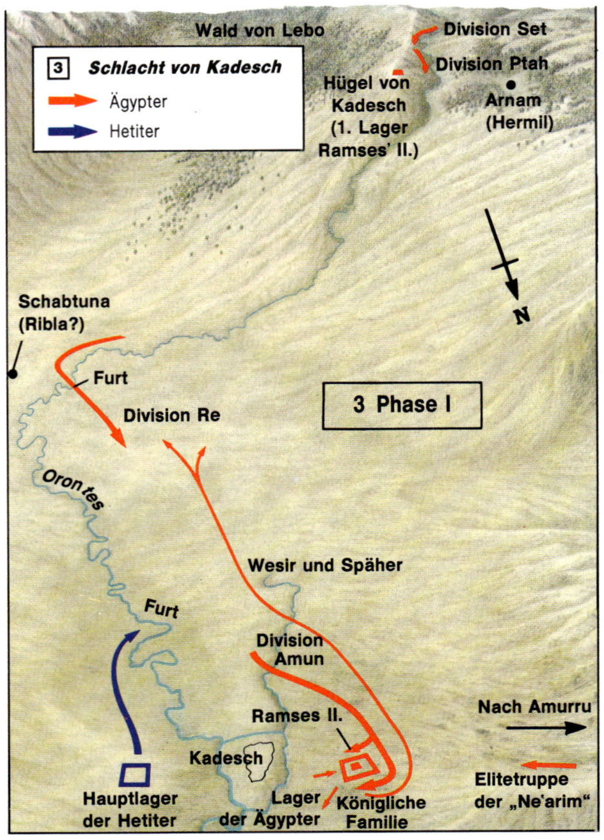

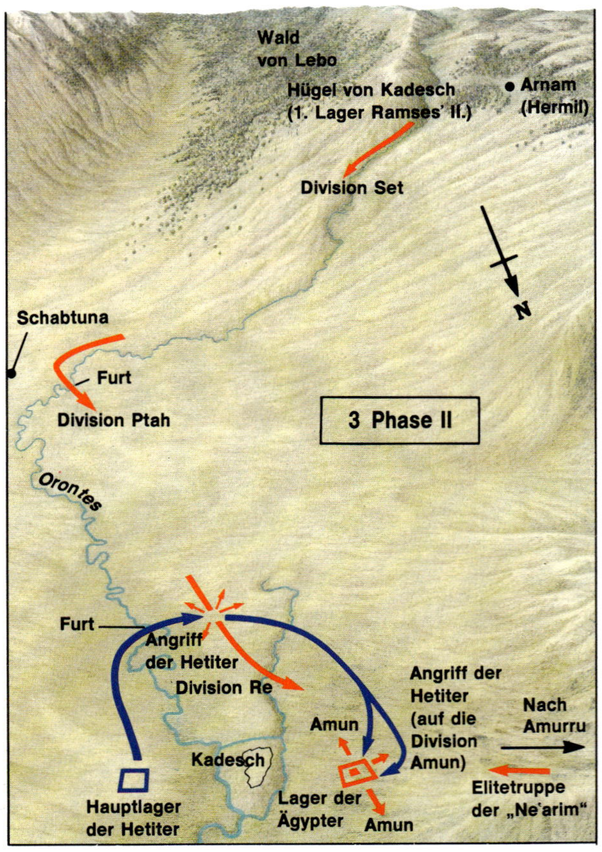

4

5

4 Links
Die Schlacht von Kadesch. Aus dem Ramesseum in Theben. Die Hetiter treiben mit Pferden und Wagen im Fluß.

5 Oben
Ramses II. hält Gefangene bei den Haaren. Traditionelle ägyptische Darstellung der Unterwerfung von Fremdvölkern durch den König.

1 Karte S. 48 links oben
Vor der Amarna–Zeit besaß Ägypten im Nahen Osten die Oberhoheit über drei Hauptgebiete, die je einem „Verwalter der nördlichen Fremdländer" unterstellt waren: 1. Kanaan, das im wesentlichen Westpalästina umfaßte, von Galiläa bis zum Negeb, zwischen Jordangraben und Mittelmeer; 2. Upe, d.h. die Oase von Damaskus und die Beqa–Ebene westlich davon, jenseits des Antilibanon; 3. Amurru mit zwei Teilen: dem Libanongebirge mit dem Königreich Amurru und dem libanesischen Küstenstreifen davor.

2 Karte S. 48 links unten
Den Feldzug von 1300 v. Chr. (4. Jahr) bezeugen ein datiertes Denkmal aus Byblos und eine Felseninschrift an der Landspitze des Nahr el–Kalb („Hundefluß"). Im 5. Jahr fand die Schlacht von Kadesch statt. Der König zog durchs Landesinnere nach Kadesch, eine Hilfstruppe an der Küste entlang zur Sicherung der Westflanke. Deren rechtzeitige Ankunft in Kadesch rettete den Pharao aus einem Hinterhalt des Hetiterkönigs Muwatallis.
Im 8. Jahr schlug Ramses untreue Städte in Galiläa, eroberte Upe zurück und griff Dapur, mitten in Syrien, an.
Aus dem 10. Jahr stammt eine zweite Inschrift Ramses' II. am Nahr el–Kalb; er griff Dapur wohl zum zweitenmal an.
Weitere Kriegszüge unterblieben, bis eine Kriegsdrohung Hattuschilis III. Ramses bewog, diesem entgegenzuziehen. Eine Stele aus Ramses' 18. Regierungsjahr mag darauf zurückgehen.

3 Schlacht von Kadesch Phase I, S. 48 rechts oben
Ramses II. und die Division Amun richten nordwestlich von Kadesch das Lager ein. Ramses erfährt, wie nah die Hetiter sind, sendet den Wesir und Späher aus, um die beiden anderen Divisionen heranzuholen, und bringt die königliche Familie in Sicherheit. Die Division Re ist schon unterwegs zum Lager.

3 Phase II, S. 48 rechts unten
Hetitische Streitwagen überqueren den Orontes, durchbrechen die Division Re und rasen weiter zum Angriff gegen die Division Amun.

3 Phase III, unten
Ramses II. geht zum Gegenangriff über; die neu hinzukommenden *Ne'arim-Truppen* (vgl. Text) greifen ein; die hetitische Linie löst sich auf.

3 Phase IV, rechts
Bis die Divisionen Ptah und Set eintreffen, haben Ramses und die Elitetruppe die Hetiter bereits in den Orontes getrieben.

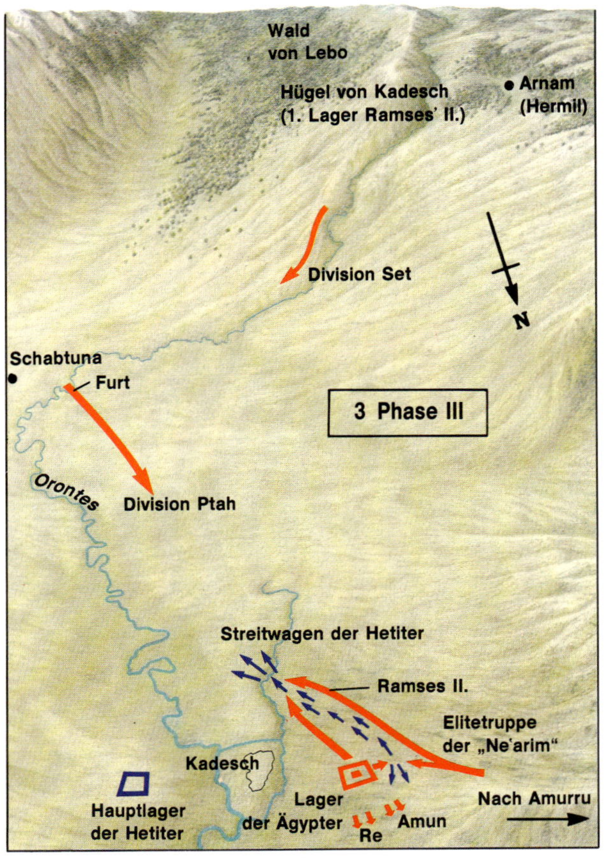

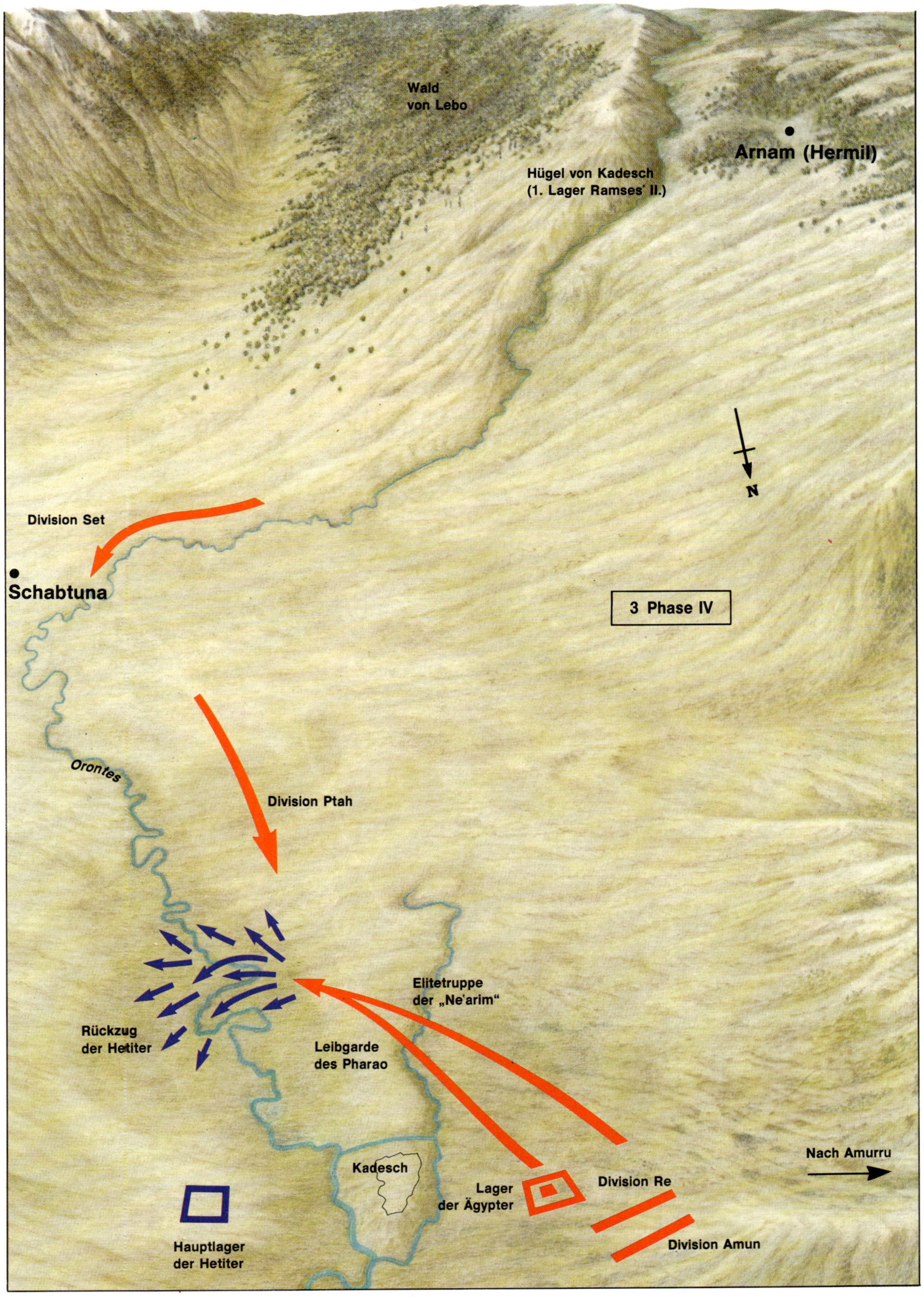

Als Ägypten seine Herrschaft weit in den Nahen Osten ausdehnte, nahm der Lernstoff an ägyptischen Beamtenschulen zu. In den zwei Jahrhunderten von Thutmosis III. bis Ramses III. häuften Zivil- und Militärverwaltung viel Wissen an: Diplomaten und Heerführer mußten Wege durch Kanaan und Syrien, Rastplätze, Hindernisse, Entfernungen, Zeitbedarf für die Wege der Diplomaten und Heere kennen.

Ägyptische Beamte preisen oft ironisch und humorvoll die aussichtsreiche Karriere des fleißigen Schülers. Ein ironischer Text aus der Zeit Ramses' II. oder Merenptahs, erhalten auf dem sogenannten Papyrus Anastasi I, setzt diese Tradition fort. Er belehrt künftige Beamte über Hilfsrampen beim Bauen, den Transport von Obelisken, die Errichtung von Kolossalstatuen, die Organisation des Nachschubs für das Heer und vor allem über die Geographie Syrien–Palästinas.

Der satirische Brief auf dem Papyrus Anastasi I

Der Text (benannt nach dem griechischen Kaufmann, der ihn im 19. Jh. erwarb) gibt sich als Brief des Schreibers Hori an seinen Kollegen Amenemope. Mit sarkastischem Witz beweist Hori, wie wenig Ahnung sein Adressat hat. Er stellt sich diesen als einen Gesandten vor, dem auf der Reise durch Kanaan allerlei Mißgeschick zustößt; Fragen, die die Unkenntnis des fiktiven Reisenden beweisen sollen, informieren über die Geographie Kanaans. Dieser Teil des Briefes läßt sich in sieben Abschnitte gliedern:

Abschnitt I

Der Briefschreiber fragt zuerst nach dem Land der Hetiter und verfolgt von dort aus den Weg nach Süden, nach Ägypten zurück. Er nennt Upe, die nördlichste Provinz Ägyptens, Simyra, die nördlichste ägyptisch beherrschte Küstenstadt, Aleppo und Kadesch, hetitische Zentren in Nord- und Südsyrien, die von der Küste aus durch das Tal des Eleutheros zu erreichen waren, einen wichtigen Weg durch das Libanongebirge, den er Magar nennt (im Griechischen später Makra).

Abschnitt II

Von Syrien und dem Berg Schawi aus zeichnet der Schreiber die Hauptroute der Küste entlang nach, indem er von Nord nach Süd die Hafenstädte aufzählt: Byblos, Beirut, Sidon, Sarepta, die Inselstadt Tyros und ihr gegenüber auf dem Festland Uzu, auch die Mündung des Litani ist erwähnt. Über einen schmalen *Felsenpaß* an der Küste (heute: Ras en-Nakura) zieht er die Linie weiter bis Akko und landeinwärts nach Achschaf, nicht weit von Megiddo; von dort schaut er über den Bergrücken User (Karmel) und wahrscheinlich südöstlich nach Sichem hinüber.

Abschnitt III

Von Achschaf und der Jesreelebene aus läßt Hori den Gesandten nach Hazor fahren, von dort im Kreis nach Süden über Hammat und Jenoam am See Gennesaret nach Adummim zurück.

Abschnitt IV

Es folgen zwei Rundwege im Nordosten. Der erste führt vom Nordende der Beqa-Ebene (von Tachsi und Taminta aus) nach Kadesch und Dapur und von dort zurück nach Arnam. Der zweite geht von der Beqa-Ebene und Damaskus aus nach Süden durch Upe; der Bote soll in Kirjat-Anab und Aduru sowie in den südlichen Grenzfestungen von Upe nach dem Rechten sehen.

Abschnitt V

Nach Megiddo zurückgekehrt, läßt der Schreiber seinen Boten einen weiteren kurzen Rundweg machen: von einem „Qina-Bach" aus nach Rehob, dann nach Norden zu der strategisch wichtigen Festung Bet-Schean und der Festung am Jordanufer unterhalb davon, von dort zurück nach Megiddo.

VOR DEM AUFTRETEN ISRAELS: VORDERASIEN UNTER DEM EINFLUSS ÄGYPTENS

Der Vordere Orient aus der Sicht eines ägyptischen Beamten

Wer ägyptische Quellen danach befragt, wie es im Nahen Osten vor dem Auftreten Israels aussah, findet Auskunft vor allem in Berichten über Ruhmestaten der Pharaonen; nur wenige Texte gewähren Einblicke anderer Art. Dazu gehört vor allem eine Satire auf dem Papyrus Anastasi I. Der Text, der sich als Brief eines Beamten an einen Kollegen gibt, beschreibt das Land Kanaan ironisch, oft humorvoll, manchmal etwas anrüchig und liefert dabei Informationen, die an biblische Berichte erinnern.

Abschnitt VI

Dann schildert der Schreiber, wie sein Kollege auf dem Weg nach Jafo Ausläufer des Karmel überquert: „Beduinen, versteckt im Gebüsch, machen die Schlucht unsicher, Männer, vom Kopf bis zur Fußspitze zwei bis drei Meter groß, wild und erbarmungslos, taub gegen alle Bitten. Du bist allein; keiner hilft dir ... Dein Pfad ist voll von Geröll und Steinen, zugewachsen, ... auf einer Seite gähnt der Abgrund, auf der anderen türmt sich der Berg auf ... Du meinst, der Feind sei hinter dir her, und gerätst in Panik. Dann kommst du nach Jafo, findest blühende Wiesen, wirfst dich ins Gras und entdeckst das hübsche Mädchen, das gerade nach den Gärten schaut. Sie macht dir schöne Augen und verführt dich – aber man entdeckt dich, du mußt gestehen, wirst nach dem Strafmaß für Streitwagenkämpfer verurteilt und mußt dein bestes Hemd verkaufen, um die Buße bezahlen zu können!"

Abschnitt VII

In Gaza werden Reparaturen durchgeführt. Der geographische Überblick endet mit einer Liste von zwölf Festungen und Brunnen am *Horusweg*, der an der Sinaiküste entlang von Sile an der Grenze Ägyptens aus bis nach Gaza führt, das die Ägypter auch Pi-Kanaan, „Stadt Kanaans", nannten, da es für sie das Tor nach Kanaan war und zugleich das wichtigste Verwaltungszentrum in Kanaan.

Aus diesem Papyrus ist zu erfahren, wie genau ägyptische Beamte zur Zeit Ramses' II. und Merenptahs in Kanaan Bescheid wußten. In ihrem Blickfeld lag vor allem die Küste Vorderasiens von Simyra bis Gaza. Das Innere des Landes nach Osten zu kannten sie bis nach Kadesch in der Beqa-Ebene und darüber hinaus bis in die Gegend von Damaskus. Weiter südlich waren im Landesinneren für sie vor allem die Verbindungswege wichtig, über die Ägypten das Land kontrollierte; diese Wege führten durch das obere Jordantal und die Jesreelebene. Das Bergland war ihnen fremd und unheimlich; Beleg dafür ist auch die eindrucksvolle Schilderung des Hohlweges durch den Karmel.

DIE FÜRSTEN WERFEN SICH NIEDER UND SAGEN: ERBARMEN!
KEINER ERHEBT MEHR SEIN HAUPT UNTER DEN NEUN BOGEN.
VERZWEIFLUNG HERRSCHT IN LIBYEN; HATTI WURDE BEFRIEDET;
AUSGEPLÜNDERT IST KANAAN UND ALLES BÖSE;
VERSCHLEPPT IST ASCHKELON; EROBERT IST GESER;
JENOAM WURDE WIE JENE, DIE NICHT EXISTIEREN;
ISRAEL IST VERWÜSTET; SEIN SAME IST NICHT MEHR;
HURRU WURDE WIE EINE WITWE FÜR ÄGYPTEN!
ALLE LÄNDER MITEINANDER – SIE WURDEN BEFRIEDET;
JEDER, DER UNRUHIG WAR, WURDE GEBUNDEN DURCH DEN KÖNIG VON OBER- UND UNTERÄGYPTEN.
ISRAEL-STELE

5 und 5 a Unten
Die sogenannte *Israel-Stele*, aus schwarzem Basalt, ist beschrieben mit einer Ruhmeshymne auf einen Sieg des Pharao Merenptah (13. Jh.) und nennt Ortsnamen in Kanaan. Auch „Israel" kommt vor (s. 5a), doch nicht als geographischer Begriff: Die beigefügten Deutezeichen „Mann" und „Frau" charakterisieren ihn als Gruppenbezeichnung. Man wußte in Ägypten also, daß es eine Gruppe dieses Namens in Kanaan gab.

1 Karte unten links
Der Verfasser des satirischen Briefes beschreibt die Küstenstraße Syrien-Palästinas von Simyra bis Gaza, einige landeinwärts führende Wege, z.B. zwei Abstecher durch Galiläa und die Jesreelebene, und schließlich die berühmte Route, den *Horusweg*, zwischen Ägypten und Palästina.

2 Karte unten rechts
Der Pharao Merenptah unterdrückte Unruhen, die nach dem Tod seines Vaters unter den Vasallen Ägyptens aufkommen wollten. Seine Siegesstele rühmt die Vernichtung Aschkelons, Gesers, Jenoams und *Israels*; eine Gruppe dieses Namens war den Ägyptern wohl im Bergland aufgefallen. Merenptah errichtete zwei neue Stützpunkte, einen in Kanaan, den anderen südlich von Tyros und behielt den älteren Stützpunkt Kumidi bei, wo – wie ein Verzeichnis aus dem 3. Jahr Merenptahs zeigt – damals schon Aramäer wohnten. Im 4. Jahr Merenptahs bezahlte Lachisch Tribut an die Ägypter.

5

5 a

4 Rechts
Die Mumie des Pharao Merenptah wurde 1898 bei einer Expedition des französischen Archäologen Loret entdeckt. Sie lag im Grab Amenophis' II. (s. Seite 43) im Tal der Könige.
Merenptah wurde mit 60 Jahren König und herrschte nur 10 Jahre. Kein bedeutendes Baudenkmal erinnert an seine Regierung. Sein Grabtempel in Theben wurde z.T. mit Steinen aus dem Tempel Amenophis' III. gebaut.

4

3 Rechts
Der Papyrus Anastasi I enthält zahlreiche Informationen über Ausbildung und Arbeit ägyptischer Beamter sowie über die Geographie des Nahen Ostens im 2. Jhtsd. Er gehörte dem griechischen Kaufmann Anastasi, der im 19. Jh. als schwedischer Generalkonsul in Alexandrien lebte und Altertümer sammelte. Seine Sammlung wurde aufgeteilt und in verschiedene Länder verkauft, u. a. nach Schweden, in die Niederlande und nach Großbritannien. Die Papyri kamen 1839 nach London. – Papyrus, eine frühe Form des Papiers, wurde hergestellt aus dem Mark des Papyrus-Schilfes.

3

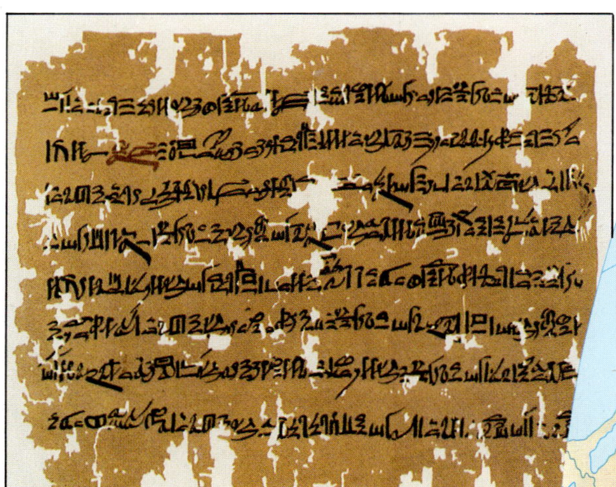

Als Ramses II. im 67. Jahr seiner Herrschaft starb, folgte ihm sein dreizehnter Sohn nach, Merenptah, wohl schon sechzig Jahre alt. Seit dem Vertrag mit den Hetitern (S. 48) hatte es fast ein halbes Jahrhundert lang keinen ägyptischen Feldzug nach Kanaan mehr gegeben. Die Thronbesteigung des neuen Königs verlockte Unruhestifter, das Joch Ägyptens abzuschütteln; aber Merenptah war entschlossen, keine Schwächung Ägyptens hinzunehmen.

Er wird gleich zu Anfang seiner Regierung eine Strafexpedition ausgeschickt haben, angeführt vom Kronprinzen, dem späteren Pharao Sethos II. Der Siegeshymnus auf der Stele Merenptahs nennt in geographisch richtiger Reihenfolge Aschkelon, Geser, Jenoam; dann kommt ein in ägyptischen Quellen neuer Name vor: „Israels" Verwüstung wird gerühmt. Den Hieroglyphen könnte man entnehmen, daß es sich hierbei um Bewohner des Berglandes handelt. Diese im 5. Jahr des Merenptah beschriebene Stele erwähnt jedenfalls das Wort „Israel" zum ersten Mal in der Geschichte.

Wer damals „Israel" hieß und wie der Name auf das biblische Volk überging, ist nur zu vermuten. Das „Israel" der Merenptah–Stele war kaum die Schar, die nach biblischem Bericht aus Ägypten auszog. Es wäre möglich, daß diese „Israel"–Leute sogar in Ägypten dargestellt sind: Einige Kriegsszenen am Amuntempel von Karnak schreibt man nämlich heute eher Merenptah als Ramses II. zu: Auf der unteren Szenenreihe ist der Fall Aschkelons und einer zweiten Stadt (Geser?) dargestellt; die oberen Szenen

VOR DEM AUFTRETEN ISRAELS:
VORDERASIEN
UNTER DEM EINFLUSS ÄGYPTENS

Der Siegeshymnus des Phararo Merenptah

Die Nennung von „Israel" unter den von Merenptah unterworfenen Gegnern ist die älteste Nachricht darüber, daß eine Gruppe von Menschen diesen Namen trug.

könnten die Einnahme Jenoams gezeigt haben und davor den Kampf mit den Leuten von „Israel", in denen die Ägyptern vielleicht eine Gruppe wie die ebenfalls genannten halbnomadischen Schasu begegnet war. Die Einnahme der Stadt Geser wird auch auf einem Denkmal des Merenptah in Nubien erwähnt.

Für das 3. Jahr des Königs belegt ein Briefverzeichnis ein lebhaftes Kommen und Gehen von Königsboten durch die Grenzfestung Sile. Wie zu erwarten, gibt es Kontakte nach Gaza, außerdem einen Brief an den Fürsten von Tyrus zudem sind drei Zentren der königlichen Verwaltung genannt:

„Brunnen des Merenptah" (zweifellos eine Festung) könnte der in Jos 15,9; 18,15 erwähnte Ort *Meneftoach* („Wasser von Neftoach") sein, der „auf einem Bergrükken" liegt und bei Lifta (?), nordwestlich von Jerusalem, zu lokalisieren ist. Jedenfalls wären von einem solchen Stützpunkt aus die Konflikte zwischen kanaanäischen Vasallen und neuen Gruppen wie „Israel" leicht im Blick zu behalten.

Das zweite Zentrum ist die „Burg des Merenptah" bei „Selalim", was vielleicht ein Verschreiber für *Selaim*, den „Felsenpaß" (Ras en–Nakura) südlich von Tyros ist.

Das dritte Zentrum heißt „Stadt des Merenptah im Gebiet von Pi–Aram", wahrscheinlich handelt es sich um *Kumidi* in der Beqa–Ebene, ehemals die „Ramsesstadt im Zederntal", nun nach den neuen Bewohnern der Gegend, den Aramäern, benannt, von denen rund 150 Jahre vorher, unter Pharao Amenophis III., schon die Rede war.

Friedliche Kontakte Ägyptens mit seinen Vasallen in Kanaan bezeugen auch Tonscherben, die in Lachisch auftauchten und die die Getreideernte aus dem 4. Jahr des Merenptah verzeichnen. Sie war der Tribut, den ägyptische Beamte beim Fürsten von Lachisch erhoben. Auch in Nubien und an der libyschen Grenze konnte Pharao Merenptah nach Kämpfen im 5. Jahr seiner Regierung die Position seines Vaters behaupten. Von außen gesehen, hinterließ er seinen Nachfolgern ein intaktes und gefestigtes Reich.

AUSSPRUCH ÜBER ÄGYPTEN: WO SIND DEINE WEISEN BERATER? SIE SOLLEN DIR SAGEN UND ERKLÄREN, WAS DER HERR DER HEERE BESCHLOSSEN HAT ÜBER ÄGYPTEN. JES 19,12

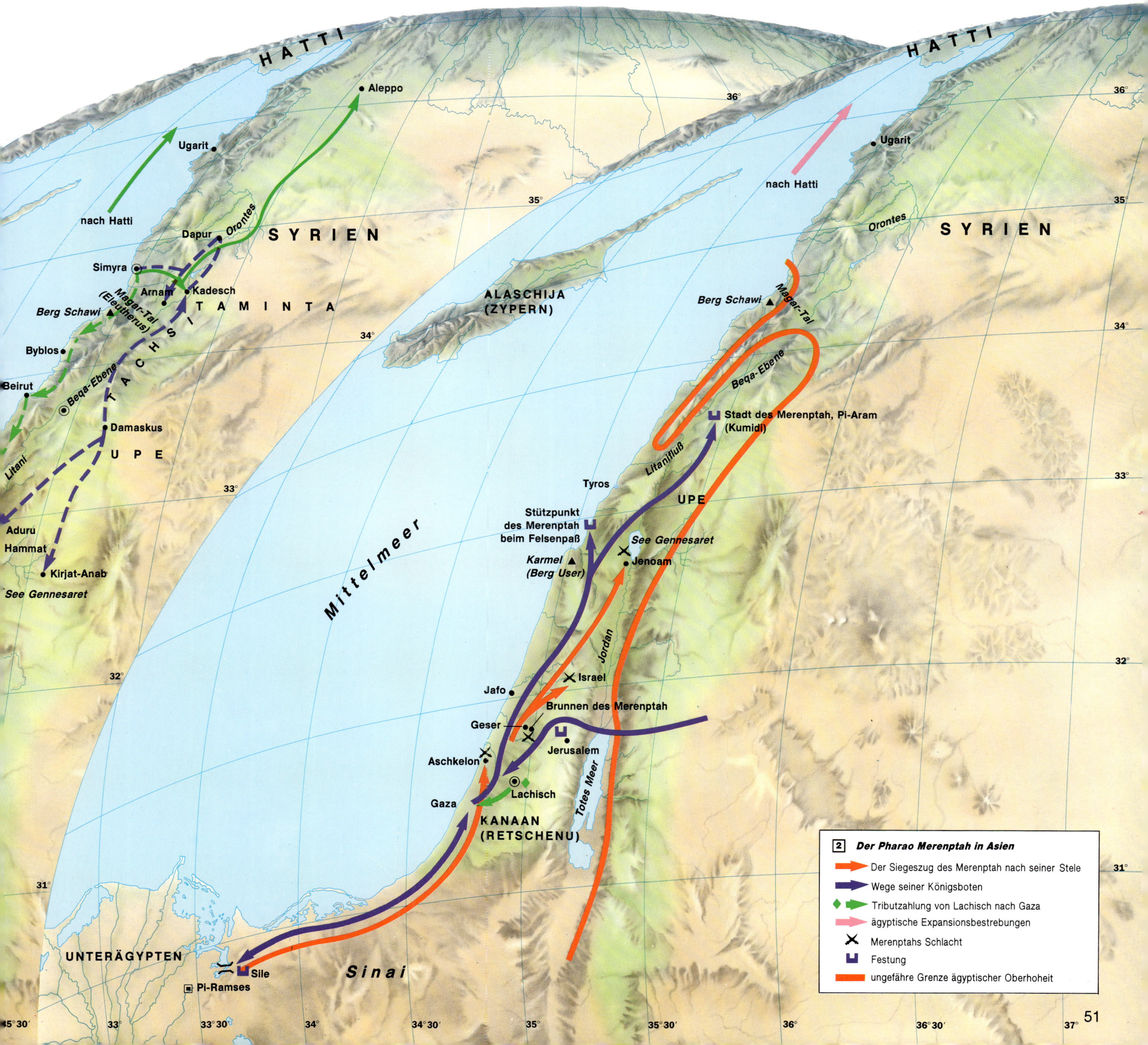

VOR DEM AUFTRETEN ISRAELS: VORDERASIEN UNTER DEM EINFLUSS ÄGYPTENS

Kanaans Handel mit Mykene und Zypern

In der Zeit vor dem Auftreten Israels war Kanaan geprägt von einer weltoffenen Kultur. An mehr als 100 spätbronzezeitlichen Fundstätten Kanaans und Ägyptens fanden sich importierte Keramikwaren. Zeugnisse eines regen Handelsverkehrs mit Zentren der minoischen und der mykenischen Kultur und mit Zypern. Anhand der jeweils eingelagerten Typen mykenischer Keramik lassen sich Ausgrabungsschichten kanaanäischer Orte genauer datieren.

Der Aufstieg der mykenischen Kultur

Am Ende der ägäischen Frühbronzezeit II (um 2300–2000 v. Chr.) wurden viele Siedlungen in Griechenland zerstört, wohl von Eindringlingen aus Kleinasien, deren Sprache möglicherweise eine Vorform des Griechischen war. Eine geringe, arme, ethnisch gemischte Bevölkerung überlebte. Um 1930 v. Chr. entstanden zuerst in Kreta neue Paläste; die ältere minoische Kultur lebte auf, angeregt vom Nahen Osten und Ägypten. Denn minoische Händler, manchmal auch Siedler, fuhren bis nach Sizilien, ins westliche Kleinasien, nach Kanaan und Ägypten. Die Städte Kretas waren nicht befestigt; man darf daraus wohl schließen, daß die ganze Insel und die umliegenden Meere durch eine starke zentrale Regierung gesichert waren. Der minoische Handel konnte sich unter ihrem Schutz friedlich entfalten.

In der Mittleren Bronzezeit (2100–1600 v. Chr.) erholten sich allmählich auch Bevölkerung und Kultur des Festlandes. Am Ende dieser Zeit blühte im Süden Griechenlands die mykenische Kultur; man kannte das Pferd als Zugtier, fuhr zu den Kykladen und nach Kreta hinüber.

Vor dem Ende der spätminoischen Epoche IB (um 1450 v. Chr.) vermischen sich bereits mykenische und minoische Kultur; vielleicht hatte der Ausbruch des Vulkans auf Thera eine vorher einsetzende Entwicklung beschleunigt. In Griechenland zeigt sich an früher Grabarchitektur, wie sehr man Kreta bewunderte. Besonders Gewerbe und Handel arbeiteten eng zusammen. In der minoischen Siedlung Trianda–Ialysos auf Rhodos, in Zypern, Kanaan und Ägypten weisen Funde auf gemeinsame minoisch–mykenische Handelsunternehmungen hin.

In Grabkapellen ägyptischer Beamter in Theben sind Repräsentanten der Bewohner der „Inseln mitten im Meer" dargestellt; Funde minoisch–mykenischer Keramik in Ägypten beweisen, daß man diese Fremden dort wirklich kannte. In Bildern aus dem Grab des Rechmire, Wesir unter Thutmosis III. und Amenophis II., spiegelt sich die Übernahme Knossos' durch die Mykener (Ende der spätminoischen Zeit IB); sie helfen festzulegen, von wann an das griechische Festland Kreta überflügelte.

Mykenischer Handel mit Zypern, dem Nahen Osten und Ägypten

Die Vorherrschaft Mykenes stützte sich auf militärische Erfolge, führte aber nicht nur zur Verbesserung der Waffen, sondern auch zur Ausweitung des Handels; man brauchte Kupfer aus Zypern und Zinn aus Anatolien und Afghanistan. Mykenischer Handel wurde wohl auch in Ugarit (S. 45f) abgewickelt; Listen aus ugaritischen Archiven nennen möglicherweise Waren aus der Ägäis. Hauptumschlagplatz aber war Zypern. Riesige Mengen mykenischer Keramik fanden sich dort, u.a. Vorratskrüge für den Handel mit Gütern wie Salböl, Wein, Kräuter, Wolle, Leder.

Zypern war eine internationale Handels- und Nachrichtenbörse. Mykenische Exportkeramik gelangte von hier u.a. bis nach Sesebi in Nubien, jenseits des zweiten Nilkatarakts. Meist verschiffte man sie zusammen mit den typischen zyprischen, handgeformten Standringgefäßen (Opiumbehälter?). Steinerne Anker, die man vor Zypern und Kanaan fand, verrieten die Herkunft der zugehörigen Schiffe; ägäische Seeleute holten dort das benötigte Metall ab und zugleich exotische Luxuswaren, wie man sie in Aigina, Athen, Mykene, Gurnia und Kommos auf Kreta fand.

1984 begann George Bass ein spätbronzezeitliches Schiff (das *Ulu-Burun-Wrack*) auszugraben, das vor Kaş in der südwestlichen Türkei, wahrscheinlich zur Zeit Echnatons, untergegangen war. Zu seiner Fracht gehörten Kupfer, Zinn, Glasblöcke, Amphoren kanaanäischer Herkunft; in eine davon war zyprische Keramikware verpackt, andere enthielten Spuren von Trauben, Oliven, nicht identifizierbaren Samen; ferner handwerklich gefertigte Gegenstände, mit Fayence, Bernstein, Gold, Silber verziert; Bronzewaffen und Werkzeuge. Das Schiff mag einem kanaanäischen Kaufmann gehört haben, der nach Rhodos und in die Ägäis unterwegs war.

In Ägypten kamen bisher nur in Amarna, der Residenz Echnatons, und in Deir el-Medine, dem Handwerkerdorf bei Theben, größere Mengen mykenischer Keramik zutage, vielleicht ist das Zufall, vielleicht endete hier die Handelsroute. Die mykenische *Steigbügelkanne* jedoch kopierte man in Ägypten in Ton, Fayence, Alabaster; zwei solche Kannen sind auf der Darstellung des Feldlagers Ramses' II. vor Kadesch im Ramesseum zu erkennen, andere im Grab Ramses' III. in Theben.

In den Städten des Nahen Ostens galt Importware aus der Ägäis als Luxus. Minoisch–mykenische Keramik war Statussymbol für Lebende und Tote. Sie findet sich zahlreich vor allem in Gräbern reicher Leute. Bei Ausgrabungen sind importierte von einheimischen Gefäßen leicht zu unterscheiden. Sie sind sehr sorgsam gearbeitet, mit Motiven aus der Pflanzen- und Tierwelt, hauptsächlich des Meeres, sowie mit Szenen des Gesellschaftslebens bemalt. Zeichnungen auf älteren Keramiken sind naturalistisch und vielfarbig; später (im 15. und 14. Jh. v. Chr.) werden die Motive stärker stilisiert und in Schwarz und Weiß ausgeführt.

Niedergang und Ende des mykenischen Handels

Zu einem noch nicht genau bekannten Zeitpunkt, während in Ägypten die 19. Dynastie herrschte, ging der Handel Mykenes mit dem Nahen Osten zurück. Gute Exportwaren ersetzte man nun durch einfache, an Ort und Stelle gefertigte Nachahmungen; in Zypern trat Keramik von der Töpferscheibe an die Stelle handgefertigter Ware. Die Gesellschaft der Ägäis war instabil geworden; Unzufriedene wanderten aus. Ernteausfälle, Erdbeben, örtlich begrenzte Kriege mögen dahin geführt haben. Auswanderer aus Zentren der mykenischen Kultur trafen in Zypern ein. Auf der Suche nach einer neuen Heimat fanden sie zunächst noch ungewisse Stützpunkte in Maa–Palaiokastro und Pyla–Kokkinokremmos. Andere kamen bis zur Küste Kanaans.

Minoische Seefahrer hatten zuerst ein Netz internationalen Seehandels geknüpft; mit dem Auftreten der *Seevölker* (S. 54f) zerriß es.

Mykenische Keramik

In Lerna (frühhelladische Epoche III) war die Töpferscheibe bereits bekannt. Mykenische Töpfer übernahmen sie, ließen sich auch durch kretische Töpfer anregen, bewiesen aber vor allem selber erstaunliche Erfindungsgabe. Sie lieferten an die 140 verschiedene Formen für den Hausgebrauch, den Handel, den Kult. Meist arbeiteten sie mit der Scheibe, besondere Formen und viele Tonfiguren sind handgefertigt. Zur Zeit des großen Tonwarenexportes gab es eine hochorganisierte Keramikindustrie mit Fachkräften und ungelernten Arbeitern.

Mykenische Keramik war unglasiert und porös; eine Politur vor dem Brennen konnte zwar die Durchlässigkeit mindern, aber Behälter für Langzeitvorräte oder den Transport mußten mit Harz, das im ägäischen Raum leicht zu gewinnen war, bestrichen werden. Vor dem Brennen zugesetzte Salze und Laugen verliehen der Oberfläche Glanz. Formen und Farben erinnern an kretische Vorbilder; mit der Standardisierung zur Zeit des großen Exportes ließ jedoch ihre Vielfalt und Eleganz nach. Farbschattierungen auf den Gefäßen und ihrer Dekoration lassen vermuten, daß die Brennöfen vertikal gebaut waren, so wie die spätbronzezeitlichen Brennöfen, die man in Sarafand (Sarepta) im Libanon fand oder einfache moderne Brennöfen im Mittelmeerraum. Mykenische Gefäße sind an ihrer lederfarbenen bis rosa Oberfläche und der strengen Form zu erkennen sowie an den eisenhaltigen Farben der Bemalung von Orange bis Schwarz.

Exportiert wurden Vorratskrüge, gefüllt mit Produkten der Ägäis, Schalen und Trinkgefäße, auch für den kultischen Gebrauch. An der (ursprünglich minoischen) *Steigbügelkanne* täuschen zwei miteinander verbundene Henkel, die wie ein umgekehrter Steigbügel aussehen, einen Schnabel vor, während der wirkliche Ausguß tiefer liegt. Sie wurde sozusagen zum Markenzeichen mykenischen Handwerks und überlebte die mykenische Kultur. Anscheinend eigens für den Export hergestellt wurden eine mykenische Variante der im Osten üblichen „Pilgerflasche" und amphorenförmige Gefäße (Krater), für Trinkgefäße zu groß, als Graburnen zu klein. Oft sind sie mit Darstellungen gesellschaftlich oder religiös bedeutender Ereignisse bemalt, bei denen Wagen und Pferde eine Rolle spielen. Auf Zypern und an der kanaanäischen Küste gehören sie öfter zum Schatz der Paläste, Privathäuser und Gräber. Ihre heiteren Darstellungen gewähren freundlich Einblick in das Leben der Menschen der mykenischen Kultur; sie sind würdige Vorfahren der klassisch-griechischen Vasenmalerei.

SIE, DIE MIT SCHIFFEN DAS MEER BEFUHREN UND HANDEL TRIEBEN AUF DEN GROSSEN WASSERN, DIE DORT DIE WERKE DES HERRN BESTAUNTEN, SEINE WUNDER IN DER TIEFE DES MEERES. PS 107,23–24

1 Karte links

Kartiert sind wichtige spätbronzezeitliche Fundorte minoischer und mykenischer Keramik, die man meist zusammen mit zyprischen Standringkannen fand. Die Anzahl der Fundstücke reicht von einigen wenigen Krügen bis hin zu mehr als tausend aus Ugarit, wo sich vielleicht ägäische Händler niedergelassen hatten. Wenn im Süden die Fundorte dichter liegen, so hängt das eher mit dem Interesse der Archäologen an der Heimat der Bibel zusammen als mit verstärktem Handel in alter Zeit. Nach dem Zeugnis zeitgenössischer Quellen gab es im Norden eine blühende Stadtkultur mit einer beträchtlichen Bevölkerung, die von unabhängigen Herrschern regiert wurde.

2 Karte unten

Minoische Seeleute waren in der Mittleren Bronzezeit, vielleicht sogar früher, Pioniere des Handels zwischen der Ägäis, Ägypten und dem Vorderen Orient. Händler vom griechischen Festland folgten ihrem Beispiel und verdrängten sie zum Teil nach der Zerstörung des Palastes von Knossos. Minoische Schiffe nützten wohl Windrichtungen und Wasserströmungen, wenn sie im Gegenuhrzeigersinn von Kreta zum Nildelta fuhren, von dort an der kanaanäischen Küste entlang nach Norden und wieder zurück. Mykenische Schiffe fuhren anscheinend dank besserer Navigation und Fahrtechnik im Uhrzeigersinn, zwischen den Inseln hindurch nach Zypern und darüber hinaus. Aus der Argolis auf der Peloponnes kam nach archäologischem Befund die Hauptmenge mykenischer Exportkeramik, aber auch Zentren wie Theben oder Athen beteiligten sich am Handel.

3 Links unten

Zwei spätbronzezeitliche (IIA) Fundstücke aus Geser: links ein zyprischer Standringkrug (II), handgefertigt, rechts eine mykenische Flasche, auf der Töpferscheibe hergestellt (aus der mykenischen Phase IIIA2).

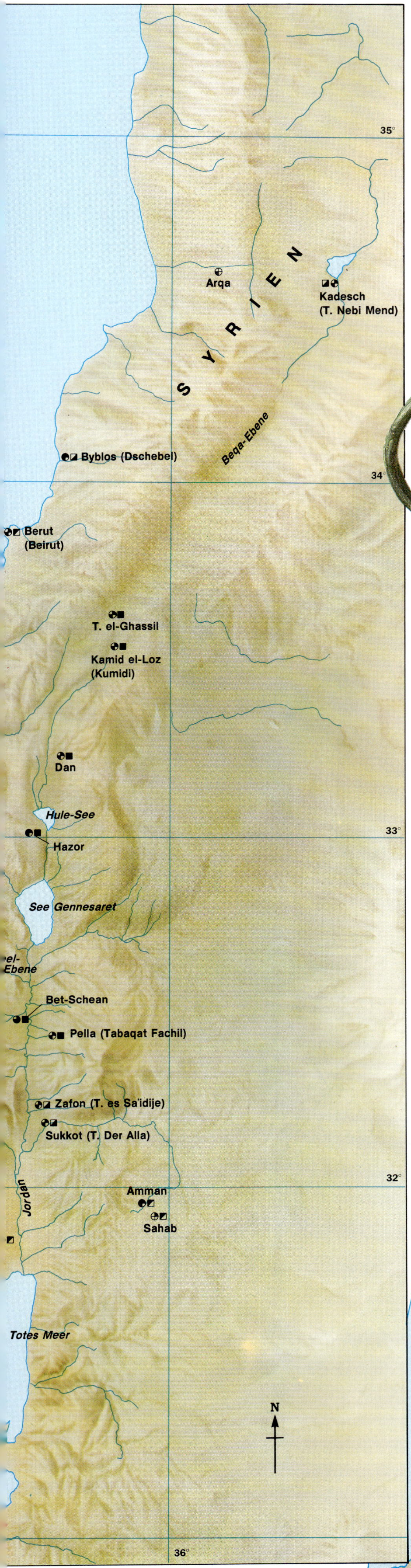

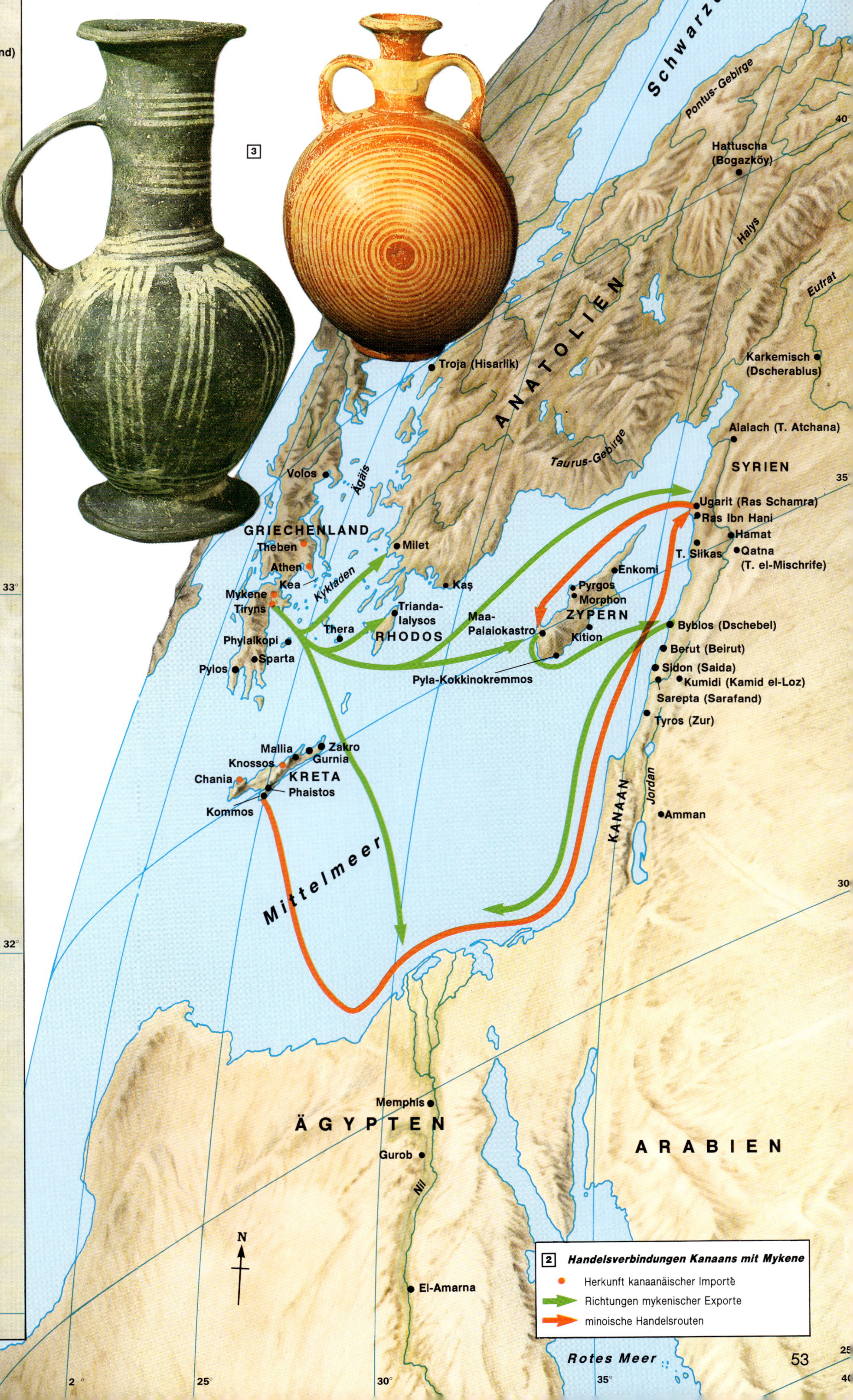

VOR DEM AUFTRETEN ISRAELS:
VORDERASIEN
UNTER DEM EINFLUSS ÄGYPTENS

Veränderungen in Kanaan und seiner Umwelt

Im frühen 12. Jh. v. Chr. zerfallen alte Ordnungen der Spätbronzezeit. Das Hetiterreich zerbricht; die mykenische Kultur verschwindet; rund um das östliche Mittelmeer kommt es zu Zerstörungen. *Seevölker* versuchen, in Ägypten einzubrechen. Am Ende sind neue politische Zentren entstanden, z. B. *neuhetitische* in Nordsyrien.

Texte aus Bogazköj (Hattuscha) und Ras Schamra (Ugarit) bezeugen, daß es im 12. Jh. v. Chr. rund um das östliche Mittelmeer unruhig wurde. Unter anderem ist von drei Seeschlachten die Rede, die Schuppiluliuma II., der letzte bekannte Hetiterkönig, gegen „feindliche Schiffe aus dem Land Alaschija (Zypern)" ausfocht. Nach älteren Texten des Schuppiluliuma und seiner Vorgänger hatte Alaschija wie ein Vasall Tribut an die Hetiter gezahlt. Gehörten jene „feindlichen Schiffe", gegen die die einzig bekannten Seeschlachten der hetitischen Geschichte ausgetragen wurden, zu den „Seevölkern", die etwa zur gleichen Zeit auch Ägypten belästigten? Waren sie inzwischen auf Zypern heimisch und machten von dort aus umliegende Küsten unsicher?

Bald darauf muß das Hetiterreich zerstört worden sein; die Hauptstadt Hattuscha wurde – durch Menschenhand, nicht durch ein Unglück – dem Boden gleichgemacht. Von Zerstörungen zeugen auch Ausgrabungsschichten aus dieser Zeit auf Zypern und östlich des Mittelmeeres. In Meskene (Emar) gehört zu dieser Schicht der Zerstörung ein auf das 2. Jahr des Meli Sipak von Babel (1187 v. Chr.) datierter Gesetzestext. Das Datum stimmt überein mit ägyptischen Zeugnissen, wonach sich der Einfall der „Seevölker" im 8. Jahr Ramses' III., am Anfang des 12. Jhs. ereignete.

Bei genauerer Nachfrage ergeben sich jedoch zahlreiche Probleme. Weder ist sicher nachzuweisen, daß die Hetiter die Oberhoheit über Zypern besaßen, noch daß sich dort „Seevölker" niedergelassen hatten. Ferner: Sollten Seeräuber die mächtigen Befestigungen von Hattuscha zerstört haben?

Die Unruhen erschütterten sogar Ägypten. Zu erfahren ist davon vor allem aus monumentalen Reliefs im Totentempel Ramses' III. in Medinet Habu, die die Siege des Pharaos über die „Seevölker" darstellen. Bedenklich nah an den Grenzen Ägyptens mußte Ramses Eindringlinge abwehren, die auf zwei Wegen nach Ägypten kamen. Ein Relief stellt eine über Land vordringende Gruppe dar. Man sieht ganze Familien auf Ochsenkarren, die Frauen, Kinder und Hausrat transportieren. Offenbar ist die Wanderung ganzer Volksstämme dargestellt.

Eine zweite Gruppe dringt über das Meer vor. Auf dem Relief sind feindliche Kämpfer aus verschiedenen Stämmen am Kopfschmuck wie Hörnerhelm oder Federkrone zu erkennen. Offenbar waren die Feinde in die Nilmündung eingefahren. Doch Ägypten, durch Nachrichten von anderen Einfällen im Norden gewarnt, ist kampfbereit. Die ägyptische Flotte greift an; Ägypter zerreißen mit Enterhaken die Segel der Feinde, brechen Masten ab und machen ihre an Heck und Bug mit Vogelköpfen geschmückten Schiffe steuerlos. Die Reliefs geben einen Eindruck davon, daß Ramses III. nur mit Mühe die Eindringlinge von Ägypten fernhalten konnte.

Fragt man, welche Kräfte solche Bewegungen in Gang brachten, so muß man über den Vorderen Orient und Zypern hinausblicken. Die Schicht VIIa von Troja (in der man das Troja Homers sucht) wurde zur gleichen Zeit zerstört, in der dort auch die mykenische (auch *späthelladisch* genannte) Keramik IIIB durch den neuen Typ IIIC (s. S. 52) ersetzt wurde. Der gleiche Wechsel im Stil der Keramik fällt auch bei Zerstörungsschichten auf Zypern (Enkomi, Kition) und in den östlichen Küstenländern auf. Das gleiche gilt für Griechenland: Mykene, Tiryns, Pylos, Gla, Theben, Orchomenos. Burgen wurden hier zerstört und nie wieder aufgebaut. Am Isthmus von Korinth wurden offenbar

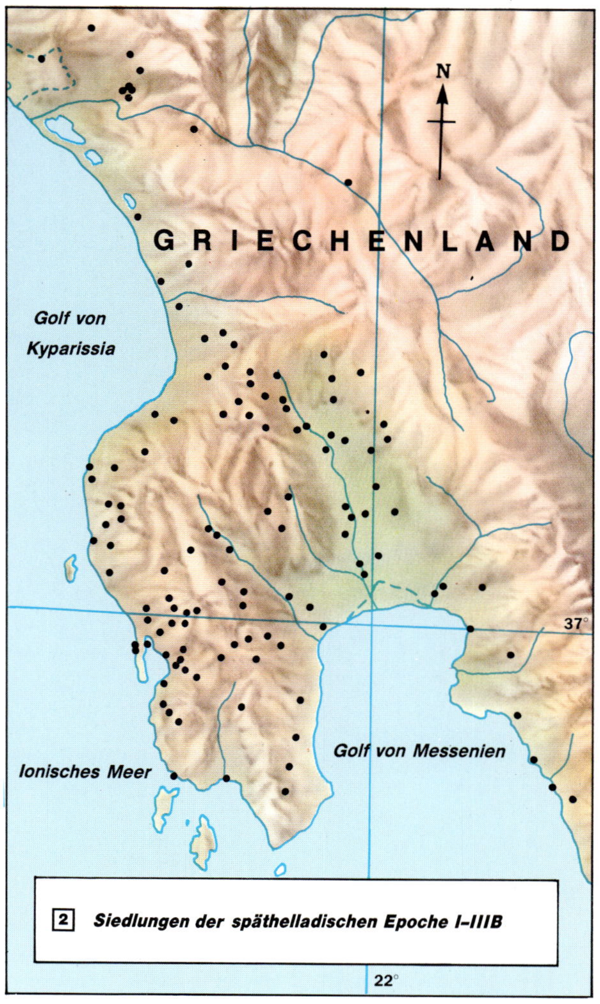

2 Siedlungen der späthelladischen Epoche I–IIIB

1 Karte unten
Namen von Inseln und Küstenstrichen des Mittelmeeres erinnern bis heute an die „Seevölker", die im 12. Jh. auftauchten: Aus ägyptischen Quellen sind die Scherden bekannt, vgl. Sardinien; die Schekiesch, vgl. Sizilien; die Peleset (Philister), vgl. Palästina; die Akawascha, vgl. Achaia; die Lukker, vgl. Lukien in Kleinasien.

2 und 3 Karten oben
Eine Welle der Zerstörung und Entvölkerung muß um 1190 über Griechenland hereingebrochen sein. Anzeichen dafür ist auch der plötzliche Übergang zu einer neuen Keramikform; die späthelladische Keramik I–IIIB wird abgelöst von späthelladischer Keramik IIIC.

4 und 5 Unten
Eine Götterprozession. Der hetitische König Tudchalija. Beides aus Jazilikaja, einem Felsenheiligtum in Bogazköj.

6 Unten rechts
Goldene Statuette eines hetitischen Wettergottes.

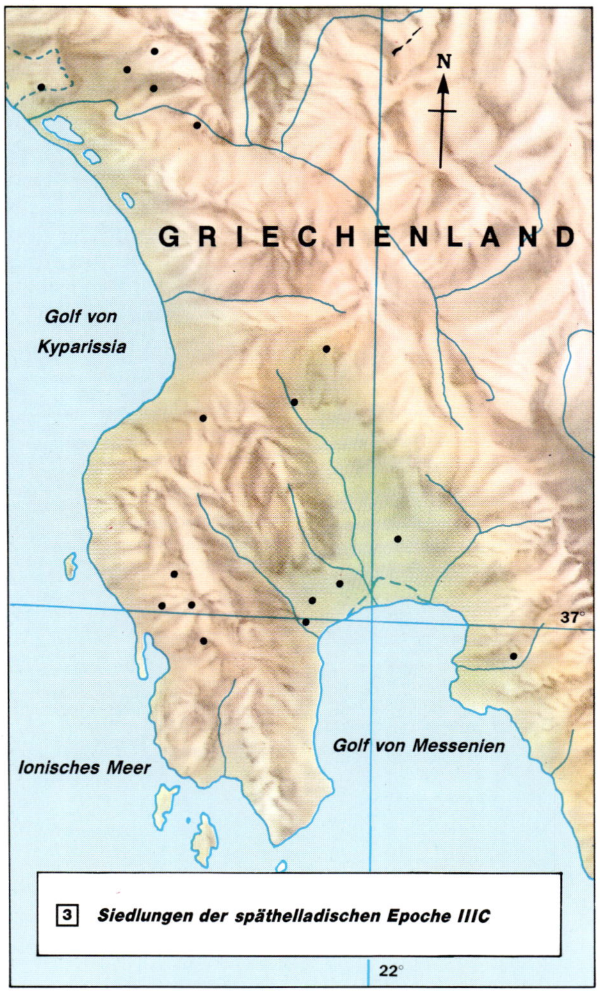

3 Siedlungen der späthelladischen Epoche IIIC

Schutzmauern gegen die Eindringlinge errichtet, nützten aber wenig.

Die Griechen führten später diese Zerstörungen auf Eindringlinge aus dem Norden zurück; die Ägypter sprachen von „Seevölkern". Spuren des allgemeinen Umbruchs finden sich aber auch im Inneren Kleinasiens und Syriens und weisen dort eher auf Vorstöße hin, die über Land geführt wurden. Wo der Ursprung all dieser verschiedenen Bewegungen liegt, ist umstritten. In Kleinasien? Im Donauraum? Trieben Hungerkatastrophen bisher seßhafte Völker aus ihrer Heimat?

Die historischen Quellen beantworten solche Fragen kaum. Archäologen können z.B. nicht sagen, wer Hattuscha zerstörte. Eins wenigstens ist sicher: Nach 1200 verlagerten sich hetitische Machtzentren aus Kleinasien (Bogazköj, Alaca Hüyük, Maşat) nach Südosten, nach Melitene (Malatja), Karkemisch und Aleppo; die sogenannte neuhetitische Kultur entstand. Sie verdankt zwar manches ihren spätbronzezeitlichen Vorgängern, aber man spricht eine andere Sprache (Luwisch) und benützt nicht mehr Hieroglyphen, sondern Keilschrift. Doch das beweist nicht, daß neue Gruppen eingewandert seien, denn das Luwische und die Keilschrift kannte man auch schon in den alten Machtzentren Kleinasiens.

Diese Neuhetiter sind die Hetiter der Bibel. Unter Davids Offizieren ist der Hetiter Urija, dessen Schlachtentod David arrangiert, um die Folgen des Ehebruchs mit Batseba, dessen Frau, zu decken (2 Sam 12). Salomos Händler haben mit dem Land Koë und Ägypten sowie mit hetitischen und aramäischen Königen zu tun. In dieser Bemerkung in 1 Kön 10,28f spiegeln sich die Verhältnisse, die nach der unruhigen Epoche am Ende der Spätbronzezeit neu entstanden: Koë (Zilizien) wird in assyrischen Quellen *Que* genannt; in spätbronzezeitlichen hetitischen Texten dagegen hieß Ziliezien Kizzuwadna; aramäische Königreiche gab es erst nach 1200, und die hetitischen Handelspartner Salomos sind die *Neuhetiter.*

Zu den Funden, die den Umbruch (die Ankunft fremder Eindringlinge?) anzeigen, der in der Ägäis der mykenischen Kultur ein Ende bereitete, gehören neue Bronzewaffen. Erst in Schichten seit dem Ende des 13. Jhs. taucht z.B. ein langes, zweischneidiges Schwert auf. Der neuen Angriffswaffe entspricht neuer Schutz: Bronzehelme, Brustpanzer, Beinschienen sind häufiger als in mykenischen Schichten. Mit den neuen Waffen, den neuen Rüstung kam ein neuer Kampfstil auf. In einzelnen Zügen der Erzählung vom Kampf Davids mit Goliat in 1 Sam 17 (s. S. 79) mag sich diese Entwicklung spiegeln. 1 Sam 17,5–7 hebt die schwere Bronzerüstung Goliats besonders hervor. Erinnerungen an den Schrecken, den die neue Art von Kämpfern am Beginn des 12. Jhs. im östlichen Mittelmeer verbreitete, mögen darin fortleben.

Fragt man, wie es dazu kam, daß die spätbronzezeitlichen Reiche im östlichen Mittelmeerraum zusammenbrachen, so führen Spuren nach Kleinasien, Zypern, in die Ägäis. Wie sich dieser allgemeine Umschwung im Süden Kanaans, in der späteren Heimat Israels, auswirkte, wird noch zu zeigen sein.

AUF SEINEM KOPF HATTE GOLIAT EINEN HELM AUS BRONZE; UND ER TRUG EINEN SCHUPPENPANZER AUS BRONZE, DER FÜNFTAUSEND SCHEKEL WOG. ER HATTE BRONZENE SCHIENEN AN DEN BEINEN, UND ZWISCHEN SEINEN SCHULTERN HING EIN SICHELSCHWERT AUS BRONZE. 1 SAM 17,5–6

1 Die Länder am Mittelmeer vom 13. zum 12. Jh. v. Chr.

6

Exodus und Wüstenwanderung

Der Auszug aus dem „Sklavenhaus“ Ägypten ist das Urereignis biblischen Glaubens. Auf die Frage, wie diese Überlieferung entstand, gibt die Forschung widersprüchliche Antworten.

Nach 1 Kön 6,1 soll der Auszug aus Ägypten 480 Jahre vor dem Tempelbau stattgefunden haben, d. h. 1440 v. Chr. Diese Angabe entstammt jedoch einer Überlieferungsschicht, die nicht historische Daten liefern will, sondern Hinweise, daß die Geschichte, die Gott lenkt, in einem geordneten zeitlichen Rahmen verläuft. Auf ein anderes Datum weist Ex 1,11 hin: Israel leistet Frondienst beim Bau der Stadt des Ramses; das paßt zum Aufschwung Ägyptens im 13. Jh. (s. S. 48), bei dem Pi-Ramses eine wichtige Rolle spielt.

Kein ägyptisches Dokument erwähnt den Auszug. Das ist kein Wunder; ältere Schichten der Exodusüberlieferung setzen voraus, daß nur eine kleine Schar daran beteiligt war. Zwar reden Ex 12,37; Num 1,46; 26,51 von 600 000 Männern (mit Familien etwa 2 Millionen Menschen!), doch auch diese Angaben aus späten Schichten des Alten Testamentes sind nicht historische Daten; sie erklären: Das ganze, später so zahlreiche Volk, das an den Befreiergott glaubt, nimmt am Exodus teil.

Historisch denkbar ist Folgendes: Die eine oder andere Gruppe, die sich in Kanaan dem werdenden Israel anschloß, brachte Traditionen von ihrem Weggang aus Ägypten mit. (Einer anderen Gruppe, die den Ägyptern in Kanaan begegnet war und auf der Stele des Merenptah genannt wird – vgl. S. 51 –, verdankt das werdende Volk den Namen *Israel*.)

Auch die biblischen Überlieferungen vom Wüstenzug sind von Menschen gestaltet, die Erinnerung daran vor allem als Mahnung verstanden, daß ganz Israel zu aller Zeit so leben soll, wie Gott es in der Wüste lehrte. Will man sich den historischen Verlauf vorstellen, so wird man wohl eher an verschiedene kleine Gruppen denken, die einzeln, auf verschiedenen Wegen die Wüste durchquerten. Eine Karte, die versucht, biblische Angaben zum Wüstenzug aufzuzeichnen, gibt also allenfalls ein Bild davon, wie man sich in Israel später die Wüstenwanderung vorstellte.

Eine solche Karte ist nicht leicht zu entwerfen: In modernen arabischen Ortsnamen der Sinaiwüste leben kaum biblische Namen fort, und nur wenige Ortsüberlieferungen lassen sich weiter zurückverfolgen als bis zum 4. Jh. n. Chr. Ein paar der in der Bibel genannten Orte sind zu lokalisieren; sie geben Anhaltspunkte, wie Wüstenwege verliefen. Auch alte außerbiblische Ortsüberlieferungen sind bei einem solchen Entwurf soweit wie möglich zu berücksichtigen.

Der Wüstenweg

Verschiedene biblische Texte zeichnen den Verlauf der Wüstenwanderung nach:

1. Verstreute Notizen in den Büchern Exodus, Numeri, Josua (z.B. Ex 12,37; 13,20);
2. eine zusammenhängende Liste in Num 33, aus der die verstreuten Notizen z.T. stammen;
3. Teile der Reise werden in anderen alttestamentlichen Büchern erwähnt (z.B. Dtn 1,19 – 3,29; Ri 11,16–22).

Diese Texte widersprechen sich zum Teil; und wo sie das nicht tun, ist eher damit zu rechnen, daß sie nachträglich harmonisiert wurden. Wer klären will, wie man sich in Israel den Verlauf der Wüstenwanderung vorstellte, muß also auch die Entstehungsgeschichte biblischer Bücher berücksichtigen.

Festzuhalten bleibt: Die frühesten Berichte machen kaum geographische Angaben; nur einige Schlüsselereignisse sind lokalisiert: am Roten Meer, dem Berg Sinai/Horeb, bei Kadesch, am Jordan. Wie man von einem dieser Orte zum anderen kommt, interessierte die Tradenten lange kaum. Die Vorstellung vom Wüstenweg stammt vor allem aus Num 33, einem Itinerar, das nicht eine einmalige Wanderung beschreibt, sondern nach dem Vorbild ähnlicher Texte der Alten Welt verfaßt ist.

Die hier vorgelegte Karte geht davon aus, daß Num 33 ursprünglich Kadesch und den Berg Hor vor Ezjon-Geber nannte, so wie das für Kadesch in Dtn 1f der Fall ist. Die Vorstellung, daß Israel durch die Wüste östlich von Moab und Edom zog, ist in Num 33 unbekannt und stammt wohl erst von Bearbeitern aus der Zeit des babylonischen Exils (Num 21,11–13; Dtn 2,8.26; Ri 11,18).

Der Sinai

Den Sinai – manche Texte sprechen vom Horeb – hat man schon an mehr als einem Dutzend Orte lokalisieren wollen. Biblische Angaben helfen dabei oft wenig weiter; wenn Ex 19 von Feuer und Rauch spricht, so wird das der traditionellen Darstellung einer Gotteserscheinung entsprechen; für die Lokalisierung des Sinai (etwa als ein Vulkan in Nordwestarabien) ist diese Angabe kaum zu nützen. Andere biblische Aussagen beziehen sich eher auf einen „Gottesberg“ als auf den Sinai (Ex 3,1; 4,27; 18,5). Am deutlichsten spricht Dtn 1,2: „Elf Tage sind es vom Horeb auf dem Weg zum Gebirge Seïr bis nach Kadesch-Barnea.“ Danach könnte der Sinai im Süden der Sinaihalbinsel liegen, wo Juden, Christen und altarabische Traditionen ihn am liebsten suchen; aber genausogut auch irgendwo östlich vom Golf von Akaba.

Das „Meer“

Wichtig ist für die biblischen Tradenten ferner das „Meer“, Ort der Rettung Israels (Ex 14f). Die Bibel nennt es mehrfach *jam suf*, was man heute oft als „Schilfmeer“ übersetzt und als Hinweis auf einen der Süßwasserseen im Norden Ägyptens versteht. Biblische Autoren können bei den Erzählungen von der Rettung am *jam suf* auch an das Rote Meer, den Golf von Suez, gedacht haben. In 1 Kön 9,26 heißt der Golf von Akaba „jam suf“.

Nach einer anderen Theorie kann es sich bei dem „Schilfmeer“ überhaupt nicht um das Rote Meer gehandelt haben. Ihre Vertreter nehmen an, daß die biblischen Erzähler die Nordroute nach Kanaan meinen: Migdol und Baal-Zefon, die Ex 14,2 erwähnt, seien mit Orten dieses Namens nah an der Mittelmeerküste gleichzusetzen und das „Meer“ mit dem Sirbonischen See, von dem man im

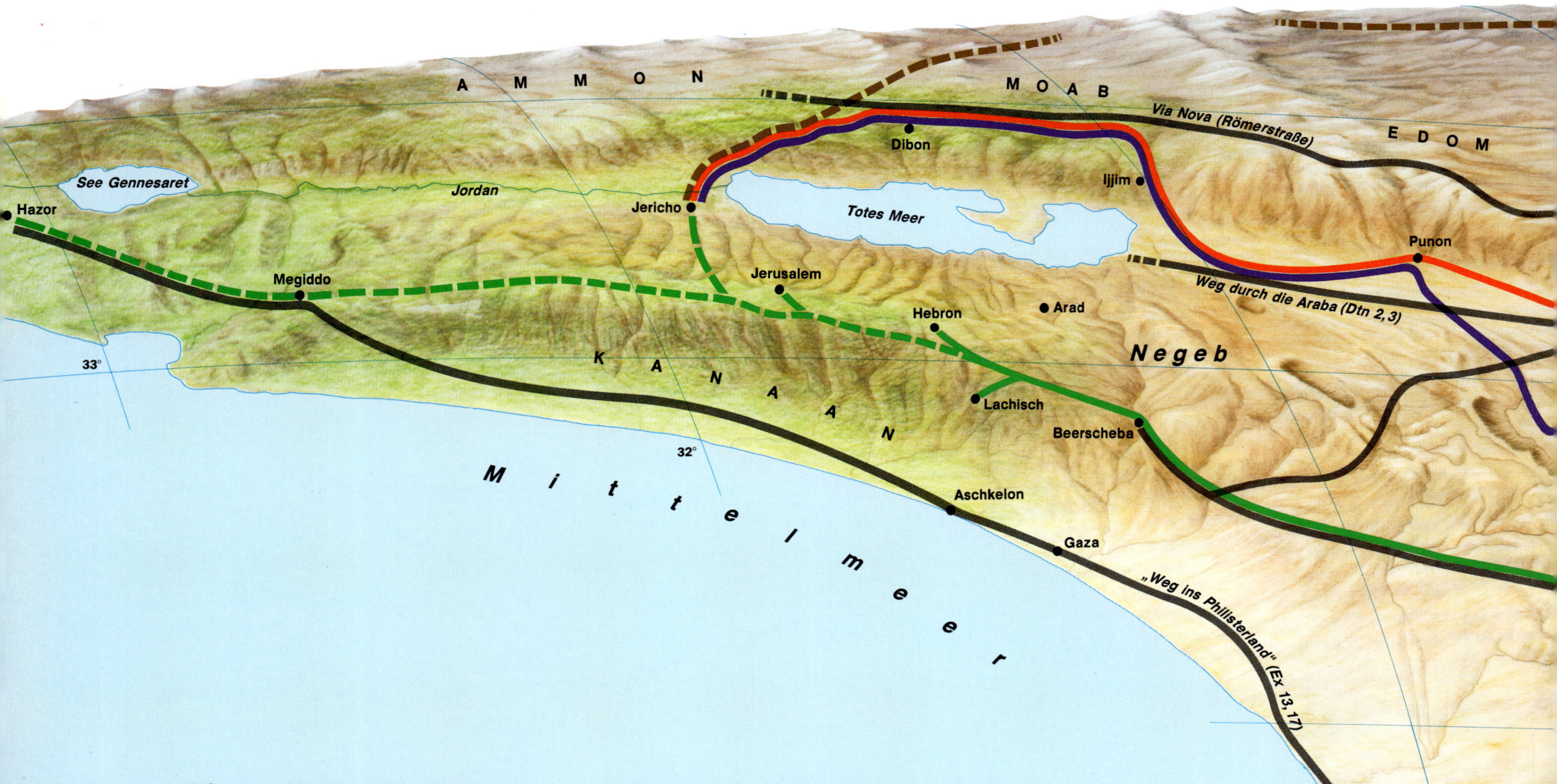

Altertum Katastrophen erzählte, die der von Ex 14 ähneln. Aber Migdol und Baal-Zefon hießen auch andere Orte im östlichen Ägypten, und Ex 13,17 stellt ausdrücklich fest, daß Israel nicht über die Küstenstraße, den „Weg ins Philisterland“, zog.

Biblische Erzähler haben also am ehesten einen Wüstenweg gemeint, der zuerst nach Süden führte. Händler und Bergleute kannten damals diese Route. Schon in der Frühbronzezeit war ein Weg zwischen dem südlichen Sinai und Arad bekannt. Jüngste Entdeckungen in Kuntillet Adschrud belegen, daß zur Zeit der israelitischen Königreiche der „Weg des Roten Meeres“ gut bekannt war. Wenn die biblischen Erzählungen von dieser Route abweichen, so ist das mit ihrer Vorstellung zu erklären, daß Israel zur Strafe länger in der Wüste umherziehen mußte, weil es nach der ersten Erkundung des Landes schon das Vertrauen verlor (Num 13f; Dtn 1f).

Zwei Überlieferungen erzählen von den Kundschaftern. Die eine stellt sich vor, daß diese die Gegend um Hebron auskundschafteten (Num 13,22–24; Dtn 1,24–25), die andere spricht von einer Reise durch ganz Kanaan, von der Wüste Sin bis nach Rehob bei Lebo-Hamat (Num 13,21; vgl. 13,1–2). Eine Wegbeschreibung gehört zu keiner von beiden.

... SAG ZU DEN ISRAELITEN: ICH BIN JAHWE. ICH FÜHRE EUCH AUS DEM FRONDIENST FÜR DIE ÄGYPTER HERAUS UND RETTE EUCH AUS DER SKLAVEREI. ICH ERLÖSE EUCH MIT HOCH ERHOBENEM ARM UND DURCH EIN GEWALTIGES STRAFGERICHT ÜBER SIE. ICH NEHME EUCH ALS MEIN VOLK AN UND WERDE EUER GOTT SEIN. UND IHR SOLLT WISSEN, DASS ICH JAHWE BIN, EUER GOTT, DER EUCH AUS DEM FRONDIENST IN ÄGYPTEN HERAUSFÜHRT. ICH FÜHRE EUCH IN DAS LAND, DAS ICH ABRAHAM, ISAAK UND JAKOB UNTER EID VERSPROCHEN HABE. ICH ÜBERGEBE ES EUCH ALS EIGENTUM, ICH, DER HERR. EX 6,6–8

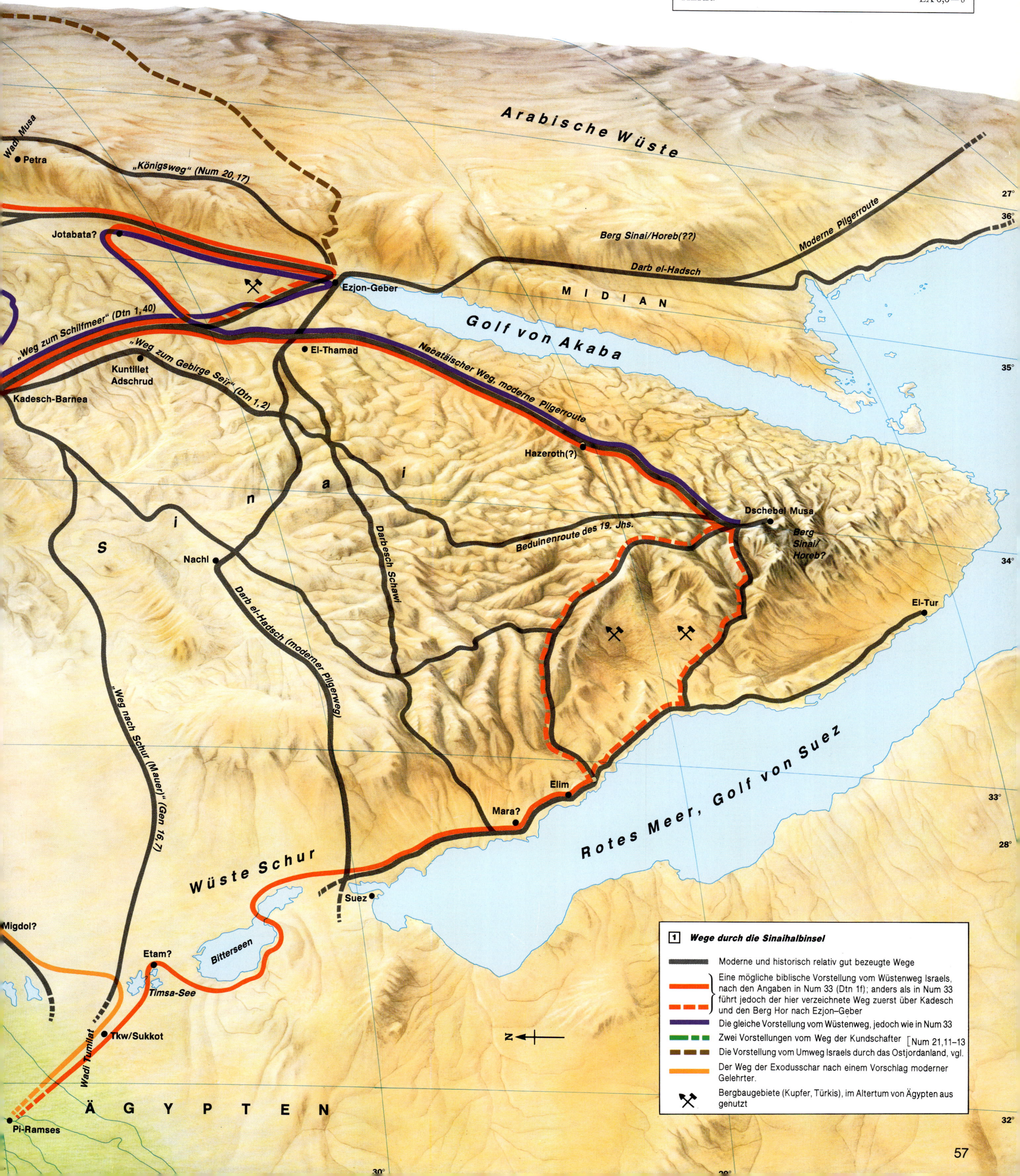

ISRAELS FRÜHGESCHICHTE
EIN VOLK IM WERDEN

Das Land

Palästina, der südwestliche Zipfel des „Fruchtbaren Halbmondes", ist von Natur aus die Brücke zwischen Asien und Afrika. Im Osten und Süden liegen Wüsten, im Westen das Meer, im Norden Gebirge; die großen Landwege führten darum alle durch diesen Streifen Kulturlandes. Vor allem für den Verkehr zwischen den Zentren der Alten Welt in Ägypten und Mesopotamien war Palästina als Durchgangsland wichtig.

Die Oberflächenstruktur Palästinas bestimmen zwei parallele, nordsüdlich verlaufende Gebirgsrücken, in die Quertäler eingeschnitten sind. Eine schmale Küstenebene ist ihnen vorgelagert; der tiefe Einbruch des Jordangrabens trennt sie voneinander.

Klima

Palästina gehört zur subtropischen Zone; auf eine kurze Regenzeit im Winter folgt eine lange Trockenperiode im Sommer. Klimatische Unterschiede ergeben sich aus der Lage zwischen der Wüste und dem Meer; je nach der Höhenlage eines Landstriches und seiner Ausrichtung zum regenbringenden Westwind variieren die Niederschläge beträchtlich. Der Karmel, Obergaliläa und der Norden des Gebirges Efraim erhalten so viel Regen, daß sie einst mit dichtem Wald bedeckt waren. Da die Niederschlagsmenge gering, der Untergrund durchlässig und die Trockenzeit lang ist, gibt es nur wenige ständig wasserführende Flüsse; in Syrien/Palästina sind es drei: Orontes, Litani, Jordan; an ihren Ufern entstanden schon früh städtische Siedlungen.

Am Rand der Wüste, die Palästina im Süden und Osten umgibt, finden Nomaden ihren Lebensraum. Grund zu Konflikten mit den Seßhaften boten nicht immer Raubzüge der Nomaden; bei neueren Oberflächenerkundungen im Negeb fand man mehr als 11 000 Siedlungsüberreste, Zeichen wiederholter Versuche der Seßhaften, diese Randgebiete für sich in Anspruch zu nehmen. Zwischen der Frühen Eisenzeit, 1200 v. Chr., und dem Ende der Ommajjadenzeit, 750 n. Chr., gab es ununterbrochen Siedlungen im Negeb. Im 1. Jh. v. Chr. überwachten Nabatäer die Karawanenstraßen durch den Negeb von ihrer Hauptstadt Petra aus bis nach Gaza am Mittelmeer. Die Kontrolle des Gewürzhandels von Arabien her begründete ihren Reichtum.

Geologie

Vielfältig wie das Klima sind Gesteins- und Bodenarten, Spuren der Erdgeschichte, die das Leben der Menschen mitbestimmen. Aus dem Cenoman, Turon und Eozän stammendes, hartes Kalkgestein dient zu Steinbauten; Ziegelbauten erscheinen biblischen Autoren fremdartig (Gen 11,3). In der Eisenzeit genützte Steinbrüche fand man bei Megiddo, Samaria und Ramat-Rachel; besonders der weiße, turonische Kalkstein läßt sich zu repräsentativen, glatten Quadern verarbeiten. Basalt kommt in Ostgaliläa und im Golan vor; seit prähistorischer Zeit nützte man ihn für Mühlsteine und Mörser.

Das harte Kalkgestein aus Cenoman und Turon verwittert zu fruchtbarem, rotbraunem Ackerboden (terra rossa). Aus dem weichen Kalkgestein des Senon dagegen entsteht leichter, braun-grauer, unfruchtbarer Boden (rendzina). Die Küstenebene und die Talsohlen des Inlands bedeckt großenteils tiefgründiges, meist sehr fruchtbares Schwemmland.

Mineralien besitzt Palästina kaum. Eine dicke Schicht roten Nubischen Sandsteins, der Kupfererz enthält, findet sich hier und da im Süden des Ostjordanlandes sowie am

1 Karte links
Die Verkehrswege passen sich der Oberflächenstruktur des Landes an. Die Karte zeigt die Hauptrouten sowie Engpässe, Steigen und Furten, die für Händler wie Krieger schwer zu überwinden waren.

2 Karte unten
Palästina ist nicht nur die Brücke zwischen Ägypten und Arabien im Süden, Kleinasien im Norden und Mesopotamien im Osten; es verbindet auch die Schiffahrtslinien von Mittelmeer und Rotem Meer.

3 Karte rechts
In der Zone mit weniger als 300 mm Regen im Jahr beginnt in Palästina die Steppe, in der z.T. kunstvolle Anlagen zum Sammeln von Wasser noch Anbau ermöglichten.

4 Karte rechts außen
Gesteinsarten und Fruchtbarkeit hängen unmittelbar zusammen. Der fruchtbarste Boden Palästinas ist die rotbraune terra rossa, ein Verwitterungsprodukt von Gestein aus Cenoman, Turon und Eozän.

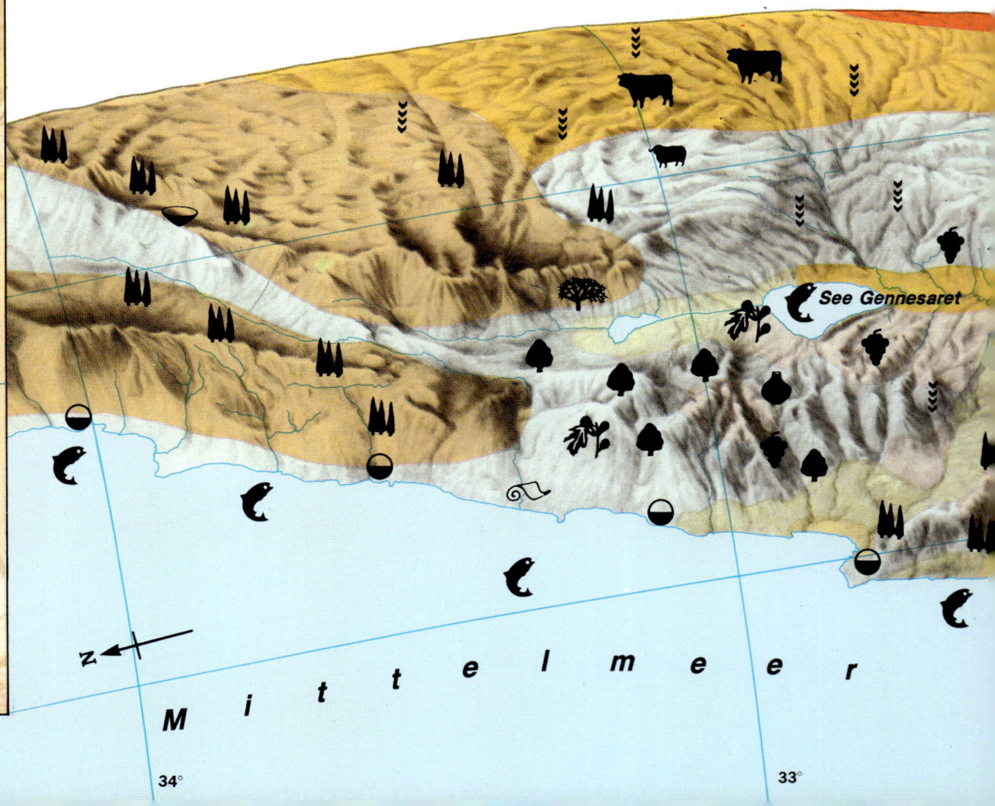

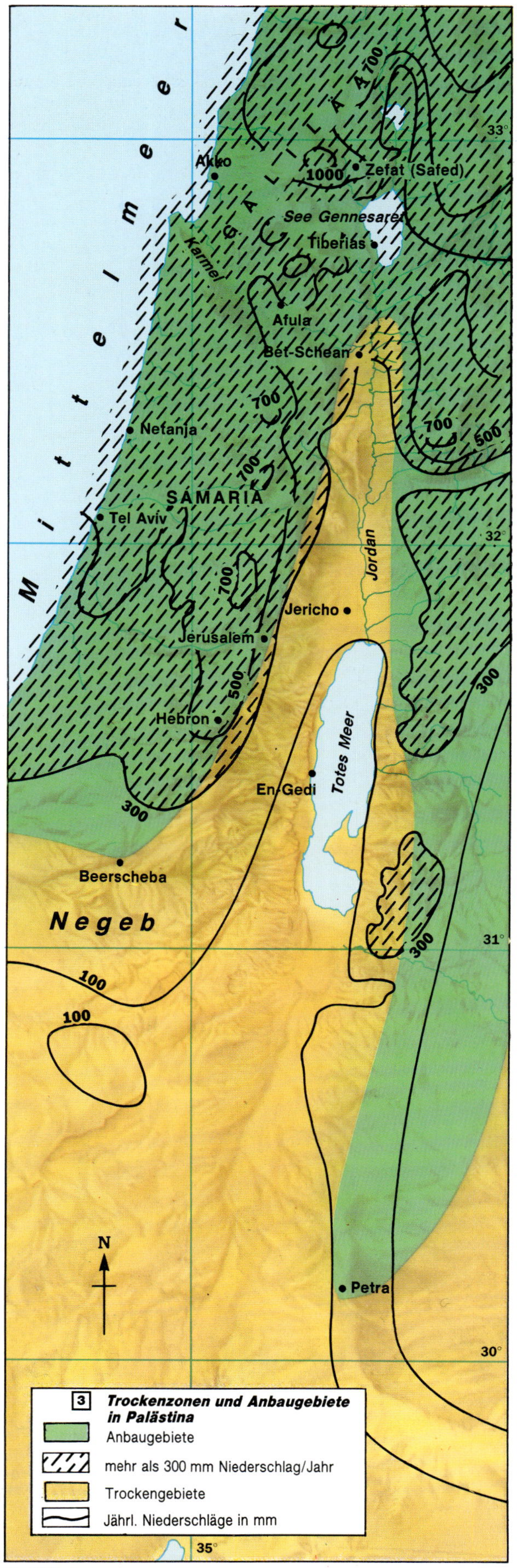

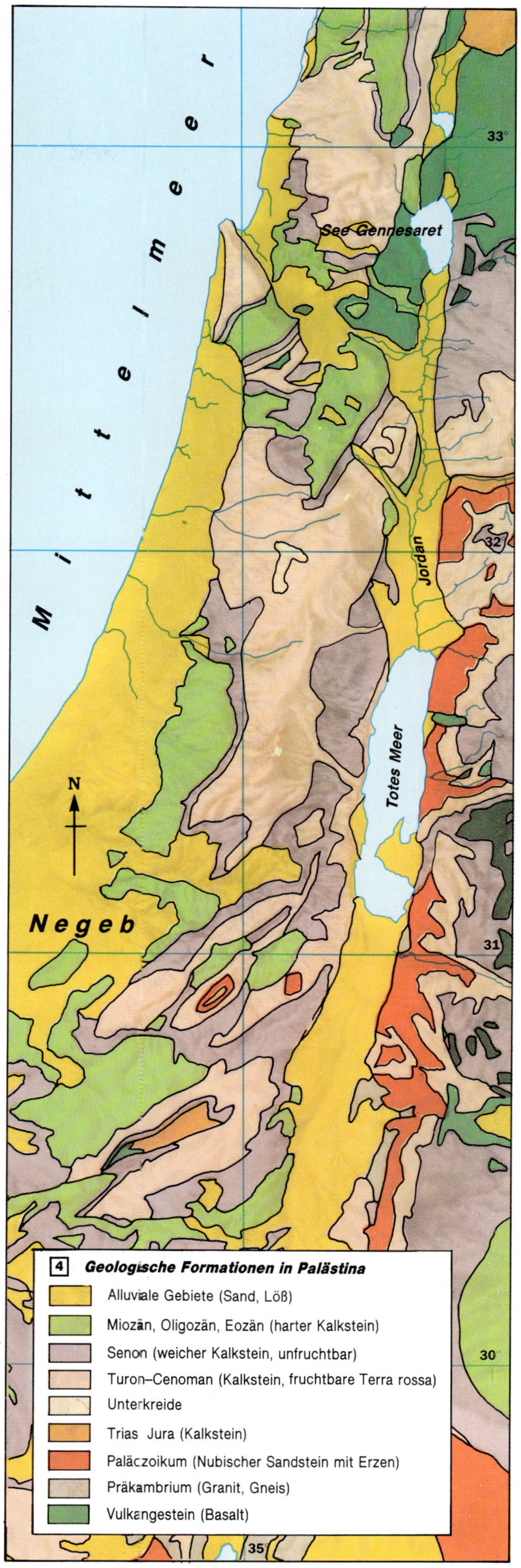

Jabbok und in der Araba. Auch Eisen wurde im Ostjordanland abgebaut. Salz gewann man am Mittelmeer und am Toten Meer.

Ackerbau

Palästina war ein Land des Ackerbaus und der Weidewirtschaft. Hauptprodukte der Landwirtschaft waren wie auch sonst im Mittelmeerraum Weizen, Wein, Olivenöl. Magere Böden in Gebieten geringer Niederschläge nutzte man für den Gerstenanbau. Dtn 8,8 zählt sieben Gaben des Landes auf; außer den genannten noch Feige, Granatapfel und „Honig" aus Datteln. Zu den Nutzpflanzen Palästinas gehört ferner der Mandelbaum (erwähnt in Jer 1,11–12; Koh 12,5). Reste der alten Weinberge sind nicht mehr zu finden; doch Überreste von Keltern für Trauben oder Oliven, die man aus dem Felsen schlug oder aus Stein baute, weisen auf die alten Anbaugebiete hin. In kleinen Steinhaufen, die im Negeb viele Abhänge bedecken, vermeinte man Spuren alter Weinberganlagen sehen zu können. Diese dienten jedoch eher dazu, den seltenen Regen gezielt abzuleiten, in Zisternen, Wadis oder auf tiefer gelegene Äcker.

Verschiedene Formen der Landwirtschaft bestanden nebeneinander: Regenlandwirtschaft, Trockenlandwirtschaft, Bewässerungskulturen an Quellen und Flußläufen; kunstvolle Anlagen zum Sammeln von Wasser ermöglichten in südlichen Trockengebieten gezieltes Überfluten der Äcker. An den Berghängen entstand ein dichtes Muster aus Terrassen. Steinwälle schützten die Felder vor Schafen und Ziegen. Ein komplexes Wegenetz verband Felder, Siedlungen und Märkte.

Handel

Als Brückengebiet zwischen den Kontinenten war Palästina von Handelsstraßen durchzogen. Der Fernhandel lag in biblischer Zeit in der Hand der Herrscher. Auf Wegen durch die Wüsten mußten sie sich mit den dort lebenden Nomadenstämmen einigen. Wertvolle Luxuswaren wurden auf den Fernhandelswegen durch Palästina weitervermittelt; aus dem Land selbst kam dazu der Überschuß landwirtschaftlicher Produkte, Weizen, Öl, Wein und verschiedene Duftstoffe.

Zwei wichtige internationale Handelsstraßen durchquerten Palästina, die *Küstenstraße* und der *Königsweg*. Die Küstenstraße begann in Unterägypten und verlief durch die Küstenebene Palästinas; sie berührte u.a. Jafo, Gat, Lod, Ono, Afek. In der Scharon-Ebene teilte sie sich. Die eine Abzweigung führte nach Megiddo durch die Jesreel-Ebene (vgl. Jes 8,23, die *Meeresstraße*), über den Jordan, nach Damaskus hinauf und von dort nach Mesopotamien; die andere ging weiter nach Norden zur Ebene von Akko und von dort zum Libanon und nach Syrien. Diplomaten, Händler, Krieger aus vielen Ländern zogen in den verschiedenen Geschichtsepochen über diese Straße.

Der Königsweg verlief über das ganze ostjordanische Gebirge bis hin nach Damaskus und verband Nordwestarabien mit dem nördlichen Teil des Vorderen Orients. Wichtige ostjordanische Orte lagen an dieser Straße, u.a. Ramot-Gilead, Gerasa, Rabba, Dibon, Sela.

UND WENN IHR AUF MEINE GEBOTE HÖRT, AUF DIE ICH EUCH HEUTE VERPFLICHTE, WENN IHR ALSO DEN HERRN, EUREN GOTT, LIEBT UND IHM MIT GANZEM HERZEN UND MIT GANZER SEELE DIENT, DANN GEBE ICH EUREM LAND SEINEN REGEN ZUR RECHTEN ZEIT, DEN REGEN IM HERBST UND DEN REGEN IM FRÜHJAHR, UND DU KANNST KORN, MOST UND ÖL ERNTEN. DTN 11,13–14

5 Karte unten
Niederschlagsmenge und Bodenqualität ermöglichen viele Arten von Land- und Tierwirtschaft.

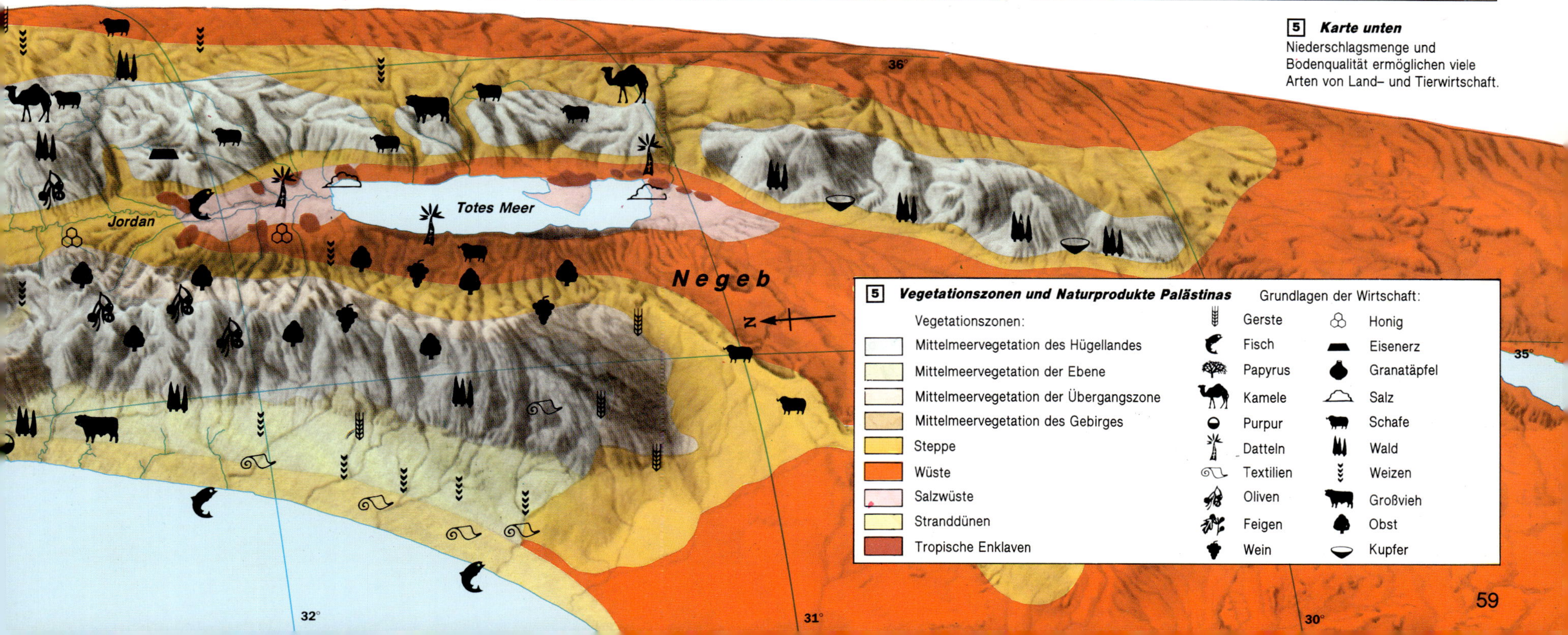

ISRAELS FRÜHGESCHICHTE:
EIN VOLK IM WERDEN

Flora und Fauna Palästinas

Im Vorderen Orient treffen drei unterschiedliche Klimazonen mit ihrer jeweiligen Flora aufeinander. Entsprechend vielfältig ist die Tierwelt; große Säugetiere wie Gazellen gehören ebenso dazu wie kleine Nagetiere, eigentümliche Eidechsenarten ebenso wie Insekten, die sich an das Leben in der Wüste angepaßt haben.

Seitdem in der Jungsteinzeit der Mensch im Vorderen Orient begonnen hatte, den Boden landwirtschaftlich zu nutzen, veränderte er seine Umwelt tiefgreifend, oft zerstörend. Entwaldung begünstigte die Erosion; in manchen Landschaften verschwand die ursprüngliche Vegetation. Jos 17,18 bezeugt, daß Israel an der Veränderung der Landschaft mitwirkte: „Auch das Bergland soll euch gehören. Es ist bewaldet, ihr könnt es roden." Vielerorts ließen weidende Schafe und Ziegen keinen Waldwuchs mehr aufkommen.

Die Flora

Mittelmeervegetation gedeiht in einem schmalen Streifen von z. T. nur rund 100 km Breite. Der Winter ist hier kurz und regenreich; jährlich fällt zwischen 400 und 1200 mm Regen; der Sommer ist lang und trocken. Ursprünglich wuchsen in dieser Zone immergrüne, hochwüchsige Wälder, die heute bis auf kleine Reste verschwunden sind. Typische Bäume sind die Aleppokiefer (Pinus halepensis), Eichenarten (u. a. Quercus calliprinos, ein immergrüner Baum), Lorbeer (Laurus nobilis), Johannisbrotbaum (Ceratonia siliqua) sowie Pistazien bzw. Terebinthen (Pistacia palaestina; Pistacia lentiscus).

Entwaldetes und dann verwahrlostes Land bedecken „Dornen und Disteln" (Jes 5,6), d. h. trockene Gräser und Zwergsträucher, vor allem das scharfdornige Becherkraut (Poterium spinosum) – mit seinen bis zu 3 m tiefen Wurzeln ein hartnäckiges Unkraut. Wo es verschwand, weil man es für die Feuerung brauchte oder zum Brennen von Kalk, kam es zu schweren Erosionen an den Berghängen.

In der Steppe herrschen Löß oder dünne kalkhaltige Böden vor. Gravierender für den Pflanzenwuchs ist die geringe Niederschlagsmenge von 200–300 mm/Jahr, die äußerste Grenze für den Trockenanbau (vgl. Gen 26,12). Bäume und Büsche, vor allem Wermutsträucher, stehen verstreut. Oft bestimmen Terebinthen (Pistacia atlantica) zusammen mit weiten, dünn mit Gras bewachsenen Flächen das Bild der Steppenlandschaft.

In der Wüstenzone fällt pro Jahr weniger als 200 mm Niederschlag; auch die Böden sind meist für Pflanzen ungeeignet (Sand; „Hammada"). Einige Pflanzen haben sich jedoch mit tiefen Wurzeln, lang haltbaren und bei Feuchtigkeit rasch keimfähigen Samen oder Zwiebeln der extremen Trockenheit angepaßt. In Trockenwadis, wo bei den seltenen Niederschlägen das Wasser zusammenfließt, stehen oft in langen Reihen dornige Akazien, aus Afrika eingewanderte Bäume. Für biblische Autoren wurde aus ihrem harten Holz das Wüstenheiligtum gebaut.

Im Vorderen Orient leben über 100 Säugetierarten und fast 500 Vogelarten, an die 200 davon in Palästina. Ihre jeweiligen Lebensbereiche entsprechen im großen und ganzen den drei Zonen des Pflanzenwuchses; die Grenzen sind jedoch unscharf.

Die Bibel spricht oft von Tieren. Sie entstand in einer Kultur, in der Mensch und Tier nahe beieinander lebten. Viele Tiervergleiche veranschaulichen diese Gemeinsamkeit. Man glaubte, daß das Schicksal von Mensch und Tier in Schöpfung und Heilszeit zusammenhängt, und erwartet den großen Tierfrieden (vgl. Jes 11).

Biblische Autoren kennen viele „Tiere des Waldes" (Mi 5,7), die inzwischen ausgerottet worden sind: Löwen, Bären, Oryxantilopen, mesopotamisches Rotwild (dama mesopotamica), Wildrind, Onager (ein Halbesel), Strauß, Krokodil, Flußpferd. Seit dem 13. Jh. n. Chr. ist der *Löwe*, der „Held unter den Tieren" (Spr 30,30), aus Palästina verschwunden. Wie genau man ihn in biblischer Zeit kannte, zeigt sich daran, daß das AT sieben verschiedene Bezeichnungen für ihn hat; viele Texte sprechen von Löwen (u. a. Ri 14,5; 1 Sam 17,34; 1 Kön 13,24; Hos 13,7f). Auf einem Stempelsiegel aus dem 8. Jh., das einem Minister Jerobeams II. gehörte (S. 113), ist ein Löwe abgebildet.

Auch den *Wildstier* (hebr. *re'em*, Num 23,22; 24,8; Dtn 33,17) gibt es nicht mehr. Im Alten Orient war er ein beliebtes Jagdwild der Könige; Ijob 39,9–12 beschreibt ihn als ein unbezähmbares Tier. Gleich darauf, in Ijob 39,13–18, spricht der biblische Dichter vom *Strauß*: er sei unrein,

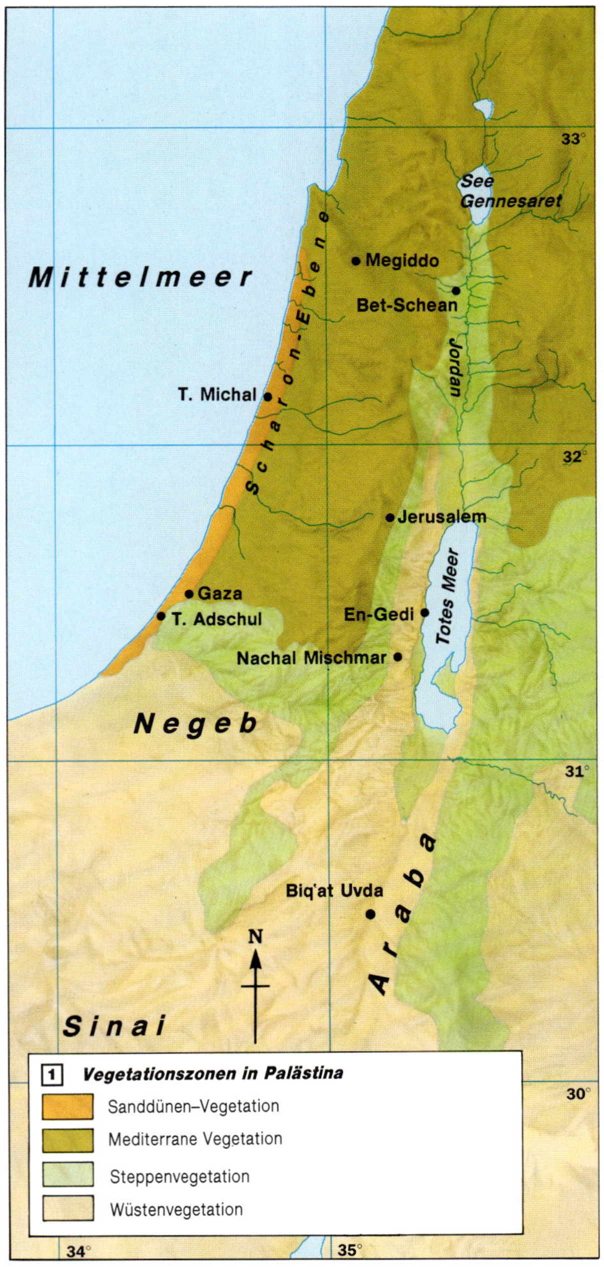

2

3

grausam, dumm. Alte Felszeichnungen dieser Laufvögel fand man in der Sinaiwüste. Fünf unversehrte Straußeneier entdeckte man in der Nähe von Tell Michal; im Chalkolithikum hat der Strauß also auch die Küstenebene bewohnt. Onager, Strauß und Oryxantilope versucht man heute wieder einzubürgern.

Der *Steinbock* (capra ibex nubiana; hebr. *ja'el*) bewohnt die Felsen über dem Toten Meer und die Negebberge. Unter den Wundern der Natur, die der Mensch weder kennt noch nützt, nennt Ijob 39,1 auch dieses Tier: „Weißt du die Wurfzeit der Steingeiß?" fragt Gott Ijob (Ijob 39,1). Ps 104,18 rühmt den Schöpfer, der ihnen als „Herr der Tiere" die wilde Freiheit gegeben hat. Heute gibt es noch einige Steinböcke auf der Sinaihalbinsel, im Negeb und bei En–Gedi am Toten Meer, wo sich David vor Saul verbarg (1 Sam 24,1). In der Nähe, am Nachal Mischmar, fand man mit Steinbockhörnern verzierte Gegenstände in einem Kupferschatz aus dem Chalkolithikum.

Den *Leoparden* (pantherus pardus jarvisi, erwähnt u. a. in Hos 13,7) hielt man lange für ausgestorben; doch 1974 zeigte er sich wieder in den Felsen bei En–Gedi. Er galt im Altertum verschiedentlich als heiliges Tier. Wandgemälde, die auf einen Leopardenkult hindeuten mögen, fand man z. B. im neolithischen Catal Hüjük in Kleinasien. Im *Biq'at Uvda*, einem Wüstental zwischen dem Toten Meer und Elat, fand man nahe bei einem Bau (Tempel?) des späten 6. Jhtsds. auf den Boden gelegte Steinbilder, die Leoparden beim Angriff auf eine Gazelle darstellen. Auch alte Wandmalereien im Wadi Abu–Jada (Sinai) zeigen Leoparden.

Haustiere

Die zahlreichen Arten der *Hausziege* des Orients stammen wahrscheinlich von der persischen Wildziege ab. Das Hausschaf ist im Orient schon so lange domestiziert, daß sein wilder Vorfahre kaum noch auszumachen ist. Schafe und Ziegen lieferten Wolle für Kleidung, Zelte und Teppiche, Häute für Lederflaschen, Milch für die Milchprodukte und bei besonderen Festlichkeiten Fleisch. Die Schafe Palästinas waren meist Fettschwanzschafe (vgl. Ex 29,22).

Der *Hausesel* der Bibel stammt vom afrikanischen Wildesel ab. Schon im 3. Jhtsd. besaßen die Könige Mesopotamiens Eselkarawanen. Die Bibel kennt den Esel als Last- und Reittier; der Besitz von Eseln gilt als Zeichen des Reichtums (Gen 12,16; Ri 12,14).

Das *Kamel* diente zivilen wie militärischen Zwecken (1 Sam 30,17; Jes 21,7). Die ersten Zeugnisse dafür, daß Kamelkarawanen die Wüstenwege für den Handel erschlossen, stammen aus dem 11. und 12. Jh. v. Chr. Ein Kamel kann am Tag 100 bis 150 km zurücklegen und vier bis fünf Zentner tragen.

Am spätesten wurde wohl das *Pferd* gezähmt. Es stammt aus den Steppen Asiens und kam auf Umwegen, zunächst vornehmlich als Zugtier an Streitwagen, bis nach Ägypten (vgl. Ex 14,9). Von den Völkern am Schwarzen Meer lernte der Alte Orient um 1000 v. Chr. dann auch die Reiterei kennen. Weil das Pferd vor allem militärischen Zwecken diente, gilt in der Bibel der Esel als das Reittier des Friedenskönigs (Sach 9,9).

DANN WOHNT DER WOLF BEIM LAMM, DER PANTHER LIEGT BEIM BÖCKLEIN. KALB UND LÖWE WEIDEN ZUSAMMEN, EIN KLEINER KNABE KANN SIE HÜTEN.
JES 11,6

1 Karte links
Im großen und ganzen sind in Palästina drei Klimazonen und Gebiete des Pflanzenwuchses zu unterscheiden.

2 Unten links
Ein Leopard auf einem Mosaikfußboden aus römischer Zeit.

3 Unten links, eingeblendete Abbildung
Sechs Leoparden greifen eine einzelne Antilope an. Ein aus Steinen gelegtes Bild auf dem Wüstenboden nördlich von Elat. Wahrscheinlich neolithisch.

4 Unten
Ein Fisch aus Terrakotta. Kanaanäisch, von T. Adschul.

5 Unten Mitte
Ein Hund fällt einen Löwen an. Basaltstele aus Bet–Schean, um 1400 v. Chr.

6 Unterste Abbildung
Zwei Kamele bringen Tribut für Salmanassar III. Die Inschrift spricht von „Kamelen, deren Rücken verdoppelt ist". Vom schwarzen Obelisken von Nimrud in Assyrien.

7 Unten
Gazellenkopf aus Terrakotta. Aus dem 3. Jhtsd. v. Chr., gefunden in Byblos.

8 Unten Mitte
Ein Krug in philistäischer Arbeit mit der Darstellung eines Bullen. Aus Megiddo.

9 Rechts außen
Ein Elfenbeinkamm; beidseitig sind ähnliche Szenen eingeschnitzt: Ein Hund greift einen Steinbock an. Aus Megiddo, um 1350 v. Chr.

10 Tafel unten rechts
Tiere in biblischen Gleichnissen:
Der Fuchs: vgl. Mt 8,20
Das Schaf: vgl. Joh 10,11
Die Gazelle: vgl. Jes 35,6
Der Esel: vgl. Gen 49,14

9

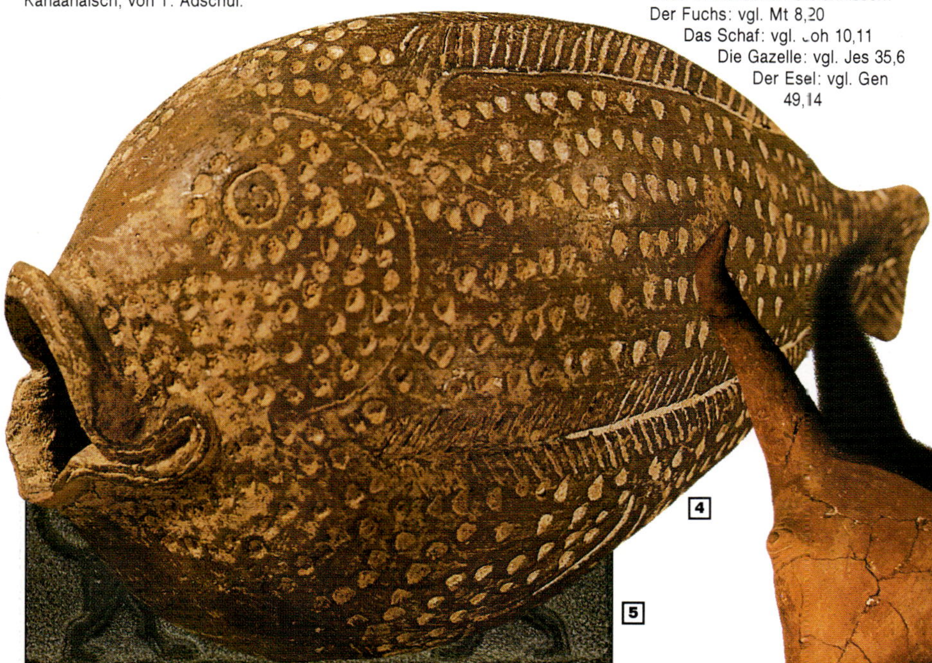
4

7

5

8

10

6

ISRAELS FRÜHGESCHICHTE:
EIN VOLK IM WERDEN

Vorstellungen von den Anfängen Israels im Buch Josua

Das Buch Josua vermittelt die Vorstellung, als habe Israel unter Führung Josuas in einigen unglaublich raschen Feldzügen zuerst das ganze Land erobert und dann unter sich aufgeteilt. Dieses Bild haben biblische Autoren erst Jahrhunderte nach jener Anfangszeit Israels entworfen.

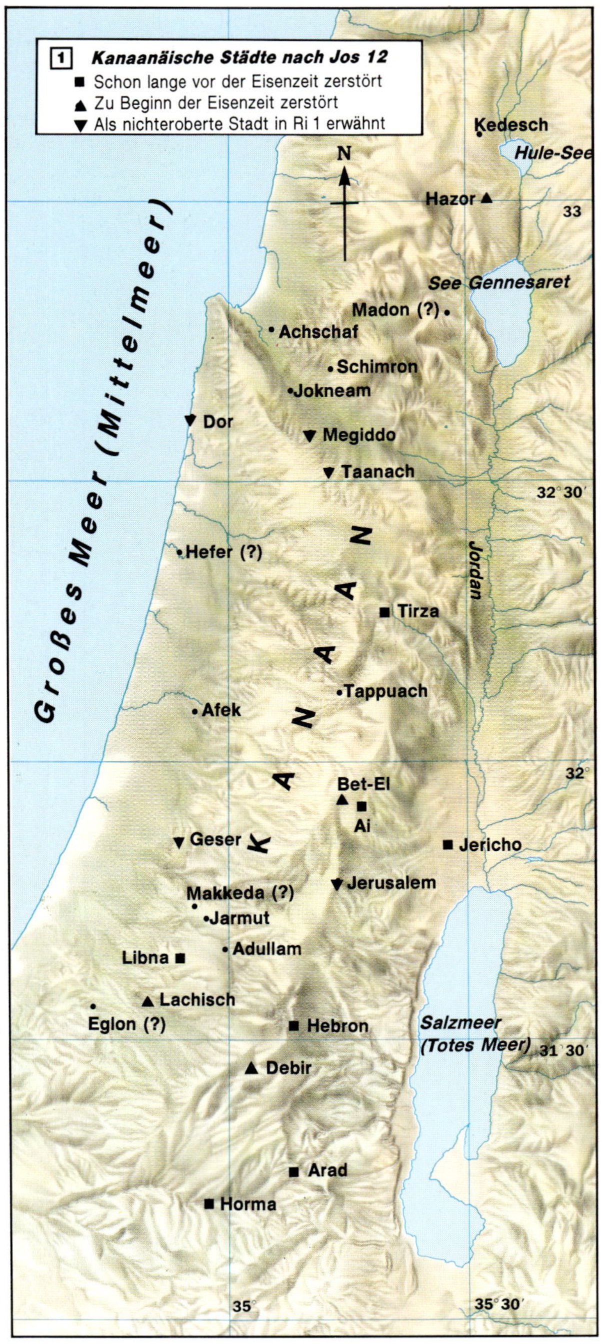

Wie fand Israel sein Land, seine Heimat? Aus alttestamentlichen Traditionen ergibt sich ein sehr komplexes Bild dieses Vorganges; ganz unterschiedliche Theorien dazu wurden bisher von Gelehrten vorgelegt. Wichtig wurden vor allem drei solcher Entwürfe: Israel habe sein Land durch „Eroberung" (Landnahme) gewonnen, durch „allmähliche Einwanderung" oder in einem „Bauernaufstand".

Auf den ersten Blick scheint das Buch Josua von einer Eroberung oder *Landnahme* zu erzählen: Die zwölf vereinigten Stämme Israels fallen von jenseits des Jordan in das Westjordanland ein. In drei Feldzügen – ins mittelpalästinische Bergland, nach Süden und Norden – wird das Land rasch erobert, werden die Kanaanäer getötet. Es ist jedoch zu beachten, daß die Erzählungen im Buch Josua eigentlich nur in dem kleinen Stammesgebiet Benjamin spielen; die Feldzüge nach Süden und Norden werden mit Hilfe von Ortslisten verschiedener Herkunft dargestellt. Im Widerspruch zu der Vorstellung von der Eroberung des Landes steht auch Ri 1: Einzelne Gruppen oder Stämme agieren je für sich; viele kanaanäische Orte bleiben unerobert. Auch Jos 13,1–7 nennt uneroberte Gebiete. Das stimmt damit überein, daß noch zur Zeit Salomos vielerorts Kanaanäer im Lande lebten. Erst Salomo konnte ihre Städte seinem Reich eingliedern.

Die zweite Theorie, die eine *allmähliche Einwanderung* annimmt, stützt sich auf die im AT oft belegte Vorstellung, daß Gruppen der Vorfahren Israels von außen her ins Land kamen, u. a. von Süden von Kadesch–Barnea her (Num 13f; Jos 14,6ff), und von Osten von jenseits des Jordan (Jos 3). Außerdem rechnet diese Theorie mit weiteren Einwanderungsbewegungen; eine in großem Stil durchgeführte gewaltsame Eroberung gab es dabei nicht, allenfalls einige örtlich begrenzte Konflikte. Im übrigen verlief der Prozeß friedlich. Dem entspricht das Bild eines meist harmonischen Zusammenlebens der Vorfahren Israels mit den Ansässigen, das die Väterüberlieferung zeichnet. Gen 38 z. B. weiß von der Ehe Judas mit einer Kanaanäerin zu erzählen. Ergänzt wird dieses Bild von der Einwanderung einzelner kleiner Gruppen durch die Vorstellung, die Jos 24 zugrunde liegt: Eingewanderte und länger schon ansässige Gruppen kommen zu einer Übereinkunft.

Erst in den letzten Jahren gewann die dritte Theorie, die an einen *Bauernaufstand* denkt, Anhänger unter den Gelehrten: Die wichtigste unter den Gruppen, aus denen Israel

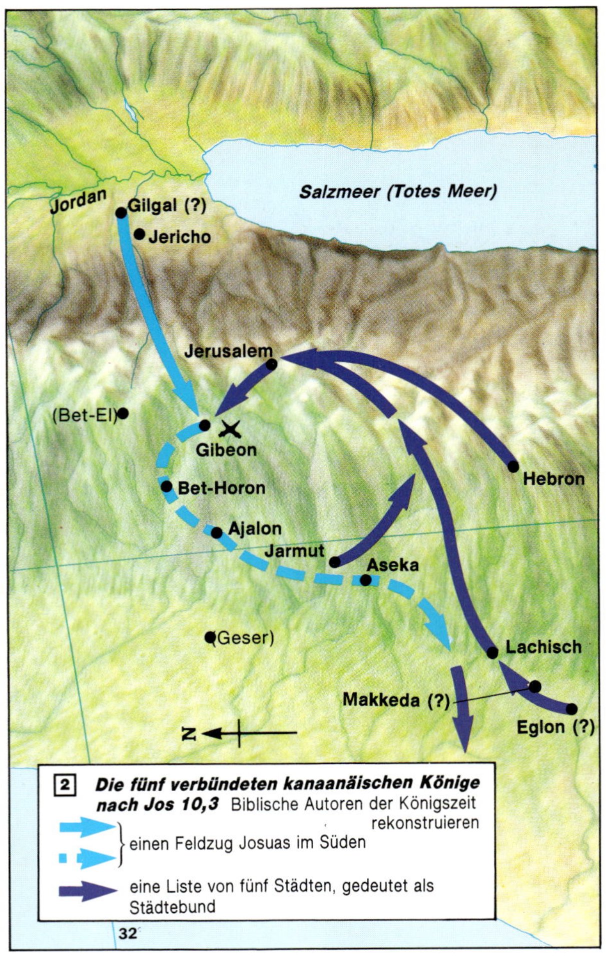

1 Karte oben links
Jos 12,9–24 enthält eine Liste von 31, großenteils identifizierbaren Städten des Westjordanlandes, die wahrscheinlich aus der Salomozeit stammt. Im Josuabuch soll sie eine *Landtheologie* illustrieren: Gott gibt das Land ganz. Als historische Quelle der Einwanderungszeit ist diese Liste nicht zu nutzen: Einige dieser Orte lagen damals schon seit Jahrhunderten in Trümmern; andere werden in Ri 1 unter den nicht-eroberten Städten genannt.

2 Karte oben
In Jos 10,1–13 ist eine Liste von sechs kanaanäischen Königen zusammengebaut mit einem Lied– und einem Sagenfragment, die die Vertreibung eines (unbekannten) Feindes aus dem Bergland rühmen.

3 Karte unten
Jos 10,28–39 gestaltet eine Liste von fünf Königen des Südens mit stereotypen Formeln zu einem Feldzugsbericht aus.

hervorging, seien kanaanäische Bauern gewesen, die gegen ihre Herren rebellierten. Die aus ägyptischen Quellen bekannten ʽApiru, soziale Randgruppen (S. 46), hätten sich dazugesellt, ebenfalls die Schar, die aus Ägypten ausgezogen war. Der Eifer, mit dem diese letztere die Botschaft von der „Befreiung aus dem Sklavenhaus“ verkündete, beeindruckte die rebellischen Bauern und die „Outlaws“. Die Kämpfe gegen Kanaan, von denen das AT weiß, hätten in Wirklichkeit nur den Herrschern gegolten, die vertrieben wurden. Die Vertreter der „Aufstandstheorie“ rechnen also sowohl mit Einwanderungen wie mit Eroberungen; für wichtiger aber halten sie den Aufstand kanaanäischer Frondienstpflichtiger. Schwer zu erklären bleibt, warum alttestamentliche Überlieferungen keine Erinnerung daran festhalten.

Keine der drei hier referierten Theorien beantwortet die Frage, wie Israel entstand und in seinem Land Heimat gewann, befriedigend. Alttestamentliche Überlieferungen und Ergebnisse archäologischer Forschungen werfen nur Streiflichter auf Ausschnitte aus einem komplexen Vorgang, der im übrigen für uns im dunkeln bleibt. Das Bild, das von diesem Vorgang der Ansiedlung frühisraelitischer Gruppen im Lande entsteht, wird immer davon bestimmt sein, von wo aus biblische Tradenten und moderne Ausleger der Bibel ihn beleuchten. Für die biblischen Autoren soll es lehren, daß Israel sein Land Gott verdankt, der denen hilft, die ihm vertrauen und sich nicht vor Menschen fürchten.

DA BEFAHL JOSUA DEN LISTENFÜHRERN IM VOLK: GEHT DURCH DAS LAGER, UND BEFEHLT DEN LEUTEN: VERSORGT EUCH MIT LEBENSMITTELN; DENN IN DREI TAGEN WERDET IHR DEN JORDAN HIER ÜBERSCHREITEN, UM IN DAS LAND HINEINZUZIEHEN UND ES IN BESITZ ZU NEHMEN, DAS DER HERR, EUER GOTT, EUCH ZU EIGEN GIBT. JOS 1,10–11

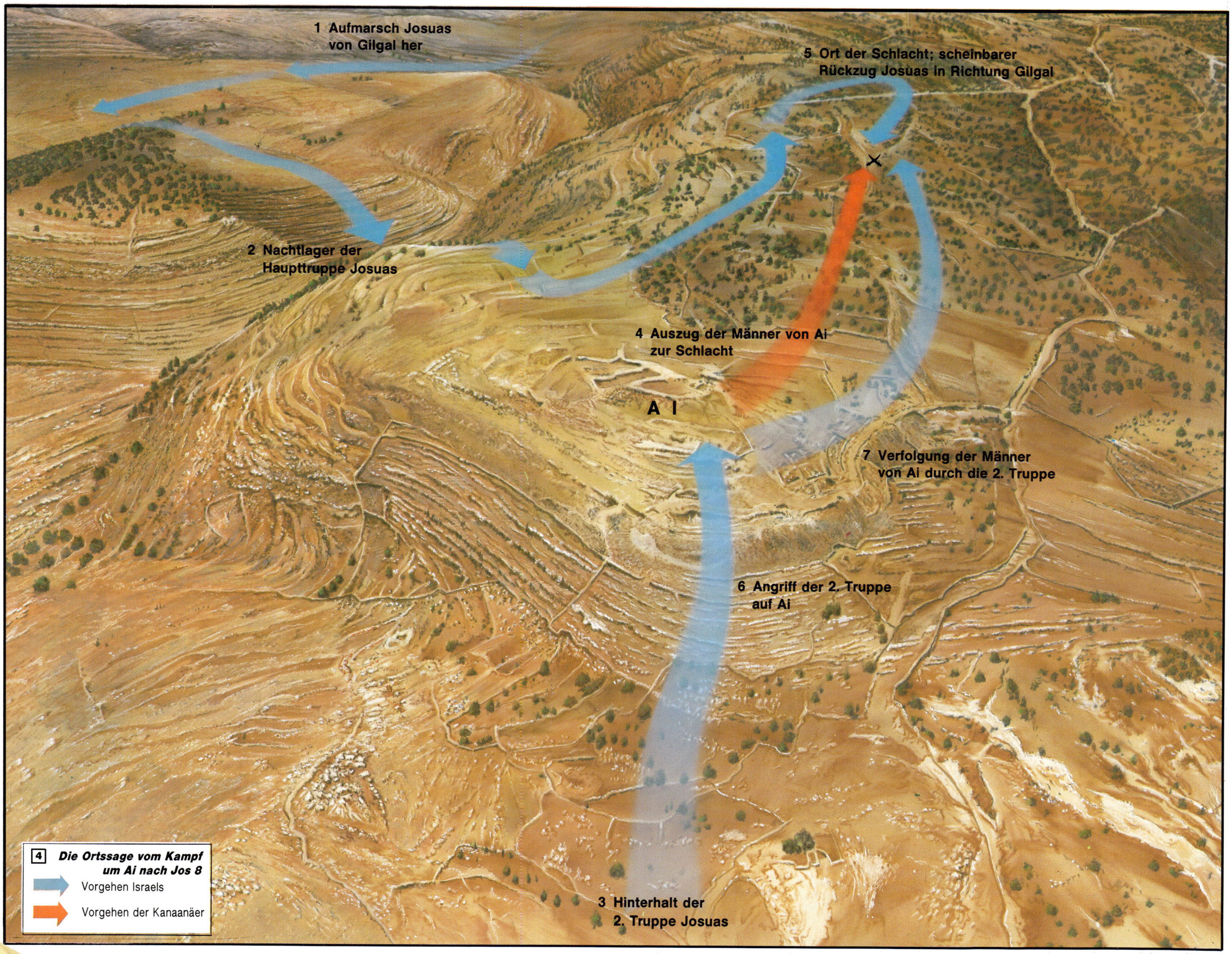

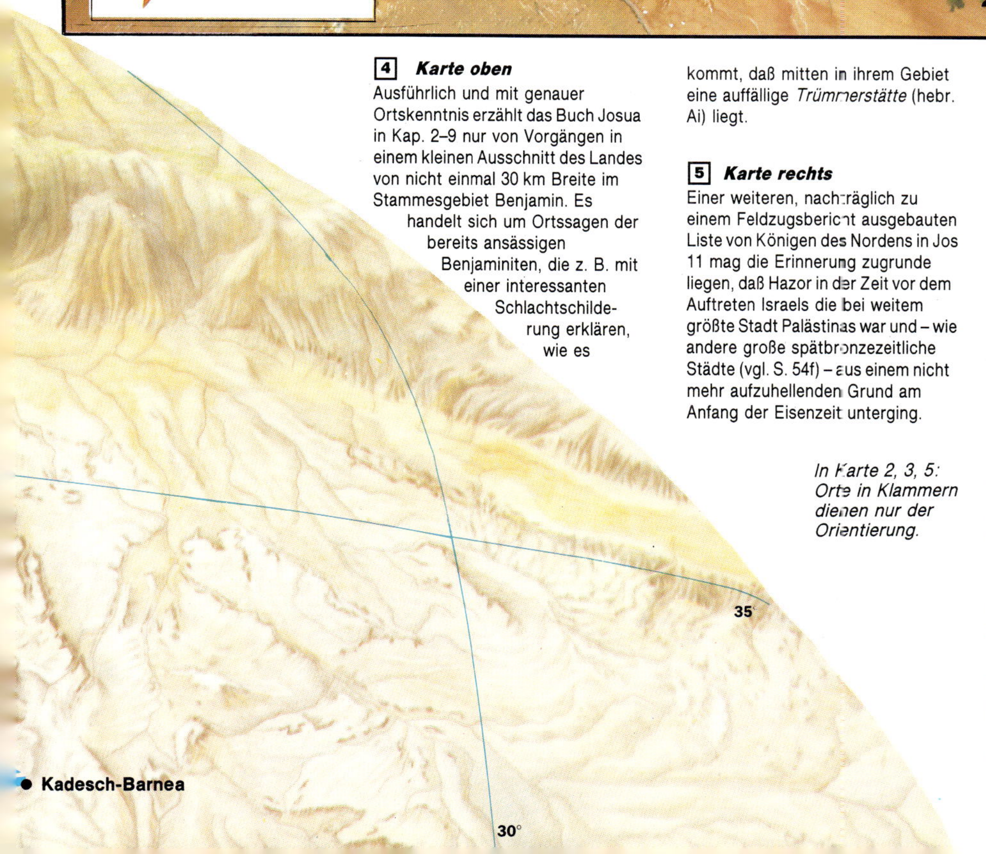

4 Karte oben
Ausführlich und mit genauer Ortskenntnis erzählt das Buch Josua in Kap. 2–9 nur von Vorgängen in einem kleinen Ausschnitt des Landes von nicht einmal 30 km Breite im Stammesgebiet Benjamin. Es handelt sich um Ortssagen der bereits ansässigen Benjaminiten, die z. B. mit einer interessanten Schlachtschilderung erklären, wie es kommt, daß mitten in ihrem Gebiet eine auffällige *Trümmerstätte* (hebr. Ai) liegt.

5 Karte rechts
Einer weiteren, nachträglich zu einem Feldzugsbericht ausgebauten Liste von Königen des Nordens in Jos 11 mag die Erinnerung zugrunde liegen, daß Hazor in der Zeit vor dem Auftreten Israels die bei weitem größte Stadt Palästinas war und – wie andere große spätbronzezeitliche Städte (vgl. S. 54f) – aus einem nicht mehr aufzuhellenden Grund am Anfang der Eisenzeit unterging.

In Karte 2, 3, 5: Orte in Klammern dienen nur der Orientierung.

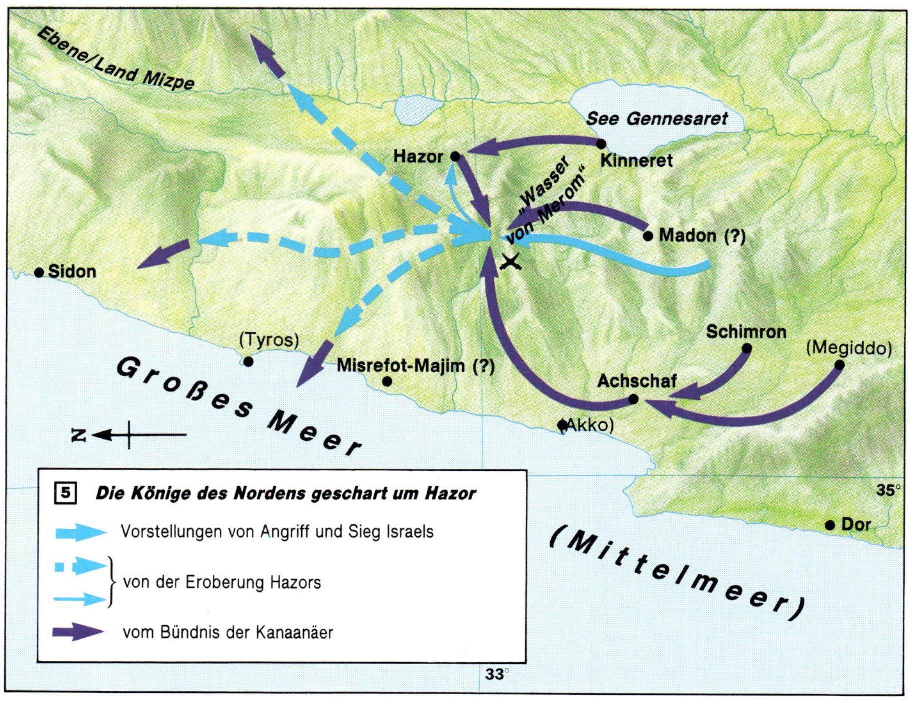

Vom Umfang des Siedlungsgebietes Israels sprechen unterschiedliche atl. Texte. Bemerkenswert ist eine Liste in Ri 1,27–35; sie nennt nichteroberte kanaanäische Städte des Westjordanlandes und hält so die Erinnerung fest, daß es in den Siedlungsgebieten der Stämme noch lange kanaanäische Einsprengsel gab: in der nördlichen Schefela, der Scharon- und Jesreelebene, der Küstenebene von Akko sowie in Obergaliläa; aus dem zentralen Bergland nennt sie nur Jerusalem. Manche Städte sind nicht zu identifizieren, z. B. Kitron und Nahalol im Gebiet des Stammes Sebulon. Sidon (Ri 1,31) gehört eigentlich nicht in diese Liste; es lag immer außerhalb des Gebietes, das Israel beanspruchte.

Zwei andere Namenslisten, Jos 13,2–7; Ri 3,3, grenzen Israels Siedlungsgebiete nach außen ab. Südliche Nachbarn sind die Philister mit den Städten Gaza, Aschkelon, Gat, Aschdod, Ekron, die ebenfalls nie unter israelitischer Oberhoheit standen. (Daneben nennt Jos 13 einen unbedeutenden, wohl damals schon untergegangenen Stamm als südlichen Nachbarn: die Awiter.) Im Norden sind Gebiete nördlich der Linie Mahaleb–Dan abgegrenzt sowie das Land östlich des Sees Gennesaret, in dem der aramäische Staat Geschur entstand.

Die Stammesgrenzen

Eine ausführliche Beschreibung der Siedlungsgebiete Israels mit mehr als 350 Ortsnamen, viele davon nicht zu identifizieren, liegt in Jos 13–19 vor. Auf den ersten Blick vermittelt sie die Vorstellung, die zwölf Stämme hätten von Anfang an je ihr eigenes Territorium besessen. Doch einerseits wurde die Liste offenbar mehrfach bearbeitet und stammt kaum aus der Anfangszeit der Besiedlung: Städtelisten und präzise Grenzbeschreibungen wechseln einander ab. Vor allem ist das System der zwölf Stämme, von dem sie ausgeht, eine künstliche Konstruktion, die eine viel buntere Wirklichkeit überlagert. Das zeigt sich daran, daß atl. Stämmelisten die zwölf Stämme nicht nur in verschiedener Reihenfolge

ISRAELS FRÜHGESCHICHTE:
EIN VOLK IM WERDEN

Die Besiedlung des Landes

Die Ansiedlung Israels in seinem Land war nicht Ergebnis großer Eroberungen, sondern ein Vorgang, der sich über lange Zeit erstreckte. Biblische Listen *nichteroberter Städte* bezeugen, daß es noch lange kanaanäische Orte im Land gab. Neben Hinweisen, daß die Bewohner der neuen Siedlungen von den Kanaanäern lernten, fanden Archäologen, besonders in der Art des Hausbaus, Zeichen einer eigenständigen Kultur.

nennen, sondern z. T. ganz andere Namen aufführen. Das Deboralied in Ri 5, das die älteste Reihe von Stammesnamen enthält, nennt nur zehn Stämme, darunter auch einen *Machir*. Die biblischen Listen der zwölf Stämme (oder ihrer Stammväter, vgl. u. a. Gen 29,32–30; 49,3–27; Dtn 33,6–24) nennen *Machir* nie, in Num 26,23f heißt jedoch die erste der Sippen im Stamm Manasse Machir. Machir, einst ein selbständiger Stamm, wurde also wohl von Manasse aufgesogen; darum verschwand sein Name aus den Stammeslisten. Ein anderer untergegangener Stamm dagegen, Simeon, wird in den biblischen Zwölferlisten weiter mitgezählt, als es ihn längst schon nicht mehr gab. Zwar weist Jos 19,1–9 diesem Stamm ein eigenes Gebiet zu, aber in Jos 15 bildet dieses selbe Gebiet einen Teil des Stammesgebietes von Juda. Juda wird also Reste Simeons in sich aufgenommen haben.

Karte 2 entwirft also ausgehend von einigen Angaben aus Jos 13–19 ein Bild des Stämmevolkes Israel, das es so zu keiner Zeit gegeben hat. Juda z. B. entstand als Großstamm, indem er sowohl die Reste Simeons in sich aufnahm wie die Kalebiter, deren eigene Landnahmeüberlieferungen in Jos 14,8–15 noch erhalten sind. Eine andere in Juda aufgegangene Gruppe war *Otniel*. Überbleibsel einer Stammvätersage dieser Gruppe sind in Jos 15,16ff; Ri 1,12ff erhalten. Auch Kanaanäer schlossen sich an Juda an; Gen 38 verarbeitet die Erinnerung daran in der Erzählung von der kanaanäischen Schwiegertochter des Stammvaters Juda. Ferner verschmolzen mit dem Stamm Juda die Jerachmeeliter und Keniter, die in den Überlieferungen vom Aufstieg Davids noch als eigenständige Gruppen mit gesonderten Siedlungsgebieten bekannt sind (1 Sam 27,10; 30,29).

Juda, der für die Geschichte Israels wichtigste Stamm, war also ursprünglich ein recht komplexes Gebilde, durchmischt mit zahlreichen nichtisraelitischen Elementen.

Auch Stammesgrenzen verschoben sich im Laufe der Zeit. So erzählt Ri 18, wie der Stamm Dan seine ursprüngliche Heimat in Mittelpalästina verläßt, nach Norden wandert und Lajisch erobert, das später Dan heißt (vgl. S. 66 Karte 1). Der Stamm sah sich offenbar gezwungen, seine ursprüngliche Heimat aufzugeben, weil er den Auseinandersetzungen mit den vom Mittelmeer her in die Küstenebene eingewanderten Philistern nicht gewachsen war. Es kam aber auch vor, daß ein stärkerer Stamm seinen Einfluß bis in das Gebiet eines Nachbarstammes hinein ausdehnte. Zum Beispiel „erhielt“ Manasse nach Jos 17,11 im Gebiet

2 ***Stammesgebiete nach Jos 13–19***
DAN Stammesname

1 ***Karte unten***
Das Josuabuch vermittelt auf den ersten Blick den Eindruck, als habe Israel sein Land in raschen Feldzügen erobert. Ein ganz anderes Bild ergibt sich aus den Listen der nichteroberten kanaanäischen Städte und Gebiete in Ri 1 und 3 und Jos 13: Israelitische Siedler lebten zusammen mit Kanaanäern im gleichen Land. Für biblische Autoren ist es ein immer neues Problem, warum Israel nicht das ganze Land besitzt: Ri 1,19 z. B. sucht den Grund in der militärischen Überlegenheit der Kanaanäer; Jos 9 in ihrer Schläue; Ri 2,1ff in einer Strafe Gottes für Israels Untreue; Ex 23,29 in Gottes Fürsorge für sein Volk.

2 ***Karte oben***
Jos 13–19 entwirft ein detailliertes Bild von den Siedlungsgebieten der zwölf Stämme; einige Angaben daraus sind auf die obige Karte übertragen. Es ist jedoch zu beachten, daß die Karte *keine* historische Wirklichkeit wiedergibt: Bei genauer Lektüre von Jos 13–19 und einem Vergleich mit anderen biblischen Nachrichten zeigt sich, daß zu keiner Zeit alle diese Stämme gleichzeitig bestanden und in diesen Gebieten lebten (vgl. dazu den Text).

3 ***Karte oben rechts***
Die Karte gibt archäologisch gesammelte Informationen über Siedlungen der Eisenzeit wieder: Einige größere Orte – und zahlreiche kleine, die hier nicht verzeichnet sind – wurden auf bisher unbebautem Grund errichtet; andere an Orten, die schon lange wüst lagen. Eine Reihe von Orten entstand aber auch über Schuttschichten des Ortes aus der unmittelbar voraufgehenden Periode; hier kann man mit einzelnen örtlichen Konflikten rechnen.

In allen Karten: Orte in Klammern dienen nur der Orientierung.

1 ***Nichteroberte Städte und Gebiete Nach Ri 1,27–35; 3,1–6; Jos 13,1–7***

Issachars und Aschers eine Reihe der alten kanaanäischen Städte (wie Bet-Schean, Megiddo, Taanach), die jene schwächeren Stämme nicht in ihre Stammesgebiete hatten eingliedern können.

Auskünfte der Archäologie

Auskunft über die Siedlungen des frühen Israel geben auch Ausgrabungen: Im Bergland entstanden am Anfang der Eisenzeit zahlreiche neue Siedlungen in Gebieten, die zuvor weder bewohnt noch bebaut waren, oder auf Ruinen, die seit vielen Jahrhunderten verlassen waren. In Jos 17,16–18 ist von diesem Landesausbau die Rede: Josua rät den Nachkommen Josefs, im Bergland Wald zu roden und so neues Land zu gewinnen.

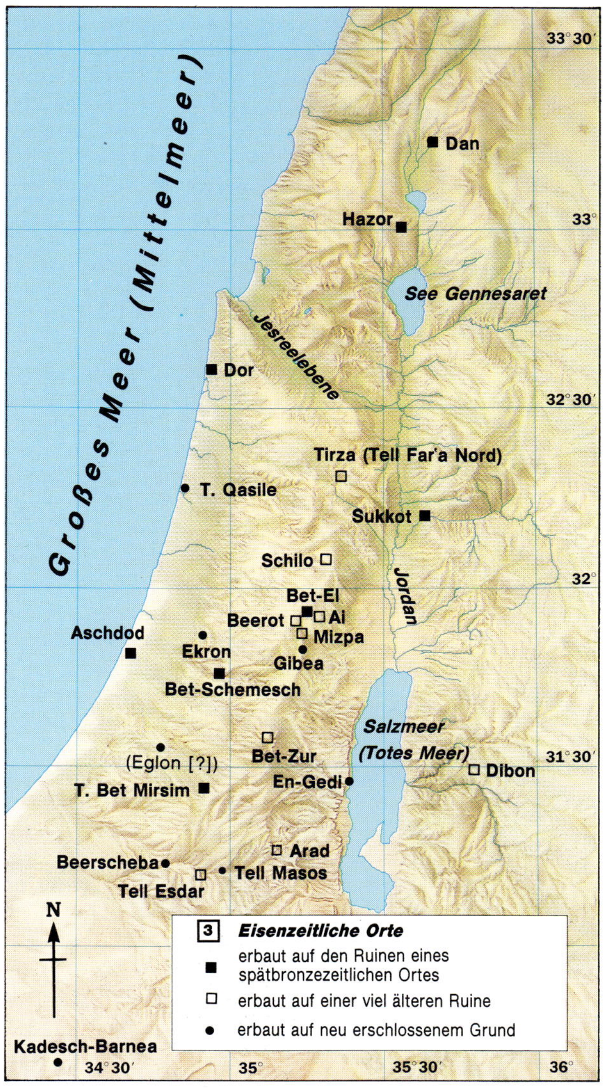

3 *Eisenzeitliche Orte*

■ erbaut auf den Ruinen eines spätbronzezeitlichen Ortes
□ erbaut auf einer viel älteren Ruine
• erbaut auf neu erschlossenem Grund

Die neuen eisenzeitlichen Siedlungen waren zumeist kleine, unbefestigte Dörfer, die den Archäologen, die lange eher an Großbauten interessiert waren, weniger auffallen. Nur für einige größere dieser Orte kann man mit einiger Sicherheit auf biblische Namensüberlieferungen zurückgreifen. Während im spätbronzezeitlichen Kanaan Dörfer jeweils einer benachbarten Stadt zugeordnet waren, sind diese neuen eisenzeitlichen Dörfer keiner Stadt angeschlossen, offenbar also von unabhängigen Bauern bewohnt. In diesen neuen Siedlungen taucht auch ein neuer Haustyp auf.

Neue Formen des Hausbaus

In Ausgrabungsschichten seit der Frühen Eisenzeit finden sich zunehmend *Säulenhäuser* mit meist vier Räumen; ein oder zwei Seitenräume sind durch Säulen von einem offenen Hof abgeteilt. Wie es zu dieser Art des Hausbaus kam, ist dunkel; sie findet sich gleich zu Beginn der Eisenzeit voll entwickelt, ohne erkennbare Vorformen oder Vorbilder in der älteren kanaanäischen Architektur, die andere Häuser kannte, bei denen die Räume von allen Seiten einen Hof umgaben.

Die Heimat des neuen Haustyps ist das mittelpalästinische Bergland. Vielleicht entwickelte sich das vierräumige Pfeilerhaus aus einer bescheidenen Vorform, die an ein Nomadenzelt erinnert (s. u. Abb. 4, Haus 4). Man mag annehmen, daß dieser Haustyp an der Wende vom 13. zum 12. Jh. entstand, als sich neue, bis dahin in Zelten lebende Siedler in kurzer Zeit an das bäuerliche Leben im Bergland anpaßten.

Normalerweise führte der Eingang zunächst in einen Hof, der durch Pfeiler oder niedrige Trennwände von Räumen auf den Seiten abgeteilt war. Auch zwischen den Pfeilern befanden sich oft niedrige Trennmauern. Gegenüber dem Eingang, am anderen Ende des Hofes, nahm ein Raum die ganze Breite des Hauses ein. Die vorderen, meist gepflasterten Seitenräume waren wohl Unterstände für ein paar Schafe und Ziegen und Vorratsräume; manchmal sind sie durch Mauern in kleine Zellen unterteilt. Der ebenfalls gepflasterte Hof war zum Himmel hin offen; hier wird man die Nahrung zubereitet haben. Der Breitraum im Hintergrund diente als Schlafquartier. An drei Seiten des Hofes wird bei vielen Häusern ein oberes Stockwerk für die Bedürfnisse einer größeren Familie ausgebaut gewesen sein, zugänglich über Treppen an den Außenmauern entlang oder über Holzleitern.

Als Material zum Hausbau boten sich im Bergland roh behauene Natursteine an; das Dach bildeten Balken, belegt mit Zweigen, die man mit Lehm befestigte, der mit Hilfe eines zylinderförmigen Rollgerätes geglättet wurde.

Im 11. Jh. verbreitete sich der Typ des *Vierraumhauses* auch in nichtisraelitischen Gebieten, im Bereich der Philister (s. u. Abb. 3 aus Tell Qasile), der Jesreelebene und im Ostjordanland, wurde dort jedoch nie so recht heimisch; die älteren Haustypen blieben beliebter.

Zahlreiche Vierraumhäuser entdeckte man dagegen in Siedlungen des 12. und 11. Jh. im Negeb, z. B. auf dem Tell Masos. Man baute hier vielfach mit Lehmziegeln auf Steinfundamenten; die Pfeiler errichtete man aus Bruchsteinen. Neben israelitischen Pfeilerhäusern begegnen in Tell Masos Häuser des kanaanäischen Typs. Bei einem davon (s. u. Abb. 4; Nr. 2) stehen mitten auf dem von Räumen umgebenen zentralen Hof Säulen, die gewiß ein Dach getragen haben. Dieser überdachte Hof begegnet auch bei spätbronzezeitlichen Häusern aus Bet-Schean; typisch ist er vor allem für ägyptische Häuser aus der Zeit des Neuen Reiches. Ein anderes Hofhaus von Tell Masos (Nr. 402) erinnert mit der versetzt gemauerten Lehmziegelwand an ägyptische Vorbilder. Das Dorf auf dem Tell Masos zeigt, daß die alte kanaanäische und die neue israelitische Kultur friedlich nebeneinander bestehen konnten.

Die ganze Eisenzeit hindurch, bis ins frühe 6. Jh. blieb das Vierraumhaus mit dem hinteren Breitraum charakteristisch für israelitische Siedlungen. Häuser dieses Typs aus der Eisenzeit II aus Hazor, Tirza, Mizpa zeigt Abb. 4; auch in Jerusalem, Tell Bet Mirsim, Bet-Schemesch und Beerscheba gibt es Beispiele aus dieser späteren Zeit. Man fand sie auch in winzigen Dörfern, z. B. Ch. Jemaʻin bei Samaria, und als Einzelgehöfte, z. B. Ch. er-Ras südwestlich von Jerusalem.

DIE MÄNNER GINGEN FORT, DURCHQUERTEN DAS LAND UND ZEICHNETEN ES IN EINEM BUCH AUF, GEORDNET NACH STÄDTEN UND IN SIEBEN TEILE GEGLIEDERT. DANN KAMEN SIE WIEDER ZU JOSUA INS LAGER NACH SCHILO. UND JOSUA WARF IN SCHILO VOR DEN AUGEN DES HERRN DAS LOS FÜR DIE ISRAELITEN. SO VERTEILTE JOSUA DAS LAND AN SIE, ENTSPRECHEND IHREN ABTEILUNGEN.

JOS 18,9–10

4 ***Unten***

Für die frühe Eisenzeit, in der das Bergland, die Heimat Israels, einen Siedlungsaufschwung erlebt, beobachten Archäologen einen Wechsel in der Art des Hausbaus: Ein älterer Typ, bei dem Räume ringsum einen Hof umgeben, der manchmal überdeckt ist (vgl. Nr. 2), wird abgelöst von einem Haustyp, bei dem Pfeiler Seitenräume eines offenen Hofes abtrennen, während ein geschlossener Raum die rückwärtige Breite einnimmt. Das Vorbild dafür suchen manche Gelehrte in einem sozusagen versteinerten Nomadenzelt. Auf dem Tell Masos im Negeb bildeten diese Häuser eine Art „Burg“, eine dichte, nach außen geschlossene Kette. Die unten abgebildeten Häuser sind in chronologischer Reihenfolge gezählt:

1 Tell Masos, Haus 454; Stratum I; Eisenzeit I
2 Tell Masos, Haus 480; Stratum IIa; Eisenzeit I
3 Tell Qasile; Stratum D; Eisenzeit I
4 Tell Esdar, Haus 90; Stratum III, Eisenzeit I
5 Tell el-Farʻa Nord (Tirza), Haus 327; Eisenzeit II
6 Tell el-Farʻa Nord (Tirza), Haus 328; Eisenzeit II
7 Hazor; Stratum VA; Eisenzeit II
8 Tell Goren; Stratum V; Eisenzeit II
9 Tell Bet Mirsim; Stratum A; Eisenzeit II
10 Tell en Nazbe (Mizpa), Haus 2; Stratum I; Eisenzeit II

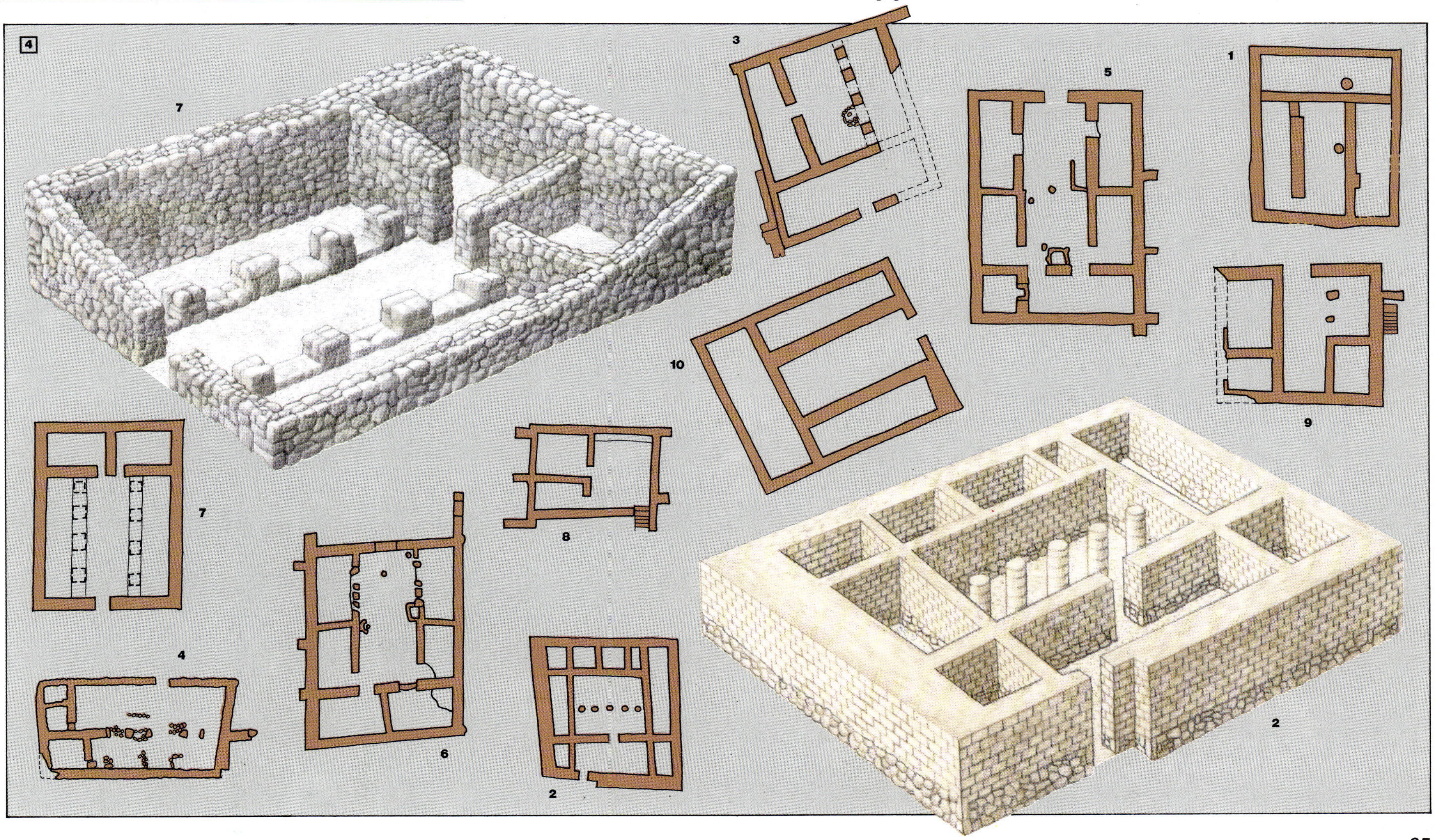

ISRAELS FRÜHGESCHICHTE: EIN VOLK IM WERDEN

Die Philister

Das Ende der Spätbronze- und der Anfang der Eisenzeit ist für die Länder rings um das östliche Mittelmeer eine unruhige Epoche. Die mykenische Kultur und das Hetiterreich zerbrechen; kanaanäische Stadtstaaten gehen unter; Äypten ist geschwächt. Im Mittelmeer und Nahen Osten kommt es zu Völkerwanderungen. Der Grund für diese Unruhe ist unbekannt; vielleicht zwangen Naturereignisse Völker, die bis dahin seßhaft waren, zum Nomadenleben. In dieser Zeit kamen auch die Philister nach Kanaan, die gefährlichsten Konkurrenten des werdenden Volkes Israel.

Am Ende der Spätbronzezeit werden viele Orte in Kleinasien, Syrien, Palästina zerstört; darauffolgende Schichten sind mancherorts durch eine neue Art der Keramik ägäischen Typs gekennzeichnet, Zeichen der Ankunft neuer Bewohner. Diesen archäologischen Befund ergänzen schriftliche Zeugnisse aus Ägypten, die vom Einbruch der *Seevölker* berichten, zu denen auch die Philister gehören, die sich in dem Land niederlassen, das später nach ihnen *Palästina* genannt wird.

Schon Merenptah (s. S. 51) muß sich mit Libyern, die sich mit Seevölkern verbunden haben, auseinandersetzen. Ramses III., sein Nachfolger, der letzte der großen Pharaonen, wehrt immer neue Wellen dieser Bewegung ab. Die Ägypter nennen ihre Gegner Scherden, Scheklesch, Lukka, Akawascha; man kennt diese Namen heute aus Griechenland, Kleinasien und dem westlichen Mittelmeer: Sardinien, Sizilien, Lukien, Achaia (vgl. S. 55). Auch Peleset, Philister, tauchen unter den Feinden Ägyptens auf.

Ein eindrucksvolles Bild der chaotischen Zustände im Vorderen Orient gibt die Erzählung von der *Reise des Wen Amun* (vgl. die Reiseroute in Karte 1). Wen Amun, Priester des Gottes Amun, soll in Byblos Holz für eine neue Barke des Gottes kaufen. Die Fürsten der Hafenstädte, in denen er an Land gehen will, behandeln ihn respektlos. In Dor, das nominell unter ägyptischer Oberhoheit steht, trifft er auf *Tjekker*, er wird ausgeraubt, muß fliehen und wird von elf Schiffen bis nach Zypern verfolgt. Nach dem Zeugnis dieser Erzählung aus dem 11. Jh. sind also im nördlichen Teil der Küstenebene Palästinas, im Anschluß an die Gebiete der Philister, die mit den Philistern verwandten Tjekker ansässig.

Die wichtigste historische Quelle für diese Bewegungen an der Wende zum 12. Jh. sind Reliefs und Inschriften am Totentempel Ramses' III. in Medinet Habu. Die Inschriften berichten vom Ende des Hetiterreiches und von Einbruchsversuchen in Ägypten; die Reliefs schildern zwei große Schlachten. Die Landschlacht wurde vielleicht in Kanaan ausgetragen, die Seeschlacht wahrscheinlich im Nildelta.

Die Schilderung der Landschlacht zeigt ein ganzes Volk unterwegs; Familien und Hausrat werden auf Ochsenkarren mitgeführt. An Kleidern und Waffen sind drei Gruppen zu unterscheiden: Philister, Tjekker und Danuna tragen hohen Federschmuck auf den Helmen, die Scheklesch Haarbänder; Scherden kämpfen als „Fremdenlegionäre" auf ägyptischer Seite; sie sind an ihren Hörnerhelmen zu erkennen.

Das Seeschlachtrelief zeigt die Scherden dagegen zusammen mit den anderen Seevölkern auf Segelschiffen mit entenförmigem Bug und Steven. Rundschilde, gerade und breite Schwerter, kurze, unterteilte Röcke mit Quasten und Harnisch erinnern an die Ausrüstung mykenischer Krieger.

Die Reliefs sind wohl so zu deuten, daß es Ägypten nicht gelang, eine Gruppe der „Seevölker", die über Land vordrang, entscheidend zu schlagen. So machten diese, nun zusammen mit den Scherden, einen neuen Einbruchsversuch über See und wurden endgültig abgewehrt. Tjekker und Philister konnten sich jedoch in der zuvor ägyptisch beherrschten Küstenebene Palästinas auf Dauer niederlassen.

In Zusammenhang mit diesen Ereignissen stehen biblische Überlieferungen vom Stamm Dan: Der Stammesheld Simson geht mit terroristischen Methoden gegen die Philister vor und stirbt schließlich als deren Gefangener, nicht ohne viele Philister mit in den Tod zu reißen. Der Stamm Dan wandert nach Ri 18 aus der Schefela aus und sucht sich eine neue Heimat im Norden (Karte 1).

Die Philister waren der mächtigste Feind für das werdende Israel. Sie versuchten von der Küstenebene aus auch das Landesinnere zu besetzen. Wie erfolgreich sie dabei waren, zeigt das Ende Sauls, des ersten Königs Israels. Er fiel in der Schlacht gegen die Philister auf den Gilboabergen, im Südosten der Jesreelebene (S. 75). Es fehlte nicht viel daran, daß die Philister die israelitischen Stämme vollständig unterjocht hätten und es nie ein selbständiges Israel gegeben hätte. Andererseits weckten und festigten die Kämpfe gegen die Philister in den Stämmen das Bewußtsein ihrer Zusammengehörigkeit. Den Auseinandersetzungen mit den Philistern verdankt Israel zum guten Teil seine Volkwerdung. Erst David gelang es, die Philister endgültig aus dem Bergland zu verdrängen (vgl. S. 78).

Auskünfte der Archäologie

Die Ankunft eines neuen kulturellen Elementes in Kanaan ist auch archäologisch faßbar. Manche, z. T. recht große Orte wurden zerstört; in der nächsten Schicht findet sich dann eine neue Art der Keramik, die der mykenischen nahesteht. Auch eine neue Art des Hausbaus, der Gräber und der Kultbauten ist festzustellen. Daß vor allem an den großen Fundorten vielfach ägyptischer Einfluß auffällt, ist nicht verwunderlich: Die Philister ließen sich in einem Land nieder, das lange unter ägyptischer Oberhoheit gestanden hatte; erst als die Macht Ägyptens schwächer wurde und Ägypten sich schließlich ganz aus Kanaan zurückzog, konnten sie sich des Landes voll bemächtigen und eigene, neue Orte gründen. Zwei davon sind besonders wichtig: Aschdod in der Mitte ihres Gebietes und Tell Qasile am Nordrand.

In Tell Qasile wurde der erste eindeutig philistäische Tempel ausgegraben; manches daran mag kanaanäisch beeinflußt sein, doch kleine Heiligtümer von Mykene, Zypern und der Insel Melos sind ihm näher verwandt. Auch Kultgefäße und eine eingestielte Doppelaxt aus Bronze, die man in diesem Tempel fand, erinnern an Vorbilder aus dem ägäischen Raum.

Philistäische Trankopfer-Gefäße *(Libationsgefäße)* ahmen zuweilen Tier-, besonders Vogel- oder Menschengestalt nach; der Boden der *Rhyta* (Schalen mit einem Henkel) ist manchmal als Löwenkopf gestaltet; es begegnen große Mischgefäße (Krater), wie sie aus dem griechischen Raum bekannt sind. Für weibliche Terrakotta-Figurinen einer in Kanaan bis dahin unbekannten Art gibt es mykenische Prototypen. Einzigartig ist eine Figurine aus Aschdod, deren Körper mit dem Sitz verschmilzt, wahrscheinlich die Darstellung einer Göttin (S. 69, Abb. 7).

Welche Götter die Philister verehrten, als sie in Kanaan ankamen, ist unbekannt; ihre späteren Götter sind kanaanäischen Ursprungs: Dagon, Aschtoret und Baal-Zebul, „erhabener Herr". Die Bibel verschandelt diesen auch aus Ugarit bekannten Gottestitel zu Beelzebub, „Herr der Fliegen".

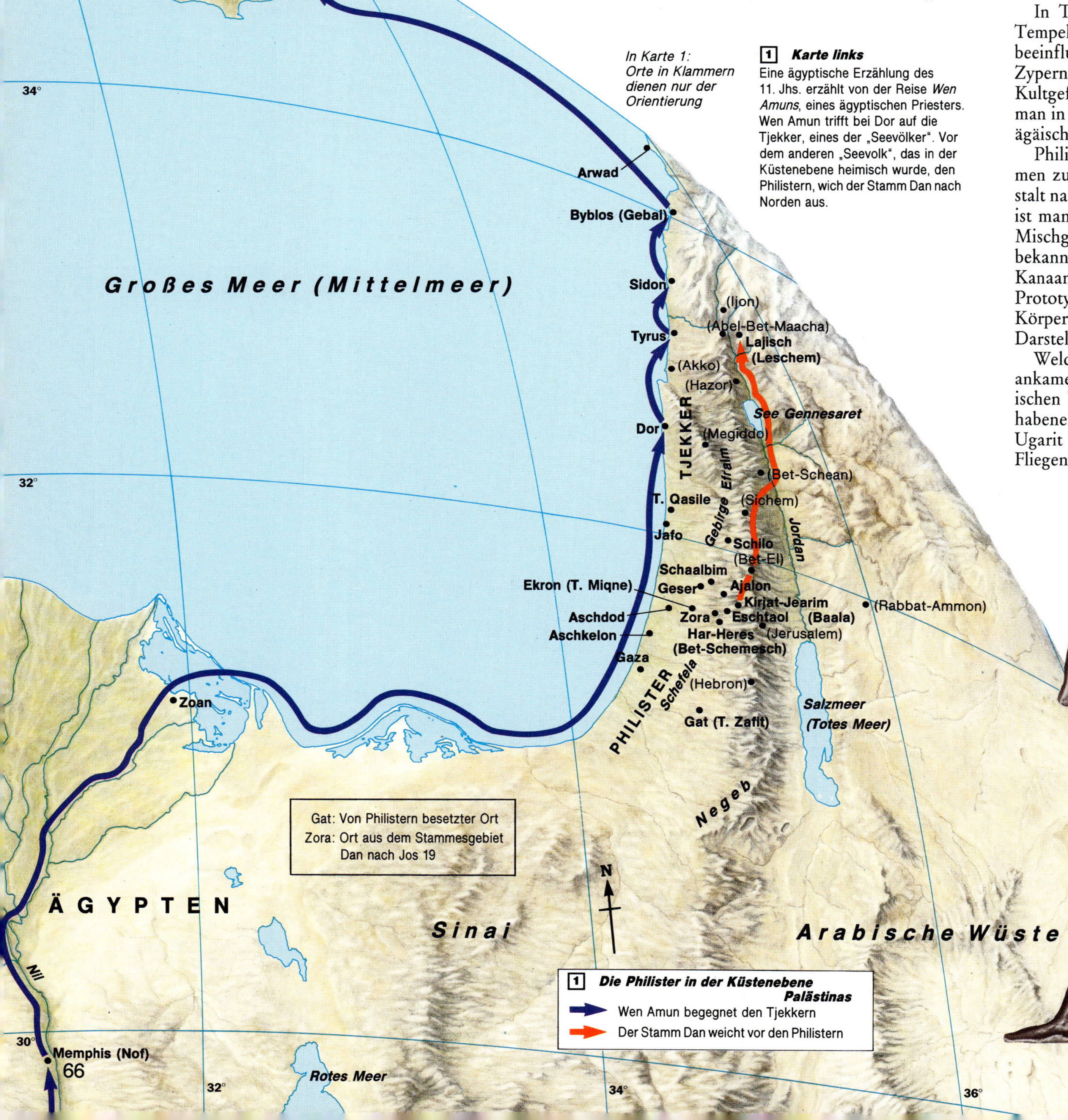

In Karte 1: Orte in Klammern dienen nur der Orientierung

1 Karte links
Eine ägyptische Erzählung des 11. Jhs. erzählt von der Reise *Wen Amuns*, eines ägyptischen Priesters. Wen Amun trifft bei Dor auf die Tjekker, eines der „Seevölker". Vor dem anderen „Seevolk", das in der Küstenebene heimisch wurde, den Philistern, wich der Stamm Dan nach Norden aus.

5

Grabbräuche zeigen oft kulturelle Verwandtschaften an; bei den Philistern ist auch hier die charakteristische Mischung ägäischen, ägyptischen und kanaanäischen Einflusses zu beobachten. In der Spätbronzezeit hatten ägyptische Krieger, die in Kanaan in Garnison lagen, den Brauch der Bestattung in menschenförmigen Tonsärgen mitgebracht. Vielleicht stammt er aber auch erst von philistäischen Söldnern, die seit dem 12. Jh. zu diesen Garnisonen gehörten. In Bet-Schean, einer nach biblischem Zeugnis von Philistern besetzten Stadt (1 Sam 31,8–13; 2 Sam 21,12), fand man einen solchen Sarg, auf dessen Deckel die typische Kopfbedeckung der Seevölker erkennbar ist. Auch die Totenverbrennung kannte man in Kanaan nicht; der früheste Beleg dafür (Asor, zweite Hälfte des 11. Jhs.) weist wohl ebenso auf philistäischen Einfluß hin.

3

4

2 Karte rechts
Die Bibel nennt offenbar alle Gruppen der „Seevölker", die an der Wende zum 12. Jh. im Küstenland Palästinas ansässig wurden, „Philister". An Fundorten, an denen verschiedene Zeichen den Einfluß dieser Neuankömmlinge bezeugen, kamen meist auch Eisengeräte zutage. Die Philister haben wahrscheinlich das Handwerk der Eisenbearbeitung nach Palästina mitgebracht.

3 Oben rechts
Ausschnitt aus dem Tempelrelief Ramses' III. in Medinet Habu mit der Darstellung der „Seevölkerschlacht". Die Philister sind an den hohen Federkronen auf den Helmen zu erkennen.

4 Rechts
Der in Aschdod gefundene tönerne Gegenstand, etwa 35 cm hoch, diente als Ständer für Libationsgefäße (Schalen mit Trinkspenden). Musikanten schauen aus den Fenstern, ein Zug von Tieren, teils eingeritzt, teils als Relief gearbeitet, schmückt den oberen Teil.

5 Unten links
Ausschnitt aus dem Relief von Medinet Habu, etwa 90 cm hoch. Krieger aus den „Seevölkern" mit dem Federhelm der *Peleset*, Philister.

Die Tongefäße der Philister, im Lande selbst hergestellt, sind leicht zu erkennen; sie bilden eine weitverbreitete, homogene Gruppe der Keramik, die zuerst in Schichten aus der ersten Hälfte des 12. Jhs. auftaucht und bis zum 10. Jh. begegnet, d.h. bis philistäische und kanaanäische Kultur ununterscheidbar vermischt sind. Die Gefäße sind an den Schultern oft auf weiß-grauem Grund rot und schwarz bemalt. Die vielfältigen Schmuckformen verraten mykenischen Einfluß; am auffälligsten ist das Motiv des sich zurückbeugenden Vogels; sonst sind Tiere und Menschen selten, meist findet man geometrische Figuren: Spiralen, Halbkreise, Rhomben, Zickzackleisten.

Das „Eisenmonopol" der Philister

Auch in der Spätbronzezeit kannte man das Eisen, benützte es aber selten und eher als Kostbarkeit, z. B. bei der Herstellung von Schmuck. Im 12. Jh. bleibt Bronze in Kanaan weiterhin das meistgenützte Metall, Eisen kommt selten vor, häufiger im 11. und sehr oft im 10. und 9. Jh. Man hat lange angenommen, daß die Philister die Eisenverarbeitung nach Palästina einführten; ihr Eisenmonopol (vgl. 1 Sam 13,19–22) habe dazu beigetragen, daß sie die anderen Bewohner des Landes unterwarfen. An diesem Bild sind inzwischen einige Retuschen anzubringen: Die Unruhen, die am Ende der Spätbronzezeit das ganze östliche Mittelmeer heimsuchten, werden zur Verknappung von Kupfer und Zinn (die man für die Herstellung von Bronze braucht) geführt und so den Anstoß gegeben haben, das Handwerk der Eisenverarbeitung zu entwickeln.

Eiserne Waffen und Werkzeuge dieser Zeit begegnen fast nur an Fundorten, die von Philistern besetzt oder beeinflußt waren; an kanaanäischen oder frühisraelitischen Fundorten dagegen kamen kaum Eisengeräte und noch viel weniger Bronzegeräte zutage.

> DAMALS WAR IM GANZEN LAND KEIN SCHMIED ZU FINDEN. DENN DIE PHILISTER HATTEN SICH GESAGT: DIE HEBRÄER SOLLEN SICH KEINE SCHWERTER UND LANZEN MACHEN KÖNNEN. ALLE ISRAELITEN MUSSTEN ZU DEN PHILISTERN HINABGEHEN, WENN JEMAND SICH EINE PFLUGSCHAR, EINE HAKKE, EINE AXT ODER EINE SICHEL SCHMIEDEN LASSEN WOLLTE. 1 SAM 13,19–20

ISRAELS FRÜHGESCHICHTE:
EIN VOLK IM WERDEN

Die Zeit der Stämme

Erst in der Königszeit tritt Israel als geschichtliche Größe deutlich hervor. Seine Wurzeln reichen jedoch zurück in vorstaatliche Zeit. Sagen aus dem Buch der *Richter* spiegeln Zustände dieser Zeit: Stämme agieren je für sich; in Notfällen treten einzelne charismatische Helden als Retter auf.

Die Zeit zwischen der Besiedlung des Berglandes und dem Beginn der Königszeit nennt man oft die *Zeit der Richter*. Doch erst in der späten Königszeit haben biblische Autoren Sagen, die auf diese Zeit zurückgehen, so bearbeitet, daß das „Richterbuch“ den Eindruck weckt, als habe es vor den Königen eine gesamtisraelitische Institution gegeben: „Richter“, die einander im Amt ablösten. An ihren stereotypen Redewendungen und der schematischen Chronologie ist diese Bearbeitungsschicht leicht zu erkennen. Löst man sie heraus, bleiben fünf Sagen oder Sagenkreise übrig (vgl. die Karten 1–5), die es zwar nicht erlauben, einen Geschichtsablauf zu rekonstruieren, aber lebendige Erinnerungen an geschichtliche Erfahrungen der vorstaatlichen Zeit festhalten.

Die geschichtete Gesellschaft Kanaans

Die Ebenen Kanaans waren in der Spätbronzezeit dicht mit Stadtstaaten besetzt, die unter der Kontrolle Ägyptens meist friedlich miteinander auskamen. Als sich Ägypten aus Kanaan zurückzog, brach dieses System zusammen. So konnten sich im Bergland eigenständige „Stämme“ bilden. Nach einiger Zeit mußten diese, um überleben zu können, Elemente der staatlichen Ordnung der kanaanäischen Städte übernehmen und selber einen Staat, ein Königtum, bilden.

Die kanaanäische Stadtgesellschaft unterschied scharf zwischen Herrschern und Beherrschten, zwischen Ständen und spezialisierten Gilden (z. B. Tuchmachern, Streitwagenbauern, Steinmetzen). Eine derart geschichtete Gesellschaft entstand in Israel erst in der Königszeit und auch dann noch gemildert durch die Erinnerungen an die andere Ordnung der Stämmegesellschaft, wie sie in der vorstaatlichen Zeit bestand.

Wirtschaftsleben und Sozialstruktur der Stämme

Die Stämme lebten vom Ackerbau und der Weidewirtschaft; ihre Mitglieder wohnten, oft sippenweise, in unbefestigten Dörfern, bauten Weizen und Gerste an, hielten Schafe, Ziegen, Rinder, pflegten Weingärten und Fruchtbäume. Die Gideonüberlieferung (Ri 6,1–6) erzählt, wie sehr ihre Existenz gefährdet war, wenn Nomaden Ernteerträge und Vieh raubten.

Aufgebaut war diese Gesellschaft aus Großfamilien, die sich auf ihrem Grundbesitz selbst mit allem Lebensnotwendigen versorgten. Mehrere Familien bildeten eine auf Verwandtschaft, Heiraten und Verpflichtung zu gegenseitiger Hilfe beruhende Sippengemeinschaft. Weniger deutlich umrissen war die nächsthöhere Einheit, der Stamm; er vereinte Sippen und Dorfgemeinschaften durch die Bindung an die ihnen gemeinsame Landschaft und gemeinsame geschichtliche Erfahrungen. Mehr als auf verwandtschaftlichen Bindungen beruhte die Zusammengehörigkeit eines Stammes darauf, daß man sich notfalls gemeinsam gegen Angriffe von außen wehrte. So ist es nicht verwunderlich, daß die Zusammensetzung der Stämme oft wechselte, daß ganze Stämme verschwanden oder auch in andere Stämme aufgingen.

Eine segmentäre Gesellschaft

Diese Sozialstruktur begünstigte die Unabhängigkeit der einzelnen Familien. Handelsbeziehungen gab es nicht; Druck von außen traf meist nur isolierte Gruppen; so hielt man es nicht für notwendig, sich zu größeren Gemeinschaften zusammenzuschließen. Die Lebensordnung war eher von der Basis als von irgendeiner oberen Institution bestimmt; primär wichtig waren für den einzelnen die Familie und die Sippe, nicht aber eine umfassende Größe „Israel“. Die frühisraelitische Gesellschaft war *dezentral* und *segmentär*.

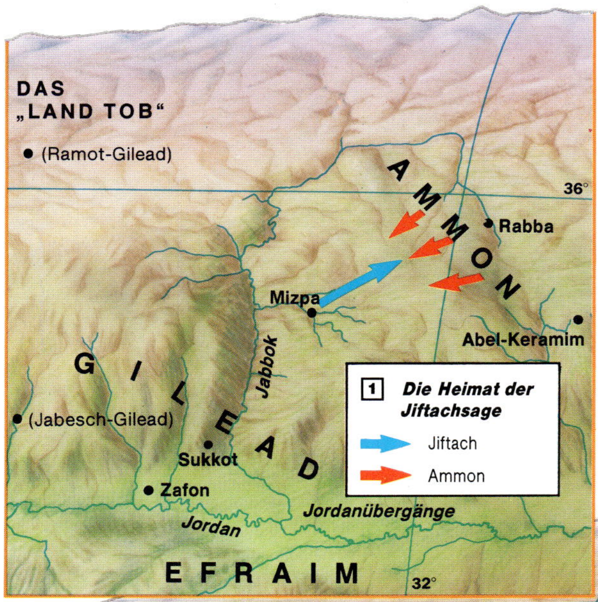

1 Links
Ri 11 erzählt, wie *Jiftach*, von seinen Brüdern vertrieben, aus dem Land Tob zurückkommt und den Seinen gegen Ammon zum Sieg verhilft.

2 Unten links
Die doppelte Überlieferung von einem Sieg über kanaanäische Streitwagen in Ri 4 und 5 spielt an drei Orten: Krieger aus mehreren Stämmen versammeln sich auf dem Tabor; die Kanaanäer unterliegen bei den „Wassern“ von Megiddo und Taanach; bei der Eiche von Zaanannim ermordet *Jaël*, die kenitische Nomadenfrau, den geflüchteten Heerführer der Kanaanäer.

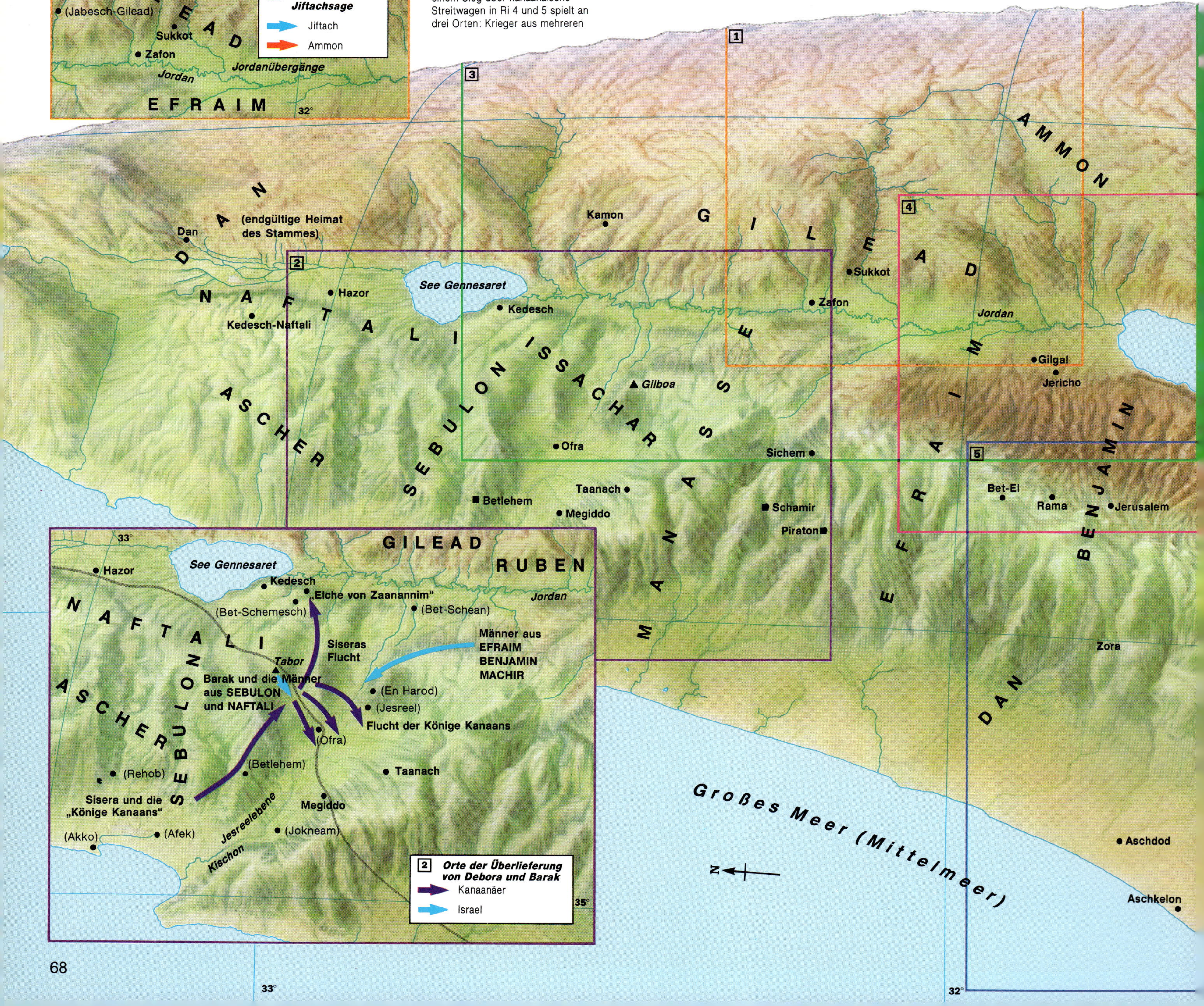

7

3 Unten rechts
Die Überlieferung vom Sieg *Gideons* über räuberische Kamelnomaden spielt in einem weiten Raum: einen ersten Überfall auf das Lager der Feinde macht Gideon vom Gebirge Efraim herab; er verfolgt sie über den Jordan und durch das Tal des Jabbok und steigt von Penuël aus hinauf ins ostjordanische Gebirge, von wo der „Beduinenweg“ in die Steppe führt.

4 Unten Mitte
Hauptort der *Ehudsage* ist die „Palmenstadt“, wahrscheinlich Jericho, wo Ehud einen grausig-komischen Mord am fetten Moabiterkönig Eglon vollbringt und damit seinen Stamm veranlaßt, die Moabiter in Richtung des Jordan zu treiben und sie an den zuvor besetzten Jordanübergängen abzufangen.

5 Unten rechts außen
In den Erzählungen von *Simson*, dem Einzelkämpfer gegen die Philister, spiegelt sich die Bedrängnis des Stammes Dan durch die mächtigeren Philister, die schließlich dazu führt, daß der Stamm sich nördlich vom See Gennesaret eine neue Heimat suchen muß.

Charismatischen Anführern gelang es in Notfällen, für eine gewisse Zeit eine größere Gemeinschaft, manchmal mehrere Stämme, zu einen, bis Abhilfe geschaffen war. Nach außen repräsentiert waren Familien und Sippen durch *Älteste;* die für das Zusammenleben wichtigen Entscheidungen traf die Versammlung aller Familienoberhäupter. Ein stehendes Heer gab es nicht; alle waffenfähigen Männer waren zur Verteidigung verpflichtet. Streitfälle innerhalb der Gemeinschaft schlichteten die Gegner in öffentlicher Auseinandersetzung vor der Versammlung der Ältesten. In schwierigen Fällen konnte man wohl besonders rechtskundige „Richter“ befragen; die Namensliste in Ri 10,1–5; 12,8–15 mag an diese erinnern.

Hier und da mögen sich mehrere Sippen die Verpflichtung zur Verehrung eines wichtigen Heiligtums geteilt haben, im übrigen aber waren größere Gemeinschaften die Ausnahme.

Das Buch der Richter

Überlieferungen im Richterbuch gewähren einzelne Einblicke in die geschichtlichen Erfahrungen dieser Zeit. Die Stämme agieren meist einzeln oder in kleinen Gruppen; List, Heldenmut, ja Heimtücke bringen Erfolge. *Ehud* verhilft nur seinem Stamm Benjamin zu einem Sieg über Moab. *Gideon* bewegt zunächst nur sein Geschlecht Abiëser aus dem Ort Ofra zur Abwehr der räuberischen Midianiter. *Jiftach* führte Gilead zum Sieg über Ammon; *Simson*, der Held aus Dan, ist ein Einzelkämpfer, der die Philister terrorisiert. Die Erzählungen illustrieren, wie wenig Zusammenhalt „Israel“ besaß. Nur *Debora* gelang es, mehrere Stämme unter dem Anführer Barak zum Kampf gegen die kanaanäischen Streitwagen zu begeistern; aber auch das Deboralied beklagt das Fehlen mehrerer Stämme bei diesem Kampf.

Diese Überlieferungen spielen alle im Gebirge, wo sich die Stämmegesellschaft der vorstaatlichen Zeit zwischen den von kanaanäischen Städten kontrollierten Gebieten bildete. Nur der Sieg über Siseras Streitwagen spielt in der Jesreelebene; er ist auch in dieser Hinsicht ein erster Schritt zu einer neuen Vorstellung von „Israel“: Geeint unter einem König, wird es sich zu einem Volk entwickeln, dem ein zusammenhängendes Land gehört.

6 Überblickskarte unten
Die einzelnen Sagen und Sagenkreise des Richterbuches sind in jeweils verschiedenen Gegenden beheimatet. Die vorstaatliche Zeit kannte noch kein „Gesamtisrael“ in einem zusammenhängenden Land.

7 Links
Eine Tonfigur der Philister aus Aschdod, 12. Jh., wahrscheinlich ein Fruchtbarkeitsidol, das zugleich eine Frau und eine Liegestatt darstellt.

In den Karten: Orte in Klammern dienen nur der Orientierung.

> DER HERR ABER SETZTE RICHTER EIN, DIE SIE AUS DER GEWALT DER RÄUBER BEFREITEN. DOCH SIE GEHORCHTEN AUCH IHREN RICHTERN NICHT, SONDERN GABEN SICH ANDEREN GÖTTERN HIN UND WARFEN SICH VOR IHNEN NIEDER ... WENN ABER DER HERR BEI IHNEN RICHTER EINSETZTE, DANN WAR DER HERR MIT DEM RICHTER UND RETTETE DIE ISRAELITEN AUS DER GEWALT IHRER FEINDE, SOLANGE DER RICHTER LEBTE; DENN DER HERR HATTE MITLEID MIT IHNEN, WENN SIE ÜBER IHRE FEINDE UND UNTERDRÜCKER KLAGTEN.
>
> Ri 2,16–18

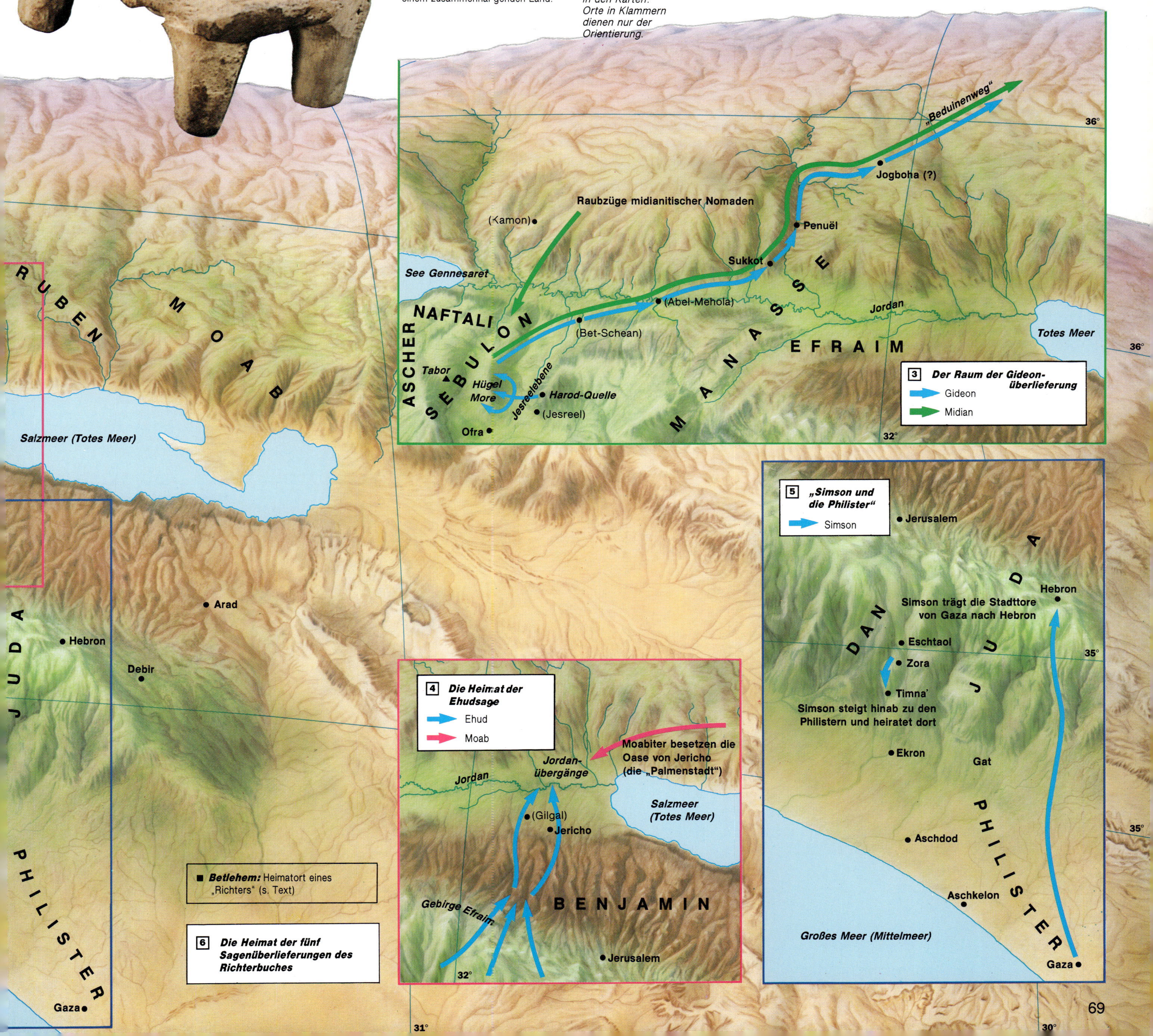

DER ANFANG DER KÖNIGSZEIT

Die Entstehung der eisenzeitlichen Königreiche in Syrien–Palästina

In der Spätbronzezeit hatten das ägyptische und das hetitische Großreich um die Herrschaft in Syrien–Palästina konkurriert; Palästina war dem benachbarten Ägypten zugefallen. Doch seit dem 13. Jh. entstanden hier Königreiche, in denen zwar noch lange Ägypten als Vorbild galt, die sich aber ägyptischer Kontrolle immer mehr entzogen.

Die Pharaonen übten in der Spätbronzezeit (1550–1200 v. Chr.) die Oberherrschaft über Palästina vornehmlich durch einheimische Herrscher in den größeren Städten der Küsten- und Jesreelebene aus. Das dünnbesiedelte Bergland interessierte sie kaum; hier gab es nur wenige Städte (z. B. Sichem, Jerusalem, Hebron).

Seit dem Ende des 13. Jhs. verändert sich diese Situation; eine neue Epoche begann; Archäologen sprechen von der Eisenzeit (1200–586 v. Chr.). Sie ist gekennzeichnet durch mehrere neue Faktoren. Erstens: Ägyptens Einfluß in Palästina schwindet. Ramses II. und Merenptah hatten im 13. Jh. noch erhebliche Anstrengungen unternommen, um Palästina zu halten, Ramses III. (1198–1166 v. Chr.) hatte Ägypten gegen die „Seevölker" verteidigt (S. 48–51 und 54); trotzdem setzten sich neue Kräfte mehr und mehr durch.

Zweitens: Viele der größeren spätbronzezeitlichen Städte waren im Verlauf des 13. Jhs. – zu verschiedenen Zeiten und aus unterschiedlichen Gründen – zerstört und nur zum Teil, kleiner und weniger eindrucksvoll, wiederaufgebaut worden.

Drittens: Die Bevölkerung des Berglandes nahm zu, zahlreiche Dörfer wurden in zuvor unbesiedelten Gegenden gegründet.

Viertens: Im allgemeinen benützt man in der Eisenzeit weiterhin Techniken der Bronzezeit, wenn auch zunächst auf bescheidenere Weise. Hinzu kommen jedoch bemerkenswerte Neuerungen, wie Terrassenbau in der Landwirtschaft, wasserfest verputzte Zisternen und mehr Eisengeräte; Neuerungen, die die Besiedlung des Berglandes erleichterten.

Die materiellen Überreste belegen, was sich auch in den wenigen schriftlichen Quellen vom Ende der Spätbronze- und dem Beginn der Eisenzeit abzeichnet: Es war eine unruhige Epoche, gekennzeichnet durch die Auflösung alter Strukturen und Bevölkerungsverschiebungen.

Eisenzeitliche Königreiche

Um 1000 v. Chr. bildeten sich nach und nach neue politische Gruppierungen heraus: eine Koalition von Philisterstädten in der Küstenebene Palästinas, eine Kette phönizischer Städte an der nördlichen Küste, kleinere Königreiche im Landesinneren (Israel, Juda, Ammon, Moab, Edom), aramäische Königreiche weiter im Norden, u. a. Damaskus. Stadtstaaten und kleine Territorialstaaten konkurrierten in Palästina miteinander, führten Kriege und schlossen Bündnisse, ohne daß sich eine auswärtige Macht in größerem Stil eingemischt hätte. Das änderte sich erst in den letzten Jahrzehnten des 8. Jhs., als ganz Syrien–Palästina dem assyrischen Großreich unterlag. Zwar überlebten die meisten dieser kleinen Staaten noch einmal rund hundert Jahre, erlangten aber keine dauerhafte Unabhängigkeit mehr. Wie in der Spätbronzezeit beherrschten fremde Großmächte Syrien–Palästina, zuerst die Assyrer, dann nacheinander Babylonier, Perser, Griechen.

Die beiden Reiche Israels

Die Bibel beachtet natürlich am meisten das Königtum in Israel. Der um 1000 v. Chr. unter Saul, David, Salomo entstandene Staat zerfiel bereits nach dem Tod Salomos in zwei Staaten, Israel und Juda. Diese übertrafen ihre Nachbarn weder wirtschaftlich noch politisch, noch lebten sie in kultureller oder religiöser Hinsicht völlig anders. Biblische Autoren bringen die Tatsache, daß Israel mit Edom, Moab, Ammon und den Aramäern verwandt ist, in Genealogien zum Ausdruck (Gen 19,30–38; 25,21–28; 36; Dtn 26,5). Auch archäologische Befunde weisen eher auf die Zusammengehörigkeit Israels und seiner Nachbarn hin als auf eine Einzigartigkeit Israels.

Die beiden Staaten Israels hatten ihr Zentrum im westjordanischen Bergland, und schwache Könige wie Jehu von Israel und Joasch von Juda konnten selbst dieses Gebiet kaum behaupten. Stärkere Könige dagegen, David, Salomo, Omri, Ahab (vgl. S. 98) und Jerobeam II. (vgl. S. 112), dehnten ihren Machtbereich auch auf Teile der Küsten- und Jesreelebene, des Ostjordanlandes und des Negeb aus. Wegen dieser Gebiete gerieten die Israeliten immer wieder in Streit mit Philistern, Phöniziern, Aramäern, Ammon, Moab und Edom. Die prekäre Lage des Reiches Israel, eingezwängt zwischen den Philistern und Phöniziern in der Küstenebene, Aram im Nordosten und den Völkern des Ostjordanlandes, wirkte sich in Zeiten der Schwäche fatal aus. Der Prophet Jesaja charakterisierte eine solche Situation: „Aram im Osten, die Philister im Westen, und sie fraßen Israel mit gierigem Maul" (Jes 9,11).

Philister

Die Philister waren ein Teil der „Seevölker" gewesen, von denen ägyptische Texte der Spätbronzezeit reden (vgl. S. 54). Man weiß von ihnen kaum mehr, als daß sie keine Semiten waren, wahrscheinlich aus dem ägäischen Raum kamen und sich in Palästina niederließen. Ägäische Vorbilder wirken z. B. in der Keramik der Philister fort. Doch die Einwanderer aus der Ägäis bildeten nur eine dünne Herrscherschicht in den Philisterstädten, die bald mit den ansässigen Kanaanäern verschmolz. Ebenso übernahmen sie weithin deren semitische Sprache sowie deren von einer langen ägyptischen Vorherrschaft geprägte Kultur und Religion.

Zentren der Philister waren fünf Städte der Küstenebene: Aschdod, Aschkelon, Ekron, Gat und Gaza. Die fünf Philisterstädte bildeten nie ein einziges Reich, sondern waren – ebenso wie ihre kanaanäischen Vorgänger – voneinander unabhängige Stadtkönigtümer, die sich frei zu Koalitionen einten.

Biblische Autoren haben die verschiedenen Gruppen aus

Ägypten
Als die Königreiche Israel und Juda entstanden, hatte Ägypten den Höhepunkt seiner Macht überschritten, besaß aber nach wie vor beträchtlichen kulturellen Einfluß; zudem mischten sich die Pharaonen immer wieder in die syrisch-palästinische Politik ein.

Edom
Südlich vom Toten Meer an beiden Seiten der Araba lebten die Edomiter. Ihr Gebiet war zum größten Teil Wüste; Ackerland besaßen sie vor allem in der Gegend von Bozra, ihrer wichtigsten Stadt. Die Könige von Jerusalem gerieten wegen des Zugangs zum Golf von Akaba in Konflikte mit edomitischen Stämmen.

Philister
Zu Beginn der Eisenzeit ließen sich Philister an der Küste Palästinas nieder. Als sie versuchten, ihre Herrschaft bis zum Jordan hin auszudehnen, brachten sie Israel an den Rand des Untergangs. David drängte sie zurück in die Küstenebene, wo die philistäischen Städte ihre Unabhängigkeit behaupteten, bis sie Assur unterlagen.

Moab
Der Norden Moabs, jenseits des Arnon, war ein vielumstrittenes Gebiet; es gehörte wechselweise Moabitern, Ammonitern, Israeliten und Aramäern von Damaskus. – Hauptfigur des Buches Rut ist eine Moabiterin, die zur Ahnfrau eines großen Geschlechtes aus Juda wird. – Moab war längere Zeit Vasall Israels; im 9. Jh. v. Chr. gelang es König Mescha von Moab, sein Land aus der Abhängigkeit zu lösen.

Phönizier
sprachen eine semitische Sprache, nah verwandt mit dem Kanaanäischen (z. B. Ugarits), dem biblischen Hebräisch und dem (aus einer Inschrift des Königs Mescha bekannten) Moabitischen. Sie waren erfahrene Seeleute; die Häfen nördlich des Karmels waren in ihrer Hand. Salomo war bei seinem Seehandelsabenteuer im Golf von Akaba von ihnen abhängig. Phönizische Baumeister hatten die Oberaufsicht über die Bauten Salomos und später Omris und Ahabs.

Ammon
Rabba oder Rabbat-Ammon, die „große (Stadt) Ammons", lag am Oberlauf eines Quellflusses des Jabbok. Das relativ kleine Königreich geriet nicht selten in Konflikt mit Israeliten, wobei es zweifellos vor allem um Ansprüche auf Gilead und das nördliche Moab ging.

Aram
Im Norden Israels gab es mehrere mächtige aramäische Königreiche. Vor allem Damaskus spielt verschiedentlich eine wichtige Rolle in der Geschichte Israels. Es konkurrierte mit Israel und Ammon um den Besitz der ostjordanischen Gebiete, des Baschan und Gileads. Im 9. Jh. v. Chr., unter Hasaël, beherrschte Damaskus fast ganz Syrien–Palästina.

Israel und Juda
waren nur zur Zeit Davids und Salomos unter einem König vereint. Das Nordreich nannte sich „Israel" oder „Efraim", das Südreich „Juda". Nach der Zerstörung der Nordreich-Hauptstadt Samaria durch Assur im Jahre 722 v. Chr. gab es keinen autonomen Staat Israel mehr. Der Staat Juda überlebte unter assyrischer Oberhoheit, wurde aber 587 v. Chr. von den Babyloniern zerschlagen.

Hetiter
Das spätbronzezeitliche Hetiterreich in Kleinasien war verschwunden; „hetitisch" nannte man in der Zeit der Königreiche Israel und Juda einige Stadtstaaten im Norden Syriens. In welchem Zusammenhang sie zum alten Hetiterreich stehen, ist unklar. „Hetiter" meint in der Bibel Menschen aus diesen neuhetitischen Städten.

Assur und Babel
zwei miteinander rivalisierende Stadtstaaten, beherrschten die politische Szene in Mesopotamien. In der Späten Eisenzeit gingen Großreichbildungen von ihnen aus. Das assyrische Imperium umfaßte schließlich ganz Syrien–Palästina und einen Teil Ägyptens. Die Assyrer zerschlugen das Nordreich, Israel, und machten daraus assyrische Provinzen. Nach dem Zusammenbruch Assurs übernahm Babel dessen Imperium. Die Babylonier zerstörten Jerusalem, lösten das Königreich Juda auf und führten viele Judäer ins Exil.

1 Karte unten
Königreiche in Syrien–Palästina seit etwa 1000 v. Chr.

2 Links und unten
Beispiele philistäischer Keramik. Da man bisher noch keine Inschrift der Philister gefunden hat, ist deren Sprache unbekannt. Um so wichtiger ist ihre Keramik, die an ihren Formen und ihrem Schmuck leicht zu erkennen ist und an Vorbilder aus der Ägäis erinnert. Typisch sind Schmucklinien, geometrische Figuren und das Motiv des Vogels mit weit zurückgebeugtem Hals, oft schwarz und rot auf weißen Untergrund gezeichnet. Hauptformen sind Schalen, Steigbügelkannen und weit offene Mischgefäße mit zwei Henkeln.

2

den „Seevölkern", die sich in der Küstenebene niederließen, nicht unterschieden und wohl alle „Philister" genannt. (Schließlich erhielt das ganze Gebiet nach ihnen den Namen *Palästina.*)

Phönizier

Anders als im Süden gibt es nördlich vom Karmel gute Häfen, Anlaufstellen für den Seehandel. Im Gefolge der großen Verschiebungen am Ende der Spätbronzezeit war von *Kanaan,* das zuvor fast die ganze Ostküste des Mittelmeeres eingenommem hatte, nur dieses Gebiet übriggeblieben. Hier lebten nach wie vor Nachkommen der älteren kanaanäischen Bevölkerung. Zwischen Kanaan und Phönizien liegt also kein geschichtlicher Bruch. Man benützt den griechischen Namen heutzutage nur, um die neue Situation eines verkleinerten und auf neue Lebensmöglichkeiten angewiesenen „Kanaan" zum Ausdruck zu bringen. Die Bibel nennt meist nur die einzelnen Städte wie Gebal (griechisch Byblos), Sidon und Tyrus. Hier lagen die phönizischen Städte. Die Phönizier waren aus der älteren Bevölkerung Kanaans hervorgegangen. Vielleicht von den Expeditionen der „Seevölker" angeregt, trieben sie weit über das Mittelmeer Seehandel und gründeten an entfernten Mittelmeerküsten Kolonien (z. B. Karthago in Nordafrika). Fast ein Jahrhundert lang hatten die Phönizier den internationalen Mittelmeerhandel in der Hand. Israel hatte vor allem Kontakt mit Tyrus und Sidon, den nächstgelegenen großen phönizischen Städten (vgl. u. a. 2 Sam 5,11; 1 Kön 5,15; 7,13–46; 9,26–28; 10,11–12; Ez 27–28; Jes 23; Jer 25,22).

Aram, Ammon, Moab und Edom

Im Gebiet des heutigen Syrien lagen damals mehrere aramäische Staaten. (Die Bezeichnung „Syrien" stammt von griechischen Geographen; auch die alten griechischen Bibelübersetzungen geben „Aram" meist mit „Syrien" wieder.) Die Aramäer sprachen eine semitische Sprache, die dem biblischen Hebräisch nah verwandt ist und später zur Verkehrssprache des ganzen Mittleren Ostens wurde. Die bedeutendste aramäische Stadt war Damaskus. Die Könige von Damaskus spielten zeitweise eine führende Rolle in Syrien–Palästina (vgl. u. a. 2 Kön 8,7–15; 10,32f; 12,18f; 13,3).

Ammon war vornehmlich ein Stadtstaat; sein Zentrum, Rabba oder Rabbat–Ammon, lag dort, wo der südwestliche Quellfluß des Jabbok am Rand der Wüste entspringt.

Weiter südlich, östlich vom Toten Meer, lag Moab, ein etwa 30 km breiter Streifen kultivierbaren Landes, eingezwängt zwischen dem Grabenbruch des Toten Meeres und der Wüste. Der Norden Moabs, durch die Arnonschlucht vom Hauptgebiet im Süden getrennt und damit eher fremden Übergriffen ausgesetzt, geht über in das ostjordanische Hochland Gilead. Diese fruchtbare Landschaft war auch bei den Königen von Ammon und Israel begehrt, selbst aramäische Könige von Damaskus hielten sie zeitweise besetzt. Biblische Autoren begründen Ansprüche Israels auf dieses Gebiet damit, daß Mose es schon einem amoritischen König abgenommen habe (vgl. Num 21,21ff).

Südöstlich und –westlich vom Toten Meer, an beiden Seiten der Araba, lebten Edomiter in Dörfern und als halbnomadische Stammesgruppen. Landwirtschaftlich nutzbar war vor allem das Gebiet unmittelbar östlich des Toten Meeres. Hier lag auch die wichtigste Stadt, *Bozra* (heute Buseira). Konflikte zwischen Edom und Juda brachen jedoch nicht wegen dieses Gebietes aus, sondern wegen des Zugangs zum Golf von Akaba und zur Hafenstadt Ezjon–Geber.

> DIE ISRAELITEN WOHNTEN ALSO MITTEN UNTER DEN VÖLKERN: ... SIE NAHMEN SICH DEREN TÖCHTER ZU FRAUEN, UND IHRE TÖCHTER GABEN SIE DEREN SÖHNEN. VGL. RI 3,5f

1 Königreiche der Eisenzeit

DER ANFANG DER KÖNIGSZEIT

Wie kartiert man biblische Ortsangaben?

Archäologen, Geographen und Historiker haben in den letzten anderthalb Jahrhunderten viel Fleiß darauf verwendet, biblische Ortsangaben auf modernen Karten darzustellen, und sie hatten dabei viel Erfolg. Dennoch sind zahlreiche biblische Orte noch immer nicht genau zu lokalisieren und ist die Identifikation mancher Ausgrabungsstätte mit einer biblischen Lokalität umstritten.

Biblischen Texten ist oft anzusehen, daß sie von Menschen gestaltet wurden, die ihr Land genau kannten und es liebten. Detaillierte Landeskenntnis steht vor allem hinter den Erzählungen der Samuelbücher; zahlreiche Ortsnamen kommen vor, die in Altisrael gut bekannt waren, heute aber häufig schwer zu identifizieren sind.

Moderne Karten zu Bibeltexten sind immer mehr oder weniger hypothetisch. Wo die großen Städte lagen, ist meist ziemlich sicher zu sagen; Schwierigkeiten bereiten kleinere Orte und Landschaften. So etwa durchquert Saul in der Erzählung von der Eselinnensuche (Karte 2; 1 Sam 9,4–5) das Gebirge Efraim, das Land Schalischa, das Land Schaalim, das Land Jemini und kommt in das Land Zuf. „Efraim“ und „Jemini“ (eine Nebenform von Benjamin?) weisen auf die Gegend nördlich von Jerusalem, die anderen „Länder“ sind überhaupt nicht zu lokalisieren.

Weitere Schwierigkeiten ergeben sich daraus, daß mehrere Orte gleiche oder ähnliche Namen trugen; die Namen Geba, Gibea, Gibeon z. B. weisen darauf hin, daß ein Ort auf einem „Hügel“ liegt. Geba oder Gibea in Benjamin; Geba oder Gibea Sauls; Gibeat Elohim; Gibea des Pinhas; Gibeon; „Hügel“ (Gibea) bei Kirjat-Jearim: Alle diese Namen gehören dem Kontext nach in die Gegend nördlich von Jerusalem und meinen sicher z. T. denselben Ort, z. T. aber auch verschiedene Orte; wie sie im einzelnen aufzuteilen sind, ist strittig.

Andere Probleme stellen sich dort, wo die alten Bibelhandschriften schwer zu übersetzen sind oder unterschiedliche Lesarten bieten. Im zweiten Buch Samuel wird über eine Volkszählung Davids berichtet und über die Gebiete, in denen er diese durchführte. Unglücklicherweise sind diese Verse in den alten hebräischen Textzeugen entstellt, so daß nicht immer sicher auszumachen ist, ob es sich um Eigennamen handelt (vgl. 2 Sam 24,5–7!). Manche alten griechischen Handschriften (der sogenannten *Recensio Luciana*) bieten hier einen nicht so entstellten Text, dafür aber einen ein wenig anderen Zusammenhang.

Vor allem: Bibeltexte, die leicht zu kartieren sind, sind nicht deswegen auch schon historische Berichte. So ist die Erzählung vom Sieg Davids über Goliat (1 Sam 17) leicht auf einer Karte darzustellen, da die darin erwähnten Orte bekannt sind (vgl. S. 79). Es ist jedoch zu bedenken, daß sie ein weitverbreitetes Motiv volkstümlicher Erzählkunst gestaltet: Ein junger Mann vollbringt eine Heldentat und erhält die Königstochter zur Frau. Zudem widersprechen einzelne Züge der Erzählung anderen biblischen Texten: Nach 1 Sam 16,14–23 hatte David längst vor dem Vorfall mit Goliat Betlehem verlassen und war zu Saul gekommen; nach 2 Sam 21,19 hat ein Elhanan aus Betlehem Goliat getötet; nach 2 Sam 5 wurde Jerusalem erst nach Sauls Tod erobert. Wie soll man solche Erzählungen von zweifelhafter Historizität auf einer Karte darstellen? Diese Frage ist um so schwerer zu beantworten, als es heute sehr unterschiedliche Vorstellungen von der Geschichtlichkeit biblischer Überlieferungen gibt.

Oft ist eine Erzählung nicht einmal eindeutig als ungeschichtlich oder geschichtlich einzuordnen; Fiktion und geschichtliche Erinnerung vermischen sich. Ein Beispiel dafür ist die Erzählung von der Rundreise der Lade in 1 Sam 4,1 – 7,2. Sie beginnt in Schilo, wo der alte Priester Eli und seine beiden zügellosen Söhne die Lade hüten. Dann wechselt die Szene; bei Afek und Eben-Eser liegen Israeliten und Philister einander gegenüber. Als der Kampf beginnt, neigt sich der Sieg den Philistern zu, woraufhin die Israeliten die Lade aufs Feld holen in der Hoffnung, damit werde sich das Schlachtenglück wenden. Das Gegenteil geschieht; die Philister schlagen die Israeliten vernichtend, erobern die Lade, die Söhne Elis fallen; Eli fällt tot um, als

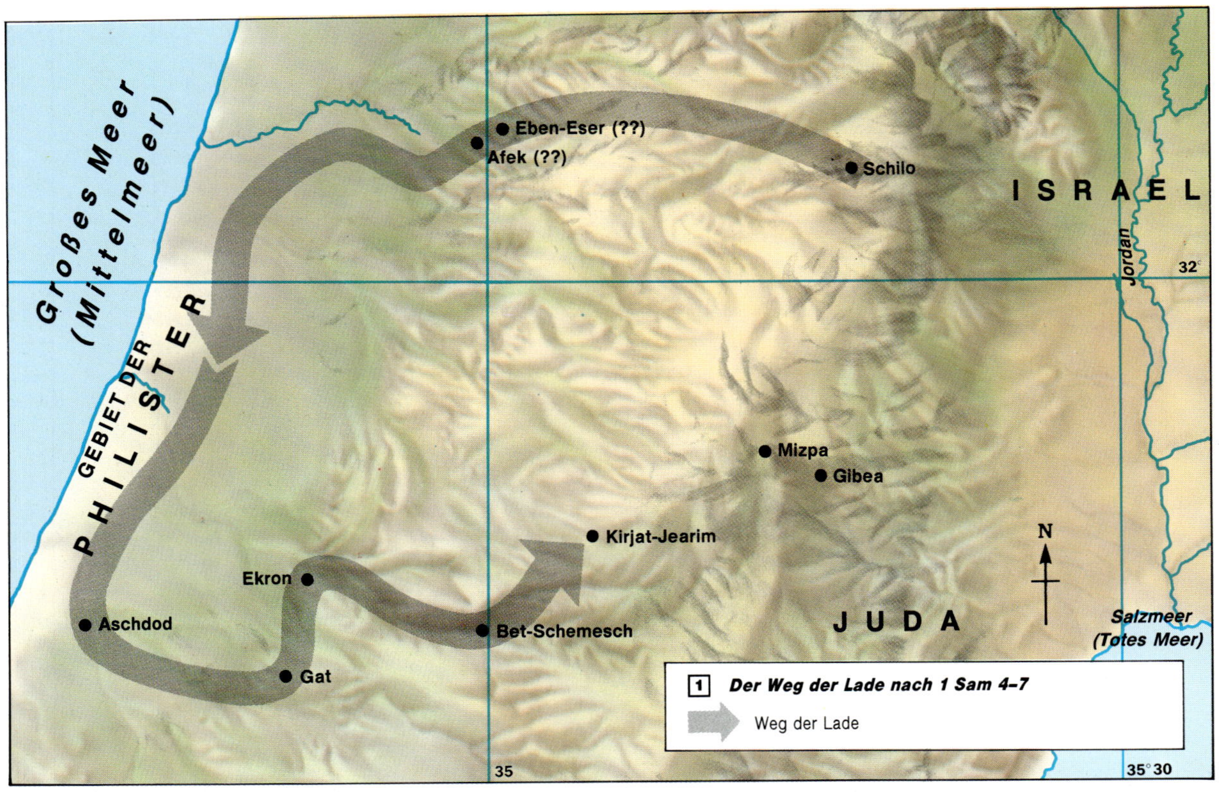

1 Karte links
Beim Versuch, die Erzählung von der Reise der Lade auf einer Karte darzustellen, stößt man bald auf Probleme der Lokalisierung biblischer Orte und auf Fragen nach der Art und Weise biblischer Überlieferung (vgl. dazu den Text).

2 Karte unten
Die Eselinnensuche Sauls (1 Sam 9f) ist auf einer modernen Karte kaum darzustellen, weil nur wenige der dabei erwähnten Namen zu identifizieren sind (vgl. dazu den Text).

3 Karte rechts
Reisewege des amerikanischen Gelehrten Edward Robinson bei seinem Versuch, biblische Ortslagen genauer zu bestimmen.

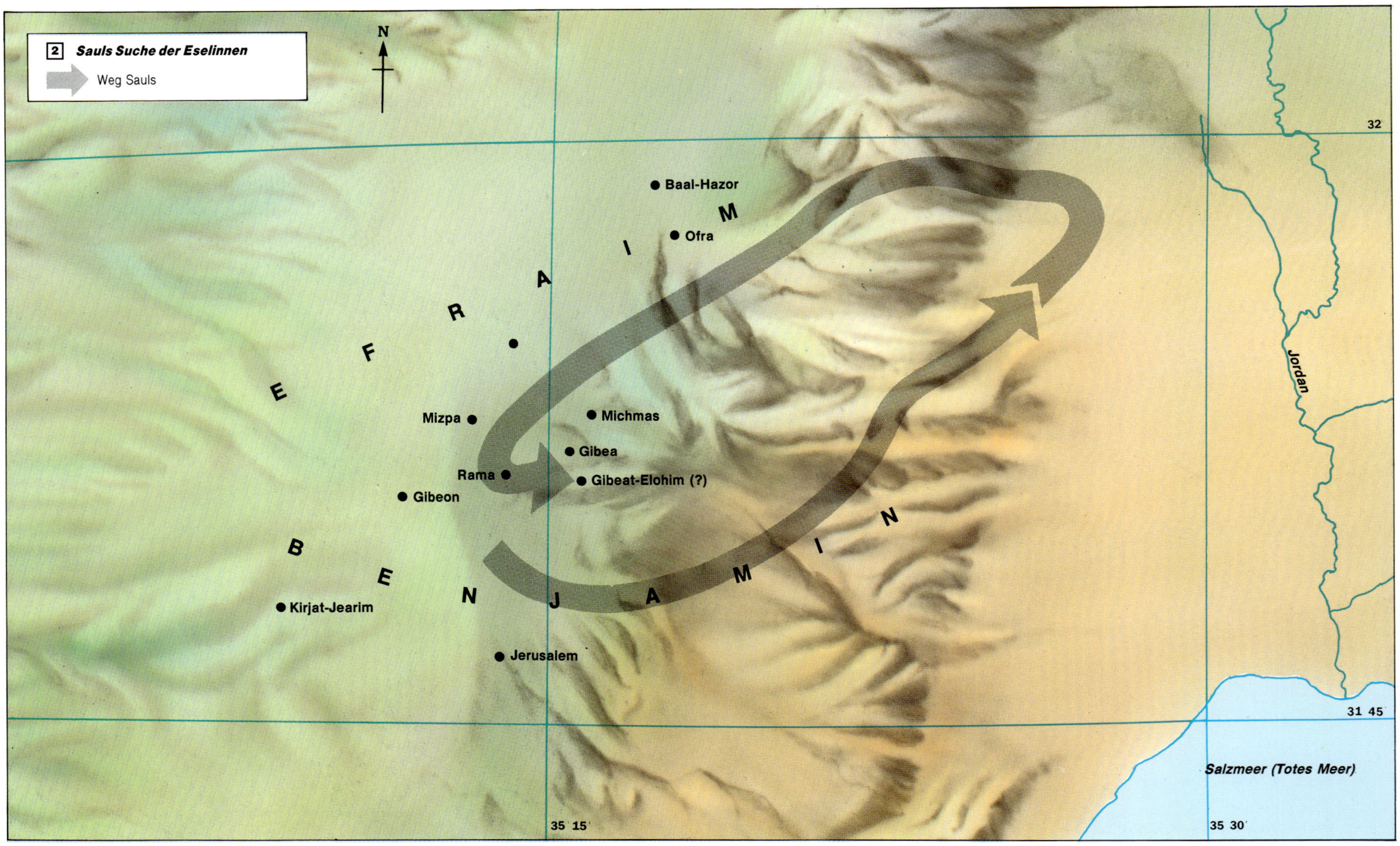

er das alles hört. Die Philister überführen die Lade nach Aschdod. Doch nun bringt die Lade Unheil über die Philister; die Statue des Gottes Dagon fällt vor ihr um; eine Seuche bricht aus. So bringt man die Lade in eine andere Philisterstadt, nach Ekron – mit den gleichen Folgen. Schließlich stellen die Philister die Lade auf einen Wagen, an den sie zwei säugende Kühe spannen. Gegen ihre Natur (die sie zu den Kälbern treibt) bringen die Kühe die Lade fort nach Bet–Schemesch. Auch dort verbreitet sie Schrecken; am Ende landet sie im Haus des Abinadab in Gibea (oder „auf dem Hügel") bei Kirjat–Jearim, wo sie bleibt, bis David sie nach Jerusalem holt. (Diese Fortsetzung der Erzählung findet sich in 2 Sam 6).

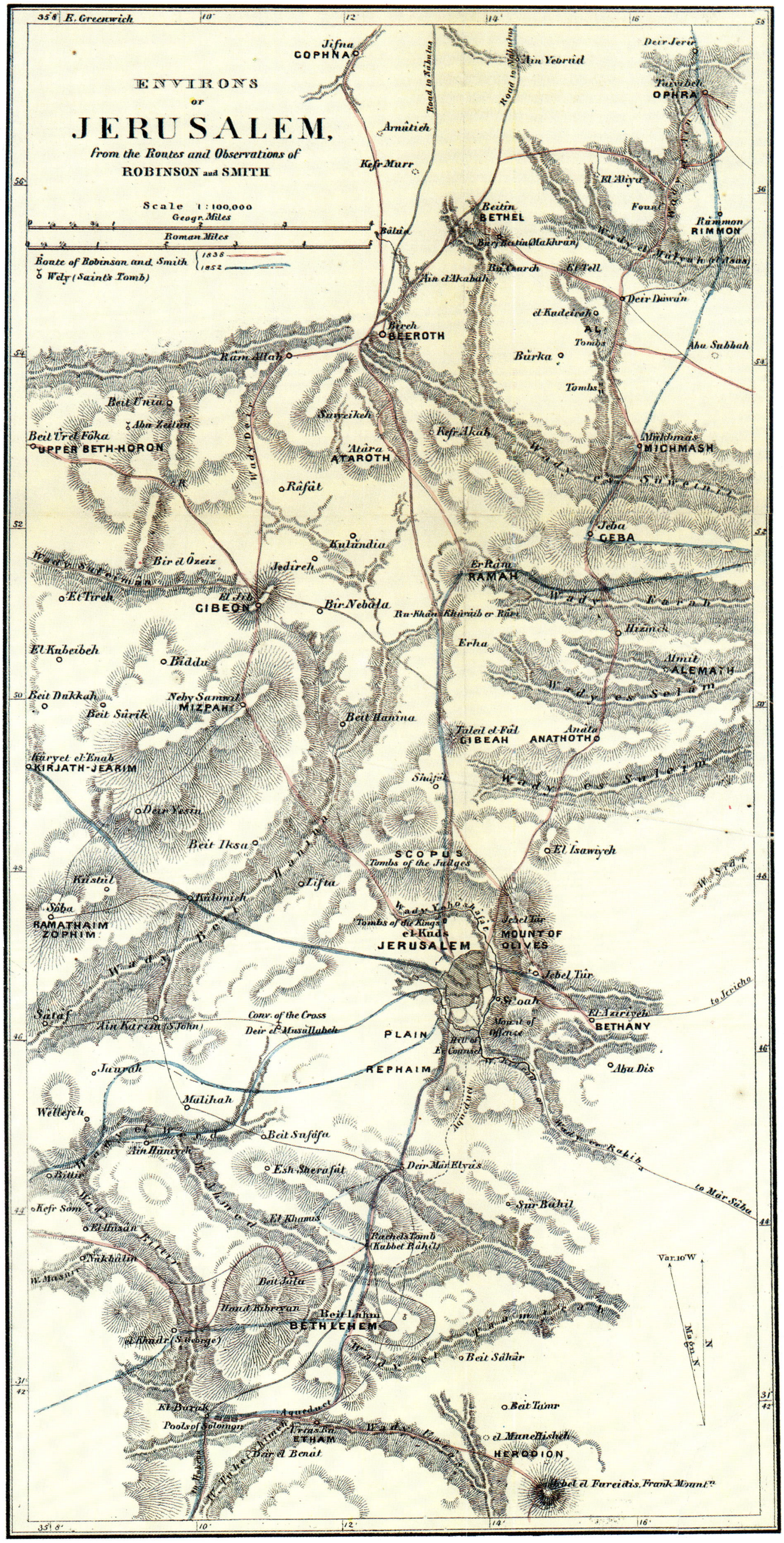

Auch diese Erzählung hat legendäre Züge und steht in Widerspruch zu anderen biblischen Texten. Wenn die Lade nach dem Tod Elis bei den Philistern oder im Hause Abinadabs war, bis David sich ihrer annahm, wie kann sie dann, begleitet von einem Nachkommen Elis, bei einer Schlacht Sauls mit auf dem Feld sein (1 Sam 14,3)? Ferner gehören zur Ladeerzählung einzelne Züge, die anderswo zu Überlieferungen von Samuel und/oder Saul gehören. So soll auch Samuel zwei zügellose Söhne gehabt haben, die ihr Amt mißbrauchten. Sowohl von Samuel wie von Saul wird überliefert, daß sie in Schlachten mit den Philistern verwickelt waren, Samuel bei Eben–Eser, Saul bei Afek. Auch die Schlacht Sauls endet mit einer furchtbaren Niederlage für Israel sowie mit dem Tod Sauls und seiner Söhne. Waren die Schicksale von Eli, Samuel und Saul einander wirklich so auffällig ähnlich? Oder haben volkstümliche geschichtliche Erinnerungen drei frühe Heldengestalten miteinander vermischt?

Diese Frage stellt sich schärfer, wenn man beachtet, wo in den Erzählungen jeweils Afek und Eben–Eser liegen. Nach der Ladeerzählung liegen sie beieinander, irgendwo nahe dem Gebiet der Philister. Die Überlieferung von der Schlacht Sauls dagegen spielt bei einem Afek, das weit nördlicher, bei den Gilboabergen liegt (1 Sam 29,1; 31,1). Samuels Schlacht schließlich soll bei einem Eben–Eser im Bergland, nahe bei Mizpa, stattgefunden haben (1 Sam 7,12). Handelt es sich um Erinnerungen an drei Schlachten bei zwei verschiedenen Orten namens Eben–Eser, und zwei Orten namens Afek? Oder gab es zwei Schlachten, eine bei Eben–Eser im Bergland und eine bei Afek nahe den Gilboabergen, die in der Ladeerzählung zusammengesehen sind? Oder ist vielleicht die Notiz vom Sieg bei Eben–Eser, zu dem Samuel nur durch Gebet und Opfer beiträgt, nachträglich als Gegenstück zu der Überlieferung von der Niederlage bei Eben–Eser konstruiert worden, von der die Ladeerzählung weiß?

Die Reise des Edward Robinson

1838 und 1852 begann die moderne Erforschung der biblischen Geographie mit zwei Reisen des amerikanischen Gelehrten Edward Robinson durch Palästina. Robinson hielt moderne Ortsnamen genau fest; denn er ging davon aus, daß Überlieferungen von Ortsnamen auch den Wechsel von Bevölkerung und Landessprache überdauern und ein Echo alter hebräischer Namen oft in den Bezeichnungen zu vernehmen ist, die moderne Bewohner für ihre Heimat haben.

Als Beispiel für diese Methode seien hier Ergebnisse einer zweitägigen Reise am 4. und 5. Juni 1838 genannt, die ihn durch das ehemalige Benjamin und das südliche Efraim führte. Im Namen Anata erkannte er Anatot wieder, den Heimatort Jeremias. (El) Dschib verstand er als abgekürzte Form von Gibeon; in er–Ram erkannte er Rama, in Jeba wahrscheinlich Geba. Bei Mukhmas trug er Michmas ein, den Namen des Ortes, wo Jonatan über die Philister siegte, bei Beitin Bet–El.

Obwohl seit der biblischen Zeit viele Jahrhunderte vergangen sind und obwohl seitdem mehrfach neue Herren und deren Sprache sowie neue Bevölkerungselemente ins Land kamen, lebt in der Tat immer noch in erstaunlich vielen modernen arabischen Ortsnamen der biblische Name fort. Man kann vor allem dann sicher sein, daß ein unmittelbarer Zusammenhang zwischen dem alten biblischen und dem modernen arabischen Namen besteht, wenn man die neue Form auf die alte zurückführen kann mit Hilfe von Sprachentwicklungs–Regeln, die auch sonst zu beobachten sind. Wenn aus „Gibeon" z. B. „El Dschib" wurde, so liegt hier erstens der bekannte Lautwandel von *g* zu *dsch* vor! Zweitens fiel der nicht sinntragende Wortteil „–on" fort, und der arabische Artikel kam hinzu: „Ort auf der Hügelkuppe" wurde zu „die Hügelkuppe". „Bet–El" wurde zu „Betin", weil man „El" (= „Gott"), um einem Mißbrauch vorzubeugen, hier und anderswo durch das bedeutungslose „in" ersetzte. Hin und wieder wurde auch der alte Name übersetzt: Aus „Dan" (= „Richter") wurde „tell el qadi", d. h. „Ruinenhügel des Richters".

Bei der Identifizierung biblischer Ortsnamen sind auch die Archäologen zu befragen. Freilich können sie nur in Ausnahmefällen den alten Ortsnamen durch ein im Ort gefundenes Schriftstück belegen. Doch sie können feststellen, ob die Fundstücke mit den Angaben übereinstimmen, die aus der biblischen Überlieferung zu gewinnen sind, ob z. B. die Anwesenheit der Philister (oder ein intensiver Warenaustausch mit ihnen) an Keramikfunden abzulesen ist.

JOSUA HATTE BEFOHLEN, DAS LAND SCHRIFTLICH AUFZUNEHMEN, UND GESAGT: GEHT, ZIEHT DURCH DAS LAND, UND NEHMT ES SCHRIFTLICH AUF! DANN KOMMT ZU MIR ZURÜCK! JOS 18,8

DER ANFANG DER KÖNIGSZEIT

Das Königtum Sauls

Als Saul König wurde, begann für Israel eine neue Epoche seiner Geschichte. Menschen, die bis dahin in einer segmentären Gesellschaft gelebt hatten, ordneten sich einer zentralen politischen Macht unter. David befestigte das Königtum und baute seine Macht aus. Unter Salomo entstand dann eine typisch altorientalische Monarchie. Doch nur kurze Zeit war Israel geeint unter einem König in einem Reich, das innerhalb der Alten Welt einige Bedeutung besaß.

Saul lebte um 1000 v. Chr. Er gehörte zu Benjamin, einem für seinen Kampfgeist berühmten Stamm, der aber von seinem größeren Nachbarstamm Efraim überflügelt wurde. Beide Stämme siedelten im Bergland nördlich von Jerusalem zusammen mit anderen Bevölkerungselementen; die Bibel erwähnt Arkiter und Hiwiter. Die Dörfer im Bergland konnten sich gegen Übergriffe kaum wehren. Saul begann seinen Aufstieg als heldenhafter Widerstandskämpfer für Benjamin und Efraim gegen Feinde ringsum, vor allem gegen die Philister. Nach ersten Erfolgen riefen ihn seine Landsleute zum König aus. Seine ganze Regierungszeit hindurch hatte er Mühe, das junge Königtum Israels zu verteidigen. Seine Laufbahn endete, wie sie begonnen hatte, in einer Schlacht; Saul und sein Sohn Jonatan fielen im Kampf gegen die Philister auf den Gilboabergen.

Zwei bedeutendere Siege errang Saul gleich zu Anfang, einen im Ostjordanland über die Ammoniter, die Jabesch angegriffen hatten (1 Sam 11; Karte 1), und einen in Benjamin über die Philister bei der Auseinandersetzung um einen strategisch wichtigen Paßweg über ein tiefes Tal zwischen Gibea und Michmas (1 Sam 13,2 – 14,46; Karte 2). Dieser in der Bibel an zweiter Stelle erzählte Sieg wird der erste gewesen sein; denn die Vertreibung der Philister aus Benjamin schuf wohl erst die Voraussetzung dafür, daß Saul ein Heer sammeln und nach Gilead führen konnte. Begonnen hatte alles möglicherweise mit einem gewagten Überraschungsangriff auf einen Militärposten der Philister in Gibea (oder Geba; zu den Ortsnamen vgl. den Text auf S. 72) und der Einnahme einer kleinen Befestigung, die das Südwestende jenes Paßweges kontrollierte. Eine herbeigeholte Verstärkung der Philister schlug dann bei Michmas am anderen Ende des Weges ihr Lager auf und machte die Gegend unsicher (vgl. 1 Sam 13,16–18). Nach der biblischen Überlieferung brachte ein Überfall Jonatans auf das Lager der Philister die Wende; die Philister wurden vernichtend geschlagen und flohen aus dem Bergland. – So etwa mag der Aufstieg Sauls begonnen haben; jedenfalls konnte Saul die Philister aus seiner Heimat vertreiben und in Gibea residieren.

Die biblische Erzählung vom Sieg bei Jabesch setzt schon voraus, daß Saul in Gibea weilt und dort von einem Vorfall in Gilead hört: Die Ammoniter hatten Stammesverwandte angegriffen, den Ort Jabesch. Nach 1 Sam 11,2 hatten sie auf ein Friedensangebot aus Jabesch geantwortet: „Unter einer Bedingung will ich mit euch einen Vertrag schließen: Ich steche euch allen das rechte Auge aus und bringe damit Schande über ganz Israel." Die Leute von Jabesch, die gewiß von Sauls Sieg über die Philister erfahren hatten, schickten Boten nach Gibea; Saul rief ein Heer zusammen, eilte nach Jabesch und befreite den Ort.

An zwei weiteren Erzählungen von Feldzügen in 1 Sam 15,1–9 und 31,1–7 ist abzulesen, wie weit Sauls Einfluß schließlich reichte. Die erste spricht von einem Streifzug gegen Amalekiter, Halbnomaden, die vom Negeb aus öfter Raubzüge gegen Dörfer im Bergland südlich von Jerusalem unternahmen (vgl. auch 1 Sam 30,1–3). Wahrscheinlich hatten einige dieser Dörfer Saul ebenso um Hilfe gebeten wie zuvor die Leute von Jabesch. Saul schlug die Amalekiter und stellte in Karmel, einem Ort südöstlich von Hebron, ein Siegesdenkmal auf, vielleicht als Zeichen seines Herrschaftsanspruches über diese Gegend. Auch die Tatsache, daß Saul sich bei der Verfolgung Davids in diesem Gebiet frei bewegen konnte und Ansässige ihm von Zeit zu Zeit meldeten, wo David sich befand, spricht dafür, daß er hier irgendeine Art politischer Autorität besaß (1 Sam 23,6–14; 24,2; 26,1).

Die zweite Überlieferung, die einen Eindruck davon vermittelt, wie weit Sauls Herrschaft reichte, erzählt von seiner letzten Schlacht mit den Philistern, in der er und Jonatan den Tod fanden (1 Sam 31,1–7; Karte 3). Am Vorabend des Kampfes lagerten die Philister in Afek; die Schlacht selber fand an den Hängen der Gilboaberge am Südostende der Jesreelebene statt. Saul wird also schließlich das mittlere Bergland ganz in seiner Hand gehabt haben, und ein Versuch, auch die Kontrolle über die Jesreelebene zu sichern, mag Anlaß der Auseinandersetzung gewesen sein. Damit dürfte es auch klar sein, daß Galiläa nicht zu seinem Reich gehörte.

Jedenfalls hatte Sauls Reich weder feste Grenzen, noch darf man sich eine auf eine ausgebaute Verwaltung gestützte Herrschaft vorstellen. In Randgebieten besaß Saul mehr oder weniger Autorität, je nachdem, ob er mit seinen Männern gerade anwesend war, oder ob man seinen Schutz brauchte. Sogar im Herzen seines Reiches, Benjamin, Efraim, Gilead, werden einzelne Orte unabhängig geblieben sein. Vor allem Jerusalem gehörte nie zu seinem Reich (vgl. 2 Sam 5,6–8).

In der Tat weiß man von Sauls Herrschaft wenig mehr, als daß er jene erwähnten militärischen Aktionen anführte und sich mit David auseinandersetzte. Darüber, wie David, ein Mann aus Betlehem, aus dem Stamm Juda, an den Hof Sauls kam, gibt es widersprüchliche Überlieferungen. Einhellig erzählen sie aber, daß David bald den Ruhm eines kühnen und erfolgreichen Kämpfers gegen die Philister gewann, ein enger Freund Jonatans war und Michal, Sauls Tochter, heiratete. Schließlich empfand Saul jedoch David

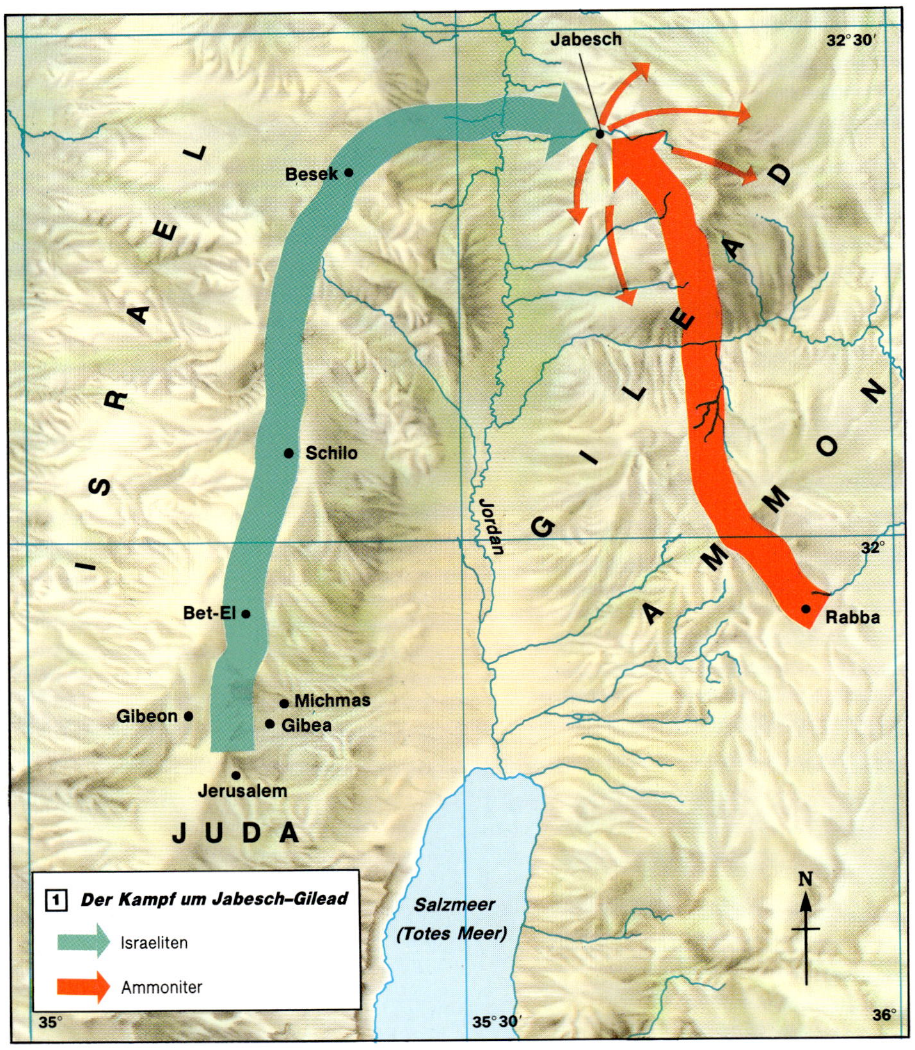

1 Karte oben
Nach 1 Sam 11 riefen die Leute von Jabesch Saul aus Gibea zu Hilfe gegen die Ammoniter. Saul sammelte Krieger um sich, führte sie nach Gilead und zerschlug das Heer der Ammoniter.

2 Karte rechts
1 Sam 13 und 14 erzählen von einem Sieg Sauls über die Philister bei Michmas. Die Karte stellt einen Versuch dar, den Ablauf des Zusammenstoßes zu rekonstruieren.
1 Saul (Jonatan?) hat in Geba den Militärposten der Philister erschlagen.
2 Die Philister blockieren den Paßweg bei Michmas.
3 Saul zieht ihnen bis Migron entgegen.
4 Jonatan und sein Waffenträger wagen einen eigenen Vorstoß.
5 Bei einem Überraschungsangriff tötet Jonatan einige Philister.
6 Im Philisterlager in Michmas bricht Panik aus.
7 Saul nützt die Verwirrung zu einem Frontalangriff.
8 Die Philister werden geschlagen und fliehen.

3 Karte unten (vgl. die Anm. zu Karte 2)
1 Sam 28–31 enthält Überlieferungen vom Ende Sauls; die Karte versucht, diese in ihrem geographischen Zusammenhang darzustellen:
1 Die Philister halten sich in einem Ort namens Afek in der Jesreelebene auf.
2 Sie rücken auf dem üblichen Weg durch die Ebene (die *Via Maris*) nach Schunem vor.
3 Saul hat sein Heer auf den Gilboabergen gesammelt und lagert bei Jesreel.
4 In der Nacht vor der Schlacht sucht er eine Totenbeschwörerin in Endor auf.
5 Bei der Schlacht fallen Saul und seine Söhne.
6 Ihre Leichen werden von den Philistern nach Bet-Schean gebracht.
7 Die Leute von Jabesch rauben die Leichen und bestatten sie.

als Bedrohung für seine eigene Herrschaft und für die Chancen seines Sohnes Jonatan, nach ihm König zu werden; er versuchte, David zu töten.

David floh in die Gegend von Adullam, südwestlich von Jerusalem. Dort scharten sich Männer um ihn, die aus verschiedenen Gründen mit der Situation im Lande unzufrieden und Gegner Sauls waren. Als Saul vom Aufenthalt Davids erfuhr, setzte sich dieser mit seinen Männern ab in die „Wüste" südöstlich von Hebron. Saul suchte und verfolgte ihn auch dort, unterstützt von der einheimischen Bevölkerung. Schließlich ging David auf der Flucht vor Saul sogar zu den Philistern über und stellte seine Schar in deren Dienste. Er schloß sich besonders Achisch an, dem Fürsten von Gat, der David als Zeichen seiner Gunst den Ort Ziklag zu Lehen gab.

So kam es, daß David und seine Männer auf seiten der Philister hätten kämpfen müssen, als Saul und Jonatan auf den Gilboabergen fielen. Doch die Philister fürchteten, daß David mitten im Kampf die Seite wechseln könnte, und schickten ihn und seine Truppe nach Ziklag zurück (1 Sam 29). So blieb David die Teilnahme an dem Kampf erspart, der für Israel mit einer Katastrophe endete und vom Reich Sauls nur ein Trümmerfeld übrigließ.

Für Israel, das gerade erst Formen des Zusammenlebens im Staat zu erproben begann, war es eine wichtige geschichtliche Erfahrung, daß der erste Versuch einer Staatsgründung nach Anfangserfolgen scheiterte. Diese Erfahrung trug zu der zwiespältigen Beurteilung des Königtums bei, die in der Bibel auffällt und sich auch in der Saulüberlieferung spiegelt. Saul ist der von Gott erwählte, vom Propheten gesalbte, vom Volk im Gottesheiligtum ausgerufene König. Ebenso vielfältig, wie die Bibel Sauls Aufstieg begründet, erklärt sie sein Scheitern: Der Geist Gottes hat ihn verlassen, er hat sich mit dem Propheten überworfen, er hat am Ende sogar Rat bei einem Totengeist gesucht. Von Anfang an konnte Israel Taten seiner Könige nicht einfachhin mit dem Wirken seines Gottes gleichsetzen.

UND SAMUEL SAGTE ZUM GANZEN VOLK: HABT IHR GESEHEN, WEN DER HERR ERWÄHLT HAT? KEINER IST IHM GLEICH IM GANZEN VOLK. DA JUBELTE DAS GANZE VOLK UND SAGTE: ES LEBE DER KÖNIG!
1 SAM 10,24

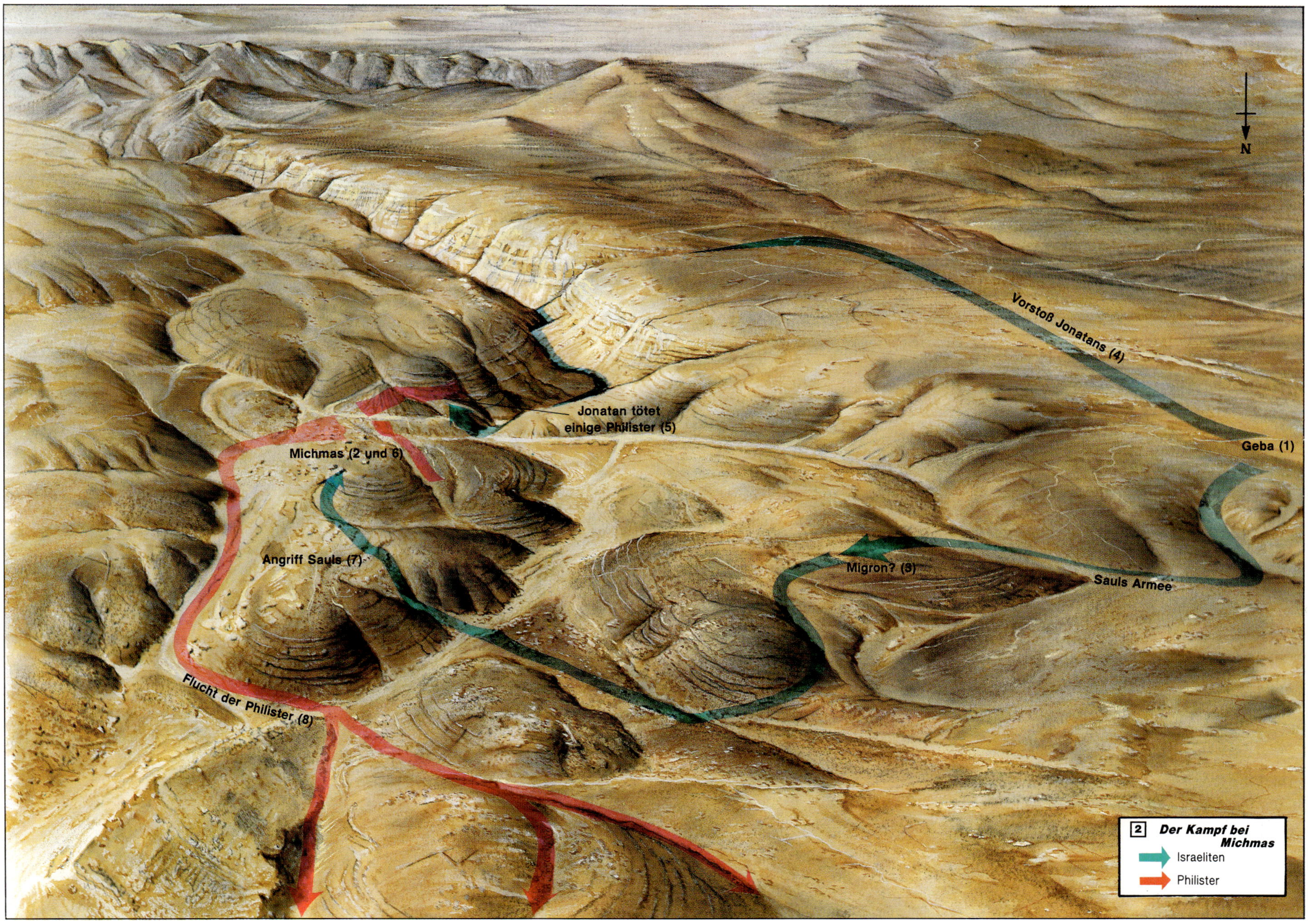

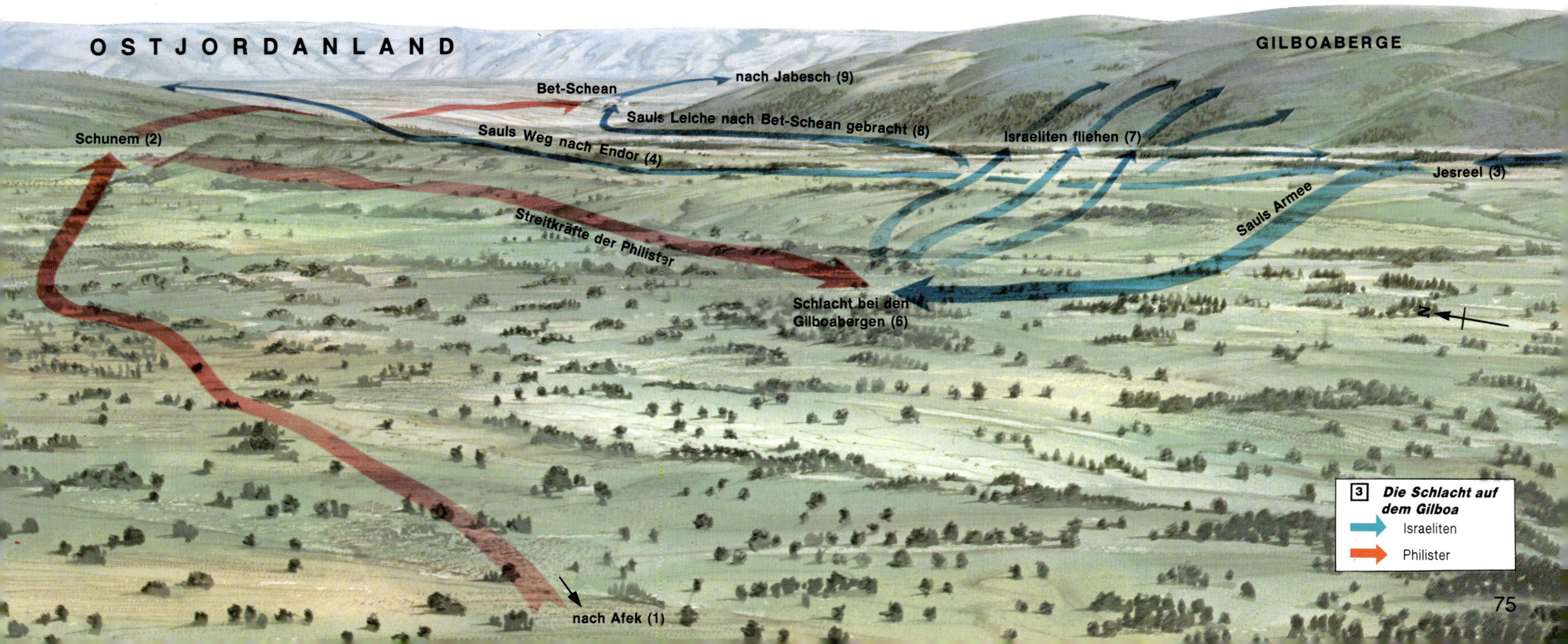

DER ANFANG DER KÖNIGSZEIT

Gräber und Begräbnissitten

Fast überall in der Alten Welt hatte das Begräbnis religiöse Bedeutung; es war Ausdruck der Überzeugung, daß es einen Bereich gebe, in den der Tote, sein Leib, sein Geist, bald getrennt, bald verbunden, eingehe und in dem er ruhen könne. Grabbeigaben sollten den Toten für dieses Nachleben versorgen.

In der Späten Steinzeit bettete man die Toten in schmale Erdgruben, nahe bei oder sogar unter den Wohnstätten. Oft begrub man einige Gegenstände mit ihnen, einen oder zwei Krüge, einfachen Schmuck, manchmal einen Kultgegenstand. Solche Beigaben deuten darauf hin, daß man an eine Art des Weiterlebens nach dem Tod glaubte. In immer reicheren Begräbnissitten fand diese Überzeugung ihren Ausdruck.

Im Chalkolithikum (5. und 4. Jhtsd. v. Chr.) sind die Begräbnissitten vielfältiger. Begräbnisplätze außerhalb der Siedlungen werden bevorzugt. Zu einer solchen Nekropole, die kürzlich in Schiqmim im Negeb entdeckt wurde, gehören etwa 50 steinerne Rundgräber. Oft wurden Tote auch in hausförmigen *Ossuarien* (Knochenbehältnissen) aus Ton – nach der Verwesung des Fleisches – endgültig beigesetzt.

In der Frühen Bronzezeit (3150–2200 v. Chr.), zur Zeit der ersten großen Stadtstaaten Kanaans, bestattete man die Toten in natürlichen oder künstlichen Höhlen, kannte aber auch die Totenverbrennung. Bezeugt ist diese Sitte vor allem durch mehrere Beinhäuser aus Bab ed Dra östlich vom Toten Meer. Sie enthielten so zahlreiche Knochen, daß die Vermutung naheliegt, diese seien von weit her hierhin zu ihrer endgültigen Ruhestätte gebracht worden. Später dann kam die Totenverbrennung nur noch gelegentlich vor.

Seit etwa 2100 v. Chr. bis zum Untergang Judas am Ende der Eisenzeit (um 600 v. Chr.) waren die Gräber meist niedrige, aus Felsen ausgehauene Kammern, zu betreten über einen Gang oder Schacht, den ein großer Stein oder ein Haufen von Steinen und Sand verschloß. Sie können zwischen 0,90 m und 3 m breit sein; oft bemühte man sich, sie regelmäßig zu gestalten, annähernd rund oder rechteckig; es kommen aber auch ganz unregelmäßige Formen vor.

Diese Felsenkammern dienten meist Familien als Grablege, sie wurden gelegentlich auch erweitert und über Jahrhunderte hinweg wiederholt benutzt. Die Toten wurden weiterhin mit Nahrungsmitteln und Waffen beigesetzt, wohl um ihnen Respekt zu bezeugen und sie für ein Weiterleben zu versorgen.

In der Blütezeit der kanaanäischen Städte im 18. und 17. Jh. v. Chr. gab man den Toten nicht nur Speisen, Schmuck und Kleidung mit, sondern auch Betten, Tische, Stühle, Körbe, Spielbretter und andere Dinge des Alltags. Wiederverwendung und Vergrößerung von Grabkammern kam immer häufiger vor; nicht selten bestand eine Grabanlage aus mehreren miteinander verbundenen Kammern. Kinder wurden oft in Krügen unter den Wohnhäusern beigesetzt.

Die Beisetzung im Sarkophag ist in Palästina fremd. Seit dem 13. Jh. aber gibt es gelegentlich vor allem an Orten in den Ebenen menschenförmige Tonsarkophage. Sie wurden für ägyptische Söldner und ägyptisierte Einheimische im Lande selber und oft plumper als ägyptische Vorbilder hergestellt.

Ältere Begräbnissitten lebten in der Eisenzeit (1200–600 v. Chr.) auch in Israel fort. Meist wurde der Tote in Rückenlage auf seinen Platz in die Felsenkammer zu den anderen Toten aus der Familie gelegt. Platz für neue Beisetzungen schuf man, indem man vorhandene Knochen zu Haufen zusammenschob; oft sammelten sich auch viele Beigaben von verschiedenen Begräbnissen an. Gelegentlich wurden weiterhin Kinder in Krügen bestattet, und manchmal fanden Totenverbrennungen statt.

Vom Ende der Eisenzeit an findet man zunehmend Einzelgräber; in der Perserzeit sind sie schließlich vorherrschend. Speisegaben werden seltener, dafür gibt man den Toten verhältnismäßig viele kleine Gegenstände mit, so etwa Spiegel, Toilettengerät, Edelsteine, Amulette, Waffen. In manchen Gegenden Palästinas wird es mehr und mehr üblich, kleine, aus Syrien, Ägypten oder Griechenland importierte Gefäße mit kostbarem Parfüm oder Salböl mit ins Grab zu geben.

In der hellenistischen Zeit (332 v. – 37 n. Chr.) verändern sich Grabformen und Beigaben. Felsengräber mit vielen Kammern kommen wieder auf, sind nun aber einheitlicher konzipiert; schmale Loculi (Grabkammern) gehen rings von einer Mittelkammer aus, deren Wände gelegentlich bemalt sind.

Zunehmend verzichtet man bei den Grabbeigaben auf einfache Gebrauchsgegenstände und legt dem Toten zeichenhafte Gaben zur Seite wie z. B. Salbölfläschchen und Keramiklämpchen. In vornehmen Gräbern finden sich erste Steinsarkophage, mit Reliefs verziert.

2

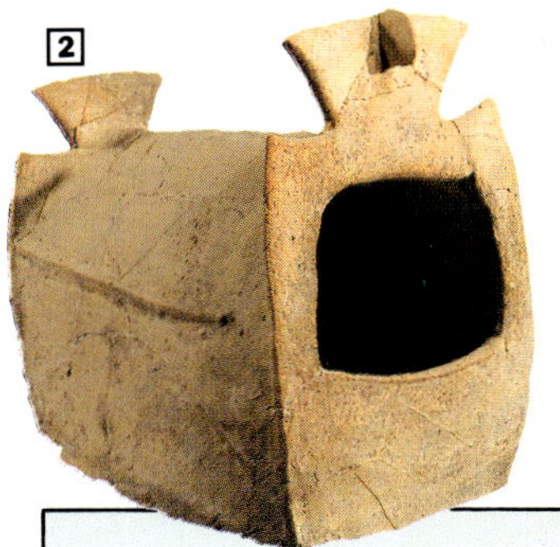

2 ***Links und unten***
Ossuar aus Ton, gefunden in Asor, benützt von Menschen der Ghassul-Kultur (um 4000–3300 v. Chr.). Man sammelte in solche Behälter die Knochen der Toten, die nach der Verwesung übrigblieben. *Dolmen* (s. u.), errichtet aus großen Steinplatten, dienten als Grabkammern. Wie alt sie in Palästina sind, ist ungewiß; wahrscheinlich stammen sie aus der Mittleren Bronzezeit I.

5

5 ***Links***
Das Grab *P 19* aus Jericho stammt aus der Mittleren Bronzezeit II (2000–1500 v. Chr.). Es kam sehr selten vor, daß mehrere Tote auf diese Weise in einer Kammer gleichzeitig Seite an Seite liegend beigesetzt wurden (Krieger, die gemeinsam gefallen waren?). Sie sind umgeben von ihren Grabbeigaben, u. a. Holztisch, Stuhl mit einem Sitz aus Schnüren, Vorratskrüge für Getreide, Wein und Öl, Schalen für Fleisch und Kannen für Bier.
Grabanlagen der Mittleren Bronzezeit bestanden oft aus mehreren derartigen miteinander verbundenen Kammern. Man erweiterte diese Kammern oft und benützte sie mehrfach, wobei man die von früheren Beerdigungen übriggebliebenen Knochen an einer Stelle im Grab aufhäufte.

3

3 ***Oben***
Typische Beispiele frühbronzezeitlicher Keramik, wie man sie in Gräbern fand, hier aus Tell Arad. Eine weit offene Schale mit rot poliertem Überzug außen und ungefärbtem Inneren gehört dazu, Krüge, ein großer Vorratskrug *(Pithos)* und ein quaderförmiges Räuchergefäß.

4

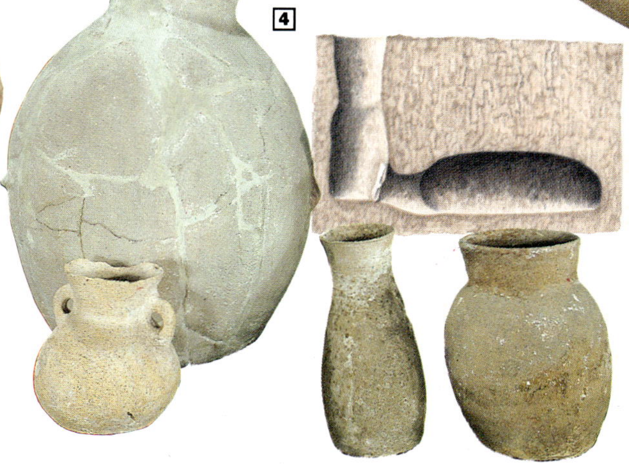

4 ***Rechts***
Schnitt durch eine Grabanlage aus Dhahr Mirzbane. Einige der darin aufgefundenen Gefäße sind ringsum abgebildet. Derartige aus Felsen gehauene, in Größe und Form recht unterschiedliche Gräber sind typisch für Palästina. Meist handelt es sich um Familiengrüfte.

1 ***Karte rechts***
Die Karte soll helfen, die Fundorte der hier abgebildeten Gräber und Grabbeigaben aufzufinden. Diese Funde sind nur Einzelbeispiele weitverbreiteter Typen. Die Art und Weise der Grablege verändert sich in den Jahrtausenden und Jahrhunderten; vergleichbar aber bleibt der darin zum Ausdruck kommende Respekt vor den Toten, der wohl mit der Vorstellung von einem wie immer gestalteten Nachleben verbunden ist (vgl. 1 Sam 28).

Diese Entwicklung setzt sich in der Römerzeit fort; auch einfache Gräber bestehen nun meist aus einer kleinen, rechteckigen Mittelkammer und vielen Loculi. Manchmal dient ein runder Stein als Tür, der in einen Schlitz am Eingang paßt. Typische Grabbeigaben sind weiter Parfüm- und Salbölfläschchen, Lampen, gelegentlich ein paar Münzen; seltener finden sich Wasserkrüge oder Schalen mit Speisen.

Charakteristisch für Gräber dieser Zeit in Palästina, vor allem für solche von Juden, sind Ossuarien aus Kalkstein, die die Knochen eines, selten zweier Verstorbener enthalten. Sie sind meist mit geometrischen Mustern verziert; stereotype Wiederholungen lassen auf serienmäßige Anfertigung schließen.

> DAVID LIESS VON JABESCH DIE GEBEINE SAULS UND DIE GEBEINE SEINES SOHNES JONATAN HERAUFBRINGEN ... MAN BEGRUB SIE ... IN ZELA IM LAND BENJAMIN, IM GRAB VON SAULS VATER KISCH..., UND GOTT LIESS SICH FÜR DAS LAND GNÄDIG STIMMEN. 2 SAM 21,13–14

6 ***Rechts und unten***
Grabbeigaben aus Tell en-Nazbe (Mizpa) aus der Eisenzeit II: kleine Krüge und eine Schale mit Standfuß. Auch im Gebiet Israels gehörten Speisen zu den Grabbeigaben. Nicht selten standen Weinkrüge zu Häupten oder Füßen des Toten. Manchmal sind Mann und Frau nebeneinander liegend beigesetzt, Kinder gelegentlich in Krügen.

7 ***Links und unten***
Ein anthropoider (menschenförmiger) Sarkophag aus Bet-Schean aus dem 12.–11. Jh. Philister, die den Ägyptern als Söldner dienten, ahmten die ägyptische Art der Bestattung auf ihre Weise nach. Philistäische Keramik ist unter dem Sarkophag abgebildet: drei linsenförmige „Pilgerflaschen“, ein sackförmiges Gefäß, ein großer Wasserkrug und ein Krug mit einem Siebausguß.

8 ***Rechts***
Drei langhalsige Salbölflaschen aus römischer Zeit aus einem Grab bei Dor. Darunter eine Öllampe der griechisch-römischen Zeit. Solche Grabbeigaben haben symbolischen Charakter; in früheren Perioden dagegen gab man den Toten Dinge des Alltagsgebrauchs mit, wobei allerdings schon in der Eisenzeit die Dominanz der Lampen und Wasserflaschen auffällt.

9 ***Unten***
Teilansicht vom Inneren eines großen Grabes in Marissa aus dem 2. Jh. v. Chr. Vom Zentralraum, dessen Wände bemalt sind, gehen strahlenförmig *Loculi* (schmale Grabkammern) aus. Die Grabbeigaben, Salbölfläschchen und Tonlämpchen, haben auch hier symbolischen Charakter. In vornehmen Grabanlagen kommen nun auch reliefgeschmückte steinerne Sarkophage auf. Die großen Familien in den hellenisierten Städten begannen damit, sich Grabanlagen dieser Art zu schaffen; vornehme Einheimische ahmten diese Sitte später nach; in der römischen Zeit hatte sich der neue Stil weithin durchgesetzt.

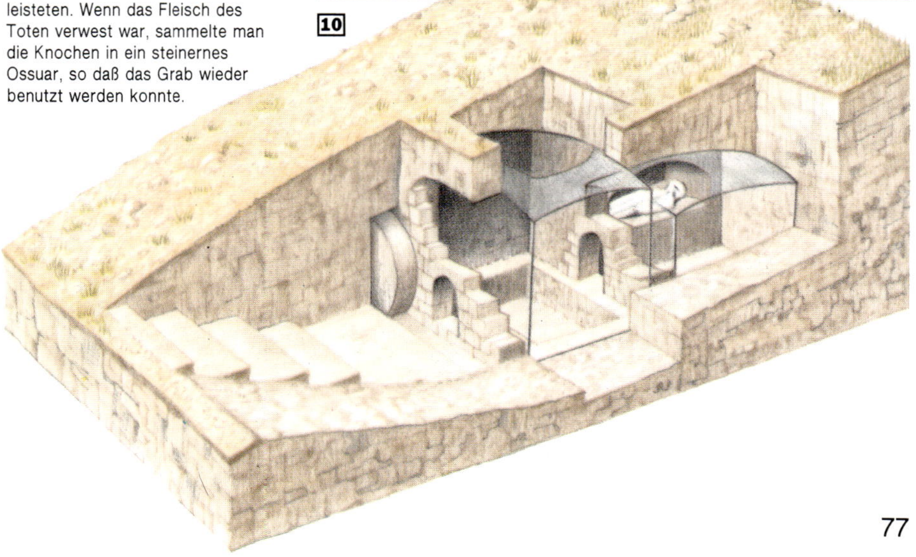

10 ***Rechts und unten***
Das Foto einer herodianischen Grabanlage aus Jerusalem zeigt, auf welche Weise ein runder Stein, eingepaßt in einen Schlitz, als Tür diente. Darunter die Zeichnung eines Querschnittes durch ein solches Grab. Man sieht den Toten, in Tücher gewickelt, die Spezereien enthalten, auf einer bogenförmig abgestützten gemauerten Bank unter einem in den Felsen gehauenen Bogen liegen. Ungefähr so mag man sich das Grab des Josef von Arimathäa vorstellen, in das nach biblischen Berichten, die vor allem auch die Steintür erwähnen, Jesu Leichnam gelegt wurde. Gefunden wurden bisher freilich nur Königsgräber dieser Art, was jedoch nicht ausschließt, daß auch reiche Bürger sich ein solches Grab leisteten. Wenn das Fleisch des Toten verwest war, sammelte man die Knochen in ein steinernes Ossuar, so daß das Grab wieder benutzt werden konnte.

DER ANFANG DER KÖNIGSZEIT

Davids Aufstieg zur Macht

Als junger Mann war David, ein Judäer aus Betlehem, ein erfolgreicher Kriegsheld des Königs Saul. Nach dem Tode Sauls baute er ein Reich auf, das weit über Israel hinausreichte, und eine Armee, die es nach außen schützte. Doch Rivalitäten im Inneren führten dazu, daß David seinem Nachfolger eine immer noch unsichere Herrschaft überließ.

Ischbaal, ein Sohn Sauls, fand Anerkennung als Sauls Nachfolger, ohne großen Widerstand, aber auch ohne begeisterte Unterstützung. Er war ein schwacher Herrscher, der die Sicherheit in dem ostjordanischen Ort Mahanajim neuen Auseinandersetzungen mit den Philistern vorzog. David, den die Philister immer noch für ihren Vasallen hielten, hatte sich indessen mit seinen Kriegern und seiner Familie in Hebron niedergelassen, wo ihn die Männer Judas zu ihrem König machten.

Drei kriegerische Auseinandersetzungen aus der ersten Zeit Davids, von denen biblische Überlieferungen wissen, illustrieren, wie schnell Davids Einfluß wuchs. 2 Sam 2,12–32 erzählt von einem Zusammenstoß der Krieger Davids und Ischbaals am „Teich von Gibeon", aus dem die Männer Davids siegreich hervorgingen (Karte 3). Gibeon, nordwestlich von Jerusalem auf der Grenze zum Stammesgebiet Benjamin gelegen, war keine israelitische Stadt, hatte sich aber freundschaftlich mit den Israeliten verbunden; Jos 9 erzählt von einem Vertrag Josuas mit den Gibeoniten. Saul scheint den Frieden mit Gibeon nicht respektiert zu haben (1 Sam 21,1–7; s. im Text unten auf S. 79). Wenn nun also Davids Männer bei Gibeon auf die Leute Ischbaals stießen, so war offenbar David der Angreifer, dessen Krieger in benjaminitisches Gebiet vorgedrungen waren.

Der zweite Vorfall ist wohl der wichtigste in Davids Laufbahn: mit einem Handstreich nahm er Jerusalem (2 Sam 5,6–10; Karte 2) ein. Jerusalem war damals von Jebusitern bewohnt, einer der verschiedenen Volksgruppen des Berglandes. Es war bis dahin eine relativ kleine und unbedeutende Stadt gewesen, die nur den Ofel umfaßte, d. h. die Bergkuppe, die sich südlich an den heutigen Tempelplatz, den *Haram esch Scharif,* anschließt. Für David war es die ideale Hauptstadt, nicht schwer zu verteidigen und im Besitz einer guten Quelle im Tal unterhalb der Stadt. Zweifellos begann die Stadt bald, sich auszuweiten, nachdem David sie zum Mittelpunkt seines Reiches gemacht hatte.

Vor allem lag Jerusalem auf neutralem Grund zwischen Juda und den Stämmen Israels. Davids Königtum über Israel, d.h. über die Stämme nördlich von Jerusalem, war erst mehrere Jahre später und auf andere Weise zustande gekommen als die Anerkennung durch seinen eigenen Stamm Juda: Die Abgesandten der Stämme hatten mit ihm in Hebron einen Vertrag geschlossen. In einer Hauptstadt, die weder zu Juda noch zu Israel gehörte, die vielmehr Davids eigene Gefolgschaft für ihn eingenommen hatte, war er von Stammesinteressen unabhängiger.

Die dritte wichtige Auseinandersetzung am Anfang der Herrschaft Davids waren seine Kriege gegen die Philister (2 Sam 5,17–25; Karte 1). Als David die Aufgabe des Königs und Beschützers der Dörfer Israels und Judas übernahm, mußte sein Vasallenverhältnis zu den Philistern in Feindschaft umschlagen, denn die Bewohner des Berglandes suchten ja vor allem Schutz vor den Philistern. In 2 Sam 5,17 heißt es: „Die Philister hörten, daß man David zum König von Israel gesalbt hatte. Da zogen alle herauf, um David gefangenzunehmen." Im Anschluß daran erzählt der biblische Text von zwei Streifzügen der Philister bis in die „Refaïter–Ebene", ein breiteres Tal, das, von der Küstenebene her durch das Sorektal zugänglich, bis in die Nähe von Jerusalem reicht. 2 Sam 5,25 faßt Davids Erfolge gegen die Philister zusammen: Er vertrieb sie „zwischen Geba und Geser". In Geba hatte auch Sauls Widerstand gegen die Philister erfolgreich begonnen (vgl. S. 75 Karte 2); aber anders als Saul konnte David seinen Erfolg absichern.

David legte Wert darauf, als legitimer Nachfolger Sauls im Amt des Königs von Israel zu gelten. Darum brachte er die Lade, das Heiligtum der Stämme Israels, nach Jerusalem und beanspruchte den Namen „Israel" für seinen Herrschaftsbereich. Doch die biblischen Überlieferungen lassen, wenn man sie genau liest, noch erkennen, daß „Israel" und „Juda" zwei verschiedene Verbände waren und zudem keiner von beiden mit Jerusalem in Verbindung stand. Doch wurde die Davidsstadt Jerusalem schließlich zum Zentrum eines Reiches, das weit über die Siedlungsgebiete Israels und

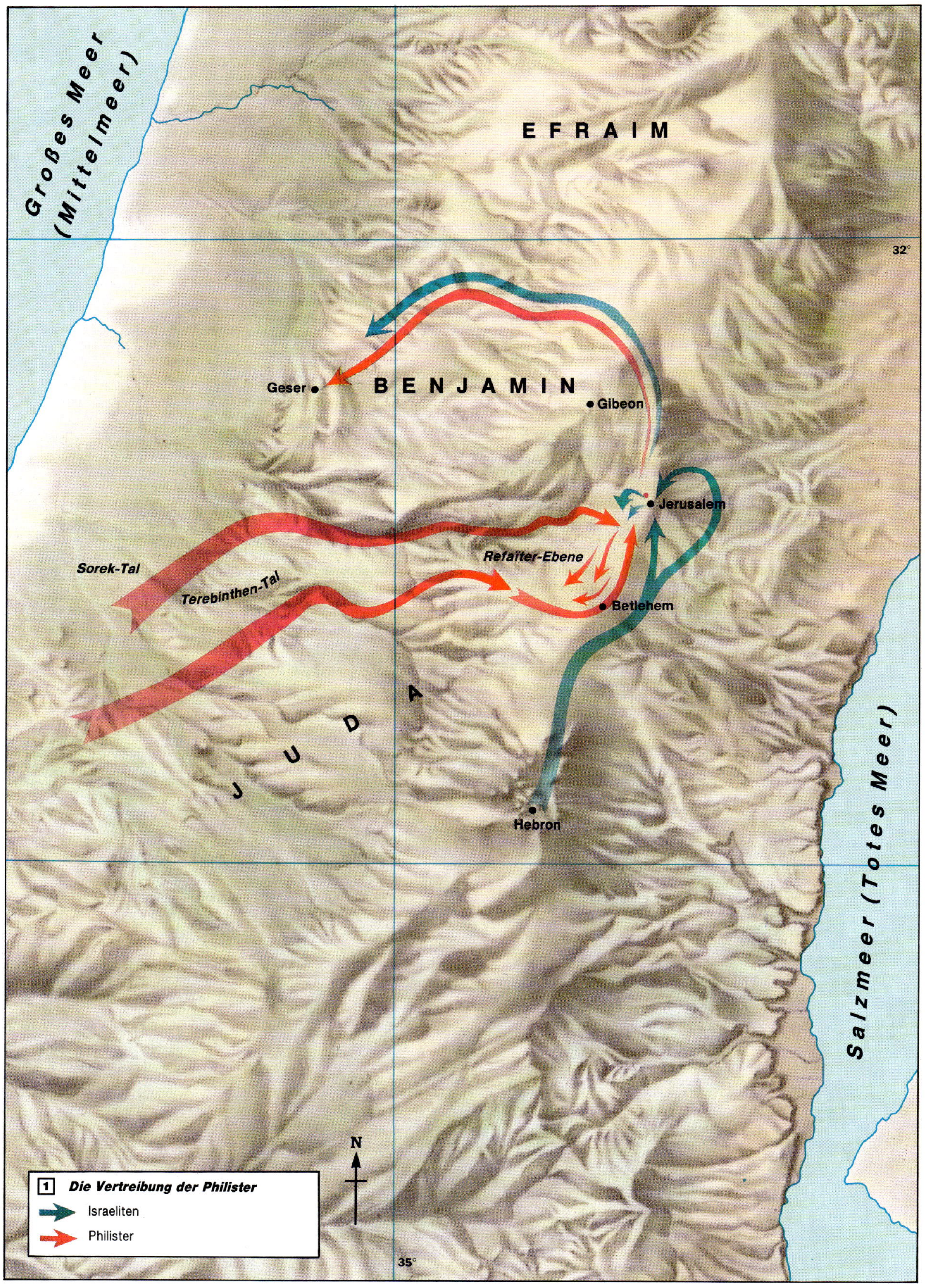

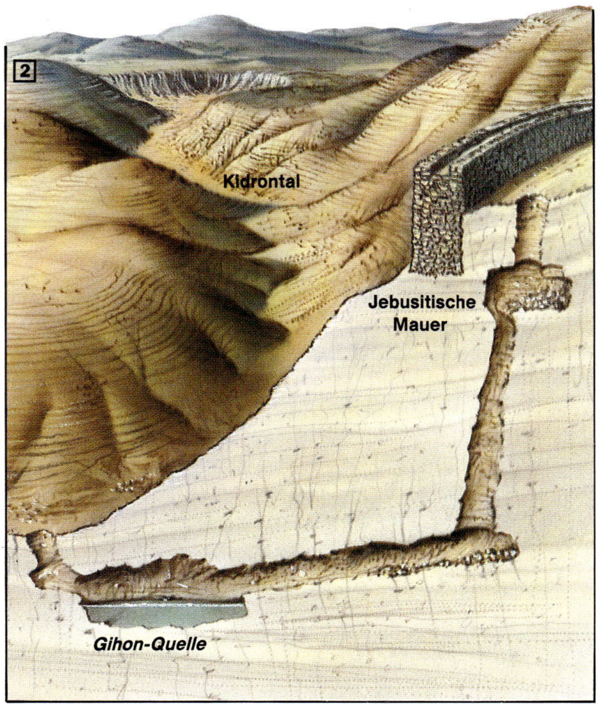

1 Karte links
David war zunächst in Hebron König über Juda. Nachdem auch die Nordstämme ihn als König anerkannt hatten und er Jerusalem als eine von den Stämmen unabhängige Hauptstadt gewonnen hatte, galt es, die Philister abzuwehren.

2 Oben
Von Jerusalem aus führte ein Schacht hinab zu der außerhalb gelegenen Quelle im Kidrontal. Durch diesen Schacht werden die Krieger Davids in die Stadt eingedrungen sein (2 Sam 5,8), die sich selbst für uneinnehmbar hielt.

David, Urbild des Sängers und Dichters

Musik und Dichtkunst gehörten in Israel eng zusammen. Als gesungene Texte prägten sich alte Überlieferungen dem Gedächtnis viel stärker ein, z. B. das Mirjamlied in Ex 15,21 oder das Deboralied in Ri 5. Die Hälfte der Psalmenkunst ist für uns verloren, weil wir nicht wissen, wie die Psalmen gesungen wurden. Viele Psalmen tragen in ihrem Titel die Anweisung: „nach der Art Davids"; Singweise, Instrumentalbegleitung und Wortkunst sind damit wohl gleicherweise gemeint.

Im Gedächtnis seines Volkes lebte David fort als königlicher Sänger und Spieler und Vater der Psalmenkunst. Um der Gemütsverfinsterung Sauls mit Musik abzuhelfen, war er nach 1 Sam 16,14ff an den Hof Sauls gekommen. 2 Sam 1,17ff gibt sein Klagelied auf den Tod Sauls und Jonatans wieder. Die Psalmensänger im Tempel werden ihn aber vor allem als ihren Ahn verehrt haben, weil er mit der Überführung der Lade den Gottesdienst Israels in Jerusalem stiftete.

Kaum zu beantworten ist die Frage, wie die Dichtkunst und erst recht wie die Musik zur Zeit Davids geklungen haben mögen. Das im AT am häufigsten genannte Instrument, der *kinnor,* ist ein Saiteninstrument, eine Leier gewesen. Nach Gen 4,21 gibt es *kinnor* und *'ugab,* Flöte, seit den Urzeiten der Menschheit. Formen der Musik und Dichtkunst hat Israel mit älteren Völkern des Alten Orients gemeinsam; als ein spätes Volk hat es sie weiter entfaltet.

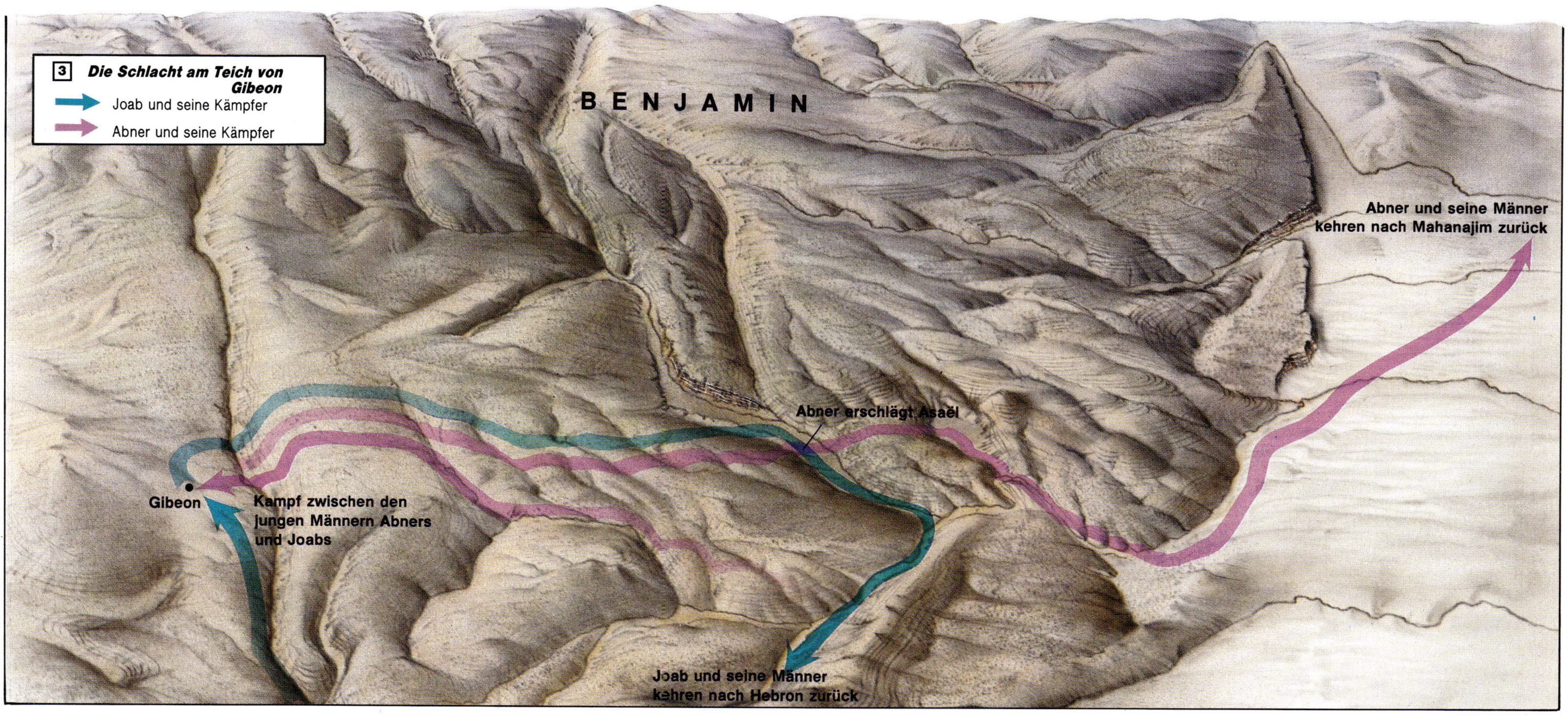

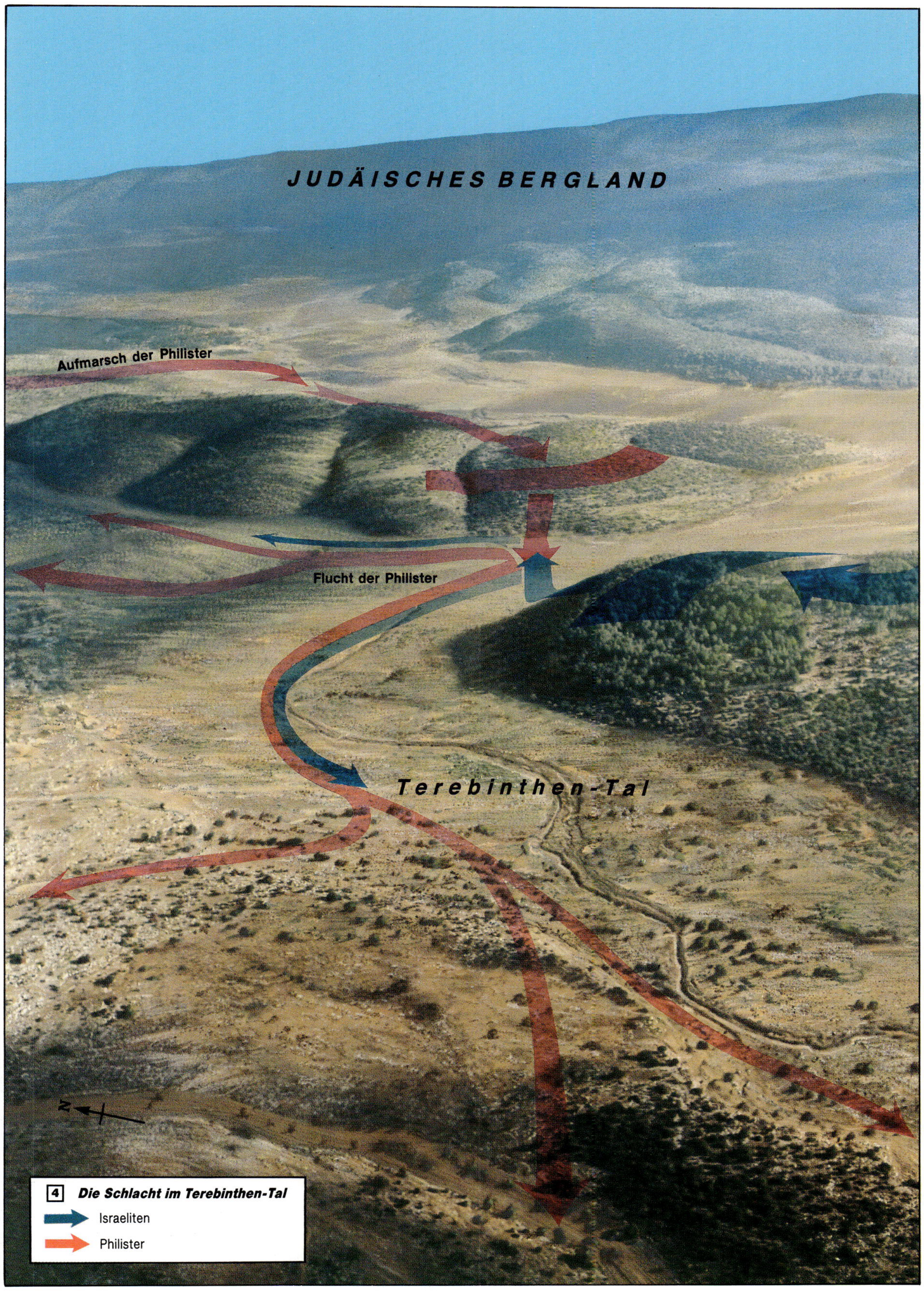

3 *Karte oben*
Als König über Juda in Hebron geriet David in Auseinandersetzungen mit den Kriegern Ischbaals, des Sohnes Sauls. Die Karte illustriert die Erzählung in 2 Sam 12–32, wonach Davids Leute die Angreifer waren, denn sie stießen bei Gibeon, im Gebiet Benjamins, mit Leuten Ischbaals zusammen.

4 *Karte links*
Erzählungen von Kämpfen gegen Feinde aus der Ebene beziehen sich oft genau auf strategisch wichtige Stellen der Aufstiegswege, wo das Tal sich verengt. Die Karte illustriert die Erzählung vom Sieg Davids über Goliat und über die Philister in 1 Sam 17, die Erfolge des Königs David vorwegnimmt (vgl. Karte 1).

Judas hinaus reichte und zu seiner inneren und äußeren Sicherung fremde Söldner, darunter auch Philister, brauchte. Israel und Juda blieben zwar Bestandteile des Davidsreiches, aber dieses Reich unterschied sich sehr von Sauls Israel. Von Jerusalem aus faßte David in seiner Person weit vielfältigere und auf je verschiedene Weise mit ihm verbundene Herrschaftsbereiche zusammen.

So ist es nicht verwunderlich, daß die Bibel von zwei Aufständen erzählt, die das Davidsreich im Inneren erschütterten. Einen führte Abschalom an, sein Sohn, offenbar der Kronprinz, den anderen Scheba, ein Mann aus Benjamin.

Abschalom ging auf Beschwerden aus dem Volk ein, verschaffte sich so Anhang in Juda und Israel, ließ sich in Hebron zum König ausrufen und marschierte gegen Jerusalem. David floh mit seinen Getreuen aus der Stadt nach Mahanajim im Ostjordanland (wo auch Ischbaal Zuflucht gesucht hatte). Kurze Zeit war Abschalom Herrscher in Jerusalem, und wenn er das flüchtende Heer Davids sofort verfolgt hätte, wäre er es wohl auch geblieben. Doch er zögerte; als es schließlich zur Schlacht kam, hatte das Heer Davids sich wieder gefestigt. Abschalom kam um. 2 Sam 19,1–9 erzählt, wie David um seinen Sohn trauerte und doch seinen Kriegern zum Sieg gratulieren mußte.

Der zweite Aufstand ging von Scheba aus, einem Mann aus Benjamin, und fand keine Unterstützung in Juda. Schebas Propagandaruf ist überliefert und zeigt, was Scheba wollte: Der Vertrag der Stämme Israels mit David sollte wieder aufgelöst werden. Vielleicht wollte er ein Königtum, wie Saul es ausgeübt hatte, neu beleben und einen Nachkommen Sauls auf den Thron bringen: „Welchen Anteil haben wir an David? Wir haben keinen Erbbesitz beim Sohn Isais. In deine (eigenen) Zelte, Israel!“ (2 Sam 20,1).

Schebas Aufstand brach bald zusammen. Scheba floh vor dem Söldnerheer Davids und suchte Zuflucht in Abel-Bet-Maacha, einer Stadt im äußersten Norden des Siedlungsgebietes Israels; doch die Einwohner töteten ihn.

Die Hinrichtung der letzten Nachkommen Sauls – die David nach 2 Sam 21 den Leuten von Gibeon zur Sühne für ein Vergehen Sauls gegen die Stadt zugestand – ist auch in Zusammenhang mit dem Aufstand des Scheba zu sehen. Sauls Dynastie konnte nun nicht wieder aufleben. Übrig blieb allein ein verkrüppelter Sohn Jonatans, Merib-Baal, in Arrest am Hof in Jerusalem (vgl. 2 Sam 9).

DA GING KÖNIG DAVID HIN UND SETZTE SICH VOR DEM HERRN NIEDER UND SAGTE: WER BIN ICH, MEIN HERR UND GOTT, UND WAS IST MEIN HAUS, DASS DU MICH BIS HIERHER GEFÜHRT HAST? WEIL DAS IN DEINEN AUGEN NOCH ZU WENIG WAR, MEIN HERR UND GOTT, HAST DU DEM HAUS DEINES KNECHTES SOGAR ZUSAGEN FÜR DIE FERNE ZUKUNFT GEMACHT. IST DAS EINE WEISUNG, WIE SIE EINEM SCHWACHEN MENSCHEN ZUKOMMT, MEIN HERR UND GOTT?
2 SAM 7,18–19

David dehnte seine Herrschaft weit über das mittelpalästinische Bergland hinweg aus; zunächst in der Jesreelebene und Galiläa, was auf Kosten Hadad–Esers geschah, eines Königs aus der Familie Rehob im aramäischen Reich Zoba. Auch im Ostjordanland erlaubte David sich Übergriffe auf aramäische, aber auch auf ammonitische und moabitische Gebiete; im Negeb schließlich setzte er sich gegen den Widerstand der Edomiter durch (Karte 2).

Anfangs hatte sich David mit Nahasch, dem König von Ammon, vertraglich geeinigt; nach dessen Tod brachen Feindseligkeiten zwischen David und Hanun, dem Sohn des Nahasch, aus. Davids Truppen unter dem Feldherrn Joab eroberten Rabba, die Stadt Ammons, und ammonitische Kriegsgefangene wurden als Zwangsarbeiter in die Steinbrüche und zu Davids Bauten geschickt. Aus dem Konflikt mit Ammon erwuchsen Auseinandersetzungen mit den Aramäern.

Die Aramäerkriege

Von den Aramäerkriegen Davids sprechen drei biblische Texte (2 Sam 8,3–12; 10,6–17; 1 Kön 11,23–25), die sich jedoch leider einer eindeutigen Auslegung widersetzen. Im wesentlichen scheint folgendes geschehen zu sein: Als Davids Heer Rabba belagerte, riefen die Ammoniter den Aramäer Hadad–Eser zu Hilfe. Hadad–Eser besaß damals im südlichen Aram größeren Einfluß, u. a. in Damaskus, und betrachtete auch Galiläa und das nördliche Ostjordanland als Teil seines Herrschaftsgebietes. Nun zog er Truppen aus verbündeten Aramäerstädten heran. Im Kampf wurde er aber von David zweimal geschlagen, bei Rabba und bei einem sonst unbekannten Ort Helam im nördlichen Ostjordanland. Daraufhin zog er sich aus dem Ostjordanland zurück und verlor auch seinen Einfluß in Damaskus an eine Bande von Marodeuren, die ein gewisser Rezon anführte.

David gewann aber Einfluß in jenen Gebieten, die zuvor zu Damaskus gehört hatten (vermutlich zwischen Gilead und Damaskus). Er nahm jetzt auch Galiläa ein sowie den Landstrich nördlich davon bis in die Gegend von Sidon.

König Toï von Hamat, seit langem in Streit mit den Aramäern, war mit dieser neuen Situation sehr zufrieden und schickte seinen Sohn, der David Glückwünsche und Geschenke überbrachte. Ob man annehmen soll, daß David auch in das Kernland Hadad–Esers eindrang, hängt davon ab, wie man 2 Sam 8,7–8 interpretiert: „David erbeutete die goldenen Schilde, die die Krieger Hadad–Esers trugen, und brachte sie nach Jerusalem. In Tebach und Berotai, den Städten Hadad–Esers, erbeutete der König David eine große Menge Bronze." Eroberte er Tebach und Berotai, oder erhielt er nur Tribut von dort? Und wo liegen diese Orte? Daß die Aramäer David „untertan" waren, wie 2 Sam 8,6 erklärt, ist jedenfalls eine Übertreibung des biblischen Redaktors.

DER ANFANG DER KÖNIGSZEIT

David festigt das Königtum

Davids Herrschaft war besser gesichert als diejenige Sauls. Voraussetzung dafür war zunächst, daß er mit den Philistern fertig wurde, obwohl diese weiterhin eine Bedrohung blieben. Auch anderen Völkern gegenüber sicherte er auf je verschiedene Weise seine Herrschaft; Freundschaft verband ihn mit den Phöniziern.

Kriege mit Moab und Edom

Nach 2 Sam 8,2 schlug David die Moabiter; zwei Drittel der Kriegsgefangenen soll er dabei willkürlich umgebracht haben. Um seinen Sieg über Moab richtig einzuschätzen, ist jedoch zu beachten, daß seine Volkszählung am Arnon begann, dem tief eingeschnittenen Flußtal, das den nördlichen Teil Moabs vom Kernland trennt. Das abgelegene innere Moab mag David zwar mit Feldzügen heimgesucht haben. Es ist aber nicht anzunehmen, daß er es von Jerusalem aus regierte.

Auch die Nachricht, daß David die Edomiter geschlagen und eine Besatzung nach Edom gelegt habe (2 Sam 8,13–14), ist kaum so zu deuten, daß er von Jerusalem aus das ganze von Edomitern beanspruchte Gebiet kontrollierte. Die einzige Schlacht, von der die Bibel erzählt, fand im

1 Karte oben
Aus den Nachrichten über die Volkszählung Davids in 1 Sam 24 und der Liste der Levitenstädte in Jos 21 und 1 Chr 6 läßt sich ein Bild vom Reich Davids gewinnen, wenn auch in der Auslegung beider biblischer Texte manches fraglich bleiben muß (s. Text).

2 Karte unten
Der Umfang des Davidsreiches wird verschieden eingeschätzt, hier eher vorsichtig. Im Süden sicherte David die Grenze gegen die Philister und richtete Garnisonen gegen edomitische Stämme ein. Er eroberte ferner den nördlichen Teil Moabs vom Arnon an und besiegte die Ammoniter. Im Norden schloß er Freundschaft mit Hiram von Tyrus und nahm Hadad–Eser, dem König des aramäischen Reiches Zoba, einige Gebiete ab. Diese Ausdehnung seiner Macht wurde möglich, weil die Großreiche des Alten Orients in Ägypten und Mesopotamien eine Schwächeperiode erlebten (s. S. 70). In die Karte aufgenommen sind die Heimatorte der *Helden Davids* (2 Sam 21,15–22); damit ist angedeutet, von welchem Zentrum aus David seine Macht ausbaute.

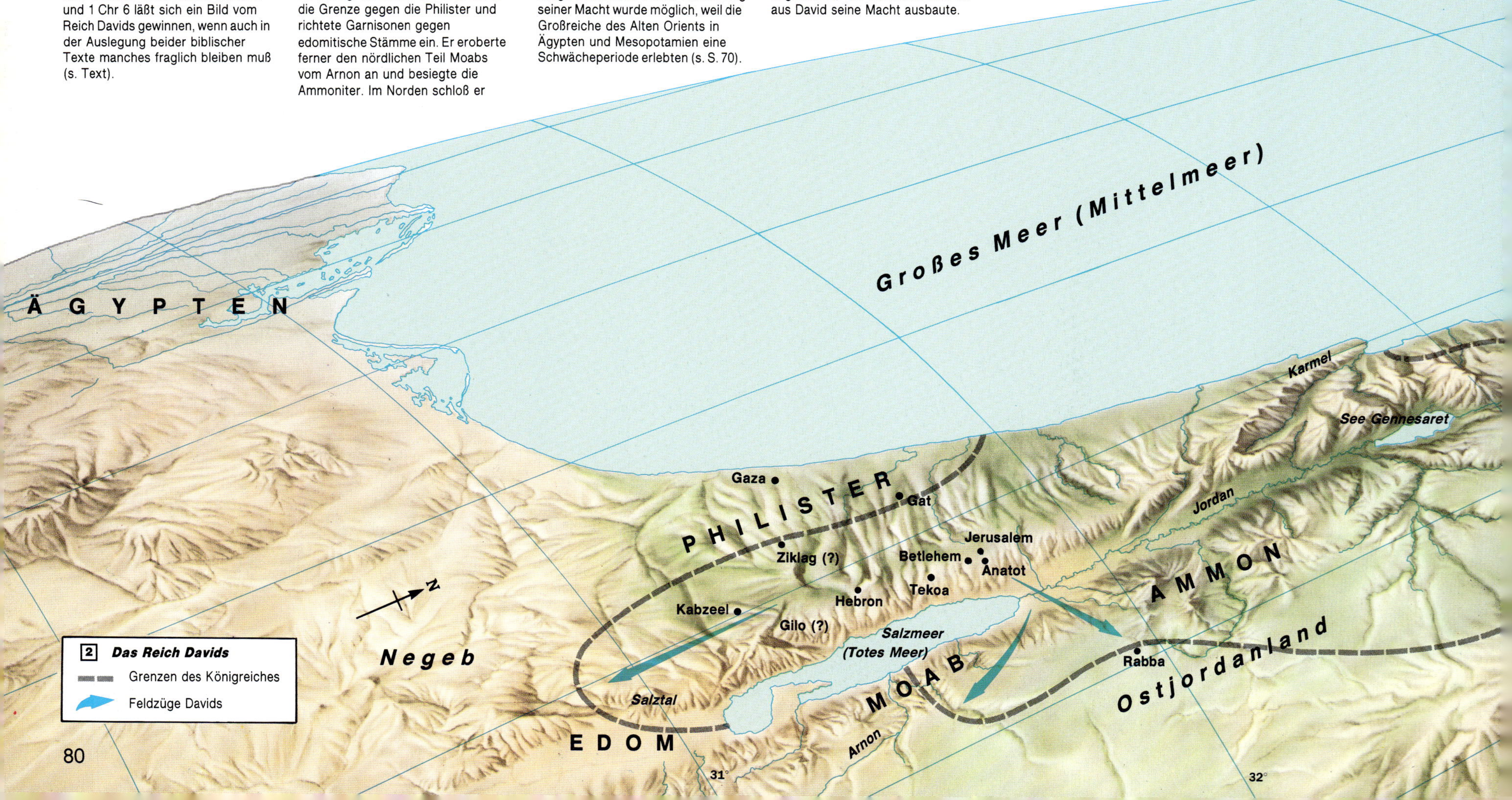

Salztal statt, wahrscheinlich dem Tal zwischen dem Toten Meer und Beerscheba, das heute *Wadi el-Milh* (ebenfalls „Salztal“) heißt. Daraus darf man wohl schließen, daß David lediglich einige edomitische Stammesgruppen entlang der Südgrenze seines Reiches schlug und unter militärische Aufsicht stellte. Vielleicht wollte David darüber hinaus auch Zugang zum Golf von Akaba gewinnen; aber erst Salomo nutzte den dortigen Hafen als Handelsstützpunkt.

Die „nichteroberten Städte“ und die Levitenstädte

Zwei Städtelisten, die die Bibel nicht in Zusammenhang mit David bringt, mögen sich dennoch auf seine Regierungszeit beziehen. Die eine davon ist die „Liste der nichteroberten Städte“ in Ri 1,21.27–36 (vgl. dazu S. 64). Es handelt sich hier wahrscheinlich um unabhängige Städte mit vorwiegend nichtisraelitischer Bevölkerung, die erst in das Königreich Israel eingegliedert wurden, die meisten davon wohl unter David.

Die zweite Liste zählt Levitenstädte auf. Sie ist in zwei Fassungen überliefert (Jos 21,8–41; 1 Chr 6,54–61) und in ihrer jetzigen Form recht schematisch – vier Städte sind jedem der zwölf Stämme zugeteilt. Darum hielt man sie meist für eine bloße Fiktion. Heute tendieren Gelehrte eher dazu, sie als eine im Kern echte Liste aus der Königszeit anzusehen, die von Redaktoren nachträglich schematisiert worden war.

Beachtenswert ist, daß die Städte nicht gleichmäßig verteilt sind, sondern eher in Randgebieten liegen, die erst nach Davids Eroberungen zum Einflußbereich Israels kamen. Zudem gibt es auch Anzeichen dafür, daß David in der Verwaltung seines Reiches *Leviten* einsetzte. Die Levitenstädte werden also besonders, wenn auch nicht ausschließlich, in den Gebieten, die erst David in das Reich einbezog, Verwaltungszentren gewesen sein.

Insgesamt wird das Davidsreich am Ende fast ganz Palästina umfaßt haben, ausgenommen die Philisterstädte in der südlichen Küstenebene und phönizische Gebiete an der Mittelmeerküste nördlich des Karmels. Hinzu kam ein großer Teil des Ostjordanlandes vom Arnon bis in die Gegend von Damaskus. Das entspricht den Gebieten, aus denen die *Helden Davids* kamen (vgl. 2 Sam 23,8–39 und 1 Chr 11,20–47), sowie dem Bereich, in dem Joab auf Davids Befehl die Volkszählung durchführte (2 Sam 24; 1 Chr 21,1ff) – allerdings stellen beide Texte gerade in bezug auf die Ortsnamen kaum lösbare Probleme der Interpretation (vgl. dazu S. 72–73).

Bibelatlanten entwerfen oft das Bild eines Davidsreiches, das viel weiter reicht, als hier angenommen wird, und zwar aus zwei Gründen. Erstens sprechen einige biblische Texte Salomo ein viel größeres Reich zu. In 1 Kön 5,1 z. B. heißt es: „Salomo war Herrscher über alle Reiche vom Eufrat bis zum Land der Philister und bis an die Grenze Ägyptens.“ Zweitens ist nirgends von Eroberungskriegen Salomos zu hören; darum nimmt man an, er habe ein so großes Imperium von David ererbt. Wer so argumentiert, zieht nicht in Betracht, wie gern biblische Redaktoren bei der Schilderung des Salomoreiches übertreiben. Salomos Weisheit, Reichtum und seine Herrschaft werden sagenhaft großartig dargestellt; doch mitten darin finden sich gelegentlich einige Details, hinter denen die Vorstellung von einem viel bescheideneren Reich noch aufscheint, das nicht viel größer ist als das Davidsreich, wie es hier beschrieben wurde.

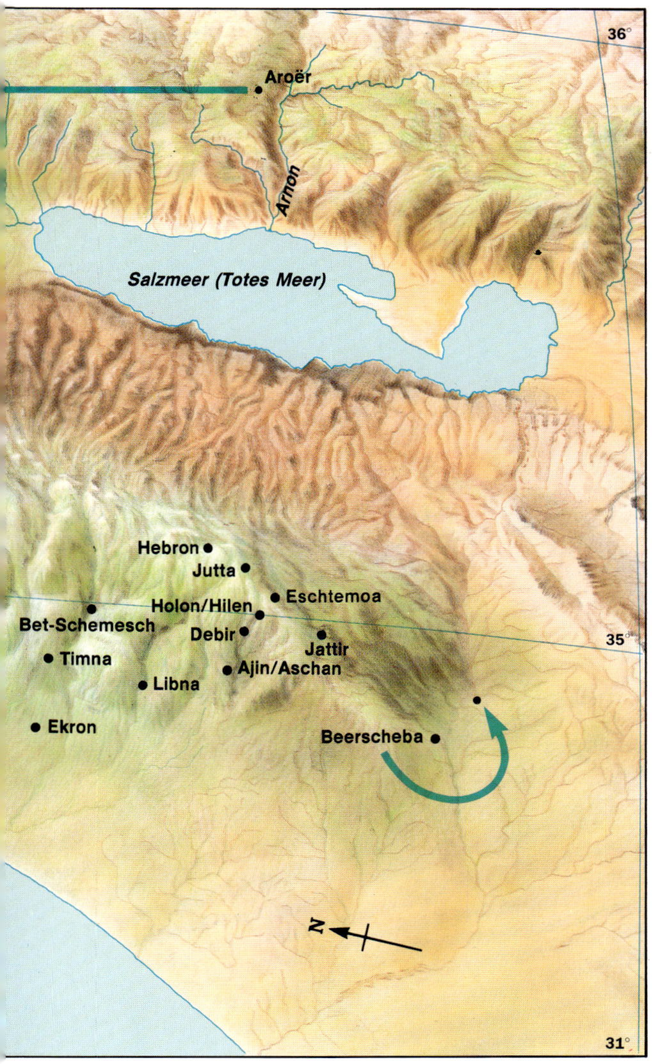

3 ***Oben***
Eine der ganz seltenen Darstellungen der *Bundeslade*; aus der Synagoge von Kafarnaum. Sie zeigt, wie man sich die Lade im 3. Jh. n. Chr. vorstellte. – Die Lade war ein kleines, tragbares Heiligtum und Symbol der Gegenwart des „Herrn der Heere“. Im Krieg konnte sie mit ins Feld genommen werden, was auch zur Davidszeit noch geschah (1 Sam 4,3–7). David brachte sie nach Jerusalem und verknüpfte so Traditionen Israels mit seiner nichtisraelitischen Hauptstadt. Aufgestellt im Tempel Salomos, war sie den Blicken entzogen und ging in den Wirren der letzten Zeit der Monarchie verloren. Viel später entwarfen biblische Autoren in Ex 37 ein Bild von der Lade als einem prächtigen Wüstenheiligtum.

HERNACH SCHLUG DAVID DIE PHILISTER. ER UNTERWARF SIE UND NAHM IHNEN DIE ZÜGEL DER HERRSCHAFT AUS DER HAND. AUCH DIE MOABITER SCHLUG ER ... SO WURDEN DIE MOABITER DAVID UNTERTAN UND TRIBUTPFLICHTIG. DAVID SCHLUG AUCH HADAD-ESER, DEN SOHN REHOBS, DEN KÖNIG VON ZOBA, ALS DIESER AUSGEZOGEN WAR, UM SEINE MACHT AM EUFRAT WIEDERZUGEWINNEN. DAVID NAHM VON IHM SIEBZEHNHUNDERT WAGENKÄMPFER UND ZWANZIGTAUSEND FUSSSOLDATEN GEFANGEN; ER LIESS ALLE WAGENPFERDE LÄHMEN UND BEHIELT NUR HUNDERT ZURÜCK. ALS DIE ARAMÄER VON DAMASKUS HADAD-ESER, DEM KÖNIG VON ZOBA, ZU HILFE KAMEN, ERSCHLUG DAVID ZWEIUNDZWANZIGTAUSEND VON DEN ARAMÄERN UND BESETZTE DAS ARAMÄERREICH VON DAMASKUS. SO WURDEN DIE ARAMÄER DAVID UNTERTAN UND TRIBUTPFLICHTIG. DER HERR HALF DAVID BEI ALLEM, WAS ER UNTERNAHM. 2 SAM 8,1–6

Salomo bestieg um 965 v. Chr. den Thron; in einer langen Friedenszeit konnte er vielfältige internationale Beziehungen aufnehmen. Weitreichende Verflechtungen schuf in der Alten Welt vor allem der Handel. Nach 1 Kön 10,28f hatten Salomos Kaufleute eine Vermittlerrolle beim Handel mit Streitwagen und Pferden zwischen Kleinasien, wo die Ausfuhr von Pferden über das Königreich Koë lief, und Ägypten, das Streitwagen exportierte.

Andere Überlieferungen wissen vom Seehandel Salomos im Roten Meer (1 Kön 9,26–28; 10,11–12). Salomo ließ danach Schiffe, die von den Phöniziern gebaut worden waren, von Ezjon–Geber aus durch das Rote Meer nach *Ofir* fahren und Gold erhandeln. (Auch ein Ostrakon aus Tell Qasile nennt „Gold aus Ofir"; vgl. auch Ps 45,10: „die Braut steht dir zur Rechten im Schmuck von Ofirgold"). Vermutlich lag das biblische Goldland *Ofir* – ebenso wie das Weihrauchland *Punt*, das ägyptische Texte nennen – an der Westküste Afrikas.

Nach 1 Kön 10,1–10 knüpfte die Königin von Saba (Südarabien) Beziehungen zu Salomo an; entsprechend diplomatischer Gepflogenheit schufen die beiden Herrscher mit gegenseitigen „Geschenken" die Voraussetzungen für den Handelsaustausch: „Sie gab dem König hundertzwanzig Talente Gold, dazu eine sehr große Menge Balsam und Edelsteine" (1 Kön 10,10).

DAS SALOMOREICH

Das Salomoreich und der internationale Handel

Durch das Reich Davids und Salomos führten die beiden alten Handelsrouten, die der Mittelmeerküste entlang führende Straße von Ägypten nach Palästina–Syrien und der Königsweg im Ostjordanland. Ein Herrscher, der hier für Sicherheit sorgte, konnte auch vom Handel profitieren. Die Bibel weiß von Handelsbeziehungen Salomos nach Ägypten, Afrika, Arabien, Phönizien und Kleinasien.

Es fällt auf, daß weder hier noch bei den Waren aus Ofir Weihrauch genannt wird. Vielleicht kamen Salomo und die Königin von Saba überein, den Handel mit Weihrauch und Myrrhe arabischen Händlern zu überlassen. Nach 1 Kön 5,15–25 nahm Salomo Handelsbeziehungen zu phönizischen Städten und zu Staaten im Libanongebirge auf. Hiram von Tyrus lieferte ihm Bauholz im Austausch gegen Weizen und Olivenöl.

Vergleicht man diese Nachrichten allerdings mit dem, was vom Handel anderer Völker des Altertums bekannt ist, zeigt sich, daß Salomos „Mini–Imperium" keine Weltbedeutung besaß.

Handelsbeziehungen Ägyptens

Die politische Schwäche der Pharaonen in der Zeit Salomos führte dazu, daß Ägypten auch als Handelsmacht weniger aktiv war. Die engsten Handelsbeziehungen bestanden immer noch zu den phönizischen Städten. Aus Byblos beschaffte Ägypten sich Bauholz und lieferte dafür Luxuswaren, Metall– und Steinarbeiten, Skulpturen, Papyrus und Duftstoffe aus Afrika.

Ägyptens Handel mit dem Sudan mag nach dem Verlust dieser afrikanischen Gebiete um 1070 v. Chr. unterbrochen worden sein, wurde aber spätestens gegen Ende des 9. Jhs.,

1 Karte außen rechts
Nach 1 Kön 4,7ff trugen zwölf Steuerbezirke die Kosten für den Unterhalt des Königshofes Salomos.

2 Karte unten
Handelsrouten zur Zeit Salomos.

Die Speisekarte Salomos

Der *tägliche* Unterhalt Salomos belief sich auf dreißig Kor Feinmehl, sechzig Kor gewöhnliches Mehl, zehn Mastrinder, zwanzig Weiderinder, hundert Schafe, nicht gerechnet die Hirsche, Gazellen, Rehe und das gemästete Geflügel.

Die Speisekarte Assurnasirpals

Als Assurnasirpal, der König von Assur, den Palast von Kalach *einweihte*, einen Palast der Freude und der Künst, lud er Assur dorthin ein, den großen Gott, und die Götter seines ganzen Landes. (Er bereitete ein Festmahl:) 1000 Mastrinder, 1000 Kälber, 10 000 Schafe, 15 000 Lämmer – meiner Herrin Ischtar allein waren 200 Rinder und 1000 *sihhu*–Schafe zugedacht –, 1000 Frühlingsschafe, 500 Hirsche, 500 Gazellen, 1000 Enten, 500 Gänse, 500 *kurku*–Gänse, 1000 *mesku*–Vögel, 1000 *qaribu*–Vögel, 10 000 Tauben, 10 000 *sukanunu*–Tauben, 10 000 andere Kleinvögel, 10 000 Fische, 10 000 Springmäuse, 10 000 Eier, 10 000 Laib Brot, 10 000 (Krüge) Bier, 10 000 Schläuche Wein, 10 000 Spitzgefäße *su'u*–Samen in Sesamöl, 10 000 kleine Töpfe *sarhu*–Würze, 1000 Holzschalen Gemüse, 300 (Behälter) Öl, 300 (Behälter) gesalzene Samen, 300 (Behälter mit) gemischten *raqqute*–Pflanzen, 100 mit *kudimmu*–Gewürz, 100 mit ..., 100 mit gerösteter Gerste, 100 mit grünen *abahsinnu*–Stielen, 100 mit feinem Mischbier, 100 mit Granatäpfeln, 100 mit Weintrauben, 100 mit gemischten *zamru*–Früchten, 100 mit Pistazienzapfen, 100 mit Früchten vom *susi*–Baum, 100 mit Knoblauch, 100 mit Zwiebeln, 100 mit *kumiphu*–Samen, 100 mit dem ... von Rüben, 100 mit *hinhinnu*–Gewürz, 100 mit *budu*–Gewürz, 100 mit Honig, 100 mit zerlassener Butter, 100 mit gerösteter ...–Gerste, 100 mit gerösteten *su'u*–Samen, 100 mit *karkatu*–Pflanzen, 100 mit Früchten des *ti'atu*–Baumes, 100 mit *kasu*–Pflanzen, 100 mit Milch, 100 mit Käse, 100 Krüge „Mischung", 100 (Behälter mit) eingelegtem *arsuppu*–Korn, 10 Homer Pistazienkerne, 10 Homer Früchte vom *susu*–Baum, 10 Homer Früchte vom *habbaququ*–Baum, 10 Homer Datteln, 10 Homer Früchte vom *lilip*–Baum, 10 Homer *cumin*, 10 Homer *sahhunu*, 10 Homer *uriana*, 10 Homer *andaschu*–Knollen, 10 Homer *sisanibbe*–Pflanzen, 10 Homer Früchte vom *simburu*–Baum, 10 Homer Thymian, 10 Homer duftendes Öl, 10 Homer Duftwerk, 10 Homer ..., 10 Homer Früchte vom *nasubu*–Baum, 10 Homer *zimzimmu*–Zwiebeln, 10 Homer Oliven.

Als ich den Palast in Kalach einweihte, versorgte ich 47 074 Personen 10 Tage lang mit Speise und Trank, Männer und Frauen, die ich aus dem ganzen Land einlud, (ferner) 5000 wichtige Personen, Abgesandte vom Land Suhu, von Hindana, Hattina, Hatti, Tyrus, Sidon, Gurguma, Malida, Hubuschka, Gilzana, Kuma, Musasir, (ferner) 16 000 Einwohner von Kalach aus allen Schichten und 1500 Beamte aus meinen Palästen, insgesamt 69 574 eingeladene Gäste aus allen Ländern und aus Kalach; ich gab ihnen auch alles, was sie brauchten, sich zu waschen und zu salben, ich ehrte sie gebührend und schickte sie heim, gesund und glücklich, in ihre Heimat.

nachdem dort das Königreich Kusch entstanden war, reaktiviert. Von nun an bis zur Perserzeit (nach 525 v. Chr.) unterhielt Theben zum Süden hin einen lebhafteren Handel mit Handwerkserzeugnissen, vor allem Keramik, als zum übrigen Ägypten.

Am Anfang der Regierung des Pharao Necho wurde ein Kanal durch das *Wadi Tumilat* gebaut, und am Roten Meer entstanden Werften. Auf diese Weise war das Delta verbunden mit den Seehandelsrouten nach Arabien und von dort nach Indien. Ausgrabungen in Tell el Maschuta zeigten, daß es dabei u. a. um den Handel mit Wein und Gewürzen ging.

Gegen Ende des 7. Jhs. gelang es einer Mannschaft phönizischer Seeleute, die in ägyptischen Diensten standen, vom Roten Meer aus Afrika zu umsegeln.

Handelsbeziehungen der Phönizier

Unbestritten beherrschten seit dem 9. Jh., vielleicht schon im 10. Jh., phönizische Städte den Seehandel im Mittelmeer. Phönizier hatten freien Zutritt zu ägyptischen Häfen; damit kamen nicht nur ägyptische Handwerkserzeugnisse über Tyrus und Byblos in den Vorderen Orient, sondern auch Motive der darstellenden Kunst in phönizischer Verkleidung.

Vielbefahren waren die Routen nach Zypern, in die Ägäis und nach Nordafrika. Überall an den Mittelmeerküsten fanden einfallsreiche phönizische Kaufleute Kunden für ihre Waren: Bauholz, Tuche, Purpur, Metallarbeiten und Getreide tauschten sie gegen Silber und Gold aus Spanien, Opium aus Zypern, Sklaven und Handwerkserzeugnisse aus der Ägäis.

Aus Handelsniederlassungen wurden phönizische Kolonien: In Karthago siedelten sich nach alten Überlieferungen am Ende des 9. Jhs. Phönizier an, desgleichen in Cádiz im 8. Jh. Von hier und anderen Orten aus setzte sich diese Bewegung weiter fort; das Mittelmeer war immer mehr ringsum von Siedlungen semitischsprachiger Menschen umgeben (vgl. S. 90–91).

KÖNIG SALOMO BAUTE AUCH EINE FLOTTE IN EZJON-GEBER, DAS BEI ELAT AN DER KÜSTE DES SCHILFMEERS IN EDOM LIEGT. 1 KÖN 9,26

DAS SALOMOREICH

Landwirtschaft und Ernährung

Der Ackerbau war im Alten Orient Hauptquelle des Lebensunterhaltes, landwirtschaftliche Arbeiten bestimmten den Alltag der Menschen. In biblischer Zeit ermöglichten Erfindungen wie der Pflug und der Terrassenbau eine intensivere Bodennutzung und die Ernährung einer wachsenden Bevölkerung.

Die regenreichen Gegenden des Vorderen Orients bedeckte ursprünglich meist dichter Wald. Die Steppe bot freieren Lebensraum; hier war in vorgeschichtlicher Zeit die Züchtung von Kulturgetreide, der Übergang vom Sammeln zur Produktion der Nahrung und zum seßhaften Leben gelungen (S. 26). Seit dem 5. Jhtsd. erschlossen komplizierte Bewässerungsanlagen auch Trokkenzonen für die Landwirtschaft.

Bewässerung

In den großen Flußoasen am Nil, Eufrat und Tigris versorgte ein System von Kanälen und Schleusen immer weitere Ackerflächen mit Wasser. Hebevorrichtungen beförderten es auf höhere Ebenen: Hebebäume (Abb. 10) und Wasserräder, die durch den Fluß selbst oder durch Zugtiere angetrieben wurden.

In Palästina lieferte kein großer Strom Wasser. Kurzzeitig versuchte man 3500 v. Chr. bei Jawa in der Wüste östlich vom Jordan, das Land durch Kanäle, Schleusen, Teiche zu bewässern. Viele Jahrhunderte lang, von der Mittleren Bronzezeit bis ins 8. Jh. n. Chr., bestanden im südlichen Negeb und Nordwesten der Sinaihalbinsel einzelne bäuerliche Siedlungen. Auf großflächigen, geglätteten Abhängen sammelte man die geringen Niederschläge und leitete sie auf kleine Flecken fruchtbarer Erde (vgl. S. 160).

In regenreicheren Gegenden diente allenfalls einmal ein Bach zur Bewässerung eines Feldes, oder man leitete ihn in einen Teich und bei Bedarf durch lehmverputzte Kanäle auf tiefer gelegene Äcker.

Terrassenbau

Vor dem Beginn der Eisenzeit waren in Palästina nur die Küstenebene und die ins Bergland eingeschnittenen Täler landwirtschaftlich genutzt. Seit 1200 v. Chr. wuchs die Bevölkerung beträchtlich; der Bedarf an bebaubarem Land nahm zu. An steilen Berghängen wurden nach und nach Wälder abgeholzt und Steine zu Terrassenmauern aufgeschichtet, hinter die man Erde füllte, um so schmale Streifen fruchtbaren Bodens zu gewinnen. Mit dem Pflug waren diese Terrassen kaum zu bearbeiten. Im Bergland blieb das Hauptgerät des Bauern die Hacke; landwirtschaftliche Arbeit war mühsamer als in den Ebenen.

Anbaumethoden

Die Hacke war schon seit dem Beginn der Landwirtschaft in der Jungsteinzeit das wichtigste Werkzeug der Bodenbearbeitung; vor der Aussaat lockerte man damit den Boden – oft mit einer besonderen Breithacke; man hackte Unkraut und dünnte zu dicht stehende Pflanzen aus.

Um 2800 v. Chr., in der Frühbronzezeit, mag der Pflug erfunden worden sein; sicher nachweisen läßt er sich allerdings erst in der frühen Eisenzeit, um 1200 v. Chr. In biblischer Zeit ritzte der Pflug die Erde nur bis zu 10 cm tief auf; der Pflüger führte an einem langen Griff eine hölzerne, metallumkleidete Spitze, die von Tieren an einer Deichsel gezogen wurde. Beim Pflügen wurde meist zugleich das zuvor breitwürfig ausgestreute Saatkorn unter die Erde gebracht.

Korn, Wein und Öl waren die Hauptprodukte Palästinas (Dtn 7,13; Hos 2,10); hinzu kamen Feigen, Mandeln, Pistazien, Granatäpfel. In den Taleinschnitten lagen die größeren, zum Getreideanbau geeigneten Felder, der Gerste, die leichter wächst und früher reift, und des wertvolleren Weizens. Auf den schmalen Terrassenstreifen wuchsen vor allem Weinstöcke und Ölbäume, daneben andere Fruchtbäume, dazwischen Gemüse.

Ölbäume zog man heran, indem man auf kräftige Wildstämmchen Zweige des Kulturbaumes pfropfte. (Paulus veranschaulicht in Röm 11 am widersinnigen Aufpfropfen eines wilden Triebes auf den edlen Stamm, wie unglaublich die Erwählung der Heiden ist.) Ein Stück Land für die Anpflanzung von Reben herzurichten war mühselige Arbeit; Rebensetzlinge, aus Samen oder Ablegern großgezogen, waren kostbar (vgl. Jes 5,2; 7,23); doch einmal angelegt, mochte ein Weinberg jahrzehntelang Frucht bringen. (So wundert es nicht, daß das Anlegen eines Weinberges vom Kriegsdienst befreite – vgl. Dtn 20,6 –, ein junger Mann von seiner Liebsten als dem „Weinberg" sprechen mochte – vgl. Hld 8,12 – und Israel „Gottes Weinberg" hieß.)

1

2

3

1 Oberste Reihe links
Darstellung eines Pflugs auf einer assyrischen Stele des 7. Jhs. v. Chr. In Palästina nutzte man den Pflug vor allem in den Ebenen und Tälern.

2 Oberste Reihe Mitte
Getreidesilo aus Megiddo, 7. Jh. v. Chr. Überreste der in die Grube hinabführenden Treppe sind noch vorhanden.

3 Oberste Reihe rechts und 4 S. 85 Unten links
Die moderne Darstellung illustriert den Dreschvorgang in biblischer Zeit: Dreschschlitten wurden von Tieren über das Getreide gezogen, so daß die scharfen Steine unter dem Schlitten (Abb. 4) die Körner aus dem Spelt lösten.

5 Oben
Rekonstruktion des Hofes eines eisenzeitlichen Hauses mit Haushaltsgeräten. Die Wände sind aus unbehauenen Steinen gemauert. Die Trauben- oder Olivenpresse in der Mitte (5a) ist nach Resten eines Fundes vom Beginn des 4. Jhs. rekonstruiert: Die Früchte werden in einer Art Weidenkorb mit Hilfe eines steinbeschwerten Balkens zerquetscht, die Flüssigkeit in einer Vertiefung im Boden aufgefangen. Handmühle (5b) oder Mörser und Stößel (5c) dienten der Herstellung von Mehl. Ein Backofen (5d) von der dargestellten Größe wäre groß genug für ein ganzes Dorf. Unter den Nachzeichnungen eisenzeitlicher Tongefäße befindet sich u. a. auf der Bank (5e) ein in Tell Bet Mirsim gefundener Ölkrug, das Krüglein daneben diente als Schöpfgefäß; einen Kochtopf wie den beim Backofen (5f) fand man bei Hazor.

Grundbesitz

Bodengestalt und entsprechende Anbautechniken blieben nicht ohne Einfluß auf die jeweilige Grundbesitzordnung. Großräumige Bewässerung erforderte in den Flußoasen zentrale Planung: hier gehörte das Land zum großen Teil Herrschern und Tempeln (Gen 47,20–26) und wurde unter der Aufsicht von Beamten durch Dienstverpflichtete bearbeitet. Die städtische Oberschicht in den Ebenen Kanaans lebte meist vom Grundbesitz, den abhängige Dörfler für sie bearbeiteten. Auch in Israel nahm in der Königszeit die Zahl der Großgrundbesitzer zu, die Land verpachteten oder von Abhängigen bearbeiten ließen.

Das biblische Ideal der Grundbesitzordnung dagegen entspricht den Besonderheiten der Landwirtschaft in den Bergen: Mühselig errichtete Terrassen mußten von Generation zu Generation instand gehalten werden; vom Vater angelegte Wein- und Fruchtgärten brachten noch den Kindern Ertrag. In Israel galt Grundbesitz als „Erbe der Väter“ (1 Kön 21,3f), das die Familie selbst bearbeiten und das ihr erhalten bleiben sollte, damit sie nicht nur davon leben, sondern von ihrem Wohlstand auch anderen mitteilen konnte. Biblische Erntegesetze, die den Armen Anteil am Ertrag zusprechen (Ex 23,11; Dtn 14,28f; 23,25 u. a.), erinnern daran.

Ernte

Das reife Getreide wurde in biblischer Zeit noch ebenso wie in vorgeschichtlichen Epochen mit Sicheln geschnitten. Wenn auch die Feuersteinklingen längst durch eiserne Klingen ersetzt waren, die Ernte blieb arbeitsaufwendig. Wer eben konnte, half mit; auch fremde Arbeitskräfte wurden angeworben (vgl. Mt 9,37). Bei der Olivenernte erleichterte man sich die Mühe, indem man die Früchte mit Stöcken von den Bäumen schlug.

Gedroschen wurde das Getreide auf festem Boden oder glattem Felsen. Gewöhnlich zog ein Ochse einen unten mit Steinen besetzten, schweren Holzschlitten im Kreis über das ausgebreitete Getreide, so daß das Stroh gehäckselt und die Körner aus dem Spelt gelöst wurden. Das Häckselgut hob man u. a. für die Herstellung von Ziegeln auf; Spelt und Körner warf man mit Schaufeln oder breiten, flachen Worfelkörben in den Wind, damit die Spreu davonflog.

Trauben wurden meist schon im Weinberg in einer in den Felsen gehauenen oder gemauerten Kelter getreten; der so gewonnene Traubensaft floß in ein tiefer gelegenes Becken; ähnlich sahen Ölpressen aus.

Vorratskrüge für Korn, Wein und Öl, die 50 l und mehr faßten, standen in jedem Haus. In königlichen Vorratshäusern, wie man sie in Megiddo, Hazor oder Beerscheba fand, lagerten solche Tonkrüge in langen Reihen. Man hielt Vorräte auch in Silos, die entweder ummauert, wie z. B. in Megiddo, oder, wie an manchen Fundorten der Eisenzeit I, in den Felsen gehauen waren.

Nahrungszubereitung

Die Arbeiten von der Feldbestellung bis zur Ernte fielen hauptsächlich Männern zu; Frauenarbeit war die Zubereitung der Nahrung. Schon seit der Steinzeit verstand man die Kunst des Mahlens und Backens. Korn wurde mit der Handmühle gemahlen, eine langwierige Arbeit: Auf einem feststehenden Unterstein wälzte man eine bewegliche Steinrolle über das Korn. Das so hergestellte Mehl war stets mit Steinstaub vermischt, so daß das Brot auf die Dauer die Zähne abrieb.

Brot buk man in kleinen, gewölbten Tonöfen; man legte innen ein Feuer an, schabte die Glut heraus und ließ den Teig in der erhitzten Höhlung gar werden. Auch wurde Getreide als Brei angerichtet, geröstet oder zu Bier vergoren.

Als Gemüse kannte man vor allem Zwiebeln, Lauch, Bohnen und Linsen. Fleisch, meist von Ziegen und Schafen, selten von Rindern oder Vögeln, gab es fast nur bei Opferfesten, oder wenn man einen hohen Gast ehren wollte. Erst im späten Neuen Reich lernte man in Ägypten das Huhn kennen, in Palästina gewiß noch später. Fisch aß man in Altisrael höchstens in der Gegend um den See Gennesaret. Erst als das neutestamentliche Judäa als Teil des römischen Imperiums Zugang zum Meer besaß, wurde Fisch eines der üblichen Nahrungsmittel. Ähnlich wie Fleisch wurde Fisch gekocht, in Öl gebraten, getrocknet verzehrt oder auch eingelegt.

Öl war nicht nur Bratfett; es gehörte auch zu vielen Rezepten, war Grundlage von Soßen und, mit mancherlei Substanzen versetzt, Gewürz. Für Abwechslung im Geschmack der Speisen sorgten Salz, Zwiebeln, Knoblauch, Anis, Koriander, Kümmel, Dill, Thymian, Minze, Nüsse, Honig u. a. Auch Wein gehörte an manches Gericht. Vor allem aber war er, meist mit Wasser vermischt oder gewürzt, ein gesünderes Getränk als das oft unsaubere Wasser.

JUDA UND ISRAEL LEBTEN IN SICHERHEIT VON DAN BIS BEERSCHEBA; EIN JEDER SASS UNTER SEINEM WEINSTOCK UND SEINEM FEIGENBAUM, SOLANGE SALOMO LEBTE. 1 KÖN 5,5

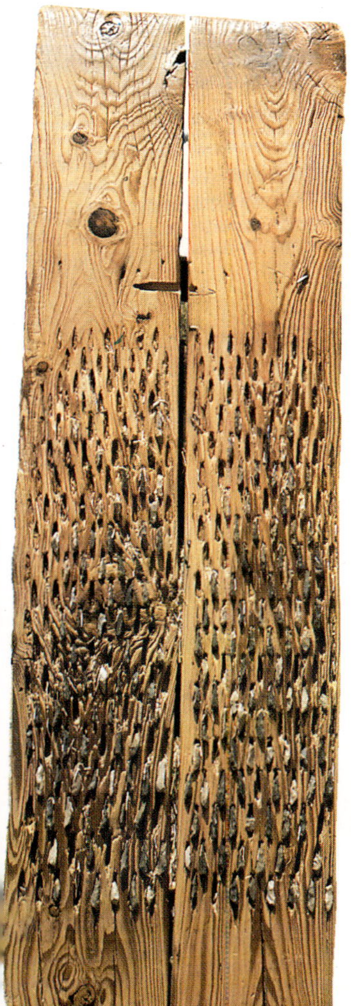

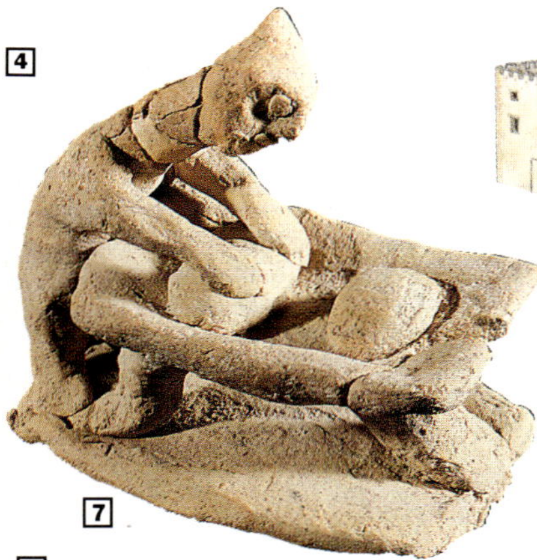

11 ***Oben***
Überreste eines Vorratshauses aus Hazor; gebaut zur Zeit des Königs Ahab von Israel.

12 ***Links***
Vorratshäuser in Megiddo, nach archäologischen Funden rekonstruiert. Man bezeichnet diese Gebäude oft als „Salomos Pferdeställe“; wahrscheinlicher handelt es sich um Vorratshäuser und Stallungen des 9. Jhs., aus der Zeit des Königs Ahab.

6 ***Oberste Reihe Mitte***
Bauernfrauen worfeln Getreide.

7 ***Mittlere Reihe Mitte***
Tonmodell einer Bauernfrau, die Teig knetet, aus Achsib, 8. Jh. v. Chr.

8 ***Unten***
Wasserhebevorrichtung mit Balkenhebel und Schöpfgefäß.

9 ***Unten Mitte***
Darstellung eines Bewässerungskanals auf einem Keulenkopf. Aus Hierakonpolis in Oberägypten, um 3000 v. Chr.

10 ***Unten rechts***
Hebebaum und Schöpfgefäß, dargestellt auf einem assyrischen Relief. Ninive, um 700 v. Chr.

Der bekannte israelische Archäologe *Yigael Yadin* bemerkte als erster, daß die Stadttore von Geser, Hazor, Megiddo, der Städte, die nach 1 Kön 9,15 Salomo erneuerte, einander im Bauplan und in den Maßen glichen. Im Innern lagen zu beiden Seiten der Torwege je drei Räume. Es ist zu vermuten, daß sie eher zivilen als militärischen Zwecken dienen, denn zur Stadt hin blieben die Torwege offen, verschließbar waren sie nur nach außen.

Die Stadtmauern der genannten Städte jedoch sahen verschieden aus: In Megiddo schloß sich eine massive Mauer an das Tor an; Geser besaß eine sogenannte Kasemattenmauer, bei der von innen her zahlreiche kleine Kammern in die Mauer eingelassen sind. Die Mauer von Geser gehörte wohl zu einer beim Stadttor gelegenen königlichen Festung. Torgebäude mit sechs Innenkammern, aber mit massiven Stadtmauern verbunden, fand man auch in Aschdod (10. Jh.) und in Lachisch (9.–8. Jh.). Wie die Befestigung einer Stadt beschaffen war, hing also wohl eher von deren Rang in der Staatsverwaltung, den Eigentumsverhältnissen und der strategischen Bedeutung ab als von einem eventuell den Baumeistern Salomos einheitlich vorgeschriebenen Bauplan.

DAS SALOMOREICH

Salomo als Bauherr

Die ersten Großbauten in Israel errichtete Salomo. Der internationale Handel und die zentrale Reichsverwaltung hatten ihm Reichtum verschafft; Arbeitskräfte fand er, indem er als erster König Israels den Frondienst einführte. Baumeister der befreundeten Phönizier brachten die für Israel neue Kunst des Bauens mit glatten, großen Quadern mit.

Das salomonische Jerusalem

Salomo machte aus der winzigen Davidsstadt eine prächtige Hauptstadt. Er erweiterte das Stadtgebiet Jerusalems um den Tempelberg, den er zu einer eindrucksvollen Akropolis gestaltete. Im Bereich der Davidsstadt kam bei Ausgrabungen eine etwa 15 m hohe schräge Aufmauerung zutage. Es dürfte sich dabei um die Stütze der Plattform handeln, auf der Salomos Bauten entstehen sollten. Wahrscheinlich ist diese Stützmauer in 1 Kön 9,15 als *Millo* (Auffüllung) erwähnt. Von Nord nach Süd sind hier die Jerusalemer Großbauten Salomos genannt: Tempel, Palast, Millo und Stadtmauern.

Mit Hilfe des Millo wurde das neue, für öffentliche Gebäude bestimmte Stadtgebiet, teils auf Kosten von Privathäusern, erweitert; zugleich markierte der Millo die Grenze zwischen dem unteren, bürgerlichen und dem oberen königlichen Stadtteil. Salomo vergrößerte die Stadt von schätzungsweise 4–5 auf 8–15 ha, nicht weil die Bevölkerung gewachsen wäre – Jerusalem wird in der Salomozeit um 1500 Einwohner gehabt haben –, sondern weil Größe und Pracht königlicher Bauten der Hauptstadt der vereinten Reiche Israel und Juda entsprechenden Glanz verleihen sollten.

Der Tempel und seine Höfe beanspruchten, wahrscheinlich in dem am höchsten gelegenen Bezirk am Nordende der Stadt, beträchtlichen Raum. Wie man sich den Palast vorzustellen hat, ist weniger klar. Die unten abgebildete Rekonstruktion geht davon aus, daß alle Teile des Palastes ein einziges zusammenhängendes Gebäude bildeten. Der Palastbezirk würde so jedoch relativ bescheiden wirken;

Die Stadttore von Geser, Hazor, Megiddo, Lachisch und Aschdod

	Außenmaße		Breite des Torwegs	Mauerstärke		Torkammern		Vorplatz	
	Breite	Tiefe		Außenmauer	Quermauer	Breite	Länge	Breite	Länge
Geser	16,96 m	16,96 m	4,08 m	1,57 m	1,57 m	2,69 m	4,46 m	5,00 m	3,00 m
Hazor	18,18 m	20,05 m	4,16 m	1,57 m	1,57 m	3,00 m	4,46 m	6,09 m	4,46 m
Megiddo	17,05 m	20,01 m	4,23 m	1,46 m	2,07 m	2,74 m	4,77 m	6,05 m	3,47 m
Lachisch	24,48 m	25,00 m	5,18 m	2,74 m	2,18 m	2,74 m*	5,96 m	5,96 m	6,05 m*
Aschdod	18,38 m	20,78 m	4,87 m	1,67 m	1,92 m	3,29 m*	5,00 m	10,00 m	3,67 m

* Durchschnittsmaß

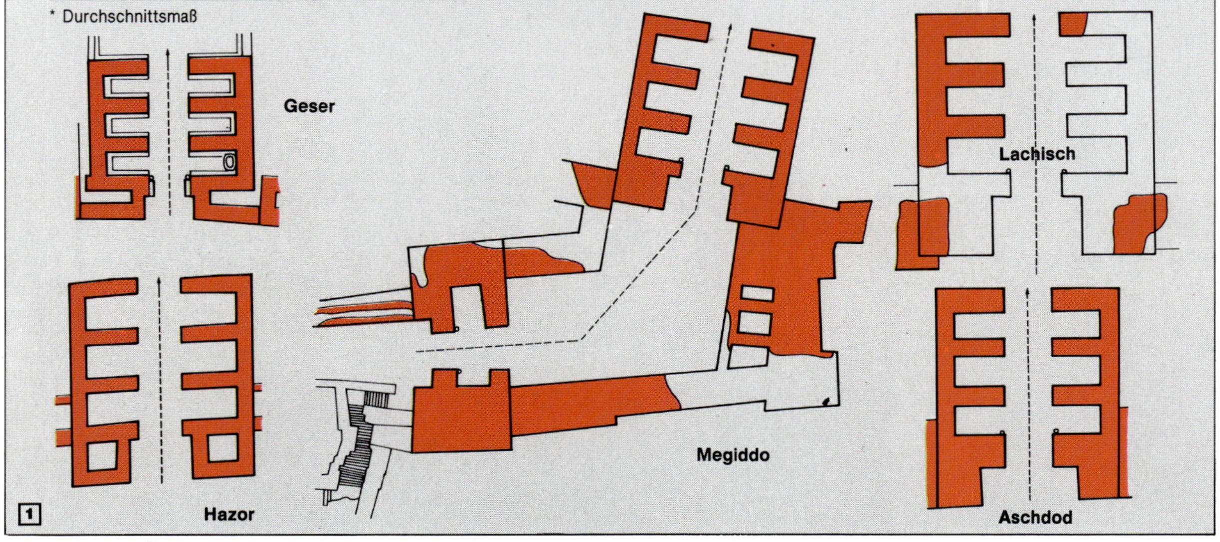

1

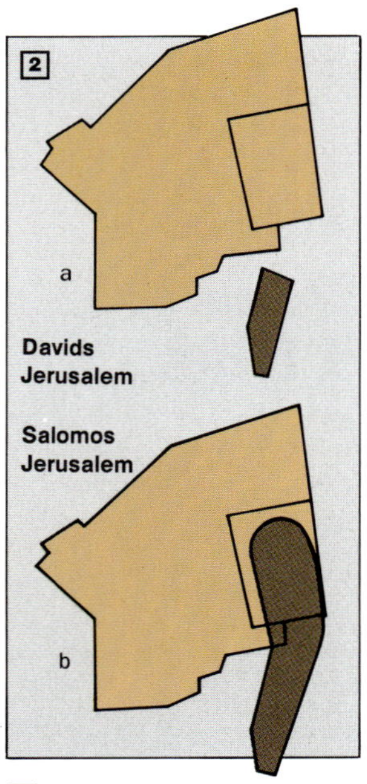

1 Links
Die im 10. Jh. v. Chr. gebauten Stadttore von Geser, Hazor, Megiddo, Aschdod und das im 9.–8. Jh. gebaute Tor von Lachisch haben mit ihren je drei Torkammern zu beiden Seiten des Durchgangs auffällig ähnliche Grundrisse. Das Tor von Megiddo ist zusätzlich durch eine Mauerpassage gesichert, die Angreifer zwingt, den Verteidigern auf der Stadtmauer die linke (= ungeschützte) Seite zuzuwenden.

2 Links
Die beiden Skizzen zeigen, wie man sich die Lage der Davidsstadt (a) und des von Salomo vergrößerten Jerusalem (b) (beide dunkelbraun) im Vergleich zur heutigen Altstadt Jerusalems (hellbraun) vorzustellen hat.

3 Unten
Die Abbildung gibt Vorstellungen eines modernen Zeichners vom salomonischen Jerusalem wieder, gestützt auf Angaben in der Bibel und Ergebnisse moderner Archäologie. Seit 1864, als *Charles Warren* erste Untersuchungen in Jerusalem durchführte, sind zahlreiche Kenntnisse über das salomonische Jerusalem zusammengetragen worden: sowohl über die ursprüngliche Landschaftsgestalt, die z. T. heute unter dicken Schuttschichten verborgen ist, als auch über den Verlauf der Stadtmauer, die Lage der Wohnhäuser und der öffentlichen Gebäude. Weitere Einsichten vermittelten Vergleiche mit anderen, archäologisch leichter zu erschließenden Städten aus der gleichen Zeit.

3 Salomos Jerusalem

zudem legt ein Vergleich mit der aus dem 9.–8. Jh. stammenden Akropolis der neuhetitischen Stadt *Sam'al* (Sindschirli; vgl. Abb. 6) nahe, daß auch Salomos Palast eher aus mehreren, um einen Hof gruppierten Gebäuden bestand.

In der Salomozeit wurde vielleicht auch der Zugang zu der Gihonquelle weiter ausgebaut, den man nach seinem Entdecker *Warrenschacht* nennt (2 Sam 5,8 zeigt, daß schon das vordavidische Jerusalem einen solchen „Schacht“ besaß, vgl. S. 78 Abb. 2).

Der Tempel Salomos

Da gründliche archäologische Forschungen in dem auch heute noch als heilig verehrten Tempelbezirk unmöglich sind, haben Generationen von Bibelgelehrten, Historikern, Architekten und Archäologen immer neu die detailreichen biblischen Beschreibungen des Tempels in 1 Kön 6–8, 2 Chr 3 und in der Vision Ezechiels in Ez 40–42 untersucht und verglichen.

Diese Texte sind besser zu verstehen, seitdem Archäologen mehrere vergleichbare altorientalische Tempel entdeckten. Wichtig war vor allem die Erkenntnis von *T. A. Busink*, daß die biblische Dreiteilung des Salomotempels in Vorhalle *(ulam)*, Heiligtum *(hekal)* und Allerheiligstes *(debir)* nicht eine Beschreibung der Architektur ist, sondern kultisch bedeutsame Teile des Tempels bezeichnen. Heiligtum und Allerheiligstes liegen nämlich in einem einzigen Gebäude, das in der Bibel „das Haus“ genannt wird (1 Kön 6,2.3.18 u.a.). Das Allerheiligste war wahrscheinlich ein großes Gehäuse aus kostbaren Zedernbalken, das hinten im „Haus“ aufgestellt war. Die Vorhalle wird ein unbedeckter, vorn offener Durchgang an der Vorderseite des „Hauses“ gewesen sein, den rechts und links zwei Mauern schützten.

Nach den Angaben der Bibel war das „Haus“ 60 Ellen lang, 20 Ellen breit und 30 Ellen hoch (etwa 30, 10 und 15 m); an drei Seiten umgaben es niedrigere Vorratskammern. Zwei freistehende, bronzene Säulen, *Jachin* und *Boas* genannt, standen vor dem Tempel, wahrscheinlich zwischen den Mauern der Vorhalle. Im Grundriß entspricht der Salomotempel den Langhaustempeln der Mittel- und Spätbronzezeit, die man mehrerenorts in Syrien ausgegraben hat (vgl. S. 88f).

Der Opferkult wurde im Freien vollzogen; im Hof vor dem Tempel standen der Opferaltar, das *eherne Meer* (ein großes Wasserbecken aus Bronze) und zehn Fahrgestelle mit kleineren Wasserbecken. Das kostbar ausgestattete *Heiligtum* war für gewöhnliche Kultteilnehmer unzugänglich, erst recht das *Allerheiligste*. In diesem den Blicken entzogenen Gehäuse im Inneren des „Hauses“ ließ Salomo die Bundeslade aufstellen, das altisraelitische Heiligtum, das David nach Jerusalem geholt hatte und das schon vor der Königszeit als heiliges Symbol der Gegenwart des Gottes Israels verehrt worden war. Auf diese Weise gewann der nach heidnischen Vorbildern gebaute Tempel sein besonderes Gepräge und wurde ein Ort, an dem der Gott Israels verborgen gegenwärtig war.

KÖNIG SALOMO LIESS LEUTE AUS GANZ ISRAEL ZUM FRONDIENST AUSHEBEN ... ER LIESS MÄCHTIGE, KOSTBARE STEINE BRECHEN, UM MIT QUADERN DAS FUNDAMENT DES TEMPELS ZU LEGEN. DIE BAULEUTE SALOMOS BEARBEITETEN MIT DEN BAULEUTEN HIRAMS (VON TYRUS) UND DEN GEBALITERN (VON BYBLOS) DAS HOLZ UND DIE STEINE UND RICHTETEN SIE HER FÜR DEN BAU DES TEMPELS.
1 KÖN 5,27.31–32

4

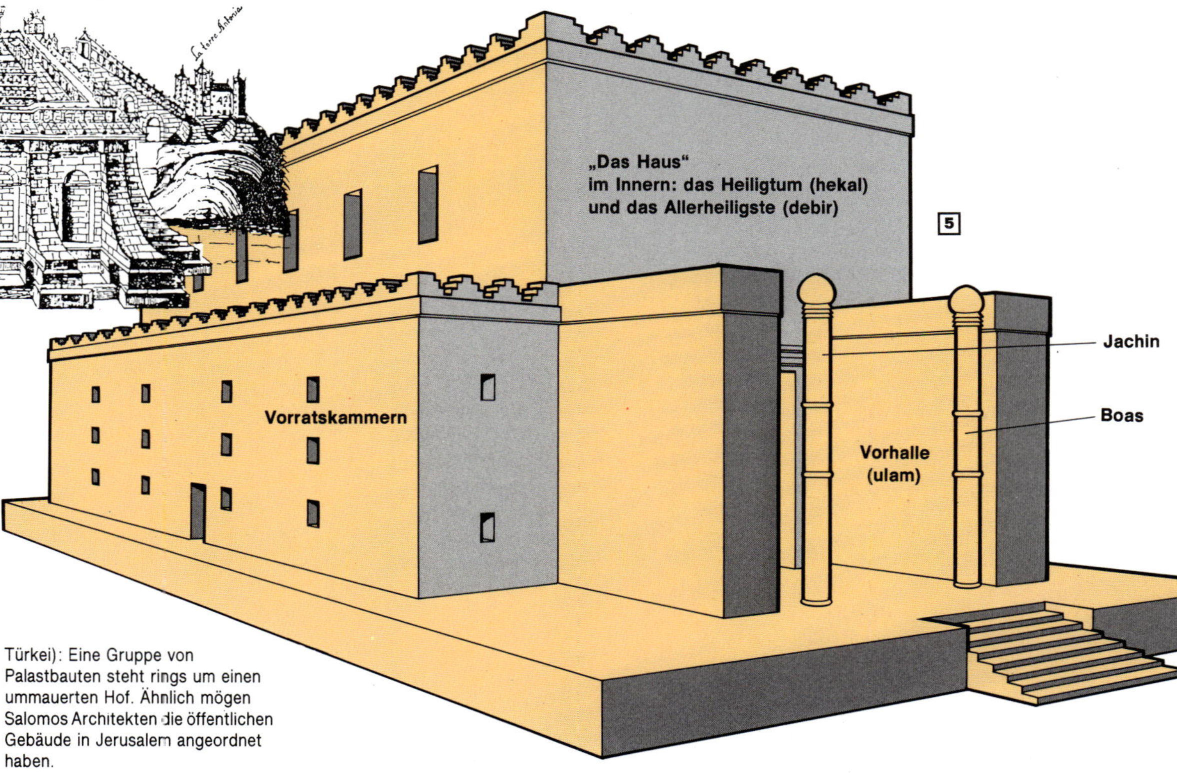

4 Oben
Der jüdische Gelehrte *Yehuda Aryeh Leone* entwarf 1641 ein Bild des Salomotempels und dreier weiterer Bauten Salomos sowie der Burg Antonia, bei dem er sich jedoch viel von der Architektur seiner eigenen Zeit anregen ließ.

5 Rechts
Eine moderne Rekonstruktionszeichnung des Salomotempels mit der Vorhalle und ihren beiden Säulen, dem „Haus“, das im Inneren Heiligtum und Allerheiligstes birgt, und den an das Haus in drei Stockwerken angelehnten Kammern. In 1 Kön 6,2–6 heißt es: „Das Haus, das König Salomo für den Herrn baute, war sechzig Ellen lang, zwanzig Ellen breit und dreißig Ellen hoch. Die Vorhalle vor dem Hauptraum des Hauses war zwanzig Ellen breit, entsprechend der Breite des Hauses, und zehn Ellen tief in der Längsrichtung des Hauses. Er machte für das Haus Fenster mit Rahmen und Gittern. An die Wände des Hauses, und zwar an die Wände des Hauptraums und des hinteren Raumes, legte er ringsum einen Anbau mit Kammern. Dieser war im Untergeschoß fünf Ellen, im mittleren sechs und im dritten sieben Ellen breit; die Außenwand des Hauses hatte er abgestuft, um sie nachher nicht beschädigen zu müssen.“

6 Unten rechts
Plan der neuhetitischen Stadt von *Sindschirli* (das Sam'al des 9. und 8. Jhs. v. Chr. im Südosten der Türkei): Eine Gruppe von Palastbauten steht rings um einen ummauerten Hof. Ähnlich mögen Salomos Architekten die öffentlichen Gebäude in Jerusalem angeordnet haben.

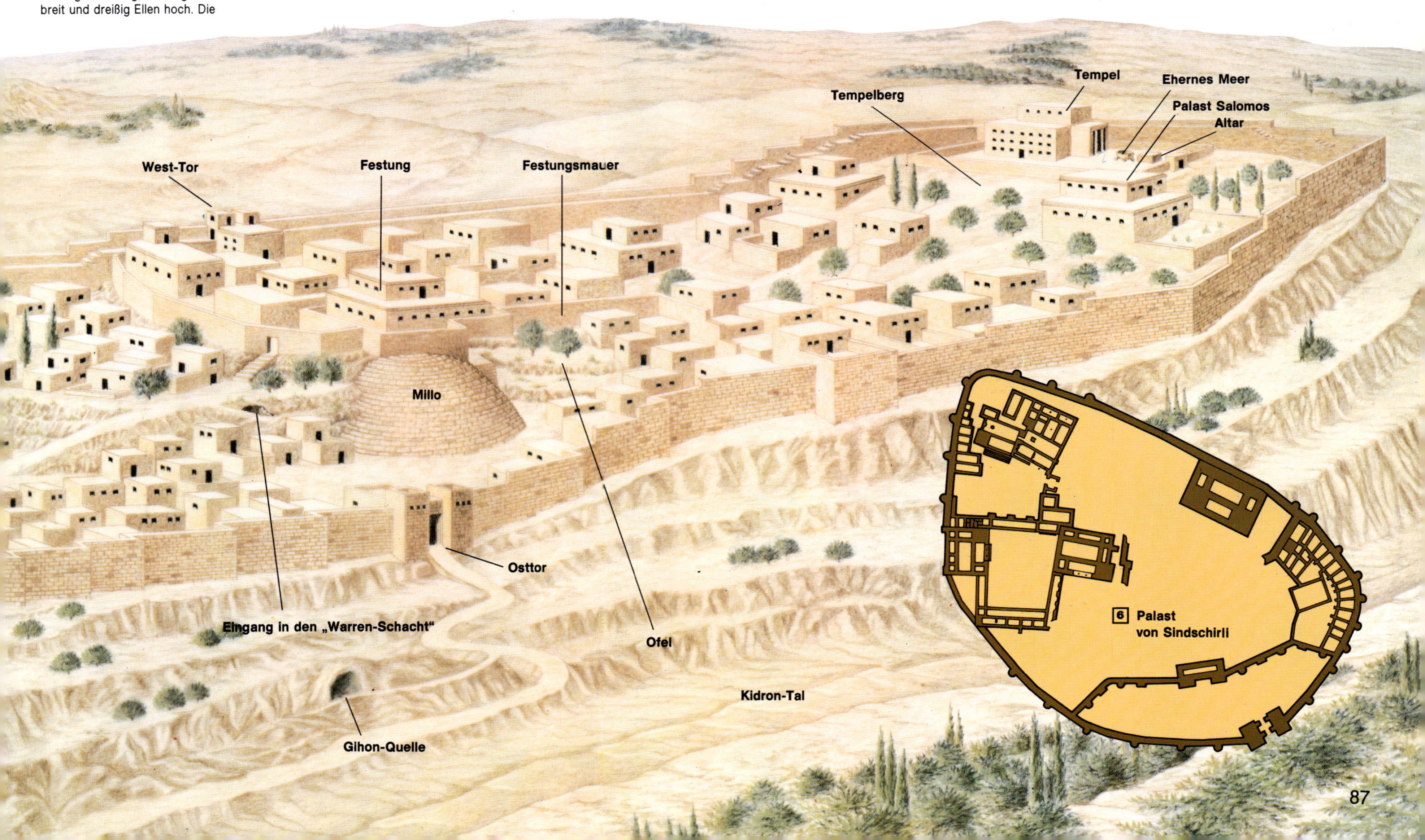

Tempel galten in Kanaan als Abbild der kosmischen Wohnungen der Götter, als Orte göttlicher Gegenwart. Der Kult fand zum größten Teil draußen vor dem Tempel in einem ummauerten Hof statt. Hier überbrachte man Abgaben, befragte Orakel, opferte und feierte kultische Mahle.

Kupfersteinzeit (um 5000–3150 v. Chr.)
Einer der am besten erhaltenen Tempel dieser frühen Zeit, aus En–Gedi (Abb. 2), stammt vom Ende der Epoche. Es handelt sich um einen Breitraum mit einem Eingang an einer Langseite und einem Nebenbau, beide von einem Hof aus zu betreten, in dessen Mitte sich ein ummauertes Becken befand. Ein einfaches Tor und ein Torhaus waren in die Hofmauer eingefügt.

Ähnliche Bauten fand man in Telelat Ghassul, Megiddo, Ai und, aus etwas späterer Zeit, in Arad.

Frühbronzezeit (um 3150–2200 v. Chr.)
Seit der Frühbronzezeit gibt es den typisch kanaanäischen Breitraumtempel. Drei Beispiele dafür fand man in Megiddo, alle drei von einem Vorhof aus durch eine offene Vorhalle zu betreten. Der älteste davon entstand um 2500 v. Chr.; zwei Säulen stützten sein Dach; an der Rückwand, dem Eingang gegenüber, führten vier Stufen zu einem Altar hinauf; hinter dieser Rückwand, südlich des Tempels, lag in einem ummauerten Hof eine *Kulthöhe*, mit einem Durchmesser von 7,60 m und einer Höhe von 1,50 m. Stufen führten hinauf; die Steine waren noch mit dem Ruß der Opferfeuer bedeckt (Abb. 4).

DAS SALOMOREICH

Tempel in Palästina

Seit es menschliche Siedlungen gibt, gibt es Heiligtümer. Die ersten lagen unter freiem Himmel, für Ausgräber eventuell an der Umfriedung zu erkennen. Viele Heiligtümer wurden über lange Zeit unter wechselnden Kulturen immer wieder an derselben Stelle erneuert. Die frühesten Tempel Palästinas gehörten zum Breitraum–Typ; der Salomotempel ist ein Beispiel des späteren Langhaustempels.

Mittlere Bronzezeit (um 2200–1550 v. Chr.)
Die Tempel in Megiddo wurden am Ende der Frühbronzezeit zerstört; einer davon erstand neu: An die Stelle des Altars im Inneren trat dabei eine erhöhte Nische, die älteste Kultnische, die man bisher in Palästina fand.

Einen Breitraumtempel grub man auch in Naharija aus. Kleine Keramikschalen mit je sieben Bechern, die man auf dem Hof entdeckte, dienten wohl als Gefäße für Opfer und Kultmahle. Tontauben, die zu den meisten dieser Schalen gehören, weisen darauf hin, daß der Tempel der Göttin *Astarte* geweiht war.

In der Mittleren Bronzezeit baute man auch festungsartige *Migdaltempel* (Turmtempel) mit dicken Mauern und einem turmähnlichen Eingang, u. a. in Megiddo, Sichem (Abb. 9), Tel Kittan und Hazor.

Spätbronzezeit (um 1550–1200 v. Chr.)
Zahlreiche spätbronzezeitliche Tempel sind in Palästina ausgegraben worden, an manchen Orten gleich mehrere. Viermal übereinander wurde in Hazor an derselben Stelle ein Tempel gebaut; an den Schichten ist die Entwicklung vom Breitraum– zum dreigeteilten Langraumtempel (mit Vorhalle, Hauptraum und eingebauter Kultnische; vgl. die Aufteilung des Salomotempels) abzulesen. Die beiden älteren Tempel, der älteste aus der Mittelbronzezeit, gehören noch zum Breitraum–Typ mit Kultnische.

Beim zweitältesten (Abb. 8) stand in einem gepflasterten, mit einer Abflußrinne versehenen Vorhof ein Brandopferaltar. Man betrat den Hof durch ein Torgebäude; Bänke standen an dessen Seiten und je eine kleine, erhöhte Plattform oder ein Tisch rechts und links vom Eingang (vgl. die Beschreibung des Nordtores in Ez 40, 36–43). Im Vorhof aufgefundene Leber–Modelle aus Ton dienten einst den Orakelgebern; eines davon trägt eine akkadische Inschrift (Abb. 7).

Beim jüngsten der vier Tempel erinnern zwei Säulen zu beiden Seiten des Eingangs an die Säulen vor dem Salomotempel. Der Hauptraum dieses Tempels barg verschiedene Kultgegenstände, Trankopfertische, Weihrauchaltäre, Siegel, kleine Bronzefiguren, ferner die Basaltstatue einer Gottheit auf einem Stier, die auf der Brust einen vierzackigen Stern in einem Kreis trug. Das gleiche Emblem schmückt einen Räucheraltar und eine der sieben in der

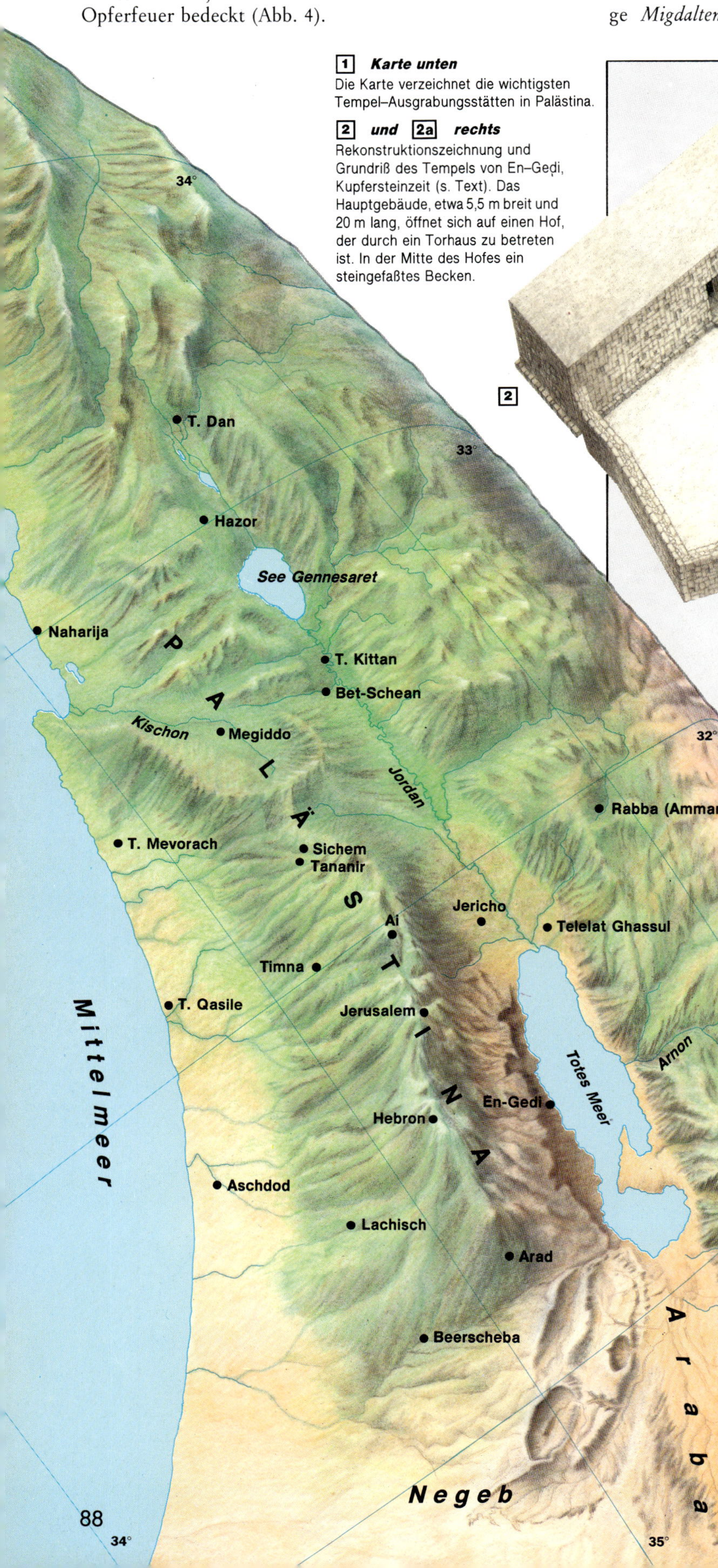

1 ***Karte unten***
Die Karte verzeichnet die wichtigsten Tempel-Ausgrabungsstätten in Palästina.

2 ***und*** **2a** ***rechts***
Rekonstruktionszeichnung und Grundriß des Tempels von En-Gedi, Kupfersteinzeit (s. Text). Das Hauptgebäude, etwa 5,5 m breit und 20 m lang, öffnet sich auf einen Hof, der durch ein Torhaus zu betreten ist. In der Mitte des Hofes ein steingefaßtes Becken.

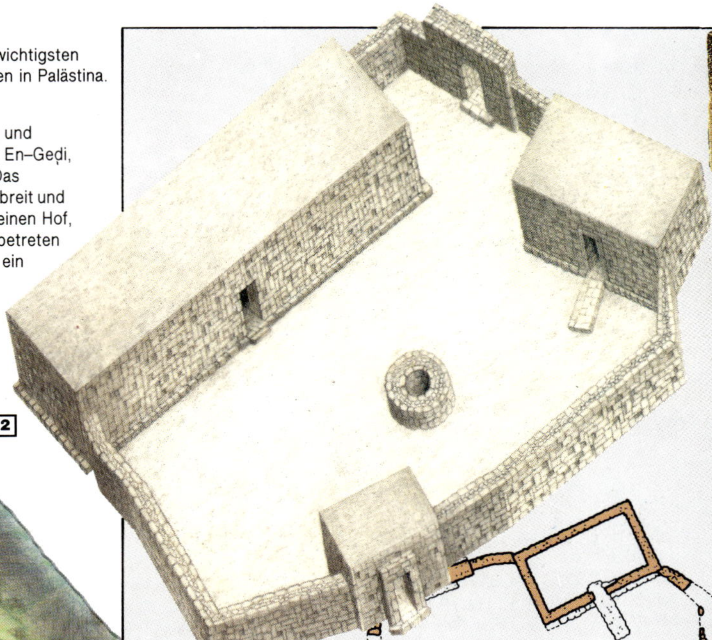
2

3

4

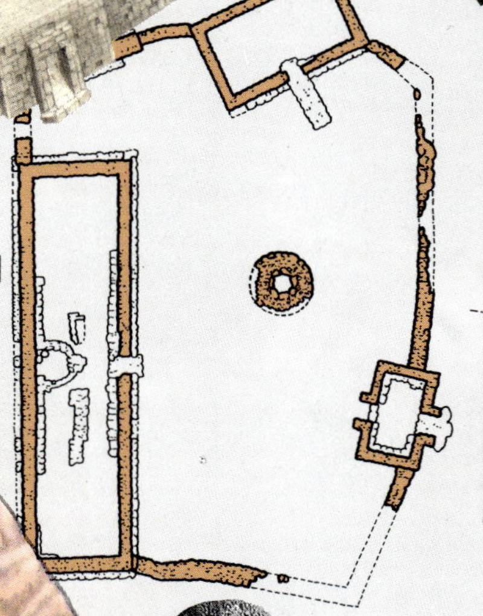
2a

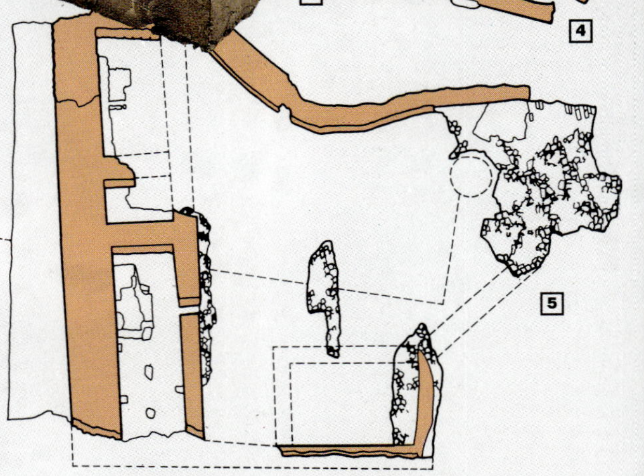
5

6

7

8

Nähe entdeckten Stelen. Vor allem der Stier weist darauf hin, daß der Tempel dem kanaanäischen Wettergott *Baal* geweiht war.

Ein anderer spätbronzezeitlicher Tempel aus Hazor, der sogenannte *Stelen–Tempel* (Abb. 14 und 15), gehört zum Breitraum–Typ. Bänke an den Wänden und geglättete Steine auf dem Boden dienten als Opfertische. In der erhöhten Kultnische standen zehn Basaltstelen und die Statue eines sitzenden Mannes, der eine Schale und auf der Brust das Zeichen der umgekehrten Mondsichel trägt. Eine der Stelen ist mit einem Relief versehen. Die Symbole deuten wohl darauf hin, daß man in diesem Tempel den Mondgott verehrte.

Daß die spätbronzezeitlichen Tempel von Bet–Schean stark ägyptisch geprägt sind, ist nicht verwunderlich, denn die Stadt wurde fast die ganze Epoche hindurch von Ägyptern beherrscht; vergleichbarer ägyptischer Einfluß fällt auch an einem Gebäude aus Lachisch auf.

In Tell Mevorach bedeckte der spätbronzezeitliche Tempelkomplex einen ganzen Hügel. Bemerkenswert ist hier der Fund einer gekrümmten Bronzeschlange, vergleichbar einer Kupferschlange der gleichen Zeit aus Timna.

Die mehrfach übereinander erneuerten Gebäude aus Lachisch, die unter dem Namen *Grabentempel* bekannt sind, waren wohl keine Heiligtümer. Die für Tempel ungewöhnliche Bauweise und die riesige Menge großenteils unbenutzter Keramik innerhalb und außerhalb der Bauten lassen eher an eine Töpferwerkstatt denken.

Eisenzeit (um 1200–600 v. Chr.)

Am Ende der Bronzezeit wurden viele Städte in Palästina zerstört und Tempelbezirke – z. B. in Megiddo, Sichem und Hazor – aufgegeben. In Bet–Schean jedoch, das nach wie vor von Ägypten kontrolliert wurde, bestand die alte Kulttradition fort (vgl. Abb. 10). Aber auch in neu errichteten eisenzeitlichen Tempeln lebten Traditionen der Spätbronzezeit weiter.

Bisher sind freilich nur zwei eisenzeitliche Tempelbauten einwandfrei identifiziert: eine Serie von übereinanderliegenden Tempeln der Philister in Tell Qasile und ein in Arad ausgegrabener israelitischer Tempel.

Der Tempel von Arad (Abb. 11) ist insofern besonders interessant, als es sich hier um den einzigen Beleg dafür handelt, daß es, wie die Bibel bezeugt (vgl. S. 101f), außer dem Jerusalemer Tempel noch andere JHWH–Heiligtümer gegeben hat. Da es unmöglich ist, den auch heute heiligen Jerusalemer Tempelbezirk archäologisch zu erforschen, liefert allein der Tempel von Arad konkretes Anschauungsmaterial für einen solchen Tempel. Er zeigt, wie nah Israel im Tempelbau mit seinen Nachbarvölkern verwandt war.

Der Tempel wurde um 900 v. Chr. in der Nordwestecke der Festung von Arad errichtet. In seiner Anlage unterscheidet er sich deutlich vom Jerusalemer Tempel. Dieser war ein Langhaus, das von der einen Schmalseite aus zu betreten war, und in dessen Hintergrund, quer vor der ganzen zweiten Schmalseite, der *Debir,* das Allerheiligste, lag. Der Tempel von Arad dagegen ist ein Breitraumtempel, zu betreten durch eine Tür in einer Breitseite. Der Hauptraum war rings mit Bänken umgeben. In einer der Breitseiten, der Tür gegenüber, befand sich eine Vertiefung, die Kultnische. Symbol der Anwesenheit Gottes im Jerusalemer Tempel war die *Lade;* in Arad stand statt dessen in der Kultnische eine *Massebe,* ein aufgerichtetes Steinmal, auf den Stufen davor zwei Räucheraltäre. Israel hat das Symbol des Steinmales in seiner Frühzeit von den Nachbarvölkern übernommen. Erst die Propheten des 8. Jhs. polemisierten gegen die Masseben.

Gemeinsam mit dem Jerusalemer Tempel hat der Tempel von Arad die Anordnung der für den Kult wichtigen Elemente auf einer nach Osten ausgerichteten Achse, die Aufstellung des Gottessymbols im hintersten, abgesonderten Raum, ferner zwei Säulen am Eingang zum Hauptraum, die an *Jachin* und *Boas* erinnern, die Säulen vor dem Salomotempel, und schließlich die Breite des Tempels, 20 Ellen. Die Tiefe dagegen betrug in Jerusalem 60, in Arad nur 6 Ellen. Beiden Tempeln gemeinsam war auch der Vorhof mit dem Brandopferaltar. In Arad stand er im größeren äußeren Teil des zweigeteilten Hofes und war entsprechend dem Altarbaugesetz von Ex 20,25 aus unbehauenen Steinen errichtet. Den beiden kleinen Räucheraltären von Arad (30 cm und 51 cm hoch), die am Eingang zur Kultnische standen, entspricht der Räucheraltar im Inneren des Salomotempels (vgl. 1 Kön 6,20; 7,48). Doch gegen Ende des 7. Jhs. mußte dieser Tempel der Reformbewegung weichen, die als einzig legitimes Heiligtum Israels nur den Jerusalemer Tempel gelten ließ: Mitten durch den Breitraum wurde eine Kasemattenmauer gezogen.

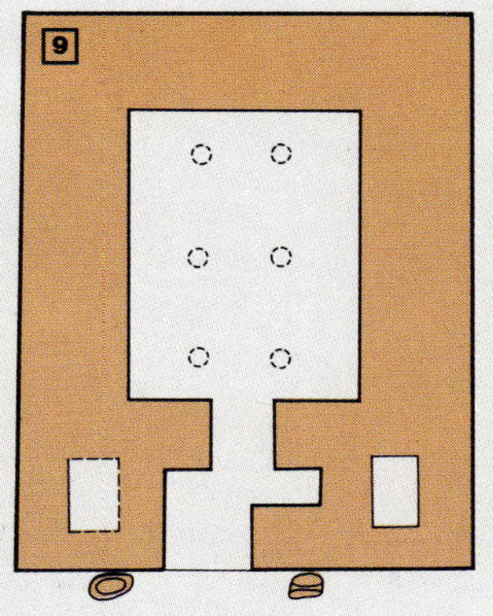

9

3 S. 88 obere Reihe Mitte
Ein Hörneraltar aus Kalkstein, 53 cm hoch, aus Megiddo; 10. Jh. v. Chr. Die Hörner sind Symbole der Kraft.

4 S. 88 obere Reihe rechts
Plan eines Tempels aus Megiddo, Frühbronzezeit III, mit Hof, Vorhalle, Altarraum und einer Kulthöhe hinter der südlichen Rückwand (s. Text). Der Altarraum ist 9 m mal 14 m groß.

5 S. 88 mittlere Reihe rechts
Plan eines Tempels aus Megiddo vom Ende der Kupfersteinzeit. Der am besten erhaltene Raum ist 3,9 m breit.

6 S. 88 untere Reihe links
Kanaanäischer Würdenträger, bronzene Schmuckplatte aus Hazor, Spätbronzezeit, 9 cm hoch.

7 S. 88 untere Reihe Mitte
Zwei Fragmente von Leber–Modellen aus Ton, benützt im Orakelwesen. Aus Hazor, 15. Jh. v. Chr. Das größere Stück ist 7,6 cm lang.

8 S. 88 untere Reihe rechts
Tempel aus Hazor, Spätbronzezeit I (s. Text): Durch ein Torgebäude betritt man den gepflasterten Hof mit Altar, Becken und Abwasserrinne. Durch eine Vorhalle kommt man in das breiträumige Heiligtum mit der verdeckten Kultnische. Das Gebäude ist 18 m tief und 20 m breit.

9 Links
Festungstempel, Sichem, Mittelbronzezeit, 26 m mal 21 m.

10 Unten
Tempel aus Bet–Schean, in Gebrauch von der Spätbronzezeit bis in die Eisenzeit I (s. Text), die Maße: ca. 15 m lang, 13,10 m bis 14,17 m breit.

11 Unten, Fotografie
Das Heiligtum des israelitischen Tempels von Arad (s. Text): auf den Stufen zwei Räucheraltäre, in der Kultnische (0,5 m zu 0,75 m) zwei Masseben (Kultsteine) aus verschiedenen Zeiten.

12 Ganz unten
Frühbronzezeitlicher Doppeltempel aus Arad: der rechte, mit Bänken umgeben, mißt 4,87 m zu 10,36 m, der andere, etwas größer, könnte aber aus drei Räumen bestanden haben.

13 Rechts
Zylinderförmiger, mit Fenstern durchbrochener Weihrauchständer aus Bet–Schean; restauriert; 65 cm hoch.

14 Rechts außen, oben
Fotografie der Rekonstruktion eines kanaanäischen Heiligtums von Hazor aus dem 13. Jh (s. Text) mit der Statue eines sitzenden Mannes, 10 Kultstelen und einem Opfertisch.

15 Rechts, Mitte
Der Stelentempel von Hazor (Abb. 14); Grundriß: 4,65 m zu 3,35 m.

16 Ganz rechts
Reliefgeschmückte Stele aus dem Stelentempel von Hazor (Abb. 14 und 15). Zwei Hände sind zu einer Mondsichel und einer Scheibe emporgereckt.

13

14

16

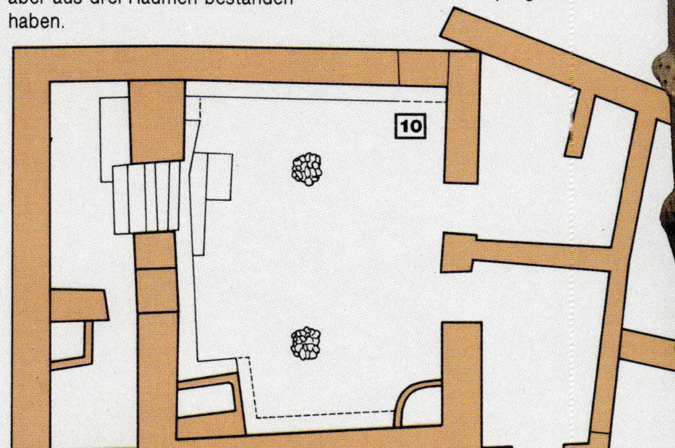

10

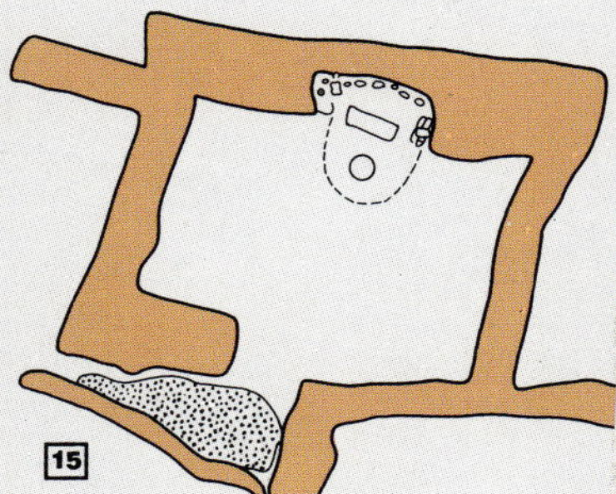

15

17 Unten
Darstellung eines Reinigungsrituals; aus Susa (im Osten Mesopotamiens); 12. Jh. v. Chr.; etwa 7,5 cm hoch. Ähnliche Szenen mag es im Tempelkult Palästinas gegeben haben.

11

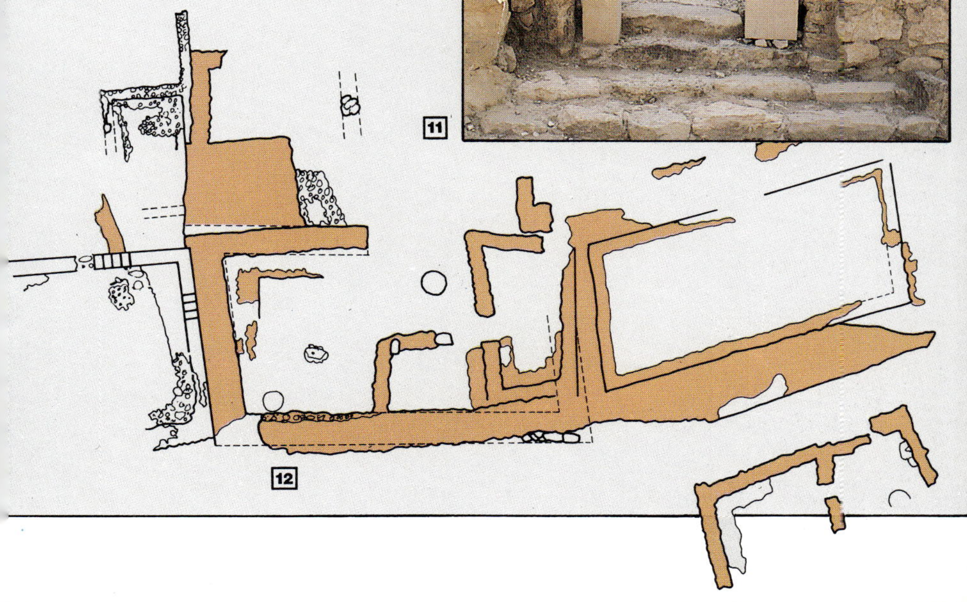

12

17

Phönizier und Israeliten sind Erben Kanaans, vor allem durch ihre miteinander verwandten Sprachen. Ungebrochen entwickelten sich Kanaans Kultur und Religion jedoch nur in den phönizischen Städten fort. Unterschiede zwischen beiden Völkern sind auch auf geographische Gegebenheiten zurückzuführen. Während Israel von der Landwirtschaft lebte, zog es die Phönizier von ihrem fruchtbaren, aber schmalen Küstenstreifen aufs Meer. Ihr Land besaß wertvolle Rohstoffe, vor allem das Holz des Libanon und den von der Purpurschnecke gewonnenen, begehrten Farbstoff. Zudem waren die Phönizier wie ihre kanaanäischen Vorfahren (S. 44 und S. 52) Seeleute, Händler und geschickte Handwerker, die wertvolle Waren aus Bronze, Elfenbein, Edelmetallen und Textilien herzustellen und zu verkaufen verstanden.

Sie fanden im ganzen Mittelmeer und darüber hinaus Märkte und Rohstoffquellen an Orten, die man im Alten Orient bis dahin nicht gekannt hatte. Ihre Schiffe (die Bibel nennt sie *Tarschischschiffe*) fuhren sogar über die Straße von Gibraltar hinaus. Aus Afrika beschafften sie Gold, Elfenbein, Sklaven, aus Spanien Erze, vor allem Silber und Zinn, aus Zypern Kupfer. Produkte, die ihnen unbekannt waren, wie Fayencen und Glas, importierten sie zuerst aus Ägypten für den Verkauf, dann ahmten sie sie nach und produzierten sie selbst.

Phönizische Handelsvertreter und Handwerker (Kunstschmiede, Elfenbeinschnitzer, Siegelschneider u. a.) arbeiteten in vielen fremden Ländern; zuerst zeitweilig, allmählich an festen Handelsplätzen. Diese bestanden oft nur aus einem Kontor und einem Warenlager, wie man sie in Toscanos (Spanien) und Motya (Sizilien) fand. Mancherorts aber erwuchsen daraus feste Siedlungen, Kolonien der Mutterstädte Tyrus und Sidon. An den Seerouten der Phönizier entstand so ein ganzes Netz phönizischer Orte auf Inseln und an Küsten des Mittelmeers.

Nach Angaben griechisch–römischer Autoren sollen Gades in Südspanien, Utica und Lixus in Nordafrika um 1100 v. Chr. gegründet worden sein; nachweisen läßt sich das nicht. Früheste – umstrittene – Zeugnisse für die Anwesenheit der Phönizier im westlichen Mittelmeer stammen aus dem 9. Jh. v. Chr. Doch im 8. Jh. gab es bereits viele blühende phönizische Kolonien, u. a. in Südspanien in dem erzreichen Gebiet am Guadalquivir (den die Griechen Tartessos nannten und wo man darum das biblische Tarschisch sucht).

In Zypern ist schon vom 11. Jh. v. Chr. an phönizischer Einfluß festzustellen; im 9. Jh. entstand Kition (heute: Larnaka) als tyrische Siedlung. Aus der frühen Eisenzeit stammen phönizische Funde auf Kreta; etwa gleichzeitig müssen Phönizier nach Sizilien und Sardinien gekommen sein. Seit dem 9. Jh. beschleunigten die Phönizier den Ausbau der Kolonien, weil die asiatischen Mutterstädte bedroht waren: Die Assyrer sahen begehrlich auf deren Reichtum und verlangten immer neu schweren Tribut.

DAS SALOMOREICH

Israels Beziehungen zu den Phöniziern

Nach dem Untergang der spätbronzezeitlichen Kultur war nur ein schmaler Küstenstreifen zwischen Akko und Arwad kanaanäisch geblieben. Als unmittelbare Nachkommen der Kanaanäer lebten hier in der Nachbarschaft Israels die Phönizier. Sie nützten den Frieden, der in Israel die Entstehung des Salomoreiches begünstigt hatte, um ein Handelsnetz über das ganze Mittelmeer hinweg aufzubauen. David und Salomo pflegten Freundschaft mit dem phönizischen König von Tyrus.

Die größte phönizische Kolonie war Karthago („Neustadt") in Nordafrika, auf halbem Wege der Seestrecke nach Südspanien gelegen. Sie wurde nach römischer Überlieferung 814 v. Chr. gegründet, auf dem Höhepunkt phönizischer Präsenz im Mittelmeer. Früheste archäologische Funde stammen allerdings bisher erst vom Anfang des 8. Jhs. Gestützt auf ein fruchtbares Hinterland, löste sich Karthago aus der Bindung an seine Mutterstadt Tyrus und wurde zur mächtigsten phönizischen Stadt im westlichen Mittelmeer, Ausgangspunkt für die Ausbreitung der „punischen", westphönizischen Kultur und Zivilisation. Das aufsteigende Rom wollte keine zweite große Macht im westlichen Mittelmeer dulden. In den Punischen Kriegen unterlag Hannibal („Gnädig ist Baal", vgl. „Jochanan/Johannes", „Jahwe ist gnädig"), und im Jahre 202 v. Chr. mußte Karthago einen demütigenden Frieden akzeptieren. Weitere 50 Jahre konnte die Stadt ihre Handelsmacht noch aufrechterhalten; 146 v. Chr. wurde sie zerstört. Doch trotz römischer Vorherrschaft blieben die punische Sprache und Kultur in Nordafrika weiter lebendig.

Im Orient war das Schicksal der phönizischen Städte eng mit dem ihrer Nachbarstaaten verknüpft. Die reichen phönizischen Könige waren für die kleinen orientalischen Nachbarstaaten gesuchte Partner kommerzieller und politischer Bündnisse. Zeichen eines solchen Vertrags wird z. B. die Stele des tyrischen Gottes Melqart sein, die der aramäische König von Damaskus aufstellte. Israels Bündnis mit Tyrus wurde im 9. Jh. durch die Heirat König Ahabs mit der tyrischen Prinzessin Isebel gefestigt; Juda trat dem Bündnis bei, indem der König von Juda Isebels Tochter Atalja zur Frau nahm (S. 99).

David und Salomo und später Omri und Ahab verbündeten sich mit den Phöniziern auch aus wirtschaftlichen Interessen: Israel kontrollierte wichtige Abschnitte der internationalen Handelswege und hatte landwirtschaftliche Produkte anzubieten, Korn, Wein, Öl, Duftstoffe (1 Kön 5,25; Ez 27,17). (Eine Keilschrifttafel des 7. Jhs. erwähnt phönizische Getreidehändler in Assur, die ein judäisches Getreidemaß verwenden.) Im Austausch boten die Phönizier Luxuswaren, die man in Israel schätzte, oder Mitwirkung bei der Seefahrt, bei Salomos Handel mit Ofir und später, zur Zeit Ahabs, bei dem allerdings gescheiterten Versuch des Königs Joschafat, eine zweite Ofirfahrt in Gang zu bringen (1 Kön 22,49f).

Vor allem stellten die Phönizier Handwerker und Baumeister für königliche Bauten. Salomo, Omri und Ahab ließen zwar in Jerusalem, Megiddo, Samaria und anderswo nicht einfach phönizische Bauten errichten; aber die Zusammenarbeit mit Phöniziern, von der auch biblische Texte reden (vgl. 1 Kön 5,15ff; 2 Chr 2,13–14), ist unübersehbar.

Inschriften bezeugen die Präsenz der Phönizier in Israel (Karte 2), sogar an entlegenen Orten wie Kuntillet Adschrud. Man fand phönizische Elfenbeinschnitzereien in Samaria und vereinzelt auch andernorts; Israels Töpfer kopierten phönizische Motive; Metallgefäße mit phönizischen Gravuren kamen in Mode, ebenso Tridacna–Muscheln als Paletten für kosmetische Farben. Freilich tauchen solche Luxusgüter nur selten auf, wohl weil sie Beute der Assyrer wurden. Elfenbein, evtl. phönizischer Herkunft, gehörte zum Tribut Hiskijas an Sanherib, und Metallschalen in phönizischem Stil, offenbar aus Juda, fanden sich unter der Beute im assyrischen Palast in Nimrud.

Ez 27 zeichnet ein farbiges Bild der Handelsstadt Tyrus, allerdings zu einer Zeit, in der die Phönizier schon mehr als

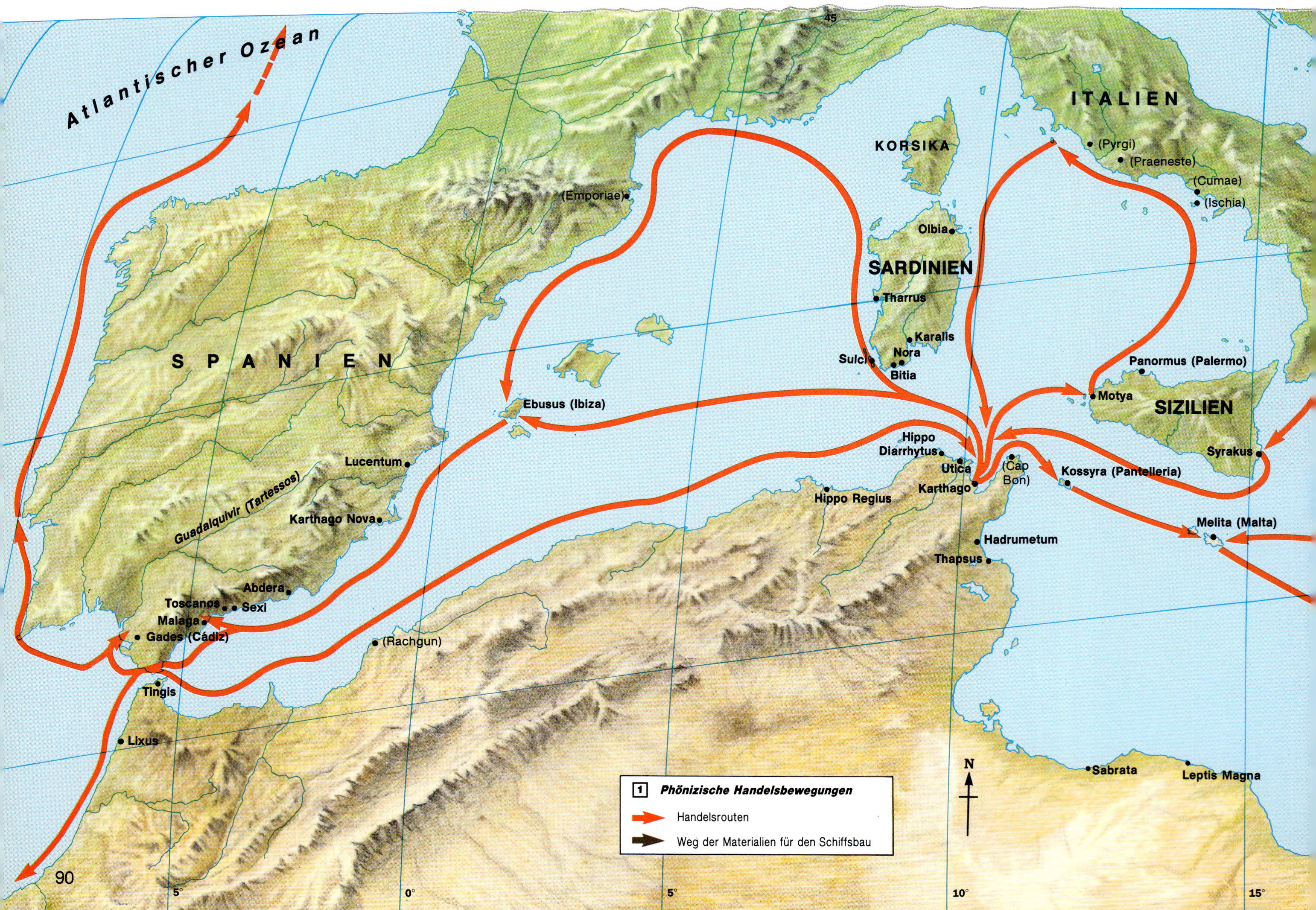

anderthalb Jahrhunderte unter dem Druck Assurs und dann Babels gelitten hatten, unter Tributen, Deportationen, Belagerungen, Zerstörungen.

Unter persischer Herrschaft kamen bessere Zeiten; die phönizischen Städte wurden zu bevorzugten Vasallen der Perser. Sidon und Tyrus hatten im Mittelmeerhandel gegenüber Griechen und Karthagern Verluste hinnehmen müssen. Nun erhielten sie Häfen und dazugehörige Territorien an der ganzen Küste Palästinas entlang und beherrschten den Seeweg nach Ägypten.

Engere Beziehungen zum nachexilischen Juda bestanden kaum: Phönizier lebten nun zwar unmittelbar in ehemaligen Gebieten der Philister und Israels, in der Küstenebene, im Landesinneren (Marescha und Sichem) und in Elat, am Ausgangshafen für den Handel zum Fernen Osten. Im nachexilischen Juda aber war man zu arm, um phönizische Luxuswaren zu kaufen. Phönizische Kaufleute haben, indem sie sich das Mittelmeer erschlossen, dem Westen vieles aus der Kultur und Religion des Orients vermittelt. Aus *Byblos* (Gebal) kam das aus Papyrus gefertigte Schreibmaterial nach Griechenland, so daß nach dieser phönizischen Stadt nicht nur die *Bibliothek*, sondern auch die *Bibel* ihren Namen hat.

ER (HIRAM, KÖNIG VON TYRUS) LIESS SALOMO SAGEN: ICH HABE DIE BOTSCHAFT VERNOMMEN, DIE DU AN MICH GESANDT HAST, UND WERDE DEINEN WUNSCH NACH ZEDERN- UND ZYPRESSENHOLZ ERFÜLLEN. MEINE LEUTE WERDEN ES VOM LIBANON AN DAS MEER SCHAFFEN. ICH LASSE ES DANN AUF DEM MEER AN DEN ORT FLÖSSEN, DEN DU MIR NENNEN WIRST. DORT LASSE ICH ES WIEDER AUSEINANDERNEHMEN, SO DASS DU ES ABHOLEN KANNST. DU ABER ERFÜLLE MEINEN WUNSCH, UND SENDE LEBENSMITTEL FÜR MEIN HAUS!

1 KÖN 5,22–25

1 *Karte unten*
Die Karte zeigt Schiffahrtswege, auf denen die Phönizier über das ganze Mittelmeer und darüber hinaus fuhren.

2 *Karte links*
Handwerkserzeugnisse in phönizischem Stil bezeugen den Einfluß der Phönizier im vorexilischen Israel. In der Nachexilszeit wetteiferten Tyrus und Sidon darum, in Städten Palästinas Kolonien zu gründen.

3 *Unten Mitte*
Der große Astartetempel von Kition ist das einzige bekannte Beispiel eines frühphönizischen Tempels. Gegen Ende des 9. Jhs. auf Quaderfundamenten gebaut, wurde er später in der hier abgebildeten Weise erneuert. Eingeblendet sind Beispiele phönizischer Mauern; typisch ist das Muster aus wechselnden Streifen glatter Quader und Bruchsteine.

4 *Unten rechts*
Ein phönizisches Kriegsschiff von einem Relief im SW-Palast von Ninive.

5 *Foto, in Karte 1 eingeblendet*
Phönizische Weihinschrift in kursiver Alphabetschrift. Das griechische Alphabet und letztlich die moderne westliche Schrift gehen wahrscheinlich auf ältere kanaanäische Vorformen der phönizischen Schrift zurück.

In Karte 1 und 2: Orte in Klammern dienen nur der Orientierung.

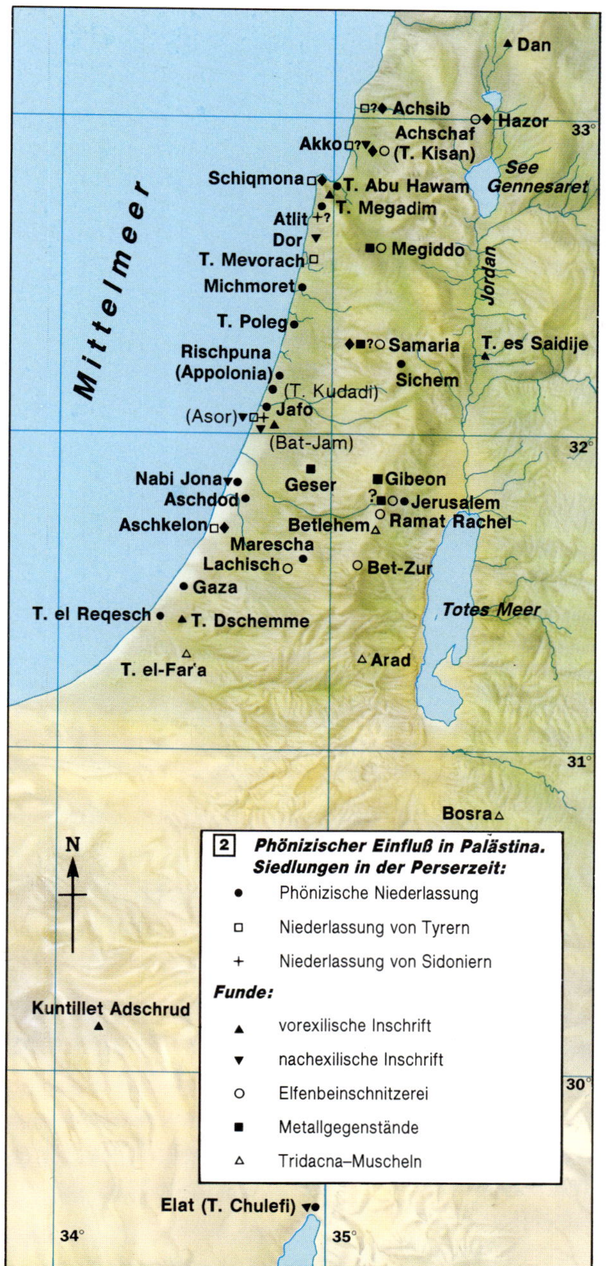

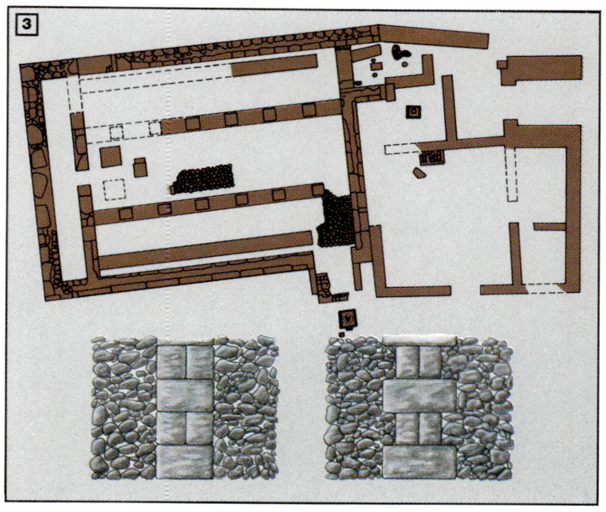

Für Altisrael war die Welt ebenso vielfältig unterteilt wie für uns; schon allein der Handel brachte Kontakte mit zahlreichen Völkern. Man kannte die Länder von Griechenland bis zum Iranischen Hochland, vom Kaukasus bis nach Südarabien. Ebenso wie heute war es damals notwendig, sich Vorstellungen von der Völkerwelt zu verschaffen. Heute spricht man vom Miteinanderleben der Völker in unpersönlichen, politischen Begriffen. Die altisraelitische Gesellschaft dagegen, die sich vor allem als Verband von Familien und Sippen sah, erfaßte auch andere soziale Zusammenhänge im Bild von Familienbeziehungen. Diese Denkweise übertrug man auf die Ebene internationaler Beziehungen; man sprach von den Beziehungen der Völker wie von verwandtschaftlichen Beziehungen.

Die ersten Geographen der Alten Welt waren griechische Gelehrte (Abb. 2 und 3). Doch auch vorher brauchte man gewisse Vorstellungen von der Gestalt der Erde. Im Orient gab es religiöse kosmologische Entwürfe (Abb. 4); aber auch für praktische Bedürfnisse des Handels, der Verwaltung und Kriegsführung mußte man das Land kennen. Wegbeschreibungen vermittelten Reisenden nützliche Kenntnisse über Entfernungen, Unterkünfte, Versorgungsmöglichkeiten und Gefahren unterwegs (vgl. S. 50). Grenzbeschreibungen sollten Besitz und Einflußgebiete absichern. Eine solche ist z. B. in Jos 13–17 eingearbeitet: Sie zieht Grenzlinien von einem Landschaftsmerkmal zum jeweils nächsten gut sichtbaren Punkt.

Gen 10 enthält ganz anders geartete Vorstellungen: Hier wird dargestellt, wie die Völker zusammengehören, die aus Noach und seinen drei Söhnen, *Sem*, *Ham* und *Jafet*, hervorgegangen sein sollen, nachdem die Menschheit in der Sintflut umgekommen war.

Zwei Traditionsströme fließen in den Anfangskapiteln des Buches Genesis zusammen: eine ältere erzählende Schicht, die im wesentlichen schon im 10. Jh. v. Chr. existiert

DAS SALOMOREICH

Die Völkerwelt nach Genesis 10

In Gen 10 ist ein wahrscheinlich in der Salomozeit entworfenes Bild der Völkerwelt enthalten, das sich eher erschließt, wenn man es in eine Karte überträgt.

haben dürfte, und priesterliche Traditionen, die wohl erst im 7.–6. Jh. hinzukamen, wobei das ältere Material vielfach auf eine Weise systematisiert und geglättet wurde, die den Kenntnissen und theologischen Vorstellungen jener späteren Zeit entsprach.

Die älteren Erzähler lebten in einer Zeit, in der Stammesverwandtschaft in der Vorstellungswelt Israels eine große Rolle spielte; aus dieser Perspektive sehen sie die Welt. Völker werden nicht nach geographischen oder sprachlichen Gesichtspunkten einander zugeordnet, sondern nach ihrer geschichtlich–ethnischen Herkunft. Darüber hinaus sehen sie jede Volksgruppe repräsentiert in einem *Eponym*,

2 ***Karte oben rechts***
Zur Zeit Jesu lebte der griechische Geograph Strabo, dessen Vorstellungen von der Welt diese Karte wiedergibt.

3 ***Karte rechts Mitte***
Hekataios von Milet beschrieb um 520 v. Chr. die Welt etwa so, wie dieser Entwurf es darstellt.

4 ***Fotografie, rechts außen***
Auf einer babylonischen Tontafel des 7. Jhs. ist ein Weltbild eingeritzt, das Mesopotamien zeigt, umgeben vom Ring des Weltenozeans, aus dem sich Himmelsberge erheben und jenseits dessen das Chaos liegt.

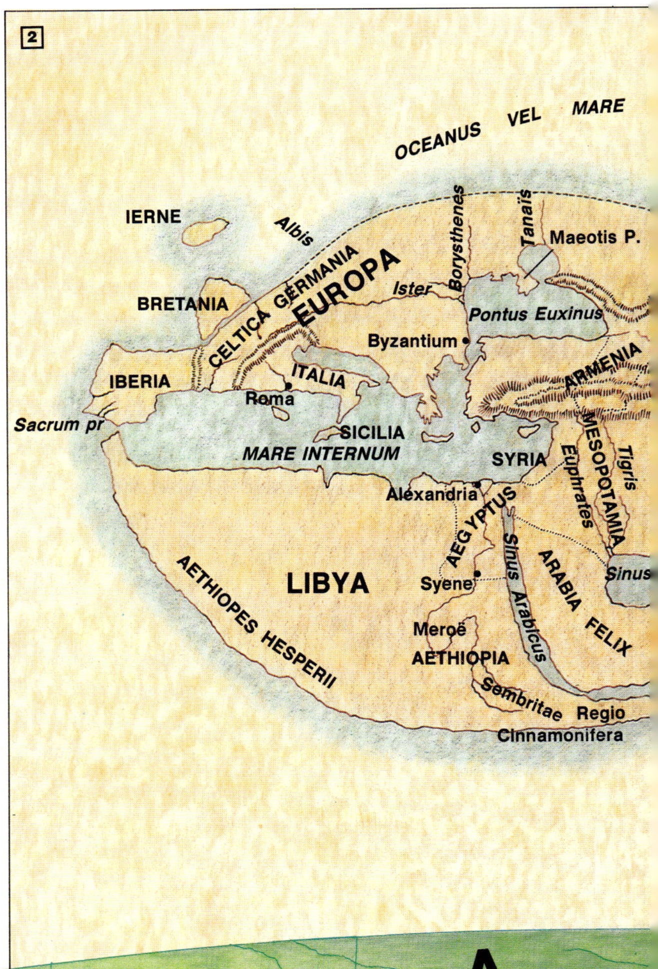

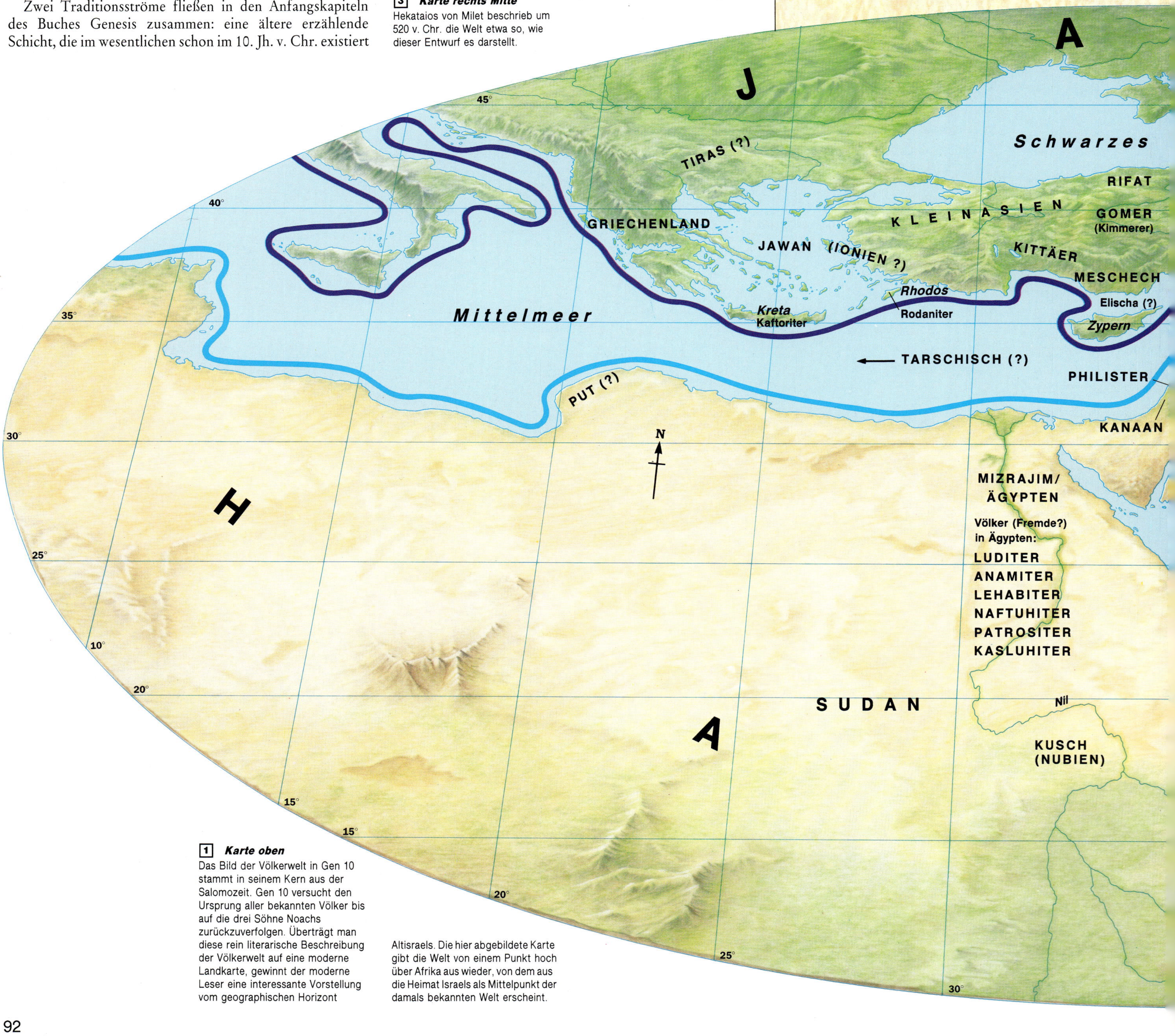

1 ***Karte oben***
Das Bild der Völkerwelt in Gen 10 stammt in seinem Kern aus der Salomozeit. Gen 10 versucht den Ursprung aller bekannten Völker bis auf die drei Söhne Noachs zurückzuverfolgen. Überträgt man diese rein literarische Beschreibung der Völkerwelt auf eine moderne Landkarte, gewinnt der moderne Leser eine interessante Vorstellung vom geographischen Horizont Altisraels. Die hier abgebildete Karte gibt die Welt von einem Punkt hoch über Afrika aus wieder, von dem aus die Heimat Israels als Mittelpunkt der damals bekannten Welt erscheint.

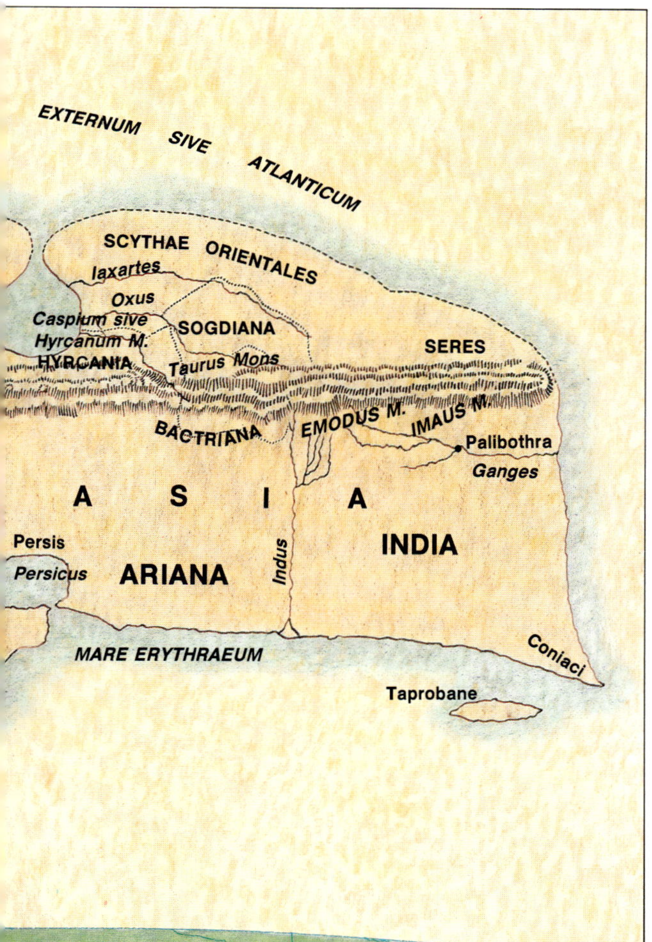

d. h. in einer Person, die den Namen der Gruppe trägt und als ihr Stammvater gilt. Diese Stammväter werden dann in einen Verwandtschafts- und Abstammungszusammenhang gebracht. Eine solche Art, geschichtliche Entwicklungen faßlich darzustellen, war im Alten Orient damals schon seit langem zu Hause.

Die priesterlichen Bearbeiter, die wohl im 7.–6. Jh. jene älteren erzählenden Texte neu herausgaben, ließen jene alte Beschreibung der Völkerwelt im wesentlichen stehen, bezogen aber mit neuen Namen einen größeren Raum ein, von Kleinasien bis nach Persien und zum Sudan. Sie ließen sich dabei vor allem von theologischen Interessen leiten. Vielleicht sollte die Gesamtzahl der Völker siebzig betragen; Zentrum der Welt sollte, wie in der älteren Schicht, Kanaan, Israels Heimat, sein. Um diesen Nabel ihrer Welt herum kannten die priesterlichen Bearbeiter einen Umkreis von gut 2000 km, d. h. weniger als ein Zwanzigstel der Erdoberfläche.

> DIE SÖHNE NOACHS, DIE AUS DER ARCHE GEKOMMEN WAREN, SIND SEM, HAM UND JAFET ... VON IHNEN STAMMEN ALLE VÖLKER DER ERDE AB.
>
> GEN 9,18.19

3

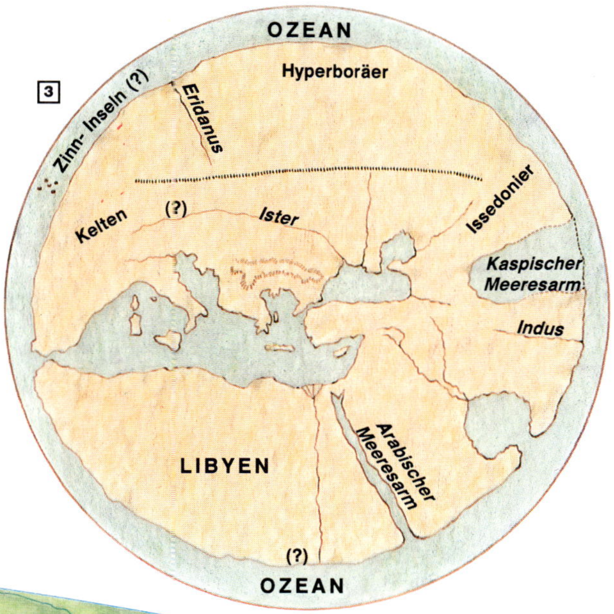

4

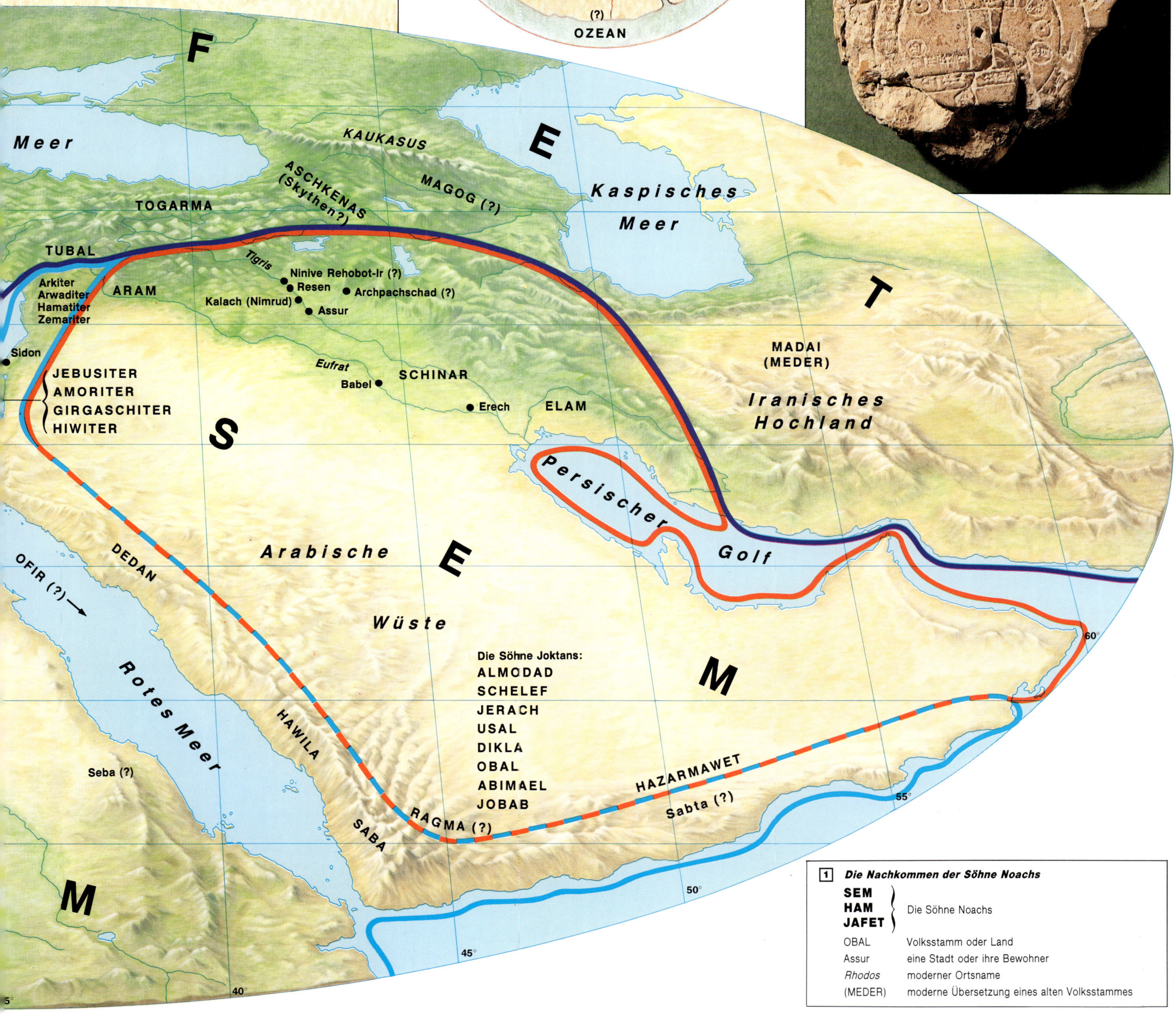

1 ***Die Nachkommen der Söhne Noachs***

SEM **HAM** **JAFET**	Die Söhne Noachs
OBAL	Volksstamm oder Land
Assur	eine Stadt oder ihre Bewohner
Rhodos	moderner Ortsname
(MEDER)	moderne Übersetzung eines alten Volksstammes

Welche schriftlichen Urkunden des Altertums bis heute erhalten sind, hängt zunächst von der Dauerhaftigkeit des Schreibmaterials ab. Fast alle schriftkundigen alten Völker hinterließen Inschriften auf Stein, die die Zeiten überdauerten. Doch hielt man nur eine begrenzte Auswahl von Texten auf diese Weise fest (vgl. S. 43, 106, 123).

In Ägypten und ägyptisch beeinflußten Ländern schrieb man meist auf Papyrus oder Holz, auf Materialien also, die nur in einem trockenen Klima erhalten bleiben, wie es in Ägypten herrscht. Aber auch dort umfassen Papyrifunde kaum einmal eine ganze Bibliothek oder ein Archiv; hin und wieder kann man aus den Fragmenten auf die Existenz einer solchen Sammlung schließen (vgl. S. 37, 39, 50).

In Mesopotamien war die Tontafel zu Hause, ein Schreibmaterial, das bestens erhalten bleibt und dem wir große Bibliotheken und Archive verdanken, die oft viele Tausende von Urkunden umfassen. Gewiß ist bisher nur ein kleiner Teil davon entdeckt. In manchen Zentren der Alten Welt, die riesige Archive gehabt haben müssen, wie Karkemisch und Aleppo (Halab), fand man bisher noch nichts. Beschrieben sind die Tontafeln meist in Sumerisch und Akkadisch, aber dank der Weitergabe der Schrift und des Schreibmaterials auch in Hetitisch und in einigen anderen Sprachen.

Bibliotheken und Archive sind zu unterscheiden. *Archiven* vertraute man Dokumente von praktischer Bedeutung an: Sammlungen von Gesetzen, diplomatische und wirtschaftliche Urkunden, die unmittelbar für die eigene Zeit galten; ältere Urkunden gehörten dazu, solange sie aktuell blieben.

Bibliothek dagegen nennt man Sammlungen von Texten, die mehr als nur praktische Bedeutung hatten und dauerhafter verwahrt wurden, z. B. epische Texte, Dichtungen und „Weisheit". Zur letzten Gruppe darf man auch religiöse Texte zählen, Mythen, Kultgesänge, Zaubersprüche; ferner Texte, die den Wissensstoff der alten Zeit in der Medizin, Mathematik, Astrologie festhielten; schließlich Schultexte, Wörter- und Silbenlisten, Lexika und Listen der Schriftzeichen. Solche Bibliotheken finden sich im Altertum weitaus seltener als Archive; manchmal lagen jedoch an einer Fundstätte Texte beider Arten beieinander, so daß Archiv und Bibliothek nicht immer eindeutig zu unterscheiden sind.

DAS SALOMOREICH

Schriften und Schriftfunde

Seit der Salomozeit brauchte man auch in Israel zur Verwaltung des Reiches einen ganzen Stab von *Schreibern*, die Sprachen und Schriften beherrschten, Dokumente abfassen und Archive verwalten konnten. Israel fand damit Anschluß an eine Kultur der Schriftlichkeit, die in anderen altorientalischen Völkern schon seit langem bestand und der wir viele Zeugnisse der Vergangenheit verdanken.

ARCHIVE UND BIBLIOTHEKEN AUS DEM ALTEN ORIENT

Name (heutiger)	**Ausgrabung**	**Textfunde**	**Alter**	**Sprachen**	**Art der Sammlung**	**Besonderheiten**
Hattuscha (Bogazköj)	seit 1906	Tausende	1650–1200 v. Chr.	Hetitisch, Luwisch Akkadisch	Königliche Archive, Bibliothek	Hetitische Hauptstadt, Tempel und Burg
Kanesch (Kültepe)	seit 1925, 1948	Tausende	2000–1750 v. Chr.	Altassyrisch	Archive einer Handelsniederlassung	Assyr. Handelsplatz in kleinasiatischem Stadtstaat
Alalach (Tell Atschana)	1936–1949	Hunderte	1700–1400 v. Chr.	Akkadisch	Palast- und Tempel-Bibliothek, Archive	Kleiner Palast eines Vasallen Halabs (Aleppo)
Ugarit (Ras Schamra)	seit 1929	Tausende	1400–1200 v. Chr.	Akkadisch, Ugaritisch	Briefe, Verwaltungstexte	Kanaanäischer Stadtstaat
Ebla (Tell Mardich)	seit 1964	Tausende	2500–2300 v. Chr.	Sumerisch, Eblaitisch	Bibliotheken, Archive	Zuvor unbekannte semitische Sprache, intaktes Archiv
Achetaton (El Amarna)	seit 1887	Hunderte	1346–1329 v. Chr.	Akkadisch	Palastarchive	Ägyptische Kanzlei für Beziehungen zum Nahen Osten
Emar (Meskene)	1972–1976	Tausende	1400–1200 v. Chr.	Akkadisch, Hurritisch	Königliche Korrespondenz	Hurritisch/semitischer Vasall der Hetiter
Mari (Tell Hariri)	seit 1933	Tausende	1830–1760 v. Chr.	Akkadisch	Palastarchive	Semitische Stadt am Mittleren Eufrat
Kalach (Nimrud)	seit 1850	über Tausend	860–612 v. Chr.	Assyrisch	Palastarchive	Zeitweilig Hauptstadt Assyriens
Ninive (Kujundschik)	seit 1850	Tausende	700–612 v. Chr.	Assyrisch	Palastbibliothek, Archive	Letzte und größte Hauptstadt Assyriens
Assur (Qal'at Scherqat)	seit 1903–1914	Tausende	1400–612 v. Chr.	Assyrisch	Bibliotheken, Archive	Ursprüngliches Zentrum Assyriens
Nuzi (Jorgan Tepe)	1925–1931	Tausende	1550–1450 v. Chr.	Akkadisch	Privatverträge, Briefe	Kleiner hurritischer Vasallenstaat
Huzirina (Sultan Tepe)	1950	Hunderte	7. Jh.	Assyrisch	Provinzbibliothek	Assyrische Provinzstadt
Susa	1897–1939	Tausende	2800– ?	Akkadisch, Elamitisch	verschiedene	Große Hauptstadt Elams
Babylonische Städte	seit 1850	viele Tausende	3000–300 v. Chr.	Sumerisch, Akkadisch	sehr verschiedene	Zentrum der sumerisch-akkadischen Kultur

2 ***S. 95 oben rechts***
Schriften, die im Altertum in Syrien–Palästina vorkamen

1 Ägyptische Hieroglyphen: Von den Papyri, die zur Zeit der ägyptischen Vorherrschaft in Palästina zirkulierten, ist nichts übrig; erhalten sind Hieroglypheninschriften auf Statuen aus Byblos und Ugarit und Elfenbeinschnitzereien aus Megiddo. Abgebildet ist ein Teil eines Elfenbeinkästchens mit dem Namen Ramses' III.
2 Akkadische Keilschrift: Die Korrespondenz kanaanäischer Fürsten war in Keilschrift und in akkadischer Sprache abgefaßt, wie die Amarna–Briefe zeigen und Briefe, die man im Vorderen Orient selber fand. Abgebildet ist ein Schreiben des Pharao an den Fürsten von Damaskus, etwa 1400 v. Chr., aus Kamid el–Loz (Kumidi).
3 Ugaritische alphabetische Keilschrift: Die in Ugarit selbst entwickelte Schrift gleicht äußerlich der Keilschrift, besteht aber aus Buchstaben. Abgebildet sind die Zeichen in der Reihenfolge des späteren phönizischen Alphabets, so wie man sie auf einer Schultafel fand.
4 Hetitische Hieroglyphen aus

1 ***Karte unten***
Die Karte veranschaulicht die Weitergabe von Schriftsystemen von Ägypten und dem Vorderen Orient aus bis zum westlichen Mittelmeer und im Osten bis ins Industal. Wo die Weitergabe sicher angenommen werden darf, sind die Pfeile durchgehend gezeichnet, durchbrochen sind sie, wo man Zusammenhänge nur vermuten kann.

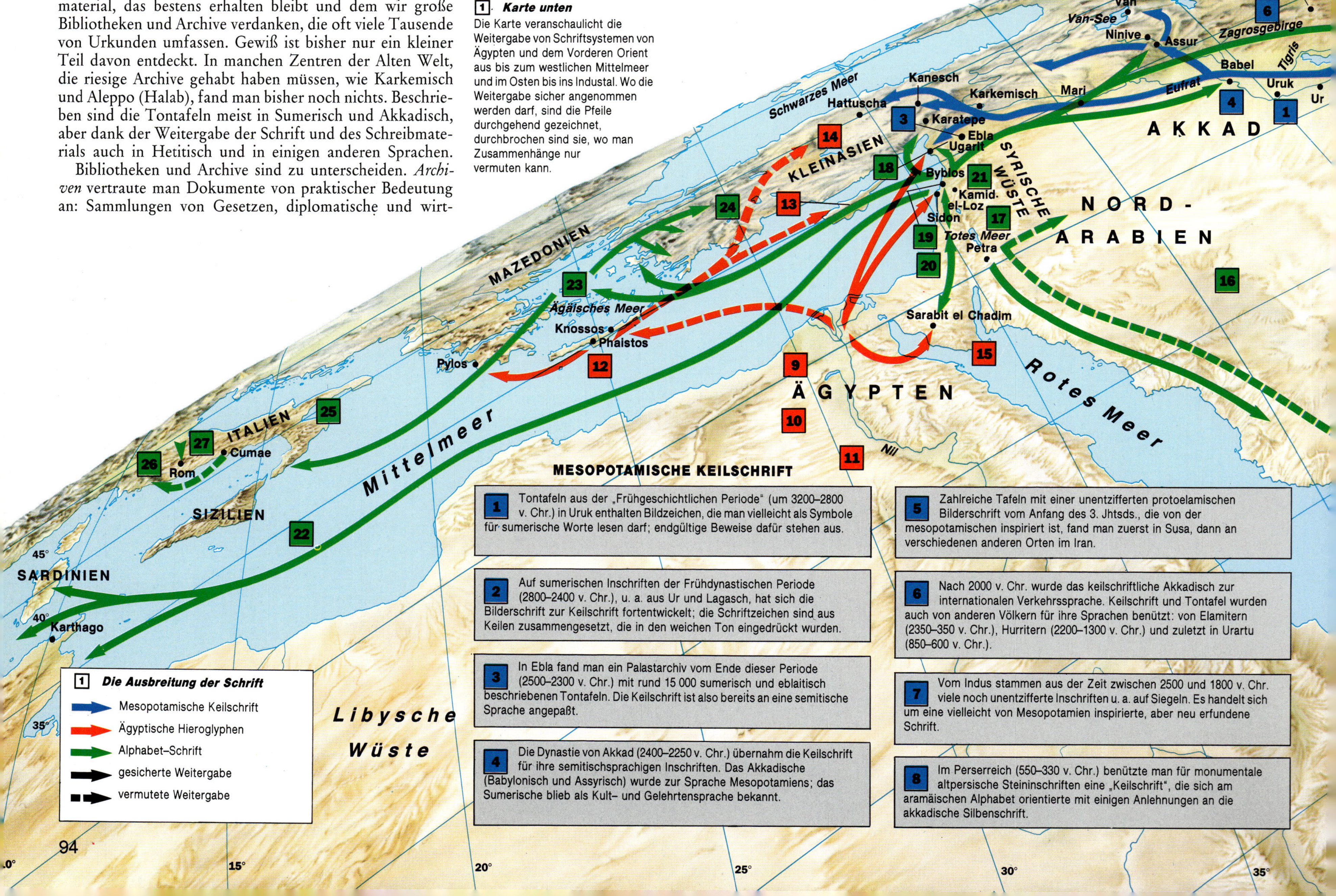

1 Tontafeln aus der „Frühgeschichtlichen Periode" (um 3200–2800 v. Chr.) in Uruk enthalten Bildzeichen, die man vielleicht als Symbole für sumerische Worte lesen darf; endgültige Beweise dafür stehen aus.

2 Auf sumerischen Inschriften der Frühdynastischen Periode (2800–2400 v. Chr.), u. a. aus Ur und Lagasch, hat sich die Bilderschrift zur Keilschrift fortentwickelt; die Schriftzeichen sind aus Keilen zusammengesetzt, die in den weichen Ton eingedrückt wurden.

3 In Ebla fand man ein Palastarchiv vom Ende dieser Periode (2500–2300 v. Chr.) mit rund 15 000 sumerisch und eblaitisch beschriebenen Tontafeln. Die Keilschrift ist also bereits an eine semitische Sprache angepaßt.

4 Die Dynastie von Akkad (2400–2250 v. Chr.) übernahm die Keilschrift für ihre semitischsprachigen Inschriften. Das Akkadische (Babylonisch und Assyrisch) wurde zur Sprache Mesopotamiens; das Sumerische blieb als Kult- und Gelehrtensprache bekannt.

5 Zahlreiche Tafeln mit einer unentzifferten protoelamischen Bilderschrift vom Anfang des 3. Jhtsds., die von der mesopotamischen inspiriert ist, fand man zuerst in Susa, dann an verschiedenen anderen Orten im Iran.

6 Nach 2000 v. Chr. wurde das keilschriftliche Akkadisch zur internationalen Verkehrssprache. Keilschrift und Tontafel wurden auch von anderen Völkern für ihre Sprachen benützt: von Elamitern (2350–350 v. Chr.), Hurritern (2200–1300 v. Chr.) und zuletzt in Urartu (850–600 v. Chr.).

7 Vom Indus stammen aus der Zeit zwischen 2500 und 1800 v. Chr. viele noch unentzifferte Inschriften u. a. auf Siegeln. Es handelt sich um eine vielleicht von Mesopotamien inspirierte, aber neu erfundene Schrift.

8 Im Perserreich (550–330 v. Chr.) benützte man für monumentale altpersische Steininschriften eine „Keilschrift", die sich am aramäischen Alphabet orientierte mit einigen Anlehnungen an die akkadische Silbenschrift.

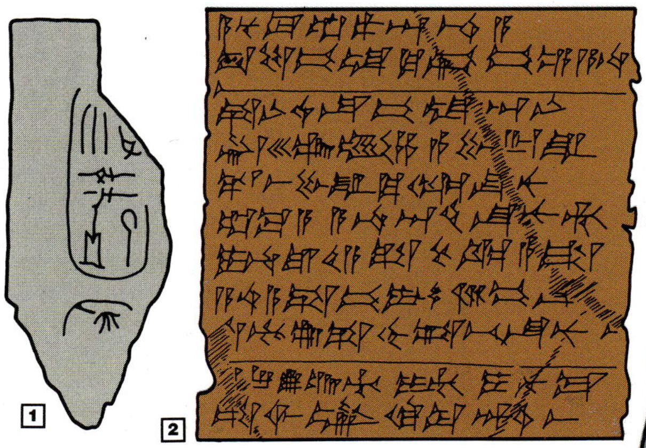

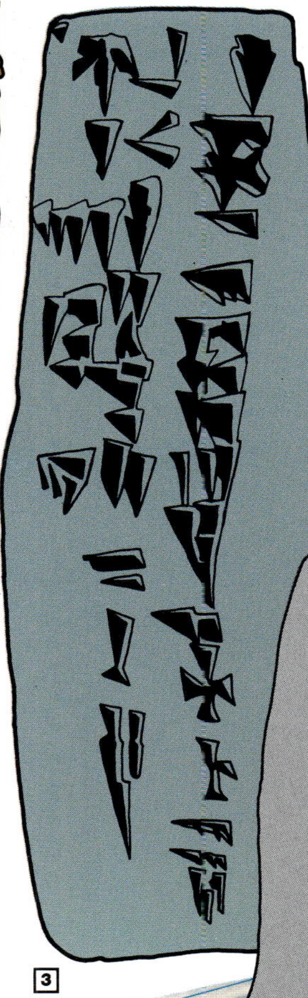

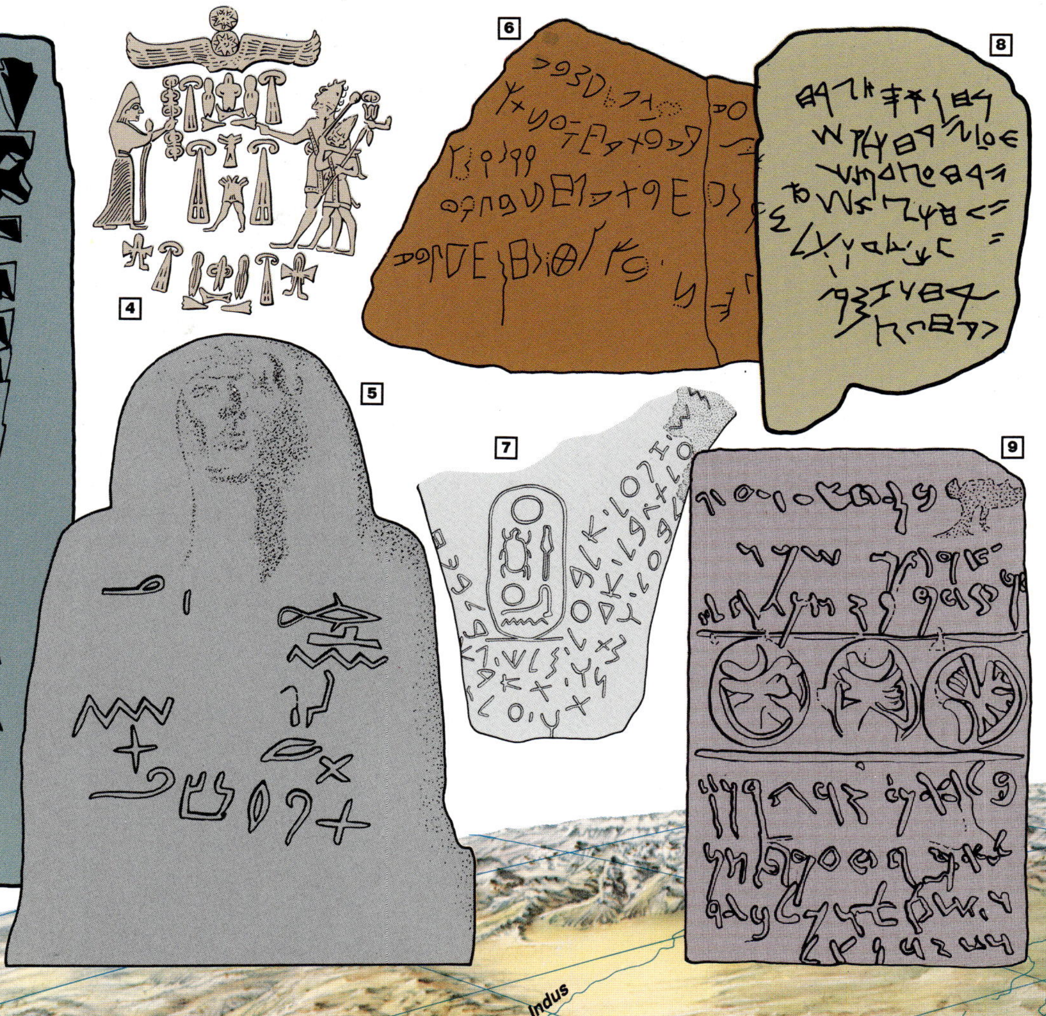

Ugarit: Die hetitische Verwaltung in Syrien bediente sich des Akkadischen, doch auf ihren Siegeln benützte sie die heimische Schrift. Auf dem Abdruck eines Siegels Tudchalijas IV. stehen Name und Titel des Königs in Hieroglyphenschrift.

5 Sinaitische Schrift: In den ägyptischen Türkisbergwerken auf der Sinaihalbinsel entdeckte man Inschriften in linearer Bilderschrift aus der Zeit um 1500 v. Chr. Sie ist vergleichbar sowohl mit ägyptischen Hieroglyphen wie mit der protokanaanäischen Alphabetschrift. Liest man die Inschrift der Statue versuchsweise alphabetisch, so ergibt die unterste Zeile: Eine Gabe für die Herrin.

6 Protokanaanäisches Alphabet: Die abgebildete Tonscherbe, etwa um 1150 v. Chr. beschrieben, enthält ein komplettes Alphabet in der bekannten Ordnung. Man darf daraus schließen, daß diese Schrift bereits regulär gelehrt wurde.

7 Phönizisches Alphabet: Die frühesten bekannten Inschriften in Alphabetschrift stammen aus Byblos, aus der Zeit um 1050–850 v. Chr. Abgebildet ist eine Inschrift auf der Brust einer Statue des Pharao *Osorkon* (924–887), die diese der Herrin von Byblos weiht.

8 Hebräische Alphabetschrift: Atl. Überlieferungen lassen vermuten, daß man in Israel bereits früh schreiben konnte (vgl. Ri 8,14). Das älteste erhaltene Schriftstück aber stammt erst aus der Zeit um 900 v. Chr.; es ist der oben abgebildete, auf eine Tafel eingeritzte Kalender aus Geser.

9 Aramäische Alphabetschrift: Die Aramäer hinterließen eine Reihe von Steininschriften aus der Zeit zwischen 850 und 700 v. Chr., die von gleichzeitigen späthetitischen Monumenten beeinflußt sind. Abgebildet ist eine Tontafel mit einem in das Jahr 635 datierten Vertrag.

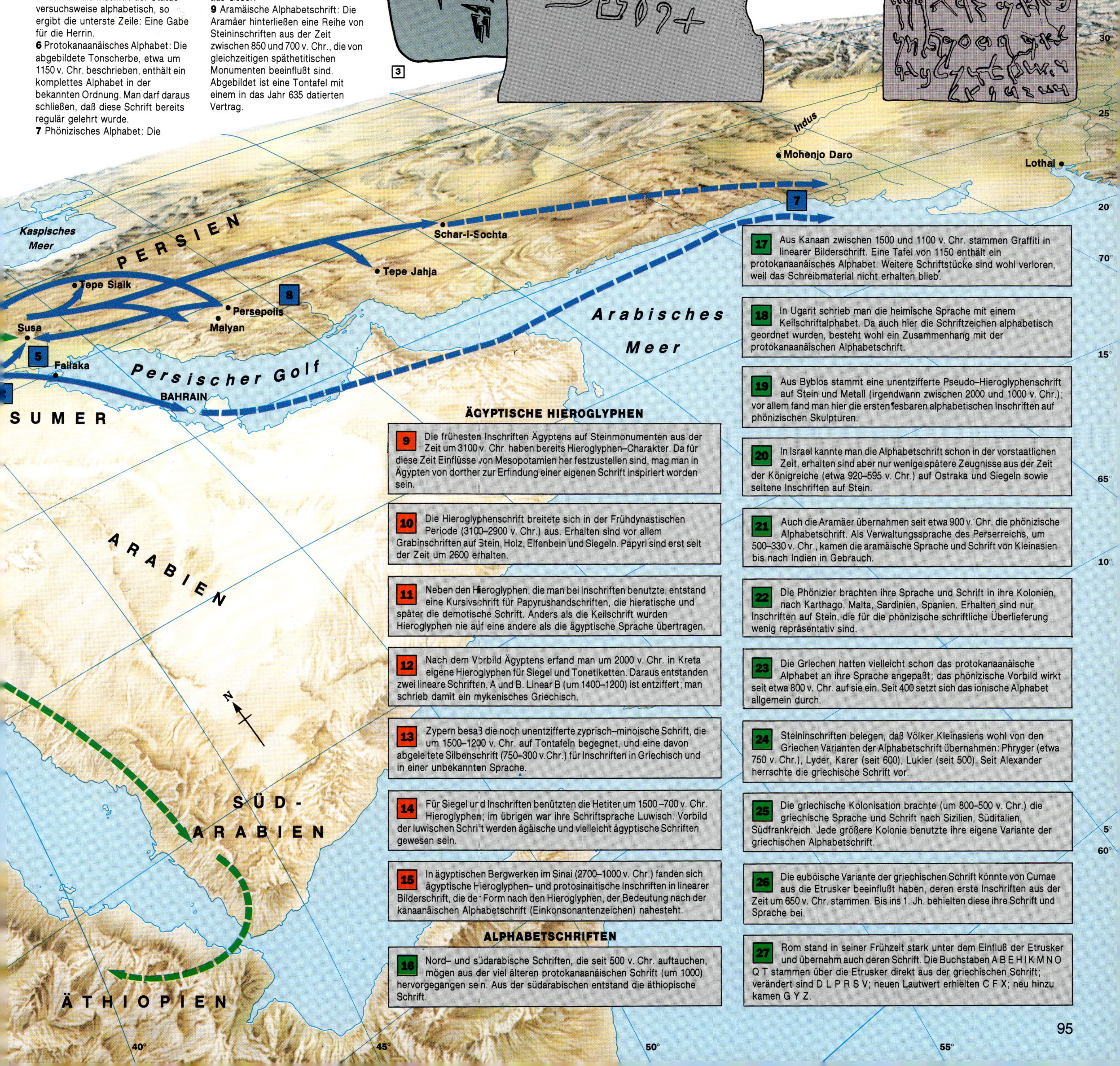

ÄGYPTISCHE HIEROGLYPHEN

9 Die frühesten Inschriften Ägyptens auf Steinmonumenten aus der Zeit um 3100 v. Chr. haben bereits Hieroglyphen-Charakter. Da für diese Zeit Einflüsse von Mesopotamien her festzustellen sind, mag man in Ägypten von dorther zur Erfindung einer eigenen Schrift inspiriert worden sein.

10 Die Hieroglyphenschrift breitete sich in der Frühdynastischen Periode (3100–2900 v. Chr.) aus. Erhalten sind vor allem Grabinschriften auf Stein, Holz, Elfenbein und Siegeln. Papyri sind erst seit der Zeit um 2600 erhalten.

11 Neben den Hieroglyphen, die man bei Inschriften benutzte, entstand eine Kursivschrift für Papyrushandschriften, die hieratische und später die demotische Schrift. Anders als die Keilschrift wurden Hieroglyphen nie auf eine andere als die ägyptische Sprache übertragen.

12 Nach dem Vorbild Ägyptens erfand man um 2000 v. Chr. in Kreta eigene Hieroglyphen für Siegel und Tonetiketten. Daraus entstanden zwei lineare Schriften, A und B. Linear B (um 1400–1200) ist entziffert; man schrieb damit ein mykenisches Griechisch.

13 Zypern besaß die noch unentzifferte zyprisch-minoische Schrift, die um 1500–1200 v. Chr. auf Tontafeln begegnet, und eine davon abgeleitete Silbenschrift (750–300 v. Chr.) für Inschriften in Griechisch und in einer unbekannten Sprache.

14 Für Siegel und Inschriften benützten die Hetiter um 1500–700 v. Chr. Hieroglyphen; im übrigen war ihre Schriftsprache Luwisch. Vorbild der luwischen Schrift werden ägäische und vielleicht ägyptische Schriften gewesen sein.

15 In ägyptischen Bergwerken im Sinai (2700–1000 v. Chr.) fanden sich ägyptische Hieroglyphen- und protosinaitische Inschriften in linearer Bilderschrift, die der Form nach den Hieroglyphen, der Bedeutung nach der kanaanäischen Alphabetschrift (Einkonsonantenzeichen) nahesteht.

ALPHABETSCHRIFTEN

16 Nord- und südarabische Schriften, die seit 500 v. Chr. auftauchen, mögen aus der viel älteren protokanaanäischen Schrift (um 1000) hervorgegangen sein. Aus der südarabischen entstand die äthiopische Schrift.

17 Aus Kanaan zwischen 1500 und 1100 v. Chr. stammen Graffiti in linearer Bilderschrift. Eine Tafel von 1150 enthält ein protokanaanäisches Alphabet. Weitere Schriftstücke sind wohl verloren, weil das Schreibmaterial nicht erhalten blieb.

18 In Ugarit schrieb man die heimische Sprache mit einem Keilschriftalphabet. Da auch hier die Schriftzeichen alphabetisch geordnet waren, besteht wohl ein Zusammenhang mit der protokanaanäischen Alphabetschrift.

19 Aus Byblos stammt eine unentzifferte Pseudo-Hieroglyphenschrift auf Stein und Metall (irgendwann zwischen 2000 und 1000 v. Chr.); vor allem fand man hier die ersten lesbaren alphabetischen Inschriften auf phönizischen Skulpturen.

20 In Israel kannte man die Alphabetschrift schon in der vorstaatlichen Zeit, erhalten sind aber nur wenige spätere Zeugnisse aus der Zeit der Königreiche (etwa 920–595 v. Chr.) auf Ostraka und Siegeln sowie seltene Inschriften auf Stein.

21 Auch die Aramäer übernahmen seit etwa 900 v. Chr. die phönizische Alphabetschrift. Als Verwaltungssprache des Perserreichs, um 500–330 v. Chr., kamen die aramäische Sprache und Schrift von Kleinasien bis nach Indien in Gebrauch.

22 Die Phönizier brachten ihre Sprache und Schrift in ihre Kolonien, nach Karthago, Malta, Sardinien, Spanien. Erhalten sind nur Inschriften auf Stein, die für die phönizische schriftliche Überlieferung wenig repräsentativ sind.

23 Die Griechen hatten vielleicht schon das protokanaanäische Alphabet an ihre Sprache angepaßt; das phönizische Vorbild wirkt seit etwa 800 v. Chr. auf sie ein. Seit 400 setzt sich das ionische Alphabet allgemein durch.

24 Steininschriften belegen, daß Völker Kleinasiens wohl von den Griechen Varianten der Alphabetschrift übernahmen: Phryger (etwa 750 v. Chr.), Lyder, Karer (seit 600), Lukier (seit 500). Seit Alexander herrschte die griechische Schrift vor.

25 Die griechische Kolonisation brachte (um 800–500 v. Chr.) die griechische Sprache und Schrift nach Sizilien, Süditalien, Südfrankreich. Jede größere Kolonie benutzte ihre eigene Variante der griechischen Alphabetschrift.

26 Die euböische Variante der griechischen Schrift könnte von Cumae aus die Etrusker beeinflußt haben, deren erste Inschriften aus der Zeit um 650 v. Chr. stammen. Bis ins 1. Jh. behielten diese ihre Schrift und Sprache bei.

27 Rom stand in seiner Frühzeit stark unter dem Einfluß der Etrusker und übernahm auch deren Schrift. Die Buchstaben A B E H I K M N O Q T stammen über die Etrusker direkt aus der griechischen Schrift; verändert sind D L P R S V; neuen Lautwert erhielten C F X; neu hinzu kamen G Y Z.

Die Salomozeit gilt oft als das goldene Zeitalter Israels; doch schon zu Lebzeiten Salomos gingen Gebiete, die David erobert hatte, verloren: In Damaskus brach ein Aufstand gegen Salomo aus; ein neues aramäisches Königreich entstand (S. 104). Als Entgelt für geleistete Hilfe trat Salomo einen Teil Galiläas an Tyrus ab; Ekron und sein Umland verlor er bei einem Feldzug der Ägypter nach Philistäa. Ungeachtet dieser Verluste hinterließ er 932 v. Chr. seinem Sohn Rehabeam immer noch ein großes Reich. Rehabeam aber schätzte die tiefen Gegensätze zwischen Juda und den Nordstämmen falsch ein; in der Folge zerbrach das vereinigte Königreich in zwei Kleinstaaten.

In Jerusalem und Juda galt Rehabeam fraglos als Nachfolger Salomos; im Norden aber wurde das dynastische Prinzip der Thronfolge nicht anerkannt. Man suchte dort (wie zu Zeiten Sauls) einen charismatischen Führer; daß Rehabeam dazu erwählt sei, stand nicht von vornherein fest. Zudem war der Riß zwischen Norden und Süden seit Sauls Tod breiter geworden. Die Herrschaft Davids über den Norden war schließlich erst durch den Mord an Sauls Sohn Ischbaal möglich geworden; und daß David die Bundeslade nach Jerusalem geholt hatte (S. 78), die einmal bei den Nordstämmen gestanden hatte, wird deren Ressentiments verstärkt haben.

Vor allem hatten sich die Nordstämme aufgrund eines Vertrags und nicht wegen einer bestimmten Idee von der Einheit Israels David angeschlossen. Rehabeam sollte nach der Thronbesteigung in Jerusalem nun in Sichem den Vertrag erneuern. Bedingungen sollten diskutiert und ausgehandelt werden. Unter den dort Versammelten befand sich Jerobeam, den Salomo wegen Aufruhrs mit einem Bann belegt und der in Ägypten beim Pharao Schischak Zuflucht gefunden hatte.

Die Nordstämme schienen zuerst willig, Rehabeam anzuerkennen, stellten aber Forderungen: Ermäßigung der Steuern und des Frondienstes; beides war ihnen von Salomo auferlegt worden. Gegen den Rat der Beamten seines Vaters lehnte Rehabeam dies nicht nur ab, sondern schraubte die Forderungen noch höher. Der Aufruhr brach los; der Fronvogt, einer jener alten Beamten, wurde ermordet, Jerobeam zum König ausgerufen. Rehabeam entkam mit knapper Not nach Jerusalem und bereitete einen Feldzug gegen Israel vor.

Die Reichsteilung und der Feldzug des Pharao Schischak

Spannungen zwischen Juda und den Nordstämmen, die schon in der Davidszeit aufgeflackert waren, führten bei der Thronbesteigung Rehabeams, des Sohnes Salomos, zum endgültigen Bruch. Es folgte eine Periode fast ständiger Kriege zwischen Süd- und Nordreich, die das Land schwächten. 926 v. Chr. nützte Pharao Schischak die Lage aus, unternahm einen Feldzug nach Israel und machte in zahlreichen Städten Beute.

In den nun folgenden Kriegen drehten sich die Auseinandersetzungen vor allem um das Gebiet Benjamins, durch das die Grenze zwischen Israel und Juda verlief, anfangs wahrscheinlich nördlich von Ajalon und südlich von Bet-El und Jericho (Karte 1).

Dieser Konflikt führte dazu, daß weitere unterworfene Länder sich befreiten, darunter Moab. Auf der Stele des Königs Mescha von Moab heißt es nämlich, Omri von Israel (886–875 v. Chr.) habe Moab erobert; also wird Moab zuvor seine Unabhängigkeit zurückgewonnen haben. Ammon dagegen gehörte weiter zu Israel, denn Jerobeam wird der Ausbau von Penuel zugeschrieben. In Penuel (Tulul ed-Dahab), Sichem (Tell Balata) und Tirza (Tell el-Far'a) lagen Jerobeams Residenzen.

Pharao Schischak, der Gründer der 22. (libyschen) Dynastie, war in der Zeit Salomos auf den Thron gekommen. Die Beziehungen zu Salomo waren gut, auch wenn Jerobeam in Ägypten Asyl fand. Nach der Reichsteilung werden die Beziehungen Jerobeams zu Schischak wenigstens anfangs freundlich geblieben sein. Rehabeam fürchtet deswegen wohl einen Angriff Ägyptens und befestigte darum Städte

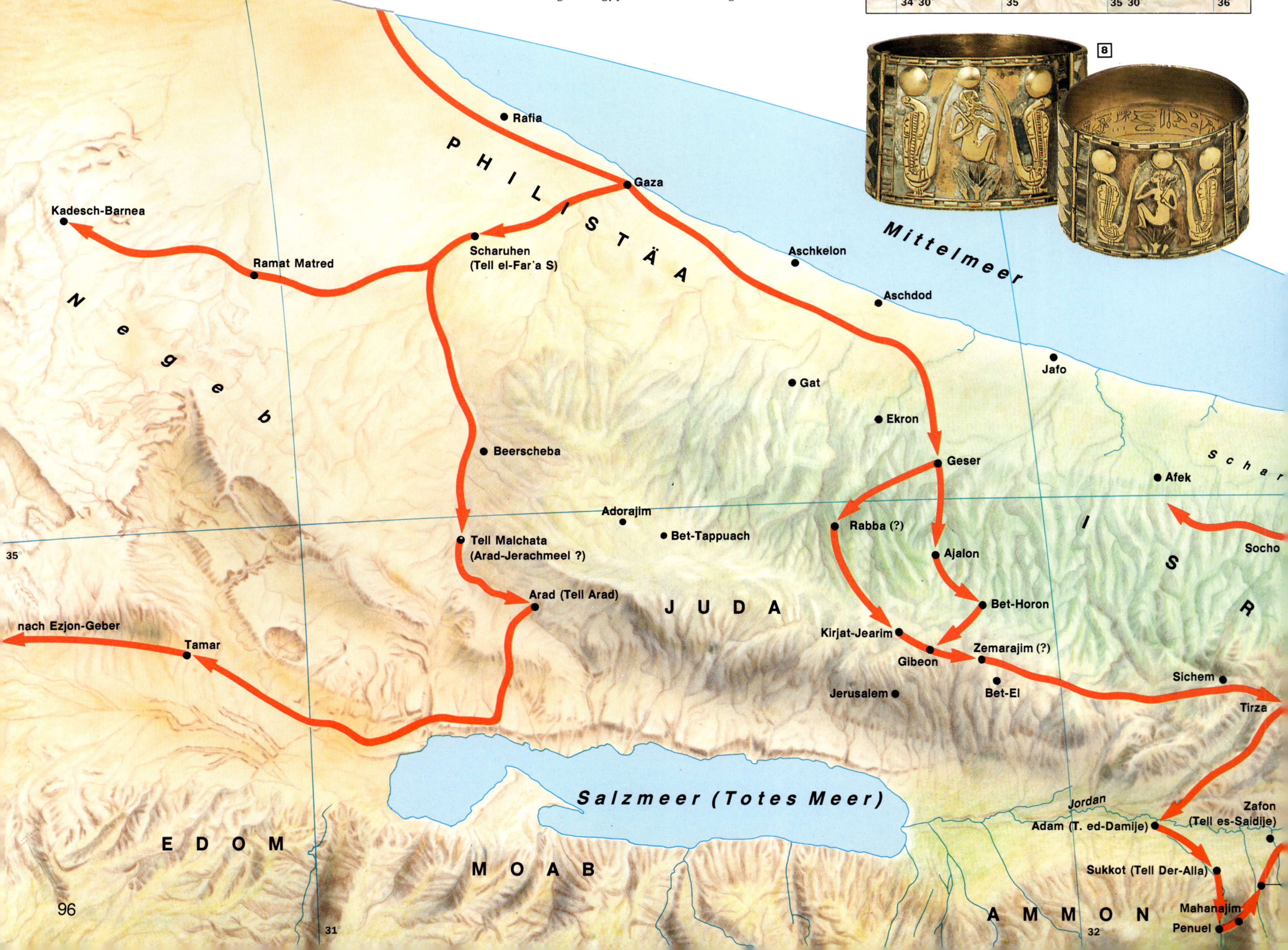

im Bergland Judas südlich und westlich von Jerusalem (S. 118).

Als die Ägypter 926 v. Chr. einfielen, griffen sie aber nicht nur Juda an. Das Alte Testament erzählt nur, daß Schischak Städte Judas einnahm und Tribut aus den Schätzen des Tempels und des Palastes in Jerusalem empfing; die ägyptische Liste von Karnak nennt darüber hinaus viele Orte in Israel. Daß diese Liste auf einen wirklichen Feldzug zurückgeht, beweisen Spuren von Zerstörung an den genannten Orten.

Wie der Feldzug genau verlief, ist umstritten, da die Liste unvollständig ist und viele Orte nicht zu identifizieren sind. Das Hauptheer zog wahrscheinlich von Gaza nach Geser und von dort ins Bergland von Juda; in Gibeon wird Schischak den Tribut Rehabeams empfangen haben und nach Israel weitergezogen sein. Dort nahm er wohl Sichem und Tirza ein, wandte sich nach Osten und überquerte den Jordan gegenüber von Adam (Tell ed–Damije), um dort Jerobeams Residenz Penuel sowie Sukkot (Tell Der–Alla) und Zafon (Tell el–Qos?) einzunehmen. Dann zog er nördlich von Zaretan (Tell es–Saidije) über den Fluß nach Bet–Schean und in die Jesreelebene. In Megiddo ließ er eine Erinnerungsstele aufrichten, ein Bruchstück davon wurde dort gefunden. Durch die Scharonebene kehrte er der Küste entlang nach Ägypten zurück. An dieser Stelle bricht die Liste von Karnak ab.

Nach dieser Liste muß ferner eine Heeresabteilung von Gaza aus gegen judäische Siedlungen im Negeb ausgesandt worden sein. Scharuhen (Tell el-Far'a S) und Arad (Tell Arad) werden erwähnt. Zerstörungen, die bei Ausgrabungen von Schichten dieser Zeit in Beerscheba und Ezjon–Geber (Tell Chulefi) auffielen, sind wohl auf den Feldzug Schischaks zurückzuführen.

IM FÜNFTEN JAHR DES KÖNIGS REHABEAM ZOG SCHISCHAK, DER KÖNIG VON ÄGYPTEN, GEGEN JERUSALEM. ER RAUBTE DIE SCHÄTZE DES TEMPELS UND DIE SCHÄTZE DES KÖNIGLICHEN PALASTES UND NAHM ALLES WEG, AUCH ALLE GOLDENEN SCHILDE, DIE SALOMO HATTE ANFERTIGEN LASSEN.
1 KÖN 14,25f

1 Karte rechts unten
Spannungen, die schon im Reich Davids und Salomos bestanden hatten, führten bei der Thronbesteigung Rehabeams zum endgültigen Bruch zwischen Juda und Israel und zu einer Periode ständiger Kriege zwischen den beiden Staaten, in der die von David eroberten Gebiete wie Moab ihre Unabhängigkeit gewannen.

2 Karte links unten
Im Amun–Tempel von Karnak befindet sich eine Liste von Ortsnamen, die mit dem biblischen Bericht vom Feldzug des Pharao Schischak übereinstimmt. Schischak nützte die Lage nach der Reichsteilung aus und „zog gegen Jerusalem" (1 Kön 14 25). Auf der Karte sind die Orte der Karnak–Liste verzeichnet, die man identifizieren kann. Schischak wollte Israel und Juda nicht der ägyptischen Herrschaft unterwerfen, sondern nur seine Übermacht beweisen.

3 Karte S. 96 oben
Archäologen fällt in Schichten aus der Königszeit der zunehmende Gebrauch des Eisens auf. Die Karte nennt die wichtigsten der Ausgrabungsstätten, die Auskunft über die materielle Kultur der Eisenzeit II gaben.

4 Links
Mescha von Moab stellte diese Stele auf zur Erinnerung an seinen Sieg über Ahab von Israel (um 860 v. Chr.). Ahabs Vater Omri hatte Moab zurückerobert, das sich nach der Reichsteilung aus der Oberherrschaft Israels hatte befreien können.

5 6 7 Links oben
In Megiddo fand man ein Fragment einer ägyptischen Siegesstele mit dem Namen des Pharao Schischak. Die Zeichnung (6) gibt die Inschrift klarer wieder, und die Rekonstruktion der Stele (7) zeigt, wo das Bruchstück sich ursprünglich befand.

8 Links, S. 96
Ein Paar goldener Armreifen, hergestellt für Nimlot den Sohn Schischaks. Dargestellt ist das Kind Horus auf der Lotusblume, zu beiden Seiten je ein Uräus (Königskobra).

6
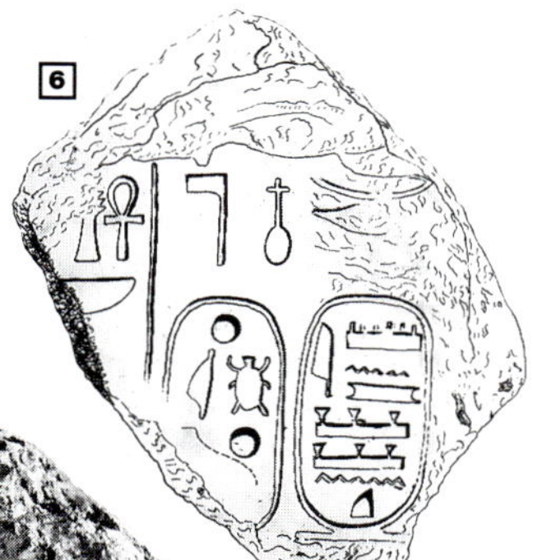

5
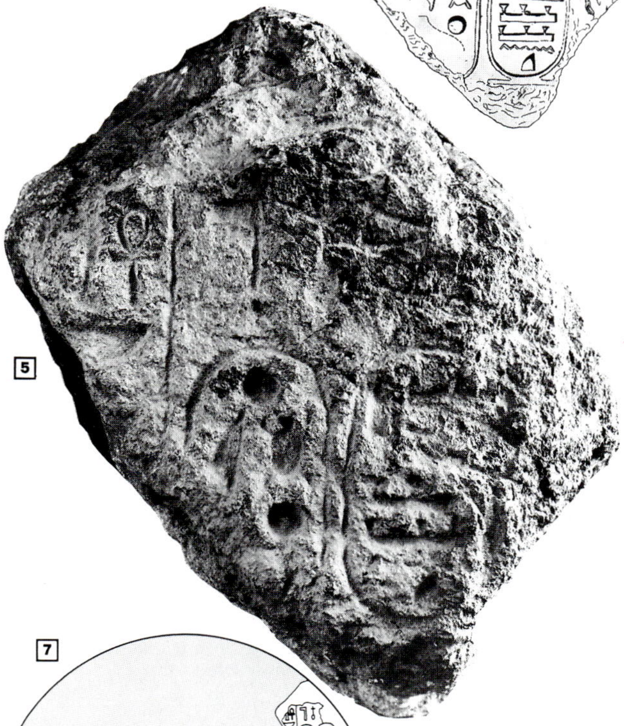

7

4

Omri war Heerführer Israels. Während er in Gibbeton gegen die Philister kämpfte (1 Kön 16,15–18), ermordete in Tirza Simri den König Ela und usurpierte den Thron. Das Heer in Gibbeton rief Omri zum König aus, und dieser zog gegen seinen Rivalen nach Tirza. Nach siebentägiger Belagerung steckte Simri den Königspalast über dem eigenen Kopf in Brand. Israel aber war innerlich zerrissen; eine dritte Partei unterstützte Tibni, dessen Anspruch auf den Thron wahrscheinlich ebensowenig legitim war wie der Omris. Nach sechs Jahren jedoch starb Tibni; Omri war allein König in Israel.

Omris Hauptstadt blieb zunächst Tirza, wo auch Jerobeam I. (932–911 v. Chr.) und nach ihm Bascha (910–887) residiert hatten. Tirza (Tell el-Far'a) liegt am Ende eines Tales, des Wadi Far'a. Bei Ausgrabungen auf dem Ruinenhügel von Tirza fand man einige aus sorgfältig behauenen Steinen errichtete, offenbar unfertige Gebäude; wahrscheinlich hatte Omri sie begonnen, aber nicht beendet, weil er ein neues Projekt in Angriff nahm: Samaria.

Vom Wadi Far'a zweigt ein Tal nach Südwesten ab; gute 10 km von Tirza entfernt liegt dort die alte Stadt Sichem. Sie beherrscht den wichtigsten Paß über die zentrale Kette des westjordanischen Berglandes, über den man in ein Tal kommt, das sich nach Nordwesten zur Scharonebene hin öffnet. Nach etwa 8 km weitet sich dieses Tal; hier biegt eine zweite Straße nach Norden ab, nach Dotan und Megiddo. An dieser Abzweigung liegt ein Hügel, der zu Zeiten Omris noch fast unbesiedelt war. Die Bibel erzählt, daß er einem Privatmann namens Schemer gehörte und daß Omri ihn für zwei Talente Silber kaufte (1 Kön 16,23–24), um darauf seine neue Hauptstadt zu bauen. Sobald Omri allein herrschte, begann er, den Plan auszuführen.

So gewann Omri, wie vor ihm David, eine Hauptstadt, die nur ihm persönlich und keinem der Stämme und der früheren Könige Israels verbunden war. Tirza war nach Osten, Samaria nach Westen orientiert; das kam einem Bündnis mit den Phöniziern entgegen, deren Freundschaft Omri suchte, wie vor ihm Salomo. Omris Sohn und Nachfolger Ahab war mit Isebel, der Tochter des Königs Etbaal von Tyrus, vermählt. Phönizischer Einfluß nahm in Israel zu, auch auf religiösem Gebiet. Am Bau Samarias wirkten Phönizier mit.

In Samaria lassen sich zwei frühe Bauphasen unterscheiden: Omri leitete den Bau nur sechs Jahre; nach seinem Tod vollendete Ahab das Werk. Omri baute eine 177,6 m lange, 88,6 m breite Terrasse, umgeben und gestützt von einer 1,5 m dicken Mauer aus glatt behauenen, großen, in oberen Lagen kleineren Quadern. Ahab fügte sogenannte Kasemattenmauern (bestehend aus aneinandergereihten Kammern) hinzu, im Norden 10 m, im Osten 5 m breit. Die Terrasse wurde dabei vergrößert, im Westen um 30 m. Auf der Terrasse fand man parallel zu den Stützmauern Reste fester, rechtwinkliger Gebäude. Die saubere Steinmetzarbeit erinnert an phönizische Bauten; Omri und Ahab werden bei dem ihnen verschwägerten Etbaal Handwerker angeworben haben. Darauf weist auch ein in Samaria gefundenes Pilasterkapitell in phönizischem Stil hin, das Kapitellen des 9. Jhs. aus Megiddo und Hazor gleicht, zwei Städten, in denen Ahab ebenfalls mächtige Bauten errichtete.

DIE ZEIT DER BEIDEN REICHE – ISRAEL

Die Dynastie Omri

Die wenigen Sätze, mit denen die Bibel über Omri hinweggeht, werden der Bedeutung dieses Königs (886–875 v. Chr.) nicht gerecht. Den Assyrern machte Omri solchen Eindruck, daß Israel bei ihnen noch lange *Bit Humri* (Haus Omris) hieß. Anders als üblich nennt die Bibel den Vaternamen Omris nicht; vielleicht war er ausländischer oder kanaanäischer Herkunft. Nach unruhigen Zeiten festigte Omri das Reich und begründete eine Dynastie, die vierzig Jahre lang herrschte und große Bauwerke hinterließ. In die gleiche Zeit fällt das Wirken der Propheten Elija und Elischa.

Nach 1 Kön 22,39 baute Ahab ein *Elfenbeinhaus*. Elfenbeinschnitzereien in phönizischer Arbeit, die im Schutt Samarias auftauchten, illustrieren, was damit gemeint ist: Es handelt sich um wenige Zentimeter große Schmuckstücke, die man an Möbeln befestigte (der Prophet Amos spricht von „Elfenbeinbetten", Am 6,4, vgl. auch S. 112f).

Der Niedergang der Dynastie Omri

Die wachsende Macht Assurs bedrohte im 9. Jh. Israel und seine Nachbarn. Unter Führung der Aramäer von Damaskus vereinten sich Streitkräfte aus 12 Staaten gegen Assur, u. a. Hamat, Arwad, Ammon; Ahab brachte eins der stärksten Heereskontingente hinzu. 853 v. Chr. gelang es dieser Koalition bei Karkar am Orontes (S. 108) zwar nicht, den Assyrer Salmanassar (858–824) zu besiegen, aber immerhin seinen Vormarsch nach Westen aufzuhalten.

Noch im gleichen Jahr starb Ahab. (Wahrscheinlich starb er friedlich, vgl. 1 Kön 22,40. Die Erzählung vom heldenhaften Schlachtentod im Kampf gegen Aram, vgl. 1 Kön 22,34ff, wird nachträglich auf ihn übertragen worden sein; Ahab wird kaum schon 853 v. Chr. vom Bundesgenossen zum Feind Arams geworden sein.) Ahabs Nachfolger war sein Sohn Ahasja. Dieser setzte die Bündnispolitik des Vaters fort; nach 1 Kön 22,50 war er an dem gescheiterten Versuch Joschafats von Juda beteiligt, von Ezjon-Geber aus – wie einst Salomo – eine Flotte nach Ofir zu schicken.

Auf Ahasja, der an den Folgen eines Unfalls starb, folgte Joram (852–842 v. Chr.), ein zweiter Sohn Ahabs. Gemeinsame politische und kriegerische Unternehmungen festigten die guten Beziehungen der Bruderreiche Israel und Juda ebenso wie die dynastische Heirat Ataljas, der Tochter Ahabs und Isebels, mit Joram von Juda. Doch anders als in Juda hatte in Israel das Prinzip der dynastischen Thronfolge nie festen Fuß gefaßt; ein Herrscherhaus konnte sich hier nur halten, wenn es starke Herrscherpersönlichkeiten hervorbrachte. Die beiden Söhne Ahabs waren das nicht.

Starke Gruppen in Israel standen in Opposition zum Haus Omri und seiner Politik der Bündnisse mit fremden Staaten und der Freundschaft mit den Phöniziern. Am heftigsten lebte dieser Widerstand in Prophetenscharen, denen „Eifer für JHWH" auch ein politisches Programm war. Verbunden mit dieser Bewegung waren zwei prophetische Einzelgestalten, Elija und Elischa. Biblische Überlieferungen, die aus diesen prophetischen Kreisen stammen, erzählen von Prophetenverfolgungen zur Zeit Ahabs und heftigen Auseinandersetzungen zwischen Elija und Ahab. Sie wissen auch davon zu berichten, auf welche Weise Elischa als der von Elija berufene Nachfolger zum Sturz des Hauses Omri beitrug. Nach 2 Kön 9,1–3 sandte Elischa einen „Prophetenjünger" aus, um – mitten im Krieg gegen Aram – in Ramot-Gilead den Obersten Jehu zum König zu salben. Der Revolte Jehus fallen nicht nur König Joram, der Sohn Ahabs, und Isebel, seine Witwe, sowie die gesamte Nachkommenschaft Ahabs zum Opfer. Jehu ermordet auch Ahasja, den König von Juda und Enkel Isebels, der dem verwandten Königshaus von Israel im Krieg gegen Aram zu

5 ***Unten***
Die von Omri erbaute Stadt Samaria blieb die Hauptstadt Israels, bis sie 721 v. Chr. von den Assyrern zerstört wurde.
A Die römische Stadtmauer Samarias, von Türmen verstärkt; sie umfaßte ein Gebiet von gut 55 ha.
B Die Akropolis des römischen Samaria ist das altisraelitische Palastareal; Ausschnittvergrößerung aus A:
1 Die „Innere Mauer", Reste der ersten Stadtmauer, 1,5 m dick, von Omri erbaut mit Hilfe phönizischer Handwerker. Sie umschließt einen Bereich von 177,6 auf 88,6 m, also 1,5 ha. **2** Das Gebäude, in dem man Elfenbeinschnitzereien in phönizischem Stil gefunden hat (vgl. 1 Kön 22,39). **3** Kasemattenmauern, 10 und 5 m dick, erbaut von Ahab; sie umfassen ein vergrößertes Palastareal.
C Der Westteil der israelitischen Stadt Samaria, Ausschnittvergrößerung des unteren Teiles von B:
1 Ein Vorratshaus (18 m zu 25 m), Fundort von Ostraka (beschriebenen Tonscherben), die einmal als „Lieferscheine" von Abgaben an das Königshaus dienten (s. S. 113). **2** Der Palast der Könige Israels, 24 m zu 27 m groß. Die Räume sind um einen Hof in der Mitte gruppiert. **3** Ein großes rechteckiges Fundament, wahrscheinlich für einen Turm zur Befestigung der Akropolis. **4** Ein Turm, der wohl in die hellenistische Zeit gehört.

1 ***Karte unten rechts***
Als Heerführer errang Omri die Herrschaft über Israel, indem er vom Kriegsschauplatz in Gibbeton aus gegen Tirza marschierte, wo sich der Königsmörder Simri verschanzt hatte. Als Omri Alleinherrscher in Israel war, verlegte er die Hauptstadt von Tirza in das neuerbaute Samaria. In der Zeit der von Omri begründeten Dynastie traten Elija und Elischa auf, die ersten großen Propheten des Alten Testamentes:

Orte der Elija-Erzählungen
1 Der aus **Tischbe** in Gilead stammende Elija kündigt König Ahab eine Dürre an, 1 Kön 17,1.
2 Am **Bach Kerit** im Ostjordanland (genaue Lage unbekannt) wird Elija während der Dürre von Raben ernährt, 1 Kön 17,3–7.
3 In **Sarepta** wird er zusammen mit einer phönizischen Witwe wunderbar ernährt, 1 Kön 17,8–24.
4 Am **Karmel** ist die Erzählung vom Kampf Elijas mit den Baalspropheten zu Hause; Elija tötet diese am Bach Kischon, 1 Kön 18,21–40.
5 Auf dem Weg nach **Jesreel** läuft Elija, „gepackt von der Hand des Herrn", vor Ahabs Wagen her, 1 Kön 18,41–46.
6 Über **Beerscheba** hinaus flieht der verfolgte Prophet aus dem Land Israels, 1 Kön 19,1–4.
7 In der Wüste, am **Horeb,** begegnet Elija dem Herrn, der ihn neu in Dienst nimmt, 1 Kön 19,5–18.

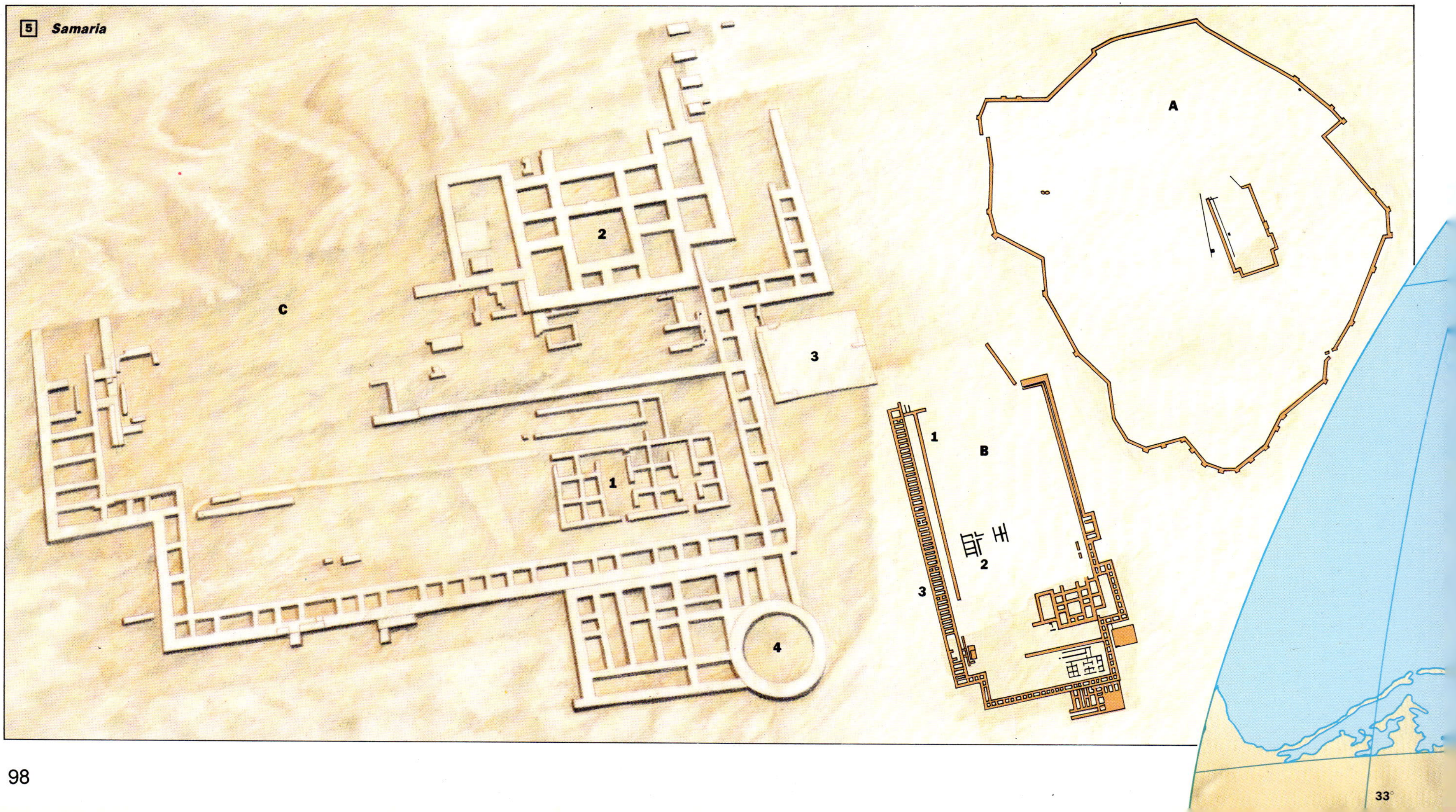

Hilfe gekommen war, sowie den größten Teil der Königsfamilie von Juda. Das Bündnis der beiden Reiche Israel und Juda und die Freundschaft Israels mit den Phöniziern finden ein blutiges Ende.

IM EINUNDDREISSIGSTEN JAHR DES KÖNIGS ASA VON JUDA WURDE OMRI KÖNIG VON ISRAEL. ER REGIERTE ZWÖLF JAHRE, DAVON SECHS IN TIRZA. DANN KAUFTE ER VON SCHEMER FÜR ZWEI TALENTE SILBER DEN BERG SAMARIA, ERRICHTETE BAUTEN AUF IHM UND NANNTE DIE STADT, DIE ER BAUTE, SAMARIA, NACH DEM NAMEN SCHEMERS, DES BESITZERS DES BERGES. 1 KÖN 16,23f

4

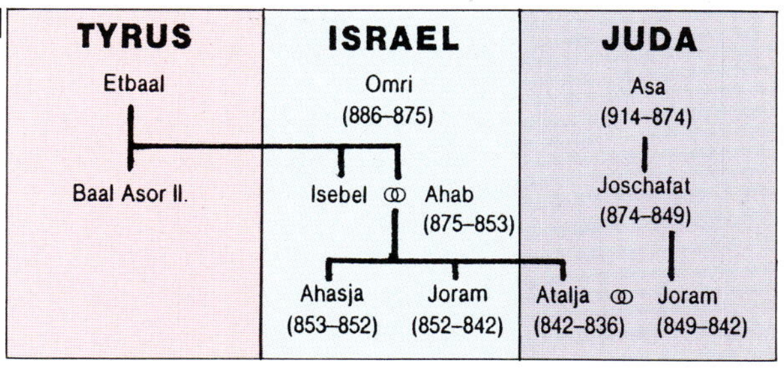

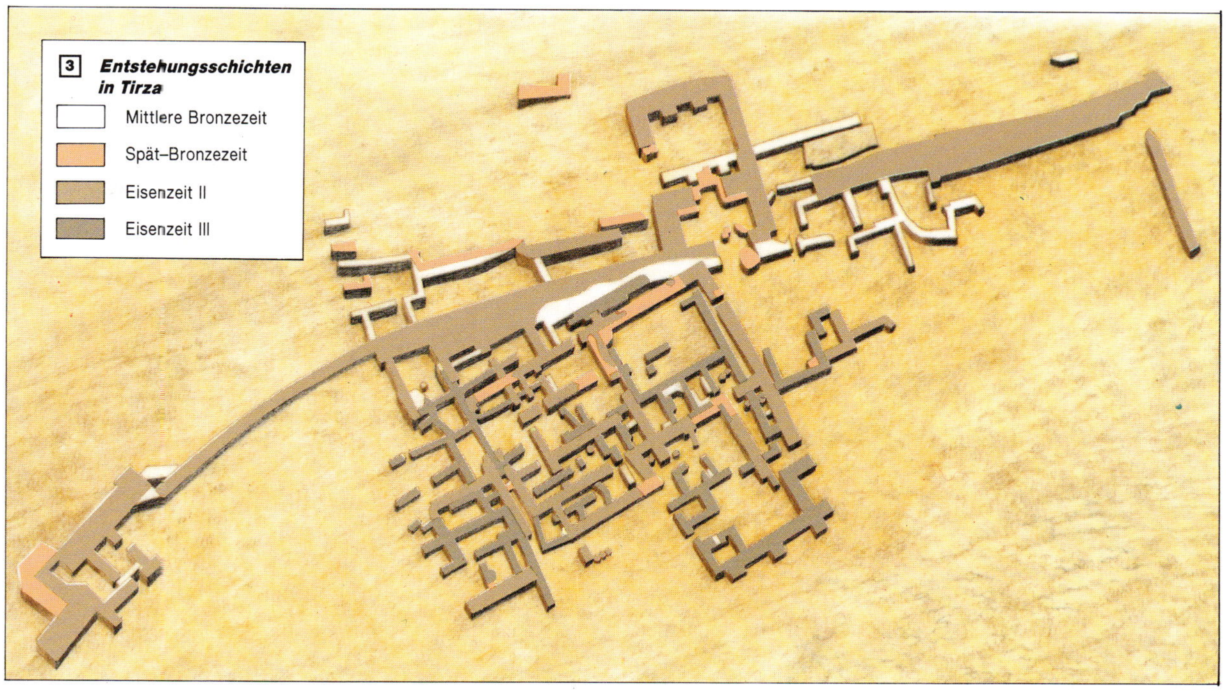

2

2 Links
Elfenbeinschnitzerei mit dem phönizischen Motiv der Frau am Fenster (vgl. S. 112 Abb. 5; 2 Kön 9,30); assyrischer Palast von Nimrud (Kalach).

3 Oben
Ausgrabungen in Tell el-Far'a (Tirza), der Hauptstadt der Vorgänger Omris. Omris Rivale hatte den Palast von Tirza angezündet und sich darin verbrannt; Omri begann Tirza wiederaufzubauen, erbaute nach sechs Jahren aber Samaria als eine vollständig neue Hauptstadt.

4 Oben, links außen
Das Haus Omri, verschwägert mit Tyrus und Juda.

8 In **Jesreel** kündigt Elija Ahab die Strafe für den Justizmord an Nabot an, 1 Kön 21.
9 In **Samaria** sagt er Ahasja den Tod an, 2 Kön 1.
10 Jenseits des **Jordan** wird Elija vor den Augen Elischas zum Himmel entrückt, 2 Kön 2,1–11.

Orte der Elischa-Erzählungen
11 In **Abel-Mehola,** seinem Heimatort, wird Elischa von Elija berufen und folgt ihm nach, 1 Kön 19,19–21.
12 Von **Gilgal** aus folgt Elischa seinem Meister Elija nach und erlebt dessen Entrückung, 2 Kön 2,1–11.
13 In **Jericho** macht er eine Quelle gesund, 2 Kön 2,19–22.
14 In **Bet-El** bestraft er junge Burschen, die ihn verspotten, 2 Kön 2,23–24.

15 Eine Frau aus **Schunem** bekommt auf seine Verheißung hin ein Kind. Als das Kind stirbt, erwirkt Elischa ihm neu das Leben, 2 Kön 4,8–37.
16 In **Gilgal** macht Elischa giftige Speise genießbar, 2 Kön 4,38–41.
17 Im **Jordan** wäscht sich auf Befehl Elischas der aramäische Feldherr Naaman und wird dadurch vom Aussatz befreit; 2 Kön 5. Aus dem Jordan holt Elischa ein verlorenes Beil herauf, 2 Kön 6,1–7.
18 In **Samaria** ist Elischa Berater und Helfer des Königs während der Belagerung durch die Aramäer, 2 Kön 6,8–23; 6,24 – 7,20.
19 In **Damaskus** bewegt Elischa Hasaël dazu, den König zu ermorden und sich an seine Stelle zu setzen, 2 Kön 8,7–15.
20 In **Ramot-Gilead** läßt Elischa Jehu durch einen Prophetenschüler zum König salben, 2 Kön 9,1–13.

Israel und Moab

Israel und Moab waren Nachbarn, durch Sprache, Kultur und geschichtliche Herkunft miteinander verwandt. Friedliche Beziehungen, wie sie sich im Buch Rut spiegeln, wechselten mit Zeiten der Feindschaft, wie sie die Stele Meschas von Moab bezeugt. Die Mescha–Inschrift, die bisher längste alte Inschrift aus Palästina, berichtet, daß Mescha den Norden Moabs aus der Macht Israels befreite.

Als geographische Bezeichnung meint *Moab* den schmalen Streifen Land zwischen dem Toten Meer und der Arabischen Wüste. Der Arnon (der heutige Wadi Mudschib) trennt den Norden vom Kernland Moabs. Das Kernland im Süden war zwischen der Schlucht des Arnon, den steilen Felsen östlich vom Toten Meer und dem zerklüfteten Bergland im Süden schwer zugänglich. Der Nordteil Moabs aber war ständig zwischen Ammon, Israel und Moab umstritten.

Das Buch Josua z. B. beansprucht das Gebiet bis zum Arnon für Israel; in Jes 15 und Jer 48 dagegen gelten Orte bis hinauf nach Heschbon und Elale als moabitisch. David, Salomo, Omri und Ahab beherrschten den Norden, das Gebiet jenseits des Arnon werden sie kaum kontrolliert haben. (Noch in jüngerer Zeit konnten die Beamten der türkischen Sultane das Gebiet zwischen dem Wadi Mudschib und dem Wadi Hesa nicht effizient kontrollieren.) Davids Beamte begannen mit der Volkszählung am Arnon und gingen von da nach Norden hinauf (S. 80, Karte 1); nach der Mescha–Inschrift war nur der Norden für Moab zurückzugewinnen.

Moabs Reichtum war damals wie heute fruchtbares Acker– und Weideland; das Buch Rut erzählt, daß Menschen aus Juda während einer Hungersnot nach Moab auswanderten. Nach 2 Kön 3,4 bezahlte Mescha seinen Tribut an Omri und Ahab in Schafen und Wolle.

Die folgende Rekonstruktion der Geschichte Moabs stützt sich auf drei Quellen: 1. auf die Mescha–Stele, die Taten des Königs von Moab aufzählt; 2. auf 2 Kön 1,1, wo zu erfahren ist, daß „nach dem Tode des Königs Ahab Moab von Israel abfiel"; 3. auf 2 Kön 3,4–27, wo von Jorams gescheitertem Versuch, die Herrschaft über Moab zurückzugewinnen, erzählt wird.

David hatte nur das nördliche Moab beherrscht; das Kernland konnte er kaum kontrollieren. Salomo blieb wahrscheinlich Oberherr über Moab. Unklar ist jedoch, was es für die Beziehungen Israels zu Moab bedeutete, daß zu seinen Frauen auch Moabiterinnen gehörten und er „auf dem Berg östlich von Jerusalem" ein Heiligtum für den moabitischen Gott Kemosch errichtete. Als nach Salomos Tod Israel und Juda miteinander im Krieg lagen, muß Moab wieder völlig frei geworden sein. Omri erneuerte jedoch Israels Vorherrschaft und bezog regelmäßig Tribut aus Moab; auch Omris Sohn Ahab betrachtete Moab als einen Vasallenstaat.

1 Karte rechts
Moab, alte Ortslagen und Ausgrabungsstätten.

2 Rechts
Fragment einer Stele, die einen kämpfenden Gott darstellt, entdeckt beim Berg Schihan in Moab, wahrscheinlich aus der Königszeit Israels und Moabs.

3 Unten rechts
Die Hauptquelle zur Geschichte Moabs ist die Inschrift auf einem 1868 beim Ruinenhügel des alten Dibon (heute Dhiban) aufgefundenen Gedenkstein. In der Mitte des 9. Jhs. v. Chr. hatte König Mescha von Moab diesen Stein bei der Einweihung eines Heiligtums seines Gottes Kemosch aufgestellt. Die Inschrift rühmt die Großtaten Meschas. Mescha war vor allem stolz darauf, die Herrschaft über den Nordteil Moabs wiedererlangt zu haben.

2

König Mescha von Moab

Während Ahab noch regierte, bestieg Mescha den Thron. In seiner Inschrift bezeichnet er dieses Ereignis als Beginn einer neuen Ära: „Omri hatte sich des ganzen Landes von Medeba bemächtigt und (Israel) wohnte darin in seinen Tagen und in der Hälfte der Tage seines Sohnes, vierzig Jahre lang; aber Kemosch wohnte darin in meinen Tagen." In Wirklichkeit forderte Mescha Israel jedoch erst nach Ahabs Tod heraus (vgl. 2 Kön 1,1; 3,5), indem er den Tribut verweigerte, die Herrschaft über den Norden Moabs beanspruchte und sich auf die Auseinandersetzung mit Israel vorbereitete, die beginnen mußte, sobald der neue König in Samaria fest im Sattel saß.

Der Vergeltungsschlag Israels blieb jedoch mehrere Jahre lang aus, denn Ahasja starb an den Folgen eines Unfalls, und Joram bestieg nach ihm den Thron. Mescha nützte die Zeit, um seine Stellung im Norden Moabs zu festigen. Unterstützt von Juda und vielleicht auch Edom, brach Joram schließlich zum Krieg gegen Moab auf. Die Erzählung in 2 Kön 3, die davon berichtet, ist leider vielfach literarisch überarbeitet; sie liefert weder geschichtlich noch geographisch genaue Informationen.

Wahrscheinlich verlief der Feldzug wie folgt: Von Samaria aus zog Joram nach Juda, wo der König von Juda zu ihm stieß. Über den „Weg durch die Wüste Edom" marschierten die vereinten Heere durch edomitisches Gebiet südlich um das Tote Meer herum und erreichten durch die wild zerklüfteten Berge jener Gegend das Kernland Moabs von Süden her. Joram verwüstete moabitisches Land, doch Kir–Heres (das heutige Kerak), wo Mescha sich verschanzt hatte, eroberte er nicht.

Einige Jahre später – Aram hatte längst Israel unterworfen – errichtete Mescha die Stele, deren Inschrift von seinem Aufstand gegen Israel und anderen Taten erzählt.

Die Taten des Königs Mescha

Mescha bezeichnet sich selbst als einen Mann aus Dibon. Die Mescha–Stele (vgl. S. 97 Abb. 4) wurde 1868 im Ruinenhügel dieser Stadt oder in der unmittelbaren Nachbarschaft entdeckt. Beduinen vermuteten in dem Fund, der Begeisterung ausgelöst hatte, einen Schatz und sprengten die Stele. Zum Glück konnte sie dank eines zuvor schon genommenen Abdrucks restauriert werden. Aus der Inschrift selber ist zu erfahren, daß sie bei der Weihe eines Kemosch–Heiligtums an einem Ort namens Qarchoh aufgestellt wurde. Dibon wird zur Zeit Meschas die Hauptstadt von Moab und Qarchoh ein Stadtteil Dibons gewesen sein, vielleicht das Regierungsviertel. Die Stele ist bis heute das einzige bekannte Beispiel der moabitischen Sprache, die dem Hebräischen nahe verwandt ist. Die Schrift ist von einer bis dahin im Raum Palästinas unerreichten Klarheit und Schönheit. Die Inschrift berichtet von den Taten des Königs Mescha.

Medeba war damals wie heute der Schlüssel zum Nordteil Moabs. „Omri hatte sich des Landes von Medeba bemächtigt", erklärt die Inschrift. Darauf (Zeile 9–20) zählt sie, jedoch wohl nicht in chronologischer Reihenfolge, Schlüsselpositionen auf, die Mescha im „Land von Medeba" nach und nach einnahm. Die Inschrift ist nicht wie ein Feldzugsbericht zu lesen.

Mescha griff zwei israelitische Siedlungen an, tötete die Bevölkerung und plünderte die Orte aus. Zwei weitere Orte am nordwestlichen Abhang der Hochebene befestigte er; auch Jahaz, ein von Israeliten erbauter oder befestigter Verwaltungsmittelpunkt des nördlichen Moab, fiel in seine Hand. (Ob die Inschrift mitteilt, daß Mescha – nach kampflosem Rückzug der Israeliten – seine eigenen Leute in Jahaz ansiedelte, oder ob es heißt, daß er die Stadt mit seinen Leuten mit Gewalt einnahm, ist eine unter Übersetzern strittige Frage.)

Der folgende Abschnitt (Zeile 21–30) spricht von den Bauten Meschas, vor allem vom Heiligtum von Qarchoh, bei dessen Einweihung die Inschrift aufgestellt wurde. Auch in religionsgeschichtlicher Hinsicht liefert die Inschrift wichtige Informationen. In Zeile 18 enthält sie den ältesten bekannten schriftlichen Beleg für das *Tetragramm*, den Gottesnamen *JHWH*. Ähnlich wie alttestamentliche Überlieferungen es tun, führt sie Niederlagen des Volkes auf den Zorn des Gottes Kemosch zurück, Erfolge auf dessen Zuwendung. Durch die Tötung der Besiegten wird die Ehre für den Sieg Kemosch gegeben; man sieht sich an alttestamentliche Forderungen des „Bannes" erinnert (vgl. Dtn 7,2).

EINE HUNGERSNOT KAM ÜBER DAS LAND. DA ZOG EIN MANN MIT SEINER FRAU UND SEINEN BEIDEN SÖHNEN AUS BETLEHEM IN JUDA FORT... ALS SIE IM GRÜNLAND MOABS ANKAMEN, BLIEBEN SIE DORT ... UND DIE BEIDEN SÖHNE NAHMEN SICH MOABITISCHE FRAUEN.
RUT 1,1–4

3

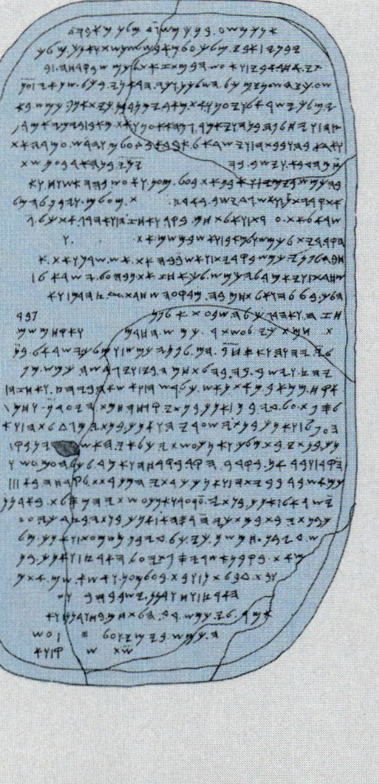

Die Mescha–Stele
1868 entdeckte man diese bedeutende moabitische Inschrift noch unversehrt; sie wurde nachträglich von Beduinen zerbrochen, die wegen des Interesses der Archäologen an dem Stein einen Schatz darin vermuteten. 1873 kam die Stele in den Louvre, s. das Foto S. 97. Da Mescha in 2 Kön 3,4 erwähnt wird, kann man die Mescha–Inschrift ungefähr in die Mitte des 9. Jhs. datieren. Die Übersetzung der Inschrift lautet:

1 Ich bin Mescha, Sohn des Kemosch (...), König von Moab, der Dibonite. Mein Vater war König über Moab dreißig Jahre, und ich herrschte nach meinem Vater. Und ich machte dieses Höhenheiligtum für Kemosch in Qarchoh (...), denn er rettete mich vor allen Königen (?) und ließ mich triumphieren über alle meine Gegner. **5** Omri war König über Israel und bedrängte Moab viele Tage, denn Kemosch zürnte seinem Land. Und es folgte ihm sein Sohn, und auch er sprach: „Ich will Moab bedrängen." In meinen Tagen sprach er (so). Aber ich triumphierte über ihn und über sein Haus, und Israel ist sicher zugrunde gegangen für immer! Und Omri hatte sich bemächtigt des ganzen Landes von *Medeba*. Und er wohnte darin in seinen Tagen und und in der Hälfte der Tage seines Sohnes, vierzig Jahre (lang). Aber Kemosch wohnte darin in meinen Tagen.
Und ich baute *Baal–Meon* und machte die Zisterne darin, und ich baute **10** *Kirjatan*. Und die Leute von Gad wohnten im Land *Atarot* seit jeher, und für sie hatte der König von Israel Atarot gebaut. Ich griff die Stadt an und nahm sie ein. Und ich tötete alles Volk der Stadt (...) als Sättigung für Kemosch und Moab. Und ich brachte von dort den Altar ihres Geliebten (DOD) und schleppte ihn vor Kemosch in *Kerijot*. Und ich siedelte dort die Leute von *Scharon* und die Leute von *Macharot* an. Und es sprach Kemosch zu mir: „Geh, nimm *Nebo* (im Kampf) gegen Israel!" **15** Und ich zog bei Nacht los und kämpfte gegen es vom Anbruch der Morgenröte bis zum Mittag. Und ich nahm es ein und tötete alle; siebentausend Männer und Sklaven und Frauen und Sklavinnen und Dirnen; denn ich hatte es dem Aschtar–Kemosch geweiht. Und ich nahm von dort die Geräte JHWHs und schleppte sie vor Kemosch. Und der König von Israel hatte *Jahaz* gebaut und lagerte darin während seines Feldzuges gegen mich. Da vertrieb ihn Kemosch vor mir. Und **20** ich nahm aus Moab zweihundert Mann, alle erstklassig (als Krieger). Und ich brachte sie nach Jahaz und nahm es ein, um es *Dibon* anzugliedern.
Ich war es, (der) *Qarchoh* baute, die Mauern des Parks und die Mauern der Burg, und ich baute seine Tore, und ich baute seine Türme, und ich baute den Palast des Königs, und ich machte die beiden Becken für das Wasser in der Stadt. Und es gab keine Zisterne in Qarchoh. Da sagte ich zu allem Volk: „Macht euch jeder **25** eine Zisterne in seinem Haus." Und ich habe Gruben (Balken?) für Qarchoh hauen lassen durch Gefangene Israels. Und ich baute *Aroër*, und ich machte die Straße am *Arnon*. Ich habe *Bet–Bamot* gebaut, denn es war eine Ruine. Ich habe Bezer gebaut, denn es war in Trümmern, mit fünfzig Mann von Dibon, denn ganz Dibon ist mir untertan.
Und ich regierte über die hundert Städte, die ich zum Land hinzugefügt hatte. Und ich baute **30** *(Mede)ba* und *Bet–Diblatan* und *Bet–Baal–Meon* und trug dort davon (...) Kleinvieh des Landes. Und *Hauronan*, dort wohnte (...). Kemosch sprach zu mir: „Steig hinab, kämpfe gegen Hauronan!" Und ich ging und kämpfte gegen die Stadt, und Kemosch wohnte darin in meinen Tagen ...

Stadt- und Nationalgötter

Jede altorientalische Stadt, jeder Stadtstaat und jedes Königreich hatte eine besondere Schutzgottheit. Die Bedeutung der politischen Größe und ihrer Schutzgottheit bedingten sich gegenseitig (vgl. z. B. Reich und Gott Assur). Zur israelitischen Religion der Königszeit gehörte die Vorstellung, JHWH sei der Nationalgott Israels (zur Schreibung des Gottesnamens als *Tetragramm* siehe die Anmerkung Seite 192). Man hat ihm ohne weiteres z. B. Kemosch, den Gott der Moabiter, als ebenbürtigen Partner gegenübergestellt (Ri 11,24). Wenn Saul David aus Israel vertreibt, muß David selbstverständlich dem Gott des Landes dienen, in das er flieht (1 Sam 26,19).

Neben dem geschichtsmächtigen, aktiven, nationalen Gott verehrte man in ganz Syrien–Palästina seit der Bronzezeit einen höchsten Gott, der aber weitgehend im Hintergrund blieb und der z. B. den Namen *El* ʿEljon, „Höchster Gott", trug. Ein altes Liedfragment sagt, dieser Gott hätte jedem der Götter ein Volk zugewiesen und bei dieser Gelegenheit sei Israel das Volk JHWHs geworden (Dtn 32,8f). Schon der Eigenname „JHWH" zeigt, daß der Gott Israels einer unter vielen war.

Die griechische Übersetzung von Dtn 32,8 gibt das „Götter" mit „Engel" wieder. Im 6./7. Jh. v. Chr. identifizierte man JHWH mit dem „Höchsten Gott". In der Folge ließ man dann den Eigennamen „JHWH" fallen und ersetzte ihn einfach durch „Herr" (Adonaj). Die anderen Götter hat man zu Dämonen oder Engeln heruntergestuft. Aus den Nationalgöttern sind die Schutzengel der Völker geworden (vgl. Dan 10,13 und 20f).

Neben der grundlegenden Vorstellung von einem kämpferischen Nationalgott hatte Israel mit Kanaan auf lange Zeit allerhand Kultpraktiken gemeinsam, die sich an eindrücklichen Naturphänomenen entzündeten, die man als *Hierophanien* (Erscheinen des Heiligen) erlebte.

Heidnische Kulte und religiöse Bräuche

Die Könige Israels, durch Handelsverbindungen und politische Heiraten anderen Staaten gegenüber verpflichtet, konnten kaum umhin, deren religiöse Bräuche zu berücksichtigen. Aber auch im Volk lebten in der Königszeit heidnische Kulte weiter, die z. T. seit der Spätbronzezeit im Land überlebt hatten. Der JHWH-Glaube Israels profilierte sich in der Auseinandersetzung mit dem kanaanäischen Erbe.

Masseben (Steinmale)

Der Brauch, eindrückliche Steine *(Masseben)* aufzustellen und als heilig zu verehren, läßt sich bis ins Neolithikum zurückverfolgen (Jericho). Die Israeliten haben ihn vorerst ebenso eifrig gepflegt (Gen 28,18) wie die Kanaanäer. Bei der berühmten Stelenreihe in der Nische eines kleinen kanaanäischen Sanktuars aus dem 13. Jh. v. Chr. in Hazor (S. 89) dürften die Statue mit dem Sichelmondamulett, die Stele mit den zum Mond ausgestreckten Händen und die undekorierten Stelen vornehme, evtl. vergöttlichte Tote vergegenwärtigen. Die nacheinander verwendeten Stelen aus der Nische (dem „Allerheiligsten") des Tempels von Arad aus dem 9. Jh. v. Chr. (S. 89) vergegenwärtigen hingegen JHWH. Vor der Stele standen zwei Räucheraltärchen. Diese und die zweite Stele wurden schon im 8. Jh. v. Chr. umgelegt und in den Fußboden eingemauert: Die Polemik der Propheten gegen die Masseben hatte Früchte getragen.

Im gleichen Jahrhundert ist in Beerscheba ein großer Opferaltar aus schön behauenen Steinen und mit „Hörnern" an den vier Ecken niedergerissen und in eine Militärkaserne verbaut worden. Die Hörner signalisierten die heilige Macht, die dem Altar innewohnte (vgl. S. 88). Sie wurden mit dem Opferblut besprengt (Ex 29,12), sie berührte der Asylsuchende (1 Kön 1,50). Dem Altar aus Beerscheba ist eine Schlange eingeritzt, wahrscheinlich als seine Hüterin.

Heilige Bäume

Neben den Masseben und Altären als Symbol des Dauernden charakterisierten die kanaanäischen Kultstätten heilige Bäume als Symbole der Vitalität. Auf spätbronzezeitlichen Rollsiegeln steht häufig ein Verehrer vor einem Baum (Abb. 2a). Siegelamulette des 10.–8. Jhs. v. Chr. aus Lachisch, Bet-Schemesch, Samaria, Megiddo und anderen Orten zeigen zwei Menschen, die in verehrender Haltung einen Baum flankieren (Abb. 2h). Spätbronzezeitliche Goldanhänger vom Tell Adschul (bei Gaza) und aus Ugarit verraten etwas vom Sinn dieser Baumkulte. Sie zeigen stilisierte Bäume, die aus dem Nabel (Abb. 4) bzw. der Scham einer schematisierten Göttin wachsen. Vom Geschlechtsverkehr unter diesen heiligen Bäumen versprach man sich Partizipation an der Potenz und Vitalität der Göttin (Hos 4,13f).

Fortsetzung auf Seite 102

1 *Städte und Kulte in Syrien, Palästina und Mesopotamien 2000–500 v. Chr.*

Der Baalskult

Baal (d. h. „Herr") ist einer der großen Götter der kanaanäischen Religion. Ugaritische Dichtungen (s. S. 44) erzählen von seinem Palast auf dem Berg Zafon. Zahlreiche kanaanäische Bronzestatuetten (vgl. Abb. 7) zeigen ihn als jungen Mann, der den rechten Arm in Siegerpose erhebt.

Sein wichtigstes Symbol ist der Stier. Ein fast 18 cm langes Stierbild aus Bronze kam auf einer Hügelkuppe im Nordosten Samarias zutage, in einem Heiligtum aus dem 12. Jh. v. Chr., das unter freiem Himmel lag. Ist dieser Stier ein Symbol Baals oder JHWHs? Spätbronzezeitliche Stierbilder aus Bronze, aus Ugarit und Hazor, stellen gewiß Baal dar. Jerobeam I. aber stellte zu Ehren JHWHs in Bet–El und Dan goldene „Kälber" auf (1 Kön 12,28–30).

Baal galt auch als Verteidiger des Fruchtlandes gegen das Meer. Auf einem Siegel in Skarabäenform von Tell el–Far'a (Süd) erstieht ein geflügelter Baal, dargestellt nach dem Vorbild des ägyptischen Gottes Set, die gehörnte Schlange, das Symbol des Meeres. Auch die Dürre, über die der Gott Mot herrscht, bedroht das Fruchtland: Ein Siegelbild aus Tell Kisan zeigt den Stier Baals im Kampf mit dem Löwen Mots (Abb. 2c und d). Auf anderen Skarabäensiegeln der Eisenzeit steht der geflügelte Baal triumphierend auf dem Löwen. Gelegentlich begleitet der Gott Reschef auf der Antilope Baal (Abb. 2b).

Der Fruchtbarkeitskult

Aschera ist der Name einer ugaritischen Göttin. Ebenso nennt das Alte Testament den Kultpfahl oder heiligen Baum. Das Alte Testament verdammt oft und stereotyp die Verehrung der „Ascheren und Baale", d. h. des Götterpaares (Ri 3,7; 2 Kön 23,4). Dargestellt wird die Göttin eher in erotischer als in mütterlicher Haltung. Auf altsyrischen Siegelbildern etwa wird sie gezeigt, wie sie ihre Scham vor Baal enthüllt, der über die Berge schreitet. Eine ägyptische Stele aus dem 13. Jh. zeigt die kanaanäische Qudschu

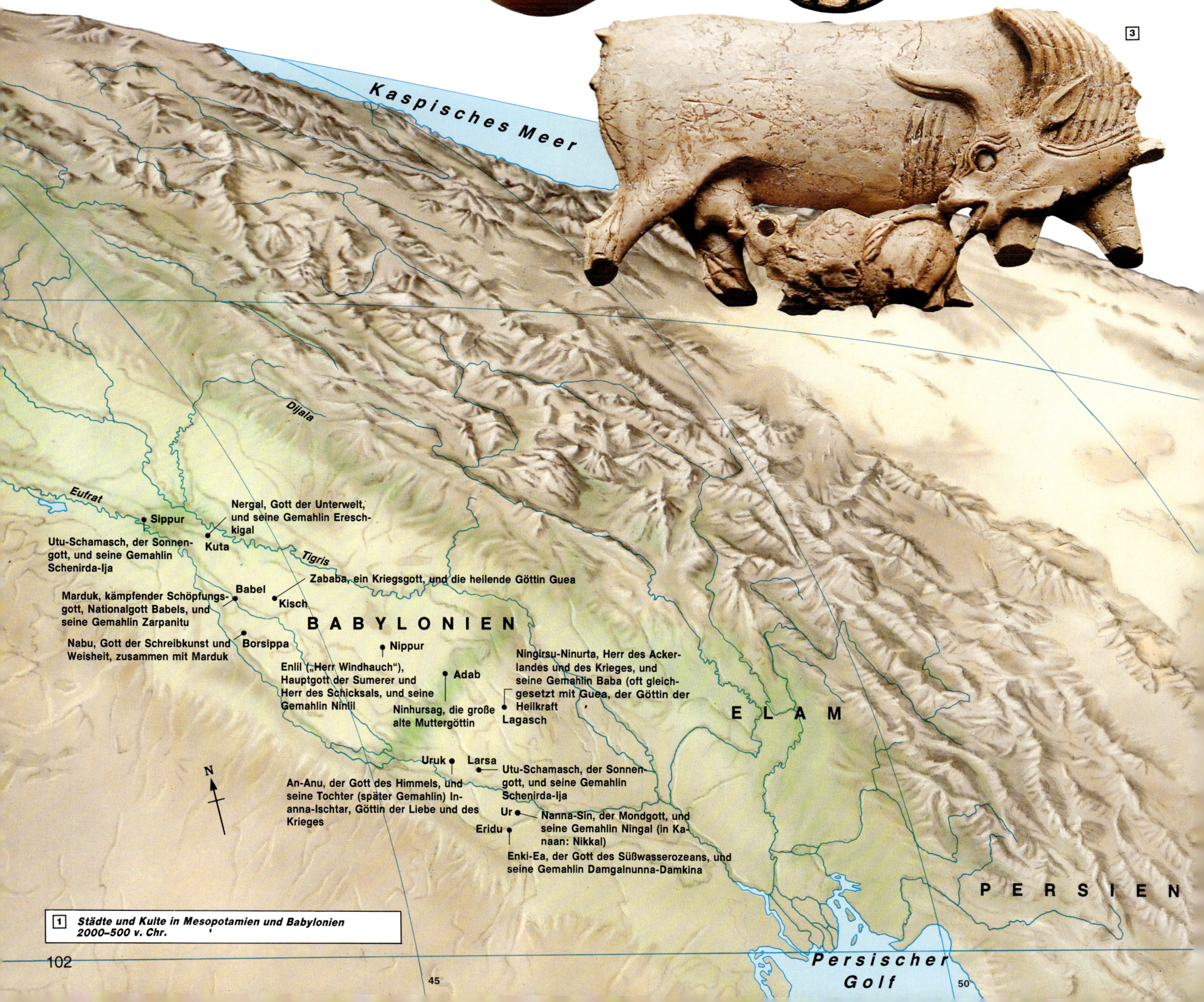

1 *Städte und Kulte in Mesopotamien und Babylonien 2000–500 v. Chr.*

(„Heiligkeit") ebenfalls als Göttin der Sexualkraft: Nackt steht sie auf dem schreitenden Löwen zwischen dem Gott Min mit erigiertem Phallus und dem kämpferischen Reschef. Es ist kein Wunder, daß zum Kult der Göttin die Prostitution gehörte (vgl. 2 Kön 23,7).

In Schichten aus dem 10.–6. Jh. finden sich in Palästina, auch in Jerusalem und Juda, zahlreiche kleine, weibliche Tonfiguren (vielleicht die „Terafim" der Bibel): Der säulenförmige Leib und unförmige Arme, die schwere Brüste hochheben, stehen in Gegensatz zu einem sorgfältig gearbeiteten Kopf mit großen Augen und Lockenfrisur. Diese Figuren stellen wohl nicht nur die *nährende Göttin* (dea nutrix) dar, sondern dienten mehr noch als erotische Symbole (vgl. Spr 5,19). Merkwürdigerweise ist fast keine unversehrt; wahrscheinlich wurden sie absichtlich zerbrochen.

Mütterlichkeit stellte man oft im Bild der Kuh dar, die ihr Kalb säugt, ein in der phönizischen Elfenbeinschnitzerei häufiges Motiv (Abb. 3), das man wohl dem Stier des Gottes Baal zur Seite stellen darf. Es begegnete auch unter den sonst schwer zu deutenden Gefäßmalereien in Kuntillet Adschrud. Siegelbilder der Spätbronze- und Eisenzeit in Palästina stellen oft säugende Gazellen, Rehe und Ziegen dar (Abb. 2f und g). Manchmal gehört der Skorpion dazu, der, wohl wegen seines auffälligen Paarungstanzes, schon seit dem 3. Jhtsd. v. Chr. ebenso wie die Taube als heiliges Tier der Göttin galt. Der Schwur der Liebenden im Hohenlied bei den „Gazellen und Hindinnen" erinnert an heilige Tiere der Göttin.

Kleine Bronzeschlangen, die sowohl in spätbronzezeitlichen Tempeln (Hazor, Megiddo, Tell Mevorach, Geser) als auch im eisenzeitlichen Heiligtum von Timna auftauchten, werden Votivgaben an die Göttin gewesen sein; auf Darstellungen hält die Göttin gelegentlich eine Schlange in der Hand.

Schutzgewährende göttliche Wesen

Schlangenbilder waren auch Schutzzeichen; z. B. wird das für die Schlange auf dem Altar von Beerscheba gelten. Nach Num 21,6–9 gewährte der Anblick der von Mose auf einem Pfahl aufgerichteten Kupferschlange den Israeliten Schutz vor den Giftschlangen, unter denen sie litten. Nach 2 Kön 18,4 wurde im Tempel von Jerusalem eine „von Mose angefertigte Kupferschlange" verehrt; erst König Hiskija zerschlug sie.

Sicher dienten die zwei- und vierflügeligen Uräen auf hebräischen Siegeln des 8. Jhs. v. Chr. als Schutzgenien, die den Trägern Heil bringen und Unheil abwehren sollten. Der Prophet Jesaja (Kap. 6) sah noch um 740 v. Chr. in einer Vision den Gott Israels analog zu ägyptischen Gottheiten (Abb. 2i) von solchen *Serafim* flankiert, wobei diese mit ihren Flügeln allerdings nicht den Gott schützten, sondern sich selbst vor seiner unheimlichen Heiligkeit. Darin liegt die Pointe ihres Erscheinen in dieser Vision.

Mischwesen wie die Serafim waren die *Kerubim* (Löwenleib, Menschenkopf und Adlerflügel). Zwei Kerubim bildeten den Thron für den unsichtbar anwesenden Gott Israels im Tempel Salomos. Im nachexilischen Tempel waren sie nicht mehr vorhanden.

Ein Schutzgott speziell für schwangere Frauen war der ägyptische zwerghafte Gott *Bes* (Abb. 2i). Viele Bes-Amulette wurden im Israel und Juda der Königszeit gefunden. Bes erscheint auch unter den Gefäßmalereien von Kuntillet Adschrud.

Die hier genannten und viele ähnliche Phänomene und Vorgänge zeigen, wie sich Israel im 8.–7. Jh. v. Chr. unter prophetischem Einfluß von der stark innerweltlichen, vitalistisch geprägten kanaanäischen Religion emanzipierte.

EIN NICHTS SIND ALLE, DIE EIN GÖTTERBILD FORMEN; IHRE GELIEBTEN GÖTZEN NÜTZEN NICHTS. WER SICH ZU SEINEN GÖTTERN BEKENNT, SIEHT NICHTS, IHM FEHLT ES AN EINSICHT; DARUM WIRD ER BESCHÄMT. WER SICH EINEN GOTT MACHT UND SICH EIN GÖTTERBILD GIESST, HAT KEINEN NUTZEN DAVON. SEHT HER, ALLE, DIE SICH IHM ANSCHLIESSEN, WERDEN BESCHÄMT, DIE SCHMIEDE SIND NICHTS ALS MENSCHEN. SIE SOLLEN SICH ALLE VERSAMMELN UND VOR MICH TRETEN; DANN WERDEN SIE ALLE VON SCHRECKEN GEPACKT UND BESCHÄMT. DER SCHMIED FACHT DIE KOHLENGLUT AN, ER FORMT (DAS GÖTTERBILD) MIT SEINEM HAMMER UND BEARBEITET ES MIT KRÄFTIGEM ARM. DABEI WIRD ER HUNGRIG UND HAT KEINE KRAFT MEHR. TRINKT ER KEIN WASSER, SO WIRD ER ERMATTEN. JES 44,9–12

1 *Karte S. 101 und 102*
Die Karte zeigt die wichtigsten Stadt- und Nationalgottheiten Mesopotamiens, Syriens und Palästinas.

2 *Tafel S. 102, oben*
a Spätbronzezeitliches Zylindersiegel: Ein Beter steht mit erhobenen Händen vor einem Baum. **b** Skarabäenförmiges Siegel aus der frühen Eisenzeit (1200–1000 v. Chr.): Triumphierend steht ein geflügelter Baal auf dem Löwen des Gottes Mot. Neben ihm Reschef auf der Antilope. **c, d** Früheisenzeitliches Siegelamulett. Der Stier Baals besiegt den Löwen Mots. **e, f, g** Eisenzeitliche Siegelamulette aus Palästina (z. T. ist der Abdruck abgebildet): Säugende Hirsche und Gazellen, begleitet vom Skorpion, der wegen seines auffälligen Paarungsverhaltens als ein der Göttin heiliges Tier galt. **h** Ein Siegelamulett aus dem 10.–8. Jh. aus Palästina: Rechts und links von einem Baum heben zwei Menschen betend die Hände. **i** Der ägyptische Gott Bes, rechts und links von ihm zwei geflügelte Kobras (Serafim), die ihn schützen.

3 *Seite 102, Mitte*
Phönizische Elfenbeinschnitzerei: Die Kuh, die ein Kalb säugt und leckt, darf man wohl als Gegenstück zu dem Stier sehen, der zum Gott Baal gehört. Die Vorstellung von der nährenden Göttin wurde in Syrien–Palästina eher in tierischen als in menschlichen Gestalten verbildlicht.

4 *Links*
Ein goldener Anhänger aus Tell Adschul aus der Spätbronzezeit: Aus dem Nabel der Göttin wächst ein Baum. Sie wird so als Mutter Erde dargestellt.

5 *Oben*
Eine ägyptische Stele aus dem 13. Jh. zeigt die kanaanäische Göttin Qudschu zwischen Min, dem Gott der Zeugungskraft, und dem kriegerischen Reschef.

6 *Unten links*
Ein bronzenes Stierbild, etwa 18 cm lang, aus dem 12. Jh., gefunden in der Nähe von Samaria.

7 *Unten Mitte*
Eine Bronzefigur des siegreichen Baal aus Megiddo.

8 *Unten rechts*
Der wie eine Säule geformte Leib und die überschweren Brüste der Tonfigur kontrastieren mit dem sorgfältig geformten Kopf. Figurinen dieser Art begegnen vielfach in Schichten des 10.–6. Jhs. in Palästina, auch in Juda und in Jerusalem.

Israel und Aram

Damaskus war dem Davidsreich angegliedert gewesen; doch in den letzten Jahren Salomos hatte Reson mit einer Freischar der Stadt ihre Unabhängigkeit zurückgewonnen; sie wurde zur Hauptstadt des mächtigsten Nachbarstaates Israels und Judas. Nach Reson hatte Hesjon in Damaskus die Macht ergriffen; unter seinen Nachfolgern wurde Aram zu einer ernsthaften Bedrohung für beide Reiche.

Unter Hesjon wurde der neue Aramäerstaat (die Bibel nennt ihn „Aram“ oder „Damaskus“) zum mächtigsten Reich in Syrien. Die Könige von Damaskus versuchten auch Gebiete Israels in ihren Machtbereich einzubeziehen. So herrschte nach dem Untergang des Salomoreiches ungefähr 150 Jahre lang fast ununterbrochen Krieg zwischen Aram und Israel. Hesjons Enkel, Ben-Hadad I. (um 900–860 v. Chr.), fiel zur Zeit Baschas (910–887) in Israel ein. Asa von Juda hatte ihn gegen den Bruderstaat, der Juda schwer bedrängte, zu Hilfe gerufen. Ben-Hadad I. war zwar mit Bascha verbündet gewesen, doch Asa bewog ihn durch eine Zahlung aus dem Schatz von Tempel und Palast, die Seite zu wechseln. Ben-Hadad drang von Norden über Dan und Hazor bis zum See Gennesaret vor (vgl. 1 Kön 15,18–20). Weitere Einzelheiten berichtet die Bibel nicht, doch ist anzunehmen, daß Aram seinen Einfluß im Ostjordanland, vom Baschan über Gilead bis nach Ammon, verstärkte.

Damaskus, die ruhmreiche Stadt, die Burg der Freude (Jer 49,25), war im 9. Jh. v. Chr. zum Mittelpunkt eines großen, straff verwalteten und militärisch mächtigen Reiches geworden, das die Hauptverkehrswege des Nahen Ostens beherrschte. Das Aramäische wurde seitdem mehr und mehr zur allgemeinen Verkehrssprache im Vorderen Orient.

Omri (886–875) mußte Städte im Ostjordanland an Damaskus abtreten und die Eröffnung aramäischer Handelskontore in Samaria erlauben. Angesichts der wachsenden Macht Arams schloß er Frieden mit Juda. Omris Sohn Ahab konnte nicht nur bei Afek einen Einfall des Aramäerkönigs Hadad-Eser (assyrische Inschriften nennen ihn *Adad-Idri*) vereiteln, sondern sogar Handelskontore in Damaskus eröffnen. Als die Vorstöße Assurs nach Westen auch für Israel gefährlicher wurden, einigte er sich so weit mit den Aramäern, daß er mit ihnen zusammen bei Karkar Assur bekämpfte (853 v. Chr.; vgl. S. 108f).

Sobald die assyrische Gefahr nachließ, gingen die Auseinandersetzungen zwischen Aram und Israel weiter. Ob Ahab sich allerdings, wie man nach 1 Kön 22 annehmen muß, schon 853 v. Chr. wieder gegen Aram wandte und im Kampf um Ramot-Gilead den Heldentod fand, muß offenbleiben. Die biblischen Erzähler sind vor allem daran interessiert, welche Rolle Propheten spielten, und sprechen ohne Namensnennung nur vom „König von Israel“; später werden Tradenten den bekanntesten Namen, Ahab, eingesetzt haben. Unter Joram, Ahabs Sohn, belagerten die Aramäer einmal sogar Samaria (2 Kön 6,24ff); im Kampf gegen Aram bei Ramot-Gilead wurde Joram schwer verwundet (2 Kön 8,28; 9,14f). Unter den zurückgebliebenen Offizieren brach der Aufstand aus; Jehu bereitete der Dynastie Omri ein blutiges Ende.

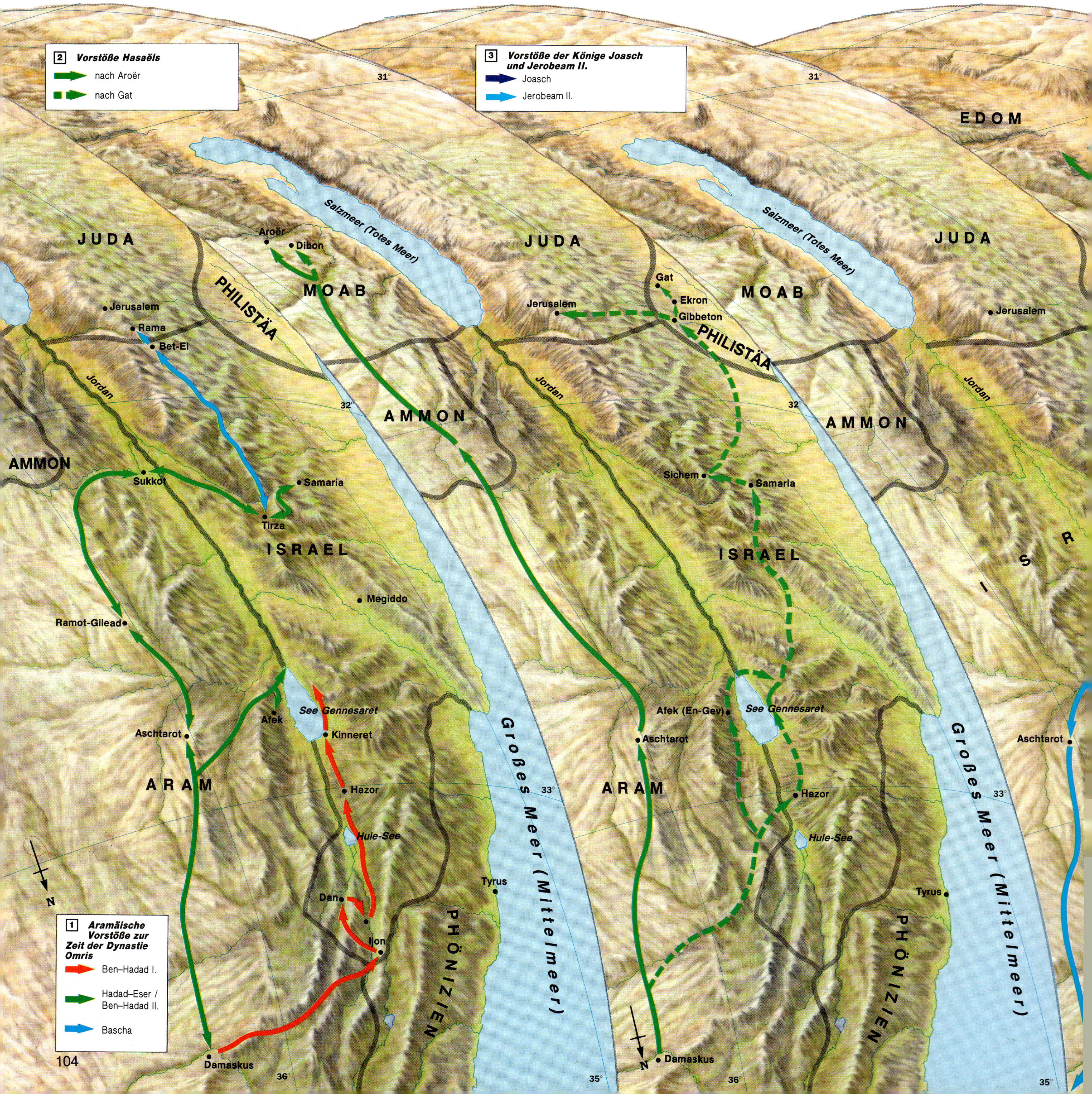

In Damaskus war inzwischen Ben–Hadad II. auf Hadad–Eser gefolgt; im gleichen Jahr wie Joram wurde auch er von einem Usurpator, Hasaël, ermordet (2 Kön 8,7ff). Hasaël (842–805 v. Chr.) dehnte Arams Macht östlich des Jordan bis nach Aroër im Norden Moabs aus (2 Kön 10,32f) und brachte damit den *Königsweg* in seine Hand. Aber auch westlich des Jordan bedrängte er Israel. Ausgrabungen in Hazor, Afek (En–Gev), Sichem und Samaria zeigen schwere Zerstörungen, die man auf Hasaël und seinen Nachfolger Ben–Hadad III. zurückführen muß. Nach 2 Kön 13,7 wurde Israels Streitmacht fast aufgerieben.

Nach 2 Kön 12,18ff stieß Hasaël sogar bis nach Gat vor; er wollte sich wohl auch die Kontrolle über den Handel auf der Küstenstraße sichern. Auch Juda war bedroht, und Joasch kaufte es gegen schweren Tribut aus dem Tempelschatz frei.

Joasch, der Enkel Jehus, und mehr noch Jerobeam II., Jehus Urenkel, profitierten davon, daß Assur die Aramäer von neuem bedrängte. Joasch gewann von Hasaël eroberte Städte im Ostjordanland zurück, Jerobeam II. kontrollierte zeitweise sogar Gebiete bis hinauf nach Damaskus.

Doch innere Unruhen erschütterten Israel. Jerobeams Sohn wurde nach kurzer Regierung ermordet; von außen trug Assur dazu bei, daß sich bis zum Untergang Israels keine Dynastie mehr festigen konnte. Unter Rezin, dem letzten König von Damaskus, verbündeten sich die ehemaligen Rivalen Israel und Aram gegen den gemeinsamen Feind, versuchten aber vergeblich, auch König Ahas von Juda dafür zu gewinnen. 735 belagerten Rezin und Pekach von Israel Jerusalem, um Juda in die antiassyrische Koalition zu zwingen. Auch im Ostjordanland wollte Rezin seine Position festigen, stieß bis nach Edom vor und geriet auch dort in Konflikt mit Juda (2 Kön 16,6). Ahas, der sich im Bergland Juda vor Assur sicher wähnte, rief Tiglat–Pileser zu Hilfe. 734 nahm dieser Damaskus ein, eroberte große Teile Israels und wandelte sie ebenso wie Damaskus zu assyrischen Provinzen um. Rezin tötete er; Pekach wurde von Israeliten ermordet; Hoschea, der letzte König Israels, folgte ihm auf den Thron.

Salmanassar III. besiegt Hasaël

Auch assyrische Texte liefern Nachrichten über Aram; u. a. berichtet Salmanassar III. über seinen Feldzug nach Aram:

„Im 18. Jahr meiner Herrschaft überquerte ich den Eufrat zum sechzehnten Mal. Hasaël von Damaskus vertraute auf sein zahlreiches Heer, rief seine Truppen in großer Zahl zusammen und befestigte den Senir, einen Berg dem Libanon gegenüber. Ich kämpfte gegen ihn und fügte ihm eine Niederlage zu; mit dem Schwert tötete ich 16 000 seiner erfahrenen Krieger, nahm ihm 1121 Streitwagen ab sowie 470 Reitpferde und sein Lager. Er zog sich zurück, um sein Leben zu retten; ich folgte ihm und belagerte ihn in Damaskus, seiner Residenz. Ich zerstörte seine Gärten vor der Stadt und zog weiter bis zu den Bergen von Hauran, indem ich zahllose Städte zerstörte, niederriß und verbrannte und ungezählte Beute forttrug."

HASAEL, DER KÖNIG VON ARAM, BEDRÄNGTE ISRAEL, SOLANGE JOAHAS LEBTE. DOCH DER HERR WAR SEINEM VOLK GNÄDIG UND HATTE ERBARMEN MIT IHM ... ALS DAHER HASAEL, DER KÖNIG VON ARAM, STARB UND SEIN SOHN BEN–HADAD AN SEINER STELLE KÖNIG WURDE, KONNTE JOASCH, DER SOHN DES JOAHAS, BEN–HADAD, DEM SOHN HASAELS, DIE STÄDTE WIEDER ENTREISSEN, DIE DIESER SEINEM VATER JOAHAS ... WEGGENOMMEN HATTE.

2 KÖN 13,22–25

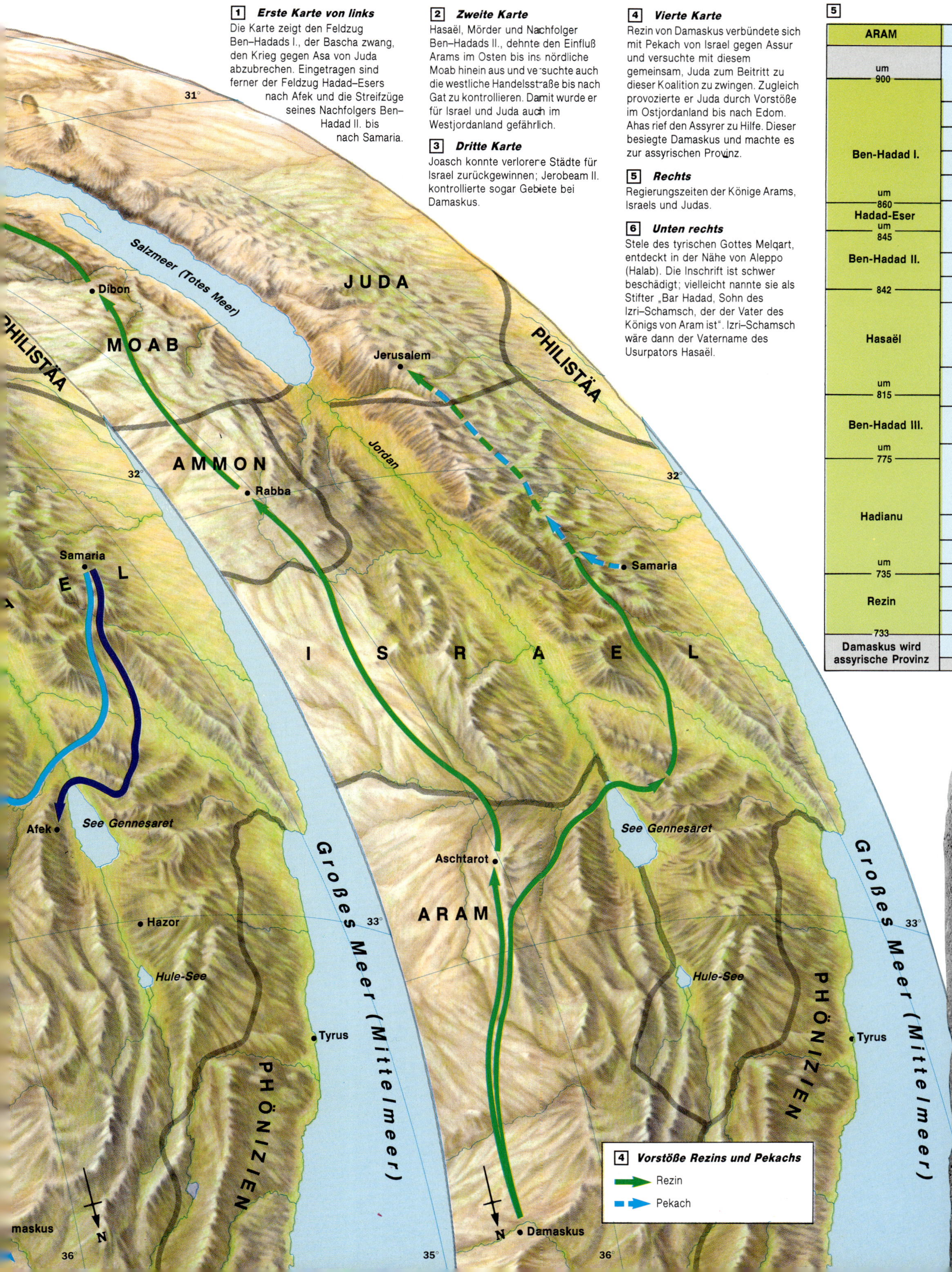

1 Erste Karte von links
Die Karte zeigt den Feldzug Ben–Hadads I., der Bascha zwang, den Krieg gegen Asa von Juda abzubrechen. Eingetragen sind ferner der Feldzug Hadad–Esers nach Afek und die Streifzüge seines Nachfolgers Ben–Hadad II. bis nach Samaria.

2 Zweite Karte
Hasaël, Mörder und Nachfolger Ben–Hadads II., dehnte den Einfluß Arams im Osten bis ins nördliche Moab hinein aus und versuchte auch die westliche Handelsstraße bis nach Gat zu kontrollieren. Damit wurde er für Israel und Juda auch im Westjordanland gefährlich.

3 Dritte Karte
Joasch konnte verlorene Städte für Israel zurückgewinnen; Jerobeam II. kontrollierte sogar Gebiete bei Damaskus.

4 Vierte Karte
Rezin von Damaskus verbündete sich mit Pekach von Israel gegen Assur und versuchte mit diesem gemeinsam, Juda zum Beitritt zu dieser Koalition zu zwingen. Zugleich provozierte er Juda durch Vorstöße im Ostjordanland bis nach Edom. Ahas rief den Assyrer zu Hilfe. Dieser besiegte Damaskus und machte es zur assyrischen Provinz.

5 Rechts
Regierungszeiten der Könige Arams, Israels und Judas.

6 Unten rechts
Stele des tyrischen Gottes Melqart, entdeckt in der Nähe von Aleppo (Halab). Die Inschrift ist schwer beschädigt; vielleicht nannte sie als Stifter „Bar Hadad, Sohn des Izri–Schamsch, der der Vater des Königs von Aram ist". Izri–Schamsch wäre dann der Vatername des Usurpators Hasaël.

5

ARAM	ISRAEL	JUDA
um 900	910	914
Ben-Hadad I.	Bascha	Asa
um 860	887	874
Hadad-Eser	Ela	Joschafat
um 845	886	849
Ben-Hadad II.	Simri	Joram/Ahasja
842	886	842
Hasaël	Tibni	Atalja
um 815	880	836
Ben-Hadad III.	Omri	Joasch
um 775	875	797
Hadianu	Ahab	Amazja
um 735	853	779
Rezin	Ahasja	Usija
733	852	738
Damaskus wird assyrische Provinz	Joram	Jotam
	842	736
	Jehu	Ahas
	815	721
	Joahas	Hiskija
	799	
	Joasch	
	784	
	Jerobeam II.	
	744	
	Sacharja	
	Schallum	
	743	
	Menahem	
	737	
	Pekachja	
	736	
	in Gilead	
	Pekach	
	733	
	Hoschea	
	725	
	seit 721 assyrisch	

DIE ZEIT DER BEIDEN REICHE – ISRAEL

Biblische Überlieferung und Weltgeschichte

Die biblische Geschichte ereignete sich nicht in einem geschichtlichen Vakuum. Texte aus der Umwelt Israels machen es möglich, Israel auch mit den Augen anderer – meist feindlicher – Staaten zu sehen. Vor allem die Assyrer haben viele Berichte hinterlassen, in denen Ereignisse erwähnt sind, von denen auch die Bibel erzählt.

Es ist nicht weiter verwunderlich, daß Texte aus den alten Großreichen selten von Ereignissen sprechen, die wir aus der Bibel kennen. Im Vergleich zu Assur und Ägypten waren Israel und Juda winzige Staaten, militärisch und wirtschaftlich unbedeutend. Große Gestalten Israels, die Patriarchen und Richter, Saul, David, Salomo, die Propheten, sind nur aus der Bibel bekannt. Die wenigen Ausnahmen, in denen biblische Ereignisse genannt werden, fallen um so mehr auf.

Zweieinhalb Jahrhunderte lang mühten sich assyrische Könige, ihren Besitz und ihren Ruhm zu mehren und zu erhalten, indem sie Berichte ihrer Ruhmestaten und Zeichen ihrer Herrschaft zur Schau stellten. Bei Ausgrabungen von Palästen assyrischer Könige in Nimrud, Chorsabad und Ninive entdeckte man bereits im 19. Jh. Texte, welche die Triumphe assyrischer Könige, auch über Israel und Juda, rühmen.

In den unten in die Karte eingeblendeten Kästen wird auf Ereignisse der Geschichte Altisraels verwiesen, von denen solche Quellentexte aus Israels Nachbarvölkern berichten. Man muß unterscheiden: Die Bibel gibt geschichtliche Erinnerungen als lebendige Glaubenszeugnisse weiter, die jede Generation neu verstehen muß. Jene außerbiblischen Texte dagegen sind, in Stein oder Ton geschrieben, seit der ersten Niederschrift, die in nahem zeitlichem Zusammenhang zu den berichteten Ereignissen geschah, unverändert geblieben.

Beim Vergleich biblischer und außerbiblischer Texte sind oft Übereinstimmungen, aber auch Unterschiede festzustellen. Manche außerbiblische Quelle – z. B. Inschriften Salmanassars III., die Jehu und Ahab nennen – erwähnt Vorgänge, die aus den biblischen Königsbüchern nicht bekannt sind. Andere Texte ergänzen die Nachrichten der Bibel: Sargon II. hinterließ auf der Wand seines Palastes in Chorsabad die Nachricht, daß er 27 290 Bewohner Samarias deportierte; Sanherib rühmt sich, aus 46 Städten Hiskijas von Juda 200 150 Gefangene fortgeführt zu haben; die Inschrift des Pharao Schischak im Tempel von Karnak bestätigt nicht nur den biblischen Bericht über seinen Feldzug, sondern liefert mit einer Liste von eroberten Städten auch einen Beitrag zur Geographie Altpalästinas (vgl. S. 96f). Mescha von Moab proklamiert auf seiner Stele seine Großtaten und erklärt, „Israel sei für immer untergegangen" (vgl. S. 96 und 108). Aber selbst dort, wo aus den Texten nur Wunschdenken spricht, helfen sie, Glaubenszeugnisse Altisraels mit der Geschichte der Umwelt zu verknüpfen.

Fixpunkte in der Chronologie der Staaten Israel und Juda

Texte aus der Umwelt Israels erlauben auch, Ereignisse der biblischen Geschichte präzisen Daten unserer Zeitrechnung zuzuordnen.

Die Königsbücher zählen die Regierungsjahre eines Königs auf zweierlei Weise: Sie nennen die Gesamtzahl der Regierungsjahre eines jeden einzelnen Königs, und sie stellen Synchronismen (Zeitvergleiche) auf zwischen der Thronbesteigung eines Königs und der bereits verflossenen Regierungszeit des Königs im Bruderstaat.

Die Angaben sind genau; trotzdem fallen Ungereimtheiten auf, z. B. wenn man aus den Angaben beider Zählweisen Gesamtzahlen errechnen möchte. Bevor die assyrischen Texte auftauchten, war es nicht möglich, Regierungsdaten der Könige Israels und Judas präzise in unsere Zeitrechnung zu übertragen.

Die Assyrer bestimmten die Regierungsjahre nach einer anderen Methode. Der König gab jedem seiner Regierungsjahre einen Namen, dem ersten seinen eigenen, den folgenden den Namen eines hohen Beamten, des *limmu* (des Eponymen). Schreiber führten Listen der Regierungsjahre; sie nannten darin den Namen des *limmu*, seinen Titel oder sein Amt sowie ein oder mehrere bedeutende Ereignisse des Jahres (vgl. S. 107 Abb. 2). Man kennt heute eine Anzahl solcher Listen vom Anfang des 9. bis fast zum Ende des 6. Jhs. v. Chr.

Eine dieser Listen notiert als bedeutendes Ereignis des Jahres, das nach einem gewissen Bur–Sagale (dem Statthalter der Provinz Guzana unter dem König Dan–Assur) benannt war: „Im Monat Simanu gab es eine Sonnenfinsternis." Welche Sonnenfinsternis in assyrischen Städten zu welcher Zeit sichtbar war, läßt sich berechnen. Ein kürzlich veröffentlichter Computerausdruck gibt an, wann zwischen 3000 v. Chr. und der Zeitenwende in Assur Sonnenfinsternisse zu sehen waren (S. 107 Abb. 3). Unter anderem geht daraus hervor, daß sich im Jahre 763 v. Chr. (am 15. Juni von 9 Uhr 20 bis 12 Uhr 11) die Sonne dort zu 99% verfinsterte. Das war für diese Gegend die stärkste Sonnenfinsternis innerhalb eines ganzen Jahrhunderts. (69 Jahre zuvor hatte es eine Verfinsterung von 94% gegeben; 178 Jahre später kam es zu einer von 98%.) Damit ist also das Jahr 763 v. Chr. als das Jahr des Bur–Sagale zu bestimmen. Von diesem Fixpunkt aus sind dann u. a. die Regierungszeiten der assyrischen Könige zu berechnen, die in der Bibel vorkommen.

Mit Hilfe der biblischen Angaben zu den Regierungsjahren der Könige Israels und Judas kann man von diesen Daten aus dann weiterrechnen. Es bleiben natürlich immer noch genug Fragen offen. Aus diesem Grunde ist es kein Wunder, daß es in der Bibelwissenschaft fünf bis sechs verschiedene chronologische Systeme gibt. Aber es handelt sich meist nur um Differenzen von wenigen Jahren, und die Hauptereignisse sind ungeachtet dessen meist recht genau zu datieren.

(DAS IST DER) PALAST DES ASSURNASIRPAL, DES HOHENPRIESTERS ASSURS, DES ERWÄHLTEN ENLILS UND NINURTAS, DES LIEBLINGS ANUS UND DAGANS, (DER) ZERSTÖRUNG (VERKÖRPERT) UNTER ALLEN GROSSEN GÖTTERN; RECHTMÄSSIGER KÖNIG, KÖNIG DER WELT, KÖNIG VON ASSUR, SOHN TUKULTI NINURTAS, GROSSKÖNIG, RECHTMÄSSIGER KÖNIG, KÖNIG DER WELT UND KÖNIG VON ASSUR; HELDENHAFTER KRIEGER, DER STETS NACH DEN ZUVERSICHT SPENDENDEN ZEICHEN SEINES HERRN ASSUR HANDELT UND DEM KEINER GLEICH IST UNTER DEN HERRSCHERN DER VIER TEILE (DER WELT), DER HIRT ALLER SCHWARZKÖPFIGEN, UNERSCHROKKEN IM KAMPF.

AUS DEM PALAST ASSURNASIRPALS IN KALACH

1 ***Karte unten***
Auf der Karte sind Orte verzeichnet, aus denen außerbiblische Quellentexte aus drei Jahrhunderten stammen, die von Ereignissen der biblischen Geschichte, von Kriegen und Tributzahlungen, aus dem Blickwinkel der Feinde Israels berichten. In den Kästen sind diese Texte und Bibeltexte einander gegenübergestellt. Als Heimat der biblischen Texte gibt die Karte vereinfachend Jerusalem an. Die außerbiblischen Texte dagegen stammen aus weit über den Fruchtbaren Halbmond verstreuten Orten, von Karnak bis nach Ninive im heutigen Irak. Die Jahreszahlen in den Kästen sind ermittelt mit Hilfe astronomischer Berechnungen (vgl. Abb. 2 und 3) und der doppelten Festlegung von Regierungszeiten in

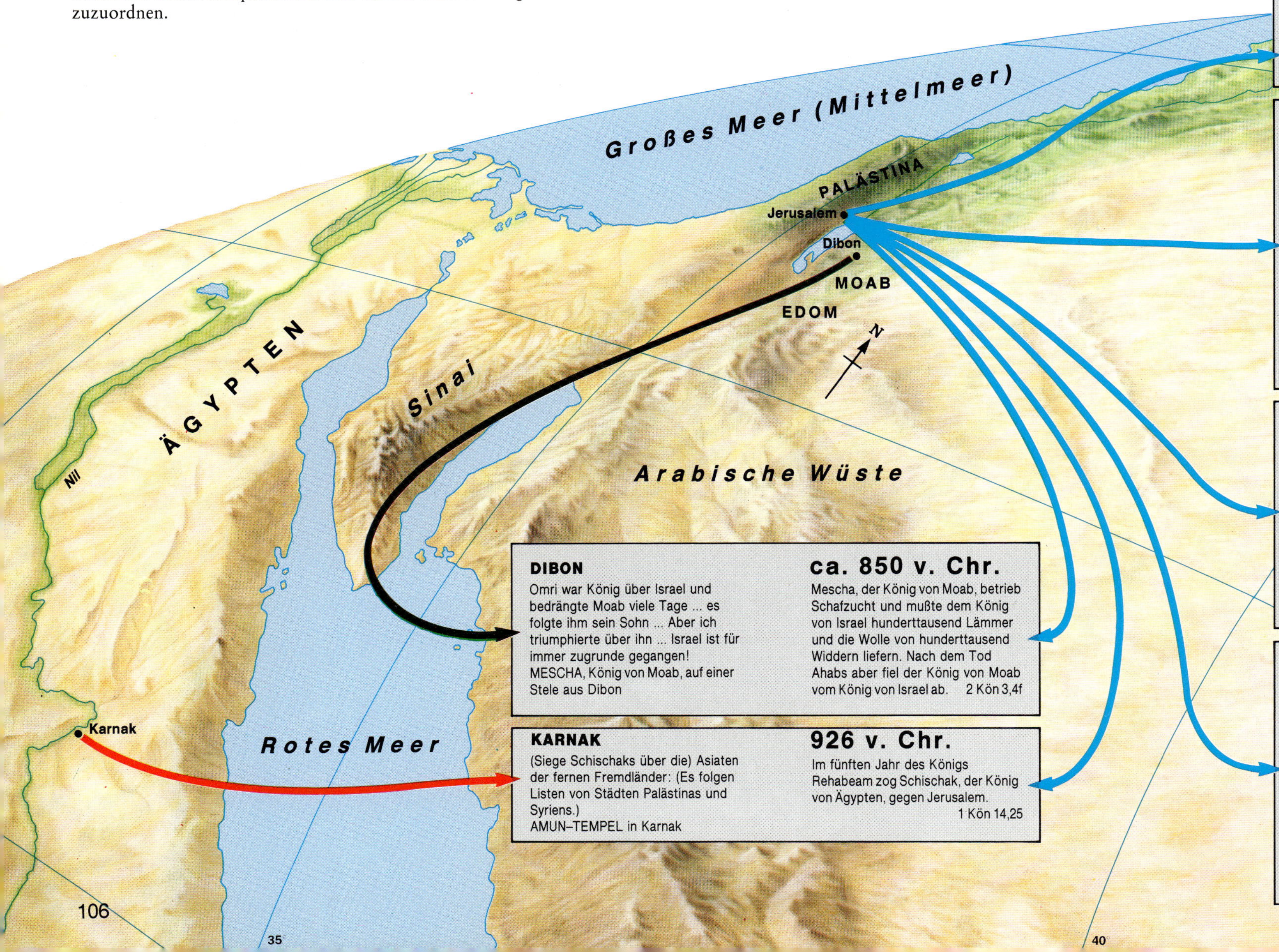

DIBON
Omri war König über Israel und bedrängte Moab viele Tage ... es folgte ihm sein Sohn ... Aber ich triumphierte über ihn ... Israel ist für immer zugrunde gegangen!
MESCHA, König von Moab, auf einer Stele aus Dibon

ca. 850 v. Chr.
Mescha, der König von Moab, betrieb Schafzucht und mußte dem König von Israel hunderttausend Lämmer und die Wolle von hunderttausend Widdern liefern. Nach dem Tod Ahabs aber fiel der König von Moab vom König von Israel ab. 2 Kön 3,4f

KARNAK
(Siege Schischaks über die) Asiaten der fernen Fremdländer: (Es folgen Listen von Städten Palästinas und Syriens.)
AMUN–TEMPEL in Karnak

926 v. Chr.
Im fünften Jahr des Königs Rehabeam zog Schischak, der König von Ägypten, gegen Jerusalem.
1 Kön 14,25

738 v. Chr.
In seinen Tagen kam Pul (Tiglat–Pileser), der König von Assur, in das Land. Menahem gab ihm tausend Talente Silber. 2 Kön 15,19

735 v. Chr.
Ahas sandte Boten an Tiglat–Pileser, den König von Assur, und ließ ihm sagen: Ich bin dein Knecht und dein Sohn; zieh herauf, und rette mich ... Ahas nahm Silber und Gold ... und sandte es als Huldigungsgeschenk an den König von Assur. 2 Kön 16,7f

733 v. Chr.
In den Tagen Pekachs, des Königs von Israel, zog Tiglat–Pileser, der König von Assur, heran ... Hoschea aber, der Sohn Elas, zettelte eine Verschwörung gegen Pekach, den Sohn Remaljas, an. Er erschlug ihn und wurde König an seiner Stelle.
2 Kön 15,29f

722 v. Chr.
Im neunten Jahr Hoscheas eroberte der König von Assur Samaria und verschleppte die Israeliten nach Assur. 2 Kön 17,6

712 v. Chr.
In jenem Jahr kam im Auftrag des Königs Sargon von Assur ein Feldherr nach Aschdod, belagerte es und eroberte es. Jes 20,1

701 v. Chr.
Hiskija, der König von Juda, schickte Boten an den König von Assur nach Lachisch und ließ ihm sagen: Ich habe gefehlt. Laß ab von mir! Alles, was du mir auferlegst, will ich tragen. Der König von Assur verlangte von Hiskija, dem König von Juda, dreihundert Talente Silber und dreißig Talente Gold. 2 Kön 18,14

597 v. Chr.
König Nebukadnezzar von Babel erschien vor der Stadt, während seine Krieger sie belagerten. Da ging Jojachin, der König von Juda ... hinaus zum König von Babel, und dieser nahm ihn im achten Jahr seiner Regierung fest ... Er nahm auch alle Schätze des Hauses des Herrn weg ... Er machte Mattanja zum König an seiner Stelle.
2 Kön 24,11–17

den biblischen Büchern der Könige. In den Kästen rechts außen sind zwei außerbiblische Quellentexte zitiert, die Ereignisse der Geschichte Israels erwähnen, die wir aus der Bibel nicht kennen.

2 Rechts

Die Assyrer legten Regierungszeiten ihrer Könige in *limmu*–(Eponymen–)Listen fest (vgl. dazu den Text).

3 Unten rechts

Die farbigen Streifen auf der Karte markieren die Zonen, in denen die Sonnenfinsternisse von 832, 763 und 585 v. Chr. jeweils in ihrem Maximum zu sehen waren. Der Kasten an der rechten unteren Ecke der Karte enthält Auszüge aus einer Computerberechnung, die Jahr, Monat, Tag und Stunde verschiedener Phasen der Sonnenfinsternisse angibt, die in Assur zu sehen waren. Eine solche astronomische Berechnung machte es möglich, präzise festzulegen, wann nach unserer Zeitrechnung der König Assur–Dan regierte. Assyrische limmu–Listen erlaubten es, Daten für die in der Bibel erwähnten assyrischen Könige und von da aus mit Hilfe biblischer Angaben Daten für die Könige Israels und Judas zu errechnen. Daten von Sonnenfinsternissen sind auch bei einem von den Assyrern so verschiedenen Volk wie den Chinesen jeweils genau festgehalten; sie wurden als dramatische Ereignisse erlebt und als üble Vorzeichen, die Panik verursachten.

Auszug aus der assyrischen *limmu*-Liste (Liste der Jahresnamen), die für das 9. bis 6. Jh. bekannt ist:

765	**Ninurta-Mukin-Nische**	Statthalter in Kirruri	*Gegen Hatarika. Eine Seuche.*
764	**Sidki-Ilu**	Statthalter in Tuschan	*im Land.*
763	**Bur-(Ischdi)-Sagale**	Statthalter in Guzana	*Aufstand in der Stadt Assur. Im Monat Simanu eine Sonnenfinsternis.*
762	**Tab-Bel**	Statthalter in Amedi	*Aufstand in der Stadt Assur.*
761	**Nabu-Mukin-Ahi**	Statthalter in Ninive	*Aufstand in der Stadt Arrapcha.*
760	**Lakipu**	Statthalter in Kalizi	*Aufstand in der Stadt Arrapcha.*

Spalte 1: moderne Jahreszahl; Spalte 2: Name des Eponymen (des Beamten, nach dem das Jahr benannt ist); Spalte 3: sein Titel; Spalte 4: wichtige Ereignisse des Jahres

Regierungszeiten assyrischer und babylonischer Könige; Niederlagen der Könige Israels und Judas: 2

SALMANASSAR III. (858–824)	853: Ahab führt seine Streitkräfte gegen ihn. 841: Jehu zahlt ihm Tribut.
TIGLAT-PILESER III. (745–727)	738: Menahem zahlt Tribut. 735: Ahas zahlt Tribut.
SALMANASSAR V. (726–722)	722: Hoscheas Hauptstadt Samaria fällt.
SARGON II. (721–705)	721: Sargon nimmt Samaria, die Hauptstadt Hoscheas, endgültig ein.
MERODACH-BALADAN (721–711)	703 (?): Hiskija von Juda verbündet sich mit ihm gegen Assur.
SANHERIB (704–681)	701: Hiskija zahlt ihm Tribut.
ASARHADDON (680–669)	693–639: Manasse ist als Vasall völlig von Assur abhängig.
NEBUKADNEZZAR (605–562)	597: Jojachin wird gefangen nach Babel geführt.
EWIL-MERODACH (561–560)	561: Jojachin wird in Babel begnadigt.

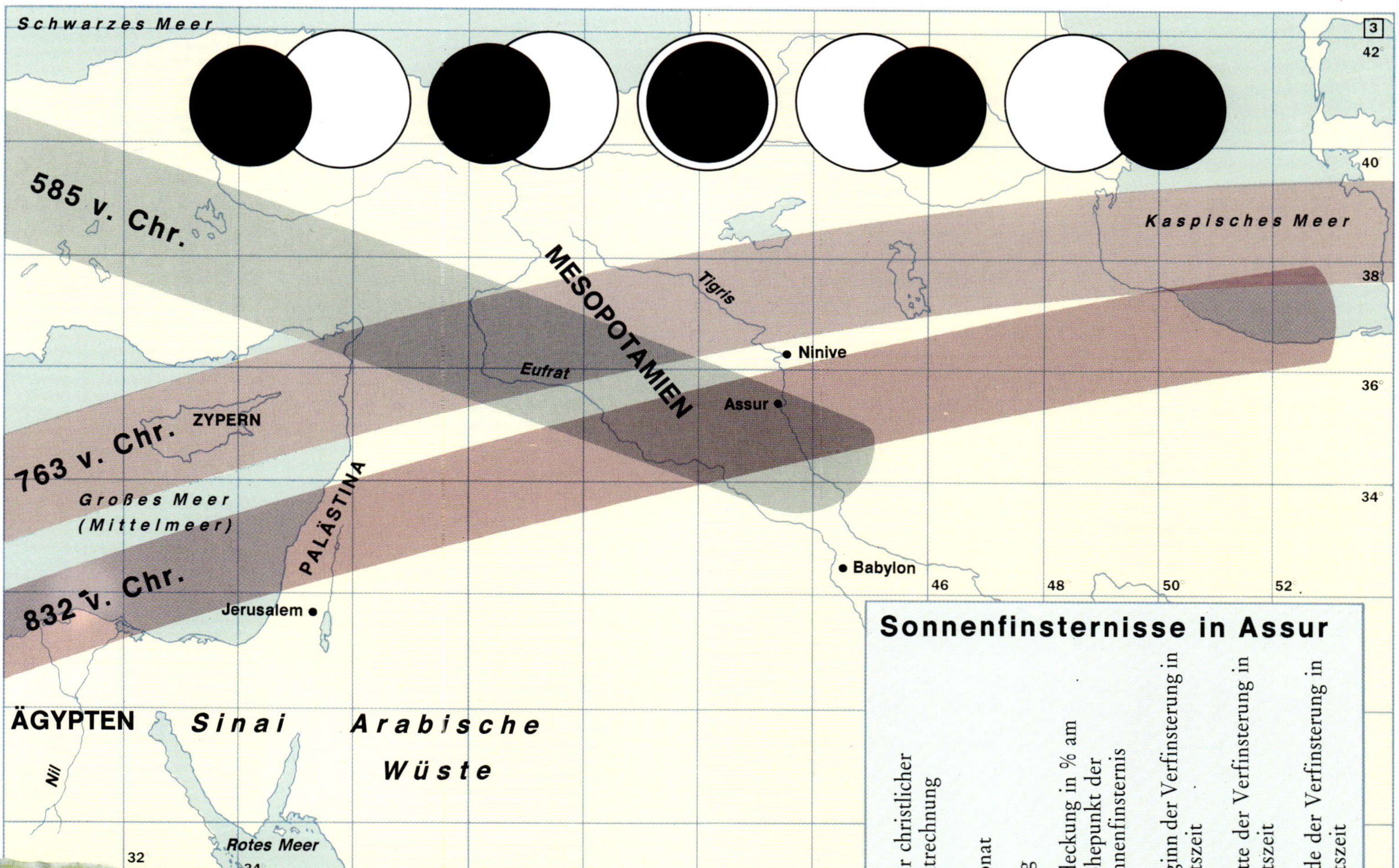

Sonnenfinsternisse in Assur

Jahr christlicher Zeitrechnung	Monat	Tag	Bedeckung in % am Höhepunkt der Sonnenfinsternis	Beginn der Verfinsterung in Ortszeit	Mitte der Verfinsterung in Ortszeit	Ende der Verfinsterung in Ortszeit
585 v. Chr.	5	28	98	18.05	18.56	19.07*
763 v. Chr.	6	15	99	9.20	10.45	12.11
832 v. Chr.	3	2	94	15.40	16.51	17.32*

* = Sonnenuntergang

NIMRUD (Kalach)

Ich erhielt Tribut von ... Rezin von Damaskus, Menahem von Samaria, Hiram von Tyrus ... und Zabibe, der Königin von Arabien.
TIGLAT–PILESER III. auf einer Inschrift aus Nimrud

(Ich erhielt) Tribut ... von Jehoahas von Juda ...
TIGLAT–PILESER III. auf einer Tontafel aus Nimrud

Sie stürzten ihren König Pekach, und ich setzte Hoschea als König über sie.
TIGLAT–PILESER III. auf einer Inschrift aus Nimrud

CHORSABAD (Dur Scharrukin)

Ich belagerte Samaria und nahm es ein; als Beute führte ich hinweg 27 290 Bewohner.
SARGON II. auf einer Inschrift aus Chorsabad

Azuri, der König von Aschdod, hatte geplant, keinen Tribut zu liefern ... Wegen der Untaten, die er beging, machte ich seiner Herrschaft ein Ende ... Ich belagerte die Städte Aschdod und Gat und nahm sie ein.
SARGON II. auf einer Inschrift aus Chorsabad

KUJUNDSCHIK (Ninive)

Und Hiskija, der Judäer, er unterwarf sich nicht meinem Joch. Ich belagerte 46 seiner befestigten Städte ... Ich trieb daraus fort 200 150 Menschen ... Ihn selber machte ich zum Gefangenen in Jerusalem ... wie einen Vogel in seinem Käfig. Hiskija selber ... schickte mir später ... 30 Talente Gold, 800 Talente Silber.
SANHERIB in einem Text aus Ninive

BABEL

Der König von Akkad ... belagerte die Stadt Judas ... und der König nahm die Stadt ein ... Er setzte einen König nach seinem Wunsch ein und nahm schweren Tribut und brachte ihn nach Babel.
NEBUKADNEZZAR II. auf einer Tontafel aus Babel

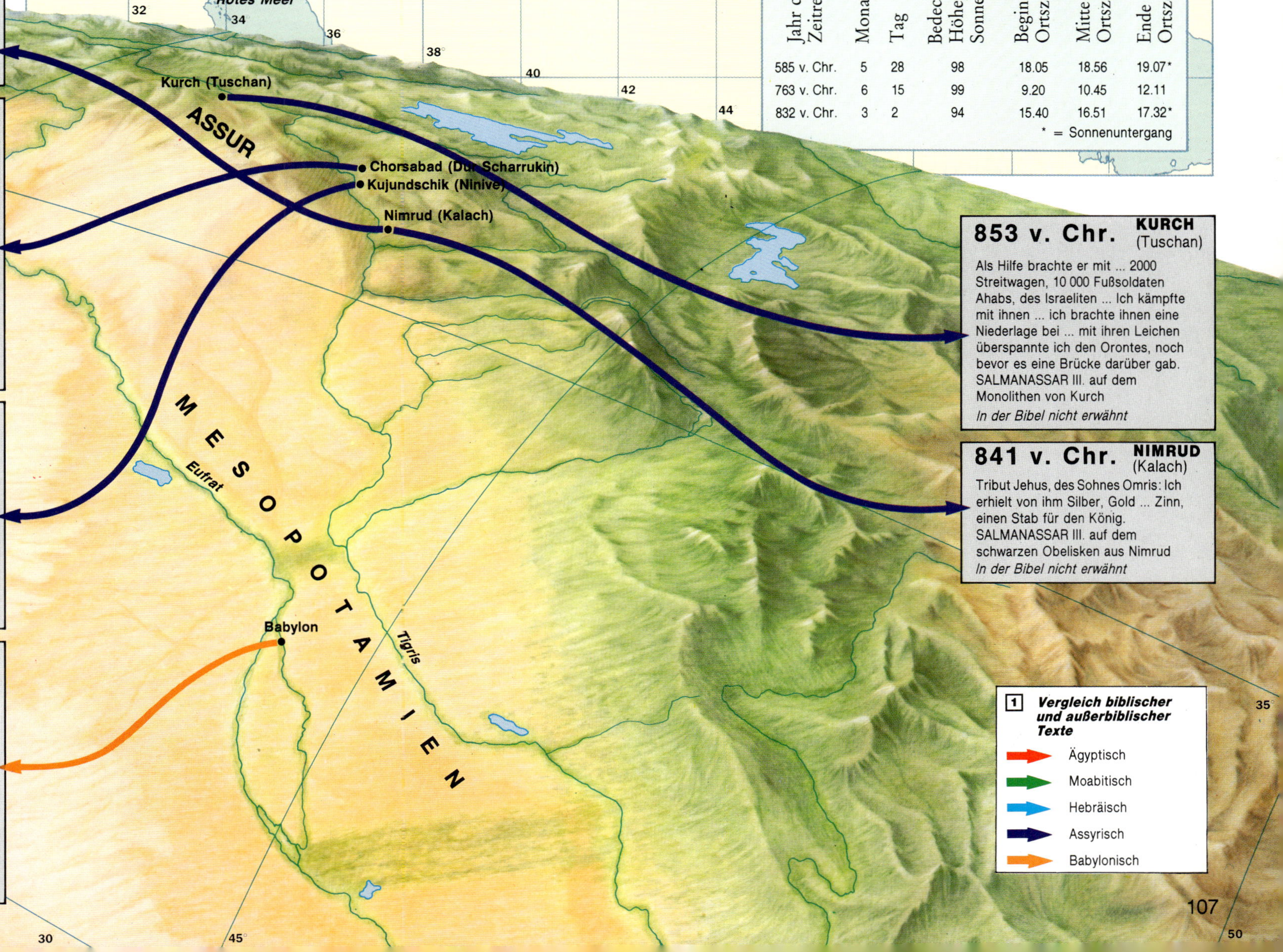

853 v. Chr. **KURCH** (Tuschan)

Als Hilfe brachte er mit ... 2000 Streitwagen, 10 000 Fußsoldaten Ahabs, des Israeliten ... Ich kämpfte mit ihnen ... ich brachte ihnen eine Niederlage bei ... mit ihren Leichen überspannte ich den Orontes, noch bevor es eine Brücke darüber gab.
SALMANASSAR III. auf dem Monolithen von Kurch
In der Bibel nicht erwähnt

841 v. Chr. **NIMRUD** (Kalach)

Tribut Jehus, des Sohnes Omris: Ich erhielt von ihm Silber, Gold ... Zinn, einen Stab für den König.
SALMANASSAR III. auf dem schwarzen Obelisken aus Nimrud
In der Bibel nicht erwähnt

DIE ZEIT DER BEIDEN REICHE – ISRAEL

Tributzahlungen Israels an Assur

Das Königreich Assur lag am mittleren Tigris; seine Anfänge reichen bis ins 3. Jhtsd. zurück. Die berüchtigten Eroberungszüge Assurs sind als Folge der ungeschützten Grenzen des Staates zu verstehen. Da es leicht verwundbar war, entwickelte Assur sich zu einem Kriegerstaat.

Grundlage der Wirtschaft Assurs war sein fruchtbares Getreideland; über den Tigris, eine der großen Verkehrsadern der Alten Welt, hatte es zudem am internationalen Handel teil. Seit dem späten 2. Jhtsd. sandten assyrische Könige Händler in Nachbarländer, um Waren herbeizuschaffen, die im eigenen Land nicht so leicht zu haben waren.

Expeditionen ins Ausland unternahmen die Assyrer aber auch aufgrund ihrer geschichtlichen Erfahrungen: Oft litten sie unter Raubzügen aus den Bergen im Osten und Norden; nach der Mitte des 2. Jhtsds. hielten zeitweise Fremde Assur besetzt. Man kann verstehen, daß die Assyrer ihre Grenzen sichern wollten. Daraus entstand eine Expansionspolitik, die sie religiös begründeten; für Assurnasirpal II. (883–859 v. Chr.), der damit begann, ein assyrisches Großreich aufzubauen, war es ausdrücklich das Ziel der Außenpolitik, Feinde des Nationalgottes Assur zu besiegen und unterworfenen Völkern Tribute und Steuern aufzuerlegen.

Mit dem Blick auf dieses Ziel verfolgte Assurnasirpal eine klare Strategie. Er begann damit, sich die Herrschaft über die Bergregionen im Osten und Norden Assurs zu sichern, unterwarf sich dann am Habur und am Eufrat, von der Grenze des Herrschaftsgebietes Babels an stromaufwärts bis nach Karkemisch aramäische Staaten, die die Karawanenwege von Syrien her kontrollierten, und öffnete sich so den Weg zum Mittelmeer. 875 v. Chr. zahlten Küstenstaaten, u. a. Tyrus, zum ersten Mal Tribut an Assur, so wie sie es in den folgenden zwei Jahrhunderten noch oft tun sollten.

Die rücksichtslose Ausbeutung besiegter Völker brachte großen Reichtum nach Assur; er führte nicht nur zu grandioser Prachtentfaltung in mächtigen Bauten, sondern auch zu einer Blüte der Kunst, von der vor allem assyrische Reliefs zeugen, die von einer in der Alten Welt seltenen Feinheit der Details und von großer Ausdruckskraft sind. Zugleich waren die assyrischen Könige gefürchtet wegen ihrer brutalen Politik und der systematischen Grausamkeit ihrer Krieger. Assurnasirpal, unter dem Assur zur Großmacht wurde, begründete diesen üblen Ruf, und seine Nachfolger taten alles, um ihn zu erhalten.

Salmanassar II., Sohn und Nachfolger Assurnasirpals, gab dem Großreich eine planvolle innere Struktur. Über eroberte Gebiete setzte er assyrische Gouverneure ein oder machte sie, wenn das besiegte Volk noch nicht völlig demoralisiert war, zu Vasallenstaaten, die jährliche Tribute zu liefern hatten. Länder, die sich assyrischer Kontrolle noch entzogen, wußte er durch Handelsabkommen oder andere Verträge an Assur zu binden.

Jährliche Feldzüge des Königs zur Erweiterung des Machtbereichs wurden zur Regel. Salmanassar stieß dabei weiter nach Westen vor. Zunächst griff er den aramäischen Staat Bit Adini (das Bet–Eden von Am 1,5) an, den er 857 v. Chr. in eine assyrische Provinz umwandelte, dann Staaten nordwestlich von Karkemisch. Als er sich 853 von Halab (Aleppo) aus nach Süden wandte und Hamat angriff, stellte sich ihm eine syrisch–palästinische Koalition entgegen, angeführt von Hamat, Damaskus und Israel. In der Schlacht bei Karkar am Orontes gebot diese Koalition ihm Einhalt. Zwischen 849 und 845 griff Salmanassar sie zwar noch mehrfach an, konnte sie aber trotz einiger Eroberungen im Gebiet von Hamat nicht zerschlagen.

Statt dessen zerbrach sie an inneren Problemen, die in der Revolte Jehus in Israel und Hasaëls in Damaskus sichtbar wurden. So konnte Salmanassar 841 v. Chr. in Damaskus einmarschieren und von dort nach Süden ziehen, zum Hauran und durch Israel hindurch zum Karmel (wenn man den *Baalsgipfel* der assyrischen Inschrift so deuten darf). Auf einem Obelisken ließ Salmanassar die Tributzahlung durch Jehu darstellen. Weitere Feldzüge Salmanassars führten nach Kleinasien, bis nach Tarsus in Zilizien (Koë).

Nach einem Rückschlag unter Schamschi–Adad (823–811 v. Chr.) stärkte Adad–nirari (810–783) die assyrische Position im Westen von neuem. Die Eroberung von Damaskus brachte ihm die Anerkennung seiner Oberherrschaft, d. h. Tributzahlungen, ein, u. a. durch Sidon, Tyrus, Israel (unter König Joasch) und durch Philisterstädte.

Von Norden her aber machte das erstarkte Königtum Urartu am Van–See Assur zu schaffen. Am Anfang des 8. Jhs. mochte es darum dem König von Assur günstig scheinen, als Gegengewicht gegen seine Gegner im Westen ein starkes Israel zuzulassen. Es ist durchaus denkbar, daß Assur die Erfolge Jerobeams II. gegen Damaskus (2 Kön 14,28) billigte oder gar unterstützte. Es war assyrische Praxis, durch Sonderverträge mit einzelnen Staaten die Machtverteilung zugunsten Assurs zu beeinflussen; das zeigte sich z. B. auch bei einem Versuch Assur–niraris V. (754–745 v. Chr.), die Kontrolle über Nordsyrien durch einen Sondervertrag mit Arpad zu gewinnen, der allerdings Urartu gegenüber dann doch nichts einbrachte.

Die zunehmende Verschlechterung der politischen Lage Assurs endete mit einem Aufstand, der Tiglat–Pileser (den die Bibel auch *Pul* nennt; 744–727 v. Chr.) auf den Thron brachte, eine starke Herrscherpersönlichkeit. Hatten frühere Könige in besiegten Staaten westlich des Eufrat vor allem tributzahlende Vasallen gesehen, so begann Tiglat–Pileser damit, Gebiete, die Schwierigkeiten machten, in assyrische Provinzen umzuwandeln. Energisch drängte er mit Militäraktionen den Einfluß Urartus im Westen und Nordwesten zurück und errichtete eine Kette assyrischer Provinzen bis über Damaskus hinaus; Teile Israels machte er zu Provinzen, einen Teil ließ er als tributzahlenden Staat bestehen (s. S. 114). Auch das Herrschaftsgebiet Babels, das chaldäische (mit den Aramäern verwandte) Stämme unsicher machten, unterstellte er direkt einem assyrischen Statthalter.

Die Nachfolger Tiglat–Pilesers setzten seine Politik im großen und ganzen bis zum Untergang Assurs fort; trotz einzelner Rückschläge wuchs das Imperium. Salmanassar V. (726–722 v. Chr.) und Sargon II. (721–705) vergrößerten das Herrschaftsgebiet Assurs in Syrien und Palästina (s. S. 114); Sargon schlug Urartu in dessen eigenem Land und stieß über das Zagrosgebirge nach Osten vor. Sanherib ist vor allem wegen seines Feldzugs nach Juda bekannt (s. S. 122); er mußte aber beträchtliche Mühe aufwenden, um Babel zu befrieden und assyrische Interessen gegen Elam zu verteidigen. (Zu diesen letzten Königen Assurs s. S. 126.)

Drei wichtige Vorstöße assyrischer Herrscher nach Westen sind im Folgenden genauer geschildert.

Der Feldzug Assurnasirpals II. in den Westen

Seit dem Ende des 2. Jhtsds. v. Chr. hatten sich vornehmlich aramäische Volksgruppen am mittleren Eufrat und Habur niedergelassen und beherrschten die Straßen nach Westen. Assurnasirpal öffnete, nach einer Unterbrechung von zwei Jahrhunderten, für Assur wieder den Zugang zum Mittelmeer (Karte 3). Er hatte zunächst die Staaten am mittleren Eufrat und am Habur unter seine Kontrolle gebracht und konnte dann, 875 v. Chr., von seinem westlichsten Stützpunkt Til Barsip aus über Karkemisch nach Syrien vordringen, wobei er den mächtigen Staat Hamat umging. Er verstärkte seine Streitmacht unterwegs durch Truppen der Staaten, die er durchzog, und sicherte sich durch Geiseln gegen Verrat. Er besiegte den Staat Patina, zog, ohne weiteren Widerstand zu finden, durch das Orontestal an der Grenze von Hamat entlang bis zum Libanon und dann zum Mittelmeer hinüber. Phönizische Staaten bis hinunter nach Tyrus schickten ihm Tribut. Wahrscheinlich begrüßten sie Assur als eine Macht, die die Aramäer von Damaskus in Schach halten konnte, die sich kurz zuvor wirtschaftliche Vorteile in Palästina gesichert hatten (1 Kön 20,34) und dasselbe wohl auch in Phönizien versuchten. Auf lange Sicht war dieser Feldzug Assurnasirpals jedoch der Anfang einer Entwicklung, an deren Ende ganz Syrien, Palästina und Phönizien in die Hände Assurs fielen.

Die Schlacht von Karkar

Obwohl eine große israelitische Streitmacht an dieser Schlacht (Karte 2) beteiligt war, ist sie in der Bibel nicht erwähnt; man weiß von ihr nur aus Inschriften Salmanassars III.

Im Jahre 853 v. Chr. zog Salmanassar, dessen Feldzüge bis dahin nur nach Nordsyrien geführt hatten, nach Südwesten, über Petor und Halab (Aleppo) in das Gebiet von Hamat. Nachdem er einige Festungen eingenommen hatte, stieß er bei Karkar am Orontes auf eine starke Koalition, angeführt von Irhuleni von Hamat, Hadad–Eser von Damaskus und Ahab von Israel. Phönizische Krieger unterstützten sie, aber auch ägyptische Truppen, wahrscheinlich aus der Garnison von Gebal (Byblos), sowie ein Kontingent arabischer Kamelreiter. Das größte Streitwagenheer stellte nach Auskunft Salmanassars Israel mit 2000 Wagen; Hamat und Israel führten je 10 000 Fußsoldaten in die Schlacht, Damaskus 20 000. Aus Damaskus und Hamat, nicht jedoch aus Israel, kamen Reiter dazu. Assur besaß nach modernen Schätzungen nur halb so viele Streitwagen wie die Koalition, aber doppelt soviel Reiter. Salmanassar behauptet, ein Gemetzel unter seinen Feinden angerichtet zu haben. Das ist durchaus wahrscheinlich, da die rasch zusammengezogene Armee von 60 000 Mann unter 11 Befehlshabern nicht gewöhnt war, gemeinsam zu kämpfen. Doch ihr Widerstand reichte aus, mehr als ein Jahrzehnt lang weitere Vorstöße Assurs nach Süden zu verhindern.

Adad–niraris Sieg über Damaskus

Den Einfluß in Syrien, den Salmanassar III. gewonnen hatte, verlor dessen Nachfolger wieder. Adad–nirari III. jedoch festigte von neuem die Herrschaft Assurs (Karte 4). In zwei Feldzügen von 805 und 804 v. Chr. griff er Nordsyrien an, 803 erreichte er das Mittelmeer. 802 zog er wahrscheinlich an der Küste entlang nach Süden, um die phönizischen Städte zu unterwerfen. Nachdem er sich dann einige Jahre lang dem Osten zugewandt hatte, erschien er 796 wieder mit seinem Heer im Westen; in der Landschaft Mansuate in der Beqa–Ebene, von wo er die Straße nach Damaskus beherrschte, schlug er ein Lager auf. Damaskus war damit von seinen Verbündeten abgeschnitten. Adad–nirari konnte die Stadt einnehmen, und Ben–Hadad III. unterwarf sich ihm.

Geographisch, wirtschaftlich und politisch standen Damaskus und Israel einander im 9. und 8. Jh. v. Chr. so nahe, daß das Geschick des einen den anderen Staat mitbetraf. Das zeigte sich in diesem Fall daran, daß Adad–nirari auch von einem Tribut des Königs Joasch von Israel berichtet.

BESITZ ADAD–NIRARIS, DES GROSSKÖNIGS, DES RECHTMÄSSIGEN KÖNIGS, DES KÖNIGS DER WELT, DES KÖNIGS VON ASSUR. DIESEN KÖNIG HAT ASSUR, DER KÖNIG DER GÖTTER, ERWÄHLT, ALS ER NOCH EIN KIND WAR ... BIS HIN ZUM GROSSEN MEER DER AUFGEHENDEN SONNE VON DEN UFERN DES EUFRAT AN, DAS LAND DER HETITER, AMURRU–LAND IN SEINER GANZEN AUSDEHNUNG, TYRUS, SIDON, ISRAEL, EDOM, BIS HIN ZUM UFER DES GROSSEN MEERES DER UNTERGEHENDEN SONNE, UNTERWARF ICH SIE ALLE UNTER MEINE FÜSSE UND ERLEGTE IHNEN TRIBUT AUF.

AUS EINER INSCHRIFT IN KALACH

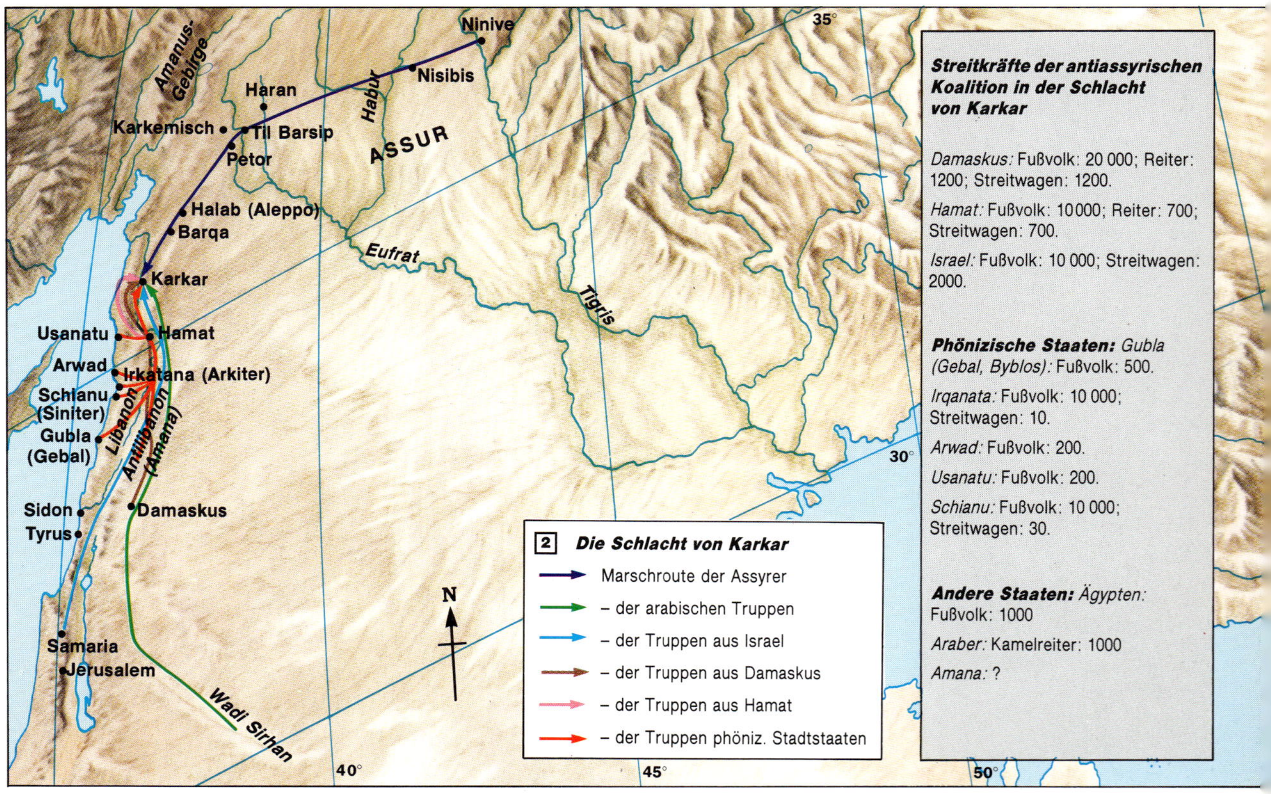

3 Karte rechts
Assurnasirpal II. knüpfte nach fast 200 Jahren an die alte Expansionspolitik Assurs an. Er zog aus, um von den Küstenstädten des Mittelmeeres Tribut einzufordern. Bekannt ist dieser Feldzug nur aus seinem eigenen pauschalen Bericht. Die Route, die er wählte, ist recht sicher, bis er den Orontes überquerte. Er wird von dort an im Flußtal weiter nach Süden gezogen sein und dann zum Mittelmeer hinüber.

4 Karte rechts außen
Adad–nirari konnte die von Salmanassar errungenen Erfolge (s. Karte 2) weiter ausbauen und Tribut von Damaskus einziehen. Eine Steintafel in Kalach (s. das Zitat unter dem Text) rühmt seine Macht.

1 Karte unten rechts
Assur besaß keine natürlichen Grenzen, die es gegen Einfälle aus dem Bergland schützten. Das förderte die kriegerische Gesinnung der Assyrer; Assur wurde zu einem Militärstaat, der ständig seine Macht ausdehnte. Die Grenzlinien deuten an, wie weit Assur am Höhepunkt seiner Macht (unter Assurbanipal) den Alten Orient militärisch kontrollierte und von wie weit her es Tribut empfing. Die unterbrochene Linie zeigt an, wo es nur vorübergehend Einfluß besaß. Ob die Grenzlinien so verliefen, wie hier angegeben, ist natürlich nicht in jedem Punkt nachweisbar, doch überraschende Richtungsänderungen sind durch Inschriften, Ausgrabungsbefunde oder geographische Gegebenheiten festgelegt.

2 Karte unten links
In der Schlacht von Karkar setzte Salmanassar sich gegen eine Koalition kanaanäischer Könige so weit durch, daß er die Kontrolle über Nordsyrien festigte; doch am weiteren Vordringen wurde er gehindert.

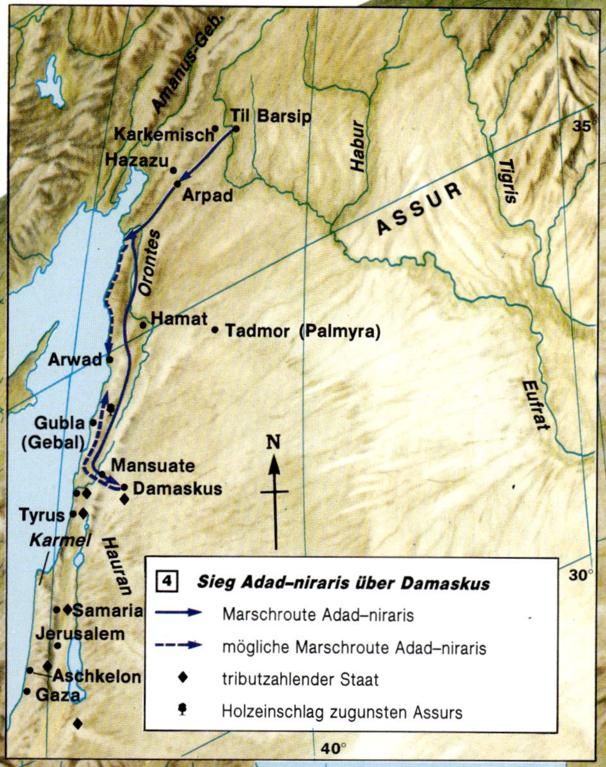

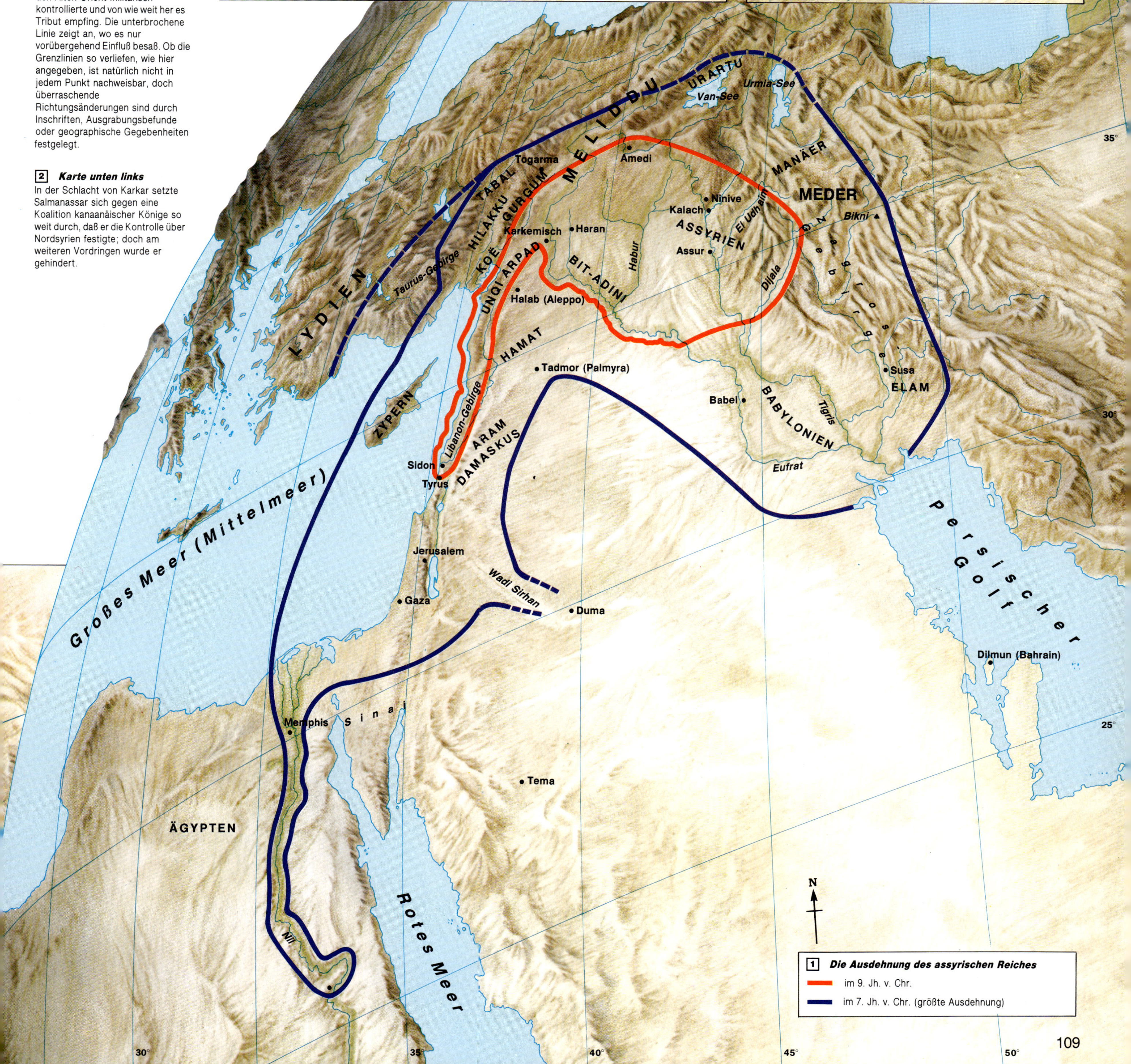

Wein spielte mindestens seit 3000 v. Chr. im Alltag der Alten Welt eine große Rolle. Er wurde nicht nur aus Trauben hergestellt (in Palästina allerdings fast immer), sondern auch aus Datteln oder Granatäpfeln und war oft gewürzt. Man trank Wein auch als Medizin (1 Tim 5,23) und brauchte ihn bei der Wundbehandlung (Lk 10,34). Alten Wein zog man dem jungen vor; es war üblich, ihn vor dem Trinken zu filtern.

Die Tage der Weinlese im August und September waren Freudentage. Die reifen Trauben wurden in einer in Stein gehauenen Kelter getreten; der Saft floß in eine tiefer gelegene Grube. Tanz und Gesang begleiteten die Arbeit. (Einige Psalmen könnten als Kelterlieder entstanden sein.)

Es gab auch mechanische Weinpressen. Eine einfache Art zeigt Abb. 1: In Tuch gewickelte Trauben werden, offensichtlich mit großer Kraftanstrengung, ausgepreßt. Eine andere Art der Presse ist auf S. 84 abgebildet.

Der Frischmost wurde meist durch einen Zusatz von Hefe zu der erwünschten Art der Gärung gebracht. In Ländern mit heißem Klima setzt dieser Prozeß schon nach wenigen Stunden ein und schreitet schnell fort. Um den Bodensatz zu entfernen, füllte man frisch gegorenen Wein bald aus den großen Bottichen, in die der Saft zunächst eingefüllt worden war, in Häute oder Krüge um. Die Gärung ging darin weiter (Jer 13,12; 48,11). Man wußte Weinsorten gut zu unterscheiden; bei Naturallieferungen an das Königshaus (vgl. S. 112) wurde etwa alter Wein besonders bezeichnet; man kannte berühmte Sorten vom Libanon oder von Helbon bei Damaskus (Hos 14,8; Ez 27,18).

DIE ZEIT DER BEIDEN REICHE – ISRAEL

Handwerk und Gewerbe

Auf Erfindungen, die das Leben verschönern, verwandte man zu allen Zeiten viel Intelligenz. In Gen 5,29 wird der Erfinder des Weins gerühmt: „Er wird uns aufatmen lassen von unserer Arbeit." Große Bedeutung hatten im Alten Orient die Kunst der Töpferei, Metallbearbeitung und Herstellung von Kleidung.

Herstellung von Keramik

Die in der Jungsteinzeit erfundene Töpferkunst wurde wahrscheinlich zunächst von Frauen ausgeübt, die jeweils für den eigenen Haushalt Töpfe formten. Seit der Mittleren oder vielleicht schon seit der Frühen Bronzezeit stellten Töpfer berufsmäßig Keramikwaren für den Markt her.

In Keramikgefäßen speicherte man Nahrung, bereitete sie zu und kochte sie. Der Handel brauchte Tongefäße zur Lagerung und zum Transport von Öl und Wein. (Der kanaanäische Handelskrug war der Vorläufer der Amphore der griechisch–römischen Welt.) Auch Handwerker brauchten Tongefäße; Keramik war das einzige für Schmelztiegel brauchbare Material.

In biblischer Zeit benützten Töpfer meist eine eisenhaltige Tonerde. Im geschlossenen Brennofen gebrannt, erhielt sie durch die Oxydation eine rötliche Farbe. Den ausgegrabenen Ton ließ der Töpfer zuerst draußen auswittern; dann durchknetete er ihn mit Wasser, bis er keine Luft mehr enthielt – eine Arbeit, die Geschick und Kraft erforderte (Jes 41,25). Die richtige Konsistenz erhielt der Ton durch die Beimischung von fein gehäckseltem Stroh, zerstoßenem Stein (z. B. Feuerstein) oder zerstoßener Keramik. Der nasse Ton verformte sich dann nicht so leicht und sprang nicht beim Brennen. Den so vorbereiteten Ton formte der Töpfer mit der Hand, auf der Töpferscheibe oder in einer vorbereiteten Hohlform. Handgeformte Werkstücke baute er meist aus Tonrollen auf. Fertige Stücke wurden mit einem Überzug versehen, bemalt, poliert, mit Einschnitten oder aufgesetzten Motiven aus Ton geschmückt. In Ägypten verstand man es schon früh, Keramik zu glasieren; in Palästina übernahm man diese Technik nie. Die Töpferscheibe wurde in Mesopotamien seit 3500 v. Chr. benützt und war in Palästina bekannt; doch erst um etwa 2000 v. Chr. begann man hier, Keramikwaren vollständig auf der Töpferscheibe herzustellen.

In der Frühzeit wurden Tongefäße wahrscheinlich in offener Glut gebrannt, so wie es auch in steinzeitlichen Kulturen in Amerika und Afrika geschah. In der Frühbronzezeit aber hatte sich der geschlossene Brennofen durchgesetzt; er sparte Brennmaterial und erlaubte Massenproduktion, vor allem war der Brennvorgang leichter zu kontrollieren.

Metallbearbeitung

Das erste Metall, das Menschen bearbeiteten, war wohl das Gold, bald darauf Kupfer. Zuerst bearbeitete man das Metall kalt, aber bereits um 4000 v. Chr. waren Schmelz– und Gießtechniken entwickelt. Malachit, ein Kupfererz mit vielfältigen blaugrünen Farbtönen, diente schon früh als

1

2

3

1 Links
Das ägyptische Grabrelief zeigt eine Methode, Trauben auszupressen. Die Früchte sind offenbar in ein Tuch eingeschlagen, das zwischen zwei Pfosten ausgespannt ist. Der Saft fließt in einen Bottich darunter.

2 Oben rechts
Die bronzene Klinge einer Zeremonial–Axt, geformt wie eine Hand. Fundstück aus Bet–Schean, vielleicht dorthin importiert. An anderen Fundorten des Vorderen Orients sind solche Äxte mehrfach entdeckt worden.

3 Rechts
Ein kleiner bronzener Krug, wahrscheinlich eine phönizische Arbeit aus dem 8. Jh. v. Chr.

4 Rechts, S. 111
Eine steinerne Gußform zur Herstellung von Axtklingen, gefunden in Geser.

5 Rechts außen, S. 111
Verschiedene Utensilien zur Aufbewahrung und Anwendung von Kosmetika.

6

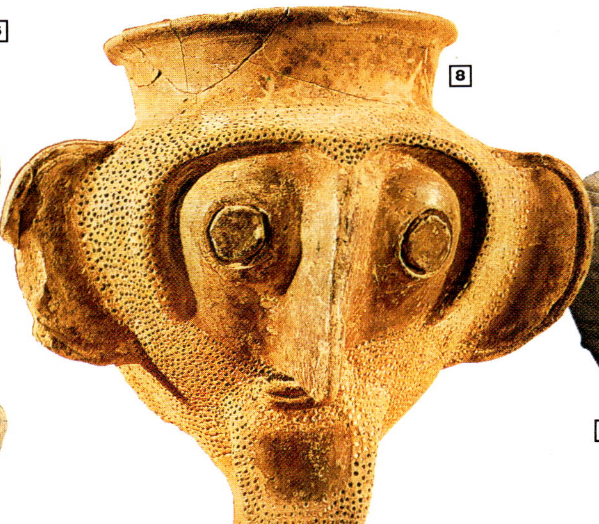

8

9

7

10

11

11 Unten
Steinrelief aus Susa, vom Anfang des ersten Jhtsds. v. Chr. Eine vornehme Dame beim Spinnen; sie sitzt, ein Bein untergeschlagen, auf einem Stuhl; hinter ihr eine Dienerin mit Fächer.

12 S.111 Unten Mitte
Eine türkische Frau beim Spinnen; sie benützt die gleiche Technik wie die Dame aus Susa Jahrtausende zuvor. Die Technik des Spinnens mit

6 Oben links
Eine Tonlampe aus Dor, im persischen Stil.

7 Links
Tönernes Kultgefäß aus dem Chalkolithikum, aus Gilat: Eine sitzende nackte Frau trägt auf dem Kopf ein Gefäß.

8 Oben
Ein Kelch in der Form eines Kopfes; Jericho 17. Jh. v. Chr.

9 Oben rechts
Eisenzeitliches Tongeschirr aus Israel: Krüge, eine Schale, zwei Flaschen.

10 Rechts
Ein Töpfer im modernen Ägypten verwendet Techniken, die seit Jahrtausenden gleichgeblieben sind.

Schmuckstein. Wahrscheinlich entdeckten Töpfer beim Brennen, wo entsprechend hohe Temperaturen entstehen, daß man dieses Erz ausschmelzen und metallisches Kupfer gewinnen kann. Diese Annahme gründet sich darauf, daß man schon in der frühdynastischen Periode in Ägypten mit Hilfe von Kupfererz blauglasierte Perlen herstellte, wie sie heute noch als Talisman und Schutz gegen Augenkrankheiten getragen werden.

Das Kupfer für Ägypten kam vor allem vom Süden der Sinaihalbinsel. Kupfer für Kanaan, aber auch für Ägypten, wurde im Süden der Araba und Nordosten der Sinaihalbinsel gewonnen. Erste Spuren des Erzbergbaus in der Araba stammen aus der Zeit um 4000 v. Chr.; bis heute lebte hier – mit manchen Zwischenpausen – die Bergwerkstradition fort.

In kleine Stücke zerbrochen, wurde Kupfererz im Schmelzofen auf einem Holzkohlenbett ausgeschmolzen. Das Metall floß in ein Becken, das sich unten in dem meist runden Ofen befand; Kupferbarren hatten darum die Form einer abgeflachten Halbkugel. Die Schmelztemperatur erzielte man mit Hilfe eines Blasebalgs. Dieser bestand aus einem Tonbecken, das mit Leder überspannt war; wenn man dieses auf und ab bewegte, strömte Luft durch eine seitlich angebrachte Röhre auf die Glut. Kupferbarren aus dem ersten Schmelzvorgang waren schwammig und verunreinigt. Erst wenn sie gehämmert und noch einmal ausgeschmolzen worden waren, konnte man Werkzeuge oder Schmuck daraus herstellen.

Temperaturen, wie man sie zum Eisenschmelzen braucht, waren im Altertum nicht zu erzielen; Eisengegenstände konnten nicht gegossen, sie mußten geschmiedet werden. Als „Vater“ der Erz- und Eisenhandwerker gilt nach biblischer Überlieferung Tubal-Kajin (Gen 4,22), einer der Stammväter der Keniter, die auf der erzreichen Sinaihalbinsel zu Hause waren. In Israel selbst wurde die Kunst der Metallbearbeitung erst spät heimisch (vgl. 1 Sam 13,19ff; 1 Kön 7,14); am Ende der Königszeit jedoch (vgl. 2 Kön 24,14) gehörten zu der begehrten Beute aus Jerusalem auch die „Schmiede und Schlosser“.

Feinarbeiten in Metall, Löten, Treiben und Drahtziehen brauchte man bei der Herstellung von Schmuck und kostbarem Geschirr. Jes 41,6f ironisiert mit einer Schilderung der Arbeit der Metallhandwerker die Herstellung von Götterstatuen: „Einer hilft dem andern; er sagt zu seinem Bruder: Pack an! So ermuntert der Meister den Goldschmied, der, der glättet, den Schmied am Amboß; er sagt: Die Lötung ist gut! Dann befestigt er das Ganze mit Nägeln, damit es nicht wackelt.“

Kleidung

Textilien aus dem alten Palästina sind kaum erhalten geblieben, die Luftfeuchtigkeit ist zu groß. Vor kurzem kamen jedoch bei Ausgrabungen in einer Höhe bei Nachal Hemar im Süden des Landes eine Anzahl von Stoffresten aus dem vorkeramischen Neolithikum (um 7000 v. Chr.) zutage.

Textilien stellte man hauptsächlich aus Leinen und Wolle her, erst in später Zeit auch aus Baumwolle. Leinen und Wolle mit ihren verschiedenen Fasern sind auch je anders zu verspinnen. In Ägypten stellte man besonders weiches Leinen her, aber auch ein Tuch, das fest genug war für Schiffssegel (vgl. Gen 41,42; Ez 27,7). Die verspinnbaren Bestandteile des Flachses gewann man, indem man ihn so lange in fließendes Wasser legte (reezte), bis sich das restliche Zellgewebe aufgelöst hatte. Im westlichen Syrien war Leinengewebe ein wichtiger Exportartikel; das gilt bereits für Ebla (Tell Mardich) und später für Tyrus (2 Chr 2,13–14).

Flachs wurde in Palästina seit der Frühen Bronzezeit angebaut; Galiläa war für seinen guten Flachs bekannt. Das Reezen geschah hier oft, indem man die Flachsbündel auf Dächern dem Tau aussetzte (Jos 2,6).

Drei Typen von Webstühlen waren im Vorderen Orient bekannt: Bei dem nach Herodot nur in Ägypten bekannten senkrechten Webstuhl befand sich der Kettbaum oben, der Baum, der das fertige Tuch hielt, unten; der Schußfaden wurde nach unten angeschlagen. Auch die Griechen hatten einen senkrechten Webstuhl, doch hier war die Kette unten mit Gewichten behängt, das Tuch entstand oben, der Schußfaden wurde also aufwärts angeschlagen. Nomaden benutzten einen tragbaren, waagerechten Webstuhl, der an einer Seite mit Pflöcken, an der anderen mit einem Gürtel um den Leib des Webers befestigt war. Bei den Nomaden gehörte die Weberei zur Hausarbeit der Frauen, bei Seßhaften ebenfalls; doch gab es hier auch, besonders in Ägypten, Berufswebereien, in denen Männer arbeiteten.

WER BIST DU DENN, DASS DU ALS MENSCH MIT GOTT RECHTEN WILLST? SAGT ETWA DAS WERK ZU DEM, DER ES GESCHAFFEN HAT: WARUM HAST DU MICH SO GEMACHT? IST NICHT VIELMEHR DER TÖPFER HERR ÜBER DEN TON? KANN ER NICHT AUS DERSELBEN MASSE EIN GEFÄSS HERSTELLEN FÜR REINES, EIN ANDERES FÜR UNREINES? RÖM 9,20–21

4

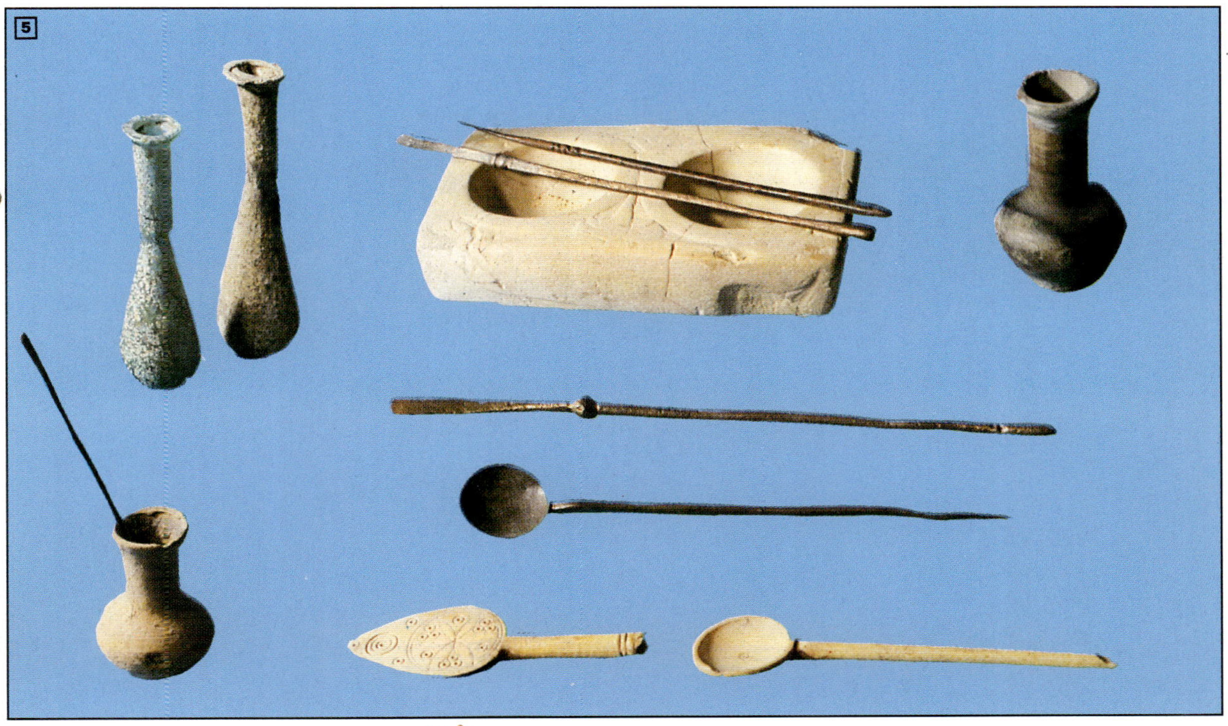

5

der Spindel, einem äußerst einfachen Gerät, ist im Orient auch heute weit verbreitet.

13 *Rechts*
Rest eines Wolltuchs aus Masada, aus dem 1. Jh. n. Chr.

14 *Rechts unten, Mitte*
Ein Gewebe, das in der Vielfalt der Farben und dem komplizierten Muster diesem koptischen Tuch auch nur entfernt gleichen würde, haben Weber in Altisrael, ja im ganzen Alten Orient gewiß nie hergestellt.

15 *Rechts unten, außen*
Waagerechte Webstühle, wie sie im Altertum die Nomaden bevorzugten, sind auch heute im Orient noch bekannt. Das Foto stammt aus der Türkei. Bei einer einfacheren Form dieses Webstuhls ist die Kette an einer Seite mit Pflöcken, an der anderen mit einem Gürtel um die Hüften des Webers befestigt. An einen solchen Webstuhl ist wohl in Ri 16,13f gedacht: Delila versucht, Simson daran zu fesseln.

13

12

14

15

Nachdem Adad-nirari, der Herrscher von Assur, Damaskus entscheidend geschwächt hatte (806 v. Chr.), errang Israel unter Joasch und dessen Sohn Jerobeam II. drei Siege über Aram (2 Kön 13,25), wahrscheinlich zuerst bei Lo-Dabar und Karnajim (Am 6,13), dann bei Afek (2 Kön 13,17). Jerobeam II. setzte die Oberherrschaft Israels bis nach Lebo-Hamat und im Ostjordanland bis zum Toten Meer durch. Nach 2 Kön 13,17–19 hatte der Prophet Elischa, nach 2 Kön 14,25 hatte Jona aus Gat-Hefer diese Erfolge Israels bereits vorausgesagt.

Auch Juda wollte seinen alten Einfluß zurückgewinnen. Wegen seiner Vorstöße gegen Edom war es, noch unter König Joasch, zum Krieg zwischen den Bruderstaaten gekommen, bei dem Amazja von Juda besiegt wurde (2 Kön 14,8–14).

Nach dem Tod des Joasch (784 v. Chr.) hörten die Feindseligkeiten zwischen Israel und Juda auf. Amazja fiel jedoch 779 einem Komplott zum Opfer; unter seinem Sohn Usija, der mit 16 Jahren den Thron bestieg, erlebte dann auch Juda einen politischen, militärischen und wirtschaftlichen Aufschwung.

Usija entriß Elat den Edomitern, eroberte philistäische Gebiete, sicherte das Land gegen Einfälle von Nomaden, erhielt Tribut aus Ammon und erneuerte die Mauern Jerusalems (2 Chr 26,6–9). Gegen Ende seines Lebens mußte er, vom Aussatz befallen, seinen Sohn Jotam als Mitregenten einsetzen. Dieser bekräftigte Judas Herrschaft über Ammon und errichtete Festungen an der Grenze zu den Philistern (2 Chr 27,4f).

Israel und Juda gewannen also in der ersten Hälfte des 8. Jhs. die Oberherrschaft über ein Gebiet zurück, das etwa so groß war wie einst das Reich Davids und Salomos. Doch Propheten durchschauten, auf wie unsicherem Grund Reichtum und Macht standen. Besonders in Israel verschärften sich die sozialen Gegensätze; eine neureiche Oberschicht begann sich rücksichtslos durchzusetzen (Am 2,4–8).

DIE ZEIT DER BEIDEN REICHE – ISRAEL

Frieden und Wohlstand unter Jerobeam II.

Im 8. Jh. gewannen Israel und Juda unter Jerobeam II. und Usija von neuem politische Bedeutung und Wohlstand wie zu Zeiten Salomos. Propheten bekämpften Habgier und Ungerechtigkeit der reichen Oberschicht. Die Ostraka von Samaria stammen aus dieser Zeit, Eingangsbestätigungen für Öl- und Weinsendungen verschiedener Landgüter an das königliche Vorratshaus. Die Liste althebräischer Namen, die sich daraus zusammenstellen läßt, bestätigt Angaben in biblischen Stammeslisten und Genealogien.

Die Ostraka von Samaria

Die Ostraka von Samaria, 63 beschriebene Tonscherben, sind wahrscheinlich Belege für Sendungen an königliche Beamte. Notiert sind Güter, die im königlichen Vorratshaus eingingen („alter Wein" und „reines Öl" sind genannt) und verschiedenen Beamten zugeteilt wurden. Die angelieferten Krüge werden mit den gleichen Angaben bezeichnet gewesen sein. Empfänger waren wohl Männer, die „am Tisch des Königs aßen" (2 Sam 9,10.13) und Unterhaltsbeiträge erhielten, sei es von ihren eigenen Gütern, sei es von ihrem Familienbesitz oder auch von königlichen Lehen (1 Sam 8,14).

Die Ostraka lassen sich nach den benutzten Formeln in zwei Gruppen aufteilen: Texte, die auf die Jahre 9 und 10 datiert sind, und anders formulierte, die in das Jahr 15 (einmal vielleicht in das Jahr 17) datiert sind. Gemeint sind gewiß Regierungsjahre eines Königs oder eher zweier Könige.

Die erste Gruppe nennt den Herkunftsort der Sendung und den Namen des Empfängers. Die zweite fügt gewöhnlich den Namen des Sippengebietes oder der Stadt zum Namen des Absenders hinzu, nennt aber den Inhalt der Sendung nicht. Text 1 der älteren Gruppe enthält eine Liste der Absender und ihrer jeweiligen Sendungen, die alle einem Empfänger gelten.

Die Namen der Empfänger enden oft mit dem Element *-jaw*, d. h. mit dem Gottesnamen (*jahu* oder *jah* scheint die entsprechende judäische Form gewesen zu sein). Nicht wenige Empfänger erhalten Sendungen von ganz verschiedenen Orten, die Absender aber senden immer nur an einen Empfänger. Einige Ostraka nennen keinen Empfänger; es wird sich dabei um Lieferungen von den königlichen Weingärten an den König handeln.

Alle Ortsnamen bis auf zwei oder drei sind glaubhaft identifiziert; sie liegen fast alle im zentralen Bergland von Efraim und im alten Stammesbezirk Manasse (Jos 17,7–10). Die Ostraka sind damit eine wichtige Quelle für die Siedlungsgeschichte dieses Raumes. Die jüngere Gruppe, die auch Sippengebiete nennt, zeigte überraschend, daß hinter einer biblischen Genealogie geographische Wirklichkeit steht. Die in den Ostraka genannten Sippen gelten in der Bibel alle entweder als Söhne Manasses (Ieser, Helek, Asriël, Schechem, Schemida) oder als Töchter Zelofhads, seines Enkels (Noa, Hogla, vgl. Num 26,28–34; 27,1–4 u. a.).

Die biblischen Nachrichten über die Töchter Zelofhads haben also einen konkreten historischen Hintergrund; wahrscheinlich dienten sie zur Legitimierung von Sippen, die erst später in Manasse eingegliedert wurden. Trägt man die genannten Gebiete in eine Karte ein, so fällt auf, daß die Sippen, die nach männlichen Nachkommen benannt sind, im Süden von Manasse, im zentralen Bergland, die nach den Töchtern Zelofhads benannten im Norden liegen (der vielleicht einmal zu Issachar gehörte?).

Der Name eines der sechs Söhne Manasses, Hefer, kommt in den Ostraka nicht vor; es wird damit das Gebiet *Hefer* gemeint sein, das in 1 Kön 4,10 im Zusammenhang mit dem Ort Socho am Rande der Scharonebene genannt ist.

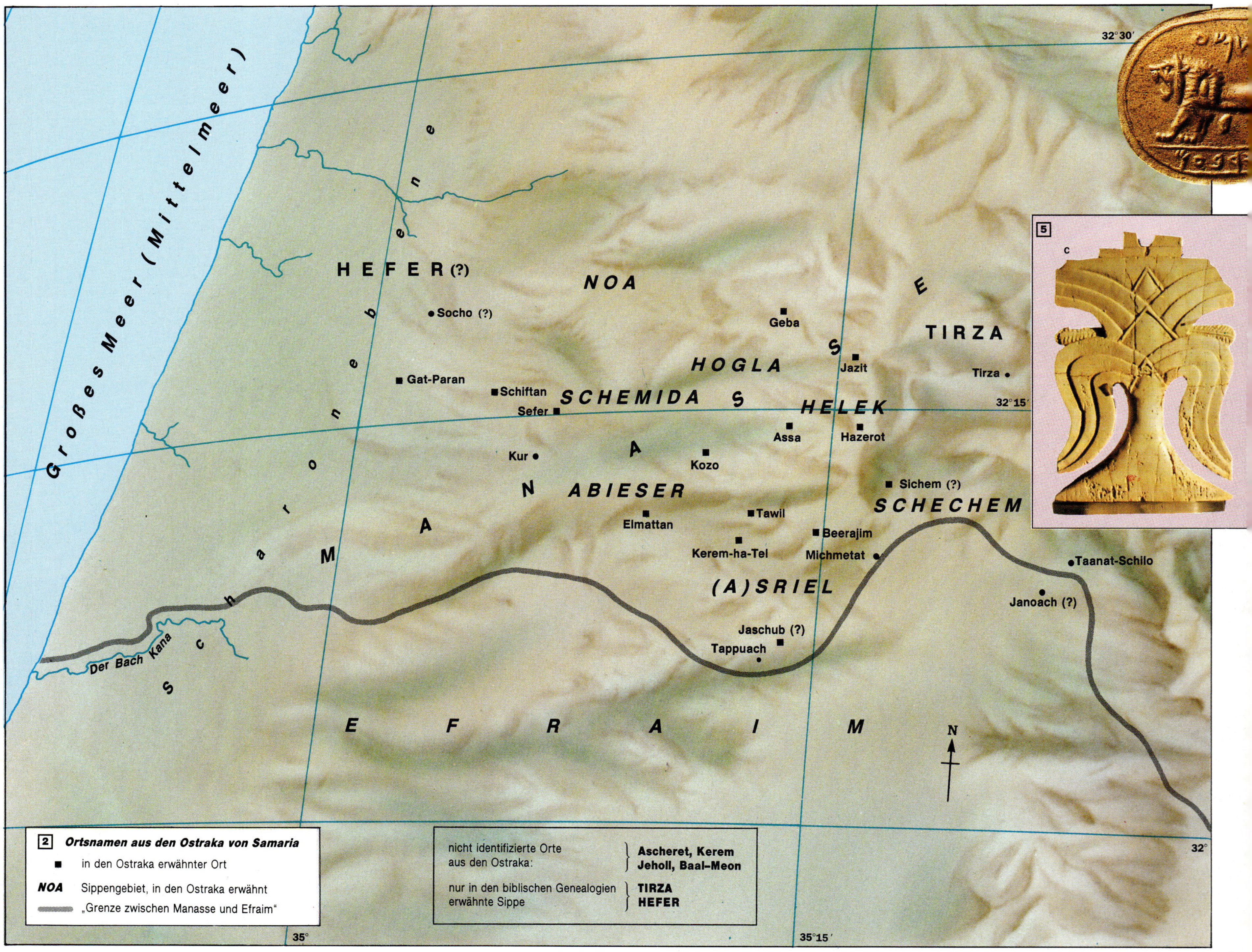

Enkelinnen Hefers sind in der biblischen Genealogie Noa und Hogla; nach Auskunft der Ostraka sind das Namen von Sippengebieten, die abseits von Hefer liegen. (Auch eine dritte, in den Ostraka nicht erwähnte „Enkelin", Tirza, ist eine abseits von Hefer gelegene Stadt.) Doch auch in Genealogien von Juda und Kaleb (1 Chr 2 und 4) meinen „verwandtschaftliche" Beziehungen nicht unbedingt geographische Nachbarschaft.

Sollte es zutreffen, daß Jaschub als südlichste Stadt der Ostraka beim modernen Jasuf lag, dann wäre damit auch nachzuweisen, daß die „Gegend von Tappuach" wirklich, wie Jos 17,8 erklärt, zu Manasse gehörte. Die Ostraka von Samaria würden also auch die Beschreibung der Grenze zwischen Efraim und Manasse, die in Jos 17,7–10 erwähnt wird, bestätigen.

Der verwendeten Schrift nach passen die Ostraka in den ersten Teil des 8. Jhs. Die beiden Textgruppen unterscheiden sich in manchen Eigenheiten der Schrift. Bemerkenswerter ist neben dem auffallenden Wechsel im benützten Formular vor allem die Tatsache, daß keiner der Personennamen aus der ersten Gruppe in den Texten der zweiten Gruppe wiederkehrt. Darin darf man gewiß den sichersten Hinweis darauf sehen, daß zwischen den beiden Gruppen ein Generationswechsel stattgefunden hat und die angegebenen Daten sich jeweils auf die Regierung eines anderen Königs beziehen. Betrachtet man die Länge der Regierungszeiten, so kommen eigentlich nur Joasch und Jerobeam II. dafür in Frage.

IM FÜNFZEHNTEN JAHR AMAZJAS, DES SOHNES DES JOASCH, DES KÖNIGS VON JUDA, WURDE JEROBEAM, DER SOHN DES JOASCH, KÖNIG VON ISRAEL. ER REGIERTE EINUNDVIERZIG JAHRE IN SAMARIA ... ER STELLTE DIE GRENZEN ISRAELS WIEDER HER VON LEBO-HAMAT BIS ZUM MEER DER ARABA.
2 KÖN 14,23.25a

4

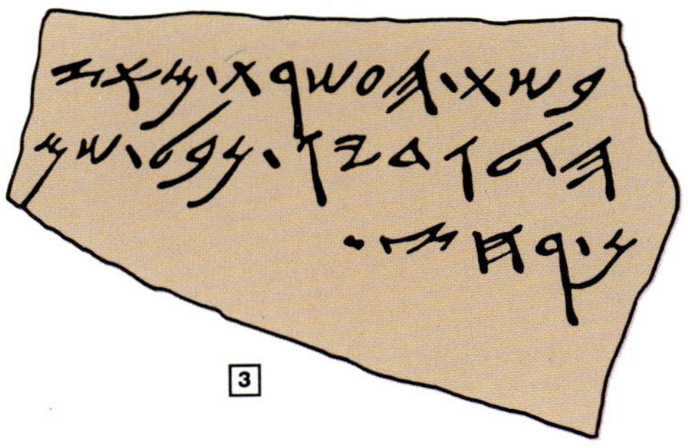

3

4 ***Oben links***
Das in Megiddo gefundene Siegel trägt die Inschrift: „Dem Schema, Diener Jerobeams (gehörend)"; man datiert es ins 8. Jh.

5a **5b** **5c** ***Oben***
Elfenbeinschnitzereien aus dem späten 9. Jh. in phönizischem Stil, gefunden in Samaria; Zeugnisse dafür, daß der Reichtum Israels zunahm. Die Reliefs dienten als Möbelschmuck; die Löcher dienten zur Befestigung. Amos klagt die Reichen in Samaria an, die auf „Betten aus Elfenbein" liegen, Am 6,4. **5a** Zwei Ansichten eines kauernden Löwen, etwa 5 cm groß. **5b** Ein Löwe reißt einen Stier; etwa 5 cm hoch, 13 cm lang. **5c** Ein stilisierter Baum, wahrscheinlich Teil einer Schmuckleiste.

2 ***Karte links***
Die Ostraka von Samaria sind eine wichtige Quelle zur Geographie des zentralen Berglandes Samaria am Anfang des 8. Jhs. Auf der Karte sind die in den Ostraka genannten Orte und Sippengebiete verzeichnet.

3 ***Oben rechts***
Eines der Ostraka aus Samaria, gefunden im königlichen Vorratshaus. Auf den Tonscherben sind Sendungen von Wein und Öl von bestimmten Absendern und von verschiedenen Orten im Bergland Efraim an mehrere namentlich bezeichnete Personen notiert; es wird sich darum kaum um Steuerzahlungen in Naturalien für den König gehandelt haben, sondern um Beiträge für den Unterhalt der Beamten am Königshof aus deren Besitzungen. Die oben abgebildete Inschrift lautet in der Übersetzung: „Im Jahre 10 von Assah für Gaddijaw, ein Krug Öl, gereinigtes".

1 ***Karte rechts***
Der ungefähre Verlauf der Grenzen Israels und Judas im 8. Jh. v. Chr. Die Heimatstädte der Propheten dieser Zeit sind besonders bezeichnet.

Israel unter der Herrschaft Assurs

Die Bibel erzählt in 2 Kön 16, daß Ahas, der König von Juda, gegen die Könige von Aram und Israel Tiglat–Pileser zu Hilfe rief. Mit Tiglat–Pileser III. hatte in Assur eine neue Dynastie begonnen; er entwickelte neue Strategien des Ausbaus der Macht Assurs; auch Israel sollte ihnen zum Opfer fallen.

Bis zur zweiten Hälfte des 8. Jhs. v. Chr. galt der Eufrat den Assyrern als ihre Westgrenze; jenseits mochten Vasallenstaaten unter eigenen Herrschern fortbestehen. Mit Tiglat–Pileser III. (745–727) änderte sich diese Politik; bis zum Mittelmeer hin gründete er assyrische Provinzen. Das Ziel dieser Unternehmungen war, Urartu (Ararat) zu schwächen, den Rivalen Assurs, der im zweiten Viertel des 8. Jhs. nordsyrische Staaten in einer antiassyrischen Koalition einte und den Handel nach Kleinasien blockierte.

In einem ersten Feldzug sicherte Tiglat–Pileser Bergregionen östlich von Assur; 743 v. Chr. griff er das Bündnis von Urartu an. Er schlug das urartäische Heer, belagerte Arpad, nahm es 740 ein und machte es zum Zentrum einer assyrischen Provinz (vgl. 2 Kön 19,13). Von dort zog er gegen den Staat Unqi (Patina) bei der Mündung des Orontes, nahm 738 dessen Hauptstadt Kullania (bibl. Kalne) ein und benannte nach ihr eine neugegründete Provinz. Weiter südlich gründete er die Provinzen Simirra und Hatarikka (Hadrach) und erhielt Tribut von Rezin von Damaskus, Menahem von Israel sowie aus Tyrus, Gebal und Hamat.

Auch im Norden und Osten bekämpfte er Anhänger Urartus: 739 v. Chr. Ullubu (im Norden des heutigen Irak), 737 medische Stämme (bis in die Gegend des heutigen Teheran), 735 Urartu selbst.

735 zog er wieder nach Westen, plünderte Gaza, erreichte den *Bach Ägyptens* (den heutigen Wadi el–Arisch), unterwarf dort lebende Nomaden und setzte einen arabischen Häuptling als Aufseher über den Norden der Sinaiwüste ein. Auch mit anderen arabischen Herrschern aus Nordarabien und vom Rande der ostjordanischen Wüste nahm er Beziehungen auf.

In Israel und Juda hatten damals gerade Herrscherwechsel stattgefunden. Pekach von Israel verfolgte eine neue Politik und schloß sich der von Rezin von Damaskus angeführten antiassyrischen Koalition an, zu der auch Tyrus, Sidon und Aschkelon gehörten sowie arabische Stämme, die an der von Südarabien kommenden Handelsstraße interessiert waren. Ahas von Juda dagegen war für diese provokante Koalition nicht zu gewinnen. Er entschied sich für die Anerkennung der Oberherrschaft der Assyrer und rief diese gegen den Angriff Israels und Arams zu Hilfe (2 Kön 16,6f).

733 und 732 v. Chr. unterwarf Tiglat–Pileser die arabischen Stämme, Aschkelon und Tyrus von neuem. Die Anführer der Koalition, Israel und Damaskus, strafte er hart: Die Küstenebene, den Norden und ostjordanische Gebiete Israels machte er zu assyrischen Provinzen: Duru (Dor), Magiddu (Megiddo), Gal'asa (Gilead). Als König über den Rumpfstaat Israel setzte er Hoschea ein. Das Reich von Damaskus teilte er in drei Provinzen auf: Damaskus, Karnini (Karnajim) und Haurina (Hauran).

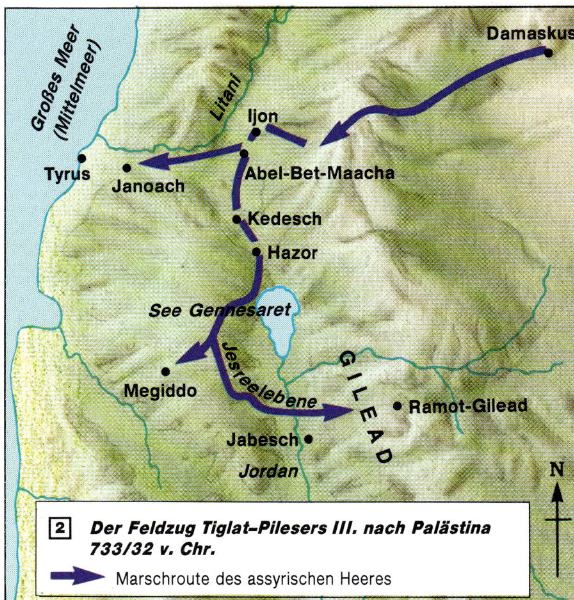

2 ***Der Feldzug Tiglat–Pilesers III. nach Palästina 733/32 v. Chr.***
Marschroute des assyrischen Heeres

1 ***Karte unten***
Zwischen 744 und 727 v. Chr. vergrößerte Tiglat–Pileser in einer Reihe von Feldzügen das assyrische Imperium. 743 griff er die von Urartu angeführten Koalition im Westen an und wandte sich sogleich an der Mittelmeerküste entlang nach Süden. Schließlich wurde der *Bach Ägyptens* zur Südgrenze des assyrischen Einflußgebietes. Trotz verschiedener Aufstände unterworfener Staaten gelang es ihm, Babel weiterhin unter assyrischer Oberhoheit zu halten.

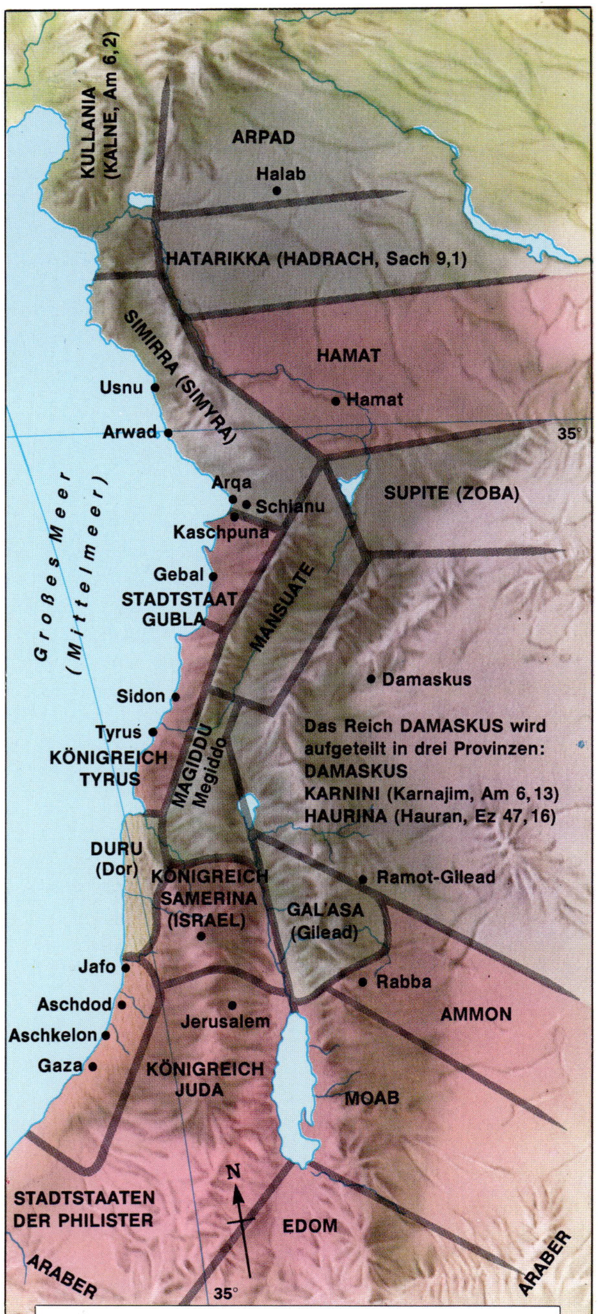

3 ***Schematische Darstellung assyrischer Provinzen unter Tiglat–Pileser III.***
Provinz
Vasallenstaat oder Vasallenvolk

1 ***Die Feldzüge Tiglat–Pilesers III. und die Erweiterung des assyrischen Imperiums***
Ein Feldzug und sein Datum
Tributzahlung

Teil der assyrischen Unterwerfungsstrategie waren Deportationen. Aram und Israel wurden davon schwer betroffen; der größte Teil der Bevölkerung wurde verschleppt, Menschen aus anderen unterworfenen Völkern statt dessen angesiedelt.

Ammon, Moab und Edom blieben als tributzahlende Staaten unter assyrischer Herrschaft bestehen; sie erhofften sich zudem von Assur Schutz gegen die Einfälle von Nomaden.

Gegen Ende der Regierung Tiglat-Pilesers ergriffen Chaldäer die Herrschaft über Babel. Tiglat-Pileser schlug sie und ließ sich 729 v. Chr. unter dem Namen Pulu (darum nennt die Bibel ihn auch *Pul*) zum König von Babel ausrufen.

Sein Nachfolger Salmanassar V. (726–722) hatte mit einer hartnäckigen Opposition in Assur selbst zu kämpfen. Ägypten nutzte das aus, um in Palästina Einfluß zu gewinnen, und Hoschea von Israel schloß sich Ägypten an. Daraufhin sandte Salmanassar eine assyrische Armee gegen Samaria, die die Stadt nach zweijähriger Belagerung 722 v. Chr. einnahm.

Assyrische Chroniken schreiben ebenso wie die Bibel die Eroberung von Samaria Salmanassar zu. Salmanassars Nachfolger Sargon II. (721–705) rühmt sich dieses Sieges erst in seinen späteren Berichten; seine früheste Inschrift, die seine Taten im Westen bis zum Jahre 720 aufzählt, weiß davon noch nichts.

Israel wurde in die Provinz Samerina umgewandelt, die vielleicht auch Dor umfaßte; allerdings wird „Duru" in der Zeit Asarhaddons wie ein Teil von Philistäa behandelt. Wieder wurde ein großer Teil der Bevölkerung deportiert und durch Fremdstämmige ersetzt.

Sargon war als Günstling der Opposition gegen Salmanassar auf den Thron gekommen; es gelang ihm rasch, das dadurch erschütterte assyrische Imperium neu zu festigen. Vor allem drei Probleme waren zu meistern: In Babel versuchten chaldäische Stämme weiterhin, unterstützt von Elam, die assyrische Herrschaft abzuschütteln; im Norden, vom Urmia-See bis nach Kleinasien, schmiedete Urartu eine Kette von Vasallenstaaten und Verbündeten; in Palästina und Syrien verstärkte das wiederaufstrebende Ägypten seinen Einfluß.

Für das Problem Babel fand er keine Lösung. Der Chaldäer Marduk-apil-iddina (der biblische Merodach-Baladan) behauptete, unterstützt von Elam, zehn Jahre lang die Herrschaft in Babel. Im Westen war der Aufstand gegen Assur, angeführt von Hamat, ausgebrochen; beteiligt waren auch Arpad, Damaskus, Samaria, Teile Phöniziens und Philistäas; Ägypten unterstützte ihn (2 Kön 17,4). 720 v. Chr. gelang es Sargon, den Aufstand zu unterdrücken. Seine späteren Inschriften vermischen diese kleinere Aktion gegen Samaria mit Salmanassars Sieg vom Jahre 722.

In den folgenden Jahren verbuchte Sargon diplomatische und militärische Erfolge gegen Urartu. Höhepunkt war ein Vertrag mit dem König Mita (dem griechischen Midas), einem früheren Verbündeten von Urartu, und mit Muschki (dem biblischen Meschech), die den Handel durch Kleinasien kontrollierten.

IN DEN TAGEN PEKACHS, DES KÖNIGS VON ISRAEL, ZOG TIGLAT-PILESER, DER KÖNIG VON ASSUR, HERAN. ER EROBERTE IJON, ABEL-BET-MAACHA, JANOACH, KEDESCH, HAZOR, GILEAD, GALILÄA, DAS GANZE LAND NAFTALI, UND VERSCHLEPPTE IHRE BEWOHNER NACH ASSUR. 2 KÖN 15,29

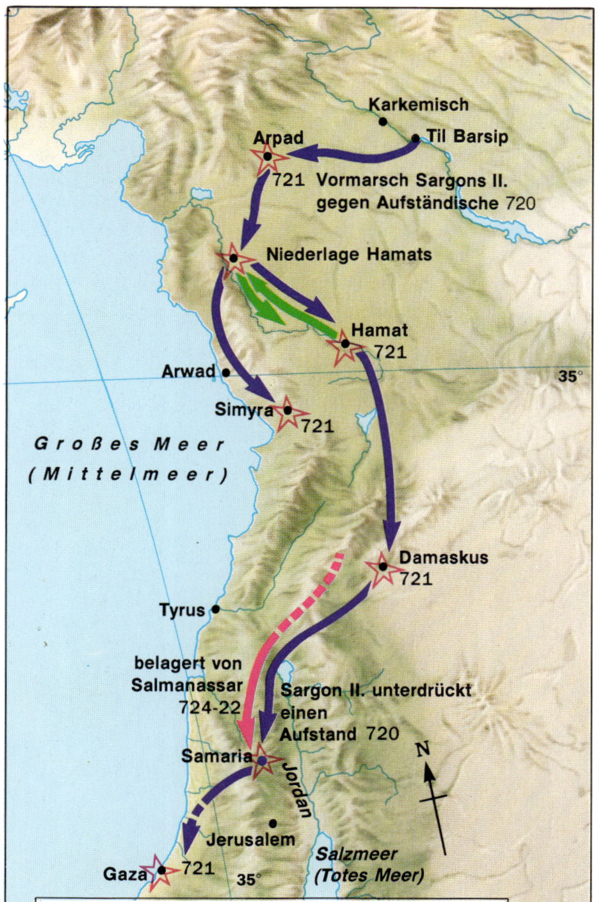

4 Feldzüge gegen Israel
Marschroute Sargons II. (721–720)
Belagerung Samarias (724–722) durch Salmanassar
Aufstand und Niederwerfung Hamats (721)
antiassyrische Unruhen

2 Karte S. 114 oben links Ein Teil des in Karte 1 dargestellten Feldzuges ist hier genauer dargestellt: Tiglat-Pileser wendet sich gegen Israel, Damaskus, Tyrus, Aschkelon und einige arabische Stämme.

3 Karte S. 114 oben rechts Die Assyrer zerstörten nicht nur das alte Staatensystem; sie entwickelten darüber hinaus auch ein ausgeklügeltes Verwaltungssystem, das die unterworfenen Gebiete kontrollierte.

4 Karte links oben Salmanassar V. und Sargon II. führten weitere Angriffskriege gegen Israel. Salmanassar V. belagerte Samaria zwei Jahre lang, bis die Stadt fiel.

5 Karte unten Aufständische und dann unterworfene Volksgruppen deportierten die Assyrer und siedelten an ihrer Stelle Fremde an. Die solchermaßen entwurzelten Völker brachten kaum noch die Kraft zum Widerstand gegen Assur auf.

6 Oben Sargon II. (721–705). Relief aus dem Palast Dur Scharrukin (Chorsabad), den Sargon am Höhepunkt der assyrischen Macht baute. Das Kalksteinrelief ist etwa 1 m hoch; die Gesichtszüge sind sorgfältig ausgeführt. Es ist denkbar, daß es sich um ein Porträt handelt.

7 Mitte Ein Fresko (etwa 40 cm hoch) aus dem Sommerpalast des Tiglat-Pileser in Til Barsip (Tell Ahmar), das zwei hohe Hofbeamte darstellt. Assyrische Paläste sind sonst eher mit Steinreliefs als mit Fresken geschmückt.

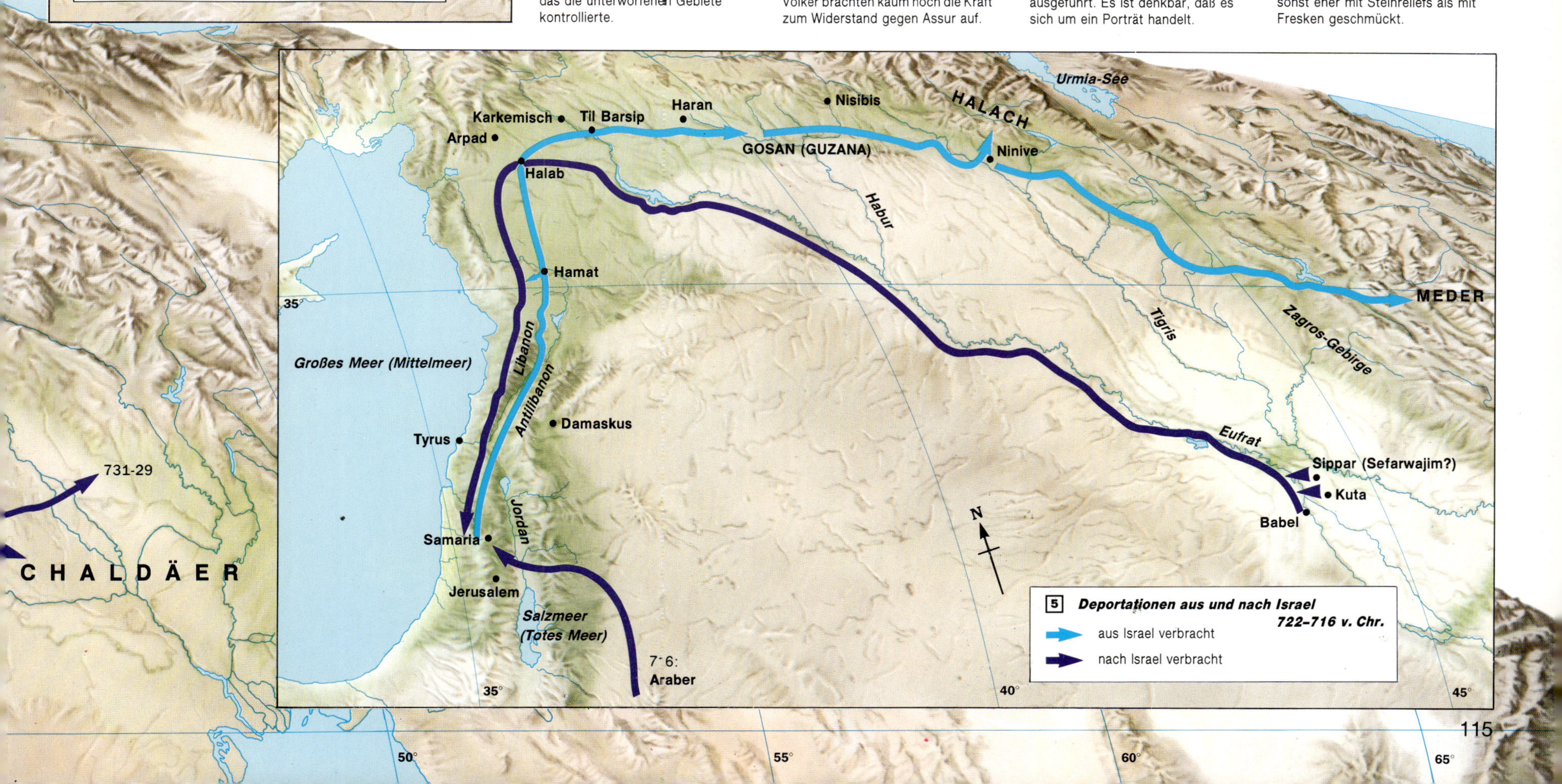

5 Deportationen aus und nach Israel 722–716 v. Chr.
aus Israel verbracht
nach Israel verbracht

Das Ende des 2. Jhtsds. v. Chr. war für die Weltgegend, in der die Bibel entstand, die Zeit eines großen Umbruchs (vgl. S. 52–55). Die Großreiche der Ägypter und der Hetiter brachen zusammen. Im Vorderen Orient und östlichen Mittelmeer waren große Scharen von Menschen unterwegs, bis sie schließlich eine neue Heimat fanden. Nach Kanaan hinein drängten Sippen und Stämme aus dem Osten und Süden, darunter auch die Vorfahren Israels, sowie Mittelmeervölker wie die Philister und deren Verwandte, die vielleicht wegen einer Naturkatastrophe ihre Heimat verlassen hatten. Manche kamen friedlich, andere als Eroberer. Die Philister ließen sich in der Küstenebene nieder, das Volk Israel fand im zentralen Bergland seine Heimat, die Aramäer im Norden, Ammoniter, Moabiter, Edomiter im Osten.

Auskunft über die Kriege dieser Umbruchszeit geben fast nur bildliche Darstellungen und Inschriften aus Ägypten. Die Reliefs Ramses' III. in Medinet Habu schildern erbitterte Kämpfe, Mann gegen Mann. Diese Darstellungen der Feldzüge Ramses' gegen die Libyer im Westen und die Seevölker im Osten sind eine erstrangige Quelle für den, der Kriegsführung, Waffen und Befestigungstechniken der Ägypter und ihrer Feinde studieren will. Die Philister mit ihrem charakteristischen Federschmuck und deren Brudervolk, die Scherden, kämpfen mit langen geraden Schwertern und runden Schilden, die Ägypter mit Pfeil und Bogen oder Wurfspieß. Auch einige wenige Ausgrabungsfunde vermehren die Kenntnis der alten Waffentechniken.

Mehr Informationen stehen für das erste Jhtsd. zur Verfügung; archäologische Funde, aramäische und assyrische Reliefs ergänzen biblische Berichte. Assyrische Könige des 9.–7. Jhs. schmückten Paläste in Kalach, Imgur–Enlil (Balawat), Ninive, Dur Scharrukin (Chorsabad) mit Darstellungen, die ihren Besuchern, vor allem den Diplomaten aus fremden Ländern, Macht und militärische Überlegenheit Assurs eindrucksvoll vorführen sollten. Die Reliefs sind so akkurat und detailgetreu ausgeführt, daß Besonderheiten der Kriegsgeräte, z. B. des Sturmbocks und Streitwagens, daran ebenso abzulesen sind wie Befestigungs- und Belagerungstechniken und die Bewaffnung der Assyrer und ihrer Gegner.

DIE ZEIT DER BEIDEN REICHE – ISRAEL

Kriegsführung im ersten Jahrtausend v. Chr.

Die Menschen im Alten Orient hatten immer wieder Kriege durchzustehen, Auseinandersetzungen zwischen verwandten Stämmen oder Invasionen fremder Völker. Reliefs aus Medinet Habu in Ägypten und aus den Palästen assyrischer Könige vermitteln lebendige Anschauung, wie es damals in Kriegen zuging. Ausgrabungen machten darüber hinaus sichtbar, wie man – auch in Israel – Städte durch Mauern sicherte und Schächte und unterirdische Zugänge zum Wasser schuf, um Belagerungen überstehen zu können.

Streitwagen

In der ersten Hälfte des 2. Jhtsds. kam von Osten her im ganzen Vorderen Orient und in Ägypten der Streitwagen in Gebrauch. Die neue Waffe führte dazu, daß vielerorts eine Militäraristokratie entstand, die reich genug war, das teure Gerät zu stellen und sich im Umgang damit zu trainieren. Bis zum Beginn der Staatsgründung konnten die israelitischen Bauern sich weder solche Waffen leisten noch ein Berufskriegertum, das zu deren Führung nötig war. Biblische Überlieferungen halten die Erinnerung daran fest, daß die frühisraelitischen Gemeinschaften gegenüber den „eisernen Kampfwagen" der Kanaanäer machtlos waren (Ri 1,19). Den ersten Sieg, den ein Heer israelitischer Bauern über ein kanaanäisches Streitwagenheer wahrscheinlich nur durch einen glücklichen Zufall errang, besingt Ri 5, einer der ältesten Texte im Alten Testament.

Erst von Salomo weiß die Bibel zu berichten, daß er eine Streitwagentruppe besaß. Reliefs aus dem 10. Jh. aus Nordsyrien, aus Sindschirli (Sam'al) und Tell Halaf (Gosan), illustrieren, wie Salomos Streitwagen aussehen mochten: Sie wurden von zwei Pferden gezogen und trugen zwei Krieger, einen Wagenlenker, der zugleich einen Speer trug, und einen Bogenschützen. Seit Tiglat-Pileser III. entwickelten die Assyrer ein schwereres Gefährt mit größeren Rädern und acht statt bisher sechs Speichen. Drei oder vier Krieger gehörten dazu und vier Pferde.

Waffen

Am wichtigsten waren die Fernwaffen Schleuder und Bogen. In einer kampfbereiten Armee bildeten die Truppen der Bogenschützen und Steinschleuderer, von Schilden geschützt, die ersten Reihen. In assyrischen Armeen stand nicht selten ein eigener Schildträger bei jedem Bogenschützen. Zur persönlichen Ausrüstung des Kriegers gehörten Nahkampfwaffen, Speere und Dolche. Es gab auch Schutz-

1

kleidung (vgl. 1 Kön 22,34), meist aus Leder, aber man fand bei Ausgrabungen auch Teile von Bronze– und sogar Eisenrüstungen.

Die gefährlichste Waffe der Belagerer war der Sturmbock, mit dem sie die Stadtmauer an ihren Schwachpunkten, meist am Stadttor, niederzureißen versuchten. Die Verteidiger schleuderten brennende Fackeln, Pfeile, Steine und andere Wurfgeschosse, um den Feind daran zu hindern, die Mauern zu durchbrechen. Eine Serie von Reliefs aus dem Palast des Sanherib in Ninive zeigt die Belagerung der judäischen Stadt Lachisch (vgl. Text S. 122). Der Sturmbock steht schon vor dem Stadttor. Ein Soldat gießt von innen her Wasser über das Gerät, damit die brennenden Fackeln es nicht entzünden. Die Leute von Lachisch werfen auch Steine und schießen Pfeile herab. Klar zu erkennen sind die doppelten Mauern der Stadt. Ausgrabungen in Lachisch haben bestätigt, was diese Bilder erzählen: Nah vor dem Stadttor fand man die Rampe der Belagerer, im Inneren der Stadt eine Rampe, von der aus wohl Gegenwehr geleistet wurde.

2

Befestigungen

Kennzeichen der frühisraelitischen Befestigung sind Kasemattenmauern, Tore mit je drei Kammern an jeder Seite des Torwegs und mit Doppeltürmen. Die Kasemattenmauer besteht aus zwei parallelen Mauern, die recht regelmäßig durch Quermauern miteinander verbunden sind. Man fand solche Mauern in Megiddo, Hazor, Geser und an vielen anderen Orten. Seit etwa 920 v. Chr. (?) kam ein anderer Typ von Befestigungsbauten auf: Die Mauern wurden in massiver Bauweise errichtet, die kleineren und solider gebauten Tore hatten nur noch zwei Kammern und keine Türme mehr. Diese Veränderungen sind die Reaktion auf neue Angriffswaffen wie den Sturmbock. An assyrischen Reliefs ist abzulesen, daß es diese neue Waffe mindestens seit Anfang des 9. Jhs. v. Chr. gab.

Wasserversorgung

Oft wurde versucht, eine feindliche Stadt durch eine Belagerung zur Unterwerfung zu zwingen. Um lange Belagerungen überstehen zu können (Samaria wurde drei Jahre lang belagert!), galt es vor allem, die Wasserversorgung innerhalb der Stadtmauern zu sichern. Der Sicherheit wegen lagen die Städte auf Bergen, Quellen dagegen entsprangen im Tal. Um sie zu schützen, zu verbergen und ungehinderten Zugang zu ermöglichen, ließen auch Könige Israels großartige Ingenieurarbeiten durchführen. Es gibt in Palästina eine ganze Reihe beeindruckender unterirdischer Wasserbauten, u. a. in Jerusalem, Megiddo, Hazor, Gibeon. Je nach den örtlichen Gegebenheiten waren dabei andere Probleme zu lösen.

Unter König Hiskija wurde in Jerusalem ein Tunnel von zwei Seiten aus durch den Berg geschlagen, um so das Wasser der Gihonquelle aus dem Kidrontal durch einen unterirdischen Kanal (Schiloach) in die Stadt zu leiten. Die Arbeiter verfehlten einander nur um wenige Zentimeter, eine große Ingenieurleistung. Die einzige längere althebräische Inschrift, die bisher auftauchte, die Schiloach–Inschrift, feiert das Ereignis. Man darf es wohl als einen für das Volk Israel typischen Zug ansehen, daß die Inschrift nicht die Tat des königlichen Bauherrn preist, sondern das Erlebnis der Steinhauer schildert. (Ein späterer biblischer Geschichtsschreiber in 2 Chr 32,30 dagegen spricht vom Tunnelbau als von einem Werk Hiskijas allein.)

DER DURCHBRUCH. UND DAS WAR DAS EREIGNIS DES DURCHBRUCHS: WÄHREND (DIE HAUER) DIE PICKE (SCHWANGEN), JEDER AUF SEINEN GENOSSEN ZU, UND WÄHREND (ES NOCH) DREI ELLEN BIS ZUM DURCHBRUCH WAREN, (DA KONNTE MAN) DIE STIMME EINES JEDEN HÖREN, DER SEINEN GENOSSEN RIEF; DENN ES WAR EIN RISS IM FELSEN VON RECHTS UND VON ... UND AM TAGE DES DURCHBRUCHS SCHLUGEN DIE HAUER, JEDER UM SICH SEINEM GENOSSEN ZU NÄHERN, PICKE GEGEN PICKE. UND ES FLOSS DAS WASSER VOM AUSGANGSORT BIS ZUM TEICH ZWEIHUNDERT UND TAUSEND ELLEN. UND HUNDERT ELLEN WAR DIE HÖHE DES FELSENS ÜBER DEM KOPF DER HAUER.

DIE SCHILOACH–INSCHRIFT

1 *Links, S. 116*
Relief aus dem südwestlichen Palast in Ninive. Dargestellt ist ein lebhaftes Handgemenge an einem Flußufer. Es handelt sich um die Schlacht des Jahres 653 v. Chr., in der Assurbanipal bei Til–Tuba (Tulliz) am Fluß Ulai den Elamiterfürsten Te–Umman besiegte.

2 *Oben*
Detail aus einem Relief im Nordwestpalast von Ninive, um 640 v. Chr. Der König von Assur als Bogenschütze; neben ihm der Wagenlenker.

3 *Unten, mittlere Abbildung*
Ausschnitt aus den Bronzebändern an den Toren des Tempels von Mamu: Streitwagen, eines der gefürchtetsten und wirksamsten Kriegsgeräte des Alten Orients.

4 *Unterste Abbildung*
Ausschnitt aus dem Relief im Südwestpalast von Ninive, 704–681 v. Chr.: Ein Soldat aus der Armee des Assyrers Sanherib zählt die Köpfe getöteter Feinde.

5 *Rechts*
Stadtplan von Jerusalem mit dem Tunnel Hiskijas. Mit einem Tunnel, der in rund 50 m Tiefe vom Kidrontal aus durch den Berg in die Stadt führte, sicherte Hiskija die Wasserversorgung Jerusalems für den Fall der Belagerung. An der Tunnelwand fand man die Inschrift, die unten (6) abgebildet und oben übersetzt ist.

3

4

5

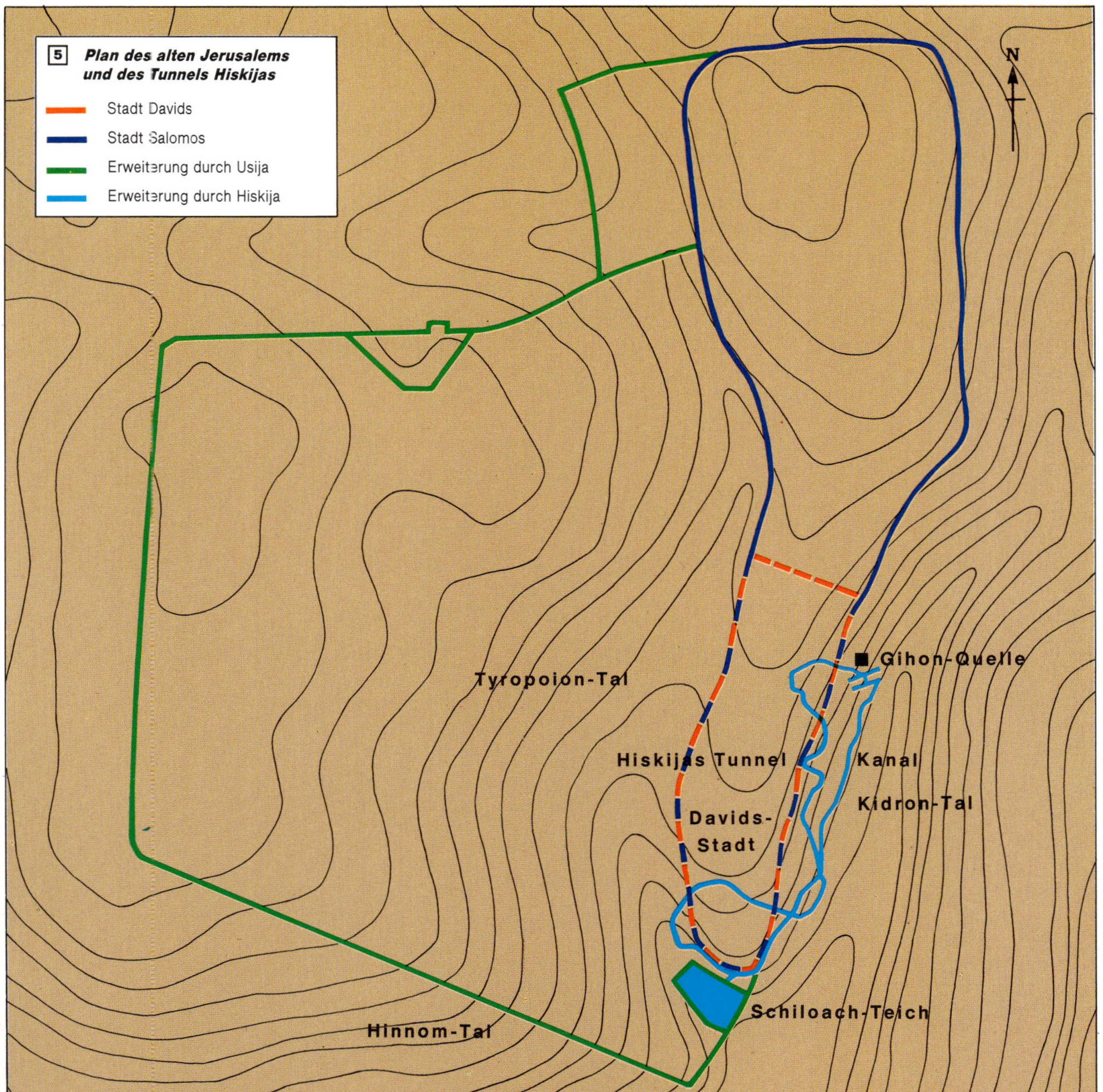

6

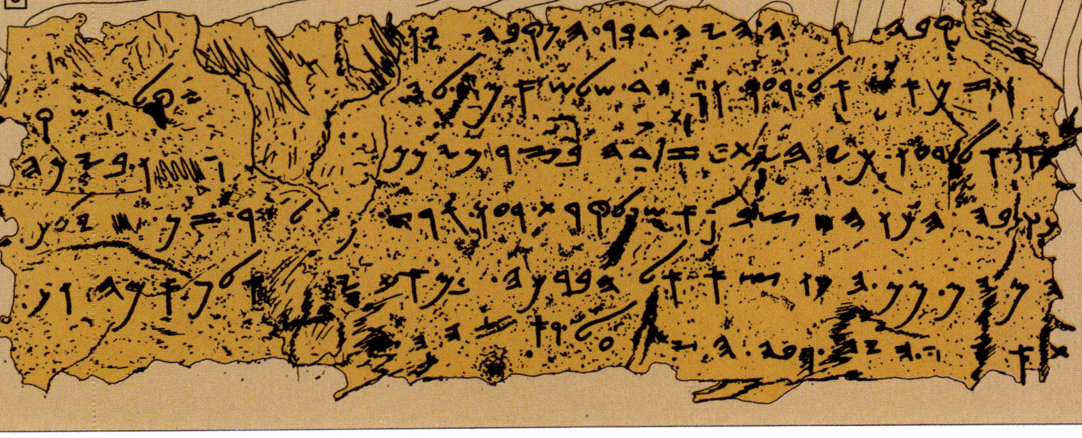

Juda von der Reichsteilung bis zur Blütezeit um 750 v. Chr.

Als Quellen der Geschichte Judas nach der Spaltung des Salomoreiches stehen vor allem die Königs- und Chronikbücher zur Verfügung. Der geschichtliche Aussagewert ihrer Angaben ist nicht leicht abzuschätzen, da diese Bücher erst lange nach der darin dargestellten Geschichtsepoche abgeschlossen wurden und ihre Entstehungsgeschichte nicht aufgeklärt ist. So bleibt es u. a. fraglich, wie Nachrichten über die Festungen Rehabeams und den Aufstieg Judas zur Zeit Usijas zu bewerten sind.

Mit der Teilung des Salomoreiches in zwei Staaten brach das ganze von David aufgebaute Imperium zusammen. Nachdem es Salomos Sohn Rehabeam nicht gelungen war, die Herrschaft über Israel zu behaupten, blieb ihm nur ein vom Krieg erschüttertes, verarmtes und verkleinertes Juda. Rehabeam und Abija führten ständig Krieg mit Israel, und Abijas Nachfolger Asa mußte es hinnehmen, daß Bascha, der König von Israel, Rama einnahm und zur Festung ausbaute, einen Ort, von dem man eine gute Sicht nach Süden besaß und die Straße kontrollieren konnte, die von Norden her auf das nur gut 7 km entfernte Jerusalem zuführte. Doch Asa beseitigte mit Hilfe der Aramäer nicht nur diese Bedrohung, sondern befestigte selber Mizpa und Geba gegen den Bruderstaat im Norden. Die so gewonnene Grenze, die mitten durch das Stammesgebiet Benjamin verlief, blieb lange bestehen.

Sollten die Angaben des Chronisten in 2 Chr 11,5–12 über Festungsbauten Rehabeams historisch richtig sein, so zeigen auch diese, wie bedroht Juda war. Ob man nun annimmt, daß diese Festungen vor dem Feldzug des Pharao Schischak (s. S. 96) gebaut wurden oder erst nachher, um einen Raubzug zu verhindern, auf jeden Fall verrät sich in ihrer Verteilung (vgl. Karte 1) die Absicht, wenigstens das Zentrum Judas zu schützen. Die Küstenebene und sogar Beerscheba liegen ganz außerhalb des von ihnen kontrollierbaren Gebietes.

Unter Joschafat, dem Nachfolger Asas, hörte der Streit zwischen Juda und Israel auf. Die beiden Staaten erholten sich. Joschafat ging sogar ein Bündnis mit der Dynastie Omri ein, half Israel bei seinen Auseinandersetzungen mit Moab und Aram und besiegelte das Bündnis mit der Heirat seines Sohnes Joram mit Atalja, der Tochter Isebels und Prinzessin aus dem Hause Omri. Im übrigen fließen die Informationen über die Regierungszeit Joschafats und Jorams nur spärlich. Man erfährt u. a. von Auseinandersetzungen mit Edom und einem vergeblichen Versuch, an der Schiffahrt auf dem Roten Meer wieder teilzunehmen.

2 Chr 17,2 erklärt, daß Joschafat „Truppen in alle befestigten Städte Judas legte"; nach 17,12 baute er „in Juda Burgen und Vorratsstädte". Auf diese Angaben allein kann man zwar noch nicht die Annahme stützen, daß er die Verwaltung seines Reiches umfassend reorganisierte; doch hinzuzunehmen ist eine Städteliste in Jos 15,21–62 und 18,21–28. Sie läßt sich als Umschreibung von zwölf durch ihre Städte definierten Bezirken verstehen, die insgesamt das ganze uns bekannte Gebiet des Staates Juda umfassen (vgl. Karte 2). Einige der genannten Städte – Bet-Kerem, Jattir, Jutta und Eschtemoa – sind nach Auskunft von Archäologen erst in der Eisenzeit II gegründet worden, so daß die gesamte Liste frühestens aus der Zeit Joschafats stammt. Möglich sind auch spätere Daten, die Zeit Usijas oder Joschijas; oder vielleicht spiegelt sich in der Liste nicht eine einzelne Reform, sondern eher eine längere Entwicklung, an der dann Joschafat, Usija und Joschija Anteil hätten.

Als der Nachfolger Jorams, Ahasja, bei der Revolte Jehus ermordet worden war, ergriff Atalja die Macht; sechs Jahre lang war die Herrschaft in Juda nicht in Händen eines Davididen. Ein Umsturz brachte jedoch mit Joasch wieder einen König aus dem Davidshaus auf den Thron. Wie fest Juda am Davidshaus festhielt, wird darin sichtbar, daß sowohl Joasch wie sein Nachfolger Amazja einem Komplott zum Opfer fielen, jedesmal aber der Sohn des Ermordeten den Thron besteigen konnte.

Von Usija, dem Sohn Amazjas, erzählt das Buch der Könige, daß er Elat für Juda wieder aufbaute (2 Kön 14,22); Voraussetzung dafür muß eine gewaltige Ausdehnung der Macht Judas nach Süden hin gewesen sein. Darum ist den Angaben des Chronisten zu trauen (2 Chr 26), wonach Usija Siege über arabische Stämme, „Mëuniter" (einen Nomadenstamm), Ammoniter und Philister errang, Jerusalem befestigte und „auch in der Steppe Festungen baute". In der Tat entdeckte man Festungen aus dem 9. und 8. Jh. in Arad, Ramat Negeb (Tell Ira), Tamar, Kadesch-Barnea, Jotbata, Ezjon-Geber und andernorts im Negeb. In der langen Regierungszeit Usijas erlebte Juda ähnlich wie zur gleichen Zeit Israel unter Jerobeam II. einen Aufschwung, durch den es zu einer Größe gelangte, die es seit der Reichsteilung nicht mehr besessen hatte.

Propheten im Alten Testament

Nach der Mitte des 8. Jhs. traten die ersten der großen

1 Karte rechts
2 Chr 11,5–12 zählt Festungen an strategisch wichtigen Punkten in Juda auf. Nach Auskunft des Chronisten soll Rehabeam sie gebaut haben, archäologisch gehören sie eher in die Zeit Joschijas. Eine Linie dieser Festungen liegt entlang der Grenze zu den philistäischen Stadtstaaten; die Festungen in Hebron, Bet-Zur und Betlehem dagegen schützten eine wichtige Straße am Hauptkamm des Gebirges Juda. Rätselhaft ist die Erwähnung von Gat in dieser Liste; denn Gat gehörte den Philistern. Vielleicht ist Moreschet-Gat gemeint, ein Ort, dessen Befestigung durchaus strategische Bedeutung besaß.

2 Karte unten links
Die auf der Karte eingetragene Aufteilung Judas in zwölf Bezirke stützt sich auf eine Städteliste in Jos 15,1–62, die auch auf die geographische Gliederung Judas in Negeb, Schefela, Bergland und Wüste Bezug nimmt. Der hebräische Text faßt die Städte in zehn Gruppen zusammen; man nimmt heute jedoch vielfach an, daß es sich ursprünglich um zwölf Städtegruppen handelte. Die Gelehrten sind sich nicht einig darüber, wie sie zusammenzuordnen sind; die vorliegende Karte gibt den Vorschlag von *Y. Aharoni* wieder.

3 Karte unten rechts
Die Karte illustriert die Ausdehnung der Macht Judas unter Usija.

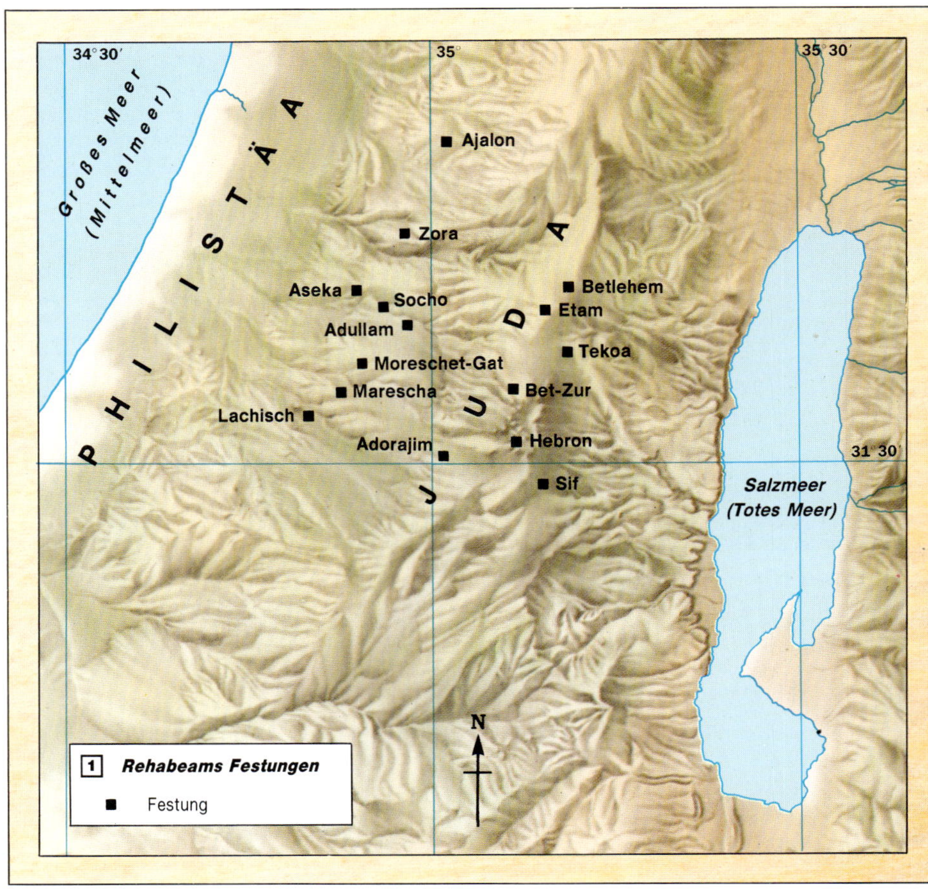

Propheten auf, deren Botschaft in den alttestamentlichen Prophetenbüchern fortlebt. Darum sei hier einiges zur Bedeutung der Propheten im Leben und der Geschichte Israels gesagt.

Als „Prophet" bezeichneten die Griechen den Deuter, der Orakelsprüche eines Ekstatikers in verständlicher Sprache weitergab. Die griechische Übersetzung des Alten Testamentes, die Septuaginta, gibt mit diesem Wort das hebräische Wort „nabi" wieder. Auch ein Nabi ist Verkünder eines Wortes, das er empfangen hat. Vielleicht ist die akkadische Wurzel *nabu*, „rufen", mit „nabi" verwandt. Ein Nabi fühlt sich berufen, von Gott empfangene Botschaften durch Worte oder Zeichen weiterzugeben. Prophetenamt ist nicht Weissagung zukünftiger Ereignisse, sondern Verkündigung des Gotteswillens. Vor allem aber sind sie Verkünder des Ausschließlichkeitsanspruches ihres Gottes (vgl. Elija), der später zum Monotheismus radikalisiert wurde.

Von Gott gepackt zu sein, auch gegen den eigenen Willen, ist eine Grunderfahrung biblischer Propheten. Erzählungen von der Zeit Sauls wissen von Prophetenscharen, die in Ekstase geraten; auch Saul wird, als er in eine solche Schar gerät, „ein anderer Mensch". Amos und Jeremia bezeugen, daß der Ruf Gottes sie ergriff, obwohl sie sich sträubten.

Die politische Bedeutung der Propheten wird von Anfang an sichtbar; schon Saulüberlieferungen erzählen von der Konfrontation des Königs mit dem Propheten Samuel. Natan hält dem König David seine todeswürdige Verfehlung vor; Elija bekämpft die Religionspolitik Ahabs und klagt ihn wegen des Justizmordes an einem Untertanen an. Die Propheten vertreten dem König gegenüber das größere Recht Gottes.

Die Frage nach dem Überleben des kleinen Volkes Israel in den großen geschichtlichen Umbrüchen, die Aufstieg und Fall des assyrischen, babylonischen und persischen Reiches mit sich bringen, ruft seit der Mitte des 8. Jhs. die sogenannten *Schriftpropheten* (deren Botschaft in eigenen alttestamentlichen Büchern enthalten ist) auf den Plan. Sie fühlen sich angetrieben, die großen politischen Bewegungen ihrer Zeit von Gott her zu deuten, und verkünden, daß der Gott Israels die Nationen als Werkzeuge nützt, um seinen eigenen Willen durchzusetzen. Darum beobachten sie genau die Vorgänge in der Völkerwelt; viele ihrer Worte nehmen Bezug auf konkrete politische Zeitereignisse.

Wille Gottes ist es nach der Botschaft der Propheten vor allem, daß Gerechtigkeit herrscht; darum fordern sie besonders die Reichen und Mächtigen auf, sich diesem Willen zu beugen. Frieden wird es nur geben, wenn der einzelne und die Gesellschaft in diesem *Recht Gottes* leben. Das Fortleben Israels, seine Befreiung aus Unterdrückung und Not hängen davon ab, ob das Volk bereit ist zu Umkehr und sittlicher Erneuerung. Großartige Dichtungen der Propheten entwerfen Bilder von dem Frieden, auf den Israel und die Völker zugehen, wenn sie sich über den Willen Gottes belehren lassen und danach leben.

> DER HERR WARNTE ISRAEL UND JUDA DURCH ALLE SEINE PROPHETEN: KEHRT UM VON EUREN BÖSEN WEGEN, ACHTET AUF MEINE BEFEHLE UND MEINE GEBOTE GENAU NACH DEM GESETZ, DAS ICH EUREN VÄTERN GEGEBEN UND EUCH DURCH MEINE KNECHTE, DIE PROPHETEN, VERKÜNDET HABE. DOCH SIE WOLLTEN NICHT HÖREN, SONDERN VERSTEIFTEN IHRE NACKEN. 2 KÖN 17,13–14

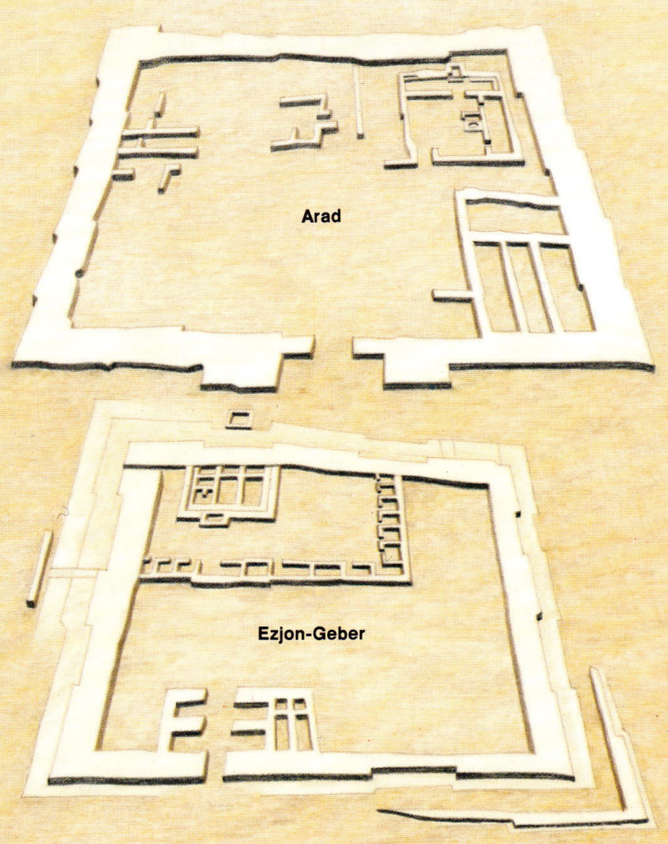

FESTUNGEN IM NEGEB

Arad, Ezjon–Geber, Kadesch–Barnea

Die Festung von Kadesch–Barnea (unten) wurde im 8. Jh. v. Chr. gebaut, möglicherweise zur Zeit Usijas. Sie schützte Juda vor Einfällen aus dem Süden, bis sie am Ende der Königszeit zerstört wurde. Die Festung hatte einen Umfang von etwa 61 auf 40 m.

Älter ist die Festung in Arad, die wahrscheinlich beim Feldzug Schischaks (s. S. 96) zerstört wurde. Im 8. Jh., wohl ebenfalls unter Usija, wurde sie wiederaufgebaut und erhielt nun rund 3 m dicke Mauern sowie ringsum einen schmaleren Schutzwall (der hier nicht abgebildet ist). Die Festung stand bis zum Ende des 7. Jhs. Ihr Umfang betrug 50 auf 50 m.

In Ezjon–Geber wurde im 9. Jh. v. Chr. eine ältere Festung wiederaufgebaut und zugleich beträchtlich erweitert. Die ältere Kasemattenmauer wurde dabei in einen von einer soliden Mauer von fast 8 m Höhe und 4 m Dicke umgebenen Bezirk eingeschlossen. Eine dünnere Mauer verstärkte die Befestigung noch einmal von außen. Die Festung wurde in der zweiten Hälfte des 8. Jhs. zerstört und anschließend von Usija wiederaufgebaut. Die ummauerte Fläche war rund 60 mal 55 m groß.

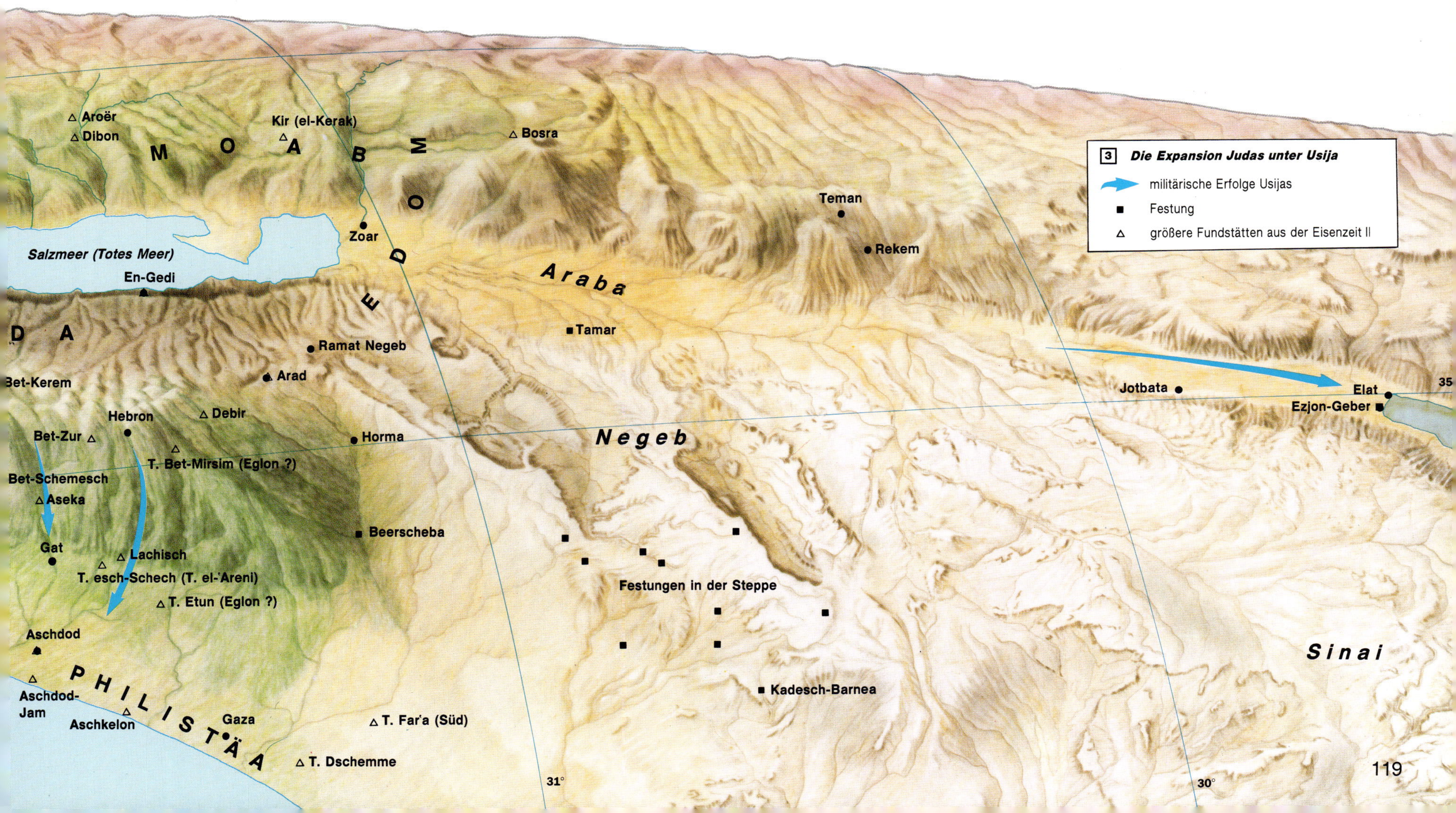

DIE ZEIT DER BEIDEN REICHE

Städtebau und Rangordnung der Städte

Da zahlreiche eisenzeitliche Orte in Israel archäologisch erforscht sind (s. S. 118f Karte 3) und zudem oft große Flächen freigelegt wurden, gibt es zuverlässige Daten zum Städtebau. Einen einheitlichen Typ der israelitischen Stadt gibt es nicht; vielmehr ist das Bild einer Stadt von ihrer Bedeutung für die zentrale Verwaltung bestimmt. In der Gesamtanlage, der Befestigung, dem Straßennetz, Gebäudeformen, Baumaterial und der Fläche, die für öffentliche Gebäude wie Paläste und Vorratshäuser zur Verfügung steht, spiegeln sich Rang und Funktionen einer Stadt.

Nach ihrem Rang, den sie in der Reichsverwaltung hatten, können wir bei den altisraelitischen Städten vier Typen unterscheiden:

Residenz- und Hauptstädte

Die beiden am besten bekannten Beispiele dieses Stadttyps sind Samaria, die im 9. Jh. v. Chr. gegründete Hauptstadt Israels, und das Jerusalem des 10. Jhs., soweit es rekonstruiert werden kann (S. 86 Abb. 3). Samaria besaß eine Akropolis von beträchtlicher Größe, deren Bauten, errichtet aus erstklassigen Quadern, planvoll angeordnet waren (S. 98 Abb. 5). Durch Abtragungen und Auffüllungen war auf dem Hügel ein ummauerter rechteckiger Platz geschaffen worden, der Platz für Vorratshaus, Palast und Verwaltungsgebäude bot. Die Palasträume umgaben einen Hof für feierliche Empfänge; auch Wohnungen hoher Beamter lagen auf der Akropolis. Die einfachen Bürger Samarias lebten in der „Unterstadt".

Größere Verwaltungszentren

In den Städten dieses Typs müssen öffentliche Gebäude sich zwar in eine runde Stadtanlage einfügen, behalten aber eine rechtwinklige Anlage bei. Ein Beispiel ist Megiddo.

Die zunehmende Bedeutung der Verwaltung wird hier sichtbar, wenn man die offene Stadt des frühen 10. Jhs. mit der stark befestigten Stadt des späten 10. Jhs. vergleicht. In der letzteren beanspruchen öffentliche Bauten (z. B. der Palast Nr. 338), die große Schachtanlage der Wasserversorgung und die königlichen Vorratshäuser („Salomos Pferdeställe") mehr als 82% der ummauerten Fläche.

In Lachisch nahmen im 8. Jh. öffentliche Gebäude sogar 84% der verfügbaren Fläche ein. Großen Raum beanspruchte ein riesiger, rechtwinkliger Komplex, zu dem Palast, Vorratshaus sowie ein weiter, freier Hof gehörten. Im Gegensatz dazu drängten sich kleine, unregelmäßige private Wohnhäuser in einem schmalen Streifen zwischen öffentlichen Gebäuden und Stadtmauern.

Die großen offenen Höfe, die zu den Residenzen der Gouverneure in solchen zentralen Städten gehörten, dienten der Unterbringung der in der Stadt stationierten Militäreinheiten. Da für die Zivilbevölkerung nur sehr begrenzter Raum zur Verfügung stand, wird man ihre Zahl viel geringer, als gewöhnlich angenommen, einschätzen müssen: Megiddo mag im 10. Jh. 500, Lachisch im 8. Jh. 750 Einwohner gehabt haben.

Kleinere Verwaltungszentren

In wirtschaftlich weniger bedeutenden Bezirken gab es einen anderen Typ der Verwaltungsstadt. Das beste Beispiel ist Beerscheba. Die öffentlichen Bauten, wie Vorratshäuser, Bauten zur Wasserversorgung, Residenz des Gouverneurs, bildeten hier keinen eigenen Stadtbezirk, sondern waren in die Stadtanlage einbezogen. Anders als etwa in Lachisch waren die Privatwohnungen säuberlich an Straßen aufgereiht, die die ganze Stadt in klaren Linien durchzogen.

Der durchdachte Plan der Stadt, der auch die öffentli-

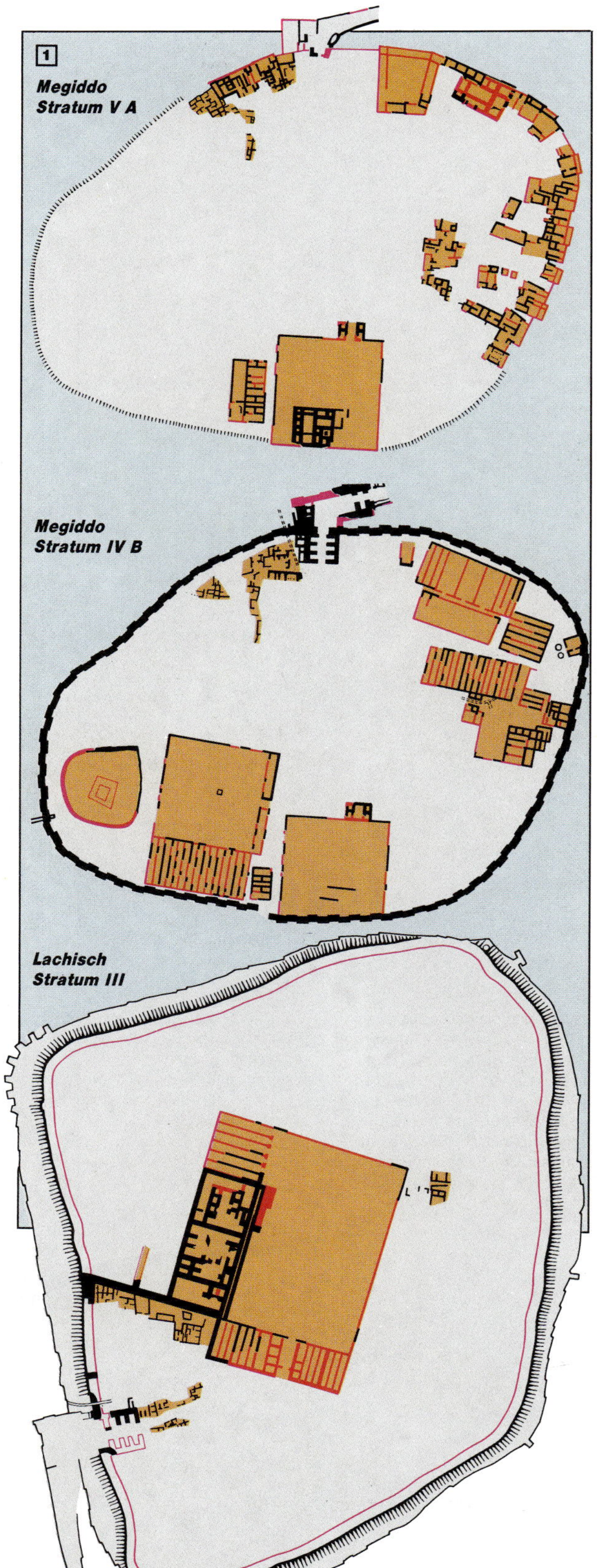

1 Oben links
An den drei Plänen ausgegrabener Städte ist abzulesen, wieviel Raum öffentliche Gebäude einnahmen. Es handelt sich um Megiddo Stratum V A, einen nicht ummauerten Ort des frühen 10. Jhs., das befestigte Megiddo Stratum IV B vom Ende des 10. Jhs. und Lachisch Stratum III aus dem 8. Jh. In Megiddo IV B nehmen öffentliche Gebäude 82 %, in Lachisch III 84 % der verfügbaren Fläche ein.

2 Oben
Das eisenzeitliche Beerscheba, Rekonstruktionszeichnung nach dem Befund in Stratum II der Ausgrabung.

3 Rechts
Plan der Stadt Beerscheba, Stratum II; die schwarzen Linien bezeichnen den Ausgrabungsbefund, auf den sich die Rekonstruktion stützt.

Anmerkung:
In allen Grundrissen geben schwarze Linien tatsächlich ausgegrabene Überreste wieder, rote dagegen hypothetische Rekonstruktionen der Archäologen.

chen Gebäude einbezieht, dürfte sich von daher erklären, daß Beerscheba nur Verwaltungszentrum und Wohnort von Beamten war. Die kompakte und geordnete Bebauung mag, obwohl Beerscheba nur 1,2 ha umfaßte (Megiddo oder Lachisch dagegen 6 ha), etwa 400 Einwohnern Platz geboten haben.

Befestigte Provinzstädte

In Städten dieses Typs fehlen, abgesehen von der Befestigung, öffentliche Bauten. Nur die Stadtmauer unterscheidet sie von Dörfern; planlos drängen sich die Häuser innerhalb der Mauern zusammen. Daß kein Stadtplan besteht, zeigt am deutlichsten das Fehlen eines geordneten Straßennetzes. Ein Beispiel ist Tell Bet-Mirsim, wo die Straßenbreite von einem Wohnblock zum nächsten sich beträchtlich ändern kann. Oft ist fast 40 % eines solchen Stadtgebietes unbebaut.

Seinen Lebensunterhalt erwarb man in diesen Provinzstädten in der Land- und Weidewirtschaft (vielleicht dienten die freien Flächen innerhalb der Mauern auch als Viehpferche) sowie im Gewerbe; Olivenpressen, Brennöfen u.ä. weisen darauf hin. Die Stadtmauern dienten nicht zuerst dem Schutz der Stadtbevölkerung; in erster Linie bildeten sie einen Teil der Festungen, die das Land schützen sollten.

Welchen Einfluß auf die Anlage einer Stadt deren Stellung innerhalb der Reichsverwaltung hatte, zeigt sich an den beiden eisenzeitlichen Schichten von Tell en-Nazbe (Mizpa). Im 11. und 10. Jh. war Mizpa eine kleine Provinzstadt; nach der Reichsteilung wurde es zur Grenzstadt und bekam damit größere militärische und administrative Bedeutung. In dieser gegen den Bruderstaat Israel gerichteten Festung entstanden die – soweit man bisher weiß – mächtigsten Befestigungsanlagen des Staates Juda. Ursprünglich war die Mauer 6 m dick, später wurde sie teilweise auf 7,80 m verstärkt. Heute ist sie streckenweise immer noch 7,50 m hoch. Unten ging die Mauer in ein *Glacis* über, eine dicke gestampfte Wallanschüttung, die glatt gepflastert war, um das Ersteigen zu erschweren. Stark befestigt war vor allem das Tor im Nordosten der Stadt; der Zugang zur Stadt war hier nur indirekt, nach Durchschreiten eines an der Mauer entlanggeführten Torweges möglich.

Die neue Mauer wurde in einigem Abstand um den alten Stadtkern herumgeführt und der neugewonnene Zwischenraum für öffentliche Zwecke genutzt: für die Vorratshaltung in zahlreichen Silos, für die Wasserversorgung durch Zisternen, die zum Teil bis unter die Stadtmauer in den Felsen gehauen wurden, und für Unterkünfte der höheren Militärs in Vierraum-Häusern.

Fremder Einfluß auf die Stadtplanung zeigt sich deutlich in der Anlage Megiddos im 8. und 7. Jh. v. Chr., die sich von allem, was man vorher hier kannte, unterscheidet. Wahrscheinlich wurde das assyrische System der Stadtanlage auf eine westliche Provinzhauptstadt angewandt. Am meisten fällt das regelmäßige Gittermuster der Straßen auf. Jeder Häuserblock war 20–23 m, die Straßen waren 2,5 m bis 3 m breit. Ein Drittel der Stadt, im Norden beim Tor gelegen, war mit Palästen bebaut. Eine klare Trennung zwischen Verwaltungs- und privaten Gebäuden gibt es nicht; vielleicht diente die ganze Stadt der assyrischen Verwaltung.

Die Mehrzahl der Bevölkerung des eisenzeitlichen Israel lebte nicht in Städten, sondern in Dörfern und Gehöften nah bei den Feldern und Weiden. Die Könige engagierten sich im Städtebau nur, insofern es für die Verwaltung und Verteidigung des Landes nötig war. Bewohnt waren die Städte vornehmlich von der politischen, militärischen und religiösen Führungsschicht sowie von deren Dienern und Untergebenen.

REHABEAM BAUTE STÄDTE IN JUDA ZU FESTUNGEN AUS. ER BAUTE AUS: BETLEHEM, ETAM, TEKOA, BET-ZUR, SOCHO, ADULLAM, GAT, MARESCHA, SIF, ADORAJIM, LACHISCH, ASEKA, ZORA, AJALON UND HEBRON, DIE ALLE IN JUDA UND BENJAMIN LAGEN, LAUTER FESTUNGEN. ER MACHTE DIE FESTUNGEN STARK, SETZTE BEFEHLSHABER ÜBER SIE EIN UND LEGTE VORRÄTE AN NAHRUNGSMITTELN, ÖL UND WEIN IN IHNEN AN. IN JEDE EINZELNE STADT BRACHTE ER SCHILDE UND LANZEN. SO MACHTE ER SIE SEHR STARK. 2 CHR 11,5–12

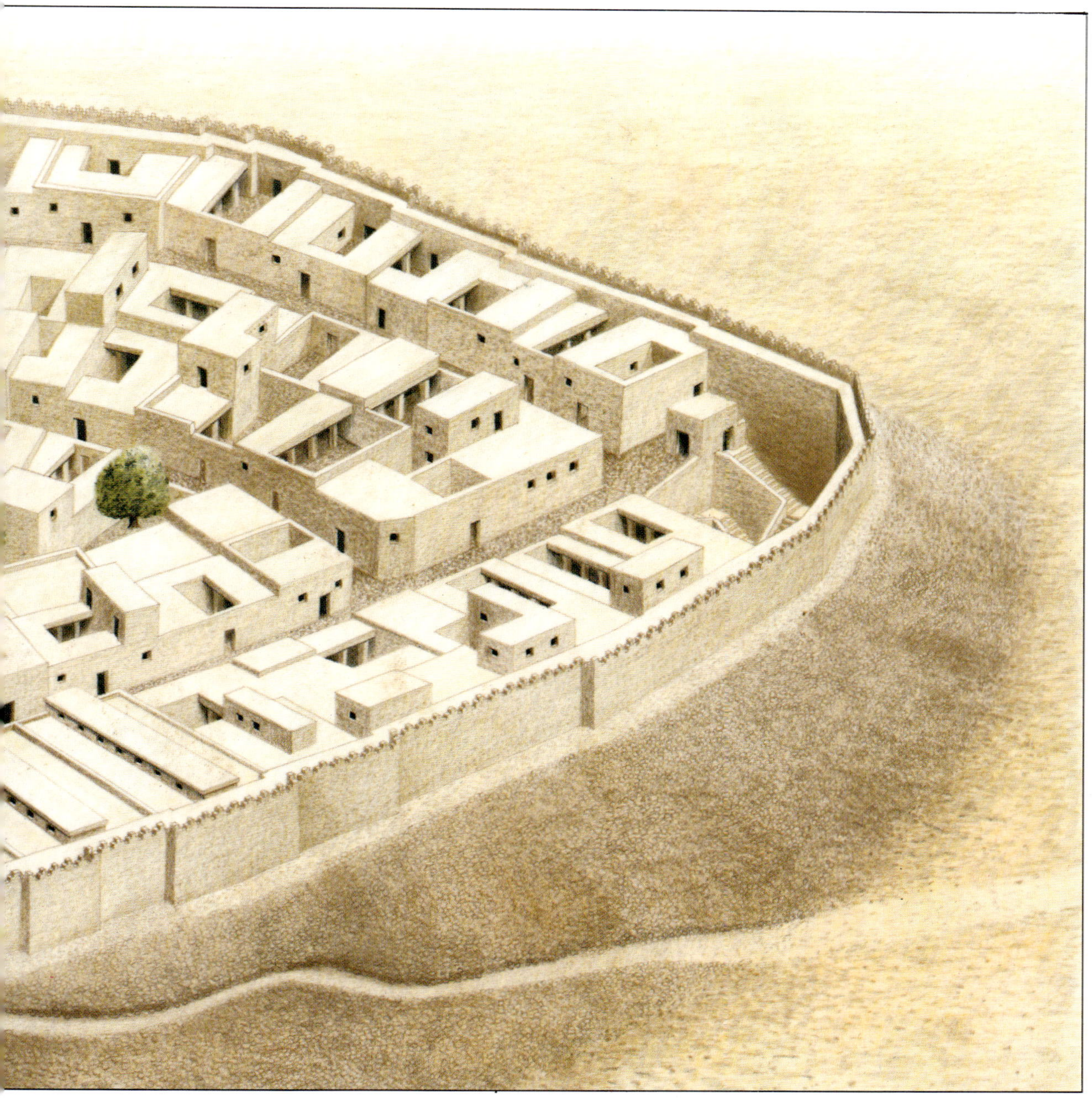

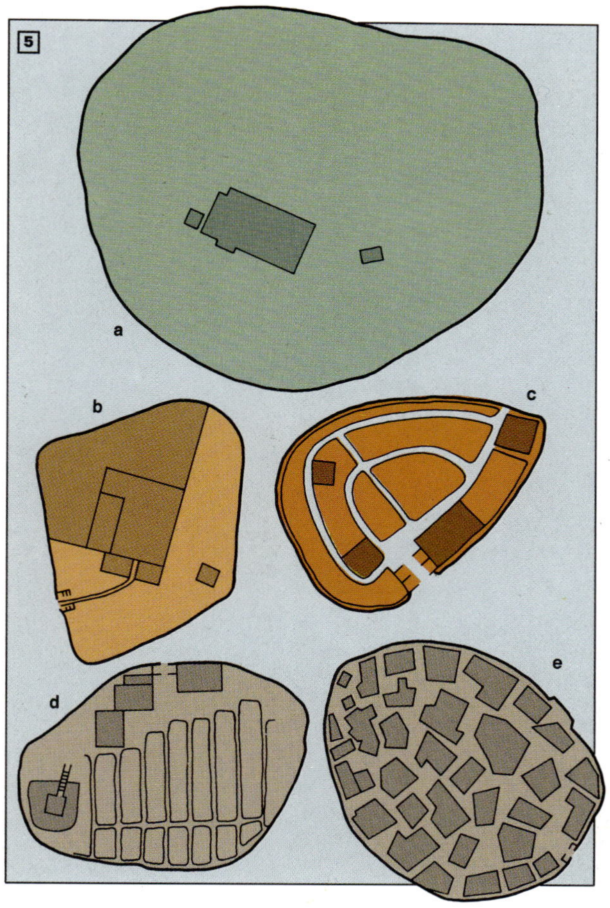

4 ***Unten***
Tell Bet-Mirsim: eine befestigte Provinzstadt aus der Königszeit Judas, bewohnt von Landwirten und Gewerbetreibenden. Innerhalb der Mauern sind die Häuser planlos gestreut; die Straßenbreite verändert sich oft von einem Haus zum nächsten beträchtlich. *Tell en-Nazbe (Mizpa):* eine ältere Provinzstadt, wurde nachträglich mit einem Ring größerer öffentlicher Bauten und einer starken Mauer umgeben. *Megiddo, Stratum III:* eine assyrische Verwaltungsstadt mit einem regelmäßigen Straßenmuster.

5 ***Oben***
Stadttypen nach ihrem Rang in der Reichsverwaltung:
a Samaria: Haupt- und Residenzstadt; **b** Lachisch: größeres Verwaltungszentrum; **c** Beerscheba: kleineres Verwaltungszentrum; **d** Megiddo: assyrische Provinzhauptstadt; **e** Tell Bet-Mirsim: befestigte Provinzstadt.

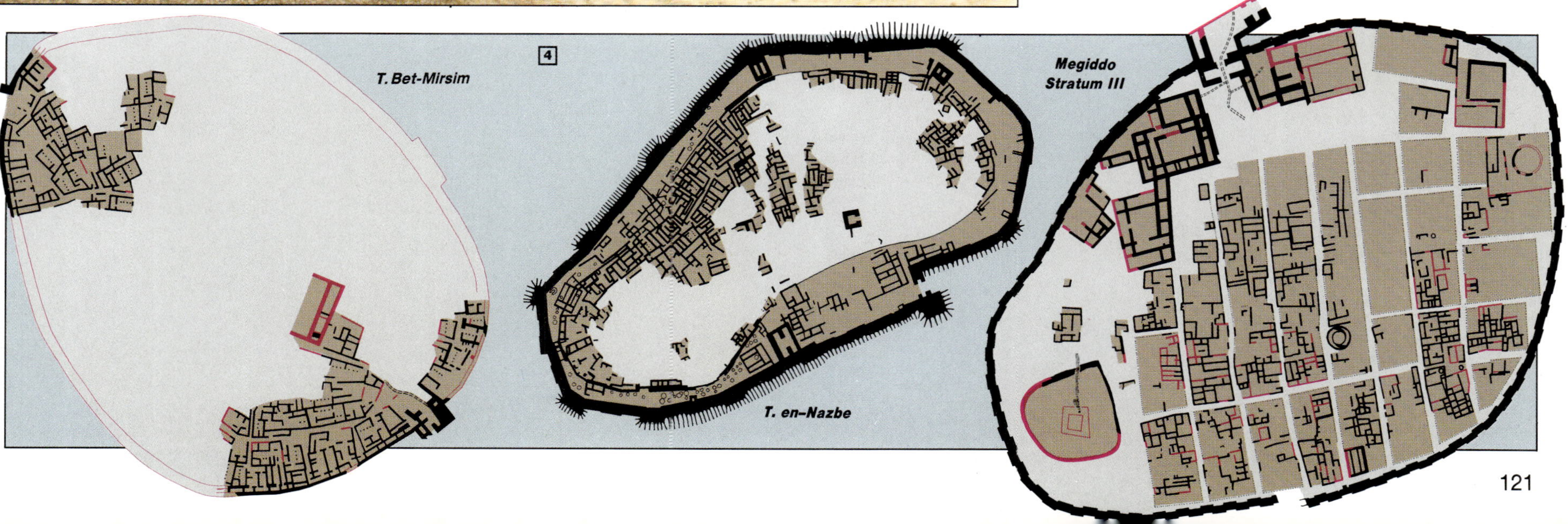

DAS ÜBERLEBENDE REICH – JUDA

Assyrische Angriffe auf Juda und die Philister

Die Nachfolger Tiglat–Pilesers hielten Palästina immer fester im Griff. Sargon unterwarf die Philister, und Sanherib fiel in Juda ein, als Hiskija sich der Herrschaft Assurs entziehen wollte, die sein Vater Ahas akzeptiert hatte. Sanheribs Inschriften und die Bibel beleuchten diese Ereignisse von zwei Seiten und stimmen weithin überein.

An dem antiassyrischen Aufstand des Jahres 721 v. Chr. (s. S. 115) nahmen auch Philisterstädte teil, unterstützt von Ägypten. 720 eroberte Sargon Gaza zurück und schlug eine ägyptische Armee, die der Stadt zu Hilfe kam. 716 gründete er am *Bach Ägyptens* (Wadi el–Arisch) als der Grenze des assyrischen Imperiums eine Militärkolonie. Handel mit Ägypten förderte er aber.

Im Jahre 712 v. Chr. mußte er wieder eine Philisterstadt in das assyrische Joch zurückzwingen: Aschdod (vgl. Jes 20,1) hatte versucht, andere Philisterstädte sowie Juda, Edom, Moab zu einer antiassyrischen Koalition zu vereinen. Sargon wandelte Aschdod in eine assyrische Provinz um, allerdings blieb, anders als sonst, ein Vasallenkönig neben dem assyrischen Statthalter an der Macht.

Im Jahre 705 v. Chr. starb Sargon (vgl. Jes 14,15); wahrscheinlich fiel er bei einer Schlacht in Tabal (dem biblischen Tubal) in Kleinasien. Vielerorts im assyrischen Imperium brachen Aufstände aus; Hiskija von Juda und sein Verbündeter Merodach–Baladan von Babel nahmen daran teil. Sargons Nachfolger Sanherib (704–681) griff zuerst in Babel ein. Er besiegte die chaldäischen und aramäischen Verbündeten Merodach–Baladans, verwüstete deren Stammesgebiete und setzte einen babylonischen Adeligen als König ein. Nach einem siegreichen Feldzug gegen Elam, einem weiteren Verbündeten Merodach–Baladans, wandte er sich im Jahre 701 nach Westen.

Die Hauptrolle beim Aufstand gegen Assur spielte hier, zusammen mit einigen Philisterstädten, Hiskija von Juda, der bereits für den Fall der Belagerung die Wasserversorgung Jerusalems verbessert hatte (2 Kön 20,20). Ägypten, unter einer neuen Dynastie, schürte den Aufstand.

Sanherib führte sein Heer an der phönizischen Küste entlang, um feindlichen Städten, vor allem Sidon, seine Macht zu demonstrieren. Zum Zeichen der Treue brachten alle Küstenstädte von Byblos bis Aschdod Tribut, ebenso die Nachbarn Judas, Ammon, Moab, Edom, denen es gelegen kam, wenn Judas Ausdehnungsdrang gezügelt wurde. Zwei Philisterstädte schlossen sich jedoch aus: Ekron, dessen proassyrischen König Aufständische nach Jerusalem brachten, wo Hiskija ihn gefangenhielt, und Aschkelon, das unter einem neuen Herrscher Jafo und andere nördliche Städte eingenommen hatte. Sanherib belagerte und eroberte diese Städte. Aschkelon ergab sich, und Sanherib setzte einen Nachkommen der alten proassyrischen Dynastie als König ein. Als er gegen Ekron marschierte, zog eine ägyptische Armee heran. Bei Elteke entschied Sanherib eine Schlacht gegen die Ägypter zu seinen Gunsten. Daraufhin unterwarfen sich die Rebellen in Ekron. Sanherib konnte bald darauf den gefangenen König von Ekron aus Jerusalem befreien und wieder einsetzen.

Juda war allein übrig. Sanherib überzog das Land mit seinen Truppen und verwüstete die befestigten Städte (vgl. 2 Kön 18,13). Er selbst spricht von der Einnahme von 46 ummauerten Städten. In Mi 1,10–15 verkündet der Prophet seine Botschaft vom Werk Gottes an Juda unter dem unmittelbaren Eindruck dieser Invasion. Archäologen bezeugen, daß viele Orte Judas gewaltsam zerstört wurden.

Von Lachisch aus wurde ein Heeresteil nach Jerusalem ausgesandt. (Für die Annahme, daß Jes 10,28–32 den Vorstoß einer zweiten Armee von Norden her auf Jerusalem zu schildert, kann man sich weder auf die biblischen Berichte in 2 Kön 18 und 19 noch auf assyrische Annalen oder auf die übliche assyrische Strategie berufen.) Aus unklaren Gründen ließ Sanherib jedoch von der Belagerung Jerusalems ab; die Stadt blieb heil, der Staat Juda bestehen. Doch Hiskija mußte sich unterwerfen, schweren Tribut zahlen, den König von Ekron freilassen und Gebiete im

3 ***Seite 122 links*** Bogenschützen auf der Vogeljagd im Wald. Jagdszenen sollten ebenso wie Kriegsbilder den Sieg über feindliche Mächte darstellen. Relief aus dem Palast in Dur Scharrukin

3

4

5

Westen Judas an die proassyrischen Fürsten von Aschdod, Ekron und Gaza abtreten.

In den nächsten zwölf Jahren mußte Sanherib vor allem in Babel und Elam immer härter durchgreifen, bis er schließlich 689 v. Chr. Babel plündern und verwüsten ließ. 681 wurde er von zweien seiner Söhne ermordet (2 Kön 19,37).

Sanherib rühmt sich der Belagerung Jerusalems:
„Und Hiskija, vom Lande Juda, der sich meinem Joch nicht gebeugt hatte, 46 seiner befestigten Städte, mit Mauern versehene, und die kleinen Städte in ihrer Umgebung, ohne Zahl, durch festgestampfte Rampen und den Ansturm mit Belagerungsmaschinen, durch den Kampf der Fußtruppen, durch Einbruchstellen, Breschen und Mauerbrecher belagerte und eroberte ich. Ich trieb 200 150 Menschen fort, Junge und Alte, Männer und Frauen, sowie Pferde, Maulesel, Esel, Kamele, Groß- und Kleinvieh ohne Zahl und sah darin meine Beute.“ *Auszug aus dem Prisma des Sanherib*

SPANNT PFERDE VOR DIE WAGEN, / IHR EINWOHNER VON LACHISCH! / ... DU MUSST DICH TRENNEN VON MORESCHET-GAT. / DIE HÄUSER VON ACHSIB WERDEN ... EINE GROSSE ENTTÄUSCHUNG ... / DER EROBERER FÄLLT ÜBER EUCH HER, / IHR EINWOHNER VON MARESCHA ...
SCHER DICH KAHL, TOCHTER ZION, / TRAUERE ÜBER DEINE GELIEBTEN KINDER! MI 1,13–16

(Chorsabad), den Sargon II. am Höhepunkt und als Darstellung seiner Macht errichten ließ.

4 *Seite 122 Mitte*
Auch Sanherib ließ in einem neuen Palast, in Ninive, in kunstvollen Reliefs seine Macht und seine Taten, u. a. den Feldzug nach Juda, rühmen. Der Ausschnitt zeigt den König selbst an einem Flußufer (s. am oberen Rand der Abb.), im Wagen stehend, begleitet von einem Wagenlenker, der das prächtig geschmückte Pferd am Zügel hält, und einem zweiten Diener, gefolgt von einem Fußsoldaten.

5 *Seite 122 links*
Kriegsgefangene werden nackt auf Pfähle gespießt. Assyrische Könige „schmückten“ ihre Paläste mit Darstellungen ihrer grausamen Kriegsführung, die den Besuchern ihre Macht demonstrieren und Diplomaten fremder Länder beeindrucken sollten (aus dem Südwestpalast in Ninive, errichtet von Assurbanipal, 668–626 v. Chr.).

6 *Oben*
Frauen auf einem Ochsenkarren, von assyrischen Soldaten geführt. Ausschnitt aus einer Parade, bei der Soldaten Assurbanipal die Beute vorführen (aus dem Palast Assurbanipals in Ninive).

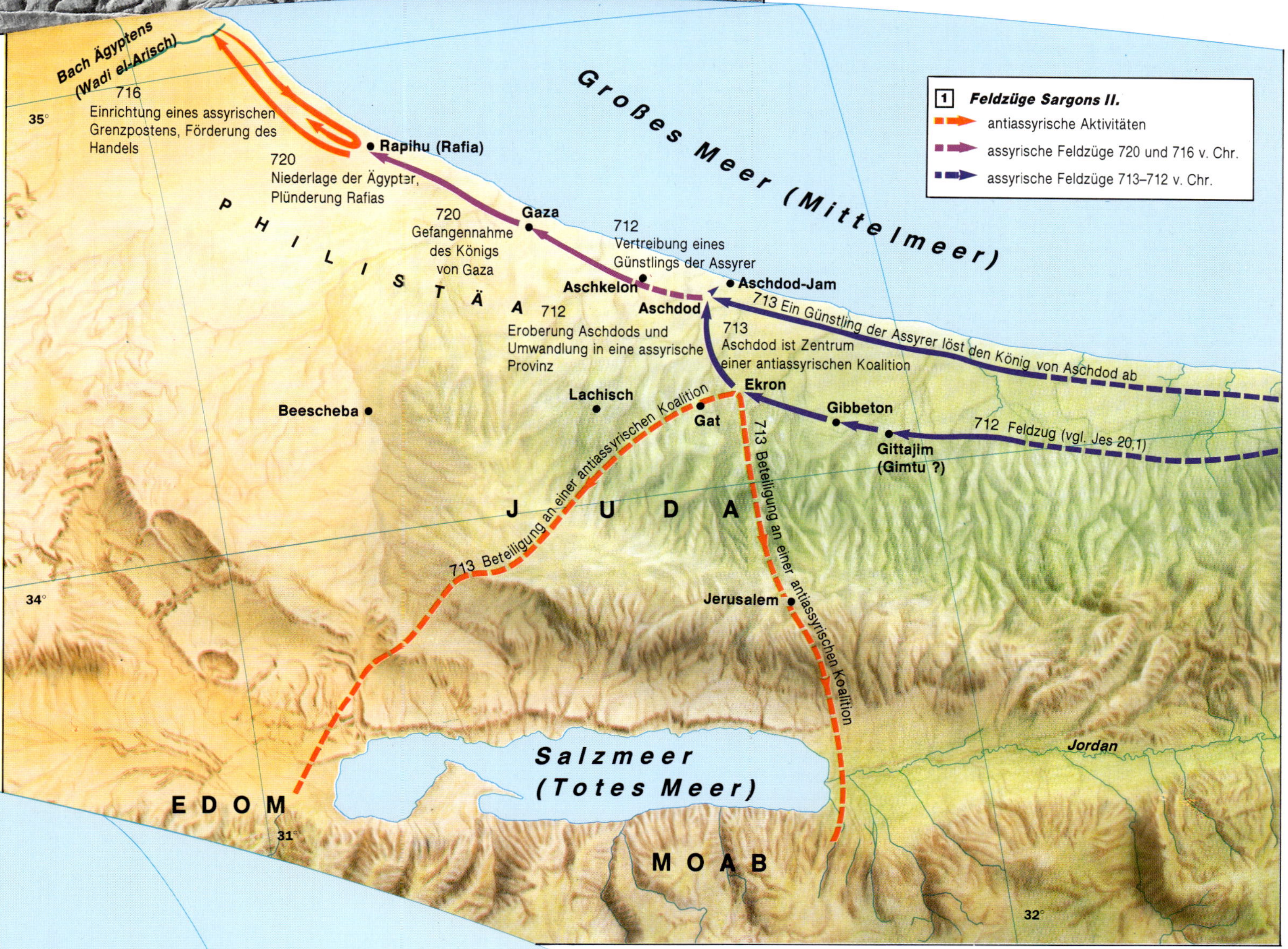

2 *Karte links*
Bei seinem Feldzug des Jahres 701 v. Chr. nahm Sanherib die Unterwerfung der Küstenstädte von Byblos bis Gaza entgegen und zwang auch Hiskija von Juda, sich ihm zu unterwerfen.

1 *Karte oben*
Sargon II. beantwortete den Aufstand des Jahres 721 mit der Eroberung von Gaza (720). Vier Jahre später schob er die Grenze des Imperiums bis zum *Bach Ägyptens* vor. 712 mußte er noch einmal gegen eine Philisterstadt vorgehen: Aschdod hatte in einer antiassyrischen Koalition Philisterstädte mit Juda, Moab und Edom zusammengebracht.

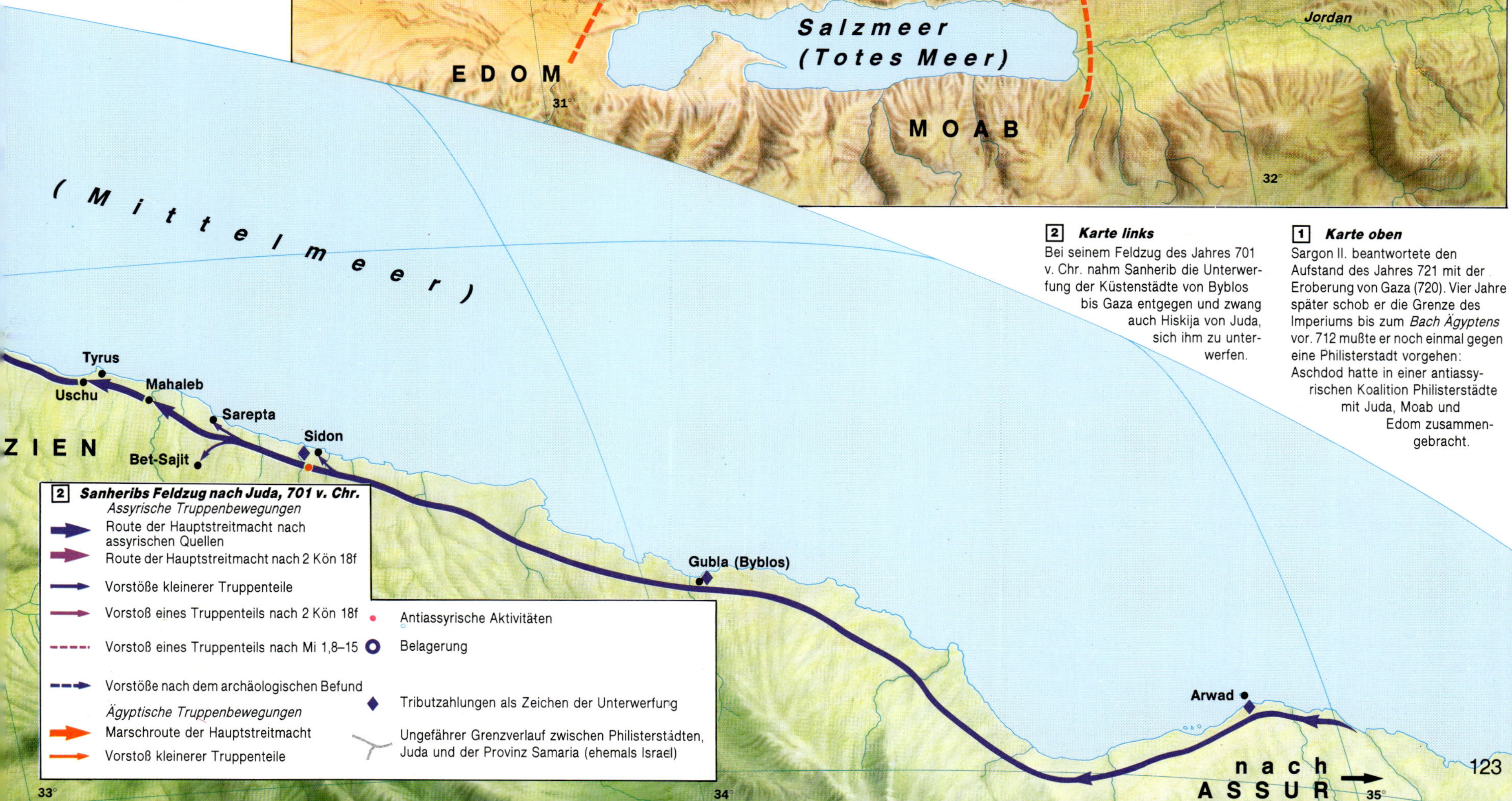

DAS ÜBERLEBENDE REICH – JUDA

Juda unter Hiskija und Manasse

Auf Hiskija und Manasse (der mit 12 Jahren König wurde und 55 Jahre regierte) lastete schwer der Druck Assurs in politischer, aber auch religiöser Hinsicht. Vielen Menschen in Juda erschien es vorteilhaft, sich assyrischen Kulten anzuschließen. Anders als sein Vater Hiskija gab Manasse diesem Trend nach, indem er in den Vorhöfen des Tempels Altäre zu Ehren fremder Götter errichten ließ.

Assurs Sieg über Hiskija

Am Ende des 8. Jhs. geriet das Königtum Judas in eine schwere Krise. Hiskija, der kurz nach dem Untergang des Nordreiches den Thron bestiegen hatte, hatte noch versucht, „ganz Israel und Juda", d. h. auch die Restbevölkerung Israels in den neuen assyrischen Provinzen Samaria, Megiddo und Gilead, an den Tempel in Jerusalem zu binden (vgl. 2 Chr 30,1–5). Ferner hatte er sich, solange Sargon II. regierte, möglichst neutral verhalten, z. B. als Aschdod gegen Sargon rebellierte (vgl. Jes 20). Doch beim Tode Sargons ließ er sich wie viele andere Herrscher unterdrückter Völker von der Hoffnung auf Befreiung vom assyrischen Joch anstecken. Er führte eine Aufstandsbewegung an, zu der Phönizier, Moabiter, Ammoniter, Edomiter und einige philistäische Stadtstaaten gehörten. Rebellen aus Ekron lieferten ihren assurfreundlichen Herrscher an Hiskija aus. Gaza dagegen blieb Assur treu, und Hiskija besetzte einen Teil seines Landes (2 Kön 18,8).

In Zusammenhang mit dem Versuch, sich aus dem Status eines assyrischen Vasallen zu lösen, ist auch die in 2 Kön 18,4 erwähnte Kultreform Hiskijas zu sehen, derentwegen er zu den wenigen Königen gehört, die die Autoren der biblischen Königsbücher uneingeschränkt loben. Der assyrische Oberherr verlangte, daß seine Vasallen in ihrem Staatsheiligtum neben dem eigenen auch dem assyrischen Kult einen Platz einräumten. Als Ahas, der Vorgänger Hiskijas, sich Assur unterwarf, hatte er entsprechende Änderungen im Jerusalemer Tempel vornehmen müssen (vgl. 2 Kön 16,10–18). Als sich nun Hiskija aus dem Vasallenverhältnis löste, verweigerte er nicht nur Tributzahlungen und griff assurfreundliche Nachbarstaaten an, sondern reformierte auch den Jerusalemer Kult.

Als das assyrische Heer unter Sanherib in Phönizien erschien, beeilten sich die Verbündeten, sich zu unterwerfen und Tribut zu zahlen. Ekron und Juda blieben allein übrig und mußten die ganze Wucht des assyrischen Angriffs tragen (vgl. S. 122). Zwar nahm Sanherib Jerusalem nicht ein, aber er verwüstete das Reich Juda und unterstellte judäische Bezirke in der Schefela und im Negeb treugebliebenen Philisterstädten. So verlor Hiskija den Zugang zu den Handelsstraßen, vor allem zu der von Elat nach Gaza. Während der folgenden Jahrzehnte blieben die Wege durch den Negeb und der Karawanenhandel in der Hand nordarabischer Stämme, die als Gegenleistung dafür den Assyrern beistanden, als diese (671 v. Chr.) in Ägypten einfielen.

Königssiegel aus der Zeit Hiskijas und Manasses

An vielen Orten Judas fand man in Ausgrabungsschichten aus der Zeit Hiskijas und Manasses Weinkrüge oder vielmehr Krughenkel, die durch Stempelabdrücke als *lmlk*, d. h. „dem König (gehörend)", gekennzeichnet sind. Jeder Stempel enthält zudem einen der folgenden vier Ortsnamen: Sif, Socho, Hebron oder den nicht identifizierten Namen *mmšt*, ferner ein Bildsymbol, entweder einen vierflügeligen Skarabäus oder eine zweiflügelige Sonne. Auf Krughenkeln von der gleichen Art stehen zuweilen auch private Stempel. Bei Ausgrabungen in Ramat–Rachel und Lachisch stellte sich heraus, daß sie zu doppelhenkligen Weinkrügen gehörten, die auf dem einen Henkel einen privaten, auf dem anderen einen Königsstempel trugen. Die Privatsiegel stammen vielleicht von Beamten, die damit bestätigten, daß die Krüge die vorgeschriebene Größe besaßen. Die Ortsnamen in den Königsstempeln nennen wohl einfach königliche Weinkeller. Das würde der aus der Ägäis bekannten Praxis entsprechen, Weine durch Siegel auf den Krughenkeln nach ihrer Herkunft zu bezeichnen.

Aus 2 Chr 26,10 läßt sich eine Stütze für diese Deutung gewinnen. Dort heißt es, die Weingärten Usijas hätten sich „in den Bergen und im Fruchtland" befunden. *Fruchtland* (hebräisch: *Karmel*) meint natürlich nicht das Karmelgebirge am Mittelmeer, sondern den judäischen Ort Karmel (Jos 15,55; 1 Sam 15,12 u. a.) südöstlich von Hebron; „die Berge" sind das Bergland Judas zwischen Hebron und Betlehem. Es gibt keinen Grund anzunehmen, daß die königlichen Weingärten am Ende des 8. Jhs. anderswo gelegen haben sollten als zur Zeit Usijas. Sucht man nun die drei identifizierbaren Ortsnamen der Königssiegel auf einer Karte der in Jos 15 genannten Bezirke Judas (vgl. S. 118 Karte 2), so zeigt sich, daß wohl zu jedem der drei Südbezirke ein Weinkeller gehörte: Socho liegt im südlichen, Sif im südöstlichen, Hebron im mittleren Bezirk. Für den unentschlüsselten Namen *mmšt* (der auf Krughenkeln aus dem Norden Judas am häufigsten auftaucht) bliebe der Bezirk um Betlehem übrig. Vielleicht ist *mmšt* auch kein Ortsname, sondern eine phonetische Schreibweise des hebräischen Wortes *ᵓmemša(l)t*, „Herrschaft", das in 2 Kön 20,13; Jes 39,2 begegnet, in Texten, die Überlieferungen aus der Zeit Hiskijas festhalten. *mmšt* meint dann einen königlichen Weinkeller in der Hauptstadt Jerusalem.

Manasse, Vasall Assurs

Manasse (693–639) folgte als Zwölfjähriger seinem Vater Hiskija nach. Hiskija hatte in seiner Anfangszeit noch versuchen können, Jerusalem als Zentrum des Glaubens Israels zu reorganisieren. Manasse hatte wenig Chancen, so eigenständig zu regieren. Assur erlebte unter Asarhaddon den Höhepunkt seiner Macht, und Manasse war völlig abhängig vom assyrischen Oberherrn. Statt die von Hiskija begonnenen Reformen zu fördern, duldete er nicht nur, daß synkretistische Elemente den Glauben Israels überfremdeten, sondern wirkte eifrig daran mit.

Dabei ging es Manasse zunächst darum, daß Juda, das auf sein Bergland und die Wüstenbezirke reduziert war und den Anschluß an den internationalen Handel verloren hatte, überleben konnte. Manasse beschloß, sich mit den Nachbarländern gut zu stellen, die vom Handel profitierten, der sich im Schutz des assyrischen Imperiums entfaltete. Wie ein Jahrhundert früher Ahab von Israel und noch früher Salomo wollte auch er gute Beziehungen zu Tyrus anknüpfen. Das bedeutete aber, daß tyrische Gesandtschaften in Jerusalem auch Heiligtümer für deren Gottheiten zur Verfügung stehen mußten (2 Kön 21,3; 23,13). So hoffte Manasse, aus der Isolierung herauszukommen, in die Juda durch den Sieg Sanheribs über Hiskija geraten war.

Ein halbes Jahrhundert lang blieb Juda in dieser untergeordneten Stellung eines kleinen assyrischen Vasallen. (Sie spiegelt sich vielleicht auch in den Bildern auf den oben erwähnten Stempelsiegeln: Das ägyptische Symbol des Skarabäus wird – wohl zur Zeit Manasses – durch das assyrische Symbol der Flügelsonne ersetzt.) Manasse mußte Asarhaddon (680–669 v. Chr.) Holz zum Palastbau liefern und Assurbanipal (668–626) für den Kampf gegen Ägypten Truppen stellen.

Eine Verbesserung für Juda ergab sich aus einem Bürgerkrieg in Assur, bei dem sich arabische Stämme, Tyrus und andere westliche Staaten hinter den Aufstand eines Bruders Assurbanipals stellten. Assurbanipal setzte sich durch und bestellte die Herrscher der Weststaaten zum Rapport nach Babel, auch Manasse (2 Chr 33,11–17). Manasse gab sogleich die Bündnisse mit den Nachbarstaaten auf (er brach mit deren Göttern) und wurde von Assur in seiner Herrschaft bestätigt. Wahrscheinlich wurden ihm sogar Handelsrechte der Nachbarstaaten übertragen, denn er durfte judäische Festungen wieder aufbauen. Die biblischen Autoren verurteilen Manasse, weil er heidnische Kulte förderte. Doch Manasse verschaffte dem schwer angeschlagenen Staat eine Überlebensfrist; so konnte Juda neu aufleben, als das assyrische Weltreich zusammenbrach und die kleineren Staaten wieder freier atmen konnten.

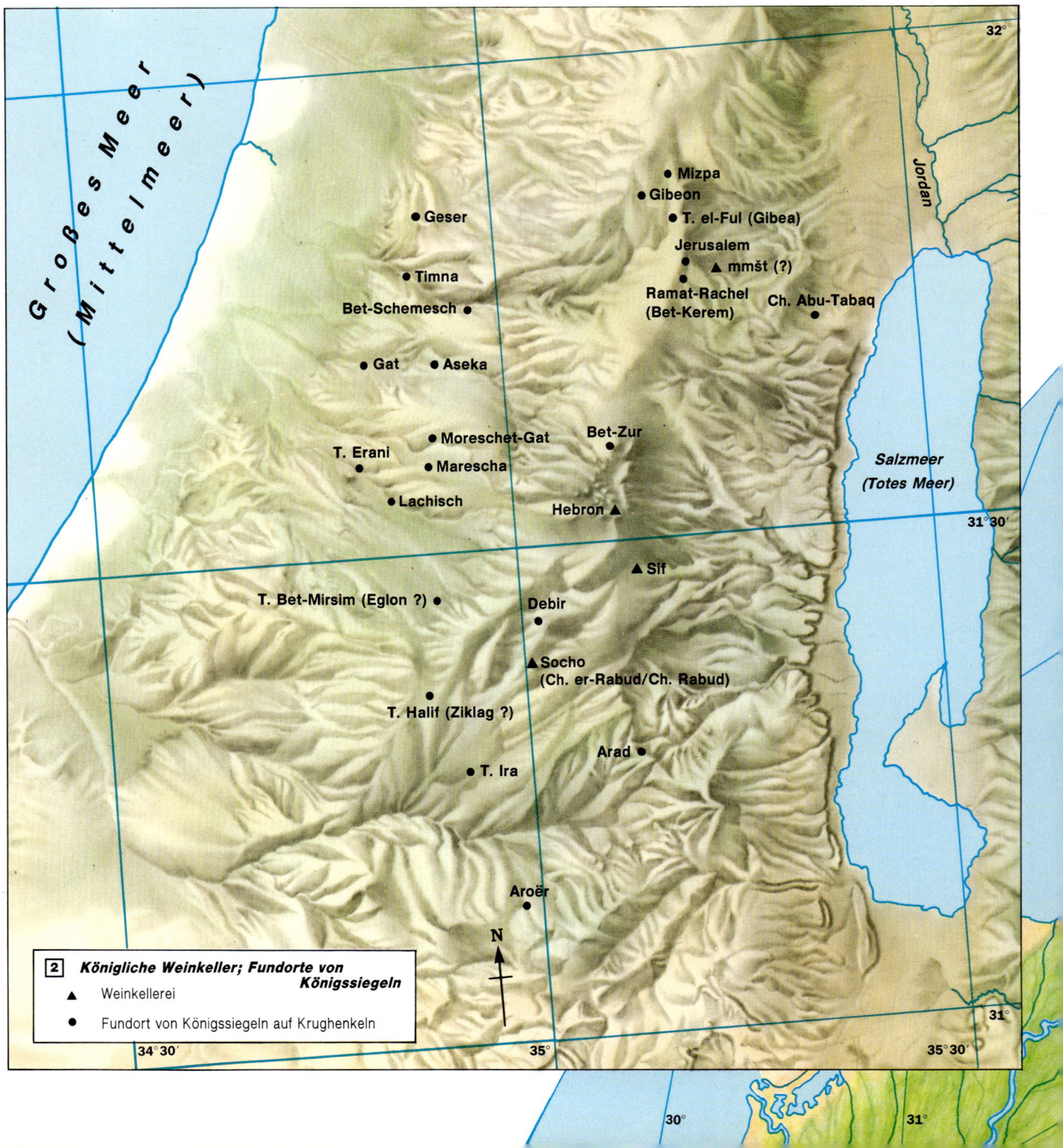

Hiskijas Bauten in Jerusalem

Um Jerusalem gegen die assyrische Belagerung zu sichern, baute Hiskija „einen Teich und die Wasserleitung und leitete das Wasser in die Stadt" (2 Kön 20,20). „Ihr habt im unteren Teich das Wasser gesammelt...; ihr habt die Häuser abgerissen und (mit den Steinen) die Mauer befestigt; ihr habt zwischen den Mauern ein Becken angelegt, um das Wasser des alten Teiches zu sammeln...", heißt es über diese Befestigungsmaßnahmen in Jes 22,9–11. Der Tunnel Hiskijas, der das Wasser der Gihonquelle in den innerhalb der Stadtmauern liegenden Schiloach–Teich leitet, existiert heute noch, ebenso die Inschrift, die vom Zusammentreffen der von beiden Seiten her vordringenden Tunnelbauer berichtet (vgl. S. 117).

Ferner verstärkte Hiskija die Stadtbefestigung. Nach 2 Chr 32,5 „besserte er die ganze Mauer aus, in der Risse entstanden waren, erhöhte die Türme, baute draußen die andere Mauer und befestigte den Millo in der Davidstadt". Die „andere Mauer draußen" ist wahrscheinlich eine neue Mauer um zwei Wohn– und Geschäftsviertel, um die auf dem Westhügel liegende Neustadt (hebräisch *mischneh;* vgl. 2 Kön 22,14; Zef 1,10) und das Talviertel (Zef 1,11; hebräisch *maktesch*) im Zentraltal. Eine Reihe von Häusern aus der *mischneh* wurden vor kurzem im jüdischen Viertel ausgegraben, ebenso Teile der Befestigungen und eines Turmes, der wohl zu einem Stadttor gehörte (wahrscheinlich zum Mitteltor, das Jer 39,3 nennt). Das 7 m lange Mauerstück ist über den Ruinen von Häusern errichtet, die ursprünglich außerhalb der Mauern lagen (vgl. Jes 22,9–11). Die erweiterte Stadt hatte zur Zeit Hiskijas schätzungsweise 20 000 Einwohner. Dieses plötzliche Bevölkerungswachstum ist wahrscheinlich auf den Zuzug von Flüchtlingen aus dem untergegangenen Nordreich zurückzuführen.

Im Norden Jerusalems gibt es einen großen unterirdischen Steinbruch, der seit dem 14. Jh. n. Chr. als *Höhle Hiskijas* bezeugt ist. Aus dieser Höhle mit einer Grundfläche von 213 m zu 105 m wurden rund 150 000 cbm Kalkstein ausgebrochen; Keramik, die man darin fand, läßt vermuten, daß sie im 8. Jh. v. Chr. als Steinbruch genutzt wurde.

MANASSE WAR ZWÖLF JAHRE ALT, ALS ER KÖNIG WURDE, UND REGIERTE FÜNFUNDFÜNFZIG JAHRE ... ER TAT, WAS DEM HERRN MISSFIEL ... ER BAUTE DIE KULTHÖHEN WIEDER AUF, DIE SEIN VATER HISKIJA ZERSTÖRT HATTE, ERRICHTETE ALTÄRE FÜR DEN BAAL, LIESS EINEN KULTPFAHL ANFERTIGEN, WIE ES SCHON AHAB, DER KÖNIG VON ISRAEL, GETAN HATTE, WARF SICH VOR DEM GANZEN HEER DES HIMMELS NIEDER UND DIENTE IHM. 2 KÖN 21,1–3

1 Karte unten
In der Zeit Hiskijas und Manasses war das Gebiet Judas empfindlich verkleinert, eingeschlossen von der assyrischen Provinz Samaria, von Philisterstaaten, denen Assur ehemals judäische Gebiete zugesprochen hatte, sowie von den ostjordanischen Königreichen Edom, Moab, Ammon.

3 Links
Abgebildet sind judäische Stempelsiegel aus dem 8. Jh. v. Chr., die man vielerorts in Juda fand, die meisten in Lachisch und Jerusalem. Die Stempel wurden dem nassen Ton von Krughenkeln vor dem Brennen aufgedrückt und tragen die Inschrift „dem König" sowie einen von vier möglichen Namen von Orten (mit königlichen Weinkellern) und entweder einen vierflügeligen Skarabäus (einen Käfer, ein ägyptisches Sonnensymbol) oder eine zweiflügelige Sonnenscheibe (ein assyrisches Symbol). Neben dem Stempel sind oft konzentrische Kreise eingeritzt, wahrscheinlich als Zeichen, daß der Inhalt des Kruges in gutem Zustand abgeliefert wurde.

2 Karte S. 124 links
Wo königliche Weinkeller lagen, weiß man von Stempeln auf den Henkeln von Weinkrügen: in Sif, Socho, Hebron und an dem nicht identifizierten Ort *mmšt,* mit dem vielleicht *"memša(l)t,* „Herrschaft", d. h. die Residenzstadt Jerusalem gemeint ist.

1 Das Reich Juda unter Hiskija und Manasse
Reichsgrenze

Assur am Höhepunkt seiner Macht

Asarhaddons (680–669 v. Chr.) Politik unterschied sich von der seines Vaters Sanherib. Die harte Linie Babel gegenüber gab er auf, baute die zerstörte Stadt wieder auf und zog dabei westliche Vasallenstaaten, auch Juda, zur Hilfe heran. Den Anspruch Babels auf Unabhängigkeit erkannte er nominell an, indem er je einen seiner Söhne Assurbanipal und Schamasch-schum-ukin als Erben über Assur bzw. Babel einsetzte. Mit den mächtigsten seiner Vasallen, den Medern und Tyrus, schloß er Sonderverträge, ebenso mit arabischen Wüstenvölkern und skythischen Stämmen im Norden seines Reiches; ein Skythenfürst festigte den Bund durch eine politische Heirat.

Radikal anders verhielt Asarhaddon sich auch Ägypten gegenüber. Seit Tiglat-Pileser III. war der *Bach Ägyptens* (Wadi el-Arisch) die Grenze des assyrischen Interessengebietes gewesen. Da Ägypten jedoch oft antiassyrische Bewegungen in Palästina und Phönizien unterstützt hatte, nützte Asarhaddon die guten Beziehungen zu den Arabern, um im Jahre 669 v. Chr. durch den Sinai in das Nildelta einzufallen und den dortigen einheimischen Königen assyrische Beamte zur Seite zu stellen.

Beim Tod Asarhaddons setzte Assurbanipal (668–626 v. Chr.) die Ägyptenpolitik seines Vaters fort. Im Jahre 667 unterdrückte er einen Aufstand, der den Pharao Tirhaka unterstützte, als dieser von Theben aus Memphis zurückerobern wollte. Mit dem Feldzug von 664 reagierte Assurbanipal auf einen Angriff Tanutamuns, des äthiopischen Nachfolgers Tirhakas, auf assyrische Garnisonen. Dieses Mal zog Assurbanipal bis nach Theben und übergab die Vorherrschaft dem ihm ergebenen Vasallenfürsten Necho I. aus der Dynastie von Saïs.

Seitdem Assur auch Ägypten kontrollierte, erschien die assyrische Vormacht im Westen unerschütterlich. Manasse von Juda sah keine Möglichkeit, als sich ihr zu beugen; biblische Autoren aber verurteilten diese Haltung als Abfall vom Gott Israels (2 Kön 21). Doch Assur war auf die Treue des ägyptischen Vasallen angewiesen. Als Psammetich, der Sohn und Nachfolger Nechos, die Unabhängigkeit Ägyptens erklärte (655), blieb Assur nichts übrig, als das anzuerkennen.

Im Norden brachte eine Entwicklung, die auf lange Sicht die Macht Assurs schwächen sollte, zeitweilig noch Vorteile für Assur mit sich: Kimmerische Stämme (vgl. Ez 38,6: „Gomer und all seine Truppen") bedrängten Tabal (biblisch: Tubal) und Lydien unter seinem König Gyges (vielleicht ist das der „Gog" von Ez 38,2) sowie das nördliche Zilizien (assyrisch: Chilakku) und Urartu; die angegriffenen Staaten begaben sich unter den Schutz Assurs.

Schwerer zu meistern waren andere Probleme. Unruhen in Elam griffen nach Babel über und erforderten seit 667 v. Chr. mehrere Eingriffe Assurbanipals, durch die er sich in Gegensatz zu seinem jüngeren Bruder Schamasch-schum-ukin brachte. Es kam zum Bürgerkrieg. Assurbanipal siegte, sein Bruder fiel. Assurbanipal verwüstete Elam und deportierte einen Teil der Bevölkerung nach Palästina (Esra 4,9–10). Weitere Straffeldzüge führten ihn im Jahre 644 in die Syrische Wüste, da Araber Schamasch-schum-ukin unterstützt und ostjordanische Vasallen Assurs angegriffen hatten. Auch in Phönizien kam es während der Auseinandersetzungen zwischen Assurbanipal

---

JUDA UNTER DER HERRSCHAFT BABELS

Der Untergang Assurs und der Aufstieg Babels

Assur verlor seine Macht erstaunlich rasch, in nur vierzig Jahren; doch sein Niedergang brachte nicht einen politischen, keinen kulturellen Umschwung. Andere Völker setzten die imperialen Bestrebungen Assurs fort, die Chaldäer von Babel aus, die Meder und die Perser. Babel, das den Westteil des assyrischen Reiches übernahm, war mit Assur kulturell eng verwandt.

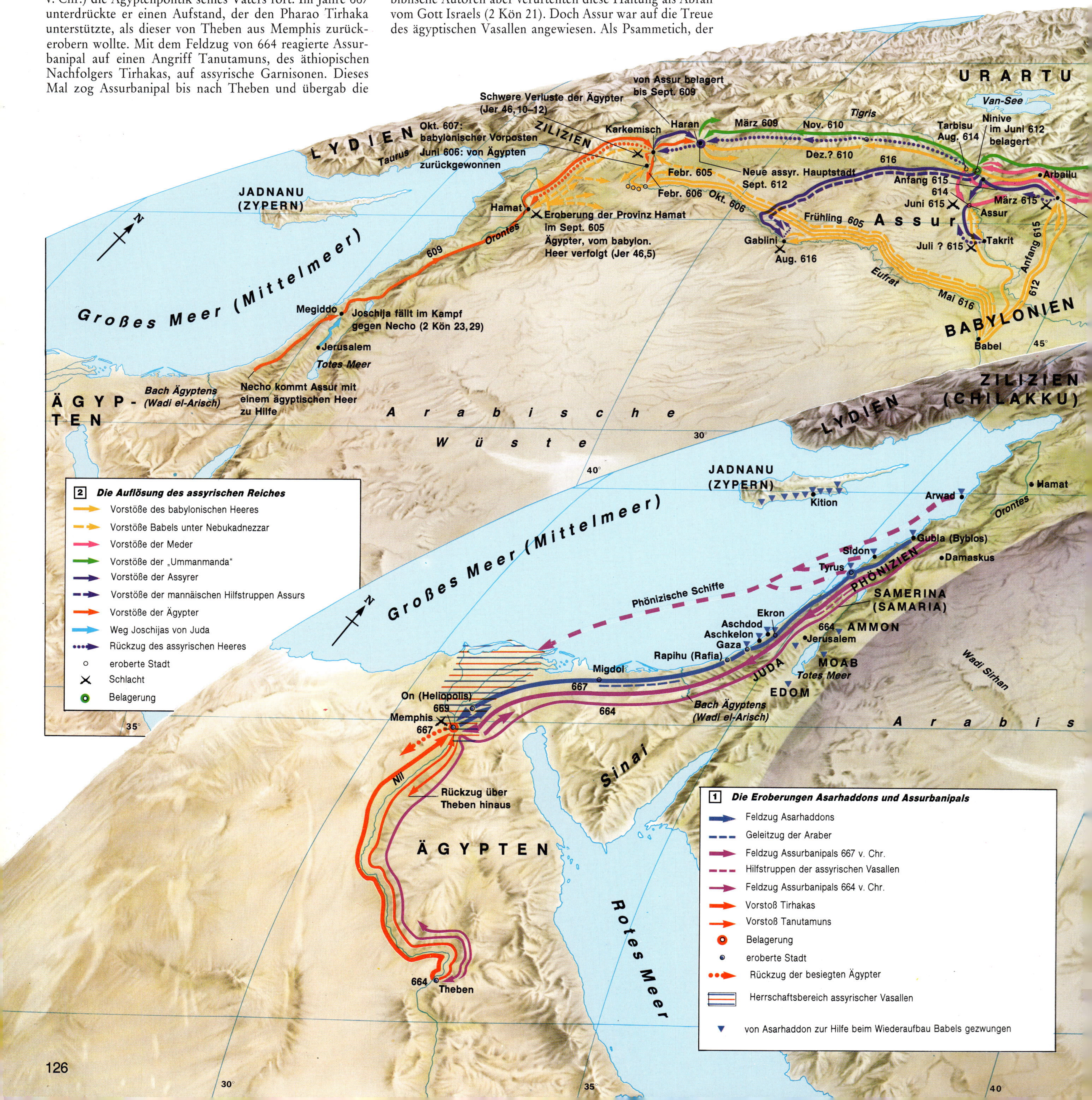

und seinem Bruder zu Unruhen, die Assurbanipal unterdrücken mußte; die Nachricht vom Aufenthalt Manasses in Babel in 2 Chr 33,11 könnte damit zusammenhängen (vgl. S. 124).

Beim Tod Assurbanipals im Jahre 626 brachen die Spannungen im Riesenreich Assur offen aus. Unmittelbar führte die im gleichen Jahr stattfindende Machtergreifung des chaldäischen Häuptlings Nabopolassar in Babel zum Sturz Assurs.

Der Sturz Assurs

Vier verschiedene Faktoren trugen zum Sturz Assurs bei: 1. der Bürgerkrieg der Söhne Asarhaddons; 2. die Herausforderung Assurs durch Nabopolassar, der 626 v. Chr. die Königsmacht in Babel ergriff; 3. Angriffe der Meder unter Kyaxeres; 4. Vorstöße unruhiger Nordstämme, vor allem der Kimmerer (assyrische Chroniken sprechen von den Ummanmanda), die assyrisches Gebiet überrannten.

Nabopolassar bekämpfte zuerst nur die assyrische Vormacht im Gebiet um Babel; 616 v. Chr. aber zog er gegen Assur selbst. Ein Jahr später fielen die Meder in Assur ein, 614 nahmen sie die alte Hauptstadt Assur ein. Nach diesem Erfolg schlossen Nabopolassar und Kyaxeres einen förmlichen Vertrag. Im Jahre 612 fiel Ninive nach einer erstaunlich kurzen Belagerung durch Babylonier, Meder und Ummanmanda; nach Nah 1,8 ist zu vermuten, daß seine Verteidigungsanlagen durch eine Flut geschwächt waren.

Die assyrische Armee zog sich nach Haran und schließlich nach Karkemisch zurück. Die Ägypter, die schon seit 616 v. Chr. in jener Gegend einige Streitkräfte plaziert hatten, wollten sie nicht in die Hände Babels fallen lassen. Necho II., der Sohn Psammetichs, war daran interessiert, daß Assur als Gegengewicht gegen Babel bestehenbleibe. So zog er mit einem großen Heer aus, um Assur zu helfen. Joschija von Juda, ein Verbündeter Babels, stellte sich ihm vergeblich entgegen; er fiel bei Megiddo (2 Kön 23,29; vgl. S. 129). Die mit dem Rest der assyrischen Armee in Karkemisch vereinten Ägypter griff der babylonische Kronprinz Nebukadnezzar an (605); er richtete ein Blutbad an (Jer 46,2–12); die ägyptische Armee floh und wurde nach Auskunft babylonischer Quellen bei Hamat aufgerieben.

Der Aufstieg Babels

Der Pakt Nabopolassars mit dem Meder Kyaxeres bereitete die völlige Auflösung des assyrischen Reiches vor. Der Haupterbe war Babel; den Medern fiel die Vorherrschaft in den nördlichsten Gebieten Kleinasiens und östlich vom Zagros–Gebirge zu. Teile Syriens und Palästinas blieben zunächst unter ägyptischer Herrschaft; Nebukadnezzar mußte in mehreren Feldzügen zwischen 604 und 586 v. Chr. Babels Vormacht im Westen durchsetzen. Auch in Zilizien und dessen nordwestlichen Nachbargebieten mußte er die babylonische Herrschaft neu festigen. Noch Nergal–schar–usur (559–556, der Nachfolger des nur kurz regierenden Sohnes Nebukadnezzars, des in 2 Kön 25,27 erwähnten Ewil–Merodach) mußte mit einem Feldzug dorthin die Oberherrschaft Babels absichern.

Dessen Nachfolger Nabonid (555–539) schlug andere Wege ein. Da die Meder die Handelsrouten im Osten und Norden Mesopotamiens fest in der Hand hatten, übernahm er es, die Wege durch Westarabien zu kontrollieren. Er sicherte sich über eine Strecke von rund 400 km die Oasen zwischen Tema und Jatrib (dem heutigen Medina), baute seinen Palast in Tema und überließ die Verwaltung Babels seinem Sohn. Inzwischen hatte der Perser Kyrus seinen medischen Oberherrn besiegt und die Herrschaft über medische Gebiete an sich genommen, und seine Macht dehnte sich rasch weiter aus. Die lange Abwesenheit Nabonids aus Babel, ökonomische Probleme und eine unpopuläre religiöse Reform ließen eine innerbabylonische Opposition gegen den chaldäischen Herrscher aufkommen. So kam es, daß Babel sich im Jahre 539 v. Chr. widerstandslos Kyrus ergab; die Übernahme des ganzen babylonischen Reiches durch den Perser sollte nicht lange auf sich warten lassen.

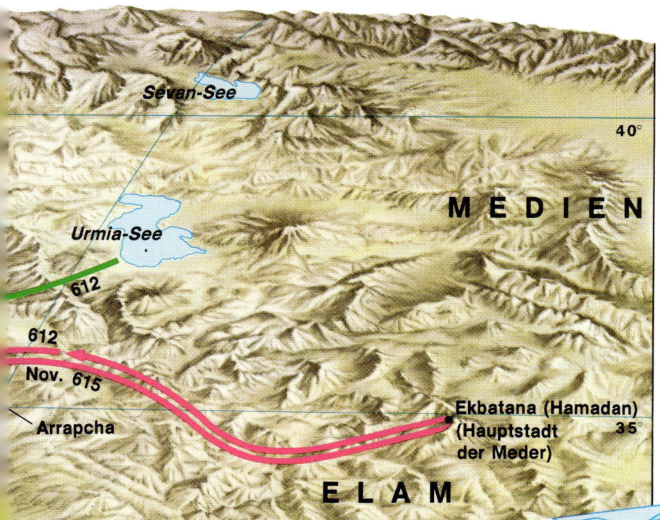

1 Karte unten
Asarhaddon und Assurbanipal wendeten Bedrohungen ab, die sich von mehreren Seiten gegen Assur richteten. Asarhaddon baute Babel wieder auf; Assurbanipal eroberte 648 v. Chr. Elam. Im Westen versuchten sie, Ägyptens Einfluß zurückzudrängen; seit 664 beherrschte Assurbanipal Ägypten bis hinauf nach Theben.

2 Karte links
Von mehreren Seiten zugleich angegriffen, zerfiel das assyrische Reich: Nabopolassar, der König von Babel, tat sich mit den Medern zusammen und trieb die Assyrer bis nach Karkemisch. Dort kamen die Ägypter Assur zu Hilfe, wurden aber von einem babylonischen Heer vernichtend geschlagen.

3 Unten eingefügte Karte
Unter Nebukadnezzar beherrschte Babel ein Gebiet bis hin zum *Großen Meer* (Mittelmeer) und bis nach Ägypten.

NINIVE IST WIE EIN VOLLER TEICH, DESSEN WASSER DAVONFLIESST ... WO IST JETZT DAS VERSTECK DER LÖWEN, DER TUMMELPLATZ DER JUNGEN LÖWEN, WOHIN DER LÖWE GEHT, UM SICH ZU VERBERGEN, WO DER JUNGE LÖWE BLEIBT, OHNE DASS JEMAND IHN AUFSCHRECKT? ... NUN GEHE ICH GEGEN DICH VOR – SPRUCH DES HERRN DER HEERE ... ICH MACHE DEINEM RAUBEN AUF DER ERDE EIN ENDE; NIE MEHR HÖRT MAN DEN RUF DEINER BOTEN.
NAH 2,9–14

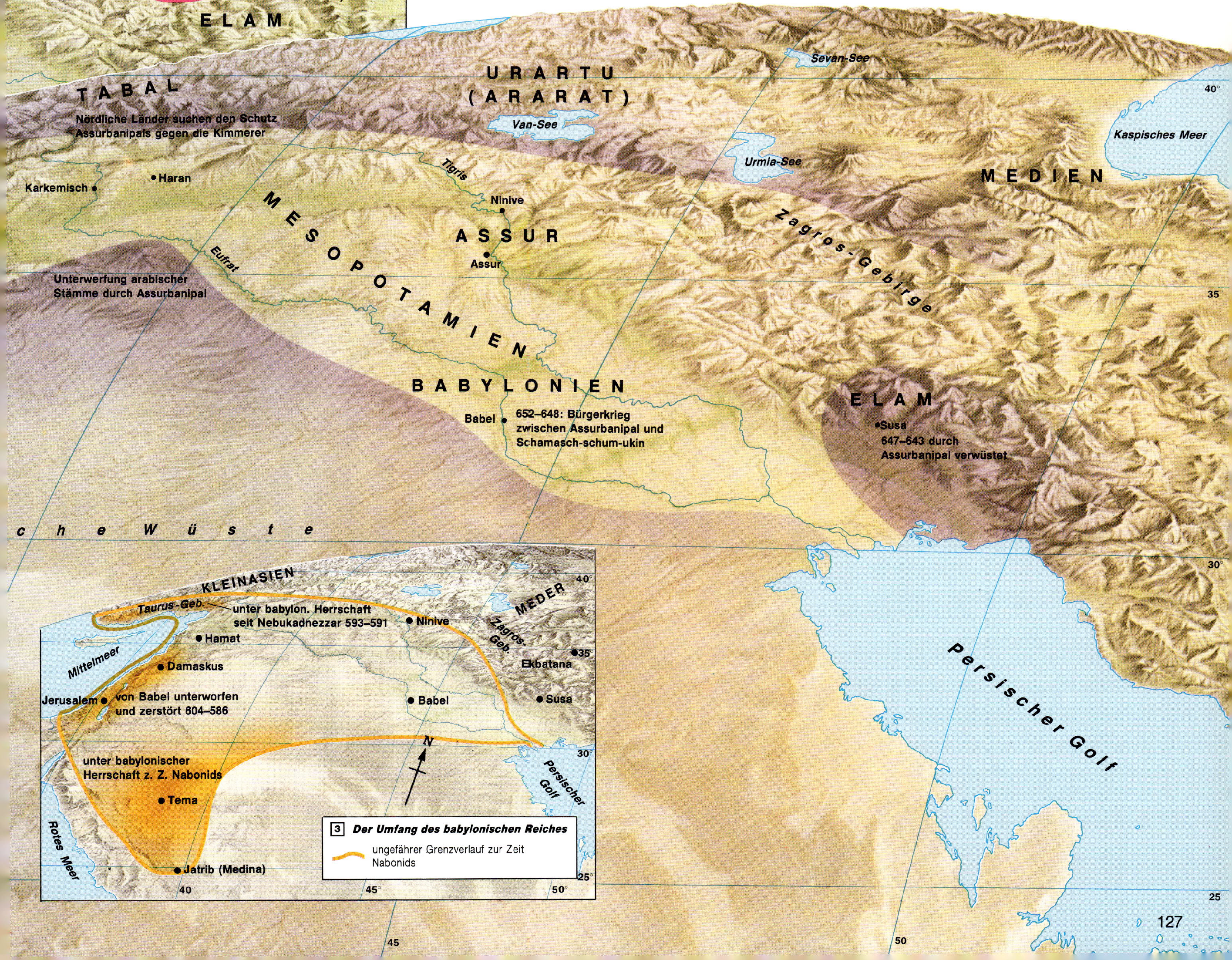

Amon, der Sohn Manasses, wurde ermordet; die „Bürger des Landes“ aber setzten dessen achtjährigen Sohn Joschija als König ein (2 Kön 21,24). Assur war zu dieser Zeit durch innere Streitigkeiten geschwächt, und als Assurbanipal im Jahre 626 v. Chr. starb, wurde Juda frei.

Die Herrschaft Joschijas

Joschija nützte diese Lage zu dem Versuch, die Spaltung des Davidsreiches rückgängig zu machen, indem er Anspruch erhob auf die ehemals israelitischen Gebiete Samaria und Megiddo. Wie weit ihm das gelang, zeigt sich darin, daß er seine Reform nicht nur von „Geba bis Beerscheba“, d. h. in Juda, durchführte (2 Kön 23,8), sondern auch in Bet-El (2 Kön 23,15ff) und in den „Städten Samariens“ (23,19). Vielleicht konnte er seinen Einfluß sogar bis in das Gebiet nördlich des Karmel geltend machen; denn er heiratete eine Frau aus Ruma (2 Kön 23,36). Im Süden gewann er ehemals judäische Gebiete von den Philistern zurück; in Arad und En-Gedi baute er zum Schutz gegen Übergriffe Ägyptens Festungen und stationierte griechische Söldner.

Hand in Hand mit der Stärkung des politischen Ansehens Judas ging die radikalste religiöse Reform in seiner Geschichte. Nach Auskunft biblischer Geschichtsschreiber hatte Joschija bereits mit einer Reform begonnen, als bei Renovierungsarbeiten im Tempel eine Gesetzesrolle entdeckt wurde, die der König als Buch des Gottesbundes mit Israel anerkannte und die ihn zu weiteren Reformen inspirierte. Die Schilderung dieser Reformen in 2 Kön 22–23 läßt vermuten, daß es sich bei diesem Fund um den Grundbestand des Buches Deuteronomium oder einen Teil davon handelte.

Symbole assyrischer Kulte, die seit Ahas und Manasse im Tempel und der Stadt aufgestellt worden waren, Zeichen der Fremdherrschaft und der Erniedrigung Judas, waren rasch beseitigt. Ein harter Eingriff in altisraelitische Traditionen aber war es, daß der Gottesdienst Israels nur noch im Jerusalemer Tempel stattfinden sollte. Heilige Orte, an denen Erinnerungen an große Ereignisse und Gestalten der Geschichte Israels lebten, sollten aufgegeben werden. Priester wurden von anderen Heiligtümern nach Jerusalem geholt, durften dort aber nicht Priesterdienste tun. Noch härter wirkte sich die Reform im ehemaligen Israel aus. Entsprechend dem (im Buch Deuteronomium zu lokalisierenden) deuteronomischen Gesetz, dem Götzendienst als Kapitalverbrechen gilt (Dtn 13), wurden dort Priester erschlagen und Altäre entweiht.

Bei Ausgrabungen in Arad und Lachisch zeigte sich zwar, daß heidnische Kulte mancherorts lebendig blieben. Doch Joschija wollte alle heidnischen Praktiken ausmerzen, die bis nach Jerusalem und bis in den Tempelbereich hinein heimisch geworden waren: Männliche und weibliche Prostituierte wurden ausgewiesen, Gegenstände aus dem Kult Baals und der Fruchtbarkeitsgöttin Aschera vernichtet, u. a. ein Kultpfahl, Symbol der Göttin, der im Tempel gestanden hatte. Die Reform richtete sich besonders gegen den

JUDA UNTER DER HERRSCHAFT BABELS

Die Reform des Königs Joschija

Joschija (638–609 v. Chr.) wollte Juda wieder zu Glanz und Größe des Davidsreiches emporführen. Der Niedergang Assurs machte es ihm möglich, seine Herrschaft auf die Gebiete des ehemaligen Israel auszudehnen. Sein Streben nach Unabhängigkeit fand auch in einer radikalen religiösen Reform Ausdruck. In einem Akt des Widerstands gegen Ägypten fand er den Tod.

Moloch-Kult. Nach 2 Kön 16,3 hatte Ahas diesen Kult ausgeübt und seinen Sohn „durchs Feuer gehen“ lassen. Gelegentlich mag der Moloch-Kult ein Kinderopfer, öfter ein zeichenhaftes Ersatzopfer gefordert haben. *Moloch* ist vielleicht eine Verballhornung des Gottestitels *Melech,* König; aus spätphönizischen (punischen) Inschriften aus Karthago scheint freilich hervorzugehen, daß *Moloch* eine Opferart oder eine Weihegabe bezeichnete.

Religiöse Reform und Verwaltungsreformen gingen Hand in Hand. Für den Jerusalemer Tempel wurde der Zehnte eingezogen. Zum Zeichen der Wiedervereinigung des Landes wurde eine Versammlung einberufen, bei der dem König, allen Beamten, Priestern, Propheten und dem Volk öffentlich das „Bundesbuch“ (2 Kön 23,2) vorgelesen wurde. Das Pessachfest, bis dahin eher ein Familienfest, wurde als religiöse und politische Feier des ganzen Volkes begangen zum Zeichen der Unabhängigkeit von anderen Völkern und Göttern und der Entschlossenheit, Pressionen von außen zu widerstehen. Es war eine Zeit voller Optimismus; man hoffte, eine Erneuerung des davidischen Königtums zu erleben.

Der Prophet Jeremia

Im 11. Jahr der Regierung Joschijas (627 v. Chr.), einige Jahre vor der Auffindung des Gesetzbuches, begann das Wirken des Propheten Jeremia, der Joschija und dessen Nachfolger Jojakim und Zidkija überlebte und noch über den Untergang Jerusalems und Judas (587) hinaus als Prophet wirkte.

Er entstammte einer Priesterfamilie aus Anatot. Die Forderung des jungen Propheten, daß das Volk nach dem Willen seines Gottes lebe, bereitete der Reform Joschijas den Weg. Die Reformbemühungen des Königs und seiner Beamten endeten jedoch jäh mit dem Tod Joschijas. Jojakim, vom siegreichen Pharao Necho eingesetzt, gab Errungenschaften der Reform wieder preis. Er war zudem ein prachtliebender, despotischer Herrscher, dem der Prophet politische Unfähigkeit und moralische Verderbnis vorzuwerfen hatte. Auf der anderen Seite glaubten Anhänger der Reform, nun erst recht vom Tempel Heil erwarten zu müssen. Für Jeremia begannen aufreibende Auseinandersetzungen nach zwei Seiten.

Eine Rede gegen die bedingungslose Tempelfrömmigkeit brachte ihn zum ersten Mal mit staatlichen Behörden in Konflikt (Jer 7 und 26); doch dank des Eingreifens ihm wohlgesinnter Beamter aus der Zeit Joschijas endete der Prozeß gegen ihn mit einem Freispruch. Feindschaft trug ihm vor allem seine Botschaft vom kommenden Untergang Judas ein; er wurde geschlagen, in den Block gesperrt und kam ins Gefängnis.

Jeremia litt unter dem Haß seiner Volksgenossen ebenso wie unter der Einsicht, daß sein Volk, das er liebte, einer Katastrophe entgegenging. Immer wieder setzt er sich mit seinem Prophetenauftrag auseinander, so daß er mehr als andere Propheten Einblick in seine prophetischen Erfahrungen gibt.

Einzigartigen Einblick gibt das Jeremiabuch auch darin, wie Prophetenworte überliefert wurden. Als nach dem Sieg Nebukadnezzars über die Ägypter Juda zwar in den Herrschaftsbereich Babels fiel, aber ungeschoren blieb, hielt Jeremia es für notwendig, seine Drohworte neu zu Gehör zu bringen. Baruch, Mitglied einer Beamtenfamilie und Freund des Propheten, zeichnete sie auf und las sie öffentlich vor. Jojakim ließ die Urkunde einziehen, sich vorlesen und verbrannte sie zum Zeichen, wie wenig er von den Worten hielt, die der Prophet im Namen Gottes verkündete. Jeremia und Baruch mußten sich versteckt halten; doch der Prophet diktierte die Rolle noch einmal und erweiterte sie (Jer 36).

4

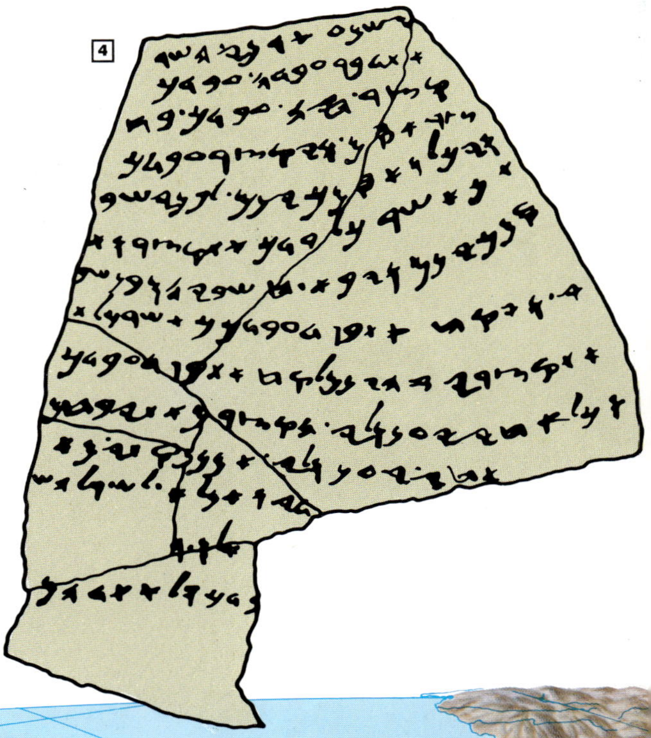

Die Mahnungen Jeremias, sich der Herrschaft Babels zu beugen, stießen bei Jojakim auf taube Ohren. Nach drei Jahren fiel er von Babel ab. Als Nebukadnezzar gegen den Aufrührer durchgriff (597), traf die Strafe nur das Volk und den jungen Sohn des inzwischen gestorbenen Jojakim, der zusammen mit einem Teil der Bevölkerung nach Babel deportiert wurde. Jeremia schrieb den Verschleppten und mahnte auch sie, die Herrschaft Babels anzuerkennen, Häuser zu bauen, Gärten anzulegen und für das Wohl des Landes zu beten, in das Gott sie geführt hatte (Jer 29).

Als König in Jerusalem setzte Nebukadnezzar Zidkija ein. Zidkija war ein schwacher Herrscher, der den Propheten wohl um Rat fragte, sich aber gegen die Partei, die neue Auseinandersetzungen mit Babel ansteuerte, nicht durchsetzte. Die Katastrophe blieb nicht aus. Nach einem zweiten Straffeldzug wurde Jerusalem zerstört, der Staat Juda aufgelöst und neue Deportationen durchgeführt. Dem Propheten stellte Nebukadnezzar frei, in Juda zu bleiben.

4 ***Linke Seite***
In diesem hebräischen Brief aus dem 7. Jh., gefunden in der Festung Mezad Chaschavjahu (bei Jabne Jam), beklagt sich ein Erntearbeiter darüber, daß ihm unrechtmäßig der Mantel weggenommen wurde (vgl. Ex 22,25; Dtn 23,20f). Der Fund zeigt, daß sich zur Zeit Joschijas der Einfluß Israels auch an diesem Küstenort durchgesetzt hatte.

1 ***Karte unten***
Joschija gewann Teile des ehemaligen Staates Israel von Assur zurück. Die Karte illustriert den Umfang seines Einflußgebietes sowie sein Vorgehen gegen heidnische und altisraelitische Heiligtümer. Als Pharao Necho im Jahre 609 Palästina durchquerte, um die Assyrer gegen Babel zu unterstützen, stellte Joschija sich ihm entgegen und wurde geschlagen.

2 ***Oben links***
Der etwa 30 cm große Frauenkopf aus dem 7. Jh. aus dem heutigen Amman (Rabba) ist aus dem Zusammenhang der Kultprostitution zu deuten; er ist als Darstellung der Frau im Fenster zu verstehen (vgl. S. 99 Abb. 2), die Liebhaber anlockt. In Jerusalem ging Joschija gegen die Kultprostitution vor.

3 ***Links***
Der Moloch-Kult lebte auch in spätphönizischen Orten. Das Foto zeigt den heiligen Bezirk dieses Kultes (biblisch: *Tofet*), von Salambo, Karthago. Die Urnen enthielten zusammengescharrte Reste geopferter Kinder. Jeremia warf seinem Volk die Teilnahme an solchen Kulten vor: „Sie haben die Kulthöhe des Tofet im Tal Ben-Hinnom gebaut, um ihre Söhne und Töchter im Feuer zu verbrennen ... Seht, darum kommen Tage – Spruch des Herrn –, da wird man nicht mehr vom Tofet reden oder vom Tal Ben-Hinnom, sondern vom Mordtal, und im Tofet wird man Tote begraben, weil anderswo kein Platz mehr ist" (Jer 7,31f). – Joschija versuchte, den Moloch-Kult auszurotten.

Doch gegen seinen Willen nahmen ihn seine eigenen Landsleute mit nach Ägypten; dort ist er verschollen.

Die Feldzüge des Pharao Necho

Necho I. von Saïs war von Assurbanipal zum Oberherrn über Ägypten bestimmt worden; sein Nachfolger Psammetich erklärte sich von Assur unabhängig; und der dritte Pharao dieser Dynastie, Necho II., hielt sich für stark genug, der aufsteigenden babylonischen Macht am Eufrat entgegenzutreten.

Im Jahre 616 v. Chr. hatte Psammetich bereits eine ägyptische Armee ausgesandt, um dem nach Haran ausgewichenen Assur-uballit gegen die Babylonier und Meder zu helfen. Ein Jahr später versuchte sein Nachfolger Necho vergeblich, den siegreichen Babyloniern Haran wieder abzugewinnen. Auf beiden Feldzügen durchquerte die ägyptische Armee Palästina und kam durch die Garnisonsstädte Megiddo, Ribla, Karkemisch.

Im Jahre 609 v. Chr. gab der Pharao Necho dem König Joschija von Juda Nachricht, er wolle sein Land durchqueren, aber nicht gegen ihn kämpfen (2 Chr 35,21). Joschija aber meinte, keine weitere Unterstützung Assurs, des ehemaligen Oberherrn Judas, dulden zu dürfen. Er wollte die ägyptische Armee bei Megiddo, wo man nach dem Übergang über den Karmel die Jesreelebene betritt, aufhalten. Doch die ägyptischen Streitwagen und Bogenschützen waren ihm weit überlegen. Schwer verwundet kehrte Joschija nach Jerusalem zurück und starb. Er hatte Juda eine letzte Glanzzeit verschafft und nach dem Urteil biblischer Geschichtsschreiber „getan, was dem Herrn gefiel".

Necho zog weiter nach Karkemisch und verlor die Schlacht gegen Nebukadnezzar. Eine letzte Schlacht der Ägypter gegen die Babylonier fand im Jahre 601 v. Chr. südlich von Gaza statt; beide Seiten mußten schwere Verluste hinnehmen. Ägypten aber konnte seitdem Herrschaftsansprüche in Palästina nicht mehr durchsetzen.

> HIERAUF BEFAHL DER KÖNIG ..., ALLE GEGENSTÄNDE AUS DEM TEMPEL DES HERRN HINAUSZUSCHAFFEN, DIE FÜR DEN BAAL, DIE ASCHERA UND DAS GANZE HEER DES HIMMELS ANGEFERTIGT WORDEN WAREN. ER LIESS SIE AUSSERHALB JERUSALEMS BEI DEN TERRASSEN DES KIDRONTALS VERBRENNEN UND DIE ASCHE NACH BET-EL BRINGEN. ... DEN KULTPFAHL SCHAFFTE ER AUS DEM HAUS DES HERRN UND AUS JERUSALEM HINAUS IN DAS KIDRONTAL UND VERBRANNTE IHN DORT; ER ZERMALMTE IHN ZU STAUB UND STREUTE DIESEN AUF DIE GRÄBER DES EINFACHEN VOLKES. FERNER RISS ER DIE GEMÄCHER DER HIERODULEN AM TEMPEL NIEDER, IN DENEN DIE FRAUEN SCHLEIER FÜR DIE ASCHERA WEBTEN. ER HOLTE ALLE PRIESTER AUS DEN STÄDTEN JUDAS WEG UND MACHTE DIE KULTHÖHEN VON GEBA BIS BEERSCHEBA, AUF DENEN DIE PRIESTER GEOPFERT HATTEN, UNREIN. ER ZERSTÖRTE DIE TORHÖHEN, DIE AM EINGANG ZUM TOR DES STADTOBERSTEN JOSUA AUF DER LINKEN SEITE DESSEN WAREN, DER DAS STADTTOR BETRAT.
> 2 KÖN 23,4–8

JUDA UNTER DER HERRSCHAFT BABELS

Nebukadnezzar und die Zerstörung Jerusalems

Mit der Einnahme Jerusalems durch Nebukadnezzar (597 v. Chr.), der Zerstörung von Stadt und Tempel (587) und den Deportationen eines großen Teils der Bevölkerung fand die Geschichte des Staates Juda, der den Bruderstaat Israel um 135 Jahre überlebt hatte, ein katastrophales Ende.

Nabopolassar, der Begründer der chaldäischen Dynastie in Babel, hatte ehemals assyrische Gebiete am oberen Eufrat besetzt. Eine von den Ägyptern in Karkemisch eingerichtete Garnison zwang die Babylonier jedoch zum Rückzug bis nach Quramati. Daraufhin zog der babylonische Kronprinz Nebukadnezzar mit seiner Streitmacht, zu der auch griechische Söldner gehörten, aus, die Stadt zurückzuerobern. Er marschierte am Ostufer des Eufrat entlang und überquerte den Fluß erst kurz unterhalb von Karkemisch, überraschte den Feind und nahm im August 605 v. Chr. die Stadt ein. Den Ägyptern waren alle Fluchtwege abgeschnitten, so daß nach Auskunft der babylonischen Chronik (einer verläßlichen Quelle auch für weitere Taten Nebukadnezzars) „kein einziger Ägypter nach Hause entkam“. Nebukadnezzar nahm das Gebiet von Hamat ein, einschließlich der ägyptischen Festung Ribla, die die Straßen nach Süden und zum Mittelmeer beherrschte. Von hier aus erhob er Anspruch auf Vorherrschaft über ganz Palästina bis zum *Bach Ägyptens* (Nahal Musur, heute: Wadi el–Arisch). Er war noch im Westen, fast 900 km von Babel entfernt, als er vom Tod seines Vaters erfuhr. Nabopolassar starb am 16. August; am 7. September bereits bestieg Nabu–kudurri–usur (Nebukadnezzar) II. in Babel den Thron; er muß, gewiß nur mit seinen Reitern, auf schnellstem Wege zurückgekehrt sein. Bald darauf zog er wieder in das *Land Hatti* (Syrien). Nach Auskunft der babylonischen Chronik setzte er die Feldzüge nach Westen zehn Jahre lang Jahr für Jahr fort.

Im Jahre 604 v. Chr. „erschienen alle Herrscher des Landes Hatti vor ihm, und er empfing schweren Tribut“. Auch Jojakim unterwarf sich, obwohl er von Ägypten als König in Juda eingesetzt worden war (vgl. 2 Kön 24,1). Aschkelon sperrte sich und wurde gewaltsam eingenommen, sein König gefangengesetzt. Verstärkungen südlicher Festungen, u. a. in Arad und Mezad Chaschavjahu, werden aus dieser Zeit stammen, denn Gegenangriffe der Ägypter waren zu erwarten. Im Jahr darauf mußte Nebukadnezzar schwere Belagerungsmaschinen durch bergiges Gelände mitnehmen, um eine Stadt zu belagern, deren Name aus der babylonischen Quelle nicht hervorgeht. Vielleicht bezieht sich ein in Sakkara gefundener Brief auf diesen Feldzug: Ein Herrscher namens Adon erbittet Hilfe vom Pharao und erklärt, der Babylonier sei in Afek. Wohin er von dort aus wollte, geht auch aus diesem Brief nicht hervor; vorgeschlagen hat man Gaza, Lachisch, Aschdod, Ekron und sogar Tyrus oder Sidon. Bei diesem Feldzug nahm Nebukadnezzar Bauholz vom Libanon nach Babel mit.

Vom Ende des Jahres 601 v. Chr. berichtet die babylonische Chronik nur ein einziges Ereignis: Es kam zu einer Schlacht gegen Ägypten, bei der beide Seiten schwere Verluste erlitten. Nebukadnezzar brauchte ein ganzes Jahr, um eine neue Armee auszurüsten und zu trainieren. Schwerer angeschlagen waren die Ägypter; die Schlacht muß bei Gaza stattgefunden haben, denn mit ihr endete der Einfluß Ägyptens in Palästina. Jojakim von Juda aber hatte sich bei dieser Gelegenheit auf die Seite Ägyptens gestellt. Nebukadnezzar plante Rache.

Die Eroberung Jerusalems

„Am zweiten Tag des Monates Addar, in seinem 7. Jahr (am 16. März 597 v. Chr.) nahm er die Stadt Judas ein, die er belagert hatte. Er nahm ihren König gefangen und setzte einen König seiner Wahl ein. Er nahm viel Beute und schickte sie nach Babel.“ Mit diesen Worten berichtet die babylonische Chronik vom Anfang der Zeit, die die biblische Geschichtsschreibung *babylonisches Exil* nennt. Dokumente aus Babel bezeugen, daß Jojachin, der Sohn des vor dem Straffeldzug Nebukadnezzars gestorbenen Jojakim, noch dreißig Jahre später in Babel lebte.

Im nächsten Jahr machten Unruhen bei Karkemisch Nebukadnezzar zu schaffen; ferner mußte er am unteren Tigris gegen Streifzüge der Elamiter einschreiten (Jer 49,34–39). Weitere in der Chronik nicht genauer bezeichnete Aktionen in Syrien werden sich gegen phönizische Küstenstädte gerichtet haben. Byblos hatte im Jahre 591 v. Chr. den Besuch Psammetichs II. aus Ägypten empfangen. 13 Jahre lang belagerte ein babylonisches Heer Tyrus, bis es 563 fiel. Nebukadnezzar dehnte seine Herrschaft bis nach Westzilizien aus (die Chronik nennt Chume und Piriddu). Von hier aus unterstützte er die Meder, die nach der Schlacht am Halys gegen Lydien vorgingen. Im Zusammenhang mit dieser Schlacht ist von einer Sonnenfinsternis die Rede, die nach modernen astronomischen Berechnungen am 28. Mai 585 stattgefunden haben muß – eine der Angaben, von denen aus eine Chronologie der Geschichte des Alten Orients aufgebaut werden kann (vgl. S. 107).

Die Zerstörung Jerusalems

Nebukadnezzar hatte nach der Einnahme Jerusalems und der Gefangennahme Jojachins einen anderen König aus dem Davidshaus eingesetzt, Zidkija. Dieser plante schon 594 v. Chr. wieder eine antibabylonische Koalition zusammen mit Edom, Moab, Ammon, Tyrus und Sidon. Doch es scheint, daß er noch einmal auf den Rat Jeremias hörte und von dem Plan absah (Jer 27f). Doch 588 ließ er sich zusammen mit Gaza, Tyrus und Sidon von Ägypten dazu verleiten, Babel die Treue aufzukündigen. Nebukadnezzar belagert daraufhin Jerusalem zum zweitenmal. Der Pharao Apriës (der *Hofra* der Bibel) versuchte, das babylonische Heer von Jerusalem abzulenken, ließ aber bald den Babyloniern freie Hand. Festungen und Wachposten auf den Bergen rings um Jerusalem waren bald eingenommen, Breschen in die Mauern der Stadt geschlagen. Im Juni 587 eroberte ein babylonischer Feldherr Jerusalem; Zidkija wurde gefangen nach Ribla vor Nebukadnezzar geführt, geblendet und mit vielen Judäern zusammen nach Babel deportiert. Im August 587 wurden Stadt und Tempel vollständig niedergerissen.

Zur Verwaltung Judas wurde ein judäischer Beamter,

1 ***Karte unten***
Bei der Eroberung der Levante benutzten die Babylonier unter Nebukadnezzar die klassischen Invasionsrouten.

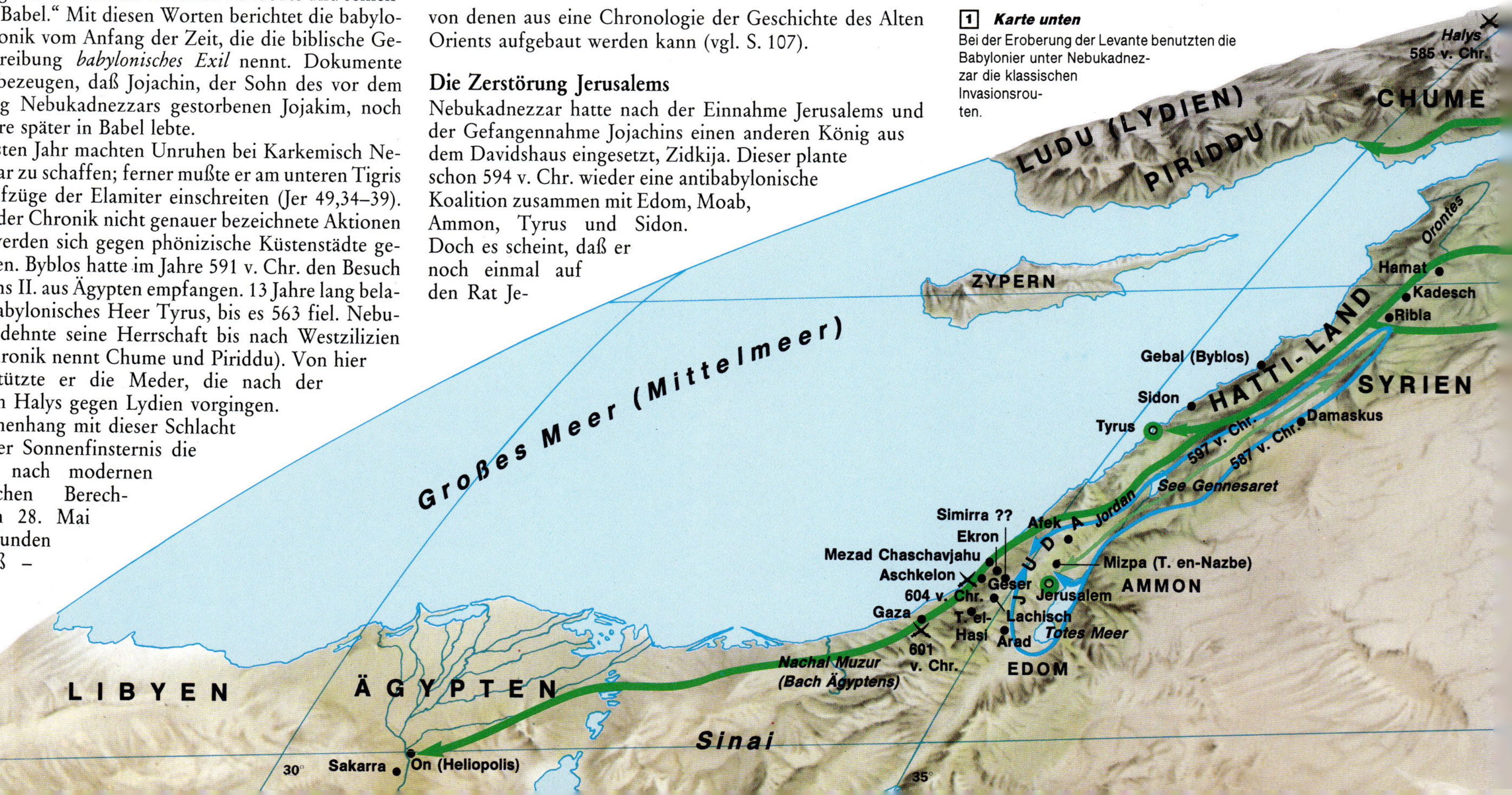

Gedalja, eingesetzt, mit Sitz in Mizpa und verantwortlich einem Statthalter in Samaria. Ein Prinz aus dem Davidshaus, der in Ammon Unterschlupf gefunden hatte, ermordete Gedalja; aus Angst vor Babels Rache floh eine Schar von Judäern (die Jeremia mitnahmen) nach Ägypten. Nebukadnezzar machte der Unabhängigkeit Ammons ein Ende und deportierte weitere Judäer.

Die 597 und 587 v. Chr. exilierten Judäer wurden u. a. in der Nähe von Nippur angesiedelt; sie hatten die Freiheit, sich eine wirtschaftliche Existenz aufzubauen und innere Angelegenheiten durch ihre Ältesten selbst zu regeln.

Die Herrschaft Nabonids

Nach dem Tod Nebukadnezzars 562 v. Chr. folgten in sieben Jahren in Babel drei Könige aufeinander, von denen nur einer eines natürlichen Todes starb. Schließlich brachte Nabonid (555–538), der Sohn einer Priesterin, den Thron an sich. Er versuchte zunächst gegen die wachsende Macht der Meder und Perser die große Handelsstraße nach Westen zu behaupten. Von Hamat aus kämpfte er gegen Streitkräfte aus Lydien, die den Weg ins westliche Kleinasien blockierten, wandte sich dann gegen *Ammananu* (Ammon), Araber und *Udummu* (Edom), erhob Anspruch auf Gaza, auf ägyptische und syrische Gebiete. Aus diesen Ländern requirierte er Arbeitskräfte für den Wiederaufbau des in seiner Familie verehrten Heiligtums des Mondgottes in Haran. Als er die Tempeldomänen einer strengen Kontrolle unterwarf, wandte sich die mächtige Priesterschaft Babels gegen ihn.

Im Jahre 552 v. Chr. überließ Nabonid die Verwaltung Babels seinem Sohn Bel-Schar-uzur (dem Belschazzar der Bibel) und lebte zehn Jahre lang im nordwestlichen Arabien, wo er sich zwischen Tema und Jatrib (dem heutigen Medina) die Kontrolle über Oasen und Handelswege in einem etwa 400 km mal 150 km großen Gebiet sicherte. Als er 542 nach Babel zurückkehrte, war der Druck der Meder und Perser gewachsen; die Stadt war gegen ihre Übergriffe zu sichern. Bei der *Medischen Mauer,* die die schmalste Stelle zwischen Tigris und Eufrat absperrte, kam es zur Schlacht, in der Babel geschlagen wurde. Nach Auskunft der babylonischen Chronik nahm die persische Armee unter Ugbaru, dem Statthalter von Guti, überraschend Babel ein, unterstützt von einer innerbabylonischen Opposition. Am 30. Oktober 539 zog der Perserkönig Kyrus in Babel ein.

Die Zeit der Vorherrschaft Babels war endgültig vorüber.

AN DEN STRÖMEN VON BABEL, DA SASSEN WIR UND WEINTEN, WENN WIR AN ZION DACHTEN. WIR HÄNGTEN UNSERE HARFEN AN DIE WEIDEN IN JENEM LAND ... WIE KÖNNTEN WIR SINGEN DIE LIEDER DES HERRN, FERN, AUF FREMDER ERDE?
PS 137,1–4

2 und 2a *Unten und links*
Dem unten wiedergegebenen Stadtplan von Babel liegen archäologische Forschungen zugrunde. Die Rekonstruktionszeichnung links vermittelt einen Eindruck vom Aussehen des Stadtteils, der im Plan grau schattiert ist.

1 Sommerpalast
2 Akitu–(Neujahrs–)Haus
3 „Hängende" Gärten
4 Nord–Zitadelle
5 Wasserreservoir
6 Tor des (Gottes) Sin
7 Tor der (Göttin) Ischtar
8 Süd–Zitadelle (Königspalast)
9 Kuppelbau
10 Ema–Tempel
11 Ischtar–Tempel
12 Nabu–Tempel
13 Griechisches Theater
14 Marduk–Tor
15 Zubaba–Tor
16 Enlil–Tor
17 Urasch–Tor
18 Ninurta–Tempel
19 Gula–Tempel
20 Esagila (Bezirk des Marduk–Tempels)
21 Etemenanki (Zikkurat)
22 Prozessionsweg
23 Brücke
24 Lugalgirra–Tor
25 Begräbnisstätte
26 Adad–Tor
27 Schamasch–Tor
28 Schamasch–Tempel
29 Adad–Tempel

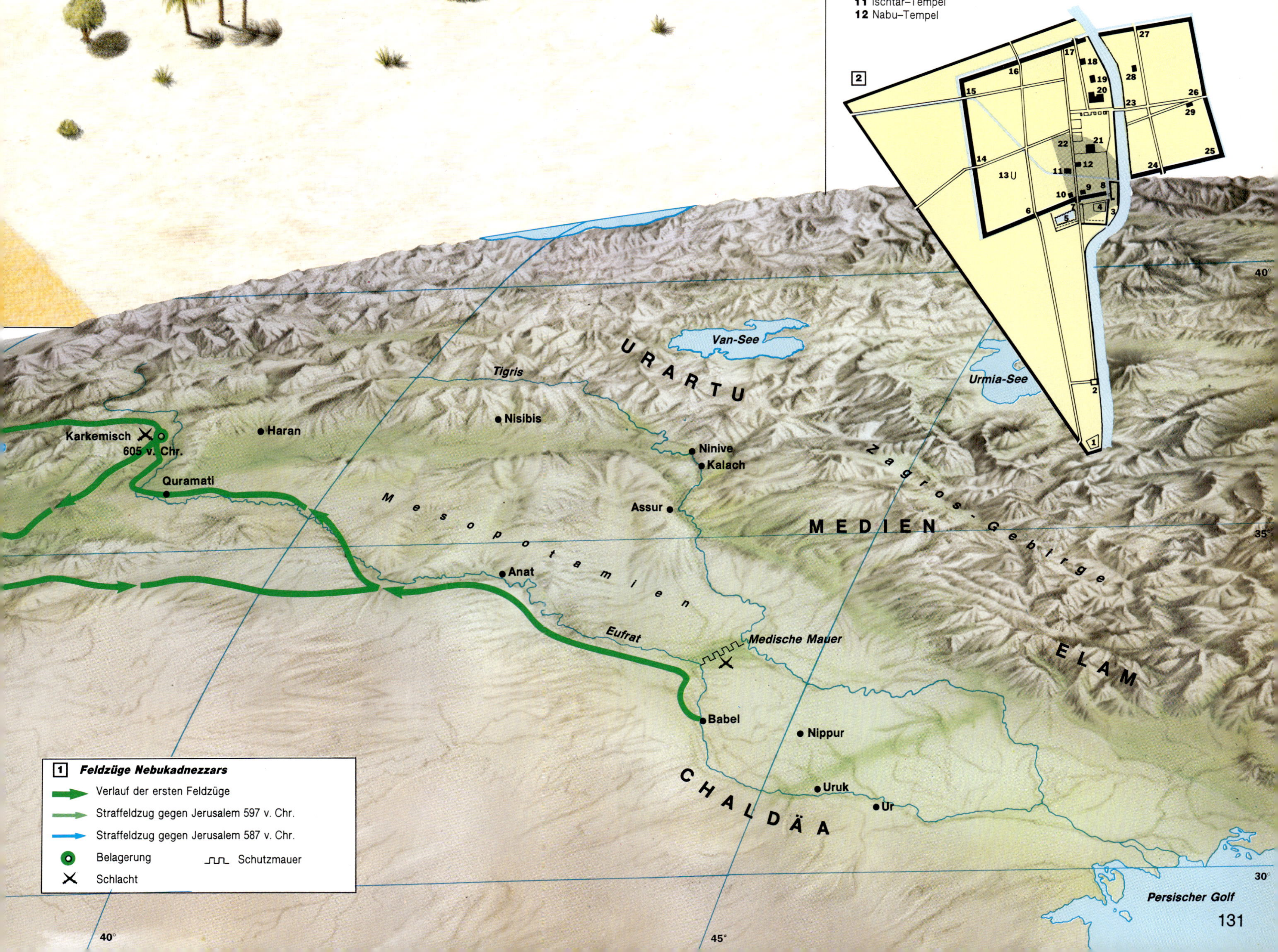

JUDA UNTER DER HERRSCHAFT BABELS

Entstehung und Tradierung der Bibel

Die Bibel ist eine Sammlung von 63 Büchern, 36 alt– und 27 neutestamentlichen. Hinzu kommen 15 Bücher, die nur in der griechischen, nicht in der hebräischen Bibel stehen. Die Geschichte der Entstehung, Tradierung und Auslegung der Bibel ist ein Teil der Geschichte Israels, des Juden– und Christentums und reicht von der Zeit vor Salomo ununterbrochen bis in die Gegenwart.

Ein bestimmtes Datum für die Entstehung biblischer Texte läßt sich, besonders bei älteren Texten, kaum festlegen. Zu ersten größeren Niederschriften biblischer Überlieferungen wird es in der Salomozeit gekommen sein, in der die Verwaltung eines großen Reiches die Entwicklung einer schriftlichen Kultur erforderte. Doch aufgezeichnet wurden Überlieferungen, die zum großen Teil aus weit älteren Zeiten stammten. Besonders bei poetischen Texten ist mit wortgetreuer Weitergabe zu rechnen, aber auch andere Materialien wie Gesetze oder Erzählungen können mündlich über lange Zeit im wesentlichen unverändert tradiert worden sein.

Ein wichtiges Datum in der Entstehungsgeschichte der Bibel ist auch Joschijas Reform; sie war inspiriert von einem Buch und getragen von Beamten, „Schreibern", denen es von Berufs wegen nahelag, Schriftstücke anzufertigen. Viel zu verdanken ist schließlich der Exilsgemeinschaft in Babel, der von allem, was ihre nationale Identität gesichert hatte, nur die Überlieferungen ihres Volkes übriggeblieben waren und die darum um so mehr bemüht war, diese sorgfältig festzuhalten.

Diese Entstehungsgeschichte prägte die Eigenart der biblischen Literatur. Anders als moderne Schriften sind die meisten biblischen Texte nicht einem einzigen Autor und einer einzigen Zeit zuzuordnen; sie sind in einem langen Prozeß entstanden, in dem ältere Schichten immer neu als lebendiges Wort für die Gegenwart verstanden wurden. Einigermaßen abgeschlossen und zu der uns bekannten Form herangewachsen war zuerst die Sammlung der fünf ersten Bücher der Bibel, die die Juden zur Zeit Esras (um 400 v. Chr.) als Heilige Schrift und als *Tora* anerkannten, die *Weisung*, nach der sie leben wollten.

Bei Prophetenbüchern läßt sich wenigstens der Anfang ihrer Entstehungsgeschichte genauer festlegen, weil die Propheten sich oft präzise auf bestimmte historische Ereignisse bezogen. So wissen wir z. B., daß Amos im 8. Jh. wirkte, Ezechiel im babylonischen Exil, im frühen 6. Jh. Doch auch diese Bücher „wuchsen" weiter; Prophetenworte wurden aktualisiert und erweitert. Zu einem Teil der „Heiligen Schrift" wurden sie zusammen mit dem großen Sammelwerk geschichtlicher (und prophetischer) Überlieferungen (Josua bis 2 Könige, hebr. die *Nebi'im*).

Das Neue Testament zitiert gelegentlich „das Gesetz und die Propheten"; zur Zeit Jesu waren weithin erst diese beiden Teile des Alten Testamentes, Tora und Prophetenbücher, als Heilige Schrift anerkannt. Der dritte Teil des hebräischen Alten Testamentes heißt unspezifisch „Schriften" *(ketubim)*; er wurde als letzter als Teil der Heiligen Schrift anerkannt und enthält ganz unterschiedliche Bücher. Darunter sind gleichwohl alte Materialien; manche Psalmen und Sprichwörtersammlungen reichen zurück bis in die frühe Königszeit Israels. Zugleich aber findet sich hier auch das Buch Daniel, das im 2. Jh. v. Chr. im Zusammenhang mit den Makkabäerkämpfen entstand.

Das Alte Testament enthält nur eine begrenzte Auswahl der althebräischen Literatur; gelegentlich zitiert es aus Büchern, die für uns verloren sind, in 2 Sam 1,18 z. B. aus dem „Buch des Aufrechten", in Num 21,14 aus dem „Buch der Kriege JHWHs" und in den Königsüberlieferungen immer wieder aus offiziellen Chroniken. Andererseits besitzen wir heute noch Bücher aus dem frühen Judentum, die nicht in den Kanon (die Heilige Schrift) der Juden gelangten, aber z. T. in griechischsprachigen Judengemeinden als Teil der Heiligen Schrift anerkannt waren. So z. B. das Buch *Jesus Sirach* oder die *Bücher der Makkabäer*.

Die ältesten Manuskripte alttestamentlicher Schriften fand man in den Höhlen von Qumran; sie wurden vor 100 v. Chr. niedergeschrieben. Relativ vollständig erhalten sind das Jesajabuch und Psalmen. Bis zu diesem Fund war man auf Handschriften aus dem 10. Jh. n. Chr. angewiesen; beim Vergleich zeigte sich, wie genau jüdische Abschreiber über Jahrhunderte hinweg gearbeitet hatten; es gibt nur unwesentliche Abweichungen in der Textüberlieferung.

Für die griechischsprachigen Juden in Alexandria entstand seit dem 3. Jh. v. Chr. eine griechische Bibelübersetzung, die sogenannte *Septuaginta*. (Der Name erinnert an die Legende von der Entstehung der Übersetzung: 72 Übersetzer – 6 aus jedem Stamm Israels – arbeiteten unabhängig voneinander daran; als sie fertig waren, stellte sich heraus, daß alle dasselbe geschrieben hatten.) In dieser griechischen Fassung wurde das Alte Testament die Heilige Schrift auch für das junge Christentum.

Die neutestamentlichen Schriften zeitlich festzulegen ist schon deswegen weniger schwierig, weil sie in einem viel kürzeren Zeitraum entstanden. Bis etwa 120 n. Chr. werden sie alle in ihrer uns bekannten Form fertig gewesen sein.

Man schrieb alt– und neutestamentliche Schriften ur-

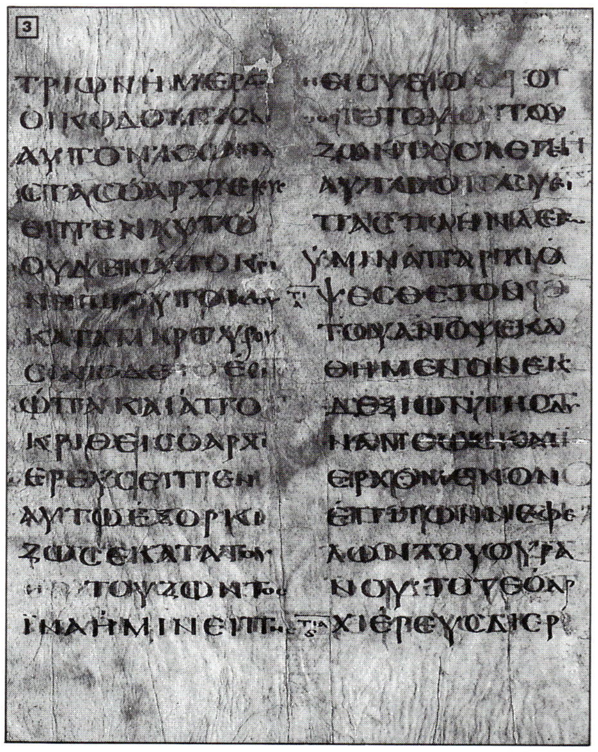

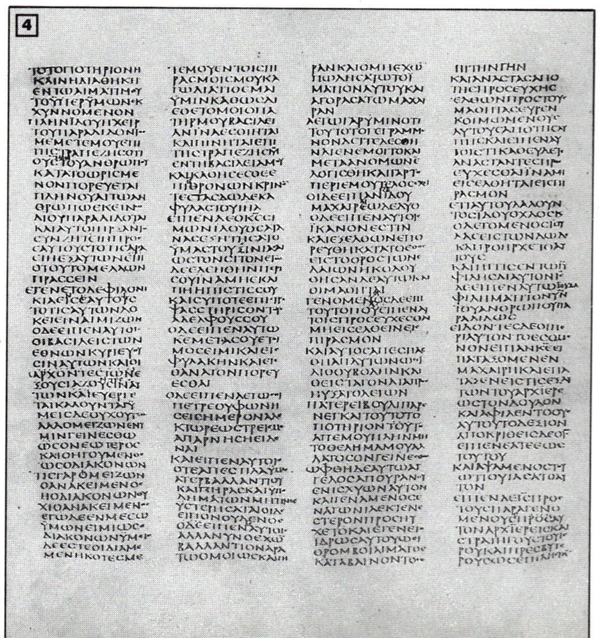

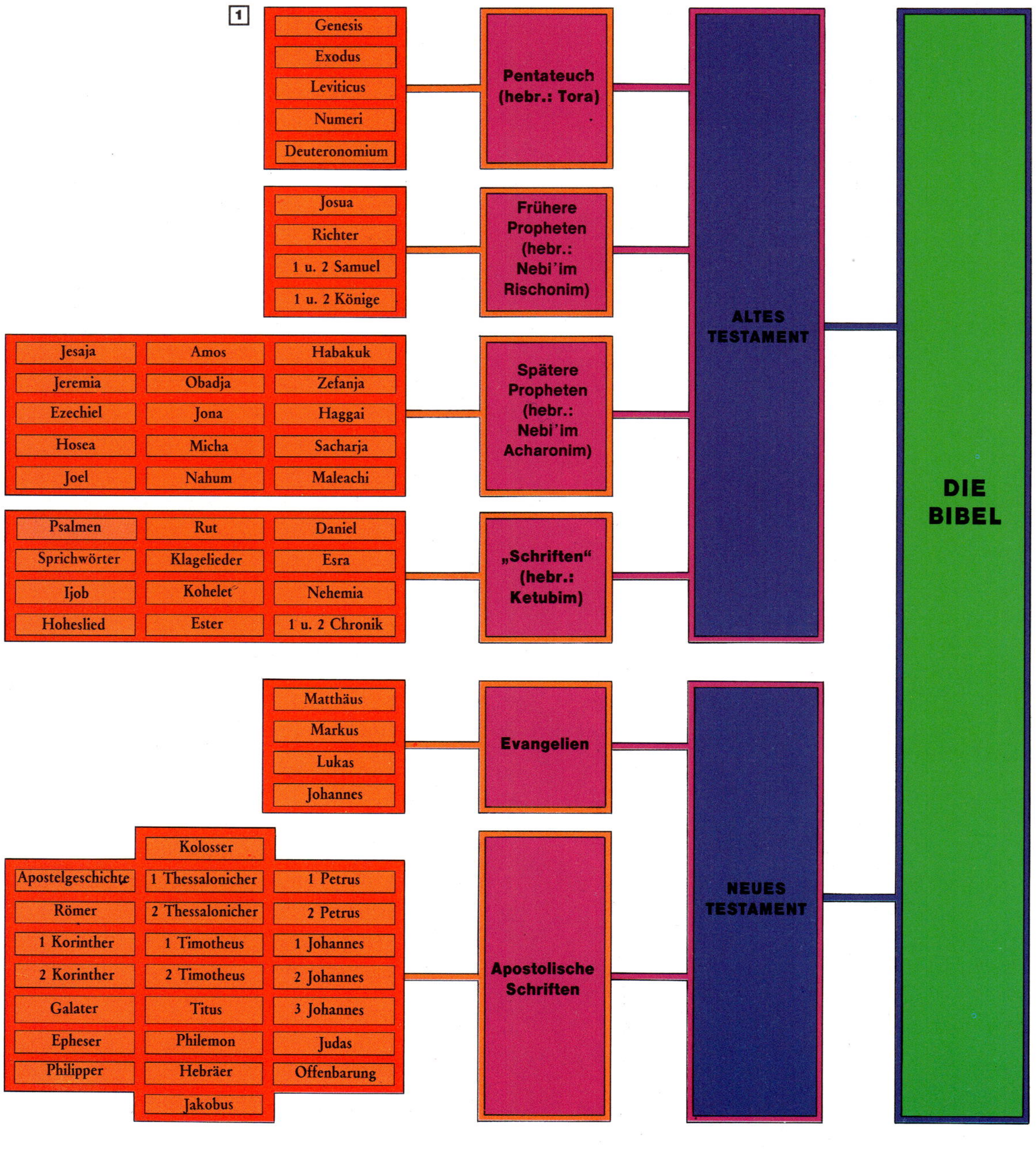

sprünglich auf lange Bahnen (z. B. aus Leder, Papyrus oder auch Kupfer), die man zu Buch*rollen* aufwickelte. Dem Umfang einer solchen Rolle waren durch die Handhabbarkeit Grenzen gesetzt. Mehrere Schriften in einem Werk zusammenzufassen war erst möglich, als man den *Codex* erfunden hatte, der wie moderne Bücher aus beidseitig beschriebenen Seiten besteht. Die Christen benützten diese Erfindung bald, um beide Testamente (in Griechisch) in einem Buch zu erfassen. Als im frühen 4. Jh. das Christentum zur Staatsreligion des Römischen Reiches wurde, entstanden prächtige Pergamentcodices, der Codex Sinaiticus und der Codex Vaticanus, ein Jahrhundert später der ebenso prächtige Codex Alexandrinus. Älter sind einige Papyri–Handschriften, die Teile des Neuen Testaments enthalten; aus dem 3. Jh. z. B. stammen Papyri aus der Sammlung *Chester Beatty* in Dublin.

Die Anordnung der alttestamentlichen Bücher

Vergleicht man moderne Bibelausgaben, so fallen Unterschiede in der Zahl und Anordnung der alttestamentlichen Bücher auf. In der hebräischen Bibel und den davon unmittelbar abgeleiteten modernen jüdischen Übersetzungen sind die Bücher so angeordnet, daß die drei Teile des Kanons in der zeitlichen Reihenfolge ihrer Anerkennung aufeinanderfolgen: Tora (Weisung), Nebi'im (Propheten), Ketubim (Schriften). Die fünf Bücher der *Tora* (griech.: *Pentateuch*, d. h. „Fünfrollen") finden sich in der gleichen Reihenfolge auch in allen anderen Bibelausgaben: Genesis, Exodus, Leviticus, Numeri, Deuteronomium. Die acht Bücher der *Nebi'im* dagegen sind in der hebräischen Bibel zu zweimal vier Büchern zusammengefaßt; die „Früheren Propheten" (Josua, Richter, Samuel, Könige) folgen auch in anderen Bibelausgaben auf den Pentateuch; die „Späteren Propheten" (Jesaja, Jeremia, Ezechiel und das Zwölfprophetenbuch) aber sind anders eingeordnet. Zu den *Ketubim* gehören in der hebräischen Bibel 11 Schriften: drei poetische Bücher (Psalmen, Sprichwörter, Ijob), fünf „Festrollen" (hebr.: *Megillot;* Hoheslied, Rut, Klagelieder, Kohelet, Ester), ein prophetisches Buch (Daniel) sowie geschichtliche Bücher (Esra, Nehemia, Chronik). Diese 24 Bücher gelten seit dem 1. Jh. n. Chr. bis heute als Heilige Schrift des Judentums.

Bei der alten Übersetzung ins Griechische wollte man die Bücher chronologisch anordnen, ließ z. B. die Bücher der Chronik auf die Samuel– und Königsbücher folgen und fügte andere Bücher, darunter auch solche, die nicht in die hebräische Bibel aufgenommen worden waren, in der vermeintlich richtigen zeitlichen Reihenfolge ein. In der Mitte des 4. Jhs., im Codex Sinaiticus und Codex Vaticanus, ist die traditionelle hebräische Anordnung bereits völlig verändert. Die Septuaginta enthielt in der folgenden Reihenfolge folgende Bücher (die nur in der griechischen Tradition enthaltenen sind *kursiv* geschrieben): Genesis, Exodus, Leviticus, Numeri, Deuteronomium, Josua, Richter, Rut, 1 und 2 Könige (in modernen Bibeln: 1 und 2 Samuel), 3 und 4 Könige (in modernen Bibeln: 1 und 2 Könige), 1 und 2 Chronik, 1 und 2 Esra (in modernen Bibeln: Esra, Nehemia), Psalmen, Sprichwörter, Kohelet, Hoheslied, Ijob, *Buch der Weisheit, Jesus Sirach,* Ester, *Judit, Tobit,* Zwölfprophetenbuch, Jesaja, Jeremia, *Baruch,* Klagelieder, *Brief Jeremias,* Ezechiel, Daniel (darin: *Gesang der Jünglinge, Susanna–Erzählung, Bel und der Drache*).

Diese Anordnung und Zahl der biblischen Bücher wurde in der *Vulgata* beibehalten, der um 400 von Hieronymus geschaffenen lateinischen Bibelübersetzung, die in der römisch–katholischen Kirche maßgebend blieb. Martin Luther orientierte sich an der hebräischen Bibel; so kommt es, daß in protestantischen Bibelausgaben die zusätzlichen Bücher der Septuaginta fehlen; die Anordnung der griechischen Tradition aber wird auch hier beibehalten.

Die übliche Einteilung der biblischen Bücher in Kapitel und Verse entstand für den liturgischen Gebrauch und geht wahrscheinlich im wesentlichen auf Aaron ben Moses ben Ascher zurück, einen Gelehrten des 10. Jhs. Nach dem System Ben Aschers enthält der Pentateuch 5845 Verse.

DER KÖNIG LIESS ALLE ÄLTESTEN JUDAS UND JERUSALEMS BEI SICH ZUSAMMENKOMMEN. ER GING ZUM HAUS DES HERRN HINAUF MIT ALLEN MÄNNERN JUDAS UND ALLEN EINWOHNERN JERUSALEMS, DEN PRIESTERN UND PROPHETEN UND ALLEM VOLK, JUNG UND ALT. ER LIESS IHNEN ALLE WORTE DES BUNDESBUCHES VORLESEN, DAS IM HAUS DES HERRN GEFUNDEN WORDEN WAR. DANN TRAT DER KÖNIG AN DIE SÄULE UND SCHLOSS VOR DEM HERRN DIESEN BUND: ER WOLLE DEM HERRN FOLGEN, AUF SEINE GEBOTE, SATZUNGEN UND GESETZE VON GANZEM HERZEN UND GANZER SEELE ACHTEN UND DIE VORSCHRIFTEN DES BUNDES EINHALTEN, DIE IN DIESEM BUCH NIEDERGESCHRIEBEN SIND ... 2 KÖN 23,1–3

5

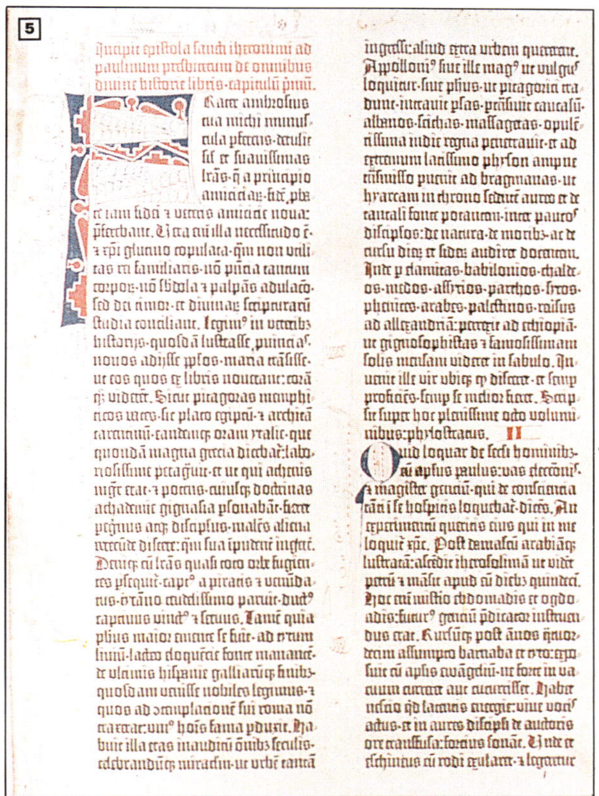

5 Oben
Eine Seite aus dem von Hieronymus geschriebenen Vorwort der ersten gedruckten Ausgabe der Vulgata (der für die römisch–katholische Kirche maßgeblichen lateinischen Bibelübersetzung, die Hieronymus um 400 n. Chr. schuf). Diese erste gedruckte Ausgabe brachte 1456 Gutenberg heraus.

6 Unten
Herstellung eines hebräischen Manuskriptes. Im synagogalen Gottesdienst werden auch heute noch handgeschriebene Rollen verwendet.

7 Unten links
Drei hebräisch beschriebene Buchrollen für den Synagogengottesdienst mit Tora–Mantel und –Krone.

1 Seite 132 links
Die Bibel (griechisch: *ta biblia,* „die Bücher") ist eine Sammlung vieler verschiedener Bücher. Die alttestamentlichen Bücher sind hier wie in der hebräischen Bibel angeordnet. Die Reihenfolge (und teilweise auch die Zahl) der Bücher ist in christlichen Bibeln eine andere (vgl. dazu im Text).

2 Seite 132 rechts oben
Eine Seite aus dem Buch Leviticus, aus einem in Syrien gefundenen hebräischen Manuskript aus dem 10. Jh. n. Chr.

3 Seite 132 rechts Mitte
Ein Text aus dem Matthäusevangelium aus einem Evangelien–Codex aus dem 6. Jh., in goldenen und silbernen Buchstaben auf purpurfarbenes Pergament geschrieben. Chrysostomus und Hieronymus verurteilten solche Pracht.

4 Seite 132 rechts unten
Eine Seite aus dem Lukasevangelium, aus dem Codex Sinaiticus, einem Codex des 4. Jhs. n. Chr., den Konstantin von Tischendorff um 1855 im Katharinenkloster auf dem Sinai entdeckte und durch List erwarb, so daß die wertvolle Handschrift erhalten blieb. Bis 1933 war der Codex in St. Petersburg; dann kaufte ihn das Britische Museum. Der Codex enthält auf 346 Pergamentseiten das Alte und das Neue Testament (beide in Griechisch).

8 Bibelausgaben
1 Hebräischer Kanon, um 100 n. Chr.
2 Neutestamentl. Kanon, im 2. Jh. n. Chr.
3 Septuaginta, griech. AT, seit dem 3. Jh. v. Chr.
4 Codex Sinaiticus, 4. Jh. n. Chr.
5 Codex Vaticanus, 4. Jh. n. Chr.
6 Codex Alexandrinus, 5. Jh. n. Chr.

6

8

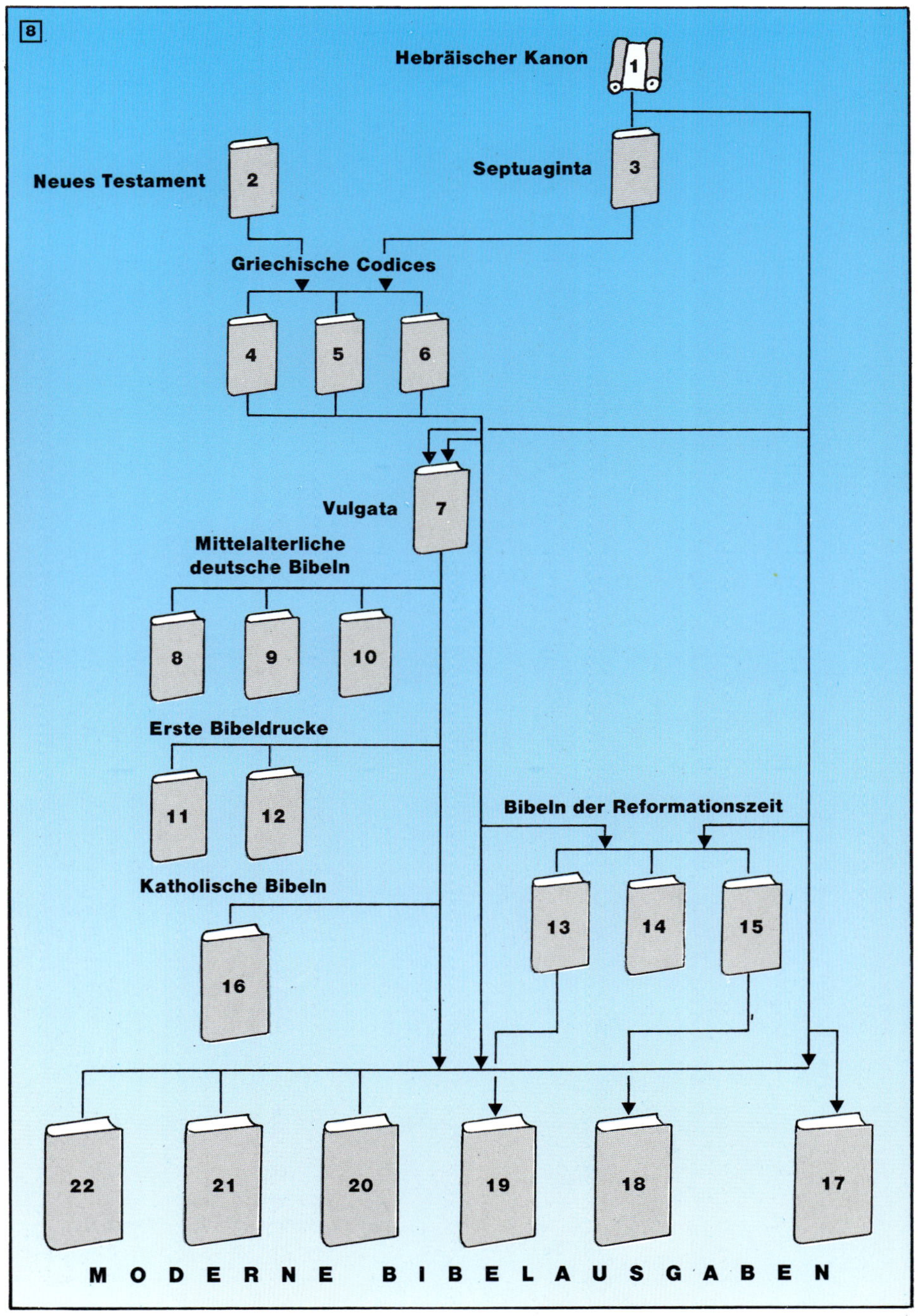

7

7 Vulgata, lat. Bibel des Hieronymus, Anfang 5. Jh.
8, 9, 10 fragmentarisch erhaltene mittelalterliche dt. Bibelhandschriften; die älteste: 748 n. Chr., „Mondseer Fragmente"; im 9. Jh. zahlreiche Interlinear-Übersetzungen (dt. zwischen lat. Zeilen)
11 1456 Gutenberg–Bibel
12 1466 Straßburger Bibel (Es gab 14 gedruckte dt. Bibeln vor 1521)
13 1522 Martin Luthers Bibel
14 1516 Das NT des Erasmus
15 1529 Zwinglis Bibel
16 1626 Mainzer Bibel
17 1926ff Martin Buber
18 1931 Neue Züricher Bibel
19 1984 Revidierte Luther–Bibel
20 1966 Jerusalemer Bibel (aus dem Frz.)
21 1980 Einheitsübersetzung der kath. dt. Bistümer
22 1971 Gute Nachricht

Als der persische König Kyrus II. 546 v. Chr. die lydische Hauptstadt Sardis einnahm und die persischen Truppen die Stadt plünderten, fragte Krösus, der schwerreiche König von Lydien, den Kyrus: „Was tun diese Männer?“ – „Sie plündern deine Stadt“, antwortete Kyrus. „Nicht meine Stadt“, sagte Krösus, „vielmehr deine!“ – Diese Eroberung von Sardis brachte die kleinasiatische Mittelmeerküste unter die verhaßte persische Herrschaft. Schon 498 v. Chr. brannte Sardis erneut nieder, als die Ionier sich gegen die Perser erhoben. Die Athener unterstützten den Aufstand, weil sie die Perser von der Ägäis fernhalten wollten. Dies hatte die Invasion Griechenlands durch die Perser zur Folge, welche jedoch mit der Niederlage Darius' I. bei Marathon (490) und Xerxes' I. bei Salamis und Platää (480) endete. – Während der nächsten zwei Jahrhunderte beobachteten sich die Griechen und Perser wachsam über die Ägäis hinweg. Der Friede des Kallias im Jahre 449 verhinderte ein weiteres Vordringen der Athener nach Zypern und Ägypten und untersagte den Persern, die athenischen Städte der ägäischen und der ionischen Küste einzunehmen. Es überrascht nicht, daß Persien dem Feind der Athener, Sparta, im Peloponnesischen Krieg (431–401) zu Hilfe kam. Im Jahre 401 hingegen marschierten etwa 13 000 griechische Söldner von Sardis aus, um den jungen Kyrus gegen seinen königlichen Bruder Artaxerxes II. zu unterstützen. Sie wurden zwar bei Kunaxa besiegt und mußten nordwärts durch Armenien bis nach Trapezus am Schwarzen Meer flüchten (ihr Führer Xenophon beschrieb den langen Marsch in seinem Buch *Anabasis*). Der Aufstand machte jedoch alle Kriegsparteien auf das kämpferische Potential eines griechischen Söldnerheeres aufmerksam.

Die griechischen Städte Kleinasiens waren stets widerwillige persische Untertanen und selbst ihre persischen Satrapen versuchten mehrmals, Unabhängigkeit zu erlangen. In den 50er Jahren des 4. Jh. v. Chr. rebellierten alle Satrapen

DIE PERSISCHE ZEIT

Die Perser im Mittelmeerraum – Rückkehr der Juden

Die Bibel hält für die persische Zeit vier große Ereignisse fest: Rückkehr der Exilierten (ab 538 v. Chr.), Errichtung eines neuen Tempels in Jerusalem (520–516), Wiederaufbau der Mauern von Jerusalem unter Nehemia (444), Verkündigung des Gesetzes durch den Priester Esra (398). Diese Ereignisse galten als die ausschlaggebenden Faktoren für die Wiederherstellung der jüdischen Gemeinschaft nach der Katastrophe des Exils. Im jüdischen Volk erwachte das Bewußtsein, seine der Bibel verpflichtete Lebensweise gegen außen stark abgrenzen zu müssen.

von Kleinasien, Phönizien und Ägypten mit Hilfe von Söldnertruppen gegen den Großkönig. Ihr Aufstand mißlang, weil sie unter sich uneins waren. Philipp II. von Mazedonien wollte daraufhin die geschwächte Lage des persischen Imperiums ausnützen. Als sein Sohn Alexander 333 mit 40 000 Mann Infanterie und 7000 Mann Kavallerie den Hellespont überquerte, setzte sich die persische Armee hauptsächlich aus griechischen Söldnern zusammen.

Das Interesse der Perser an Ägypten

Die Perser trachteten nach dem Wohlstand der Ägypter und nach den Schiffen, dem Handel und dem Holz der Phönizier. Die Satrapie Abar Nahara, „Jenseits des Stromes“, zu der Juda und Phönizien gehörten, war ihr Tor nach Ägypten. Als Kambyses II. 525 v. Chr. Ägypten eroberte, unterstützten ihn die Phönizier mit einer Flotte, und die Araber lieferten Wasser für die Wüstenstrecke südlich von Gaza. Sein Nachfolger Darius I. leistete einen aktiven Beitrag zur Kolonialisierung Ägyptens: Er eröffnete einen Kanal zwischen dem Nil und dem Roten Meer, unterstützte Bauarbeiten bei El-Charga, Wadi Hammamat, El-Kab, Busiris, Memphis, Saïs und Edfu; er kodifizierte das ägyptische Gesetz und verbesserte die Ausbildung der ägyptischen Priester. Nach dessen Tod (486 v. Chr.) lehnte sich Ägypten jedoch gegen die persische Ausbeutung auf. Xerxes I. stellte die Ordnung aber schnell wieder her. Einen großangelegten Aufstand gab es in den 60er und 50er Jahren des 5. Jh.; er brach jedoch zusammen, als eine athenische Hilfsflotte in einen Hinterhalt gelockt und zerstört wurde. Während der folgenden 40 Jahre wurde Ägypten vom Satrapen Arscham, dessen Korrespondenz z.T. bis heute überlebte, regiert. Durch unablässige Rebellionen erreichte Ägypten 404 ein letztes Mal seine Unabhängigkeit, bis Artaxerxes 343 die letzte einheimische Dynastie beendete. Aber die Griechen hatten Ägypten bereits im Blick. Alexander der Große eroberte es kampflos 331 v. Chr., wurde zum Pharao gekrönt und gründete Alexandrien.

Die jüdische Garnison auf der Insel Elephantine

An der südlichen Grenze des persischen Reiches, auf der Insel Elephantine, gab es eine jüdische Gemeinschaft. „Elephantine“ ist die griechische Übersetzung des alten ägyptischen Namens „Elephantenplatz“; in aramäischen Papyri wurde es „Jeb“ genannt. Das Auftauchen dieser Papyri auf dem Antiquitätenmarkt des nahen Aswan zu Beginn dieses Jahrhunderts führte zu Ausgrabungen auf der Insel und zu weiteren Papyrusfunden. Diese „Elephantine–Papyri“ aus dem 5. Jh. v. Chr. geben Einblick in das Leben und die Geschichte der jüdischen Gemeinschaft, die als Garnison für die persischen Herrscher diente. Diese Juden hatten einen eigenen Tempel und pflegten eine ägyptisierte Verehrung Jahus. Sie waren in Elephantine bereits ansässig, als Kambyses 525 Ägypten eroberte. Das Datum ihrer Ankunft ist jedoch nicht bekannt: Sie könnten Flüchtlinge von der Zerstörung Jerusalems 587 oder sogar aus der Verfolgung im 7. Jh. sein.

Hananjas Haus

Plan 3 oben rechts zeigt, wie der jüdische Tempel Jahus, des Himmelsgottes, im Fort von Elephantine von Straßen und jüdischen Häusern umgeben war. Deren Anordnung und die Geschichte ihrer Besitzer im 5. Jh. können aufgrund zweier Familienarchive aus Elephantine rekonstruiert werden: dem Archiv eines jüdischen Tempelbeamten Hananja und dem Archiv einer Frau Mibtahia.

Hananja kaufte sein Haus 437 v. Chr. Im Jahr 434 übertrug er den Teil, der dem Tempel am nächsten stand, seiner Frau Tamut, vielleicht nach der Geburt ihrer zwei Kinder Pilti und Jehoischma. Als Jehoischma 420 heiratete, vermachte ihr der Vater urkundlich die Hälfte der Treppe und das Recht, sie zu benützen. In zwei späteren Dokumenten, datiert auf 404 und 402, bestätigte und vergrößerte Hananja sein Geschenk. 16 Monate später überließ er Jehoischma in einem dritten Dokument das ganze Treppenhaus und das Hofareal am nordöstlichen Ende des Grundstückes. Durch dieses Dokument erbte Jehoischma diesen Teil des Besitzes schon vor dem Tode ihres Vaters. Neun Monate später wurde der restliche Besitz für 13 Schekel an Jehoischmas Ehemann, Hananjas Schwiegersohn, verkauft.

SO SPRICHT DER KÖNIG KYRUS VON PERSIEN: DER HERR, DER GOTT DES HIMMELS, HAT MIR ALLE REICHE DER ERDE VERLIEHEN. ER SELBST HAT MIR AUFGETRAGEN, IHM IN JERUSALEM IN JUDA EIN HAUS ZU BAUEN. ESRA 1,2

2 ***Phönizien, Syrien und Palästina unter den Persern***

● von Pseudo–Skylax aufgelistete Städte

2 ***Karte links***

Die Quellen für die Geschichte des persischen Imperiums sind hauptsächlich die Bibel und die griechischen Schriftsteller, da uns außer den Inschriften von Darius I. keine persischen Schriften aus jener Zeit bekannt sind. Wichtige griechische Quellen sind:
Herodot von Halicarnassus (490–420 v. Chr.): Er schrieb eine „*Historia*“ der persischen Kriege.
Xenophon von Athen (428/7–354 v. Chr.): Er nahm am Feldzug des Kyrus teil und führte den Rückzug an, der in seinem Buch „*Anabasis*“ beschrieben ist.
Skylax von Caryanda (6.–5. Jh. v. Chr.): Er erforschte das Gebiet des Indus und die arabische Küste für Darius I.; es sind nur Zitate bei späteren Schriftstellern erhalten. Er galt irrtümlicherweise als Autor einer Beschreibung des Mittelmeers aus dem späten 4. Jh. v. Chr., mit nützlichen Angaben zur Küste Palästinas (s. Karte links).
Diodorus Siculus von Agyrium (um die Mitte des 1. Jh. v. Chr.): Er schrieb eine Weltgeschichte in 40 Bänden, die wegen ihrer Zitate früherer Quellen sehr nützlich ist.
Plutarch von Chäronea (ca. 50–120 n. Chr.), bekannt vor allem wegen seines Werkes „Leben berühmter Griechen und Römer“.
Arrian von Bithynien (2. Jh. n. Chr.): Er schrieb eine Geschichte über Alexander den Großen, die „*Anabasis*“, die sich auf die Memoiren von Alexanders General Ptolemäus (Ptolemäus I. von Ägypten) stützt.

4

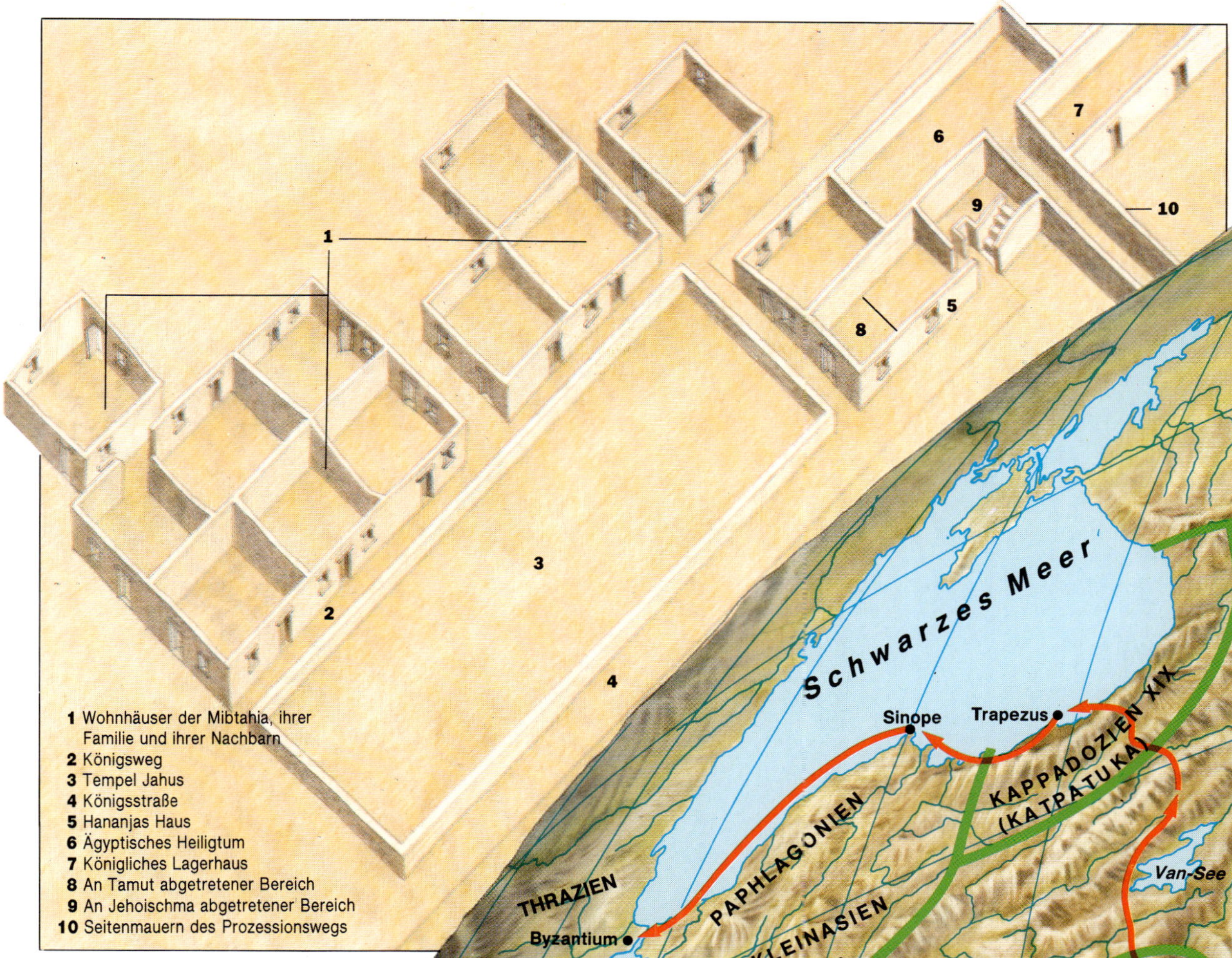

3 ***Oben***
Auf dem Plan sind der jüdische Tempel, Hananjas Haus und das neue lokale ägyptische Heiligtum abgebildet (wie sie aus den Dokumenten rekonstruiert werden konnten). Letzteres wurde 410 v. Chr. als bewußte Provokation errichtet, als sich die ägyptischen Priester mit Vidranga, dem Befehlshaber der persischen Garnison, verbündeten, um den jüdischen Tempel zu zerstören.

4 ***Unten links***
Das Grab des Kyrus in Pasargadae

1 ***Karte unten***
Die westlichen Satrapien des persischen Imperiums und der Angriff des Kyrus gegen Artaxerxes II.

In der persischen Zeit (559–332 v. Chr.) war Palästina ein Teil der 5. Satrapie „Jenseits des Stromes“ (Esra 4,10; 8,36; Neh 2,7.9). Der hebräische Name „ʿeber nahara“ (aramäisch: „ʿabar nahara“) entspricht der administrativen Bezeichnung „ebir–nari“ der Assyrer und ist seit der Zeit Asarhaddons (7. Jh. v. Chr.) bekannt (s. Karte 1, S. 135).

Die interne administrative Aufteilung dieser Satrapie ist in keiner schriftlichen Quelle bezeugt. Herodot (3,5) erwähnt nur vier Regionen an der Küste, die von drei verschiedenen Ländern besetzt waren: Im Norden lag Phönizien, dessen südliche Grenze nicht angegeben wird. Von Phönizien „bis zu den Grenzen der Stadt Caditis (= Gaza) gehört das Land den Syrern. Von Caditis bis Ienysus (= el–ʿArisch?) gehören die Seehäfen an der Küste dem König von Arabien und das Land von Ienysus bis zum Sirbonischen See ist wiederum syrisches Gebiet.“

Das Bild, das die griechischen Quellen ergeben, stimmt nur für die Küstengebiete. Um die administrative Aufteilung des Landes im Innern während der persischen Zeit zu erkennen, müssen die zeitgenössischen biblischen Quellen und das Wissen um die administrative Gliederung des Landes durch die Assyrer beigezogen werden. Es besteht ein allgemeiner Konsens, daß die Perser die interne administrative Verwaltung Palästinas, die unter der assyrischen und babylonischen Herrschaft entstanden war, nicht veränderten. Von der Zeit Tiglat–Pilesers III. (733 v. Chr.) an bestand das Land aus den Provinzen Megiddo, Dor und Samaria, Transjordanien, Hauran, Karnajim (= Baschan) und Gilead. Die Babylonier, die auch den südlichen Teil Palästinas eroberten und die letzten Reste von unabhängigen Staaten ausmerzten, fügten neue Provinzen an: Juda, Aschdod und Idumäa (die südlichen judäischen Hügel) im Westen, Ammon und Moab in Transjordanien. Weiter südlich herrschten die kedaritischen Araber über Gaza, den Negeb und wohl auch Edom. Da wir keine schlüssigen zeitgenössischen Belege haben, bleibt die Errichtung dieser Provinzen durch die Babylonier (trotz des Hinweises auf Hauran und Gilead in Ez 47,18) Vermutung. Einige der genannten Provinzen entstanden vielleicht erst zu Beginn der persischen Zeit.

Zur Zeit des Nehemia und des Esra werden in der Bibel die Provinzen Samaria im Norden, Aschdod im Westen und Ammon im Osten erwähnt; das südliche Gebiet war von Geschem, dem Araber (vgl. Neh 2,19), besetzt. Die Existenz der Provinz Moab ist vielleicht im Ausdruck „Nachkommen des Pahat–Moab“ in Esra 2,6 und Neh 7,11 angedeutet. Da nicht auf Edom verwiesen wird, war es in dieser Epoche wohl dem arabischen Gebiet einverleibt. In den Elephantine–Papyri (s. S. 134), in den Dokumenten aus dem Wadi ed–Dalije und auf den Münzen finden sich weitere zeitgenössische Nachweise der Existenz der Provinzen Samerina (Samaria) und Jehud (Juda). Die Unterteilung der Provinz Jehud kann in etwa aus einer Dienstliste des Buches Nehemia ersehen werden, in welcher die Vorsteher der Bezirke (pelek, „Teil“) genannt sind (Neh 3,14f). Der Bezirk wird manchmal in halbe Bezirke unterteilt (Neh 3,9). Gemäß dieser Dienstliste war Juda mindestens in fünf Bezirke unterteilt.

Die Archäologie leistete ebenfalls eine wertvolle und eigenständige Hilfe zur Erhellung der Geschichte Palästinas während dieser dunklen Epoche. Eine regionale Betrachtung der archäologischen Funde erlaubt mit großer Sicherheit die Annahme, daß das Land bereits am Anfang dieser Epoche in zwei kulturelle Bereiche zerfiel: die Gebirgsgegend von Juda und Transjordanien (auch, aber weniger Samaria) einerseits, Galiläa und die Küstenebene andererseits. Die kulturelle Grenze, die diese beiden Bereiche voneinander trennte, war zeitweise so scharf wie die Trennung zwischen zwei voneinander unabhängigen Ländern. Ohne das Wissen um diese Unterteilung Palästinas ist es unmöglich, die innere kulturelle Entwicklung dieser Epoche zu verstehen.

Der regionale archäologische Gesamtbefund zeigt nämlich, daß die Kultur der Gebirgsgegend grundsätzlich östlich war: Sie bestand aus der lokalen Kultur, welche die israelitische Tradition fortsetzte, und aus östlichen Ele-

DIE PERSISCHE ZEIT

In den Tagen des Persischen Reiches

Das Persische Reich hat für die Juden besondere Bedeutung, denn die persischen Herrscher erlaubten den Juden eine allmähliche Rückkehr aus dem „babylonischen Exil“ in ihr Land Israel. Das Buch Ester erzählt, wie die Juden ihrer Vernichtung durch den bösen königlichen Ratgeber Haman entgehen konnten und durch Ester und Mordechai gerettet wurden. Trotz der über 200jährigen persischen Herrschaft ist die Kultur Palästinas von den Persern kaum beeinflußt worden.

2

1 Unten
Der große Palast von Persepolis erhebt sich über eine weite, fruchtbare Ebene des persischen Stammlandes im Südwesten Irans. Er war eine Hauptresidenz der achämenidischen Könige. Die Bauarbeiten begannen gegen Ende des 6. Jh. v. Chr., als eine Terrasse mit einer Fläche von 500 x 300 m und einer Höhe von 12 m errichtet wurde. Zu den Gebäuden, die während der folgenden 50–60 Jahre gebaut wurden, gehörten Audienzsäle mit hohen Säulen, Empfangsräume, Schatzkammern für die Steuerabgaben und andere kostbare Gegenstände sowie Unterkunftsräume für eine militärische Garnison. Von diesen Bauten sind uns heute nur die Steinsäulen und Portale erhalten. Das Mauerwerk ist vielfach mit prächtigen Flachreliefs verziert, die den inthronisierten Großkönig, persische Höflinge und Soldaten darstellen.

1

1 *Der Königspalast in Persepolis*

1 Haupttreppe: nur leicht abgestuft, um auch Reitern den Aufstieg zu ermöglichen
2 Torturm: führte über die Prozessionsstraße zum Saal der 100 Säulen (10) und zum Hof vor dem Hauptaudienzsaal (4)
3 Östliche Treppe zum Hauptaudienzsaal (4): die Seiten sind mit Tributreliefs verziert
4 Apadana: Hauptaudienzsaal von Darius I., mit offenen Säulengängen auf 3 Seiten, einer Holzdecke und 36 schlanken, fast 20 m hohen Säulen
5 Tripylon: kleiner Zentralpalast oder Vestibül
6 Tachara oder „Winterpalast“ von Darius I.: mit auffällig ägyptischen architektonischen Merkmalen
7 Hadisch oder Palast von Xerxes: mit einem Empfangssaal
8 Palast von Artaxerxes I.
9 Unvollendeter Torturm: führt zum Hof vor dem Saal der 100 Säulen
10 Saal der 100 Säulen oder „Thronsaal“: flächenmäßig größer als die Apadana, aber nur halb so hoch
11 Saal der 32 Säulen: kleiner Empfangssaal
12 Königliche Ställe und Wagenhaus
13 Amtsgebäude und Vorratskammern des königlichen Schatzes
14 Weitere Schatzkammern, Speicher und Lagerhäuser
15 Garnisonsquartier
16 Überreste einer Festungsmauer aus Lehmziegeln mit vorstehenden Türmen
17 Überreste einer Festungsmauer aus Lehmziegeln: trennt die Palastgebäude vom Bereich der etwas höher gelegenen Zitadelle

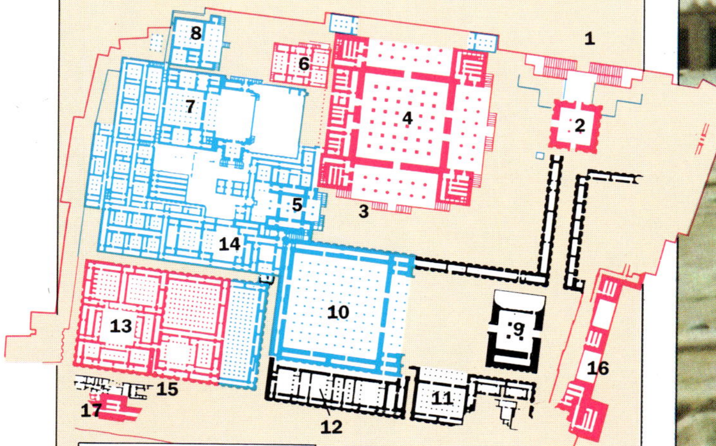

1 *Der Königspalast – Bauphasen*
515–480 v. Chr.
479–450 v. Chr.
449–330 v. Chr.

3

4

2 S. 136 oben
Metallgegenstände in achämenidischem Stil; aus Palästina.

3 Links
Tonfigur eines Pferdes mit Reiter, die persischen Einfluß aufweist.

4 Unten
Fragment eines „Rhytons" in der Gestalt eines Widders; aus Aschkelon.

5 6 und 7 Unten
Details des Palastes in Persepolis. Abb. 5 zeigt Darius auf seinem Thron.

menten aus dem assyrischen, babylonischen und ägyptischen Bereich. Die Kultur der Küste dagegen war hauptsächlich von westlichen, ostgriechischen, zypriotischen und attischen Elementen geprägt. Daraus wird ersichtlich, daß die materiale Kultur Griechenlands schon lange vor der Eroberung durch die Mazedonier in Palästina gegenwärtig war. Die wichtigsten Träger dieser neuen palästinischen Kultur waren offenbar die Phönizier und weniger die griechischen Soldaten und Siedler. Es besteht jedoch kein Zweifel, daß diese kulturelle „Eroberung" sehr äußerlich war, da die Produkte der griechischen Kultur an die lokalen Traditionen und Bräuche angepaßt wurden und nicht mehr die gleiche Bedeutung wie in ihrem Ursprungsland besaßen.

Die Kultur Palästinas ist erstaunlich wenig von den herrschenden Persern beeinflußt worden. Schwacher Einfluß findet sich bei einigen Keramiktypen und bei Schmuckstücken und Metallwaren, die offenbar ebenfalls von den Phöniziern hergestellt wurden. Wie weit der persische Dualismus die jüdische Gedankenwelt beeinflußt hat, ist stark umstritten.

ICH HABE ESTER DAS HAUS HAMANS ÜBERGEBEN, DEN MAN AM GALGEN AUFGEHÄNGT HAT, WEIL ER SEINE HAND GEGEN DIE JUDEN ERHOB. EST 8,7

5

Das Buch Ester

Das Buch Ester ist jenes Buch der Bibel, das am stärksten an die „Märchen aus Tausendundeiner Nacht" erinnert: Die Geschichte spielt in Susa, der Hauptstadt Persiens. König Ahaswerus (wahrscheinlich Artaxerxes I., 486–465) hat seine königliche Gemahlin entlassen und sucht sich unter den schönsten Jungfrauen des Landes Ester als neue Gemahlin aus, ohne daß er von deren Zugehörigkeit zum jüdischen Volk weiß. Unterdessen erhält der königliche Wesir Haman die Zustimmung des Königs, die Juden in Persien vernichten zu dürfen. Das Datum wird durch Ziehen von Losen (= purim) bestimmt. Dem Rat ihres Vetters Mordechai folgend, übernimmt Ester die gefährliche Aufgabe, den König umzustimmen. Dies gelingt ihr, das Edikt zur Vernichtung der Juden wird aufgehoben, Haman aber gehängt. Mordechai fordert die Juden auf, ihre Rettung am selben Tag zu feiern (am 14. Tag des hebräischen Monats Adar), an dem sie hätten vernichtet werden sollen. Diese Feier, Purim genannt, wird bis heute begangen. Das Buch Ester wird dann aus einer besonderen Buchrolle vorgelesen.

6

7

Die Griechen waren immer schon von Persien und seinem Wohlstand fasziniert, obwohl sie dafür Verachtung vortäuschten. Schon vor Alexander reisten viele Griechen in den Osten, z.B. Skylax, der den Indus und die arabische Küste für Darius erforschte. Im 4. Jh. v. Chr. wurden viele Griechen persische Söldner, und im ganzen persischen Gebiet der kleinasiatischen Küste wurden Städte nach dem von Hippodamus von Milet konzipierten hellenistischen Straßennetzmuster erbaut oder wieder aufgebaut. Die Hellenisierung wurde in Karien vom unabhängig gesinnten persischen Satrapen Mausolus eingeführt; sein Grab, das Mausoleum, war eines der sieben Wunder der Antike.

Die Feldzüge Alexanders (334–323 v. Chr.) beschleunigten die Hellenisierung jedoch auf dramatische Weise. Alexander selbst bemühte sich, Griechen und Nichtgriechen zu vereinigen, indem er sie zur Heirat untereinander ermunterte, hellenistische Städte gründete und griechische Kolonien ansiedelte. Nach seinem Tode führten seine Generäle seine Politik in ihren neuen Königreichen weiter. Kassander erhielt Griechenland und Mazedonien, Lysimachus Thrakien, Antigonus I. und sein Sohn Demetrius I. Kleinasien, Seleukus I. Babylonien, Persien und Syrien und Ptolemäus I. Ägypten, Palästina und Phönizien. Weiter östlich entstand das indo–griechische Königreich Baktrien. Dessen Könige trugen zwar griechische Namen, brachen aber ihre Beziehungen mit dem Westen bald ab, und kurz vor dem Jahr 100 v. Chr. entwickelte dieses Königreich Verbindungen mit China.

Der Osten wurde jedoch von mazedonischen Siedlern spärlich besiedelt: Nur 15 000 Mazedonier begleiteten Alexander auf seinen Feldzügen, und viele kehrten – krank vor Heimweh – nach Griechenland zurück. Besonders die seleukidischen Könige gründeten neue Kolonien, um die Verbindung zum Osten zu sichern; manchmal beschränkten sie sich darauf, alte Städte mit griechischen Dynastienamen zu versehen, oder sie gewährten solchen Orten gegen eine Gebühr den Status einer griechischen Stadt. Auch die Ptolemäer gaben ihren Städten neue Namen (z.B. Akko wurde zu Ptolemais, und Rabbat–Ammon zu Philadelphia). Beide Dynastien mußten große Imperien kontrollieren und benötigten zu diesem Zweck eine zuverlässige zentrale Verwaltung, deren Amtssprache Griechisch war und die mit der örtlichen ägyptischen und aramäischen Verwaltung in Verbindung stand. Die Verbreitung der griechischen Sprache und Kultur ging Hand in Hand mit der administrativen Neugestaltung des Landes.

Der Hellenismus in Judäa

Es war unvermeidlich, daß sich der griechische Einfluß auch in Judäa auswirkte. Gegen Ende des 7. Jh. v. Chr. standen griechische Söldner im Dienst Ägyptens an der Küste Philistäas; im 5. Jh. v. Chr. erschienen Händler aus Tyrus (sie konnten ohne Zweifel Griechisch sprechen) im Jerusalem der Zeit Nehemias. Im 4. Jh. v. Chr. benützte Jehud/Judäa bereits Münzen mit der attischen Eule, und die attischen Figuren aus rotem Ton waren selbst in Ptolemais und Sebaste bekannt. In der Gegend von Dora und Cäsarea, Aschdod und Askalon sind große Mengen von Vorratsgefäßen aus persischer und hellenistischer Zeit aus dem Meer gehoben worden. Diese zeigen, daß die Häfen dem regulären Handel dienten. Ein griechischer Helm aus der gleichen Zeit wurde nicht weit von Azotus gefunden. Es gibt Funde, die den Import aus Böotien in Griechenland, aus Zypern und Alexandria nachweisen. An vielen Ausgrabungsorten sind Gefäße aus dem Rhodos des 3. und 2. Jh. v. Chr. gefunden worden.

Die Makkabäer bezogen die hellenistisch–römische Welt des Mittelmeerraumes sehr wohl ein: Judas Makkabäus selbst sandte eine Gesandtschaft nach Rom (1 Makk 8,17), und Jonatan unterhielt diplomatische Beziehungen mit Sparta (1 Makk 12,2), wo einige Jahre früher der abgesetzte Hohepriester Jason auf seiner Flucht um Aufnahme gebeten hatte (2 Makk 5,9). Die hellenistische Lebensweise läßt sich gut am Beispiel der Stadt Marisa ersehen. Sie war von Siedlern der phönizischen Stadt Sidon bewohnt, deren Gräber griechische Inschriften und Wandmalereien von Tieren aufweisen, die mit griechischen Namen überschrieben sind (z.B. Rhinozeros, Elefant). Die hellenistische Verwaltung ist aus einer griechischen Inschrift von Skythopolis (= Bet–Schean) aus dem Jahre 195 v. Chr. zu erkennen, die Aufträge von Antiochus III. und seinem Sohn an Ptolemäus, den Militärgouverneur von Zölesyrien und Phönizien, enthält. Die Juden selbst begannen auch auf Griechisch zu schreiben. Dies geschah vielleicht vorerst in Alexandrien, aber selbst in Jerusalem schrieb Eupolemus (Mitte des 2. Jh. v. Chr.; vgl. 1 Makk 8,17) eine Geschichte der Juden auf Griechisch. Im 1. Jh. v. Chr. wurden die Bücher Ester und 1 Makkabäer ins Griechische übersetzt, der Hasmonäerkönig Alexander Jannäus ließ Münzen prägen, die sowohl griechische als auch hebräische Inschriften trugen, während der Nabatäerkönig Aretas III. sich auf seinen Münzen den Beinamen „Griechenfreund" zulegte.

DIE HELLENISTISCHE ZEIT

Die Griechen wenden sich gegen Osten – Judäa in der hellenistischen Welt

Abgesehen von den kurzen historischen Überblicken in 1 Makk 1 und Dan 11, sagt die Bibel sehr wenig über diese Epoche, da zu dieser Zeit die hebräische Bibel praktisch abgeschlossen war. Sie wies drei Textgruppen auf: „das Gesetz, die Propheten und die anderen Schriften unserer Väter" (Sir, Vorw.). In der hellenistischen Zeit wurden jedoch in Alexandria die hebräischen Schriften ins Griechische übersetzt, wahrscheinlich zuerst für die dortige jüdische Gemeinde und später für die Juden (und dann auch für die Christen) des ganzen Mittelmeerraumes. Neue Schriften in hebräischer, aramäischer und griechischer Sprache erschienen, wurden aber nicht mehr in die Bibel aufgenommen (Apokryphen und Pseudepigraphen). Dies war kein „dunkles Zeitalter" für die Juden, sondern eine Epoche, in der sie sehr kraftvoll auf ihre neue hellenistische Umgebung reagierten.

ALEXANDER KAM BIS AN DAS ENDE DER WELT, PLÜNDERTE VIELE VÖLKER AUS ... ER STELLTE SEHR GROSSE STREITMÄCHTE AUF, HERRSCHTE ÜBER LÄNDER, VÖLKER UND FÜRSTEN UND MACHTE SIE SICH TRIBUTPFLICHTIG. 1 MAKK 1,3–5

2

1 ***Karte rechts***
Alexanders Feldzüge (334–323 v. Chr.) trugen die Hellenisierung bis an die Grenzen der bekannten Welt und darüber hinaus, weil von Alexandria in Ägypten bis zum „Entferntesten Alexandria" (Alexandria Eschate) in der Sogdiana Städte gegründet wurden. Alexander überquerte 334 v. Chr. den Hellespont mit ca. 40 000 Männern, um gegen die Perser zu ziehen. Nachdem er sie 334 v. Chr. beim Fluß Granikus besiegt hatte, zog er durch Kleinasien nach Syrien und Ägypten und drang dann ostwärts in Armenien ein, wo er 331 v. Chr. bei Gaugamela einen zweiten entscheidenden Sieg gegen die Perser errang. Dann rückte er weiter nach Medien, Persien und nordwärts bis zum Kaspischen Meer und zum Hindukusch vor. Alexander wollte den mythischen Fluß finden, der nach der damaligen Vorstellung die ganze Erde umschloß. In Indien mußte er aber den Rückzug antreten, da seine Truppen sich weigerten, weiter ins Unbekannte vorzustoßen. Ein Teil seiner Streitkräfte kehrte unter der Führung von Nearchus auf dem Seeweg, die übrigen auf dem Landweg durch Gedrosien nach Babylon zurück, wo Alexander 323 v. Chr. starb.

2 Links
Eine spätere Büste Alexanders des Großen. Im 2. Jh. n. Chr. schrieb Flavius Arrianus seine Geschichte Alexanders, die sich auf die Schriften der Zeitgenossen Alexanders stützt: Ptolemäus, Aristobulus und Nearchus, Alexanders Jugendfreund.

DIE HELLENISTISCHE ZEIT

Die Institutionen der hellenistischen Stadt

Die griechische Kultur war eine große Gefahr für die traditionelle jüdische Lebensweise. Die philosophischen Spekulationen der Griechen zogen viele Juden an, für die traditionellen Kräfte hingegen waren sie verdammungswürdig. Junge jüdische Männer, die sich für die sportlichen Ideale der Griechen begeisterten, beleidigten die jüdische Gemeinde in ihrem sittlichen Empfinden, wenn sie nach griechischer Sitte nackt an den Wettkämpfen teilnahmen. Diese hellenistische Kultur vermochte sich mit ihren charakteristischen Institutionen wie den Gymnasien, Theatern, Bädern und Tempeln im ganzen Nahen Osten auszubreiten. Sie hat den weiteren Verlauf der Menschheitsgeschichte zutiefst beeinflußt.

Die hellenistische Kultur brachte nicht nur neue Ideen und Sitten mit sich, sondern auch neue Gebäude für jene Einrichtungen, welche die Griechen als unverzichtbar für ein zivilisiertes Leben erachteten.

Die Agora

Die Agora war das Zentrum des öffentlichen Lebens. Von der hellenistischen Zeit an wurde die quadratische oder rechteckige Agora nach festen Plänen gebaut, weil sie zu einem Statussymbol der Stadt geworden war und der wachsenden Verflechtung des öffentlichen Lebens und der Regierung Rechnung tragen mußte. Die Stoa, die vor Sonne und Regen schützte, wurde zu einem wesentlichen Bestandteil. Ihre langen Säulenhallen dienten den öffentlichen Reden und dem privaten Gespräch, während sich im Inneren die Läden, Banken und Büros befanden. Tempel und Denkmäler wurden oft einbezogen, und wenn der römische Einfluß stark war, wurde auch eine *basilica* errichtet. Diese rechteckige gedeckte Halle war dann das Zentrum des städtischen Geschäftslebens. Sehr wichtig für die Stadtverwaltung war das *bouleuterion*, in welchem der Stadtrat tagte.

Das Stadion

Der einmalige Status von „heiligen" Spielen, deren hervorragendste Beispiele die vier großen panhellenischen Feste in Olympia, Delphi, Nemea und auf dem Isthmus von Korinth waren, wurde bis ins 2. Jh. n. Chr. sorgfältig bewahrt. Im Gegensatz dazu konnten „Geld"-Wettspiele *(thematitai)* von jeder Stadt veranstaltet werden, die über die nötigen finanziellen Mittel verfügte, um mit Geldpreisen würdige Athleten anzuwerben. Die uns erhaltenen Start- und Ziellinien weisen darauf hin, daß die Länge des Stadions zwischen 178 (in Delphi) und 192 m (in Olympia) liegen konnte. Die Teilnehmer rannten in markierten Bahnen. Es gibt Spuren verschiedener Arten von Starttoren. Bevor Steinsitze eingeführt wurden, trug man für jedes Fest Holzbänke hinein. Wenn keine geeignete Vertiefung vorhanden war, wurde ein Abhang terrassenartig ausgehauen.

Das Gymnasium

Die griechische Erziehung bestand aus einem Training von Körper und Geist. Sie konzentrierte sich auf das Gymnasium (= die Palästra), das zum Brennpunkt des Stadtlebens und zum Kennzeichen des Hellenismus wurde. Jede barbarische (= nicht-griechische) Gemeinschaft, die den Status einer griechischen Stadt zu erlangen wünschte, mußte ein Gymnasium errichten (2 Makk 4,9). Dessen ideale Gestalt wurde von Vitruv in *De Architectura* 5.11,1–4 beschrieben:

„Es sollen quadratische oder längliche, mit Säulen umgebene Plätze (= peristylia) gebaut werden, die einen Rundgang von zwei Stadien ermöglichen (die Griechen nennen diesen Rundgang diaulos). Drei Seiten sollen einfache Säulengänge (porticus) sein; die vierte südliche soll

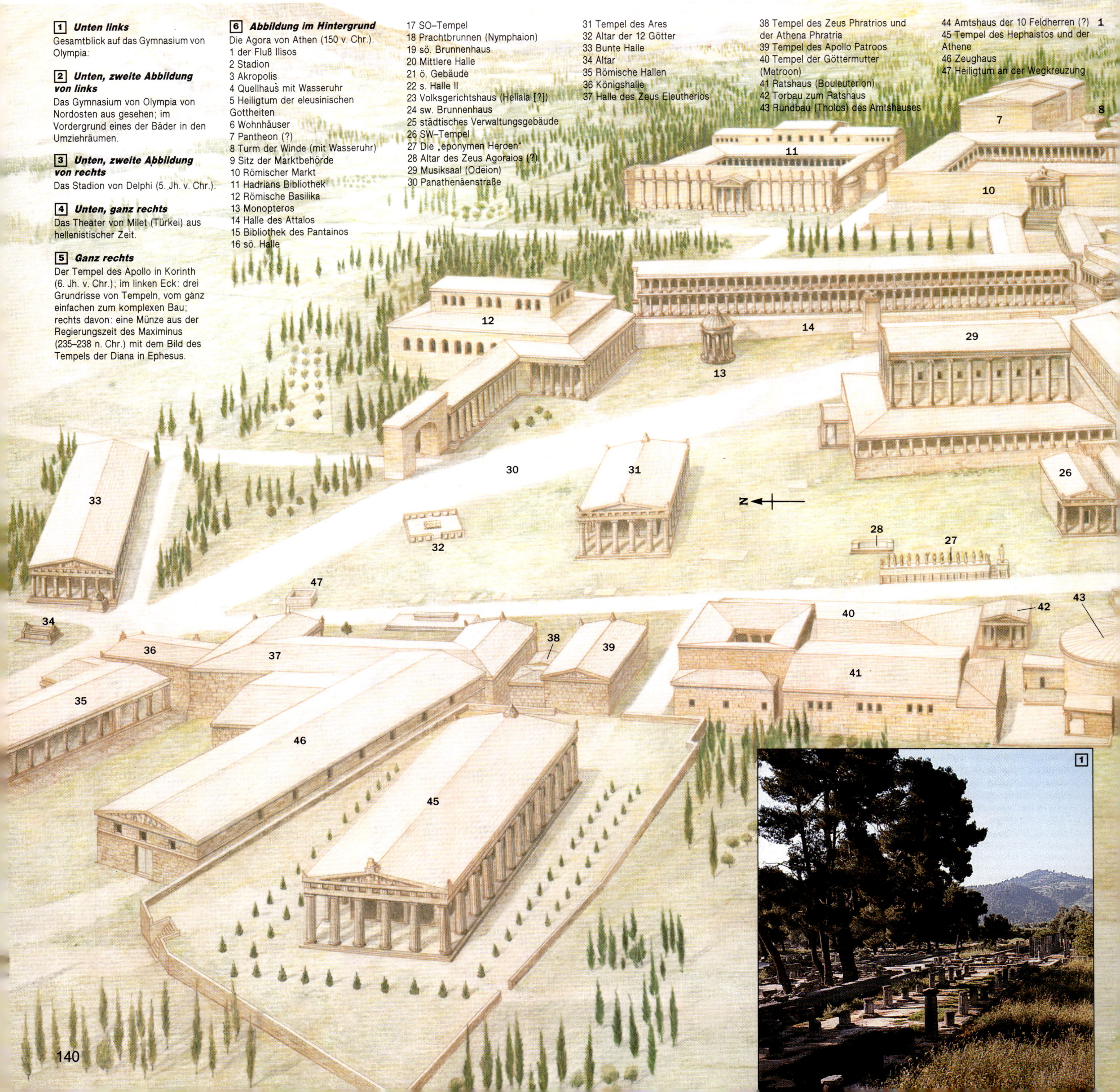

1 Unten links
Gesamtblick auf das Gymnasium von Olympia.

2 Unten, zweite Abbildung von links
Das Gymnasium von Olympia von Nordosten aus gesehen; im Vordergrund eines der Bäder in den Umziehräumen.

3 Unten, zweite Abbildung von rechts
Das Stadion von Delphi (5. Jh. v. Chr.).

4 Unten, ganz rechts
Das Theater von Milet (Türkei) aus hellenistischer Zeit.

5 Ganz rechts
Der Tempel des Apollo in Korinth (6. Jh. v. Chr.); im linken Eck: drei Grundrisse von Tempeln, vom ganz einfachen zum komplexen Bau; rechts davon: eine Münze aus der Regierungszeit des Maximinus (235–238 n. Chr.) mit dem Bild des Tempels der Diana in Ephesus.

6 Abbildung im Hintergrund
Die Agora von Athen (150 v. Chr.).
1 der Fluß Ilisos
2 Stadion
3 Akropolis
4 Quellhaus mit Wasseruhr
5 Heiligtum der eleusinischen Gottheiten
6 Wohnhäuser
7 Pantheon (?)
8 Turm der Winde (mit Wasseruhr)
9 Sitz der Marktbehörde
10 Römischer Markt
11 Hadrians Bibliothek
12 Römische Basilika
13 Monopteros
14 Halle des Attalos
15 Bibliothek des Pantainos
16 sö. Halle
17 SO-Tempel
18 Prachtbrunnen (Nymphaion)
19 sö. Brunnenhaus
20 Mittlere Halle
21 ö. Gebäude
22 s. Halle II
23 Volksgerichtshaus (Heliaia [?])
24 sw. Brunnenhaus
25 städtisches Verwaltungsgebäude
26 SW-Tempel
27 Die „eponymen Heroen"
28 Altar des Zeus Agoraios (?)
29 Musiksaal (Odeion)
30 Panathenäenstraße
31 Tempel des Ares
32 Altar der 12 Götter
33 Bunte Halle
34 Altar
35 Römische Hallen
36 Königshalle
37 Halle des Zeus Eleutherios
38 Tempel des Zeus Phratrios und der Athena Phratria
39 Tempel des Apollo Patroos
40 Tempel der Göttermutter (Metroon)
41 Ratshaus (Bouleuterion)
42 Torbau zum Ratshaus
43 Rundbau (Tholos) des Amtshauses
44 Amtshaus der 10 Feldherren (?)
45 Tempel des Hephaistos und der Athene
46 Zeughaus
47 Heiligtum an der Wegkreuzung

ein doppelter Säulengang sein, damit das Innere bei schlechtem Wetter nicht naß wird. In den drei einfachen Säulengängen sollen geräumige apsidiale Erweiterungen (exedrae) errichtet werden, wo Philosophen, Rhetoriklehrer und andere Gelehrte sitzen und diskutieren können. Der doppelte Säulengang aber soll folgende Bauelemente umfassen: in der Mitte das Ephebeum (eine sehr große Exedra [mit Sitzen für die jungen Männer im Alter von 18 bis 20 Jahren]), das ein Drittel tiefer als breit ist. Rechts davon das Coryceum [für die Übung des Sackwurfs], direkt daneben das Conisterium [wo sich die Athleten einpudern], daran anschließend, in der Ecke des Säulenganges, das kalte Bad, das die Griechen *loutron* nennen. Links vom Ephebeum dann das Elaeothesium [wo sich die Athleten einölen], direkt daneben der kalte Raum, von wo aus man, in der Ecke der Säulenhalle, in den Ofenraum gelangt. (...) Außerhalb der Palästra jedoch sollen drei Säulengänge angebracht werden: einer beim Ausgang des Peristyls; rechts und links davon je einer mit Rennpisten. Von diesen drei Säulengängen soll der nördliche doppelt und sehr breit gebaut werden; die anderen beiden sollen einfache Gänge sein. Den Mauern und den Säulen entlang sollen 3 m breite Ränder als Fußwege dienen. Auf diese Weise werden Personen, die bekleidet auf den Wegen spazieren, nicht von den eingeölten Athleten gestört."

Die Bäder

Die Kosten für die Instandhaltung der Bäder wurden von der Stadt getragen, so daß diese auch sehr armen Leuten zugänglich waren. Die kleinen Eintrittsgebühren konnten niemals die Unterhaltskosten decken.

Nachdem die Badelustigen sich im *apodyterium* entkleidet hatten, gingen sie zuerst ins *caldarium*. Das reinigende Schwitzen, das durch die trockene Hitze verursacht wurde, konnte durch heißes Wasser aus einer großen Wanne *(labrum)* verstärkt werden. Dann wurden die Badenden mit einem Striegel abgebürstet und getrocknet und begaben sich anschließend ins *tepidarium*, um sich allmählich abzukühlen. Ein Sprung ins Kaltwasserbecken, das *frigidarium*, beendete das Badevergnügen.

Das Theater

Freistehende Theater waren selten. Sie wurden gewöhnlich so gebaut, daß die Hügellage, oft der Abhang der Akropolis, ausgenützt werden konnte. Die Vorführung von Theaterstücken war nie ihre wichtigste Aufgabe, sie dienten vor allem den literarischen und musikalischen Anlässen der Festspiele. Für neue Stücke, die Komposition und das Vortragen von epischen Werken und Lobreden wurden Preise verliehen. Die besten Schauspieler, Sänger und Musiker erhielten Lorbeerkränze. Das Theater wurde auch für Versammlungen benützt (vgl. Apg 19,29–40).

Der Tempel

Viele Religionsformen kamen auf, und jene, die offiziell anerkannt waren, hatten ihre eigenen Tempel. Das wichtigste Element war ein Altar auf heiligem Boden. Wo ein Säulengang den „heiligen Bereich" (= temenos, hieron oder peribolos) umschloß, wurden Wohnungen für die Priester und Verkaufsstände untergebracht, in welchen die Besucher Votivgaben kaufen konnten. Der Tempel war nicht der Ort, wo sich eine Gemeinde zum gemeinsamen Gebet versammelte. Sein Zweck war vielmehr, das Gottesbild und die bedeutendsten Votivgaben zu beherbergen. Sein Grundriß kann bis ins 10. Jh. v. Chr. zurückverfolgt werden und war schon im 6. Jh. v. Chr. endgültig festgelegt. In der Folge gab es keine wesentlichen Veränderungen mehr.

SIE ERRICHTETEN IN JERUSALEM EINE SPORTSCHULE, WIE ES BEI DEN FREMDEN VÖLKERN BRAUCH IST, UND LIESSEN BEI SICH DIE BESCHNEIDUNG RÜCKGÄNGIG MACHEN. SO FIELEN SIE VOM HEILIGEN BUND AB. 1 MAKK 1,14f

DIE HELLENISTISCHE ZEIT

Judäa unter ägyptischer Herrschaft – Das Reich der Ptolemäer

In Alexandria, der Hauptstadt des hellenistischen Ägypten, wurde erstmals die hebräische Bibel ins Griechische übersetzt. Diese Übersetzung wird Septuaginta genannt, da nach dem Aristeasbrief 72 (70 lat.: septuaginta) Männer an dieser Übersetzung arbeiteten. Alexandria war die Heimat einer lebendigen jüdischen Gemeinde, deren Mitglieder um das dortige Bürgerrecht kämpften. Beziehungen zwischen Alexandria und Jerusalem konnten leicht aufrechterhalten werden. Aufgrund der Unzufriedenheit mit der ptolemäischen Verwaltung begrüßte das palästinensische Judentum den Machtwechsel zur Herrschaft der Seleukiden im Jahre 200 v. Chr.

Ptolemäus I. Soter war ein mazedonischer General Alexanders des Großen. Als Alexander starb, wurde sein Imperium von seinen Generälen auseinandergerissen. Ptolemäus nahm sich Ägypten als seinen Anteil der Beute. Die Ptolemäer waren Griechen, und sie richteten ihr Königreich nach der hellenistischen Welt aus. Als sie den Höhepunkt ihrer Macht erreicht hatten, beherrschten sie fast die ganze Levante, die südlichen und südwestlichen Küsten Anatoliens, Zypern und einige Küstengebiete Thrakiens (s. Karte 1).

Das Interesse der Ptolemäer an der Levante

Ägypten hatte Palästina immer schon begehrt, aber sein Einfluß war in alttestamentlichen Zeiten oft schwach. Salomo heiratete eine ägyptische Prinzessin (1 Kön 3,1); nach seinem Tode drang der Pharao Schischak I. kurzerhand in Juda ein (1 Kön 14,25; s. S. 96f). Unter der erdrückenden Herrschaft der Assyrer baten Israel (724–722 v. Chr.) und Juda (701 v. Chr.) die Ägypter um Hilfe, aber Ägypten war ein „geknicktes Schilfrohr" (Jes 36,6). Als Assyrien fiel, nahm der Pharao Necho Juda ein (609 v. Chr.), aber er verlor es bald wieder an Nebukadnezzar, den König von Babylon (605 v. Chr.).

Nach dem Tod Alexanders d. Gr. (323 v. Chr.) wurde Ptolemäus zuerst Satrap, ab 305/4 König von Ägypten. Statt Memphis ernannte er Alexandria zur Hauptstadt, womit er sein Interesse am Mittelmeerraum signalisierte. Er annektierte die Zyrenaika und besetzte 301 Zölesyrien (samt Judäa) und Phönizien, um seinen Zugang zum Mittelmeer und seine Verteidigung gegen seine Rivalen Antigonus und Seleukus (s. S. 138) zu verbessern. So erreichte er auch die Kontrolle über Zypern und die Ägäis. 288/87 nahm er Tyrus und Sidon ein. Auf diese Weise sicherte er sich einen Verteidigungsring von eigenen Gebieten und schaffte engen Kontakt zur hellenistischen Welt. Dies führte unvermeidlich zu jenen kriegerischen Auseinandersetzungen mit den Seleukiden, die in Dan 11,5–44 angedeutet sind.

Die sechs syrisch-ägyptischen Kriege

(1) 274–271 v. Chr.: Ptolemäus II. kämpfte gegen Antiochus I. Ptolemäus feierte seinen Sieg mit einem Triumphzug bei den Ptolemaia-Feierlichkeiten (271/70) in Alexandria.
(2) 260–253 v. Chr.: Ptolemäus II. kämpfte gegen Antiochus II. Antiochus gewann neues Gebiet in Ionien, Pamphylien und Zilizien. Einem Abkommen zufolge verstieß er seine Frau Laodizea und ehelichte Berenike, die Tochter des Ptolemäus (Dan 11,6).
(3) 246–241 v. Chr.: Ptolemäus III. kämpfte gegen Seleukus II. Ptolemäus griff an, um Berenikes Sohn in seinem Anspruch auf den seleukidischen Thron zu unterstützen. Sein Angriff schlug fehl, aber er gewann Gebiete der anatolischen Meeresküste entlang zurück und eroberte Seleukia am Orontes (Dan 11,7–9).
(4) 219–217 v. Chr.: Ptolemäus IV. kämpfte gegen Antiochus III. Antiochus war zu Beginn erfolgreich und eroberte Seleukia, Ptolemaïs, Tyrus und Gaza zurück, wurde aber 217 bei Raphia entscheidend geschlagen. Ptolemäus gewann den größten Teil seines Territoriums zurück, überließ aber Seleukia den Seleukiden (siehe Dan 11,10–12).
(5) 202–200 v. Chr.: Ptolemäus V. kämpfte gegen Antiochus III. d. Gr. Antiochus eroberte durch die Schlacht bei Panion (s. S. 142f) Zölesyrien, nahm Sidon und Gaza ein und annektierte Judäa (vgl. Dan 11,13–16). Damit hatten die Ptolemäer ihren Einfluß auf Palästina verloren.
(6) 170–168 v. Chr.: Ptolemäus VI. kämpfte gegen Antiochus IV. Antiochus drang dabei dreimal in Ägypten ein, wobei er zweimal in Jerusalem einzog, beugte sich aber 168 v. Chr. dem Diktat des römischen Senats (den „Kittim" von Dan 11,30; vgl. 11,25–30; 1 Makk 1,16–20; 2 Makk 5,1) und zog sich zurück.

DANN ERSTARKT DER KÖNIG DES SÜDENS; ABER EINER VON SEINEN FELDHERRN WIRD MÄCHTIGER ALS ER UND TRITT DIE HERRSCHAFT AN, UND SEINE HERRSCHAFT WIRD NOCH GEWALTIGER SEIN. NACH JAHREN SCHLIESSEN SIE DANN EIN BÜNDNIS, UND UM DEN FRIEDEN ZU BEKRÄFTIGEN, KOMMT DIE TOCHTER DES KÖNIGS DES SÜDENS ZUM KÖNIG DES NORDENS. DOCH SIE VERLIERT DIE MACHT, UND AUCH IHR KIND BLEIBT NICHT AM LEBEN...
DAN 11,5–6

Die Juden in Ägypten

Nach der Zerstörung Jerusalems im Jahre 587 v. Chr. hatten sich Juden in Ägypten niedergelassen (vgl. Jer 43,5–7; 44,1), und die Elephantine-Papyri (s. S. 134) geben Aufschluß über eine jüdische Kolonie in der Nähe von Aswan, die als persische Grenzgarnison diente. 312 v. Chr. brachte Ptolemäus I. weitere jüdische Gefangene aus Jerusalem nach Ägypten. In der Mitte des 2. Jh. v. Chr. floh Onias (IV., der Sohn des Hohenpriesters Onias III.) nach Ägypten und

1 Karte unten
Das Herrschaftsgebiet der Ptolemäer im 3. Jh. v. Chr.

2 Karte rechts
Ansicht der Landschaft und des Kampfgeschehens im Gebiet um Panion (später Cäsarea Philippi). Nachdem es Antiochus III. 201 v. Chr. nicht gelungen war, Gaza einzunehmen noch seine Position in Palästina zu halten, zog er sich nach Syrien zurück. Doch schon 200 v. Chr. marschierte er wieder südwärts. Die Truppen Ptolemäus' V. zogen unter Skopas nach Norden, um Antiochus am oberen Ende des Jordantals den Weg zu versperren. Dort hatte Antiochus aber bereits an den Südhängen des Hermon Stellung bezogen. Das Schlachtfeld war durch die Wadis Banias und Sa'ar unterteilt. Das seleukidische Heer hatte von Anfang an den Vorteil, auf der höheren Ebene stationiert zu sein und seine indischen Elefanten waren größer und schwerer als die afrikanischen Elefanten des Ptolemäus.
Nördlich des Wadis schlug der rechte Flügel der seleukidischen Kavallerie die gegnerische Kavallerie in die Flucht und machte dann einen Bogen, um den Ptolemäern in den Rücken zu fallen. Eingekeilt zwischen der Kavallerie und den Elefanten, löste sich die zentrale Phalanx des Ptolemäus auf. Auf der südlichen Seite kämpfte Ptolemäus zuerst erfolgreich gegen die seleukidischen Truppen, wurde aber durch die indischen Elefanten dann am Vormarsch gehindert. Der Kampf endete mit dem Rückzug des Skopas mit 10 000 Mann (vor allem vom südlichen Schlachtfeld) nach Sidon, wo er belagert wurde und sich schließlich ergab.

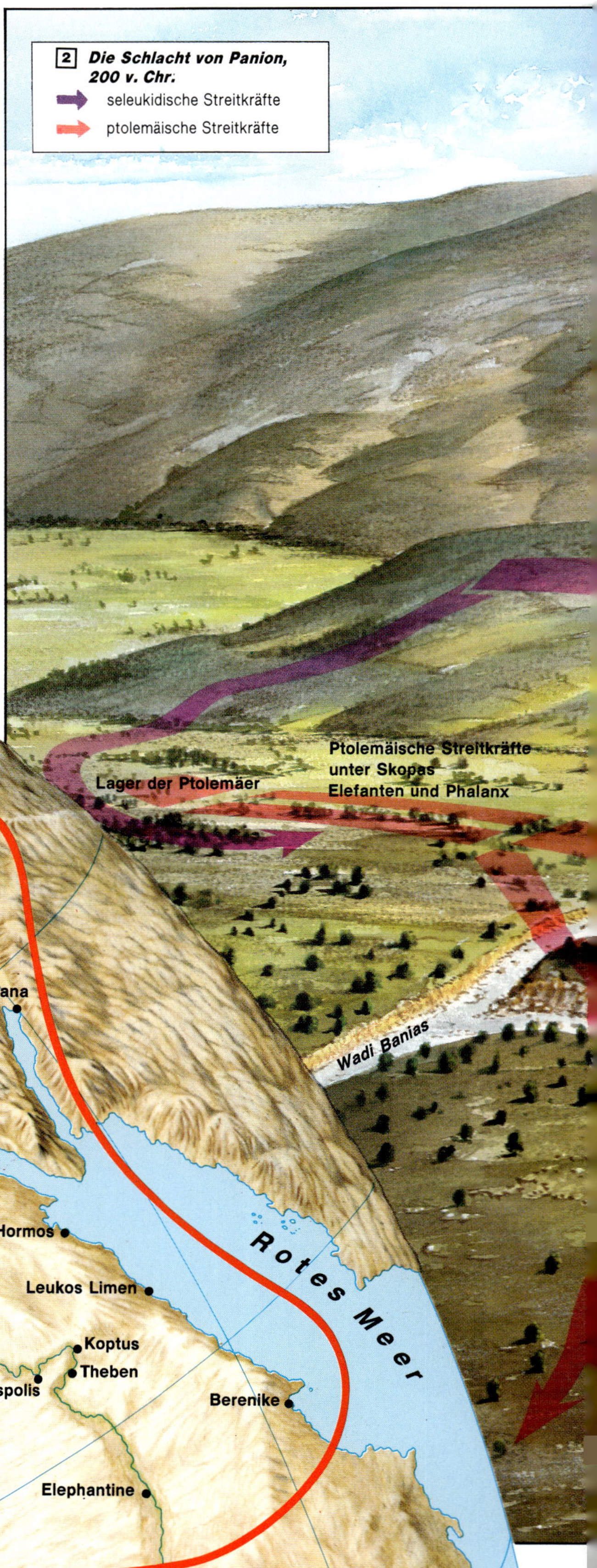

baute in Leontopolis einen Gegentempel zu Jerusalem, der entweder für die örtliche jüdische Militärgarnison bestimmt war oder als religiöses Zentrum für alle Juden des Nil-Deltas diente. Ptolemäus III. war den Juden wohlgesinnt, und während seiner Regierungszeit scheinen sich viele als Bauern, Handwerker, Soldaten, Polizisten, Steuereinzieher und Verwaltungsbeamte niedergelassen zu haben. Jüdische Synagogen gab es in Alexandria, Krocodilopolis im Fajum, in Athribis und an anderen Orten.

Die ägyptisch–jüdische Literatur

Im ptolemäischen Alexandria erlebte die jüdische Literatur eine Blütezeit. Demetrius schrieb gegen 200 eine Chronologie der jüdischen Geschichte. Im 2. Jh. wirkte Aristobulus als Lehrer und Philosoph (vgl. 2 Makk 1,10). Artapanus verfaßte mehrere romanhafte Werke zur israelitisch–jüdischen Geschichte, der Tragiker Ezechiel bearbeitete den Exodus als Schauspiel in griechischen Versen, und Pseudo–Hekatäus schrieb die Werke *Über die Juden* und *Über Abraham.* 132 v. Chr. oder bald darauf wurde das Buch Jesus Sirach ins Griechische übersetzt. Alle jüdischen Schriftsteller waren eifrig bemüht, Mitjuden wie auch Heiden davon zu überzeugen, daß die jüdischen Traditionen den heidnischen ebenbürtig, ja überlegen waren. Vielleicht haben die Juden ihren kulturellen Beitrag und ihre Loyalität gegenüber der ägyptischen Herrschaft deshalb herausgehoben, um ihre Verfolgung als ungerechtfertigt darzustellen. Die Angst der Juden in dieser fremden Umgebung spiegelt sich (trotz aller Unglaubwürdigkeiten) im 3. Makkabäerbuch.

4
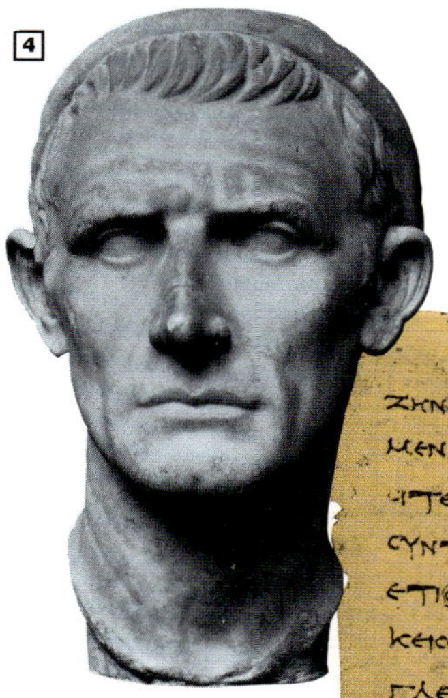

5

6

3 Karte rechts unten
Die Reiseroute Zenons in Palästina.

4 Links
Eine Büste von Antiochus III.

5 Links unten
Eine Tetradrachme von Ptolemäus I.

6 Unten
Ausschnitt aus den Zenon-Papyri.

Die Zenon–Papyri

Im Jahre 1915 wurden im ägyptischen Philadelphia Papyri mit der Korrespondenz eines Zenon, Sohn des Agreophon, gebürtig aus Kaunus gefunden. Dieser war die rechte Hand des Apollonius, des obersten Beamten von Ptolemäus II. Mehrere Dokumente handeln von der Reise, die Zenon 259 v. Chr. (s. Karte 3) durch Judäa, Transjordanien und Galiläa unternahm. Eine Liste gibt die Reiseroute, eine andere die Namen der Reisenden und weitere Details über die Reiseverpflegung und Unterkunft wieder.

DIE PTOLEMÄER

Ptolemäus I. Soter	305–283 v. Chr.
Ptolemäus II. Philadelphus	283–246 v. Chr.
Ptolemäus III. Euergetes I.	246–221 v. Chr.
Ptolemäus IV. Philopator	221–204 v. Chr.
Ptolemäus V. Epiphanes	204–180 v. Chr.
Ptolemäus VI. Philometor	180–145 v. Chr.
mit Ptolemäus VIII. Euergetes II. und Kleopatra	170–164 v. Chr.
mit Kleopatra II.	163–145 v. Chr.
Ptolemäus VIII. Euergetes II. (wieder eingesetzt)	145–116 v. Chr.
Kleopatra III. und Ptolemäus IX. Soter II. (Lathyrus)	116–107 v. Chr.
Kleopatra III. und Ptolemäus X. Alexander I.	107–101 v. Chr.
Ptolemäus X. Alexander I. und Kleopatra Berenike	101– 88 v. Chr.
Ptolemäus IX. Soter II. (wieder eingesetzt)	88–81 v. Chr.
Kleopatra Berenike und Ptolemäus XI. Alexander II.	80 v. Chr.
Ptolemäus XII. Neos Dionysus (Auletes)	80–58 v. Chr.
Berenike IV. (zuerst mit Kleopatra Tryphaena)	58–56 v. Chr.
Berenike IV. und Archelaus	56–55 v. Chr.
Ptolemäus XII. Neos Dionysus (wieder eingesetzt)	55–51 v. Chr.
Kleopatra VII. Philopator	51–30 v. Chr.

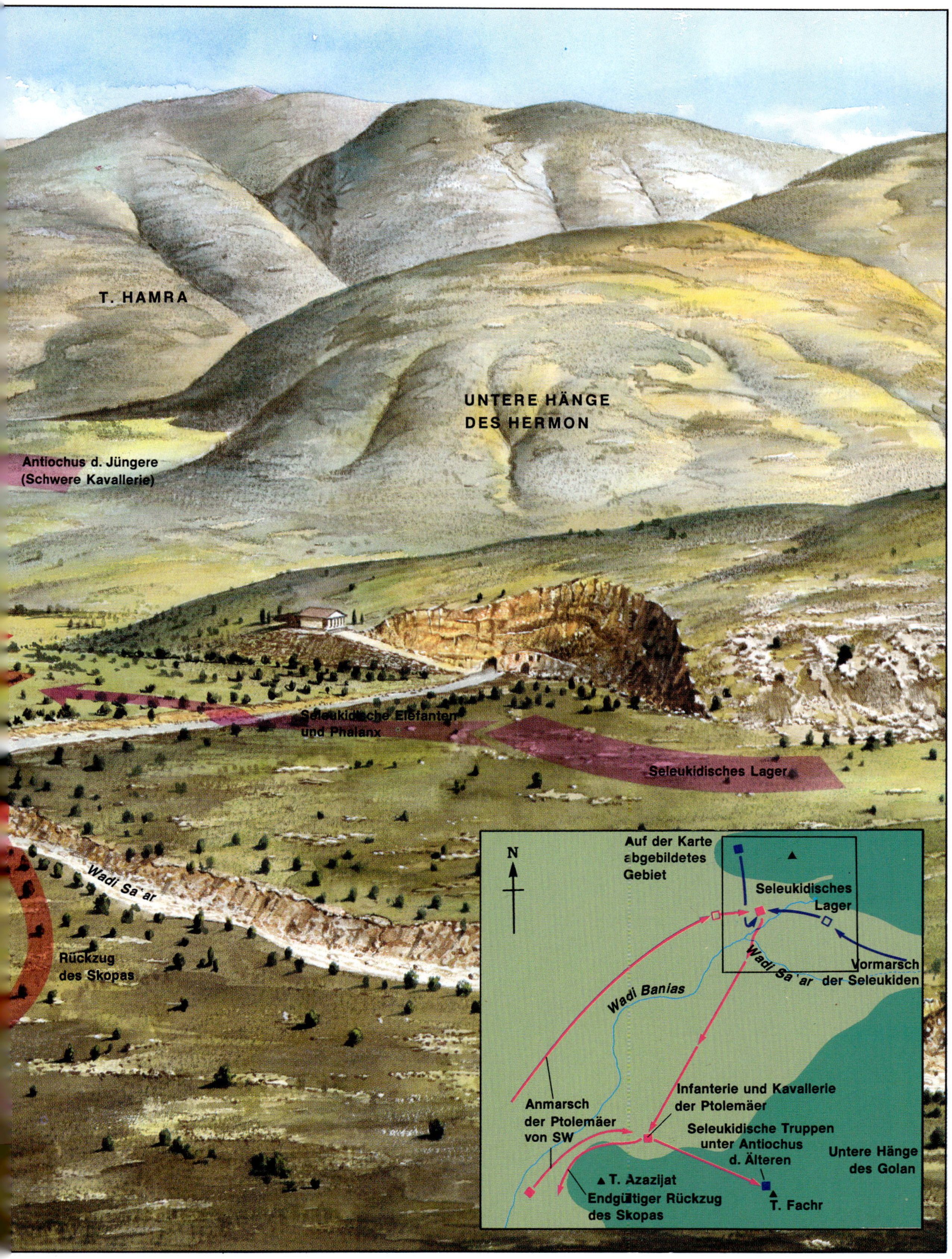

Die erste Hauptstadt des Reiches war das neu gegründete Seleucia am Tigris; aber die politischen Interessen des Seleukus lagen im Westen, wo sein Hauptgegner, Antigonus Monophthalmos („der Einäugige"), das ehemalige Imperium Alexanders wiedervereinigen und beherrschen wollte. Um ihre neu erworbenen unabhängigen Königreiche behalten und vergrößern zu können, verbündeten sich Seleukus von Babylonien und dessen Sohn Antiochus mit Lysimachus von Thrakien und Kassander von Mazedonien gegen Antigonus und seinen Sohn Demetrius Poliorcetes, die versuchten, das Imperium Alexanders von ihrer Basis im westlichen Anatolien aus zusammenzuhalten.

Die Schlacht bei Ipsus, 301 v. Chr.

Antigonus befehligte 70 000 Mann Infanterie, 10 000 Mann Kavallerie und 75 Elefanten. Das Heer des Seleukus umfaßte 64 000 Mann Infanterie, 10 500 Mann Kavallerie, 400 Elefanten und 120 Streitwagen.

Der Ablauf der Schlacht vollzog sich wie folgt (s. Karte 2): Die beiden Armeen standen sich nördlich vom (heutigen) Afyon, der Schlüsselstadt für alle großen Straßen zum westlichen und südlichen Anatolien, gegenüber. Die Kavallerie des Demetrius versprengte jene des Antiochus und verfolgte sie nach Norden das Tal hinauf. Darauf versperrte der Hauptteil der Elefanten des Seleukus dem Demetrius den Rückweg zur Schlacht, die berittenen Bogenschützen des Seleukus eilten jedoch zur ungeschützten östlichen Flanke und griffen die Infanterie des Antigonus zum Schein an. Seleukus verzögerte seinen Hauptangriff in der Hoffnung, daß die Truppen des Antigonus den Mut verlieren und den Rückzug antreten würden. Dies geschah auch, und Seleukus ging zum Angriff über. Antigonus wurde getötet, Demetrius floh mit 5000 Mann Infanterie und 4000 Mann Kavallerie westwärts nach Ephesus.

Seleukus verschob nun die Hauptstadt seines Reiches nach Westen, zuerst in den Hafen von Seleucia Pieria und dann nach Antiochia am Orontes. Beide Städte wurden neu gegründet; Antiochia sollte eine der wichtigsten Städte der hellenistischen und römischen Welt werden, die „Königin des Ostens".

Das östliche Reich

Das östliche Reich war das Sorgenkind der Seleukiden. 308–303 v. Chr. stand Seleukus I. im Industal im Krieg gegen Chandragupta. Er mußte ihm allmählich Arachosien und Gedrosien abtreten und erhielt dafür 300 Elefanten. Baktrien mit seinen vielen mazedonischen Siedlern und neuen hellenistischen Städten war hingegen durch eine gute Straße mit dem Westen verbunden und blieb unter seleukidischer Herrschaft. Es wurde erst 250 v. Chr. unter Diodotus zu einem autonomen hellenistischen Staat.

DIE HELLENISTISCHE ZEIT

Das Reich der Seleukiden

Die Seleukiden waren die eigentlichen Erben Alexanders im Osten. Seleukus, der Gründer des seleukidischen Imperiums, blickte aber nach Westen – schließlich war Seleukus ein gebürtiger Mazedonier –, und so verschob sich der Schwerpunkt seines Reiches westwärts nach Antiochia, der neuen Gründung des Seleukus am Rande der Mittelmeerwelt. Das östliche Imperium entschwand dabei immer mehr dem Blickfeld – und erst vor kurzem begann man, das Ausmaß des griechischen Einflusses an Orten wie z.B. in Baktrien zu erkennen. Das Hauptinteresse der Bibel an den Seleukiden gilt deren Herrschern des 2. Jh. v. Chr., die als grimmige Judenverfolger dargestellt werden. Dan 11 ist zwar ein wichtiges Zeugnis für die Feldzüge der Seleukiden gegen die Ptolemäer im Palästina des 3. Jh. v. Chr., aber die Hauptquellen für die Geschichte der Seleukiden sind griechische Schriftsteller wie Polybius und Diodorus Siculus.

DIE SELEUKIDEN

Seleukus I. Nikator	305–281
Antiochus I. Soter	281–261
Antiochus II. Theos	261–246
Seleukus II. Kallinikus	246–226/5
Seleukus III. Soter	226/5–223
Antiochus III. Megas („der Große")	223–187
Seleukus IV. Philopator	187–175
Antiochus IV. Epiphanes	175–164
Antiochus V. Eupator	164–162
Demetrius I. Soter	162–150
Alexander Balas	150–145
Demetrius II. Nikator	145–140
Antiochus VI. Epiphanes	145–142/1 oder 139/8
Antiochus VII. Sidetes	138–129
Demetrius II. Nikator (wieder eingesetzt)	129–126/5
Kleopatra Thea	126/5–123
Antiochus VIII. Grypus	126/5–96
Seleukus V.	126
Antiochus IX. Philopator (Kyzikenus)	114/13–95
Seleukus VI.	95
Antiochus X. Eusebes Philopator	95
Demetrius III. Philopator Soter	95–88 (in Damaskus)
Antiochus XI. Epiphanes Philadelphus	95 (in Zilizien)
Philippus I.	95–84/3 (in Zilizien)
Antiochus XII. Dionysus	87 (in Damaskus)
Philippus II.	84/3

247 v. Chr. erlangte das weniger hellenisierte Parthien seine Unabhängigkeit unter Arsakes und Tiridates. 212–205 v. Chr. beschränkte Antiochus III. die Macht des Partherkönigs, indem er ihn zu seinem Vasallen machte, während er Euthydemus als König von Baktrien anerkannte, dem Herrscher des Industals die Unabhängigkeit gewährte und als Gegenleistung Geld und Elefanten erhielt.

Nach der Demütigung des Antiochus durch die Römer im Vertrag von Apamea (188 v. Chr.) mußte dieser seine Territorien in Anatolien und Griechenland an Rhodos und Pergamon abtreten, die mit den Römern verbündet waren, und konnte den Osten nicht mehr halten. Antiochus IV. (166–165 v. Chr.; 1 Makk 3,30 usw.; 6,1–16), Demetrius II. (141 v. Chr.; 1 Makk 14,1–2) und Antiochus VII. (129 v. Chr.) versuchten alle erfolglos, Parthien wiederzugewinnen, dessen König Mitridates II. (124–87 v. Chr.) Botschafter aus China bei sich empfing.

Das westliche Reich

Auch im Westen blieben die Bestrebungen der Seleukiden ohne Erfolg. Sie besaßen nie die Kontrolle über die Gebiete Armenien, Kappadozien, Pontus oder Bithynien. Sie stießen auf Widerstand in Pergamon (von Rom unterstützt) im Nordwesten, bei der Seemacht von Rhodos im Südwesten, bei den Galatern in Phrygien, den Römern in Griechenland und den Ptolemäern an der Küste Kleinasiens, auf Zypern, in Phönizien und Palästina.

Dies bedeutete, daß das Reich der Seleukiden tatsächlich auf Zilizien und Syrien, also die Gebiete rund um die beiden Hauptstädte Seleucia und Antiochia, beschränkt war. Die Kräfte der Seleukiden wurden durch den Kampf mit den Ptolemäern um die Levante erheblich geschwächt. Der Gewinn von Zölesyrien, Palästina und Transjordanien nach der Schlacht bei Panion (200 v. Chr.; s. S. 142f) war für die Seleukiden von großer Bedeutung. Diese Gebiete spielten bis zum Tode von Antiochus VII. im Jahre 129 v. Chr. eine wichtige Rolle in der seleukidischen Politik. Die überängstlichen Bemühungen von Antiochus IV., Judäa als Pufferzone gegen Ägypten zu sichern, waren wahrscheinlich ein

2 *Karte links unten*
Bei der Schlacht von Ipsus im Jahre 301 v. Chr. besiegte Seleukus I. Antigonus, seinen Hauptrivalen im Westen. Seleukus versperrte dem Feind mit seinen Elefanten den Weg, attackierte seine Kavallerie; als dieser genügend demoralisiert war, griff er ihn an und schlug ihn vernichtend. Antigonus wurde getötet, und sein Sohn Demetrius flüchtete mit 5000 Mann Infanterie und 4000 Mann Kavallerie westwärts nach Ephesus (s. Text).

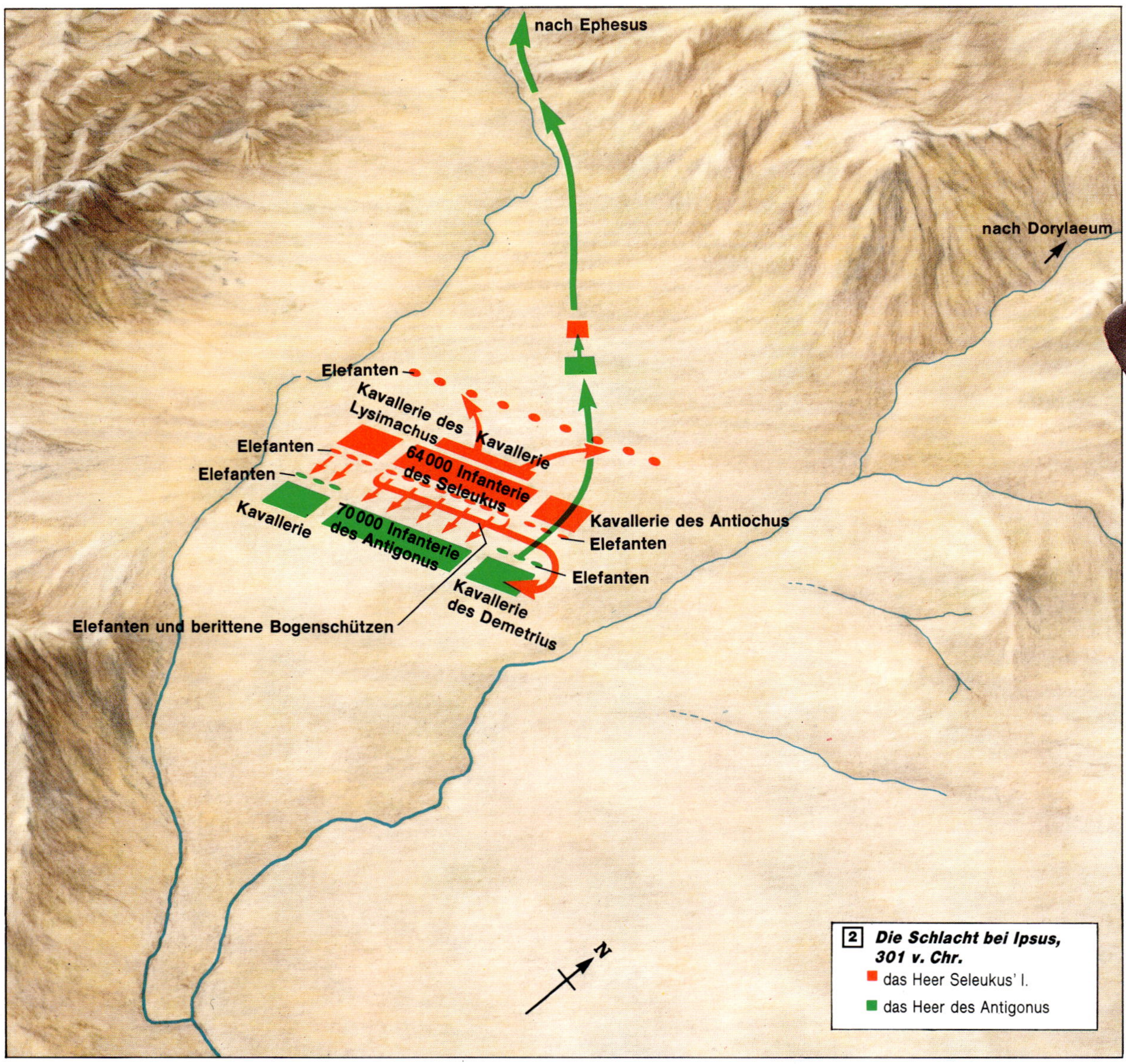

2 *Die Schlacht bei Ipsus, 301 v. Chr.*
das Heer Seleukus' I.
das Heer des Antigonus

3

1 *Das seleukidische Imperium*
die Hauptverbindungen
die ungefähren größten Grenzen

wichtiger Grund für seine heftige Reaktion auf den Aufstand der Makkabäer.

Der Verwaltungsapparat der Seleukiden

Die Basis der seleukidischen Regierung war Eroberung. Die Herrscher waren ursprünglich Mazedonier, doch unter ihren Untertanen befanden sich verschiedenste Völker von Kleinasien im Westen bis nach Baktrien im Osten, von hellenistischen Stadtbewohnern bis zu Nomadenstämmen. Das Reich der Seleukiden war (wie das Perserreich) in verschiedene Satrapien, diese wiederum in „Eparchien" unterteilt.

Ein erstes wichtiges Merkmal war die Kolonisierung der eroberten Gebiete. Mazedonische Soldaten wurden in Kolonien *(katoikiai* oder *klerouchiai)* angesiedelt, die als Kollektivgemeinschaften mit gemeinsamem Besitz begannen, aber dazu neigten, sich zu Städten mit Besitzern von Privateigentum zu entwickeln. Die Siedler nahmen sich einheimische Frauen, was dazu beitrug, den Frieden zu wahren.

Als zweites war die Errichtung neuer Städte von besonderer Wichtigkeit. Ihre Namen waren gewöhnlich von der mazedonischen Heimat (z.B. Larissa, Beröa) oder von Gliedern der seleukidischen Dynastie (Antiochia, Laodizea usw.) her inspiriert. Solche Städte konnte der König direkter überwachen als die alten unabhängigen Städte, mit denen er ein „Bündnis" zu schließen und denen er die Vorzüge der *demokratia* und *eleutheria* zu verleihen pflegte.

Es gab auch Tempelstädte, die eine gewisse Unabhängigkeit und das Privileg der *asulia*, des Asylrechts, besaßen (für Jerusalem vgl. 1 Makk 10,43). Das Ziel war, die Städte regierungsfreundlich zu stimmen und auf diese Weise die Einheit des Reiches mit friedlichen statt mit kriegerischen Mitteln zu gewährleisten. Städte, die von seleukidischen Herrschern gegründet wurden, haben vielleicht auch einen Herrscherkult eingerichtet, um die Loyalität der Untertanen zu sichern.

DER ZIEGENBOCK WURDE ÜBER DIE MASSEN GROSS. ALS ER ABER AM STÄRKSTEN WAR, BRACH DAS GROSSE HORN AB. AN SEINER STELLE WUCHSEN IHM VIER AUFFALLENDE HÖRNER, UND ZWAR NACH DEN VIER HIMMELSRICHTUNGEN. AUS EINEM DER HÖRNER GING DANN EIN ANDERES HORN HERVOR. ANFANGS KLEIN, WUCHS ES GEWALTIG NACH SÜDEN UND OSTEN ... ES WUCHS BIS ZUM STERNENHEER AM HIMMEL HINAUF ... BIS ZUM GEBIETER DES HIMMELSHEERES ... ES ENTZOG IHM DAS TÄGLICHE OPFER UND VERWÜSTETE SEIN HEILIGTUM ... DAS HORN STÜRZTE DIE WAHRHEIT ZU BODEN, UND WAS ES UNTERNAHM, DAS GELANG IHM. DAN 8, 8–12

1 ***Unten***
Im 4. Jh. v. Chr. expandierte das seleukidische Imperium von Babylon bis zum Indus.

3 ***Links unten***
Büste Seleukus' I. Er gründete sein Imperium auf seine Eroberungen und war einer der ersten Feldherren, der die Vorteile des Einsatzes von Kampfelefanten erkannte. Dank dieser neuen Streitkraft gewann er 301 v. Chr. die Schlacht bei Ipsus (s. Karte).

DIE HELLENISTISCHE ZEIT

Die Herrschaft der Seleukiden Der Kampf der Makkabäer für Religion und Land

Die Makkabäer sind die Söhne des jüdischen Freiheitskämpfers Mattatias (gest. 166 v. Chr.), der den aktiven Widerstand gegen die Herrschaft der Seleukiden in Judäa begann. Der seleukidische König Antiochus IV. plünderte 170/69 Jerusalem und erließ Gesetze zur Verfolgung der jüdischen Religion. Da das seleukidische Reich aber im Niedergang begriffen war, führte der Guerillakrieg der Makkabäer zusammen mit einer geschickten politischen Taktik schließlich dazu, daß der jüdische Staat (wenn auch nur für kurze Zeit) die Unabhängigkeit erlangte.

Als die Seleukiden 200 v. Chr. Judäa den Ptolemäern entrissen, wären einige Juden lieber unter ägyptischer Herrschaft geblieben, andere benützten die Gelegenheit, um die Unabhängigkeit Judäas zu betreiben. Diese Versuche schlugen fehl, aber Antiochus III. gewährte den Juden daraufhin Steuererleichterungen und das Recht, nach ihren eigenen Gesetzen zu leben.

Die Unzufriedenheit der Juden

Die Schwierigkeiten begannen, als Seleukus IV. versuchte, zu Geld zu kommen, indem er den Tempel von Jerusalem ausraubte (2 Makk 3). Der Hohepriester Onias III., der sich diesem Unternehmen widersetzt hatte, wurde von seinem Bruder Jason abgesetzt. Dieser bot Antiochus IV. eine Tributerhöhung an gegen das Amt des Hohenpriesters für sich selbst und den Status einer griechischen Stadt mit deren Institutionen (s. S. 140f) für Jerusalem. Drei Jahre später wurde Jason selber auf ähnliche Weise vom Finanzbeamten Menelaus seines Amtes enthoben. Menelaus war ein Priester, gehörte aber nicht zur Familie der Hohenpriester. Er verlor die Unterstützung des Volkes, als er die Gefäße des Tempels verkaufte, um dem König seine Schulden bezahlen zu können. Als Jason versuchte, seine Stellung mit Gewalt wiederzugewinnen, sah Antiochus darin einen Aufstand gegen seine Herrschaft, griff auf seinem von den Römern erzwungenen Rückzug aus Ägypten Jerusalem an, plünderte 167 v. Chr. den Tempel und errichtete als Wahrzeichen der syrischen Herrschaft in Jerusalem eine Festung (die sogenannte Akra). Die von ihm eingesetzten Verwalter von Jerusalem und Samarien fügten dann weitere Gewalttätigkeiten hinzu. Diese Ereignisse zeigen, daß die Ursache des Makkabäeraufstands weniger in der zunehmenden Hellenisierung von Judäa lag (die während des ganzen 2. Jh. v. Chr. anhielt) als im immer massiver werdenden Vorgehen der Regierung gegen jene Juden, die den zynischen Mißbrauch – durch Juden und Seleukiden – des Hohenpriesteramtes zu politischen Zwecken ablehnten.

Der Beginn des Aufstandes

Der nächste Schritt im Verlauf der Ereignisse, die zum jüdischen Aufstand führten, war ein Dekret (167 v. Chr.) des Antiochus, das nach 1 Makk den Juden die Opfer, die Einhaltung des Sabbats, die Beschneidung und das jüdische Gesetz verbot und ihnen heidnische Kultformen im Tempel und an anderen Orten aufzwang. 2 Makk berichtet, daß Antiochus die Juden zwang, ihr Gesetz aufzugeben, daß er den Tempel dem Olympischen Zeus weihen ließ und den griechischen Dionysoskult einführte.

Für die Juden waren die Auswirkungen dieses Dekrets auf ihr Gesetz und ihren Tempel von großer Tragweite. Als erstes kündigte Antiochus den Juden mit diesem Dekret das Zugeständnis auf, ihr Land nach ihrem eigenen Gesetz verwalten zu dürfen. Als zweites wurde ihr Tempel dadurch den anderen hellenistischen Stadttempeln gleichgestellt, d.h., er war nicht mehr den Juden vorbehalten, sondern war allen, also auch den Heiden mit ihren unreinen Opfergaben (z.B. Schweinefleisch), zugänglich. Für Antiochus war dies vor allem eine politische Maßnahme, um ein widerspenstiges Untertanenland unter Kontrolle zu bringen. Die Juden jedoch mußten darin eine Verfolgung ihrer Religion sehen. In 1 Makk werden die Makkabäer deshalb als religiöse Partisanen dargestellt: Der Aufstand begann mit der Tötung des Juden Eleasar, der öffentlich den heidnischen Göttern opferte. Religion und Politik waren aber so sehr ineinander verflochten, daß der Aufstand sofort auch auf eine Veränderung der politischen Verhältnisse hinauslief.

Die ersten Feldzüge

Die Makkabäer kamen aus Modeïn, einem Dorf in den Hügeln nordwestlich von Jerusalem. Ihre bessere Kenntnis der Gegend verhalf ihnen gleich am Anfang zu einigen Erfolgen. Der Statthalter von Samarien wurde von den Makkabäern getötet, als er sich ihnen mit einer kleinen Truppe entgegenstellte. Eine größere Truppe wurde aus dem Hinterhalt überfallen, als sie von der Küstenebene durch den Engpaß Bet-Horon hinaufstieg.

165 v. Chr. besiegte Judas Makkabäus ein größeres Heer der Seleukiden in der Nähe von Emmaus. Im Dezember 164 v. Chr. (als Antiochus starb) glaubte sich Judas stark genug, den Tempel vom heidnischen Kult zu reinigen und neu zu weihen. Er befestigte den Tempelberg gegenüber der syrischen Akra; ebenfalls besetzte und befestigte er das südliche Bet-Zur. 163 v. Chr. unternahm Judas Feldzüge nach Idumäa, ins Land der Philister, nach Galiläa und Transjordanien, um die jüdischen Bewohner von den Schikanen der einheimischen Regierung zu erlösen und um ihre Macht zu demonstrieren. Als Judas dann tatsächlich die seleukidische Garnison in Jerusalem belagerte, drang Lysias, der stellvertretende Herrscher des jungen Antiochus V., in Judäa ein, bemächtigte sich Bet-Zurs, besiegte Judas bei Bet-Sacharja (s. Karte 2) und belagerte seinerseits den Tempel mit seinen Truppen. Ein drohender Staatsstreich in Syrien zwang Lysias, die Belagerung aufzuheben. Er hob das Dekret von 167 v. Chr. auf, ließ Menelaus hinrichten (den er mit Recht für vieles verantwortlich machte), brach die Befestigungsanlagen der Makkabäer beim Tempel wieder ab und übertrug der syrischen Garnison auf der Akra die Überwachung der Stadt.

Ein neuer Zeitabschnitt

161 v. Chr. übernahm Demetrius, der Sohn Seleukus' IV., das Reich der Seleukiden. Die hellenisierende Partei Judäas, die von Alkimus geführt wurde, beschwerte sich bei Demetrius über den hartnäckigen Widerstand der Makkabäer. Demetrius ernannte Alkimus zum Hohenpriester und sandte ihm seinen Feldherrn Bakchides zur Unterstützung, damit sie die Makkabäer vernichten könnten. Alkimus gewann einige ehemalige gemäßigte Anhänger der Makkabäer für sich, die leichtgläubig auf sein Versprechen vertrauten, die Einheit unter den Juden wiederherzustellen. Judas hatte die Gruppe seiner Widerstandskämpfer aber bald wieder erneuert, worauf Demetrius Nikanor sandte, über dessen anfänglich versöhnliche Verhandlungen mit Judas sich Alkimus und seine Partei empörten. Erneute Kämpfe führten zu Nikanors Tod bei Adasa (161/160 v. Chr.), zum Wiedereinmarsch des Bakchides und zur Niederlage von Elasa, bei welcher auch Judas den Tod fand (160 v. Chr.) (s. Karte 3). Die hellenisierende Partei, unterstützt von Syrien, kontrollierte nun Judäa. In den Jahren nach dem Tod des Alkimus (159 v. Chr.) trat eine entscheidende Wende ein: Die Syrer hielten zwar immer noch ihre Besatzungen auf den Burgen in und um Jerusalem und kontrollierten Judäa auf diese Weise (1 Makk 9,50–53), aber Jonatan, der Bruder des Judas, scheint in Michmas eine Gegenregierung errichtet zu haben (vgl. 1 Makk 9,73).

Der Unabhängigkeit entgegen

Jonatan verhandelte nun mit den verschiedenen Prätendenten auf dem seleukidischen Thron, um politische Zugeständnisse zu erreichen. 152 v. Chr. versagte er Demetrius I. die Gefolgschaft und unterstützte den Thronanwärter Alexander Balas. Dieser ernannte ihn zum Hohenpriester (ein Amt, auf das er von seiner Herkunft her kein Recht hatte), wodurch er von der frommen Gemeinde, die sich ungefähr in dieser Zeit in Qumran niederließ, den Titel „der böse Priester" erhielt.

Jonatan unterstützte weiterhin Balas, trotz der Versprechungen von dessen Rivalen Demetrius I., der 151 v. Chr. von Balas besiegt wurde. Als Jonatan 147 v. Chr. Demetrius II. erfolgreich schlug, belohnte ihn Balas mit neuen Ehrungen und einem neuen Gebiet, dem Bezirk Akkaron. Als Balas 145 v. Chr. in einer Schlacht gegen Ptolemäus VI. ums Leben kam, verbündete sich Jonatan unverzüglich mit Demetrius II. und erhielt dafür drei Bezirke in Samarien und deren Einkünfte. Als Demetrius von Balas' Sohn Antiochus und von dessen Vormund Tryphon unter Druck gesetzt wurde, bat er Jonatan um seine Hilfe und versprach ihm dafür in trügerischer Weise, die seleukidische Besatzung von Jerusalem abzuziehen. Als Tryphon und Antiochus den Demetrius seines Amtes enthoben, bestätigten sie Jonatan in seiner Stellung, ließen ihm seinen ganzen Besitz und ernannten seinen Bruder Simon zu ihrem Verwalter der Küstenregion von Tyrus bis zur ägyptischen Grenze.

Die Sicherung der makkabäischen Errungenschaften

Jonatan und Simon verstärkten in kurzer Zeit ihre Positionen. Simon ersetzte die seleukidische Garnison in Bet-Zur durch eine jüdische, besetzte Joppe und befestigte Adida zwischen Joppe und Jerusalem. Jonatan nahm Gaza ein, unternahm (offensichtlich im Auftrag Tryphons) einen Feldzug gegen Demetrius und besiegte ihn in der Gegend des Sees Gennesaret und in der Nähe von Hamat in Syrien. Er errichtete in Jerusalem eine Blockade um die Akra der Seleukiden und begann die Mauern auszubessern und die Festungen in Judäa (wohl die von Bakchides 160/159 v. Chr. verlassenen: 1 Makk 9,50; 10,12) wieder aufzubauen.

Als Tryphon, der über die wachsende Unabhängigkeit

2 Schlacht bei Bet-Sacharja, 163 v. Chr.

3 Die Schlacht bei Elasa, 160 v. Chr.

Jonatans beunruhigt war, ihn bei Ptolemaïs gefangennahm und danach umbrachte, übernahm Simon die Führung und fuhr fort, Judäas militärische und politische Stärke auszubauen. Er machte Joppe zu einem militärischen Stützpunkt, baute Judäas Festungen wieder auf, vollendete den Mauerbau von Jerusalem und vertrieb schließlich die seleukidischen Truppen aus Jerusalem (141 v. Chr.). Simon erneuerte auch die früheren diplomatischen Beziehungen mit Rom (1 Makk 8,17–32; 12,1–4) und Sparta (1 Makk 12,5–23) und verhandelte mit Demetrius II. über die offizielle Abschaffung des Tributs. All dies bedeutete die praktische Unabhängigkeit Judäas von den Seleukiden (obwohl Antiochus VII. dies bald bestritt). So berichtet 1 Makk 13,41, daß im Jahre 142 v. Chr „das Volk begann, Urkunden und Verträge mit der Formel einzuleiten: Im Jahr 1 der Regierung Simons, des großen Hohenpriesters, Befehlshabers und Führers der Juden." Damit war die sogenannte hasmonäische Dynastie (nach dem Ahnvater der Makkabäer: Hasmon) gegründet.

AN DIE STELLE DES MATTATIAS TRAT SEIN SOHN JUDAS MIT DEM BEINAMEN DER MAKKABÄER. ALLE SEINE BRÜDER UNTERSTÜTZTEN IHN, WIE AUCH ALLE, DIE SICH SEINEM VATER ANGESCHLOSSEN HATTEN. FREUDIG KÄMPFTEN SIE FÜR ISRAEL. ER MACHTE SEIN VOLK WEITHIN BERÜHMT. ALS KRIEGSHELD ZOG ER SEINEN PANZER AN ... ER VERFOLGTE DIE SÜNDER UND SPÜRTE SIE AUF; ER VERTILGTE ALLE, DIE SEIN VOLK VERWIRRTEN. AUS FURCHT VOR IHM VERLOREN DIE SÜNDER DEN MUT, ALLE ÜBELTÄTER VERGINGEN VOR ANGST. SEINER HAND GELANG DIE BEFREIUNG. VIELEN KÖNIGEN SCHAFFTE ER GROSSEN VERDRUSS, DOCH JAKOB ERFREUTE ER MIT SEINEN TATEN. SEIN ANDENKEN SEI EWIG GEPRIESEN. ER ZOG DURCH DIE STÄDTE JUDÄAS, VERNICHTETE DIE FREVLER IM LAND UND WANDTE GOTTES ZORN VON ISRAEL AB.

1 MAKK 3,1–8

MAKKABÄER – HASMONÄER

Mattatias	gest. 166 v. Chr.
Judas Makkabäus	166–160 v. Chr.
Jonatan (Hoherpriester)	160–143 v. Chr.
Simon (Hoherpriester)	143–134 v. Chr.
Johannes (Jehochanan) Hyrkanus I. (Hoherpriester)	134–104 v. Chr.
Aristobulus I. / Jehuda (Hoherpriester)	104–103 v. Chr.
Alexander Jannäus / Jehonatan (Hoherpriester)	103–76 v. Chr.
Alexandra Salome	76–67 v. Chr.
Aristobulus II. / Jehuda	67–63 v. Chr.
Hyrkanus II. (Hoherpriester)	63–40 v. Chr.
Antigonus / Mattatias	40–37 v. Chr

2 ***Karte links***
163 v. Chr. zog der seleukidische General Lysias mit dem jungen König Antiochus V. Eupator in Judäa gegen Judas Makkabäus in den Kampf. 1 Makk 6,30 erzählt, daß sie mit 100 000 Mann Infanterie, 20 000 Mann Kavallerie und 32 Elefanten ausgerüstet waren; Josephus spricht nur von 50 000 bzw. 5000 Mann und von 8 Elefanten. Lysias marschierte in der Küstenebene nach Süden und dann landeinwärts, um Jerusalem von Süden her anzugreifen. Er belagerte Bet-Zur. Nach Josephus eroberte er diese Stadt, bevor er nach Norden zog, aber nach 1 Makk begann Lysias seinen Vormarsch noch während der Belagerung. Trifft letzteres zu, war sein Heer etwas reduziert, als er Judas angriff, der ihn mit ungefähr 20 000 Mann Infanterie am oberen Ende eines Tales in der Nähe von Bet-Sacharja erwartete. Elefanten und Infanterie des Lysias marschierten in einer Kolonne durch die Mitte des Tales. Sie wurden von Kavallerie, die den Bergabhängen entlang ritt, und von leichten Truppen, die ihnen vorausgingen, geschützt. Die Truppen des Judas drangen wahrscheinlich durch die leicht bewaffneten Truppen hindurch und griffen die Front der schweren Infanterie an. Da sich das jüdische Heer aber gegen die Kavallerie an den Bergabhängen nicht zu wehren vermochte, floh es nach Jerusalem und darüber hinaus (nach Josephus bis nach Gofna, in die Berge nördlich von Bet-El).

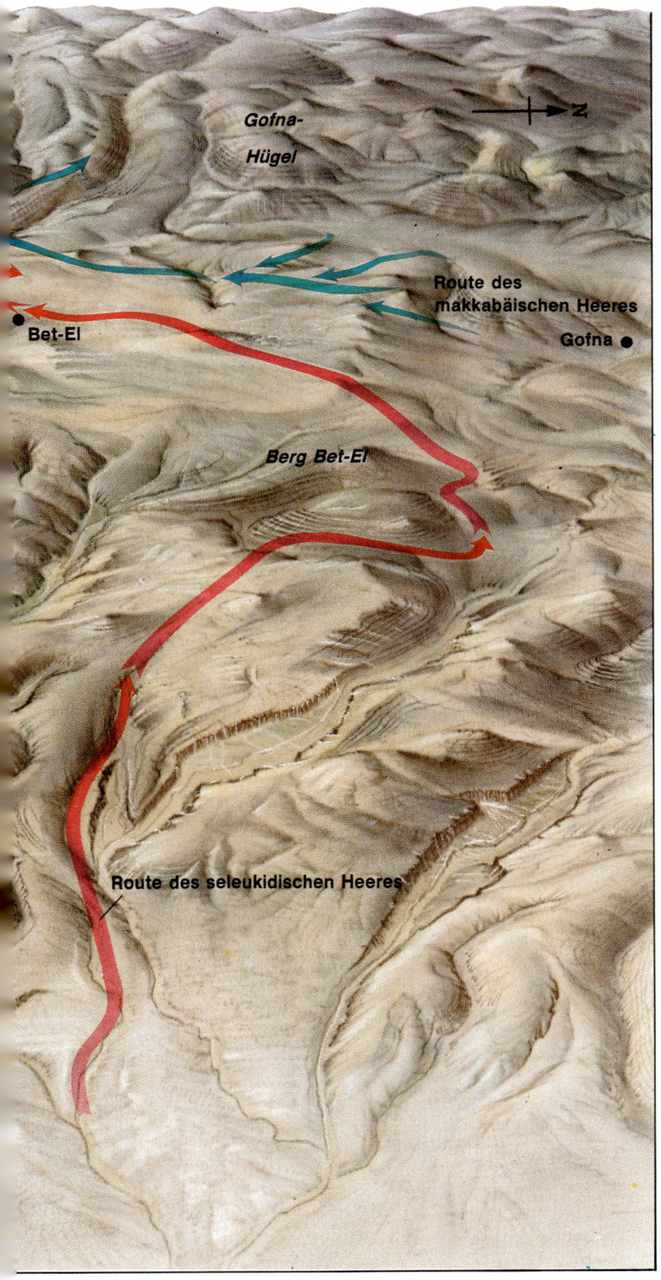

3 ***Karte unten links***
160 v. Chr. schlug Judas sein Lager in Elasa auf, und Bakchides trat ihm 800 m davon entfernt, in Berea, entgegen mit 20 000 Mann Infanterie und 2000 Kavallerie. Er selber führte den stärkeren rechten Flügel an. Das Heer des Judas soll nur aus 800 Soldaten bestanden haben. Falls dies zutrifft, ist sein Sieg über den rechten Flügel vom Heer des Bakchides erstaunlich. In 1 Makk wird nur das Hauptgeschehen der Schlacht beschrieben. Über die Bedeutung der Wurfmaschinen, Bogenschützen und der Kavallerie des Bakchides wird nichts gesagt. Es ist möglich, daß das Heer des Judas ebenfalls leichtbewaffnete Truppen und sogar einige Reitertruppen umfaßte. Der entscheidende Angriff auf Bakchides' rechten Flügel machte den Weg frei zu den Bergabhängen im Osten oder Nordosten. Die Soldaten des Judas folgten ihm, und der linke Flügel des syrischen Heeres drehte sich um und griff die Makkabäer von hinten an. Auch Judas starb bei dieser Schlacht.

1 ***Karte unten***
Nach ihren früheren Feldzügen gegen die Seleukiden (s. Karten 2 und 3), änderten die Makkabäer unter der Führung von Jonatan ihre Strategie. Ihre politischen Manöver waren erfolgreich, wo ihre militärischen Manöver versagt hatten. Jonatan und sein Bruder Simon konnten die jüdische Position festigen, was 141 v. Chr. in der Vertreibung der seleukidischen Garnison gipfelte (s. Text).

Die jüdische Unabhängigkeit
Die Monarchie der Hasmonäer

In dieser Periode erreichte der frühjüdische Staat seinen Höhepunkt. Zum ersten Mal seit 587 v. Chr. wurde Judäa von jüdischen Königen regiert, und die Grenzen des Landes wurden um ein Vielfaches erweitert. In dieser Zeit entstanden auch die Gruppierungen der Pharisäer und Sadduzäer. Allmählich wird die soziale Situation erkennbar, die sich in den Evangelien widerspiegelt.

Im 170sten Jahr der seleukidischen Ära (= 142 v. Chr.) wurde unter der Führung von Simon „das Joch der fremden Völker von Israel genommen“ (1 Makk 13,41) und das erste Jahr einer neuen Epoche ausgerufen. Von nun an waren die Juden bis zur Ankunft der Römer frei und konnten ihre eigene Unabhängigkeit fördern. Die wichtigsten Züge dieser Zeitspanne sind: vollständige Loslösung von der Herrschaft der Seleukiden, Erweiterung des territorialen Besitzes, Entwicklung der militärischen Führerschaft der Makkabäer zur hasmonäischen Monarchie und der Widerstand gegen diese Entwicklung.

Die Befreiung von den Seleukiden

Demetrius II. (145–140 v. Chr.) befreite Judäa vom Tribut, womit er ihm im Grunde genommen die Unabhängigkeit zugestand (1 Makk 11,30–37). Antiochus VII. (138–129 v. Chr.) bestätigte dies, indem er Simon das Recht gewährte, eigene Münzen zu prägen (1 Makk 15,1–9). Aber als Antiochus in Syrien seine Stellung festigte, änderte er seine Meinung, verlangte die Rückgabe von Gebieten, die angeblich den Seleukiden gehörten, und griff Simon ohne Erfolg an. Nach Simons Tod (134 v. Chr.) belagerte Antiochus erfolgreich dessen Sohn Johannes Hyrkanus in Jerusalem und zog sich erst zurück, als Hyrkanus ihm Tribut zahlte und Geiseln auslieferte. Antiochus fiel aber im Kampf gegen die Parther (129 v. Chr.), und von diesem Zeitpunkt an waren die Seleukiden keine Gefahr mehr für Judäa.

Die Expansion der Hasmonäer

Schon Jonatan (152–142 v. Chr.) hatte Akkaron von Paralia und Lydda, Arimathäa und Apharäma von Samarien bekommen (1 Makk 10,30; 10,89; 11,28.34). Simon drang weiter nach Westen vor und eignete sich zuerst Gazara, dann den Hafen von Joppe an (1 Makk 10,76; 13,11; 14,5). Die Ausdehnung Judäas während der nächsten 50 Jahre läßt sich leicht mitverfolgen (s. Karte 1):

(a) Der Küste entlang: Hyrkanus eroberte Apollonia, Jamnia, Azotus; Jannäus drang weiter in die gleiche Richtung vor, indem er sich im Norden Stratonsturm (das spätere Cäsarea) und Dora (jedoch nicht Ptolemaïs) einverleibte, im Süden Anthedon, Gaza, Raphia und Rhinokolura.

(b) Im Innern: Im Norden hatte Judäas alter Gegner Samarien in hellenistischer Zeit seinen eigenen Tempel auf dem Berg Garizim in der Nähe von Sichem errichtet und so seine religiöse Unabhängigkeit hergestellt. Hyrkanus annektierte Samaria in zwei Etappen: Zuerst unterjochte er die Bevölkerung und zerstörte den Tempel, später (108 v. Chr.) eroberte er die Städte Samaria und Skythopolis und die Bergkette des Karmel. Dies öffnete Aristobulus den Weg, um Galiläa einzunehmen und die Ituräer im Norden anzugreifen. Er ergriff Besitz von einem Teil ihrer Territorien und zwang die Männer, sich beschneiden zu lassen.

(c) Im Süden: Hyrkanus drang in Idumäa ein und judaisierte das Volk gewaltsam. (So kam es, daß ein Jahrhundert später ein Idumäer, Herodes, in Jerusalem regierte.) Diese Invasion bedrohte die Nabatäer (s. S. 160), deren Handelswege sich im Nordwesten von Petra über Gaza bis zum Mittelmeer und im Norden über Transjordanien bis nach Syrien erstreckten. Schließlich schnitt Jannäus ihren Zugang zum Mittelmeer ab, indem er Gaza zerstörte. Als Hyrkanus die bedeutende Stadt Medeba eroberte und Jannäus die Kontrolle Judäas über dieses Gebiet bis zum südlichen Ende des Toten Meeres ausdehnte, wurde auch der Handelsweg der Nabatäer nach Syrien abgeschnitten. Dennoch gelang es dem Nabatäer Obodas I. den Jannäus 93 v. Chr. in der Gaulanitis zu besiegen, und sein Nachfolger Aretas III. eroberte 85 v. Chr. Zölesyrien und Damaskus, fiel in Judäa ein und besiegte Jannäus bei Adida. Die Nabatäer blieben weiterhin eine Gefahr für Judäa, bis sie 62 v. Chr. von den Römern zum Rückzug gezwungen wurden. Die Errichtung der starken Burgen Alexandrium, Hyrkania, Masada und Machärus (s. Karte 1) weist auf die Sorge des Jannäus um die südlichen und östlichen Grenzen hin.

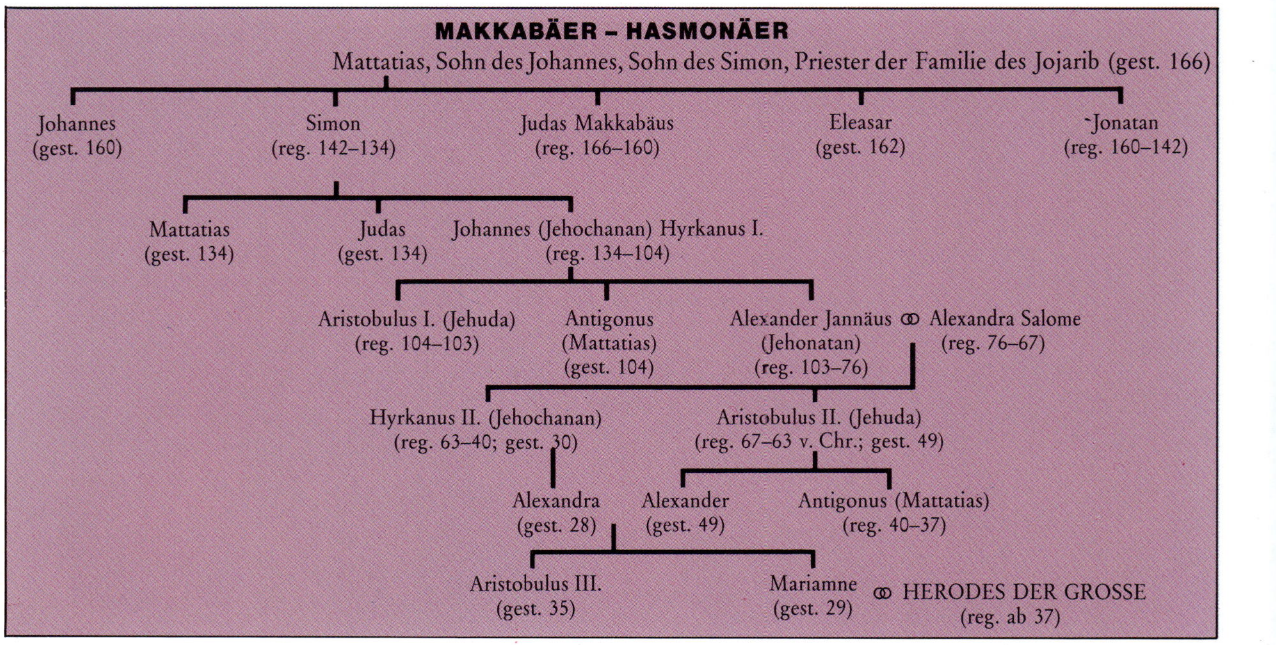

Könige und Hohepriester

Seit 142 v. Chr. war Simon Hoherpriester, militärischer Befehlshaber und weltlicher Herrscher. Diese Ämter und Aufgaben wurden 134 v. Chr. von seinem Sohn Hyrkanus I. und 104 v. Chr. von dessen Sohn Aristobulus I. geerbt. Die Münzen des Alexander Jannäus (die ersten von den Hasmonäern geprägten Münzen) tragen die Inschriften: „Jonatan, der König“ (hebräisch) und „König Alexander“ (griechisch), oder: „Jonatan, der Hohepriester und die Gemeinde *(chever)* der Juden“. Diese Titel zeigen, daß Jannäus sich als hellenistischer Herrscher und jüdischer Hoherpriester verstand. Gemäß seinem Testament folgte ihm seine Frau Salome Alexandra auf den Thron. Da sie als Frau vom Priesteramt ausgeschlossen war, ernannte sie ihren älteren Sohn Hyrkanus II. zum Hohenpriester. Als sie starb, wurde er ihr Nachfolger, doch überließ er beinahe unverzüglich sein königliches und hohepriesterliches Amt seinem Bruder Aristobulus II. (67 v. Chr.). Auf dessen Münzen stand: „Jehuda, Hoherpriester, und die Gemeinde der Juden“. Als Pompeius Aristobulus beseitigte (63 v. Chr.), ließ er Hyrkanus II. nur noch das Amt des Hohenpriesters. Offensichtlich hat nur Jannäus sich den Titel „König“ auf seine Münzen prägen lassen.

Der Niedergang der Hasmonäer–Dynastie

Schon von Hyrkanus I. verlangten die Pharisäer, daß er sein hohepriesterliches Amt aufgebe und sich auf seine königliche Macht beschränke. Die Makkabäer und Hasmonäer hatten ja keinen Anspruch auf das erbliche Amt des Hohenpriesters, und die Tatsache, daß Jonatan sich 152 v. Chr. dieses Amt aneignete, hat wahrscheinlich zur Bildung der Qumran–Sekte unter der Leitung des „Lehrers der Gerechtigkeit“ geführt. Als Jannäus später als Hoherpriester dem Laubhüttenfest vorstand, wurde er mit Zitronen beworfen. Seine Reaktion darauf war ein Gemetzel, das zum Bürgerkrieg führte. Die Pharisäer baten den Seleukiden Demetrius III. um seine Unterstützung gegen Jannäus, der sich später blutig rächte, indem er 800 Gegner kreuzigen und ihre Familien töten ließ. Auf seinem Sterbebett riet er allerdings seiner Frau Alexandra zum Frieden mit den Pharisäern. Sie befolgte seinen Rat. Dadurch wurden die Pharisäer zum dominanten religiösen Faktor. Aristobulus II., ihr ehrgeiziger junger Sohn, zwang aber mit Leichtigkeit seinen Bruder Hyrkanus, ihm Thron und Amt des Hohenpriesters abzutreten. Nun versuchte aber der noch ehrgeizigere Idumäer Antipater, der Sohn von Jannäus' Verwalter in Idumäa, Hyrkanus II. als seine Marionette wieder einzusetzen, und bat zu diesem Zweck den Nabatäer Aretas III. um seine Unterstützung. Sie belagerten Aristobulus im Tempel. In der Zwischenzeit hatten die Römer unter Pompeius Syrien eingenommen. Beide Parteien ersuchten nun Pompeius um seine Hilfe. Zuerst unterstützte er Aristobulus, später aber ergriff er für Hyrkanus Partei, belagerte erfolgreich Aristobulus im Tempel und beließ Hyrkanus als Hohenpriester (aber nicht als König) in Jerusalem. Der Versuch der Hasmonäer, das Amt des Königs und Hohenpriesters in einer Person zu vereinigen, ließ Judäas kurze Unabhängigkeit inmitten jahrhundertelanger Fremdherrschaft zusammenbrechen.

ALS IHR VATER STARB, TRUG DER ÄLTESTE VON IHNEN, ARISTOBULUS ... ALS ERSTER DIE KRONE, 471 JAHRE UND DREI MONATE NACH DER RÜCKKEHR DES VOLKES IN SEIN EIGENES LAND, ALS ES VON DER SKLAVEREI IN BABYLONIEN BEFREIT WURDE.
JOSEPHUS, KRIEG 1,72

2

1 Karte rechts
Die Hasmonäer vergrößerten das Gebiet Judäas beträchtlich. Hyrkanus I. eroberte wichtige Städte an der Küste, in Samarien, Idumäa und Ammonitis. Aristobulus I. konnte nordwärts nach Galiläa vordringen, und Jannäus festigte das Königreich, indem er die Kontrolle Judäas bis zum südlichen Ende des Toten Meeres ausdehnte und der südlichen und östlichen Grenze entlang an strategischen Punkten Festungen errichten ließ.

2 Links unten
Die sog. „Freimaurer–Halle“ ist eines der am besten erhaltenen Gebäude der späthellenistischen Zeit in Jerusalem. Der Raum (18 x 26 m) gehört zu einer unterirdischen Anlage westlich des „Wilson–Bogens“ (s. S. 166, Karte 2, Nr. 5). Die Archäologen haben diesen Raum mit der „Kammer aus behauenem Stein“ im Mischna–Traktat Sanhedrin und mit dem von Josephus beschriebenen „Ratshaus“ identifiziert. Freimaurer benützten ihn später lange als Versammlungsort.

3 Rechts
Die ersten Münzen des unabhängigen Königreiches Judäa wurden von Jannäus geprägt (nach einigen Forschern schon von Hyrkanus I.).

3

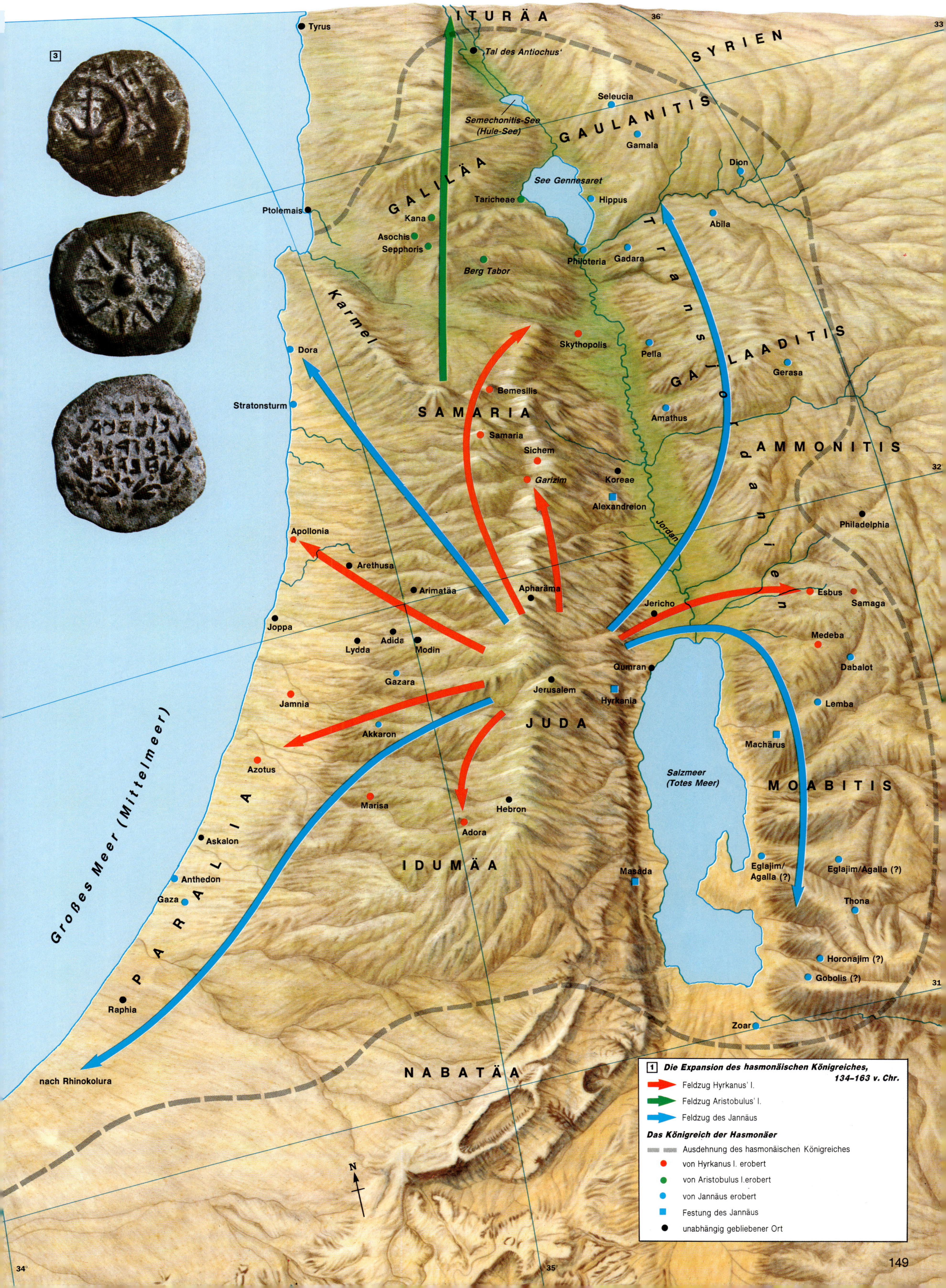

Tyrus
ITURÄA
Tal des Antiochus'
SYRIEN
Semechonitis-See (Hule-See)
Seleucia
GAULANITIS
Gamala
Dion
See Gennesaret
GALILÄA
Taricheae
Hippus
Ptolemais
Kana
Asochis
Sepphoris
Abila
Berg Tabor
Philoteria
Gadara
Transjordanien
Karmel
Skythopolis
Dora
Pella
GALAADITIS
Gerasa
Bemesilis
Stratonsturm
SAMARIA
Samaria
Amathus
Sichem
AMMONITIS
Garizim
Koreae
Alexandreion
Jordan
Philadelphia
Apollonia
Arethusa
Arimatäa
Apharäma
Jericho
Esbus
Samaga
Joppa
Adida
Lydda
Modin
Medeba
Qumran
Dabalot
Gazara
Jerusalem
Hyrkania
Jamnia
Lemba
Akkaron
JUDA
Machärus
Azotus
Salzmeer (Totes Meer)
MOABITIS
Marisa
Hebron
Adora
Askalon
IDUMÄA
Eglajim/Agalla (?)
Eglajim/Agalla (?)
Anthedon
Masada
Gaza
Thona
Großes Meer (Mittelmeer)
PARALIA
Horonajim (?)
Gobolis (?)
Raphia
Zoar
NABATÄA
nach Rhinokolura
N
36°
33
32
31
34°
35°
1 Die Expansion des hasmonäischen Königreiches, 134–163 v. Chr.
Feldzug Hyrkanus' I.
Feldzug Aristobulus' I.
Feldzug des Jannäus
Das Königreich der Hasmonäer
Ausdehnung des hasmonäischen Königreiches
von Hyrkanus I. erobert
von Aristobulus I.erobert
von Jannäus erobert
Festung des Jannäus
unabhängig gebliebener Ort

DIE RÖMISCHE ZEIT

Die Römer im Osten

Vom Sieg der Römer über den Seleukiden Antiochus III. (190 v. Chr.) an wurde Rom schrittweise zur bestimmenden Macht im Nahen Osten. Zwischen 67 und 63 v. Chr. unternahm der römische Feldherr Pompeius seine Feldzüge nach Kleinasien und beschränkte in seiner „Neuordnung des Ostens" den jüdischen Hasmonäerstaat auf die Provinzen Judäa und Idumäa. Aristobulus II. wurde von Pompeius beseitigt und Hyrkanus II. an seiner Stelle zum Hohenpriester und Ethnarchen ernannt.

Im 2. Jh. v. Chr. zerfiel die Macht der griechischen Könige der östlichen Mittelmeerländer rapid, gleichzeitig drangen römische Kaufleute, Diplomaten und Eroberer in diese Gebiete ein. Die römische Politik bestand darin, jede stärkere Macht im Osten unaufhörlich zu schwächen. In dieser Zeit führte Rom an allen Fronten Krieg.

Der römische Senat sah im König von Mazedonien und den griechischen Städten im Osten eine direkte Gefahr für Italien. So wurde Mazedonien zuerst zu einem verbündeten Königreich, dann zu einem Protektorat (167 v. Chr.) und später zu einer römischen Provinz (148 v. Chr.), welche auch die Kontrolle über Achaia (Griechenland) hatte. Als der Seleukide Antiochus III. besiegt war, hatten die Römer der Dynastie der Attaliden von Pergamon die Kontrolle über die westlichen Teile Kleinasiens übertragen. Da der letzte Attalide 133 v. Chr. ohne einen Erben starb, hinterließ er die pergamenischen Gebiete den Römern, die daraus die neue römische Provinz Asia bildeten. Zu jener Zeit wurden die anderen Königreiche in Kleinasien, wie z. B. Bithynien, Pontus und Kappadozien, immer noch von iranischen Fürsten regiert, den Nachkommen jener altpersischen Satrapen, welche ihre Amtsgewalt von den Achämeniden erhalten hatten. Die Römer gerieten in Konflikt mit Mitridates VI. Eupator, dem ehrgeizigen König von Pontus. Sulla zwang Mitridates zum Rückzug aus Galatien, Bithynien und Asia, anerkannte ihn aber weiterhin als König von Pontus und „Verbündeten (socius) Roms". Bithynien gelangte später durch ein Vermächtnis an Rom.

Mitridates hatte inzwischen die Tochter des Tigranes von Armenien geheiratet, dessen Eroberungen sich über Mesopotamien, Medien, Kleinasien und Nordsyrien erstreckten. Während Tigranes in Syrien weiter vorrückte, drang Mitridates in die neue römische Provinz Bithynien ein (74 v. Chr.); der römische Konsul Lucullus hinderte beide mit fünf Legionen am weiteren Vordringen. Er vertrieb Mitridates nicht nur aus Bithynien, sondern auch aus Pontus bis nach Armenien. Als Tigranes, der bis Damaskus gekommen war (72 v. Chr.), nach Armenien zurückkehrte (69 v. Chr.), besiegte Lucullus sowohl Mitridates als auch Tigranes.

67/66 v. Chr. verlieh der römische Senat Pompeius durch spezielle Gesetze „außerordentliche" Vollmachten. Dies geschah, weil die römischen Getreidevorräte durch die Seeräuber vor der Küste Ziliziens gefährdet waren. Pompeius befreite Zilizien von dieser Bedrohung. Dann führte er als Befehlshaber über den ganzen östlichen Teil des Römischen Reiches und mit Vollmachten für alle notwendigen Feldzüge die Reihe von Siegen und Eroberungen seines Vorgängers Lucullus weiter. Mitridates wurde aus Kleinasien vertrieben; Tigranes unterwarf sich den Römern; Syrien wurde gesichert (64 v. Chr.) und Palästina neu gegliedert (64–63 v. Chr.).

In seiner berühmten „Neuordnung des Ostens" bildete Pompeius eine Reihe von Provinzen der Küste Kleinasiens und Nordsyriens entlang: „Bithynia et Pontus", „Asia", „Cilicia" und „Syria". Darüber hinaus gab es den besonderen Status der *clientela*, den Rom den untergebenen Verbündeten verlieh. Einheimische Regenten wurden zu „Klienten-Königen" gemacht, d.h., sie wurden „Freunde" *(amici)* oder „Verbündete" *(socii)* Roms genannt und dienten als Pufferstaaten gegen die Parther aus dem Osten. Im nördlichen Mesopotamien handelte Pompeius absichtlich den Ansprüchen der Parther zuwider, indem er Tigranes, der nur Armenien behalten hatte, mesopotamisches Gebiet zusprach. Auch im südlichen Syrien ließ Pompeius gewisse Fürstentümer unversehrt – das jüdische Judäa, das arabische Chalkis (Ituräa) und Nabatäa. Als er nach Rom zurückkehrte, rühmte er sich vor allem, daß er eine große Anzahl „griechischer" (hellenisierter) Stadtstaaten auf Kosten unbedeutender Könige in Kleinasien und Syrien errichtet habe. Der jüdische Staat wurde dabei auf Judäa (mit Idumäa), Galiläa und Peräa (östlich des Jordans) beschränkt, die Samaritaner behielten einen kleinen Staat Samarien um Sichem und den Tempel auf dem Berg Garizim herum.

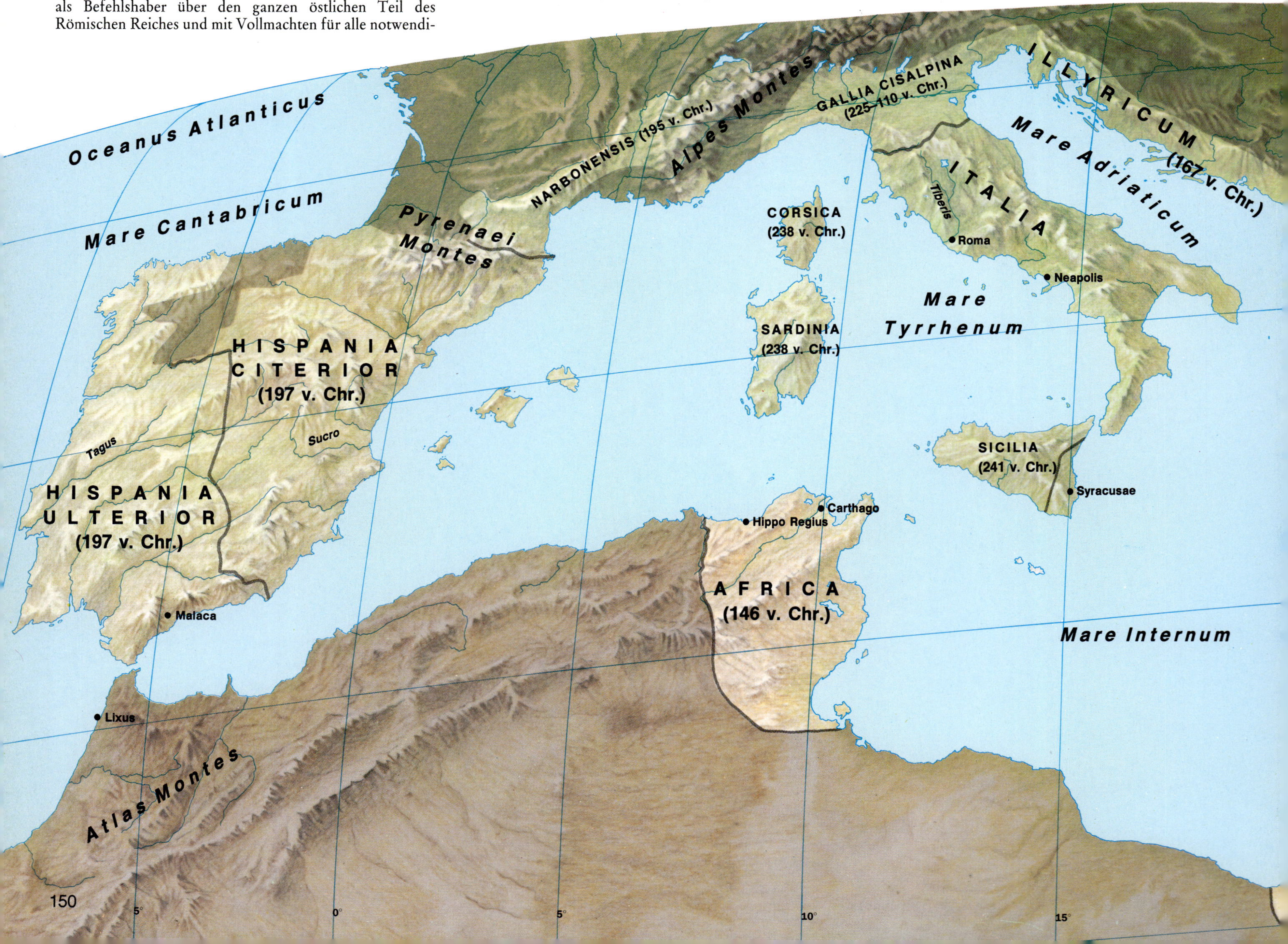

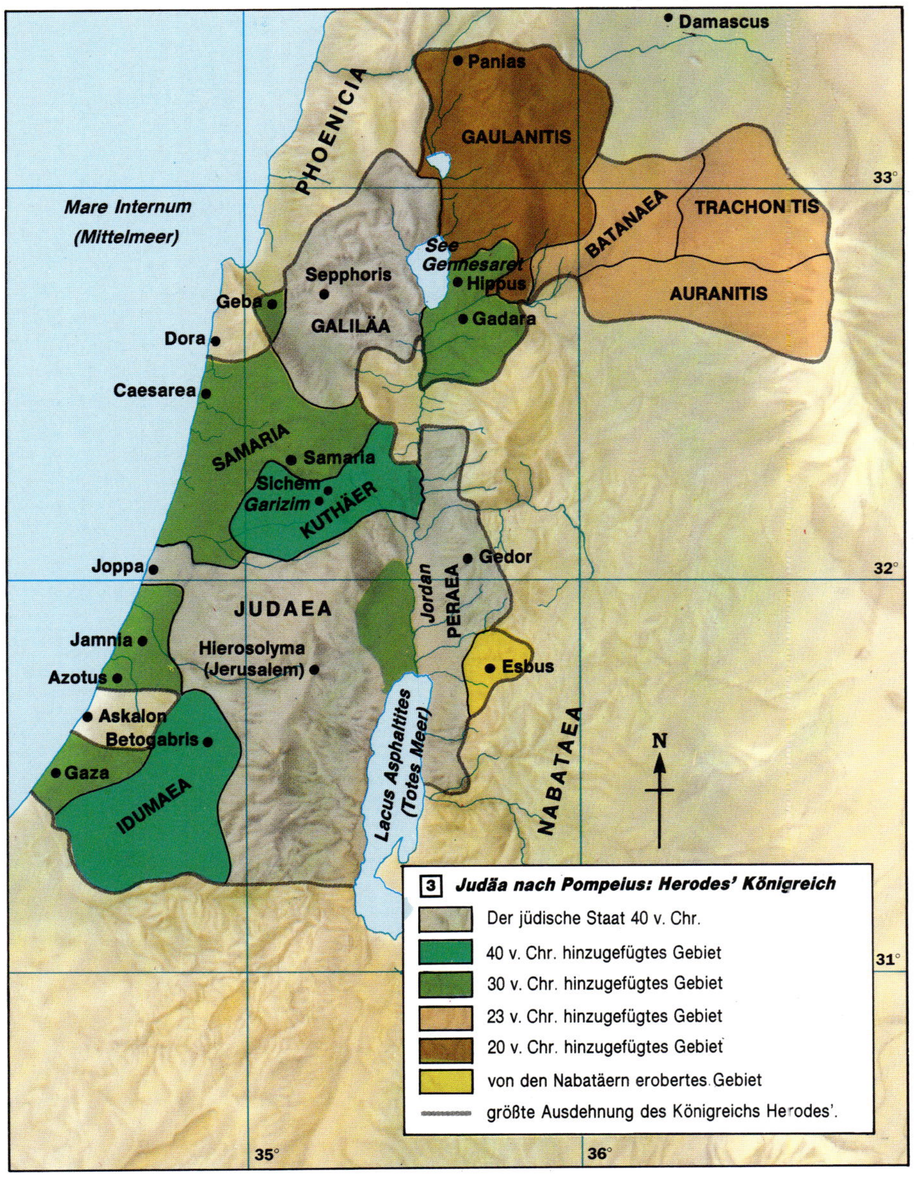

1 Karte unten
Im 2. Jh. v. Chr. befand sich Rom an jeder Front im Krieg. Im Westen gewann es durch die Kriege mit Karthago 197 v. Chr. die Provinz Spanien und 146 v. Chr. Afrika. Im Osten besiegten die römischen Legionen der Seleukiden 190 v. Chr., Mazedonien und Asien wurden 148 bzw. 129 v. Chr. annektiert. Unter Sulla, Lucullus und Pompeius besiegten die Römer allmählich alle Fürstentümer Kleinasiens und dehnten ihren Einflußbereich bis nach Bithynien, Pontus, Zilizien, Syrien, Kreta und Zypern aus.

2 Karte S. 150 oben
Der Zerfall der seleukidischen Herrschaft ermöglichte die Expansion des hasmonäischen Staates unter Jannäus (103–76 v. Chr.). 64 v. Chr. reduzierten der römische General Pompeius und sein Nachfolger Gabinius das Königreich auf Judäa, Galiläa und Peräa und gewährten den ungefähr 20 griechischen Städten, die Jannäus erobert hatte, Unabhängigkeit. Unter Gabinius (57–55 v. Chr.) wurde ein kurzlebiger Versuch unternommen, den jüdischen Staat noch weiter in fünf *synedria* (Bezirke) zu unterteilen.

3 Karte links
Herodes wurde 40 v. Chr. König von Judäa und gewann bald die Gunst des Augustus. So wurden ihm Gaza, die Küstenstädte und die Provinzen Batanäa, Gaulanitis, Trachonitis und Auranitis zurückgegeben.

In dieser Zeit wurde Rom von politischen Querelen und vom Machtkampf zwischen Pompeius und Julius Cäsar heimgesucht. Nach einer Reihe von Krisen fanden die Unruhen 27 v. Chr. schließlich ein Ende. Octavianus erhielt den Titel „Augustus", außerordentliche verfassungsmäßige Vollmachten und die Kontrolle über die wichtigsten Provinzen und Heere. Nun hatte Rom, das inzwischen zu einem Imperium angewachsen war, einen Kaiser.

Während der Zeit der Unruhen mußten die „Freunde" Roms politisch beweglich bleiben. Der Hasmonäerkönig Hyrkanus II. hatte im ehrgeizigen Idumäer Antipater einen fähigen Ratgeber. Sie wechselten rechtzeitig ihre Untertanenpflicht von Pompeius zu Julius Cäsar, um überleben zu können. Als Antipater starb, ernannte Marcus Antonius, ein Freund Cäsars, seine Söhne Herodes und Phasael zu Tetrarchen des jüdischen Staates. Nun folgten Zusammenstöße zwischen parthischen und römischen Truppen, die verschiedene jüdische „Thronanwärter" unterstützten. 40 v. Chr. erklärte der römische Senat Herodes zum „König von Judäa"; 37 v. Chr. vertrieb Sosius, ein Offizier von Marcus Antonius, die Parther aus Jerusalem, und Herodes wurde de facto König. 31 v. Chr. wurde Herodes für seine Feindschaft mit Kleopatra von Octavianus zum „Klienten–König" ernannt. 31 v. Chr. besaß er jene Gebiete, die er seit 37 v. Chr. verwaltet hatte: Judäa (mit Idumäa), Samarien, Galiläa, Peräa. 30 v. Chr. wurde ihm auch die Herrschaft über die griechischen Städte Samariens, Hippus, Gadara und alle Küstenstädte (außer der freien Stadt Ascalon gewährt. Von dieser Zeit an wurden die jüdisch besiedelten Gebiete entweder von Herodes und seinen Nachkommen oder direkt von römischen Beamten verwaltet.

DANN NAHM POMPEIUS DEN JUDEN DIE STÄDTE WEG, DIE SIE IN ZÖLESYRIEN BESETZT HATTEN. ER UNTERSTELLTE SIE EINEM VERWALTER, DER EIGENS FÜR SIE ERNANNT WORDEN WAR. DIES BEDEUTETE, DASS DAS VOLK INNERHALB DER GRENZEN SEINES LANDES GEFANGEN WAR. ER BAUTE GADARA, DAS DIE JUDEN DEM ERDBODEN GLEICHGEMACHT HATTEN, WIEDER AUF, UM DAMIT EINEM GADARENER, DER ZU SEINEN FREIGELASSENEN GEHÖRTE, SEINE GUNST ZU ERWEISEN. ER BEFREITE AUCH ALL JENE INLANDSTÄDTE, WELCHE DIE JUDEN NOCH NICHT ZERSTÖRT HATTEN, VON DEREN HERRSCHAFT – HIPPUS, SKYTHOPOLIS, PELLA, SAMARIA, JAMNIA, AZOTUS UND ARETHUSA. JOSEPHUS, KRIEG, 1

DIE RÖMISCHE ZEIT

Die Entwicklung der Synagoge

Der griechische Ausdruck *synagoge* bedeutet einfach „Versammlung“, aber die Juden haben diesem Wort eine ganz spezifische Bedeutung gegeben. Die Synagoge war eine der herausragenden religiösen Leistungen der Juden der späten Antike. Sie war der Brennpunkt des Lebens der jüdischen Gemeinden und die wichtigste Institution, durch welche Studium und Verbreitung des mosaischen Gesetzes geschahen.

Zu welchem Zeitpunkt genau die Synagoge entstand, ist unsicher. Sowohl im Babylonischen Exil (587–537 v. Chr.) als auch nach der von Esra im 5. Jh. v. Chr. in Judäa durchgeführten Erneuerung des Bundes der Juden war jeweils ein Kontext für die Stiftung einer Institution gegeben, durch welche den Juden das Gesetz in Erinnerung gerufen werden konnte. Die ersten schriftlichen Hinweise auf die Existenz einer Synagoge finden wir allerdings erst im 3. Jh. v. Chr. auf Papyri aus Ägypten. Aber schon im 1. Jh. n. Chr. deuten viele Quellen darauf hin, daß die Synagogen inzwischen sowohl in Palästina als auch in der Diaspora weit verbreitet waren: Die Evangelien erwähnen Synagogen in den Dörfern Galiläas, und die Apostelgeschichte spricht von zahlreichen Synagogen in Jerusalem. Eine Inschrift, die in Jerusalem gefunden wurde und von einem gewissen Theodotus aus der Zeit vor 70 n. Chr. stammt, rühmt die Synagoge, die dieser samt einer Herberge errichten ließ. Sowohl die Apostelgeschichte als auch die Paulusbriefe

[3] Rekonstruktion der Synagoge in Chorbat Schema' aus der Mitte des 4. Jh. n. Chr.

berichten von Synagogen, die es in jeder Diasporagemeinde gab. Josephus deutet darauf hin, daß einige von ihnen schon seit vielen Jahren existierten. Im Gegensatz dazu stammen die meisten Inschriften und archäologischen Überreste von alten Synagogen aus dem 3. Jh. n. Chr. und aus späterer Zeit.

Die Synagogen waren der Ort, wo die jüdischen Gläubigen das Gesetz ihres Gottes, das sie in der Tora (= 5 Bücher Mose) verehren, lesen und verstehen lernen konnten. Die Gesetzesrolle wurde im Tora–Schrein aufbewahrt und stand so visuell und liturgisch im Mittelpunkt des Synagogengottesdienstes. Die weite Verbreitung der Synagogen weist wohl darauf hin, daß dieser heilige Text von den Juden überall für normativ gehalten wurde. Diese intensive Verehrung einer heiligen Schrift unterschied das Judentum von den anderen Religionen in der Antike: Fast das ganze Schrifttum dieser Zeit bestand aus Kommentaren zur oder Paraphrasen (Umschreibungen) der Tora, und die ganze jüdische Ethik und Theologie hatten in ihr ihre Grundlage. Hieraus wird die Bedeutung der wöchentlichen Lesungen ersichtlich, die allen Juden den Zugang zur Tora ermöglichten.

An vielen Orten dienten die Synagogen nicht nur dem Tora–Unterricht. Die versammelte Gemeinde konnte auch über politische Angelegenheiten diskutieren, und in Städten, wo die Juden eine Minderheit darstellten, sorgte die Synagoge auch für das leibliche Wohl ihrer Gläubigen. Die Gemeindegelder wurden dort aufbewahrt, und die Angestellten der Synagoge übernahmen als Laien Führungsaufgaben in der Gemeinde. Das Gericht wurde in der Synagoge abgehalten, und manchmal wurde die Bestrafung an Ort und Stelle vollzogen (vgl. Apg 22,19; 26,11). Gelegentlich schlossen sich auch Herbergen für die Besucher an den Versammlungsraum an. Diese soziale Funktion der Synagogen stand natürlich in den vorwiegend jüdischen Gemeinden Palästinas weniger im Vordergrund. Aber in Jerusalem, dieser kosmopolitischen jüdischen Metropole, verstärkten die Juden ihre regionalen Identitäten, indem sie die Diaspora nachahmten und jeder Nationalität ihre eigene kleine Synagoge errichteten (Apg 6,9).

Diese Rolle der Synagoge als öffentlicher Ausdruck der jüdischen Identität gerade an feindlich gesinnten Orten trug dazu bei, daß große Gebäude (wie z.B. in Antiochia) errichtet wurden: Sie waren zugleich Ausdruck wie Verstärkung des sozialen Gewichtes der Juden. Solche Absichten standen aber in den größeren Städten in Konflikt mit der weniger weltlichen, aber zentralen Aufgabe, das Gesetz zu unterrichten: Die Synagoge von Alexandria scheint so riesig gewesen zu sein, daß jene, die hinten saßen, die Segenssprüche nicht hören und nur auf den Wink eines Dieners hin im richtigen Moment „Amen“ sagen konnten. Die größeren jüdischen Gemeinden zogen es daher vor, mehrere Synagogen in der gleichen Stadt zu errichten. Sonst haben aus der Diaspora nur kärgliche archäologische Hinweise auf Synagogen dieser frühen Zeit überlebt: Die Inschriften, die „dem höchsten Gott“ gewidmet sind und zu einem gewaltigen Bau aus dem 1. Jh. v. Chr. bei Delos gehören, weisen diesen mit großer Sicherheit als Synagoge aus. In Ostia sind ebenfalls Spuren einer Synagoge aus dem 1. Jh. n. Chr. gefunden worden, wenn auch über ihre Ausgestaltung wenig gesagt werden kann. Die Dürftigkeit des archäologischen Beweismaterials für die Bauten der Diaspora ist aber wenig bezeichnend, da die Archäologie sich dort viel weniger als im Heiligen Land auf die Suche nach frühen Synagogen gemacht hat.

Auffälligerweise rühmen zeitgenössische Autoren des 1. Jh. v. Chr. die prächtige Bauweise nur von Synagogen in der Diaspora. Die vergleichsweise Bescheidenheit der Bauten im Land Israel hat auch die archäologische Erforschung der Synagogen in Palästina bestätigt: Bisher sind dort erst vier Synagogen gefunden worden, deren Bau vor 70 n. Chr. angesetzt werden kann. Zwei von ihnen wurden innerhalb der königlichen Burgen Masada und Herodeion entdeckt: Die jüdischen Rebellen, welche diese Festungen im Ersten Jüdischen Krieg kurze Zeit besetzt hielten, haben da ein bestehendes öffentliches Gebäude zu einer Synagoge umgestaltet, indem sie den Mauern entlang Steinbänke anbrachten. In Gamala (Golan) entdeckte man in der Nähe der Stadtmauer einen beeindruckenden Bau, und in Kafarnaum wurden einige Fundamente unter der späteren Synagoge gefunden, die wohl auch zu Synagogen des 1. Jh. v. Chr. gehören. Diese mageren archäologischen Ergebnisse für die Zeit vor 70 n. Chr. zeigen, daß die Synagogen im Heiligen Land zur Zeit des zweiten Tempels – ganz im Gegensatz zur

[1] ***Karte links***
Die meisten Ruinen von Synagogen aus der Diaspora stammen aus der spätrömischen und byzantinischen Zeit. In Ostia, Sardis und Dura–Europos sind prächtige Bauten ausgegraben worden. Die Synagoge von Dura wurde um die Mitte des 3. Jh. n. Chr. vollendet, die Synagogen in Ostia und Sardis wurden im 4. Jh. oder später errichtet.

[2] ***Karte links unten***
Die Karte zeigt die Ruinen von Synagogen im römischen Palästina. Es gibt nur spärliches Beweismaterial für Synagogen aus der Zeit vor 70 n. Chr.: Masada, das Herodeion, Gamala und Kafarnaum sind die einzigen Beispiele. Später wurden dann in ganz Palästina Synagogen errichtet.

spätrömischen Zeit – nicht in einem monumentalen Stil gebaut wurden.

Wahrscheinlich deutet die prachtvollere Bauweise der Diasporasynagogen vor 70 n. Chr. auch auf ihre größere religiöse Bedeutung hin. Die Synagogen dienten ursprünglich dazu, das Gesetz zu unterrichten. Da die Tora aber im Palästina des 1. Jh. auch außerhalb der Synagogen, nämlich im anspruchsvollen Unterricht der Schriftgelehrten, interpretiert wurde, war die Pflege des mosaischen Gesetzes für die Gegenwart (z.B. die Einhaltung des Sabbats und die Beachtung der Reinheitsvorschriften) in Palästina nicht fest mit der Synagoge verbunden. In Palästina war es möglich, ein frommer Jude zu sein, ohne regelmäßig in die Synagoge zu gehen – Johannes der Täufer war einer von ihnen. So kann Jesus das Gebet als eine ganz private Form der Gottesverehrung verstehen und ihr das öffentliche Beten in Synagogen als Prahlerei gegenüberstellen (vgl. Mt 6,5). In der Diaspora dagegen werden die Synagogen auch noch in dieser Zeit als „Gebetshäuser“ beschrieben. Im übrigen blieben aber für jeden Juden die Opfer im Tempel von Jerusalem die wirksamste Form der Gottesverehrung.

PAULUS GING IN DIE SYNAGOGE UND LEHRTE DREI MONATE LANG FREIMÜTIG UND SUCHTE SIE VOM REICH GOTTES ZU ÜBERZEUGEN. DA ABER EINIGE VERSTOCKT WAREN, SICH WIDERSETZTEN UND VOR ALLEN LEUTEN DEN (NEUEN) WEG VERSPOTTETEN, TRENNTE ER SICH MIT DEN JÜNGERN VON IHNEN...
APG 19,8f

DIE RÖMISCHE ZEIT

Das römische Palästina

Die Karte zeigt die Verwaltungsbezirke des römischen Palästina um 400 n. Chr. Sie ist eine vereinfachte Version der *Map of Roman Palestine*, die M. Avi-Yonah (mit Hilfe von F.-M. Abel, A. Alt und W. F. Albright) 1940 für das British Mandate Department of Antiquities geschaffen hat. Obwohl seither viel Einzelforschung zur römischen Zeit geleistet wurde, bleibt diese Karte eine hervorragende Informationsquelle für die historische Geographie Palästinas während dieser sehr komplexen Phase seiner Geschichte.

Fortsetzung der Karte nächste Seite

Die administrative Gestalt der Provinz Palästina erfuhr in römischer Zeit während der ersten vier nachchristlichen Jahrhunderte wichtige Veränderungen.

Provincia Judaea

Der jüdische Staat galt bei den Römern als Unruheherd. Es war klar, daß nur ein Verwalter höheren Ranges und erfahrene Truppen dieses Land kontrollieren konnten. So wurde nach dem ersten jüdischen Aufstand (66–70 n. Chr.) (s. S. 176) die neue Provinz „Judaea" einem Statthalter mit dem Rang eines *legatus Augusti pro praetore* unterstellt, der völlige Unabhängigkeit besaß. Der Statthalter, der die zivile und die militärische Macht innehatte, residierte in Cäsarea Maritima (an der Küste). In Jerusalem hingegen war die berühmte zehnte Legion *(Legio Decima Fretensis)* fest stationiert.

Die Provinz Judaea schloß die ehemals jüdischen Gebiete in Galiläa, Samarien, Judäa, Idumäa, Peräa und die Stadtstaaten der Küste und der Dekapolis mit ein (aber nicht ganz Galiläa und Peräa).

Die Stadtgebiete von Cäsarea, Sebaste (Samaria) und Skythopolis (Bet–Schean) hatten während des Aufstandes als Schranken zwischen befreundeten jüdischen Gebieten gewirkt. Sogar die jüdischen „Städte“ Tiberias und Sepphoris hatten gezögert oder sich geweigert, ins Kampfgeschehen einzutreten. Es scheint, daß diese politische Tatsache die Römer zu einer neuen „Strategie der Urbanisierung“ anregte, durch die unter Vespasian (später Hadrian und Severus) die Tempelstaaten zu Stadtstaaten gemacht wurden. Die Dörfer und Landsitze wurden von der wachsenden Klasse des Landadels verwaltet, der von den einheimischen Geschäftsleuten unterstützt wurde. Diese waren hellenisierte pro–römische Sympathisanten, die als römische Steuereinzieher arbeiteten und deren Glück völlig von Rom abhängig war. Die neuen selbstverwalteten Gebiete waren eine große Entlastung für die römische Administration. Darüber hinaus zerstörte das römische Prinzip „Teile und regiere“ auch hier den stammesmäßigen oder ethnischen (nationalen) Zusammenhalt im kulturellen und religiösen Bereich.

Vespasian (69–79 n. Chr.) baute Gabaa, Apollonia, Antipatris (das ehemalige Pegae–Arethusa), Flavia Joppa (das ehemalige Joppa), Jamnia und Azotus (das ehemalige Aschdod) als autonome Stadtstaaten wieder auf, die sich selber verwalteten und keiner jüdischen Autorität mehr unterstellt waren (obwohl Joppa inzwischen eine große jüdische Gemeinde hatte, die bis ins 3. Jh. n. Chr. erhalten blieb).

In Galiläa wurden Sepphoris und Tiberias autonome Städte, deren Gebiete schnell erweitert wurden und bald das ganze untere Galiläa bedeckten. Jener Teil des ehemaligen samaritanischen Tempelstaates, der nicht in das Stadtgebiet von Samaria–Sebaste aufgenommen worden war, wurde nun zum neuen Stadtstaat *Flavia Neapolis* (das heutige Nablus) umgebildet. Der obere Teil Galiläas und der Golan hingegen blieben der direkten Verwaltung durch den römischen Legaten unterstellt, der sein Hauptquartier in Cäsarea hatte. Jerusalem selbst wurde nach der Eroberung im Jahr 70 n. Chr. ein Standlager und war militärisches Gebiet, bis Hadrian den Entschluß faßte, dort eine römische Kolonie zu errichten. Gewisse Teile Peräas und des Jordantales (einschließlich Jericho) waren den Römern vom wirtschaftlichen Gesichtspunkt her besonders wichtig und wurden deshalb direkt als kaiserliche Ländereien verwaltet.

Provincia Syria Palaestina

Im Zweiten Jüdischen Krieg (132–135 n. Chr.) zerbrach Bar Kochba zumindest in Judäa und in Teilen Samariens die alles beherrschende römische Machtstruktur. Der Aufstand wurde jedoch schon nach kurzer Zeit niedergeschlagen (s. S. 180).

Kaiser Hadrian (117–138 n. Chr.) machte Jerusalem erneut zu einer römischen Kolonie, *Aelia Capitolina*, die Jupiter geweiht war. Ein weiterer Aufstand der Juden bewirkte eine Veränderung des provinziellen Status. Jetzt wurden zwei Legionen und ein Gouverneur höchsten konsularen Ranges zur Verwaltung eingesetzt. Die römische Provinz wurde umbenannt in *Provincia Syria Palaestina*. Die Sechste Legion *(Legio Sexta Ferrata)* besetzte neue Gebiete, diesmal östlich von Cäsarea und nördlich von Sebaste. Das Lager der Legionäre bei Capercotnei gab dem Ort seinen neuen Namen *Legio* (das heutige Ledschun). Er wurde später zu einem Stadtstaat, dem die Ebene Jesreel als Veteranenland *(campus maximus legionis)* diente.

Kaiser Severus (193–211 n. Chr.) machte Idumäa samt En–Gedi zum Stadtstaat Eleutheropolis und Lydda zum Stadtstaat Diospolis. Unter Heliogabalus geschah in den Jahren 220–221 n. Chr. dasselbe mit Emmaus, das zur Stadt Nikopolis wurde. Auf diese Weise war – wie die Karte zeigt – fast ganz Palästina bereits 221 n. Chr. in ein Netz von größeren und kleineren Stadtstaaten umgeformt worden. Eine Ausnahme bildeten nur die kaiserlichen Ländereien im Jordantal und im oberen Galiläa *(Tetracomia)*. Eine ähnliche Entwicklung machte östlich des Jordans das Königreich der Nabatäer durch, das zur römischen *Provincia Arabia* wurde und sehr rasch mit einem Netz von neuen Städten versehen wurde.

Das dreigeteilte Palästina

Diese Provinz wurde nun unter der Herrschaft Diokletians (284–305 n. Chr.) nach einer vom Kaiser selbst aufgebrachten oder geförderten Politik einer Gewaltentrennung und einer weiteren Unterteilung unterworfen: So trennte er die zivile von der militärischen Befehlsgewalt und schuf den neuen militärischen Rang des *Dux Palaestinae*. Er unterteilte auch hier die römischen Legionen in Feldheere und Grenztruppen. Der südlichen Grenze von Idumäa entlang errichtete er einen Streifen Militärgebiet, das *Limes Palaestinae* genannt wurde. Hier wurden zahlreiche Forts errichtet, die durch Straßen miteinander verbunden waren. Im Westen wurde dieses Gebiet später in den *Saltus Constantiniaces*, das Stadtgebiet von Sycomazon und den *Saltus Gerariticus* unterteilt.

Um 358 n. Chr. wurde die römische Provinz dem *Limes Palaestinae* entlang gespalten, und das Gebiet südlich von Beerscheba wurde als *Palaestina Salutaris (Palaestina Tertia)* mit Petra als Hauptstadt hinzugefügt. Um ungefähr 400 n. Chr. wurde dann das Gebiet nördlich des Limes nochmals in *Palaestina Prima* (Hauptstadt: Cäsarea) und *Palaestina Secunda* (Hauptstadt: Scythopolis) unterteilt. Diese späten Unterteilungen bilden den Rahmen für die Städtelisten, die im 6. und 7. Jh. n. Chr. von Hierokles und Georgius Cyprius aufgestellt wurden. [Avi–Yonahs Karte berücksichtigt nicht die Zeit.]

Das Straßennetz

Die Meilensteine, die von römischen Landvermessern aufgestellt wurden, waren die Grundlage für die antiken Karten. Davon gibt das *Onomasticon* des Eusebius (und Hieronymus) ein zutreffendes Bild, wenn es die einzelnen Dörfer jeweils entsprechenden Stadtstaaten zuordnet. Das römische Straßennetz entstand sehr spät und wurde weitgehend für die römischen Legionen (und von ihnen) aufgebaut. Nur ein Straßenstück der Küste entlang kann schon in die Zeit Neros (54–68 n. Chr.) datiert werden, und der Bau der Straße von Cäsarea nach Jerusalem wurde wahrscheinlich kurz nach 70 n. Chr. begonnen. Die anderen wichtigsten Etappen des Straßenbaus fallen – wie die Inschriften angeben – in die Regierungszeit Vespasians (69–79 n. Chr.), Trajans (97–117 n. Chr.) und Hadrians (117–138 n. Chr.).

DIE RÖMISCHE ZEIT

Das Königreich des Herodes

Die Römer vermieden es, die kaiserliche Verwaltung über die Grenzen hinaus auszudehnen. Sie zogen es vor, den Grenzen entlang „Klienten"-Königreiche zu errichten, die so lange lokale Autonomie besaßen, als ihre Treue zu Rom nicht in Frage stand. Dies war auch in Palästina nach der Eroberung durch Pompeius der Fall: Zuerst regierten die hasmonäischen Hohenpriester, dann die herodianischen Herrscher. Diese hatten als Idumäer kein Interesse an einem spezifisch jüdischen Staat und dienten so den Absichten der Römer besser.

Das Königreich, das Herodes 40/39 v. Chr. von den Römern erhielt, bestand aus Judäa, Galiläa, Peräa, Samarien und Idumäa. Im Jahr 37 oder 36 v. Chr. wurde Herodes zwar von Antonius gezwungen, Ituräa, gewisse Teile von Nabatäa, der Jericho-Ebene, weitere Gebiete in Syrien und Judäa und die Städte Joppa, Gaza und Samaria (später Sebaste) an die berühmte Kleopatra (VII.) abzutreten. Die meisten verlorenen Gebiete wurden ihm nach der Schlacht von Actium (31 v. Chr.) von Augustus zurückgegeben, dazu zusätzlich zwei Städte der Dekapolis, Hippus und Gadara. Weitere Städte der Dekapolis kamen 23 v. Chr. unter seine Gerichtsbarkeit, als ihm die weitgehend unbebauten Gebiete Batanäa, Auranitis und Trachonitis zugesprochen wurden. Nun gehörte ihm fast das ganze Gebiet um den See Gennesaret herum, und als Augustus ihm 20 v. Chr. auch noch Hulata (das Gebiet des Hule-Sees), Paneas (später Cäsarea Philippi) und die Gaulanitis gab, war der Kreis geschlossen. Das einzige Gebiet, das Herodes durch Waffengewalt erwarb, war das Land um Esbus, das er den Nabatäern 32 v. Chr. entriß. Ascalon behielt seine Unabhängigkeit, da es eine freie Stadt und mit Rom verbündet war.

Das Reich des Herodes war in Stadtgebiete und „Toparchien" unterteilt, die letzteren waren Gebiete ohne Niederlassungen mit Stadtstatus. Diese Teilgebiete waren zu den fünf größeren Einheiten Idumäa, Judäa, Samarien, Galiläa und Peräa gruppiert. – Unsere Kenntnis der Grenzen der Stadtgebiete und anderer Unterteilungen des Landes stammt hauptsächlich aus den Werken des Eusebius v. Cäsarea und weiterer Kirchenväter sowie aus dem Talmud. Epigraphische Zeugnisse geben uns wichtige Hinweise über die Grenzen von Batanäa und die angrenzenden Gebiete. Einige uns bekannte Unterteilungen sind erst nach der Regierungszeit des Herodes entstanden, und über einige herodianische Grenzen lassen sich nur Vermutungen anstellen. Neuere Ausgrabungen verlangen eine Revision der Grenzen um Gaba, die Narbattene und Ptolemaïs, da z.B. die Hauptlinien der Teilgebiete der Veteranenkolonie im Gebiet von Ptolemaïs kürzlich identifiziert worden sind.

Es gibt nur wenige und eher problematische Hinweise auf Gebiete mit einer Mischbevölkerung. Die Bevölkerung von Samarien war seit dem Niedergang der israelitischen Monarchie gemischt, und die Aufzeichnungen aus dem Wadi ed-Dalijeh (spätes 4. Jh. v. Chr.) erwähnen nicht nur Samaritaner, sondern Idumäer, Araber, Moabiter, Phönizier und Babylonier. Die Bevölkerung der Küstenstädte war nicht weniger kosmopolitisch und setzte sich, was die seßhafteren Volksgruppen anbelangt, aus philistäischen, phönizischen, griechischen und jüdischen Gemeinden zusammen.

Die Wirtschaft

Es gibt nur wenige Hinweise auf einzelne Produkte, die aus einer bestimmten Region stammen. Hinweise auf Ernten und auf einzelne Gewerbe sind häufig, aber leicht irreführend, da die angegebenen Produkte (z.B. Getreide, Wein, Oliven, Feigen) fast überall angebaut wurden. Für den größeren Teil der Bevölkerung war Gemüse der wichtigste Ersatz für Fleisch, doch gab es eine aktive Fischereiindustrie an der Mittelmeerküste und um den See von Galiläa, und das Salzen der Fische war ein blühendes Gewerbe. Einer der erfolgreichen Industriezweige im 1. Jh. war der Anbau von Balsam (von dem ein wohlriechender harziger Saft gewonnen wurde). Töpferwaren wurden natürlich im ganzen Land hergestellt. Schafherden lieferten die Wolle für die damals übliche Bekleidung der Bevölkerung, und Nabatäa produzierte vielleicht die erste feine weiße Schafrohwolle, die schließlich zur verfeinerten Wolle des Römischen Imperiums wurde. Schaf- und Ziegenmilch diente hauptsächlich zur Herstellung von Käse. Flachs wurde bei Gaba in der westlichen Ebene von Jesreel angebaut. Aus dem Toten Meer wurden Salz und Asphalt (für den Schiffsbau) gewonnen. Über die Gewerbe der Küstenstädte wissen wir sehr wenig, aber der berühmte tyrische Purpur wurde an der ganzen Küste Judäas hergestellt. Ascalon produzierte Korn, Henna, Zwiebeln und Werkzeuge aus Eisen. Seit der Regierungszeit von Herodes scheint in Judäa Reis angepflanzt worden zu sein. Datteln wurden exportiert; die judäischen Fruchtgetränke kannte sogar Plinius der Ältere.

Judäa nach Herodes

Als Herodes 4 v. Chr. starb, sollte nach dessen Willen sein Herrschaftsgebiet unter die drei Söhne Archelaus, Antipas und Philippus aufgeteilt werden. Die Erbitterung, mit der sich die drei Söhne des Herodes um das Testament stritten, wurde nur noch von der Vehemenz übertroffen, mit welcher die Juden alle drei verwarfen. Varus mußte mit Hilfe der Legionen aus Antiochia einen blutigen Aufstand unterdrükken; er ließ 2000 aufständische Rebellen kreuzigen.

Zwar hätte es der Politik des Augustus mehr entsprochen, das herodianische Königreich dem Römischen Reich als Provinz direkt einzuordnen. Obwohl die Aufteilung in drei Hoheitsbereiche dieses gefährdete Grenzgebiet noch mehr schwächte, bestätigte er jedoch nach langem Zögern die testamentarischen Verfügungen des Herodes: Archelaus erhielt Judäa, Samarien und Idumäa; Antipas Galiläa und Peräa; Philippus Batanaäa, die Gaulanitis, Auranitis und Trachonitis. Um das Land weiterhin direkt kontrollieren zu können, gliederte Augustus die Städte Gaza, Hippus, Gadara und Esbus der Provinz Syria an. Skythopolis gehörte, obwohl es westlich des Jordans lag, seit Pompeius zur Dekapolis und wurde, wie auch Pella, von den Römern direkt verwaltet. Die meisten königlichen Ländereien des Herodes scheinen von den Römern verkauft worden zu sein.

Archelaus wurde 6 n. Chr. von Augustus abgesetzt und ins Exil geschickt. Der Kaiser setzte einen römischen Statthalter equestrischen Ranges zur Verwaltung seines Gebietes ein, der dem kaiserlichen Legaten in Syrien nur bis zu einem gewissen Grad unterstellt war. Philippus, der ein ausgeglichener Herrscher war, starb 33 oder 34 n. Chr., und sein Gebiet wurde der Provinz Syria angegliedert, bis es 37 n. Chr. Agrippa I., einem Enkel Herodes' des Großen, zurückgegeben wurde. Herodes Antipas gelang es, bis 39 n. Chr. zu überleben, weil er eine gute Portion der Schlauheit seines Vaters geerbt hatte; schließlich wurde er aber nach Gallien verbannt.

ALS JESUS ZUR ZEIT DES KÖNIGS HERODES IN BETLEHEM IN JUDÄA GEBOREN WORDEN WAR, KAMEN STERNDEUTER AUS DEM OSTEN NACH JERUSALEM UND FRAGTEN: WO IST DER NEUGEBORENE KÖNIG DER JUDEN? MT 2,1f

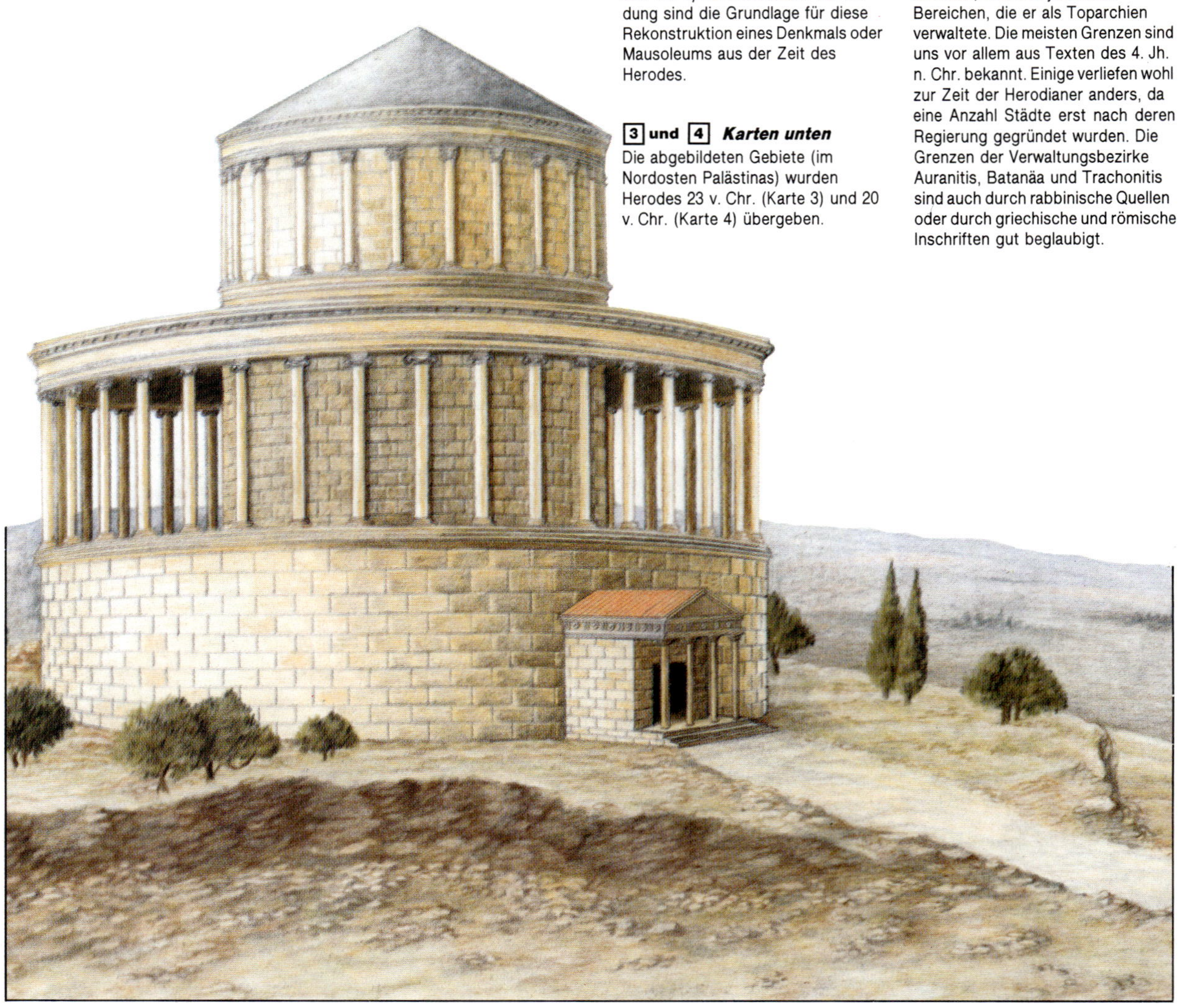

2 Links
Zwei kreisförmige Mauern (nordwestlich des Damaskus-Tores in Jerusalem) aus Quadersteinen und mit *opus-reticulatum*-Verkleidung sind die Grundlage für diese Rekonstruktion eines Denkmals oder Mausoleums aus der Zeit des Herodes.

3 und 4 Karten unten
Die abgebildeten Gebiete (im Nordosten Palästinas) wurden Herodes 23 v. Chr. (Karte 3) und 20 v. Chr. (Karte 4) übergeben.

1 Karte rechts
Herodes unterschied wahrscheinlich zwischen den griechischen Städten, die klar abgegrenzte Gebiete besaßen, und den jüdischen Bereichen, die er als Toparchien verwaltete. Die meisten Grenzen sind uns vor allem aus Texten des 4. Jh. n. Chr. bekannt. Einige verliefen wohl zur Zeit der Herodianer anders, da eine Anzahl Städte erst nach deren Regierung gegründet wurden. Die Grenzen der Verwaltungsbezirke Auranitis, Batanäa und Trachonitis sind auch durch rabbinische Quellen oder durch griechische und römische Inschriften gut beglaubigt.

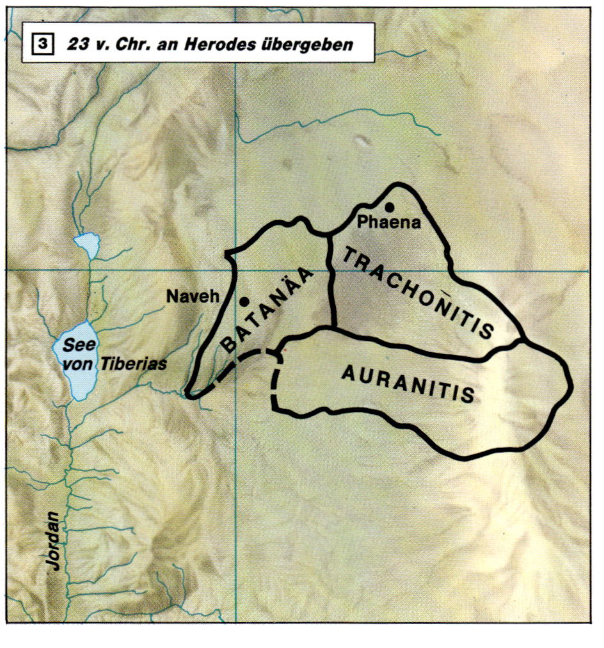

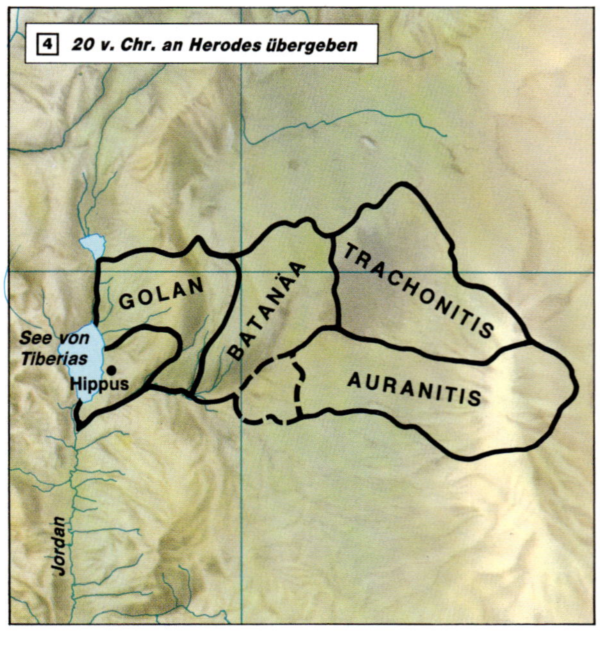

1 Das Königreich des Herodes, 4 v. Chr.
Toparchie oder Stadtstaat
wahrscheinlich Toparchie oder Stadtstaat
mutmaßlich Toparchie oder Stadtstaat
königliche Ländereien
freie Stadt (Ascalon) mit Gebiet
freie Stadt
Verwaltungszentrum einer Toparchie
königliche Festung
N
Mittelmeer
ITURÄA
Caesarea Philippi (Paneas)
HULATA
Hule-See
Gusch Chalav
OBERGALILÄA
GOLAN
GAMALITIKE
Gamala
BATANÄA
Ptolemais (Akko)
PHÖNIZIEN
Arav
GALILÄA
Migdal
Arbela
See von Tiberias
(See Gennesaret)
Hippus
Dium
Sepphoris
Gadara
Dora
Gaba
Esdrelon-Ebene
ESDRAELON
Agrippina
Cäsarea
Skythopolis
(Bet-Schean)
Pella
DECAPOLIS
Scharon-Ebene
Arubbot
NARBATTENE
Qajum
Sebaste
SAMARIA
Jordan
Amathus
Sichem
Apollonia
Akrabbein
Qirjat
Bene
Hassan
Alexandrium
(Sartaba)
AKRABBEIN
Antipatris
PERÄA
Joppa (Japha)
JOPPA
Ramatajim
Timna'
Gedor
LYDDA
Patros
GOPHNA
Efraim
JERICHO
Philadelphia
Lydda
Dok
Threx
Jericho
Kyprus
Jamnia (Jabne)
Gezer
Emmaus
OREINE
Abila
Bet-ha-Ramata
(Livias/Julias)
Esbus
ESBUS
Azotus Paralius
Azotus
(Aschdod)
Akkaron
Jerusalem
Qumran
Bethletepha (?)
Medeba
BETHLETEPHA
HERODIUM
Hyrkania
Ascalon (Aschkelon)
Herodium
Bet-Guvrin
Marisa
Qe'ila
Machärus
Gaza
Adorajim
Totes Meer
IDUMÄA
En-Gedi
Masada
Raphia
Arad
Beerscheba
Malchata
NABATÄA
Zoar
33°
32°30'
32°
31°30'
34°30'
35°
35°30'
36°

DIE RÖMISCHE ZEIT

Die Bauten Herodes' des Großen

Die Herrschaft Herodes' des Großen wurde vor allem als Zeit von Gewalt und Blutrünstigkeit bekannt. Die Legende vom „Kindermord in Betlehem“ entspricht diesem Bild. Herodes war aber auch ein großer Bauherr. Die größten Bauten des antiken Judentums stammen aus seiner Regierungszeit: der zweite Tempel, die Palastburgen in der Wüste (z. B. Herodeion und Masada), die Städte Samaria–Sebaste und Cäsarea Maritima.

Während Syrien 27 v. Chr. eine ordentliche kaiserliche Provinz wurde, ließ man Palästina und die umliegenden Gebiete, die Pompeius durch seine Feldzüge in den Machtbereich Roms gebracht hatte, den einheimischen Fürsten zur Verwaltung. Daher konnte die Dynastie der Hasmonäer weiterbestehen bis ins Jahr 37 v. Chr. Als sie zusammenbrach, ernannte der römische Senat Herodes, den Sohn des Antipater, zum König. Herodes stammte als Idumäer aus einem Volk, das den Juden gegenüber feindselig gesinnt, aber von den Hasmonäern erobert und gewaltsam judaisiert worden war. Er wird „der Große“ genannt, um ihn von den anderen Trägern des gleichen Namens innerhalb seiner Dynastie zu unterscheiden, aber vor allem wegen der Größe seines Reiches und wegen seiner gewaltigen Bauprojekte.

Bauprogramme begleiteten die ganze Regierungszeit des Herodes und wurden aus sehr verschiedenen Motiven durchgeführt: Einerseits war Herodes auf Luxus und königliches Ansehen bedacht, andererseits kannte er sehr gut die Gefährdungen seiner Macht. Dieser Doppelung entsprechend dienten seine Bauten sowohl der Repräsentation wie der Sicherung seiner königlichen Macht.

Der Tempel in Jerusalem (Abb. 2) war das berühmteste Bauprojekt des Herodes. Er ersetzte das kleine „ruhmlose“ Gebäude, das die aus dem Exil in Babylonien zurückgekehrten Juden errichtet hatten. Der Tempel selbst, von dem heute nichts mehr besteht, wurde im Zentrum einer riesigen von Säulenhallen umgebenen Esplanade errichtet. Teile der äußeren Stützmauern bezeugen andeutungsweise die einstige Pracht dieses Tempels. Das zugängliche Stück der Westmauer wurde in den Jahrhunderten der jüdischen Zerstreuung als Klagemauer bekannt und hat heute die Würde einer jüdischen Synagoge. Flavius Josephus hat uns eine Beschreibung des herodianischen Tempels hinterlassen, in der er die Abfolge der Tempelbezirke vom äußeren „Hof der Heiden“ bis ins innerste „Allerheiligste“ schildert. Nichtjuden durften sich nur im äußersten Bezirk aufhalten.

In Jerusalem baute Herodes auch seinen prachtvollen Regierungspalast und renovierte die nahe gelegene hasmonäische Zitadelle. Von deren drei zusätzlich errichteten, mehrstöckigen Türmen sind uns nur die soliden Fundamente des einen, der nach seinem Bruder Phasael benannt wurde, erhalten. Er ließ auch die große Festung Antonia nördlich des Tempelplatzes errichten, in der eine Garnison zum Schutz des Tempelbereichs untergebracht war. Ein Theater und eine Pferde- und Wagenrennbahn (ein Hippodrom) gehörten ebenfalls zu seinen zahlreichen Bauprojekten.

Jerusalem mußte schon immer gegen Wassermangel ankämpfen, und in Zeiten der Belagerung war die Speicherung von Wasservorräten von größter Wichtigkeit. Herodes ließ deshalb ein Aquädukt bauen, welches das Wasser von zwei Quellen südlich von Betlehem herleitete.

Da er von seiner Herkunft her ein Fremder war, bemühte er sich auch, sich als begeisterter Förderer des Judentums auszuweisen. Er ließ in Mamre und Hebron mit monumentalen Mauern heilige Bezirke abgrenzen und so die traditionellen Orte der Sohnesverheißung an Abraham und der Grabkammern der Patriarchen zu Ehren bringen.

Ein außerordentliches Beispiel für Herodes' luxuriöse Bautätigkeit war Herodeia: Hier, am Rande der judäischen Wüste, befanden sich innerhalb eines riesigen, architektonisch harmonischen Komplexes ein weitläufiger Sommerpalast mit Wasseranlagen und Gärten, der Hauptsitz dieses Verwaltungsbezirks und die Grabstätte des Königs. Das Prunkstück von Herodeia war die Palastfestung Herodeion, die auf einem z. T. künstlich errichteten, weithin sichtbaren Hügel angelegt war. In Jericho hingegen ließ sich Herodes – dem Beispiel der Hasmonäer folgend – einen weiträumigen Winterpalast mit Schwimmbädern und Gärten anlegen. Der prächtigste Teil dieser Palastanlage war ein raffiniertes Doppelgebäude auf beiden Ufern des Wadi Qilt.

Zu den Festungsbauten zählen besonders jene Palastburgen, die Herodes in entlegenen Teilen des Landes, auf Berggipfeln entlang der Jordansenke und um das Tote Meer herum, erbaute und in denen er geheime Pläne schmieden und nötigenfalls Zuflucht finden konnte. Auch hierin folgte er dem Beispiel seiner hasmonäischen Vorgänger, die sich der Gefährdung ihrer Machtposition nur zu gut bewußt waren. Die berühmtesten Palastfestungen waren Alexandreion, Machärus und Masada. Auf Masada (s. S. 176) fügte Herodes den Gebäuden aus der Hasmonäerzeit riesige Zisternen, zahlreiche Lagerhäuser für Proviant und Munition, Befestigungs- und Palastanlagen und besonders den einmaligen „Nordpalast“ auf drei schmalen Felsterrassen hinzu.

Aus politischen Erwägungen bemühte sich Herodes auch um die Errichtung öffentlicher Gebäude und Städte. Um seine Familie zu ehren, ließ er in seinem Geburtsort Ascalon neue Gebäude erstellen. Auch war ihm daran gelegen, mit den Römern gut zu stehen. Deshalb ließ er zwei große Städte wiederaufbauen und nannte sie nach dem römischen

NACHDEM ER SEINE FAMILIE UND SEINE FREUNDE VEREWIGT HATTE, VERSÄUMTE ER ES NICHT, SICH SELBST EIN ANDKENKEN ZU SICHERN. ER BAUTE EINE FESTUNG IM GEBIRGE, DAS GEGEN ARABIEN HIN LIEGT, UND NANNTE SIE NACH SICH SELBER HERODEION. SIEBEN MEILEN VON JERUSALEM ENTFERNT GAB ER DENSELBEN NAMEN EINEM KÜNSTLICHEN HÜGEL, DER WIE EINE WEIBLICHE BRUST GEFORMT IST, UND SCHMÜCKTE IHN NOCH KUNSTVOLLER ALS DAS ANDERE. ER UMSCHLOSS DIE SPITZE MIT RUNDTÜRMEN UND ERRICHTETE INNERHALB DER MAUERN SO KOSTBARE KÖNIGLICHE PALÄSTE, DASS NICHT NUR DAS INNERE DER GEBÄUDE EINEN GLÄNZENDEN ANBLICK BOT, SONDERN AUCH DIE AUSSENMAUERN, ZINNEN UND DÄCHER MIT VERSCHWENDERISCHEM REICHTUM ÜBERSCHÜTTET WAREN. VON FERN LEITETE ER MIT GROSSEN KOSTEN REICHLICH WASSER HERAN.

JOSEPHUS, KRIEG, 1

2

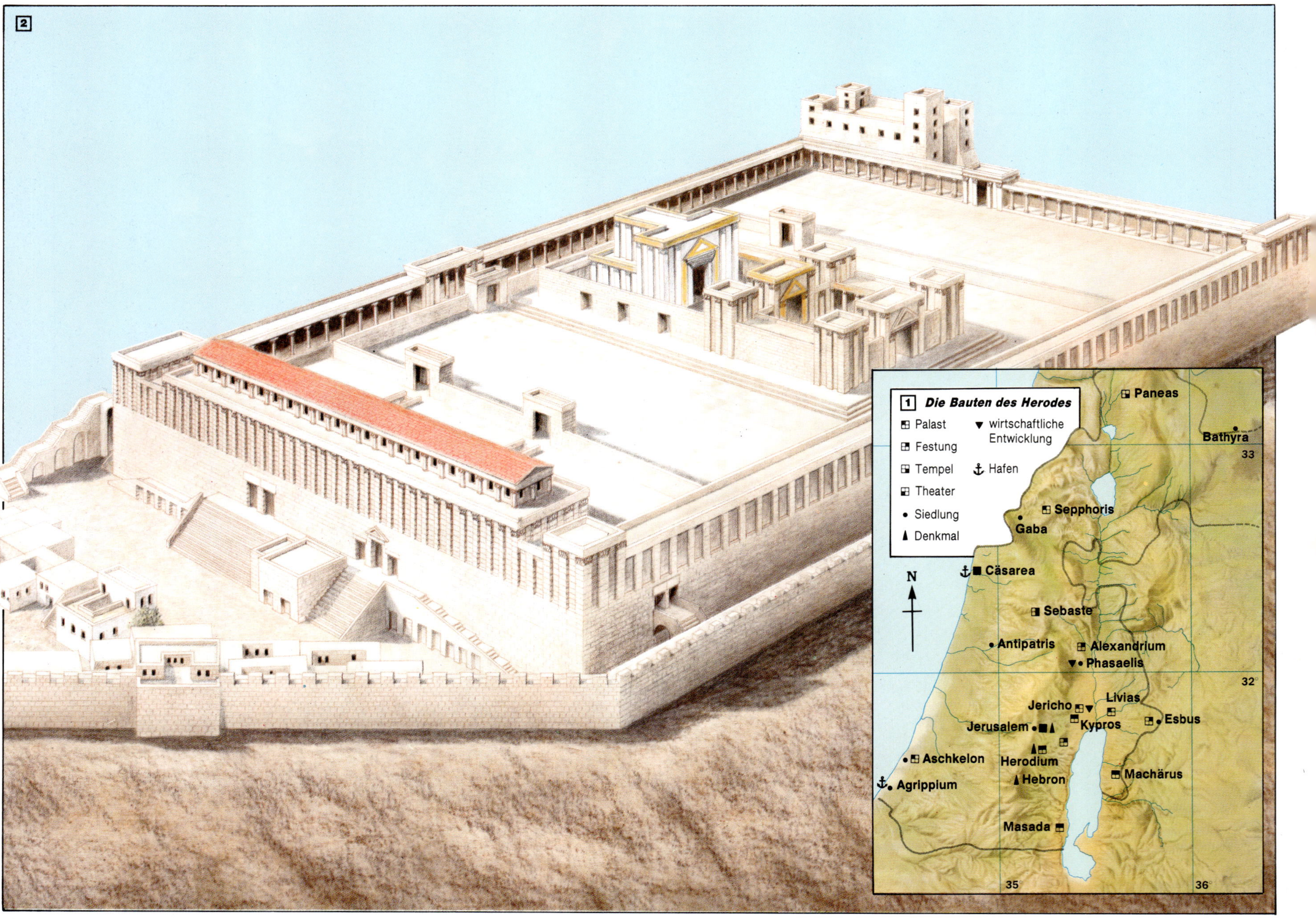

Kaiser Augustus, seinem Schutzherrn, Samaria–Sebaste und Cäsarea Maritima. Sebaste (das griechische Wort für Augustus) wurde neben Omris Hauptstadt von Samarien, die 722 v. Chr. von den Assyrern zerstört worden war, errichtet. Dort befand sich auch ein Tempel zu Ehren des Kaisers Augustus. Cäsarea wurde in sorgfältiger Planung um einen riesigen, auf das Meer hinaus gebauten Hafen angelegt und besaß ein Theater, eine Rennbahn, einen heidnischen Tempel und einen Palast auf der Anhöhe. Dies war neben dem Jerusalemer Tempel Herodes' größtes Bauwerk. Cäsarea diente als wichtiger wirtschaftlicher und politischer Verbindungspunkt zur römischen Welt.

Neben der vorherrschenden jüdischen Bevölkerung gab es in Herodes' Königreich auch eine beachtliche heidnische Bevölkerung. Herodes wollte auch ihr geeignete religiöse und kulturelle Zentren errichten lassen. Heidnische Tempel, Theater, Stadien und Rennbahnen wurden an vielen Orten gebaut, besonders aber in der Dekapolis, wo die Bevölkerung hauptsächlich aus Griechisch sprechenden Heiden bestand.

Doch stiftete Herodes auch außerhalb seines Königreiches Gebäude. Seine Bautätigkeit erstreckte sich bis nach Westgriechenland und umfaßte Theater, Stadien, Gymnasien und in Antiochia eine lange Säulenstraße. Die Bautätigkeit des Herodes außerhalb seines Königreiches ist uns bisher nur aus den Schriften des Flavius Josephus (s. S. 176) bekannt. Josephus ist neben den archäologischen Ergebnissen auch die Hauptquelle für die meisten Baupläne des Herodes im eigenen Land. Ohne seine Schriften wüßten wir sehr wenig über das großartige Palästina zu dieser Zeit.

1 Karte S. 158 rechts unten
Die Karte zeigt die große Verschiedenheit, Anzahl sowie die Verteilung der Bauten des Herodes in Palästina.

2 Links unten
Der Tempel in Jerusalem war das größte Bauwerk des Herodes. Die Bauarbeiten begannen 19 v. Chr. Es ist gut möglich, daß der unbeliebte König Herodes, der idumäischer Abstammung war und dessen Aufstieg die Beseitigung der hasmonäisch–jüdischen Dynastie mit sich brachte, sich mit der Errichtung eines prächtigen Tempels bei den Juden populär zu machen hoffte. Er war selber nur dem Namen nach Jude; doch das Volk der Juden verweigerte sich seiner Großzügigkeit standhaft.

3 Unten
Die Palastfestung Herodeion war ein Meisterwerk antiker Technik. Die Zeichnung stützt sich auf archäologische Funde (s. eingesetzte Photographie). Die Spitze des Hügels, die den unteren Teil der Festung umschloß, war ganz künstlich und schützte vor Angriffen. Das Herodeion war aber nicht nur eine Festung, Herodes hatte es so prächtig ausgestattet, daß es eher als Luxusburg diente, die seinen Namen verewigte.

3

DIE RÖMISCHE ZEIT

Die Nabatäer – Handel und Landwirtschaft

Erstmals bezeugt für den Negeb im 4. Jh. v. Chr., hoben sich die Nabatäer durch ihren ausgesprochenen Sinn für den Handel von anderen arabischen Nomadenstämmen ab. Sie sammelten von der Oberfläche des Toten Meeres das Bitumen, das in Ägypten zum Abdichten der Schiffe und zur Mumifizierung verwendet wurde. Die Schwäche der umliegenden Reiche während des 2. Jhs. v. Chr. ermöglichten es den Nabatäern, einen unabhängigen Staat zu bilden, der bereits 80 v. Chr. den jüdischen Staat umschloß und bis nach Damaskus reichte.

Im 1. Jh. v. Chr. wurden gewaltige Einnahmen aus der Besteuerung der Karawanen gewonnen. Die Preise für Weihrauch aus Dofar, Perlen vom Persischen Golf, Seide aus China, Gewürze und Baumwolle aus Indien verdoppelten sich während der Durchquerung des von den Nabatäern kontrollierten Gebietes.

Dieser Wohlstand brachte auch eine Macht mit sich, die Augustus mißfiel. Er begann wirtschaftlichen Druck auf sie auszuüben, deren Folgen allerdings erst ein Jahrhundert später spürbar wurden. Die nabatäische Kontrolle des Haurangebietes schwankte beträchtlich: Unter der Herrschaft starker judäischer Könige war sie auf einen Streifen entlang des Wüstenrandes beschränkt, zu anderen Zeiten reichte sie wieder bis nach Damaskus. Die Wüstenstädte des Negeb erfuhren ihre größte Entwicklung; eine geschickte Verteilung der stark beschränkten Wasserressourcen brachte die Wüste zum Erblühen.

Nabatäa war schon lange ein Vasallenstaat und nur noch ein Schatten seiner früheren Herrlichkeit, als es 106 n. Chr. von den Römern annektiert wurde. Das Hauptquartier der Legion wurde in der neuen Hauptstadt Bostra eingerichtet. Von dort aus wurde die Provincia Arabia, zu der jetzt auch das Gebiet der Dekapolis gehörte, überwacht. Eines der ersten großen Werke der neuen Verwaltung war der Bau der *via nova*, die Syrien mit dem Roten Meer verband.

Bewässerungstechniken

Nur ein geschickt geplantes Wasserversorgungssystem ermöglicht das Leben in der Wüste. Ohne ein solches System war aber die Ernährung der dichten Bevölkerung des Negeb zur Zeit der Nabatäer nicht zu gewährleisten. Die Nabatäer haben vielleicht nicht alle Bewässerungstechniken selber erfunden, aber ihre Überlegenheit in diesem Bereich ist bis heute in den erhaltenen Zeugnissen dokumentiert.

Die Terrassierung des Wadigrundes

Von oben betrachtet sehen viele Nebenwadis wie Treppen aus. In Wirklichkeit ist jede Stufe eine Terrasse, die durch den Bau einer quer zum Wadi angelegten Mauer entsteht. Diese Mauern sind ca. 60–75 cm hoch und ragen jeweils 10–20 cm über die Oberfläche der oberen Terrasse hinaus. Sie bestehen gewöhnlich aus 5–7 Schichten von unbehauenen Steinen und sind ca. 12–15 m voneinander entfernt.

Dieses System konnte den Regen ausnutzen, der vom harten Lößboden nicht aufgesogen werden kann, die Bergabhänge als Sturzwasser hinunterfließt und im Tal blitzartig zu einer reißenden Flut wird – ein Phänomen, das in der Wüste häufig anzutreffen ist. In den terrassierten Wadis wird nun dieses Wasser auf eine Terrasse geleitet, wo es teilweise von der Erde aufgesogen, teilweise aber auch von der Terrassenmauer gestaut wird, so daß es später in der Erde versickert. Das überschüssige Regenwasser fließt über die Mauer auf die nächste Terrasse hinunter und leitet dort den gleichen Bewässerungsprozeß ein.

Die Gestaltung der Abhänge als Regenfang

Bei diesem Bewässerungssystem ist ebenfalls das Wadibett terrassiert, doch ist es von einer ca. 1,5 m hohen Steinmauer umgeben und bezieht die seitlichen Abhänge als Regenfang mit ein. Die Terrassenmauern aus behauenen Steinen sind 1,5–1,8 m hoch und ragen 30–45 cm über die obere Terrasse hinaus. In der Mitte jeder Mauer befindet sich eine Ablaßanlage aus Steinstufen.

Jedem kultivierten Terrassenfeld wurde auf folgende Weise eine eigene Wasserversorgung zugeordnet: Die Steine der seitlichen Abhänge wurden zu Haufen gesammelt. Dies verstärkte das Abfließen des Wassers bei leichtem Regen um 20–40%. Die Abhänge wurden dann in Einzugsbereiche unterteilt, indem man unbehauene Steine aufeinanderschichtete und mit Hilfe der zusammengekratzten Erde ca. 15 cm hohe Staumäuerchen errichtete. Ihnen entlang entstanden Kanäle, die das Sturzwasser von der so begrenzten Einzugsfläche zur entsprechenden Terrasse leiteten. Ein Vorteil dieses Bewässerungssystems war die Ausdehnung des Auffanggebietes bis hinauf zu den Ebenen oberhalb des Wadis. Es verhinderte grundsätzlich die zerstörerischen großen „Blitzfluten", indem es den gesamten Wasserablauf in kleine Bäche unterteilte, die mit einfachen technischen Mitteln kontrolliert und genutzt werden konnten.

Das Verhältnis der Einzugsfläche zur kultivierten Fläche beträgt ca. 20 : 1. Bei einem durchschnittlichen Regenfall von 100 mm pro Jahr schafft dies der kultivierten Fläche zusätzlich 20 x ca. 20 mm (so viel fließt von den Hängen ab) = 400 mm Wasser. Ein eigener Kanal führte ferner Regenwasser zur Zisterne des nahen Bauernhauses.

Dokumente aus Nizzana, die aus dem 6. Jh. n. Chr. stammen, erwähnen die folgenden lokalen Produkte: Weizen, Gerste, Feigen, Trauben, Oliven, Mandeln, Granatäpfel und Datteln. Die Ernteerträge hatten sich seit der nabatäischen Zeit wahrscheinlich nicht sehr verändert.

1 ***Karte unten***
Die Nabatäer verschafften sich ihren Lebensunterhalt durch Besteuerung der internationalen Handelskarawanen. Die Karte zeigt die Karawanenrouten, die in jener Zeit den Nahen Osten durchzogen. Sie zeigt ferner die Zu- und Abnahme des Einflusses der Nabatäer während einer Zeit von ungefähr 500 Jahren.

2a und 2b ***Unten***
Diese Rekonstruktionen zeigen die Bewässerungsmethoden der Nabatäer (s. Text). Das System des terrassierten Wadis (2a) wird heute noch von den Beduinen benützt. Überreste von Sturzwasserfarmen (2b) findet man immer noch im ganzen Negeb. Die hier abgebildete Anlage wurde in der Nähe von Avdat entdeckt und als Experiment wiederbelebt.

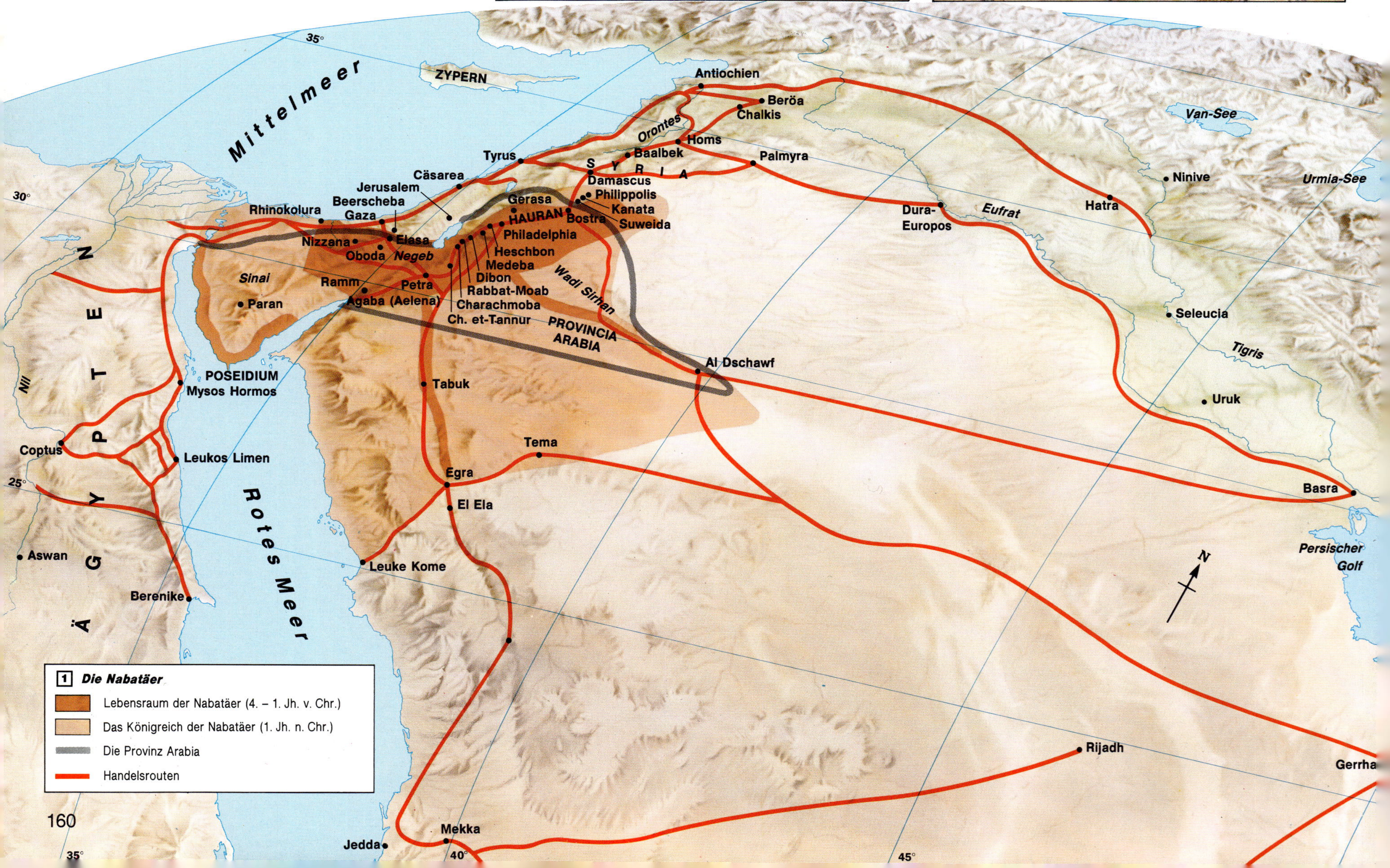

Die Essener waren eine Sekte, die nach Auffassung einiger Exegeten in Babylonien entstanden sein könnte, als Reaktion auf die religiöse Nachlässigkeit, welche die göttliche Strafe des Exils von 587–538 v. Chr. veranlaßt habe. Die Mitglieder dieses „Neuen Bundes" widmeten sich ganz der genauen Interpretation und der strikten Einhaltung des Gesetzes. Da das Gesetz der Grund war, warum diese Gemeinschaft überhaupt existierte, wurde es rund um die Uhr studiert.

Um 150 v. Chr. trennte sich ein Teil der Essener von der Hauptgruppe und errichtete eine neue Wohnstätte in Qumran. Unter der Führung eines abgesetzten Hohenpriesters, der sich „Lehrer der Gerechtigkeit" nennen ließ, zogen sie in die Einsamkeit der Wüste, um die Ankunft des Messias vorzubereiten. Am Anfang zählte ihre Gemeinschaft an die 50 Mitglieder, um das Jahr 100 v. Chr. mußte die Siedlung infolge des Andrangs von neuen Mitgliedern beachtlich vergrößert werden. Die Gebäude der Siedlung dienten nur den religiösen, sozialen und wirtschaftlichen Aktivitäten der Gemeinschaft. Ihre Aufenthaltsorte waren sonst Höhlen in den nahen Felsen, Zelte und unterirdische Kammern, die in den weichen Mergel gehauen waren.

DIE RÖMISCHE ZEIT

Die Texte vom Toten Meer und ihre Verfasser

Eine der bedeutendsten Entdeckungen von Handschriften im 20. Jh. waren jene Dokumente, die als Texte vom Toten Meer bekannt wurden. Diese enthalten Kopien von Büchern des hebräischen Kanons, Kommentare zu einigen prophetischen Büchern und Texte, die das Gemeinschaftsleben der Essener beschreiben, jener jüdischen Sekte also, deren Mitglieder diese Texte in Qumran schrieben. Die Schriftrollen haben ganz unerwartet die Vielfalt des Judentums des 1. Jh. n. Chr. und den sozialen und religiösen Kontext erhellt, in dem sich das Christentum entwickelte.

Die Qumransekte versorgte sich selbst, indem sie die Hochebene über dem Felsabbruch und die Oase bei En–Feschcha bebaute, wo sie eine kleine Niederlassung hatte. Diese Oase liegt in der Nähe einer größeren Quelle und am Rande eines Landstrichs, der durch weitere Quellen bewässert wird. Hier wurden Dattelpalmen gezüchtet, das wild wachsende Schilfrohr verwendete man zum Dachdekken und Korbflechten. Das derbe Gras der Küstenebene und auf den Bergabhängen diente als Nahrung für Schaf–, Ziegen– und Kamelherden. Aus dem Toten Meer wurde vor allem Salz gewonnen und von Zeit zu Zeit das Bitumen, das in einem fast reinen Zustand an die Oberfläche geschwemmt wird. Obwohl die Nabatäer das Monopol über die Kontrolle des Bitumens hatten, ist es auch in Qumran gefunden worden: Eine beachtliche Menge wurde auf einem der Lager in En–Feschcha aufbewahrt.

Da die Essener sich der strengen Einhaltung des Gesetzes widmeten, brauchten sie viele Kopien der heiligen Bücher. Tatsächlich befanden sich in ihrer Bibliothek Kopien aller Bücher des hebräischen Kanons außer dem Buch Ester. In den Höhlen um Qumran herum wurde auch eine Reihe von Kommentaren *(pescharim)* zu prophetischen Texten entdeckt, in denen die Essener ihre eigene Geschichte in den inspirierten Text verwoben. Für die Liturgie verfaßten essenische Autoren eine Sammlung herrlicher Hymnen; die strenge Disziplin erforderte auch eine detaillierte Regel zu allen Belangen des gemeinschaftlichen Lebens.

Als 68 n. Chr. die Zehnte Legion durch das Jordantal heranmarschierte, bemühten sich die Essener, ihre kostbaren Manuskripte in Sicherheit zu bringen. Am Anfang hüllten sie die Rollen in Leinen und versiegelten sie in Krügen, die in entlegenen Höhlen versteckt wurden. Als aber die Zeit zu drängen begann, waren sie gezwungen, die Manuskripte ungeschützt in Verstecken in der Nähe ihrer Niederlassung zu lagern, wo sie bis zu ihrer Entdeckung in unzählige Fragmente zerfielen.

DIE ESSENER SIND GEBÜRTIGE JUDEN, UNTEREINANDER ABER NOCH ENGER IN LIEBE VERBUNDEN ALS DIE ANDEREN. SIE VERWERFEN SINNLICHE FREUDEN ALS FREVEL UND ERACHTEN ENTHALTSAMKEIT UND BEHERRSCHUNG DER LEIDENSCHAFTEN ALS TUGEND. SIE VERACHTEN DIE EHE, DIE FREMDEN KINDER ABER, DIE SIE IN EINEM DER BILDUNG ZUGÄNGLICHEN ALTER AUFNEHMEN, ... FORMEN SIE NACH IHREN SITTEN ... SIE SIND VERÄCHTER DES REICHTUMS UND VON BEWUNDERUNGSWÜRDIGEM GEMEINSCHAFTSSINN ...

JOSEPHUS, KRIEG, BUCH 2

1 Karte links
Um 150 v. Chr. ließ sich eine Gruppe von Essenern in Qumran in der judäischen Wüste nieder. Ausgrabungen haben ergeben, daß die Mitglieder der Gemeinschaft in Qumran selbst eine gemeinschaftliche Anlage hatten, in En–Feschcha und En el–Ghuwer Landwirtschaft betrieben und in Zelten, unterirdischen Kammern und in den Höhlen der Klippen wohnten.

2 Unten
Qumran war wahrscheinlich eine der sechs „Städte", die nach Jos 15,61f in der Wüste Juda gelegen waren, vermutlich 'Ir ha–Melach, die „Stadt des Salzes". Wie die Photographie zeigt, haben die Ausgrabungen eine sehr komplexe gemeinschaftliche Anlage (das „Kloster") aufgedeckt. Die in den Höhlen der Klippe entdeckten Schriftrollen weisen auf den großen Wert hin, den die Essener dem Studium der Heiligen Schrift beimaßen. In Qumran wurde auch ein großes „Skriptorium" (= Schreibsaal) samt Bänken mit eingelassenen bronzenen Tintenfässern ausgegraben.

3 Rechts
Ein Teil der Jesaja–Rolle, die auf Leder geschrieben und von den Essenern versteckt wurde, um sie vor den 68 n. Chr. gegen Jerusalem vorrückenden Römern zu schützen.

3

2

Galiläa, die nördliche Provinz Palästinas, wurde 57 v. Chr. zu einem römischen Verwaltungsbezirk, als Gabinius das 63 v. Chr. von Pompeius eroberte Gebiet neu organisierte. Die Provinzhauptstadt war zuerst Sepphoris, das ca. 6 km nordwestlich von Nazaret liegt und während der Zeit, als Jesus in Nazaret wohnte, wieder aufgebaut wurde, und später Tiberias, das vom Herodessohn Antipas (4 v. Chr. – 39 n. Chr.) zwischen 17 und 20 n. Chr. errichtet wurde. Seine Lage am Seeufer, in der Nähe von heißen Schwefelbädern und mit leichtem Zugang zum hellenisierten Gebiet der Dekapolis, bot eine angemessene Umgebung für den Königshof.

DIE RÖMISCHE ZEIT

Galiläa im 1. Jahrhundert nach Christus

Jesus wurde während der Regierungszeit Herodes' des Großen (37–4 v. Chr.) geboren. Die Evangelien beschreiben ihn als einen Galiläer aus Nazaret, der den größten Teil seines Lebens in der nördlichen Provinz Palästinas verbrachte. Lukas erwähnt z.B., daß Jesus als Galiläer der Gerichtsbarkeit des Herodes Antipas unterstellt war, der die Provinz zwischen 4 v. Chr. und 39 n. Chr. regierte (Lk 23,7). In jener Zeit war Galiläa von griechischen Städten umgeben, wie dies auch in der biblischen Bezeichnung „Gebiet der Heiden" (Jes 8,23; Mt 4,15) mitschwingt. Aber trotz dieser starken Fremdbeeinflussung vermochte sich die tiefer verwurzelte jüdische Kultur zu behaupten.

Grenzen, Gebiete, Orte

In hellenistischer und römischer Zeit war Galiläa von griechischen Städten umgeben: Ptolemaïs, Tyrus und Sidon lagen an der Mittelmeerküste; Cäsarea Philippi (vgl. Mt 16,13; Mk 8,27: das Messiasbekenntnis des Petrus) befand sich im Norden; neun Städte der Dekapolis (= des Zehnstädtebundes) befänden sich im östlichen Jordanien, die zehnte, Skythopolis, lag westlich des Jordans; Gaba schließlich im Süden. Trotz dieser Konzentrationspunkte hellenistischer Kultur war die Region betont jüdisch.

Flavius Josephus, der jüdische Geschichtsschreiber des 1. Jhs. n. Chr. (s. S. 176), informiert detailliert über Grenzen und Örtlichkeiten seiner Heimat Galiläa und die Städte und Dörfer der benachbarten Territorien. Seine Vertrautheit mit der Topographie von Orten wie Jotapata (Krieg* 3,158–160) oder Gamala (414–418) wird durch eine Besichtigung der entsprechenden Ausgrabungsstätten bestätigt. Er unterscheidet zwischen Obergaliläa und Untergaliläa (Krieg 3,39; vgl. auch Mischna Schebiit 9,2). Die natürliche Grenze dieser Gebiete bilden das Bet–Kerem–Tal und die tiefe Schlucht des Wadi Ammud, das südlich von Gennesaret in den See Gennesaret mündet.

Obergaliläa war durch sein Landschaftsbild und seine Entlegenheit wie geschaffen für das hartnäckige Weiterbestehen eines traditionellen jüdischen Landlebens. Es diente auch als Zufluchtsstätte für Flüchtlinge aus Judäa nach den Aufständen von 66–70 und 132–135 n. Chr. – Untergaliläa war nach Josephus für die Fruchtbarkeit seiner Ebene westlich des Sees Gennesaret bekannt (Krieg 3,516–521), die mit jener der östlichen Hänge von Transjordanien (dem Golan) vergleichbar ist. Archäologische Untersuchungen haben ergeben, daß auf beiden Seiten des Sees die gleichen Werkzeuge, Geräte, Technologien usw. verwendet wurden. Offensichtlich lebte rund um den See eine Bevölkerung mit dem gleichen Lebensstandard. Dies entspricht auch dem Sachverhalt der Evangelien, daß alle Randgebiete des Sees problemlos über den See erreicht werden konnten.

Zu Beginn des Aufstandes gegen die Römer im Jahre 66 n. Chr. zählte Galiläa gemäß einer Angabe seines Gouverneurs Josephus 204 Städte und Dörfer (Leben* 235). Mit dem Begriff „Stadt" meinte er dabei wohl die Hauptorte einer Verwaltungseinheit. Seine Behauptung, daß ein „Dorf" aus mindestens 15 000 Einwohnern bestehe (Krieg 3,43), scheint übertrieben. Die Evangelien unterscheiden ebenfalls zwischen Stadt und Dorf, aber nicht nach den Kriterien des Josephus. Während Josephus Kafarnaum und Naïn als Dörfer bezeichnet (Leben 86,403), nennt Lukas sie Städte (Lk 4,31; 7,11). Wie dem auch sei, die literarischen Quellen und die archäologischen Ergebnisse charakterisieren Galiläa insgesamt (und abgesehen von Sepphoris und Tiberias) als eine ländliche Gegend mit einer blühenden Landwirtschaft und einem bäuerlichen jüdischen Ethos.

Die Fischerei

Der „See Gennesaret" (oder „Tiberias") war berühmt für seine Fischerei. Die Evangelien erzählen mehrmals von den Fischern, ihren Netzen, Booten und Fischen. Magdala, der *Migdal Nunnaja* („Fischturm") des Talmuds, lag am westlichen Ufer und war wahrscheinlich der Ort, wo Maria Magdalene herkam. Hier war das Zentrum des Fischereigewerbes. Die Tatsache, daß Josephus dort 230 (oder nach einer Textvariante: 330) Kleinboote beschlagnahmen konn-

* Werke des Josephus:
Krieg = Der Jüdische Krieg;
Leben = Das Leben des Josephus (Autobiographie);
Alt = Die jüdischen Altertümer
(die Ziffern bezeichnen jeweils Buch und Paragraphen).

1 ***Karte rechts***
Die Provinz Galiläa zur Zeit Jesu.

2 ***Unten***
Die Synagoge (4./5. Jh.) und die Dorfanlage (z. T. 1. Jh.) von Kafarnaum (retouchierte Photographie). In der linken unteren Ecke ist das Oktogon über dem „Haus des Petrus" zu erkennen.

2

1 *Galiläa zur Zeit Jesu*

Herodes' Feldzug gegen die „Räuber".

te (Krieg 2,635), gibt uns einen Anhaltspunkt, wie intensiv die Fischerei im 1. Jh. n. Chr. betrieben wurde. Der griechische Name von Magdala, *Taricheai* (= „Einsalz-Ort"), bestätigt, was der griechische Geograph Strabo anmerkt: „Beim Ort, der Taricheai heißt, gibt es Fische, die ausgezeichnet zum Einsalzen sind" (Geogr. 16.2,45).

Galiläa unter Herodes

Galiläa war Schauplatz der Taten des jungen Herodes. Als sein Vater Antipater ihn zum Statthalter der Provinz ernannte, war er bald wegen der blutigen Ausmerzung der „Räuber" im Grenzgebiet von Obergaliläa berüchtigt (Alt* 14,158). Seine Erfolge erregten jedoch die Feindseligkeit der Jerusalemer Aristokratie, die ihn erfolglos wegen Massenmords vor Gericht zu bringen versuchte (Alt 14,167f).

Als er 40 v. Chr. von den Römern zum König ernannt wurde, leistete Galiläa ihm Widerstand, und die Bewohner von Sepphoris stellten sich auf die Seite seines Nebenbuhlers Antigonus, des letzten hasmonäischen Fürsten. Von Herodes verfolgt, versteckten sie sich in den Höhlen von Arbela. Aber auch dort griff er sie an und vertrieb sie einmal bis an den Jordan (Alt 14,416). Die Heftigkeit ihres Widerstandes zeigt das Beispiel eines alten Kämpfers, der lieber seine Frau und seine sieben Söhne tötete und sich dann selbst das Leben nahm, als sich Herodes auszuliefern (Alt 14,421–430). Josephus beschreibt auch, wie die Soldaten des Königs in Käfigen zu den Höhlen hinuntergelassen wurden und Fackeln unter die Flüchtlinge warfen (Krieg 1, 309–313). Nach der Ermordung seines Generals Ptolemäus verfolgte Herodes die Rebellen bis in die Sümpfe (wahrscheinlich) des Hule-Sees, entsetzte die Festungen und legte den Städten hohe Geldstrafen auf (Krieg 1, 314ff).

Während des 1. Jhs. n. Chr. erfolgten keine nennenswerten Veränderungen der Grenzen. Nur Taricheä (Magdala), Tiberias und Betsaida Julias wurden 55 n. Chr. zusammen mit ihren Territorien von Nero dem Herodes Agrippa II., dem Herrscher von Batanäa und der Gaulanitis, zur Verwaltung übertragen. In den Augen einer an Jerusalem orientierten Regierung konnte der Begriff „Galiläa" im weiteren Sinn auch die Gegend des Golans jenseits des Jordans umfassen, obwohl es keine Belege gibt, daß sie im 1. Jh. n. Chr. zum Verwaltungsbereich von Galiläa gehörte.

Die Synagogen

Obwohl die literarischen Quellen oft von Synagogen in Galiläa sprechen, hat die Archäologie nur ganz wenige Spuren von Synagogen aus der Zeit vor 70 n. Chr. gefunden: in Kafarnaum, im etwa 10,5 km vom östlichen Seeufer entfernten Gamala, wohl kaum jedoch in Magdala. Dies steht in scharfem Gegensatz zu den zahlreichen basilikalen Synagogen aus dem 3.–5. Jh. n. Chr., die in Galiläa gefunden wurden. In der frühen Zeit gab es anscheinend keinen festen Plan, wie eine Synagoge auszusehen hatte. Sie waren öffentliche Versammlungsräume und dienten verschiedenen Bedürfnissen der jüdischen Gemeinde (s. S. 152). Erst nach der Zerstörung des Tempels kamen feste und spezifisch sakrale Elemente auf, wie z.B. der Toraschrein, das Podium und die Ausrichtung nach Jerusalem. Falls es zur Zeit Jesu den Toraschrein schon gegeben hat, war er wahrscheinlich ein tragbares Gebilde, das nach der Liturgie aus dem Versammlungsraum entfernt wurde.

Die seit Beginn des 20. Jhs. andauernde archäologische Arbeit in Kafarnaum läßt die ungefähre Größe und Anlage des Städtchens erkennen. Die hier ausgegrabenen Ruinen einer großen Synagoge (s. Abb. 2) stammen zwar aus dem späten 4. oder dem frühen 5. Jh. n. Chr., aber darunter fanden sich die Spuren eines älteren Gebäudes, das vielleicht aus dem 1. Jh. n. Chr. stammt (vgl. Lk 7,5). Um die Synagoge herum waren mehrere Wohninseln *(insulae)* angelegt, die aus unregelmäßigen, um kleine Innenhöfe gruppierten Räumen bestanden. Ein solcher Raum, mit Kalksteinplatten und verputzten Wänden ausgezeichnet, wurde im 4. Jh. zum Zentrum einer achteckigen Kirche (mit Mosaikböden aus der Mitte des 5. Jhs.). Dieser Raum galt schon seit dem 2. Jh. als das Haus des Petrus, in dem Jesus dessen Schwiegermutter geheilt hatte (Mk 1,31).

Im 1. Jh. n. Chr. hat Kafarnaum dann als Grenzstadt zwischen den Territorien des Herodes Antipas (Galiläa) und seines Bruders Philippus (Gaulanitis) eine größere Bedeutung erlangt. Es besaß eine Zollstation, welche der Jude Levi (nach Mt 9,9: Matthäus) betrieb. Ein dort residierender römischer Zenturio befehligte wohl die lokale Garnison (Mt 8,5–13). Ein unlängst entdeckter Landungssteg und ein Fischerboot ließen die Erzählungen der Evangelien von den Fischern und ihrer Arbeit unverhofft aufleben.

DAS LAND SEBULON UND DAS LAND NAFTALI, DIE STRASSE AM MEER, DAS GEBIET JENSEITS DES JORDANS, DAS GALILÄA DER HEIDEN: DAS VOLK, DAS IM DUNKEL LEBTE, HAT EIN HELLES LICHT GESEHEN; DENEN, DIE IM SCHATTENREICH DES TODES WOHNTEN, IST EIN LICHT ERSCHIENEN. MT 4,15f

Die Evangelien geben kein genaues Datum für die Geburt Jesu an. Mt setzt sie an das Ende der Regierungszeit Herodes' des Großen (37–4 v. Chr.). Lk bringt die Geburt mit einer sonst nicht belegten Volkszählung unter dem Kaiser Augustus in Zusammenhang, wobei er diese mit der Steuerregistrierung des Quirinius (6 n. Chr.) verbindet. Mt und Lk geben beide Betlehem als Geburtsort an, aber während Josef und Maria bei Lk wegen der Volkszählung von Nazaret nach Betlehem reisen, wohnen sie bei Mt schon dort. Nur Mt weiß zu erzählen, daß die Familie nach Ägypten fliehen mußte, als Jesu Leben von König Herodes bedroht war, daß sie erst nach dessen Tod wieder nach Palästina zurückkehrte und sich aus Angst vor dem Herodessohn Archelaus in Galiläa niederließ. Die Familie wohnte nach beiden Evangelisten fortan in Nazaret.

Jesu öffentliche Tätigkeit in den synoptischen Evangelien

Jesus wird als „Bauhandwerker" beschrieben, der mit seiner Mutter Maria, vier „Brüdern" und mehreren „Schwestern" in Nazaret, seiner „Vaterstadt", lebte. Von dort zog er an den südlichen Lauf des Jordans (Mk 1,9), um von Johannes getauft zu werden (Lk 3,21). Darauf begann er in Galiläa zu predigen, indem er zur Buße aufrief und die nahe Ankunft der Herrschaft Gottes verkündete. Kafarnaum am Nordufer des Sees Gennesaret (Joh 6,1) wurde dabei zum Zentrum seiner öffentlichen Tätigkeit in Galiläa. Simon (Petrus) besaß dort ein Haus (Mk 1,29). Die beiden benachbarten Städtchen Chorazin und Betsaida wurden besonders in seine Heilungs- und Predigttätigkeit einbezogen. Von Naïn (südlich von Nazaret) wird erzählt, daß Jesus einen jungen Mann zum Leben erweckt habe (Lk 7,11–17). Daneben gibt es unbenannte (und unbenennbare, weil typische) Orte wie „den Berg", wo Jesus predigte (Mt 5,1), wo er die Zwölf zu sich rief (Mk 3,13), wo er verklärt wurde (Mk 9,2), oder der Ort, wo er die Fünftausend speiste (Mk 6,34ff), und die „einsame Gegend", wohin er sich jeweils zurückzog. Die Lokalisierung dieser Geschehnisse in der Nähe von Kafarnaum oder auf dem Berg Tabor oder Hermon sind späte christliche Pilgertraditionen.

Jesus besuchte wenige Städte außerhalb von Galiläa. In Cäsarea Philippi ist die Szene angesetzt, wo Petrus den Glauben der Jünger an Jesus als den Messias bekennt (Mk 8,27–29; Mt 16,13–16). Jesus besuchte nach Mk 7,24–30 auch die Gegenden von Tyrus und Sidon, wo er ein heidnisches syrophönizisches Mädchen von Besessenheit heilte.

Die Synoptiker stimmen darin überein, daß Jesus vor allem am nördlichen Seeufer und in der Gegend um Nazaret wirkte. Jesus lehrte, heilte und trieb böse Geister aus. Sein Tätigkeitsfeld waren die Synagogen, aber auch die Straßen, Plätze und das freie Feld. Er mied die größeren Städte Sepphoris, die frühere Hauptstadt Galiläas, oder Tiberias, die neue Hauptstadt des Herodes, als hauptsächlich heidnische Zentren. Denn Jesus beschränkte sein Wirkungsfeld mit einigen Ausnahmen auf die Juden. Nur einmal bringen die Synoptiker Jesus nach Judäa, für den Höhepunkt und das Ende seiner Mission in Jerusalem. Wie die meisten Galiläer, die Jerusalem besuchten, umging Jesus dabei das feindlich gesinnte samaritische Gebiet (Mk 10,1; vgl. Lk 9,51), indem er durch die Jordansenke bis nach Jericho hinunter zog (vgl. Mk 10,46–52). Von Jericho aus folgte er der Straße nach Westen, kam an den Dörfern Betfage und Betanien vorbei (Mk 11,1) und erreichte die Stadt Jerusalem vom Ölberg her.

DIE RÖMISCHE ZEIT

Die öffentliche Tätigkeit Jesu

Die Informationen über Jesus stammen hauptsächlich aus den vier Evangelien Matthäus, Markus, Lukas (Mt, Mk, Lk: die Synoptiker) und Johannes (Joh). Evangelien sind keine Biographien im modernen Sinn: Sie sind nicht um einen vollständigen Bericht über das Leben Jesu, eine genaue Chronologie oder präzise geographische Angaben bemüht. Sie konzentrieren sich auf das öffentliche Wirken Jesu, besonders auf die letzte Woche seines Lebens. Nur Mt und Lk erzählen – auf je verschiedene Weise – eine „Kindheitsgeschichte" (Eltern, Empfängnis, Geburt, Flucht). Über die Jugendzeit Jesu wird nichts berichtet. Jesu öffentliche Tätigkeit konzentrierte sich nach Mk, Mt und Lk vor allem auf Galiläa und dauerte kaum länger als ein Jahr. Joh hingegen rechnet mit einer längeren Wirksamkeit Jesu und mehreren ausgedehnten Aufenthalten in Judäa und Jerusalem.

Jesu Tätigkeit nach dem Johannesevangelium

Die synoptischen Evangelien schildern Jesus als „den Propheten Jesus von Nazaret" (Mt 21,11) und sprechen nur von einem einzigen Pessachfest während Jesu öffentlicher Tätigkeit. Das Johannesevangelium hingegen, das später entstand, weist eine andere Chronologie auf. Es erwähnt mehrere Pessachfeste, was eine mehrjährige öffentliche Tätigkeit Jesu voraussetzt. Zudem erzählt es die Geschichte Jesu so, daß dieser nicht eigentlich als Galiläer, sondern eher als Judäer auf Besuch in Galiläa erscheint:

Die Taufe Jesu geschieht in der Gegend von „Betanien jenseits des Jordans" (1,28), danach kommt ein Aufenthalt in Kana in Galiläa (2,1) und nur „einige Zeit" in Kafarnaum (2,12), wo er seine ersten Jünger beruft. Ziemlich unvermittelt bricht er zum Pessachfest nach Jerusalem auf (2,13). Danach finden wir Hinweise, daß Jesus in Judäa taufte (3,22), bevor er sich nordwärts wandte und durch Samarien zog, wo er sich zwei Tage in Sychar (wahrscheinlich Sichem) aufhielt (4,5) und die Samariter lehrte. In Galiläa wurde er herzlich aufgenommen. Er besuchte dann nochmals Kana und heilte den Sohn eines königlichen Beamten in Kafarnaum (4,46–50). Wenig später treffen wir Jesus wieder in Jerusalem wegen eines nicht genauer angegebenen

1 Karte links
Nach Mt 1,18ff mußte Jesu Familie von Judäa nach Ägypten fliehen.

2 Karte unten
Nach den synoptischen Evangelien übte Jesus seine Tätigkeit vor allem im Gebiet des Sees Gennesaret aus.

3 Karte rechts oben
Nach dem Johannesevangelium dauerte Jesu öffentliche Tätigkeit mehrere Jahre. Jesus war in dieser Zeit öfters und lange in Jerusalem und Judäa.

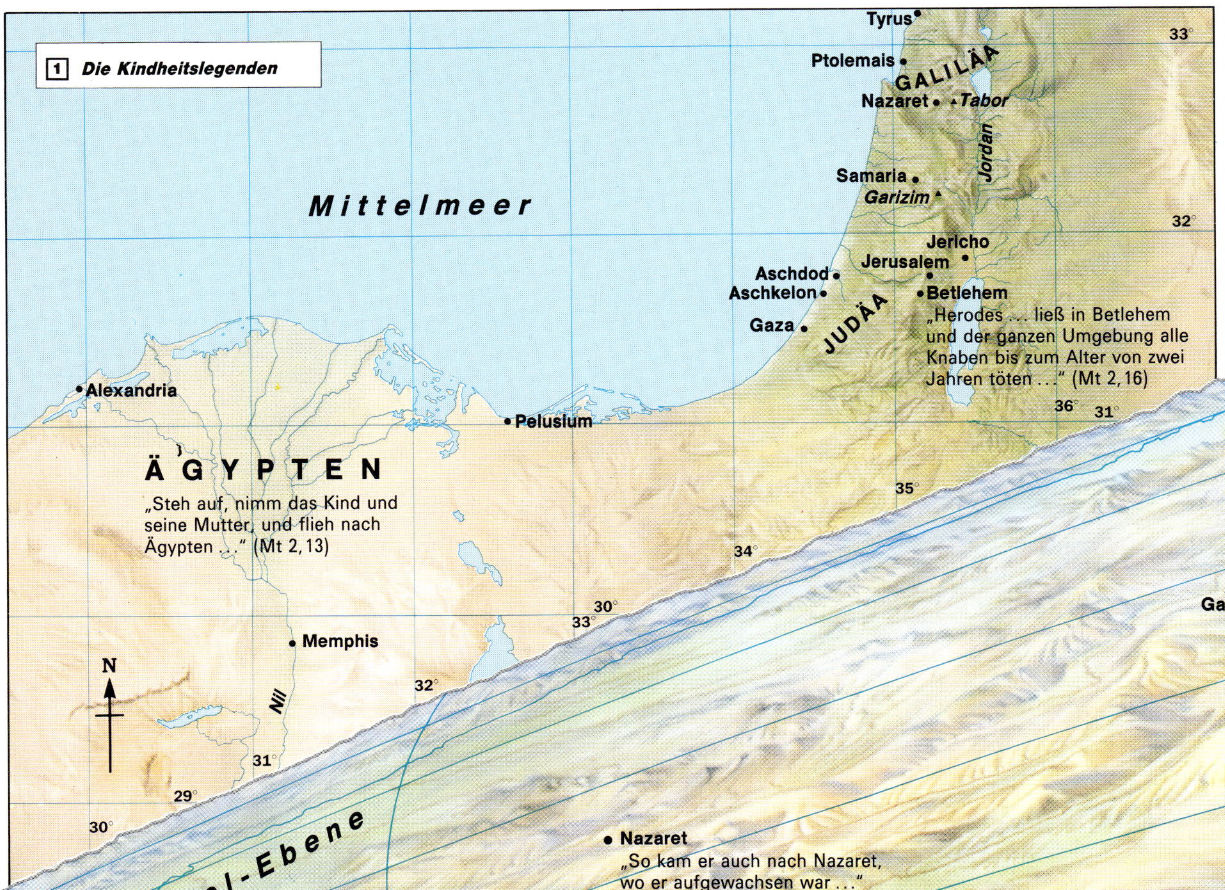

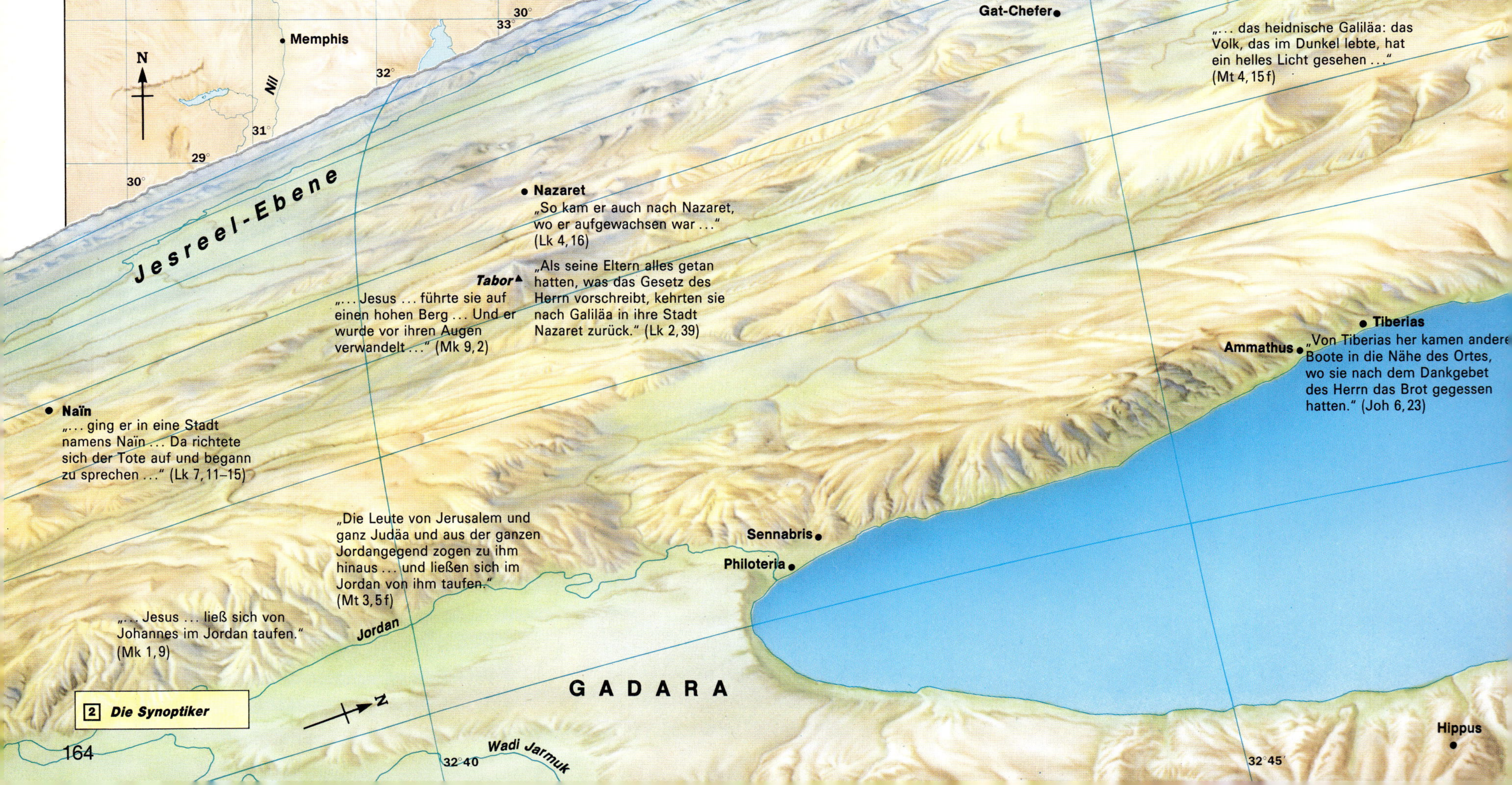

Festes (5,1), wo er einen Gelähmten heilt. Als nächstes zieht er kurz vor einem Pessachfest (6,4) auf die Ostseite des Sees Gennesaret (6,1). Er besucht Kafarnaum (6,17) und bleibt dann in Galiläa bis zum Laubhüttenfest im Herbst (7,1–3). Darauf geht er heimlich nach Jerusalem, um an diesem Fest teilzunehmen (7,10), und hält sich danach bis zum Tempelweihfest (Hanukka) im Dezember in Jerusalem oder in seiner Umgebung auf (10,22). Dann finden wir ihn jenseits des Jordans, in der Gegend, wo Johannes der Täufer gepredigt hatte (10,40–42). Von dort reist er nach Betanien (12,1), das nahe östlich von Jerusalem liegt. Hier erweckt er den toten Lazarus zum Leben (11,1–44). Dann zieht er sich wegen eines gegen ihn geschmiedeten Komplotts nach Efraïm (Efron) nördlich von Jerusalem zurück (11,53f) und verbringt erneut eine kurze Zeit in Betanien (12,1), bevor er sich in die Stadt Jerusalem begibt, wo er zu Tode kommen wird.

JESUS KEHRTE, ERFÜLLT VON DER KRAFT DES GEISTES, NACH GALILÄA ZURÜCK. UND DIE KUNDE VON IHM VERBREITETE SICH IN DER GANZEN GEGEND. ER LEHRTE IN DEN SYNAGOGEN UND WURDE VON ALLEN GEPRIESEN. LK 4,14f

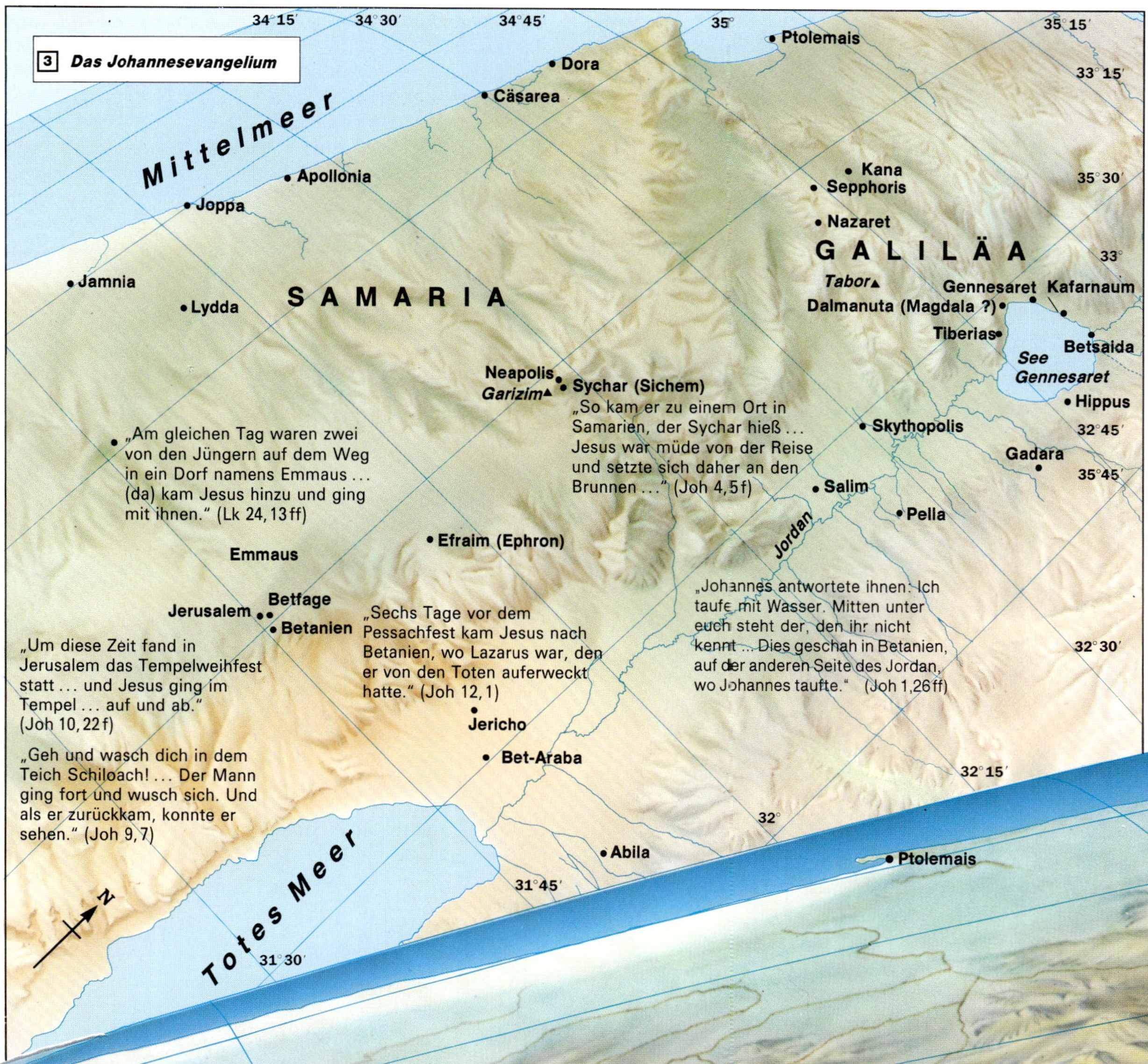

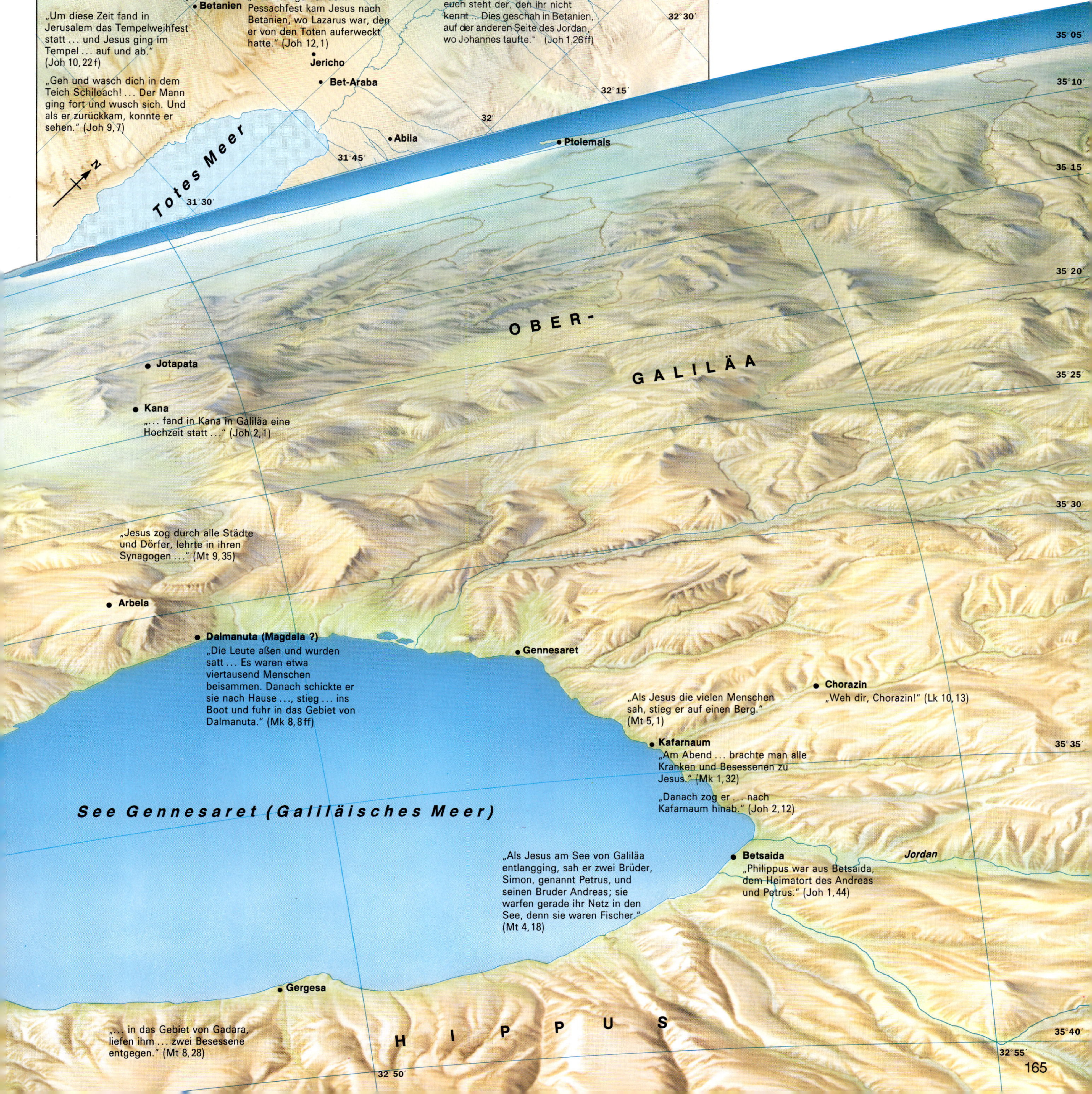

DIE RÖMISCHE ZEIT

Jesu letzte Tage

Alle vier Evangelisten betrachten die letzte Woche des Lebens Jesu als entscheidend für das Verständnis seines öffentlichen Wirkens. Nach seinem triumphalen Einzug in Jerusalem „provozierte" er die Tempelbehörden durch einen „Aufruhr" in den äußeren Tempelhöfen. Deshalb versuchten diese stärker denn je, ihn aus dem Weg zu räumen – vor allem in der politisch sehr empfindlichen Zeit des Pessachfestes. Alle Evangelien berichten vom Verrat, vom Prozeß und von der Kreuzigung Jesu unter dem römischen Prokurator Pontius Pilatus.

Alle Evangelisten sprechen von der Unausweichlichkeit und Heilsbedeutung des Todes Jesu: Markus beschreibt Jesus als den „Menschensohn", der „nicht gekommen (ist), um bedient zu werden, sondern um zu dienen und sein Leben hinzugeben als Lösegeld für viele" (Mk 10,45). Matthäus berichtet von übernatürlichen Ereignissen beim Tod Jesu – die Erde bebte, die Felsen spalteten sich, und die Gräber öffneten sich (Mt 27,51–54). Lukas läßt Jesus fragen: „Mußte nicht der Messias all das erleiden, um so in seine Herrlichkeit zu gelangen?" (Lk 24,26). Die Kreuzigung ist jener Höhepunkt, der Jesu Tätigkeit zur Vollendung (vgl. Joh 19,28–30) bringt.

Jesu letzte Tage begannen mit seinem Einzug in Jerusalem, von Betanien/Betfage über den Ölberg her. Der Weg war etwa 3 km lang, wenn man der Jericho-Straße folgte. Daß er auf einem Esel in die Stadt einritt, wird in den Evangelien als ein bewußter Akt der Erfüllung von Sach 9,9 dargestellt: als Einzug eines Königs, der in Frieden kommt. Die galiläischen Pilger, die zum Pessachfest nach Jerusalem gereist sind, werden als begeisterte Anhänger Jesu geschildert, die seine Ankunft in der Stadt feierlich verkünden. Die Judäer hingegen bereiten ihm keine so freundliche Aufnahme, sondern beginnen gleich mit ihm zu streiten.

Offenbar übernachtete Jesus jeweils in Betanien, während er tagsüber in Jerusalem predigte. Auch Getsemani am Ölberg wurde von Jesus und seinen Jüngern häufig aufgesucht. Als Jesus in prophetischem Eifer und in symbolischer Absicht die Tische und Stühle der Wechsler und Händler umwarf, war dies für die Behörden angesichts der kommenden Feiertage ein Anlaß, Jesu öffentliche Tätigkeit zu unterbinden, und die Gelegenheit, ihn schnell und radikal zu beseitigen. Der Hohepriester Kajaphas fand es ratsam, ihn durch den weltlichen Arm der Römer verurteilen und hinrichten zu lassen.

Der Prozeß

Die genaue Abfolge der weiteren Ereignisse ist unklar. Die synoptischen Evangelien berichten, daß Jesus und seine Jünger noch gemeinsam das Pessachmahl feierten, während Johannes den Prozeß und die Kreuzigung am Tag vor dem Pessachfest ansetzt (Joh 18,28). Seine Chronologie ist dabei wohl zutreffender, da es nach jüdischem Gesetz nicht erlaubt war, am ersten Tag des Festes einen Prozeß abzuhalten. Aber Johannes hat auch ein theologisches Motiv: Jesus wurde zur gleichen Zeit getötet, zu der die Pessachlämmer im Tempel geschlachtet wurden. Das Abendessen am Donnerstag war wahrscheinlich ein vorausgenommenes Pessachmahl oder ein Gemeinschaftsmahl.

Im Verhör vor dem Hohenpriester ging es vor allem um Jesu Haltung gegenüber dem Tempel und um seinen messianischen Anspruch, die Anklage vor Pilatus dagegen mußte politisch formuliert werden. Die Kreuzigung war die Todesstrafe für Rebellen. So lautet die Anklage gegen Jesus, daß er ein Revolutionär sei, den Anspruch erhebe, König der Juden (Mk 15,2) zu sein, und im ganzen Land Aufruhr schüre (Lk 23,5). Die Evangelien sind – wohl aus einem apologetischen Interesse heraus – bestrebt, die Römer von der Verantwortung für den Tod Jesu zu entlasten, die Art der Hinrichtung jedoch weist darauf hin, daß Entscheidung und direkte Verantwortung beim römischen Prokurator gelegen haben mußten. Nach Lk wurde Herodes Antipas um Rat gefragt, da Jesus eigentlich dessen Rechtsprechung unterstand; aber dieser sandte Jesus zu Pilatus zurück, und das grausame Urteil wurde ausgesprochen.

Der Standort des Prätoriums, wo Jesus verurteilt wurde, ist umstritten. Heute nehmen die meisten Forscher an, daß das Prätorium zur Zitadelle gehörte, die von den Hasmonäern errichtet und später von Herodes dem Großen zu einem

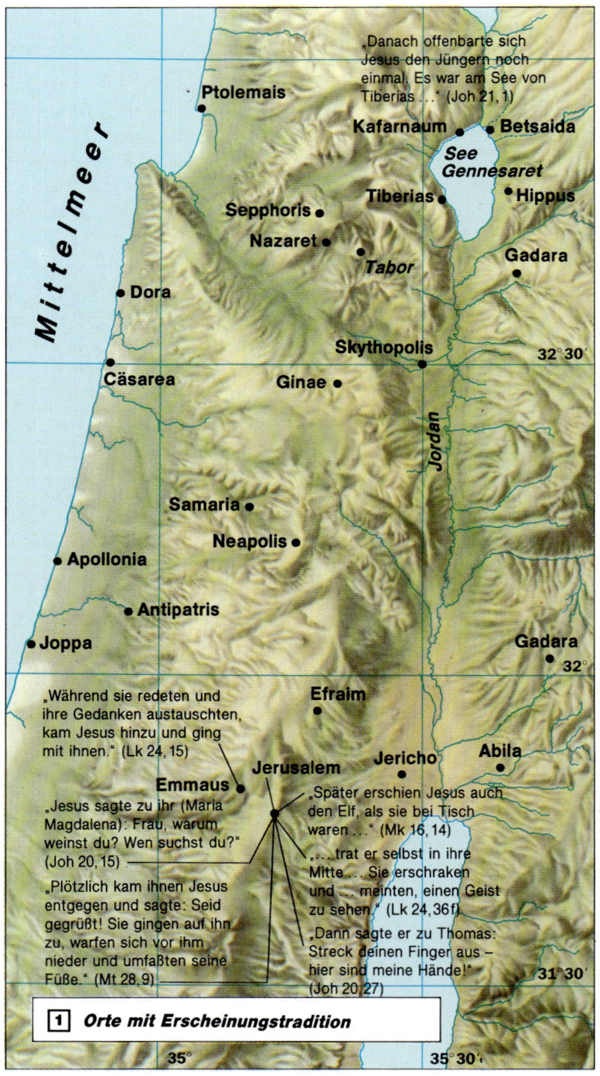

1 *Orte mit Erscheinungstradition*

2 ***Legende***
1 Tempel
2 Israel–Teich
3 Burg Antonia
4 Struthions–Teich
5 Ratshaus („Freimaurerhalle")
6 Xystus (eine Art Sportplatz)
7 Damaskus–Tor
8 Golgota?
9 Steinbruch
10 Gennat–Tor
11 Hasmonäer–Palast
12 vornehmes Wohnquartier
13 Mariamne–Turm
14 Phasael–Turm
15 Hippikus–Turm
16 Palast des Herodes (Zitadelle)
17 Essener–Tor
18 Hinnomtal
19 Kidrontal
20 Schiloachteich
21 monolithische Gräber aus israelitischer und hellenistisch–römischer Zeit
22 Betesda–Teich

Palast ausgebaut worden war. Wahrscheinlich wohnte der Prokurator in diesem Palast, wenn er von Cäsarea nach Jerusalem hinauf kam.

Die Hinrichtungsstätte

Hinrichtungsstätten mußten außerhalb der Stadtmauern liegen. Wo war nun Golgota, die „Schädelstätte", wo Jesus gekreuzigt wurde? Josephus beschreibt in seinem Buch *Der Jüdische Krieg* (5,136; 142–146) die „drei Mauern", durch welche die antike Stadt Jerusalem befestigt war. Die erste und zweite Mauer (s. S. 169) bestanden schon zur Zeit Jesu und bildeten bei der Zitadelle einen Winkel um einen alten Steinbruch (aus dem 7. Jh. v. Chr.). Die heutige Grabeskirche, welche die älteste Lokalisierung von Golgota signalisiert, steht auf dem nördlichen Teil dieses Steinbruchs, der Felsgräber aus dem 1. Jh. n. Chr. (vgl. Mk 15,42–46) aufweist. Die Hinrichtungsstätte befand sich wohl auf der südlichen Anhöhe des Steinbruchs. – Als Herodes Agrippa (41–44 n. Chr.) die Grenzen der Stadt erweiterte, wurde dieser Ort von der dritten Mauer umschlossen, so daß Golgota seither innerhalb der Stadtmauern liegt.

Die Kreuzigung

Die Kreuzigung als Todesstrafe stammt nicht von den Römern, sondern wurde schon bei den Medern und später bei den Persern im 5. Jh. v. Chr. angewandt. Auch Alexander der Große scheint sie benützt zu haben – zweifellos über seinen Kontakt zu Persien. Die Römer übernahmen sie mit größter Wahrscheinlichkeit von den Karthagern, die mit den Phöniziern in Verbindung standen.

3

1 ***Karte ganz links***
Die Evangelien erzählen von Erscheinungen Jesu nach seinem Tod.

2 ***Links***
Rekonstruktion Jerusalems zur Zeit des Herodes aufgrund archäologischer Funde.

3 ***Oben***
Der mit einem Nagel durchbohrte Fersenknochen von Jehohanan, dem gekreuzigten Mann aus Giveat Ha-Mivtar.

In Italien wurden nur Sklaven gekreuzigt, so z.B. in schrecklichem Ausmaß nach dem Sklavenaufstand durch Spartakus. Außerhalb Italiens wurden in der Kaiserzeit Rebellen, die gegen die römische Herrschaft Widerstand leisteten, zu dieser „schmählichsten Todesart" verurteilt.

Am Kreuzigungsort waren Holzpfähle in die Erde eingelassen. Der Verurteilte mußte den Querbalken, der dann am Pfahl befestigt wurde, selbst tragen. Wenn es zahlreiche Opfer gab, wurden ihre Arme einfach am Querbalken angebunden. Bei Jesu Kreuzigung berichten die Quellen nur von drei Verurteilten. Deshalb wurden sie an den Handgelenken – zwischen Elle und Speiche – und an den Füßen angenagelt. Die Nägel wurden sicher nicht durch die Handflächen eingeschlagen, da die Hände das Gewicht des Körpers nicht zu tragen vermögen. Sowohl Joh 20,25 als auch Justin der Märtyrer (2. Jh. n. Chr.) berichten von Wunden an Jesu Händen und Füßen. Wenn der Körper ohne Stütze hing, trat der Tod durch Erstickung schnell ein, da das Gewicht des Leibes die Atemwege abschnitt. Um die Qualen der Opfer zu verlängern, wurden die Pfähle mit Fußstützen und manchmal auch mit Sitzpflöcken versehen.

1968 wurde in Giveat Ha-Mivtar (im nördlichen Jerusalem) ein Ossuar gefunden, das den Namen „Jehohanan" trug und das Skelett eines gekreuzigten jungen Mannes barg. Dies sind (neben dem „Turiner Grabtuch"?) die einzigen uns erhaltenen archäologischen Zeugnisse einer Kreuzigung. Der Nagel, der durch die Ferse geschlagen worden war, blieb erhalten. Er war auf eine Verhärtung im Holz gestoßen und hatte sich so verbogen, daß er nicht mehr herausgezogen werden konnte. Dadurch besitzen wir heute ein wichtiges Beweisstück für diese Hinrichtungsart.

Die Evangelien erwähnen den Brauch, die Beinknochen der Gekreuzigten zu brechen. Dies geschah, um den Tod durch Erstickung und Blutverlust zu beschleunigen. Da die Kreuzigung Jesu und der beiden anderen Verurteilten am Freitag vor Pessach geschah, mußten ihre Leichname vor Sonnenuntergang entfernt werden, weil dann das jüdische Fest (und der Sabbat) begann. Jesus war zu diesem Zeitpunkt bereits tot, so daß keine Maßnahmen zur Beschleunigung seines Todes mehr nötig waren.

Die Evangelien erwähnen auch das sonst nicht belegte Detail, daß der gegen Jesus geltend gemachte Hinrichtungsgrund, nämlich sein Anspruch, der König der Juden zu sein, am Kreuz befestigt worden sei. Daß der Jude Jesus, der die Königsherrschaft Gottes verkündigte, selbst als politischer Königsprätendent hingerichtet wurde, ist eines der größten Mißverständnisse in der Geschichte der Weltreligionen.

Alle vier Evangelisten verkünden, daß Jesus von den Toten auferstanden und danach seinen Jüngern und Jüngerinnen vielfach erschienen sei. Bei Lukas finden alle Erscheinungen in Jerusalem und Judäa statt, während Matthäus von einem Berg in Galiläa erzählt (Mt 28,16). Johannes berichtet über Erscheinungen in Jerusalem (Joh 20,11–29), erwähnt aber auch eine Erscheinung Jesu in Galiläa, nicht auf einem Berg, sondern am Ufer des Sees Gennesaret (s. Karte 1). Die „Glaubenswirklichkeit" des Auferstandenen läßt sich eben nicht topographisch festmachen.

> SIE ÜBERNAHMEN JESUS. ER TRUG SEIN KREUZ UND GING HINAUS ZUR SOGENANNTEN SCHÄDELHÖHE, DIE AUF HEBRÄISCH GOLGOTA HEISST. DORT KREUZIGTEN SIE IHN UND MIT IHM ZWEI ANDERE, AUF JEDER SEITE EINEN, IN DER MITTE JESUS. PILATUS LIESS AUCH EIN SCHILD ANFERTIGEN UND OBEN AM KREUZ BEFESTIGEN; DIE INSCHRIFT LAUTETE: JESUS VON NAZARET, DER KÖNIG DER JUDEN.
>
> JOH 19,16b–19

DIE RÖMISCHE ZEIT

Judäa nach der Zeitenwende

Im 1. Jh. n. Chr. galt das politische Hauptinteresse der römischen Statthalter Judäas der Bewahrung von Ruhe und der Sicherung der östlichen Grenzen. Die damaligen Grenzen des Königreiches zeugen vom Bestreben des Kaisers, sich seinen Helfern als Gönner zu erweisen. Die Herrschaft Agrippas I. (41–44 n. Chr.) ist ein letzter Höhepunkt der jüdischen Nation vor der Katastrophe des 1. Jüdischen Kriegs im Jahre 66 n. Chr.

Kaiser Tiberius (14–37 n. Chr.) setzte alles daran, die Ostgrenzen seines Imperiums gegen die wachsende Macht der Parther zu verstärken. Unstabile Vasallenstaaten wurden annektiert, so daß die direkte Kontrolle der Römer schließlich bis an den Eufrat reichte. 18 n. Chr. wurde die Kommagene in die Provinz Syrien eingegliedert. Kappadozien (samt Kleinarmenien) wurde ebenfalls eine römische Provinz. 23 n. Chr. wurde das östliche Pontus mit Bithynien verbunden (s. S. 150).

Kaiser Gaius [Caligula] (37–41 n. Chr.) verfolgte genau die gegenteilige Taktik: Er schuf neue Königreiche für jene östlichen Fürsten, die in Rom seine Gefährten gewesen waren. Herodes Agrippa I., ein Enkel Herodes' des Großen, war einer der größten Nutznießer dieser Politik. 37 n. Chr. gab Gaius ihm die Tetrarchien des Philippus und Lysanias und fügte 40 n. Chr. noch das Territorium seines Onkels Herodes Antipas (Galiläa und Peräa) hinzu.

Caligula wurde 41 n. Chr. ermordet. Sein Onkel und Nachfolger Claudius (41–54 n. Chr.) belohnte Herodes Agrippa I. für seine Unterstützung und überließ ihm das ehemalige Gebiet der Prokuratoren von Judäa. So beherrschte Agrippa I. ein ungefähr gleich großes Gebiet wie einst Herodes d. Gr. Seine pro-pharisäische Politik führte zum Konflikt mit der jungen christlichen Gemeinde. Apg 12,1–23 erzählt z.B., daß Agrippa den Jakobus hinrichten und den Petrus verhaften ließ.

44 n. Chr. starb Agrippa I. unerwartet in Cäsarea. Da der Erbe erst 17 Jahre alt war, übergab Claudius das Königreich einem römischen Prokurator zur Verwaltung. Dies war die Zeit der größten Ausdehnung der Provinz Judäa. Sie dauerte bis ins Jahr 53 n. Chr., als Claudius Abila, Arka und die alte Tetrarchie des Philippus (Gaulanitis, Batanäa, Trachonitis und Auranitis) Agrippa II. übergab. Dieser trat ihm Chalkis ab, das er seit 50 n. Chr. regiert hatte.

Einige Zeit nach Neros Thronbesteigung (54 n. Chr.) wurde das Territorium Agrippas II. erweitert. Er erhielt die Städte Tiberias und Taricheä mit deren Verwaltungsbereich und zusätzlich die Stadt Julias (Livias) in Peräa einschließlich 14 angrenzenden Dörfern. Wahrscheinlich wären ihm auch die restlichen Gebiete seines Vaters zugesprochen worden, wenn nicht im Jahre 66 n. Chr. der 1. Jüdische Krieg ausgebrochen wäre. Agrippa II. stellte sich auf die Seite der Römer und verlor zunächst einige Gebiete. Aber sie wurden ihm durch die Siege Vespasians im Norden rasch zurückerstattet. Als treuer Verbündeter Roms wurde er nach Kriegsende mit neuen Ländern belohnt. Über deren Lage besitzen wir keine näheren Angaben, sie lagen wohl nördlich seines Königreiches.

UM JENE ZEIT LIESS DER KÖNIG HERODES EINIGE AUS DER GEMEINDE VERHAFTEN UND MISSHANDELN. JAKOBUS, DEN BRUDER DES JOHANNES, LIESS ER MIT DEM SCHWERT HINRICHTEN... APG 12,1f

1 ***Karte unten***
Claudius unterstellte Judäa 41 n. Chr. Herodes Agrippa I., um nach den Grausamkeiten unter Gaius Cäsar (Caligula) ein Zeichen der Versöhnung zu setzen. Agrippa II. regierte die Tetrarchie des Philippus, Abila in Peräa und die Tetrarchie Abila bei Damaskus. Obwohl er das Recht hatte, die Hohenpriester in Jerusalem zu ernennen, gehörte Judäa nicht zu seinem Gebiet.

1 ***Die größte Ausdehnung der Königreiche Agrippas I. und II.***
das Königreich Agrippas I.
das Königreich Agrippas II.

2 ***Rechts***
Eine Liste aller römischen Kaiser (gelb), Statthalter Judäas (rot) und Hohenpriester von Jerusalem. Die hohepriesterlichen Geschlechter sind farblich voneinander abgesetzt.

Römische Kaiser
AUGUSTUS (16. Jan. 27 v. Chr. – 19. Aug. 14 n. Chr.)
TIBERIUS (17. Sept. 14 – 16. März 37)
GAIUS [CALIGULA] (16. März 37 – 24. Jan. 41)
CLAUDIUS (24. Jan. 41 – 13. Okt. 54)
NERO (13. Okt. 54 – 9. Juni 68)
GALBA (10. Juni 68 – 15. Jan. 69)
OTHO (15. Jan.69 – 14. April 69)
VITELLIUS (2. Jan. 69 – 20. Dez. 69)
VESPASIAN (1. Juli 69 – 24. Juni 79)
TITUS (24. Juni 79 – 13. Sept. 81)
DOMITIAN (14. Sept. 81 – 16. Sept. 96)
NERVA (16. Sept. 96 – 25. Jan. 98)
TRAJAN (25. Jan. 97 – 8. Aug. 117)
HADRIAN (11. Aug. 117 – 10. Juli 138)

Statthalter von Judäa (6–135 n. Chr.)
Präfekten/Prokuratoren, die dem kaiserlichen Legaten in Syrien unterstanden (6–66):
COPONIUS (ca. 6–9)
MARCUS AMBIBULUS (ca. 9–12)
ANNIUS RUFUS (ca. 12–15)
VALERIUS GRATUS (15–26)
PONTIUS PILATUS (26–36)
MARCELLUS/MARULLUS (36–41)
KÖNIG HERODES AGRIPPA I. (41–44)
CUSPIUS FADUS (44–?46)
TIBERIUS IULIUS ALEXANDER (?46–48)
VENTIDIUS CUMANUS (48–ca. 52)
ANTONIUS FELIX (ca. 52–?60)
PORCIUS FESTUS (?60–62)
LUCCEIUS ALBINUS (62–64)
GESSIUS FLORUS (64–66)
[ERSTER JÜDISCHER KRIEG (66–70)]
Befehlshaber der Legion X Fretensis mit prätorianischem Rang (70–?120; nur vereinzelte Namen sind bekannt):
SEX. VETTULENUS CERIALIS (70–?71)
LUCILIUS BASSUS (?71–73)
L. FLAVIUS SILVA (73–?)
CN. POMPEIUS LONGINUS (86)
SEX. HERMETIDIUS CAMPANUS (93)
ATTICUS (?99/100–?102/3)
C. IULIUS QUADRATUS BASSUS (ca. 102/3–104/5)
Q. ROSCIUS COELIUS POMPEIUS FALCO (ca. 105–107)
?TIBERIANUS (ca. 114)
LUSIUS QUIETUS (ca. 117)
Statthalter konsularischen Ranges während der Stationierung der Legion VI Ferrata in Judäa (?120–135):
Q. TINEIUS RUFUS (132)
C. QUINCTIUS CERTUS PUBLICIUS MARCELLUS (?)
SEX. IULIUS SEVERUS (135)

Hohepriester
Von König Herodes d.Gr. (37–4 v. Chr.) ernannt:
ANANEL (37–36, und wieder ab 34 v. Chr.)
ARISTOBULUS III. (35 v. Chr.)
JESUS, SOHN DES PHIABI (bis ca. 23 v. Chr.)
SIMON, SOHN DES BOETHUS (ca. 23–5 v. Chr.)
MATTHIAS, SOHN DES THEOPHILUS (5–4 v. Chr.)
JOSEPH, SOHN DES ELLEM (ein Tag)
JOAZAR, SOHN DES BOETHUS (4 v. Chr.)
Vom Tetrarchen Archelaus (4 v. Chr.–6 n. Chr.) ernannt:
ELEASAR, SOHN DES BOETHUS (seit 4 v. Chr.)
JESUS, SOHN DES SEE (bis 6 n. Chr.)
Von Quirinius, dem Legaten Syriens (6 n. Chr.), ernannt:
ANANUS/ANNAS, SOHN DES SETI (6–15 n. Chr.)
Von Gratus, dem Prokurator Judäas (15–26 n. Chr.), ernannt:
ISMAEL, SOHN DES PHIABI (ca. 15–16)
ELEASAR, SOHN DES ANANUS (ca. 16–17)
SIMON, SOHN DES KAMITHUS (ca. 17–18)
JOSEPHUS KAJAPHAS (ca. 18–37)
Von Vitellius, dem Legaten Syriens (35–39 n. Chr.), ernannt:
JONATAN, SOHN DES ANANUS/ANNAS (zwei Monate in 37)
THEOPHILUS, SOHN DES ANANUS/ANNAS (seit 37)
Von König Agrippa I. (41–44 n. Chr.) ernannt:
SIMON KANTHERAS, SOHN DES BOETHUS (seit 41)
MATTHIAS, SOHN DES ANANUS/ANNAS (?)
ELIONÄUS, SOHN DES KANTHERAS (ca. 44)
Von Herodes von Chalkis (44–48 n. Chr.) ernannt:
JOSEPH, SOHN DES KAMI (?)
ANANIAS, SOHN DES NEDEBÄUS (47–ca. 59)
Von König Agrippa II. (50–?92 n. Chr.) ernannt:
ISMAEL, SOHN DES PHIABI (ca. 59–61)
JOSEPH KABI, SOHN DES SIMON (61–62)
ANANUS, SOHN DES ANANUS/ANNAS (drei Monate in 62)
JESUS, SOHN DES DAMNÄUS (ca. 62–63)
JESUS, SOHN DES GAMALIEL (ca. 63–64)
MATTHIAS, SOHN DES THEOPHILUS (65–?]
Während des Aufstandes (66–70 n. Chr.) vom Volk ernannt:
PHANNIAS/PHANNI/PHANASOS, SOHN DES SAMUEL (?)

Geschlecht des Phiabi
Geschlecht des Ananus/Annas
Geschlecht des Boëthus
Geschlecht des Kamith

4

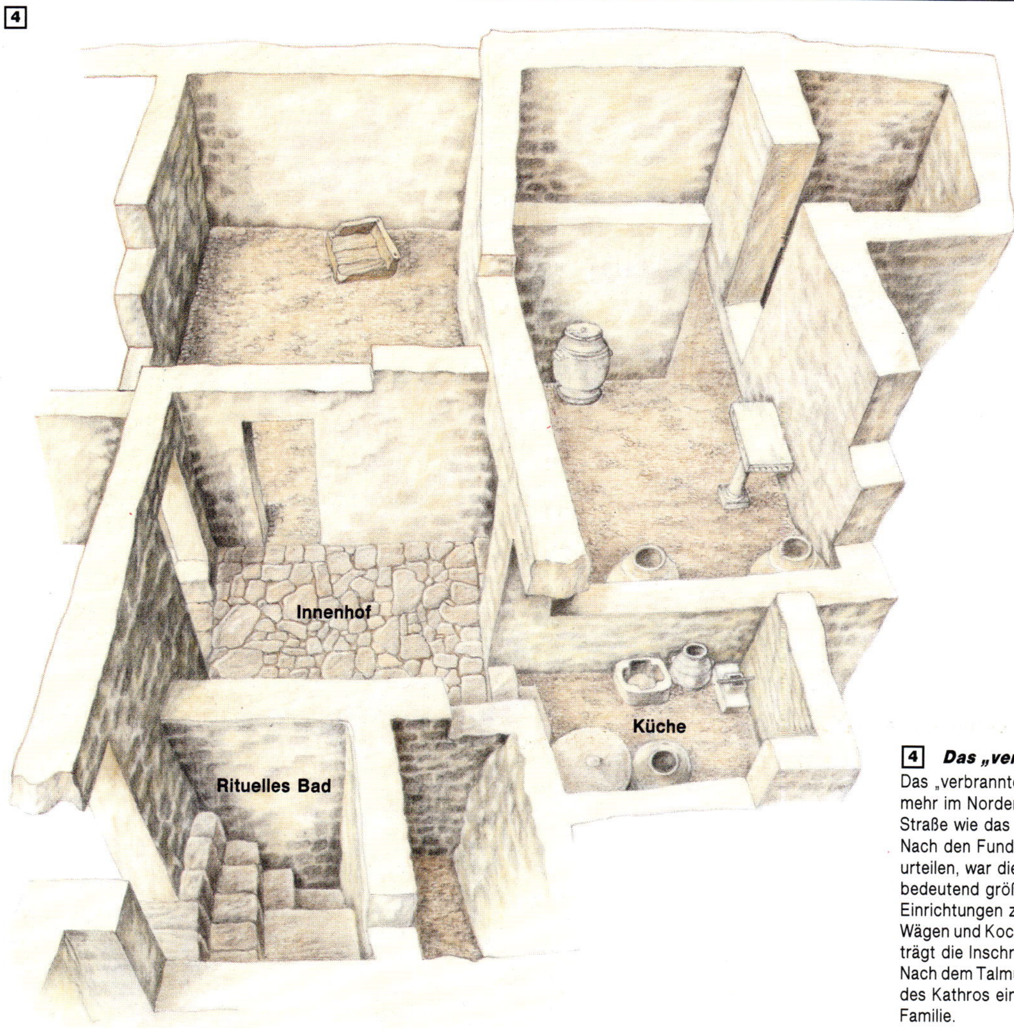

4 ***Das „verbrannte Haus"***
Das „verbrannte Haus" liegt etwas mehr im Norden, an der gleichen Straße wie das „Herrschaftshaus". Nach den Fundamentmauern zu urteilen, war dieses Haus noch bedeutend größer. Es wies Einrichtungen zum Mahlen, Messen, Wägen und Kochen auf. Ein Gewicht trägt die Inschrift „Bar Kathros". Nach dem Talmud ist das Geschlecht des Kathros eine hohepriesterliche Familie.

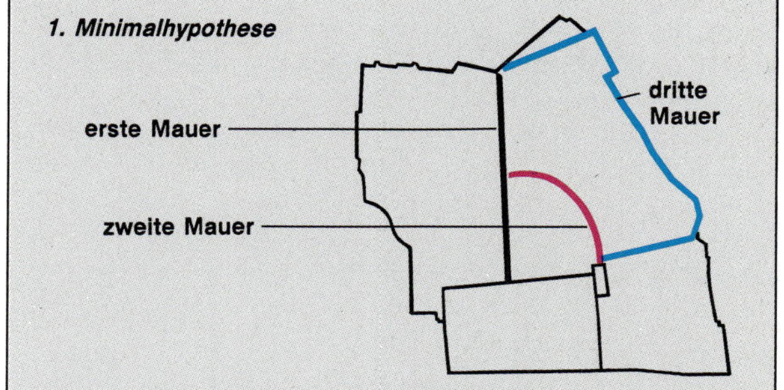

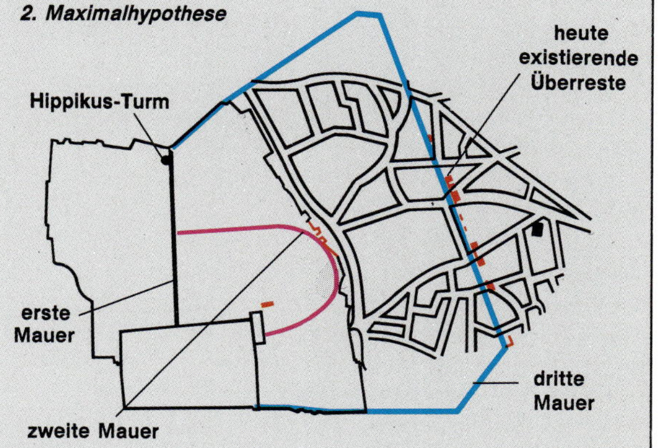

Die dritte Mauer Jerusalems

Obwohl Herodes große Teile Jerusalems neu bauen wollte, vergrößerte er das eigentliche Stadtgebiet durch den Bau der zweiten Mauer nur wenig. Golgota befand sich somit noch außerhalb der Mauern, als Jesus dort gekreuzigt wurde (s. S. 166f). Nach Josephus (Krieg, 5. Buch) legte Agrippa I. (41–44 n. Chr.) das Fundament einer neuen Nordmauer, der dritten Stadtmauer. Sie wurde während des 1. Jüdischen Aufstandes (66–70 n. Chr.) vollendet. Josephus schreibt, daß die neue Mauer beim Hippikus-Turm (einem der Türme in der herodianischen Zitadelle) begann, sich nordwärts zum Psephinus-Turm erstreckte und dann nach Osten abfiel, um sich bei der Festung Antonia an die älteren Schutzwälle anzuschließen und schließlich im Kidrontal zu enden. Die Archäologen konnten bis jetzt den Verlauf der Mauer nicht klären. Die einen nehmen an (s. Hypothese 1), daß die Mauer parallel zur heutigen türkischen Nordmauer verlief, aber den Schafmarkt (nördlich des Tempelareals) außerhalb der Mauern ließ. Andere behaupten (s. Hypothese 2), daß die Nordmauer damals viel nördlicher als die heutige lag und im 1. Jh. n. Chr. das gesamte bewohnte Gebiet umschloß. Die Stadt hatte sich zwar seit David stetig nach Norden ausgedehnt. Weil jedoch Titus 70 n. Chr. den Großteil der Mauern niederreißen ließ und aufgrund der weiteren Zerstörungen im Jahre 135 n. Chr. bleibt der Verlauf der dritten Mauer unsicher.

3

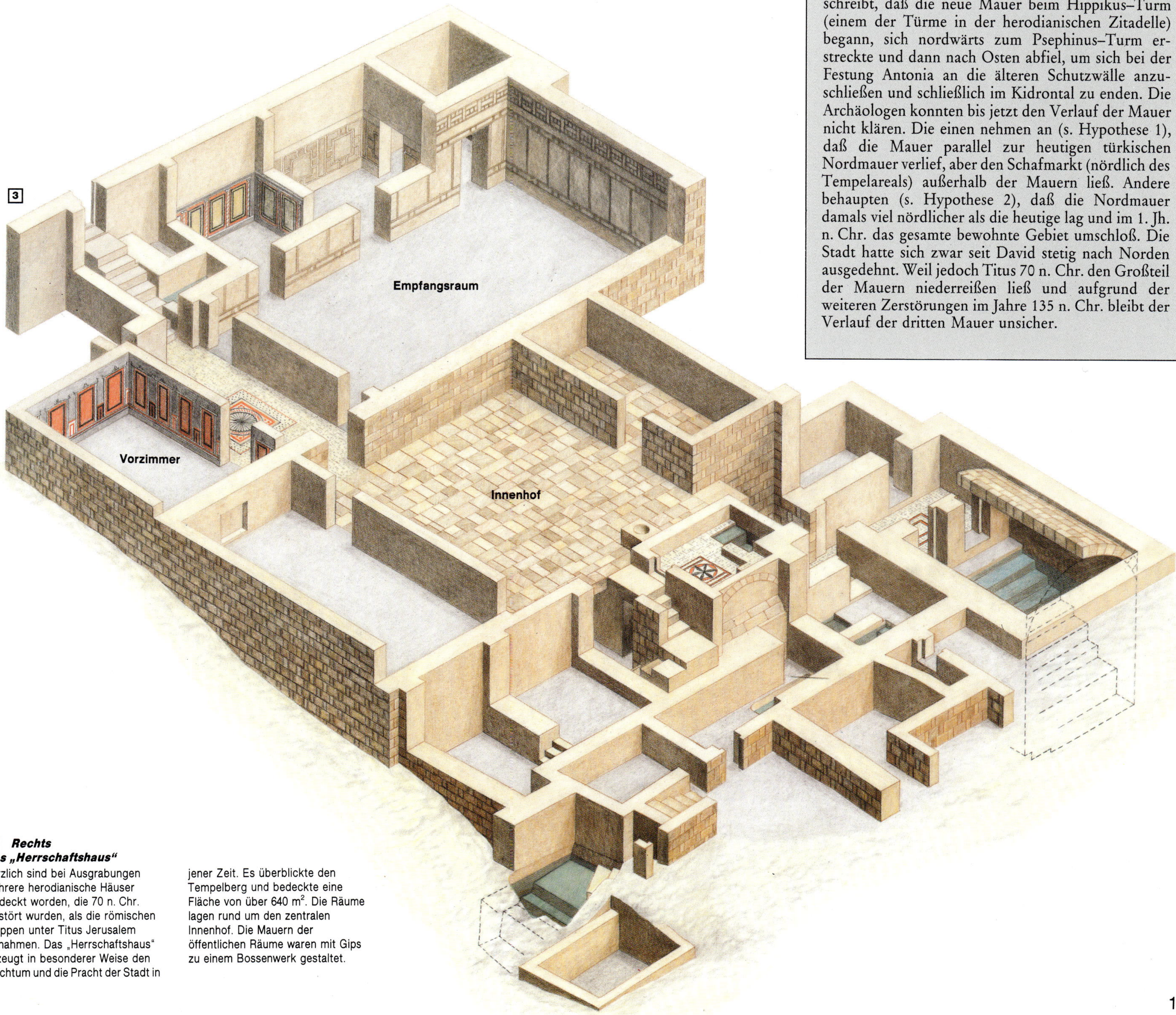

3 ***Rechts***
Das „Herrschaftshaus"
Kürzlich sind bei Ausgrabungen mehrere herodianische Häuser entdeckt worden, die 70 n. Chr. zerstört wurden, als die römischen Truppen unter Titus Jerusalem einnahmen. Das „Herrschaftshaus" bezeugt in besonderer Weise den Reichtum und die Pracht der Stadt in jener Zeit. Es überblickte den Tempelberg und bedeckte eine Fläche von über 640 m^2. Die Räume lagen rund um den zentralen Innenhof. Die Mauern der öffentlichen Räume waren mit Gips zu einem Bossenwerk gestaltet.

DIE RÖMISCHE ZEIT

Die jüdische Diaspora im 1. Jh. n. Chr.

Im 1. Jh. n. Chr. äußern jüdische und nichtjüdische Autoren ihr Erstaunen über die starke Ausbreitung der Juden in der hellenistischen Welt. Die Gründe dafür waren vielfältig: die Emigration, die Exilierung, der freiwillige Militärdienst in fremden Diensten und der Verkauf jüdischer Gefangener in die Sklaverei.

Im späten 8. und im 7. Jh. v. Chr. entstanden erstmals außerhalb Palästinas große israelitische Gemeinden (sog. Diasporagemeinden), denn nach dem Untergang der Königreiche Israel und Juda wurden viele Gefangene nach Assyrien und Babylonien deportiert. Während der persischen Zeit und auch danach blieb diese mesopotamische Diaspora ein Zentrum jüdischen Lebens. Einige Juden zogen auch als Söldnertruppen des Persischen Reichs von Judäa nach Ägypten, wie das zufällig erhalten gebliebene Archiv einer jüdischen Garnison aus dem 5. Jh. v. Chr. in Elephantine in Oberägypten zeigt (s. S. 134f).

Die größte Ausbreitung der Juden außerhalb Palästinas erfolgte aber erst nach der Eroberung des Persischen Reiches durch Alexander d. Gr. in den Jahren 332–323 v. Chr. (s. S. 138). Alexanders Siegeszug fügte die östlichen Mittelmeerländer und den „Fruchtbaren Halbmond" zu einer politischen Einheit zusammen und förderte die Entwicklung einer homogenen hellenistischen Kultur. Die Ursachen der Zerstreuung der Juden waren unterschiedlich: Sie wurden durch Ptolemäus Soter (323–285 v. Chr.), einem der Nachfolger Alexanders, nach Ägypten verschleppt; Pompeius führte 63 v. Chr. ebenso wie Sosius im Jahre 37 nach der Belagerung Jerusalems Juden mit sich nach Rom. Andere wanderten freiwillig aus, da Palästina während der hellenistischen Zeit häufig durch Kriege verwüstet wurde. Das Hügelland um Jerusalem war zudem nicht fruchtbar genug für eine jüdische Bevölkerung, deren Wachstum nicht – wie sonst in der antiken Welt – durch Kindstötung oder Abtreibung eingeschränkt wurde. Die politische Einigung des Nahen Ostens durch die griechischen Eroberer bot den Juden im Ausland außerdem verlockende Möglichkeiten. Einige ließen sich in den Städten nieder, die durch hellenistische Herrscher gegründet worden waren, andere traten in fremde Dienste ein. Am bekanntesten sind die jüdischen Söldner, die den Ptolemäern im 2. Jh. v. Chr. dienten. Der aus Jerusalem geflohene Priester Onias bekam sogar die Erlaubnis, in Leontopolis einen jüdischen Tempel als Gegenstück zum Tempel in Jerusalem zu errichten. Wieder andere ließen sich als Bauern in den Grenzländern Palästinas nieder, wie uns viele jüdische Papyri aus Ägypten bekunden. Die Juden in den Städten arbeiteten gewöhnlich als Handwerker oder im lokalen Handel, aber schon gegen Ende des 1. Jhs. v. Chr. beteiligten sich einige auch an größeren Handelsunternehmungen. Sie wurden dabei von den jüdischen Gemeinden unterstützt, die es inzwischen in vielen Städten der Mittelmeerküste gab.

Diese riesige Diaspora wurde noch mehr vergrößert, als die Gefangenen der Jüdischen Aufstände von 66–70 und 132–135 n. Chr. als Sklaven verkauft wurden. Im 3. und 4. Jh. n. Chr. gab es in vielen Küstenstädten des westlichen Mittelmeers jüdische Siedler. Es ist unmöglich zu schätzen, wie viele Juden im 1. Jh. n. Chr. außerhalb von Palästina lebten. Der jüdische Philosoph Philo erwähnt, daß es in seiner Zeit allein in Ägypten eine Million Juden gab. Unbekannt ist auch, wie weit der natürliche Zuwachs dieser Diasporagemeinden durch die Aufnahme von Proselyten vergrößert wurde.

Wir besitzen wenig literarische Quellen über das Leben der Diasporajuden im 1. Jh. n. Chr. Eine Hauptquelle ist das Neue Testament und besonders die Apostelgeschichte, die häufig von Juden in Syrien, Kleinasien und Griechenland berichtet. Abgesehen von Paulus, ist Philo von Alexandrien der einzige jüdische Autor dieser Zeit, dessen Schriften zu einem guten Teil erhalten sind. Seine Werke sowie Fragmente griechischer Schriften von anderen Diasporajuden sind auf dem Weg über christliche Gemeinschaften für die Nachwelt gerettet worden.

Andere Zeugnisse über die Diaspora sind noch fragmentarischer: Der Historiker Josephus, der in Jerusalem geboren wurde, aber 70 n. Chr. in Rom starb und mit der jüdischen Oberschicht in Ägypten und Zyrene Beziehungen pflegte, erwähnt Diasporajuden häufig, aber beiläufig. Auch griechische und lateinische nichtjüdische Autoren – meistens schlecht informiert – machen gelegentlich Bemerkungen über die Juden. Viele jüdische Inschriften auf Grabsteinen und Ehrentafeln sind zwar noch erhalten, stammen aber

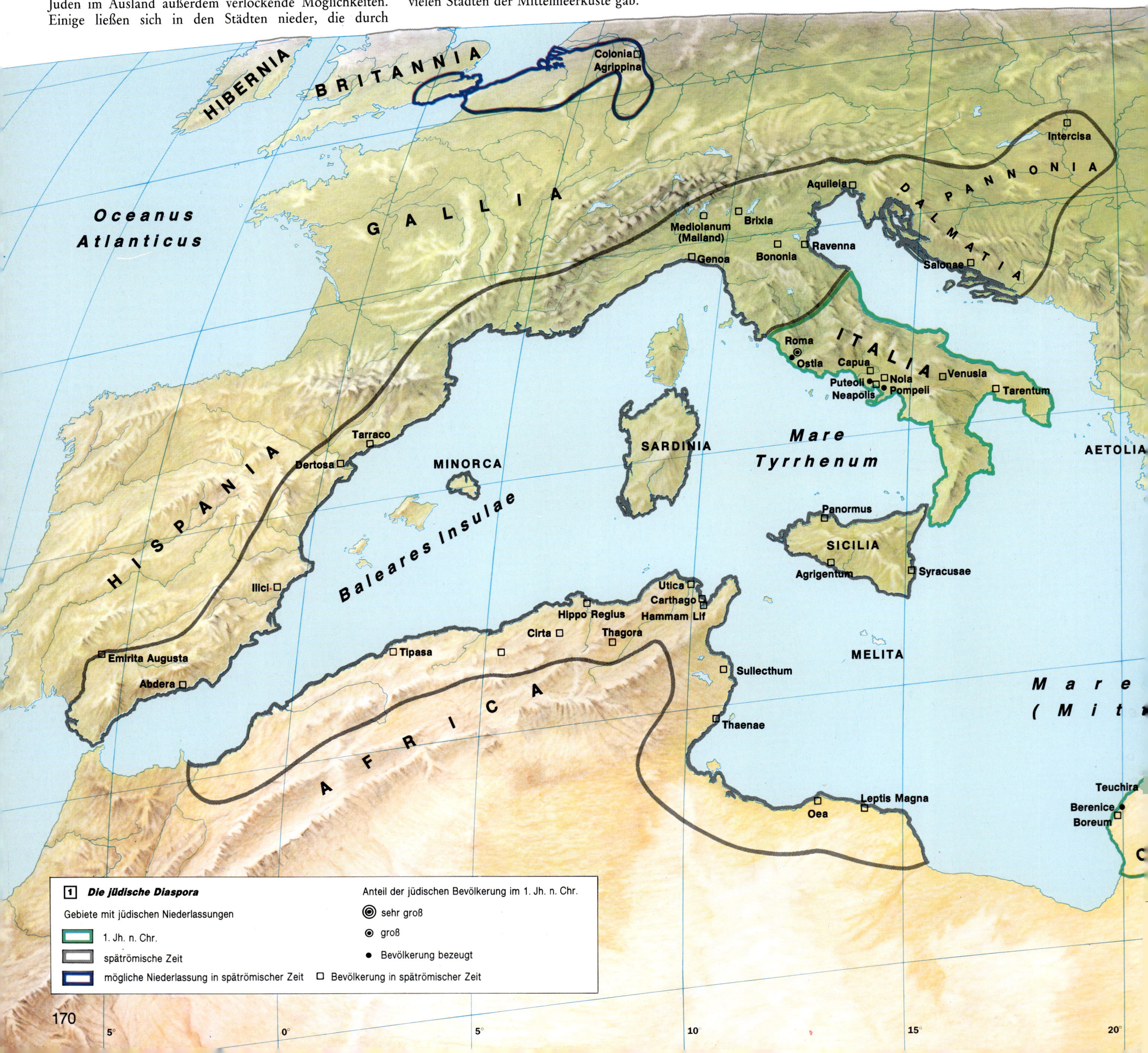

meistens aus spätrömischer Zeit. Über die Juden in Ägypten gibt es besonders gute Zeugnisse, zum einen wegen der politischen Bedeutung der alexandrinischen Gemeinde, zum anderen, weil im Wüstensand Papyrusdokumente, die von Juden geschrieben wurden und von Juden handeln, erhalten geblieben sind. – Synagogen sind archäologisch gut belegt, obwohl nur wenige der ausgegrabenen Gebäude schon im 1. Jh. n. Chr. existierten. Die zwei bedeutendsten sind der spätrömische Bau in Sardis und die Synagoge in Dura-Europos am Eufrat aus dem 3. Jh. n. Chr.

Die Diasporajuden paßten sich teilweise der sie umgebenden Kultur recht stark an. Ohnehin sprachen und schrieben die meisten Juden, die sich in den Mittelmeerländern niedergelassen hatten, besser Griechisch als ihre semitische Muttersprache. Die mesopotamischen Juden sprachen den lokalen Dialekt des Aramäischen. In griechischen Gegenden besuchten einige Juden wahrscheinlich regelmäßig die Theater und Gymnasien und distanzierten sich nur von der Teilnahme an heidnischen Kulten. Zumindest in der spätrömischen Zeit konnten die Juden in einigen Städten sogar Ratsmitglieder oder Richter werden. Es ist klar, daß dadurch auch die jüdische Lebensweise vielfach von griechisch-römischem Gedankengut beeinflußt wurde.

Wahrscheinlich unterschied sich das religiöse Leben der Juden in der Diaspora nur wenig von jenem in Palästina. Einige Gelehrte nahmen an, daß die griechisch sprechenden Juden eine eigene mystische Interpretation der zentralen Schriftwerke entwickelten, doch ist dies heute fraglich. Tatsächlich wurden heidnische Vorstellungen nur selten in den jüdischen Monotheismus aufgenommen. Auch in der Fremde standen der Tempel in Jerusalem und die Tora im Zentrum des religiösen Lebens. Die meisten Diasporajuden anerkannten die Ausschließlichkeit des Tempels in Jerusalem und erwiesen dem Heiligtum regelmäßig ihre Ehrerbietung durch Kollekten für seine Instandhaltung. Was die Gebote anging, so wurden diese außerhalb Palästinas genauso befolgt wie im Lande selbst. Besonders hielt man sich an die traditionellen Speisevorschriften und ehrte den Sabbat als Ruhetag.

Die Tora, die die jüdische Lebensweise bestimmte, stand im Mittelpunkt der synagogalen Feiern. Hier wurde sie vorgetragen und ausgelegt. Früher noch als in Palästina, wo alles religiöse Geschehen auf den Jerusalemer Tempel als einzigem legitimen Heiligtum hingeordnet war, gestaltete man in der Diaspora die Synagogen als kostbare Bet- und Gemeinschaftshäuser. Die Bedeutung der Diasporasynagogen wurde noch verstärkt durch die doppelte Aufgabe der Synagogenvorsteher: Diese kümmerten sich nicht nur um die religiösen Belange, sondern übten innerhalb der Gemeinde auch das Amt des Friedensrichters aus. In vielen Städten regelten die Juden ihre Angelegenheiten unter sich, schlichteten ihre Streitigkeiten selbst und suchten so die Einmischung der heidnischen Behörden zu vermeiden. An einigen Orten wurde diese Autonomie von den Machthabern offiziell anerkannt, an anderen bestand sie *de facto*, weil die jüdische Gemeinde Gesetzesbrecher durch die Androhung von Strafen unter Kontrolle halten konnte. Die isolierte Lebensweise, bedingt durch die Verbundenheit mit dem fernen Kultzentrum in Palästina, die für Nichtjuden befremdlichen Speisevorschriften und das Verbot von Mischehen, führten in einigen Städten zur Unbeliebtheit der Juden. Bei den griechischen und lateinischen Autoren dieser Zeit finden sich oft antisemitische Äußerungen. Die feindseligsten Griechen waren jene in Ägypten, und die Angriffe der Alexandriner waren besonders heftig: Sie erhoben Einspruch gegen die Juden in ihrer Mitte, die das uneingeschränkte Bürgerrecht der Stadt erlangen wollten, ohne an den heidnischen Kulten teilzunehmen, oder die ihre Gemeinde von jeder Einmischung durch die städtischen Behörden zu befreien versuchten. Diese lange und oft blutige Auseinandersetzung gipfelte schließlich 117–119 n. Chr. in einem großen Aufstand der Juden Ägyptens, Zyrenes und Zyperns, der mit der völligen Vernichtung der jüdischen Gemeinden in diesen Ländern endete. Während dieser Jahre und während der Aufstände in Judäa ging es auch den Diasporajuden schlecht, obwohl nur die Siedler an den Grenzen Palästinas während der erbitterten Kämpfe im Jahre 66 n. Chr. unter Massakern von seiten ihrer heidnischen Nachbarn zu leiden hatten.

UNTER DEN SYRISCHEN STÄDTEN GIBT ES KEINE EINZIGE, WELCHE DIE JÜDISCHE BEVÖLKERUNG NICHT AUSGEROTTET HAT... ALS EINZIGES BEISPIEL MÖGEN DIE BEWOHNER VON DAMASKUS DIENEN, DIE OHNE IRGENDEINE PLAUSIBLE ERKLÄRUNG IN IHRER STADT EIN ABSCHEULICHES BLUTBAD ANRICHTETEN, INDEM SIE 18 000 JUDEN MIT FRAUEN UND KINDERN NIEDERMETZELTEN.

JOSEPHUS, KRIEG 7,367f

Korinth und Ephesus waren die Hauptzentren der missionarischen Tätigkeit des Paulus. Beide waren Hauptstädte römischer Provinzen und lagen an wichtigen Verkehrswegen; Paulus konnte von hier aus in alle Richtungen aufbrechen. Die Städte zogen aber auch Besucher an, von denen einige dann zu Botschaftern des neuen Glaubens in ihrer Heimat wurden. Als Handelszentren waren sie offener für neue Ideen als kleinere oder konservative Städte wie Athen. Ihre Größe ermöglichte es Paulus, seine Anonymität zu wahren, was ihn gegen das römische Verbot neuer Religionen schützte. Von Korinth aus verbreitete sich der christliche Glaube in ganz Achaia, doch ist nur die Gemeinde Kenchreä (Röm 16,1) namentlich bekannt. Von Ephesus aus wurden die Gemeinden von Kolossä, Hierapolis und Laodizea im Lykustal gegründet.

Die erste Missionsreise

Die ersten 15 Jahre nach seiner Bekehrung (um 33 n. Chr.) war Paulus in Arabien, in Damaskus, in Syrien und im südwestlichen Teil Kleinasiens tätig, wobei er nur ein einziges Mal für 14 Tage nach Jerusalem ging (vgl. Gal 1,15–21). Seine erste Reise (nur in Apg 13+14), die nicht genau datiert werden kann und deren Historizität umstritten ist, unternahm Paulus – auf Geheiß der Gemeinde in Antiochia – zusammen mit Barnabas. Zunächst reisten sie nach Zypern, der Heimat des Barnabas (Apg 4,36), wo sie in Salamis und Paphos, den industriellen und politischen Zentren der Insel, jüdische Gemeinden besuchten.

Die Bekehrung des Prokonsuls Sergius Paulus in Paphos (Apg 13,7–12) veranlaßte Paulus vielleicht (jetzt ohne Barnabas), nordwärts nach Antiochia in Pisidien zu ziehen (Apg 13,14–52), denn die Familie des Prokonsuls besaß im Norden eine große Domäne und Sergius Paulus könnte zu dortigen einflußreichen Freunden Beziehungen hergestellt haben. Vom pisidischen Antiochia zog Paulus ostwärts, wohl in der Absicht, später auf dem Landweg nach Antiochia weiterzuziehen. Der Widerstand, auf den er bei der Errichtung von Gemeinden in Ikonion, Lystra und Derbe stieß, bewegte ihn vielleicht, denselben Weg zurückzugehen und dabei den jungen Gemeinden eine festere Struktur zu geben (Apg 14,23). Von Attalia aus segelte er direkt nach Seleuzia, dem Hafen von Antiochia.

Die zweite Missionsreise

Die zweite Reise unternahm Paulus (Apg 15,40 – 18,22) nach dem Apostelkonvent in Jerusalem (Apg 15,1–30; Gal 2,1–10) in den Jahren 48–51 n. Chr. Sie führte zur Gründung christlicher Gemeinden, die seither mit dem Namen des Paulus verknüpft sind. Sein Ziel war Ephesus, aber „der Heilige Geist“ (Apg 16,6) trieb ihn nach Norden und dann erst gegen Westen. Eine Krankheit (Gal 4,13) zwang ihn, den Winter in Galatien zu verbringen, wo sich der Landsitz des Sergius Paulus befand. Dies gab ihm die Gelegenheit, in dieser Gegend, die von keltischen Stämmen bewohnt war, das Evangelium zu verkünden. Vom Straßennetz (s. S. 186) her wäre es für ihn naheliegend gewesen, nordwärts nach Bithynien vorzustoßen, aber auch hier wies ihm „der Heilige Geist“ (Apg 16,7) einen anderen Weg. So war er gezwungen, das unzivilisierte Gebiet nördlich der Provinz Asia zu durchqueren und so nach Troas an der Küste zu gelangen (Apg 16,8).

In Troas faßte Paulus den folgenschweren Entschluß, den christlichen Glauben nach Europa zu bringen (Apg 16,9f). Das erste verfügbare Schiff führte ihn nach Philippi (Apg 16,12). Von dort aus war es naheliegend, der berühmten Via Egnatia westwärts nach Thessalonich zu folgen (Apg 17,1). Dort zwang ihn die Opposition der Juden, in Beröa Zuflucht zu suchen (Apg 17,10). Als ihm seine Gegner auch dorthin folgten, entschloß er sich zu einem großen Sprung Richtung Süden und reiste nach Athen (Apg 17,13–34). Als er dort scheiterte, entschloß er sich zu einem Neuanfang in Korinth, wo seine Botschaft so gut ankam, daß er 18 Monate in dieser Stadt blieb (Apg 18,1–11).

Von Korinth aus schrieb Paulus drei Briefe. 1 Thessalonicher wurde 50–51 n. Chr. während seines Gründungsbesuches geschrieben. Falls 2 Thessalonicher ein echter Paulusbrief ist, wird er in der gleichen Zeit entstanden sein. Während seines dritten Besuches im Winter 55–56 n. Chr. schrieb Paulus Römer 1–15, um seinen Besuch in der Hauptstadt des Imperiums vorzubereiten.

Im Sommer des Jahres 51 n. Chr. traf Paulus den Prokonsul Lucius Gallio (Apg 18,12). Dies ist der einzige Anhaltspunkt für die Datierung dieser Reise. Wenn wir annehmen, daß Paulus den ersten Winter in Galatien, den darauffolgenden in Philippi verbrachte, muß er Antiochia spätestens im Frühjahr 48 n. Chr. verlassen haben. Da im Sommer überwiegend Nordwinde bliesen, war dies die beste Zeit, um heimzukehren. Sein kurzer Aufenthalt in Ephesus (Apg 18,19) ergab sich entweder aus der Route des Schiffes oder aus der Notwendigkeit, ein Schiff zu finden, das nach Cäsarea segelte (Apg 18,22). Diese Schiffsreise fand im August oder Anfang September 51 n. Chr. statt.

DIE RÖMISCHE ZEIT

Die Reisen des Paulus

Paulus war nicht der einzige Christ, der den Glauben über die Grenzen Palästinas hinaus verkündete. Dennoch ist gerade er zum Archetyp des christlichen Missionars geworden. Nach seiner Bekehrung bei Damaskus bereiste er unermüdlich den Mittelmeerraum und legte auf seinen von der Apostelgeschichte erzählten Reisen weit über 32 000 km zurück. Sein bedeutendster religiöser Beitrag war jedoch nicht die Gründung vieler christlicher Gemeinden, sondern seine Erkenntnis, daß der christliche Glaube auch unabhängig von den Religionsgesetzen seiner jüdischen Mutterreligion bestehen konnte. Diese Einsicht eröffnete den Völkern der griechisch-römischen Welt den Zugang zum Christentum.

Die dritte Missionsreise

Im folgenden Frühjahr brach Paulus zu seiner dritten Reise auf (Apg 18,23 – 21,16). Sein Ziel war Ephesus, das er im August 52 erreichte, nachdem er einige Zeit in Galatien verbracht hatte (1 Kor 16,1). Er blieb während 27 Monaten, ungefähr bis Oktober 55, in der Hauptstadt der römischen Provinz Asia (Apg 19,8ff).

Von den fünf Briefen, die er in Ephesus verfaßte, waren drei an die Korinther gerichtet. Von diesen ist uns allerdings nur noch 1 Korinther erhalten, der im Frühjahr 54 n. Chr. geschrieben wurde. Der Philipperbrief besteht vielleicht aus mehreren Briefteilen, von denen nicht sicher ist, ob sie alle in Ephesus geschrieben wurden. Mindestens einer wurde im Gefängnis verfaßt. Sowohl der Philipperbrief wie auch der Galaterbrief können nicht genau datiert werden. 2 Korinther weist wohl auch zwei Briefe auf, die beide im Jahr 55 n. Chr. aus Mazedonien geschickt wurden.

Probleme in der Gemeinde von Korinth zwangen Paulus, dieser im Sommer 54 n. Chr. einen Besuch abzustatten (2 Kor 13,2). Auf dem Landweg kehrte er über Mazedonien

3 Die Konstruktion der Römerstraßen
Die Randsteine wurden auf beiden Seiten der Straße in schmale Gräben gesetzt. Dazwischen wurde ein tieferer Graben ausgehoben und mit Schichten verschieden großer Steine aufgefüllt. Schließlich legte man große, flache Steine so sorgfältig darüber, daß sich eine ebene Oberfläche ergab.

3 Oben
Die Straßen waren mit behauenen Steinen gepflastert und darunter mit zusammengepreßtem Kies gepolstert. Vertiefungen wurden aufgefüllt und reißende Ströme oder Schluchten, die den Weg versperrten, überbrückt (PLUTARCH).

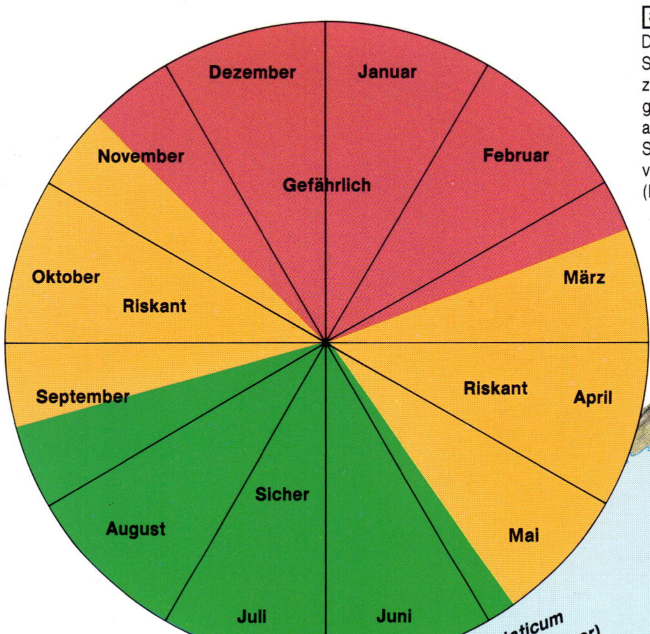

2 Oben
Die Meere waren wegen der kurzen Tage, der dichten Bewölkung, der schlechten Sicht und der starken Winde etwa von Anfang November bis Anfang März nicht befahrbar. Als Stichtage galten der 11. Nov. und der 10 März. Unsicheres Wetter machte die Seefahrt von Mitte Sept. bis Anfang Nov. und von Anfang März bis Ende Mai zu einem riskanten Unternehmen. Sicher war die Schiffahrt also nur von Ende Mai bis Mitte September.

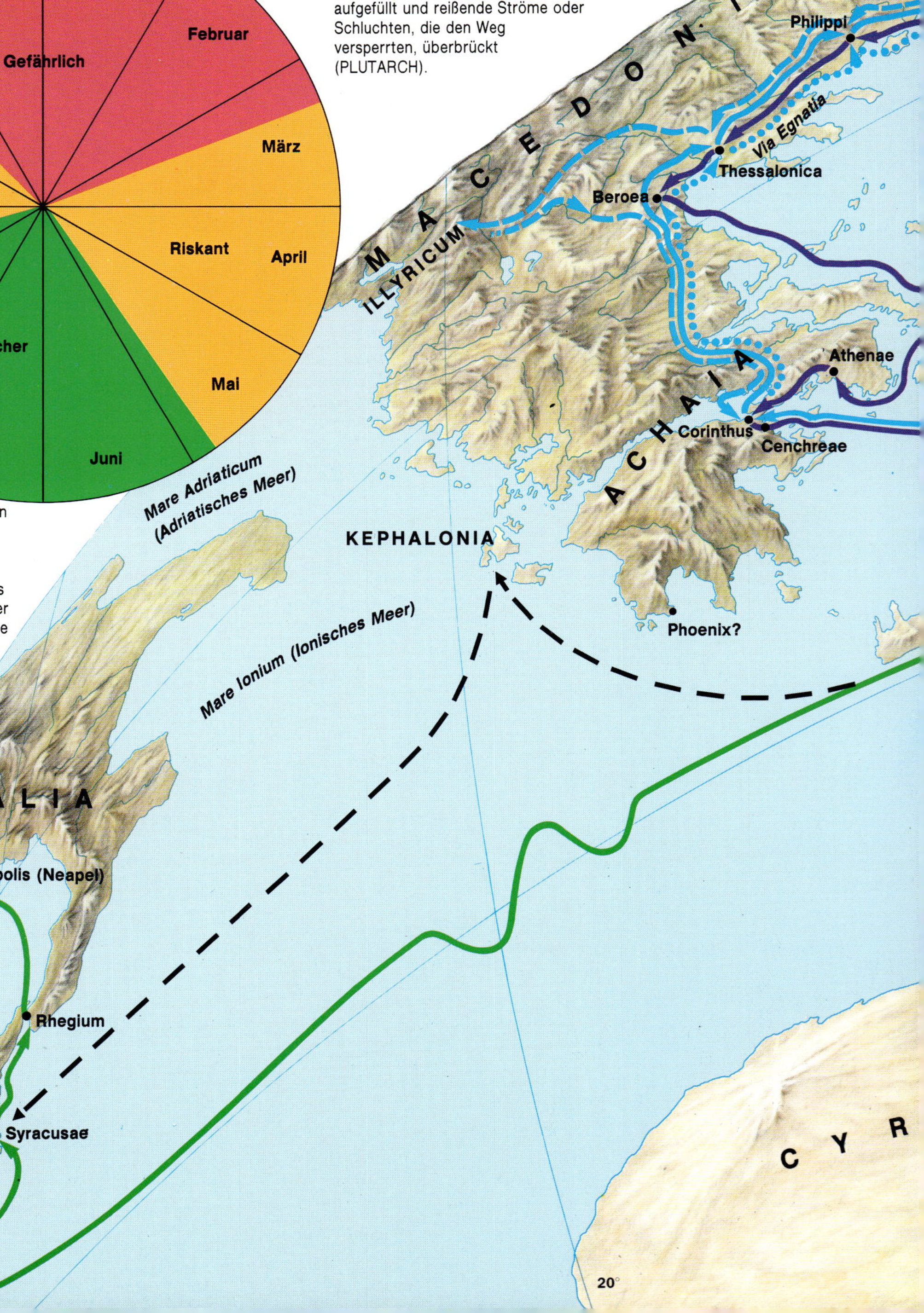

nach Ephesus zurück (2 Kor 1,23 – 2,1). Als er hier im Herbst 54 n. Chr. in Todesgefahr geriet, zog er nach Troas und von dort aus nach Mazedonien, wo er den Winter entweder in Philippi oder in Thessalonich verbrachte.

Im Frühling 55 n. Chr. reiste Paulus weiter nach Westen, möglicherweise bis nach Illyrien (Röm 15,19), nachdem er 2 Korinther 1–9 geschrieben hatte. Während dieses Sommers erreichte ihn die Nachricht, daß sich die Situation in Korinth drastisch verschlechtert hatte. Als unmittelbare Antwort schrieb er ihnen 2 Kor 10–13, aber er kam wenig später selbst nach Korinth (2 Kor 13,1f; Apg 20,2f) und verbrachte den Winter 55–56 n. Chr. dort. Während dieses Aufenthalts schrieb er den Brief an die Römer. Im folgenden Frühjahr zog er wieder nach Mazedonien und feierte das Pessachfest in Philippi (Apg 20,6). Dann segelte er der Küste Asiens entlang südwärts (Apg 20,6 – 21,1). Das einzige Schiff, das von Patara nach Phönizien fuhr, brachte ihn nach Tyrus, von wo aus er nach Jerusalem wanderte (Apg 21,12–16).

Die letzte Reise

Auf seiner letzten Reise wurde Paulus als Gefangener nach Rom gebracht (Apg 27,1 – 28,16). Auch wenn die Datierung nicht sicher ist (58 n. Chr. oder später), so läßt sich die Jahreszeit mit einiger Sicherheit bestimmen: Die Zeit der gefahrlosen Schiffahrt war vorbei (Apg 27,9). Die Winde trieben das Schiff nach Nordwesten. Wahrscheinlich war beabsichtigt, in einem Hafen an der Südküste der Türkei zu überwintern, aber in Myra traf man auf ein verspätetes Schiff, das Getreide von Alexandria nach Rom transportierte, und schloß sich ihm an (Apg 27,5f). Bei Knidos, wo man die schützende Küste verlassen mußte, segelten sie nach Süden, um dort an der Küste Kretas weiterzuziehen. Da Lasäa zum Überwintern nicht geeignet war, versuchten sie Phönix zu erreichen, dessen Lage besseren Schutz bot (Apg 27,8–12). Sie wurden aber von einem Sturm ins Meer hinausgetrieben und strandeten schließlich auf Malta (Apg 27,39 – 28,1). Als die Schiffahrt im nächsten Frühjahr wieder möglich war, segelten sie auf einem anderen alexandrinischen Schiff, das auf Malta überwintert hatte, mit Zwischenhalten in Syrakus und Rhegion nach Puteoli (Apg 28,11–16) und wanderten dann von Neapel nach Rom.

Der Brief an die Laodizener (eine der „Gefängnisepisteln", die in Rom verfaßt wurden) wird in Kolosser 4,16 erwähnt, ist uns aber nicht erhalten geblieben. Der Brief an Philemon ist der einzige, den Paulus einer einzelnen Person geschrieben hat; er wurde wahrscheinlich zusammen mit dem Kolosserbrief abgeschickt.

WEIL IHNEN ABER VOM HEILIGEN GEIST VERWEHRT WURDE, DAS WORT IN DER PROVINZ ASIEN ZU VERKÜNDEN, REISTEN SIE DURCH PHRYGIEN UND DAS GALATISCHE LAND. SIE ZOGEN AN MYSIEN ENTLANG UND VERSUCHTEN, BITHYNIEN ZU ERREICHEN; DOCH AUCH DAS ERLAUBTE IHNEN DER GEIST JESU NICHT. SO DURCHWANDERTEN SIE MYSIEN UND KAMEN NACH TROAS HINAB. APG 16,6ff

4 Links
Ein Handelsschiff aus der Zeit des Paulus, abgebildet auf einem Teilstück eines Sarkophags aus Sidon.

1 Karte unten
Von Antiochia aus begann Paulus seine missionarische Tätigkeit im Westen (Apg 13,1f). Diese dauerte ungefähr 18 Jahre und führte ihn die ganze Mittelmeerküste entlang; überall verkündete er das Evangelium und gründete christliche Gemeinden.

4

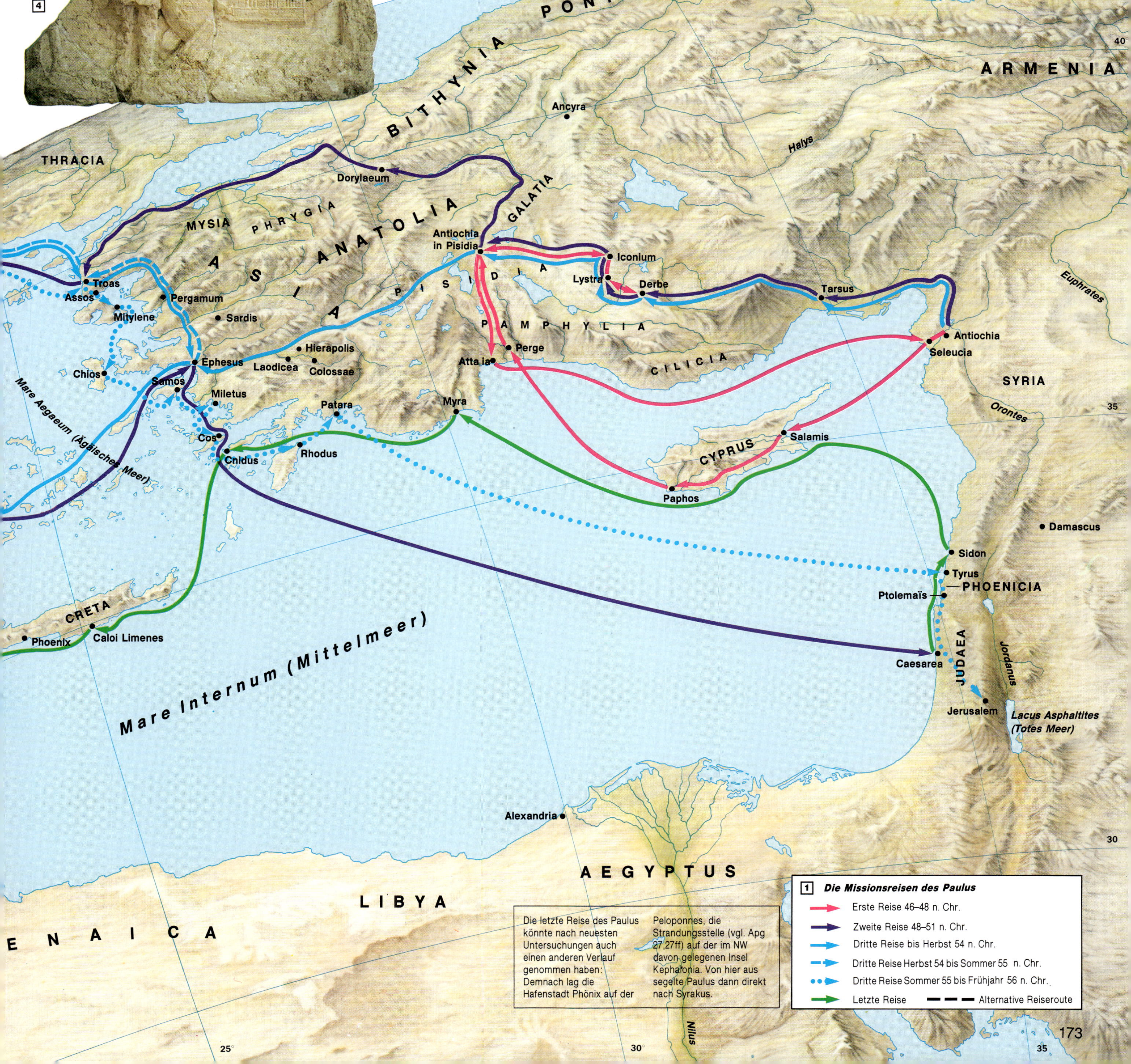

DIE RÖMISCHE ZEIT

Die Städte des Paulus

In den Beschreibungen der Missionsreisen des Paulus finden wir Hinweise auf eine große Anzahl von Städten, die der Apostel besuchte. Wir beschränken uns hier auf Tarsus, seinen Geburtsort (s. S. 172), Antiochia in Syrien, wo die Anhänger Jesu erstmals „Christen“ genannt wurden und wo Paulus seine erste Missionsreise begann, sowie Korinth und Ephesus, die zu den Zentren seiner missionarischen Tätigkeit wurden.

Tarsus

In der Apostelgeschichte wird zweimal erwähnt, daß Paulus Bürger von Tarsus war, und einmal, daß er dort geboren wurde. In den Briefen des Paulus selbst finden sich keine Hinweise auf seinen Geburtsort oder seine römische Bürgerschaft. Das ursprünglich anatolische Tarsus bestand zur Zeit des Paulus aus einer Mischbevölkerung aus Griechen, Römern und Juden. Zilizien war 64 v. Chr. eine römische Provinz geworden, und Tarsus, eine sehr alte Stadt, wurde deren Hauptstadt. Sie lag an einer strategisch wichtigen Stelle, da sie die „Zilizischen Tore“, den Engpaß zwischen den Bergen und dem Meer (s. S. 172), kontrollierte. Unter Augustus wurde Tarsus eine freie Stadt, mit lokaler Autonomie. Ihre Bewohner waren fast alle römische Staatsbürger. Bis ins 3. Jh. n. Chr. stand sie als kulturelles Zentrum mit Athen und Alexandria im Wettstreit. Der römische Geograph Strabo schreibt, daß die Bewohner von Tarsus sich so sehr für die Philosophie und alle Bildungsbereiche begeistert hätten, daß sie Athen und Alexandria und jeden anderen Ort, der erwähnt werden könnte als ein Ort der Bildung und der Philosophie, übertrafen. Obwohl Paulus als Jude in Jerusalem ausgebildet wurde (vgl. Apg 22,3), war er doch von der griechischen Kultur seiner Heimat mitgeprägt. Tarsus war für seine Lederwaren berühmt und die gängige Berufsbezeichnung des Paulus als „Zeltmacher“ kann auch als „Lederbearbeiter“ verstanden werden.

Antiochia

Im römischen Imperium wurde Antiochia nur von Rom und Alexandria an politischer und kultureller Bedeutung übertroffen. Von Seleukos, einem General Alexanders d. Gr., erbaut, war Antiochia die Hauptstadt des seleukidischen Imperiums. Unter den Römern war sie die Hauptstadt der Provinz Syrien. Römische Regierung, griechische Kultur und östliche Religionen prallten hier aufeinander. Auch viele Juden hatten sich während der Herrschaft der Seleukiden dort niedergelassen. Das Christentum gelangte nach Antiochia, als die griechisch sprechenden Judenchristen nach dem Märtyrertod des Stephanus in alle Himmelsrichtungen zerstreut wurden (Apg 11,19–26). Hier wurde, wahrscheinlich von Heiden, der Name „Christen“ für die Jesusgläubigen geprägt; für Juden war das griechische Wort *Christ* als Übersetzung des hebräischen „Messias“ (Gesalbter) für diese neue und bald schon mit ihnen verfeindete Gruppe unangebracht. Nach seiner Bekehrung zum Christentum verbrachte Paulus drei Jahre in Arabien. Dann kehrte er nach Tarsus zurück, wurde aber von Barnabas nach Antiochia geholt. Die christliche Gemeinde von Antiochia sandte dann Barnabas und Paulus auf ihre erste Missionsreise (Apg 13 + 14). Da sich diese Gemeinde aus ehemaligen Diasporajuden und Heiden zusammensetzte, bemühte sie sich wohl stärker um die Verbreitung der christlichen Frohbotschaft als die geschlossenere Christengemeinde in Jerusalem. In Antiochia trugen Paulus und Petrus auch den Konflikt um die Beachtung des Gesetzes aus, welcher Judenchristen und Heidenchristen in gegnerische Lager zu spalten drohte.

Korinth

Korinth war seit dem 7. Jh. v. Chr. eine bedeutende Stadt und kontrollierte die italienischen und adriatischen Handelswege. Es war berühmt für seine Bronze und seine Keramik. Nach Josephus war eines der Tore des Jerusalemer Tempels aus korinthischer Bronze (Krieg, 5. Buch). Die Stadt wurde 146 v. Chr. zerstört, als die Römer Achaia eroberten, aber von Julius Cäsar als Kolonie neu aufgebaut. Als Augustus 27 v. Chr. die Provinz Achaia unter senatoriale Aufsicht stellte, wurde Korinth zur Hauptstadt der Provinz und zum Sitz des Prokonsuls. Aus Apg 18,12 ersehen wir, daß Paulus zur Zeit des Prokonsuls Gallio zum ersten Mal Korinth besuchte. So läßt sich der Beginn seines 18monatigen Aufenthalts in die Jahre 51/52 n. Chr. datieren. Zur Zeit des Paulus übertraf Korinth durch seine Bevölkerung und seine Bedeutung Athen um vieles, obwohl dieses weiterhin als die Heimat der griechischen Kultur galt. Strabo weist auf die strategische Bedeutung Korinths hin, das die Landenge durch seine beiden Häfen beherrschte. Da der Bau eines Kanals nicht gelang, wurden kleinere Boote zwar hinübergeschleppt, größere Ladungen hingegen mußten auf dem Landweg transportiert werden. Im Hafen von Kenchreä, von dem zwei Staubstraßen zur Stadt führten, legten die Schiffe aus Ägypten, Syrien und Kleinasien an, in Lechäum, das durch lange Mauern mit der Stadt verbunden war, die Schiffe aus Spanien, Italien und Sizilien. Durch diese internationalen Beziehungen wurde Korinth zu einer sehr kosmopolitischen Stadt und geriet, wie viele Hafenstädte, wegen seiner Sittenlosigkeit in Verruf. „Korinthern“ hieß „ein lockeres Leben führen“. Der Haupttempel der Stadt war Aphrodite, der Liebesgöttin, geweiht. Die Isthmischen Spiele von Korinth (die sich mit den Olympischen Spielen abwechselten) zogen natürlich zusätzliche Besucher aus der ganzen griechisch sprechenden Welt an. Bei den Ausgrabungen in Anaploga (einem Teil von Korinth) ist eine Villa freigelegt worden aus der Zeit, als Paulus in dieser Stadt wohnte. Da sich die christlichen Gemeinden damals in gewöhnlichen Wohnhäusern versammelten, gibt uns die Größe dieser Villa einen Hinweis, wie groß die christlichen Hausgemeinden von Korinth in jener Zeit gewesen sein könnten. Im *triclinium* (Eßzimmer) z.B. konnten nicht mehr als 12 Personen sitzen. Die Eucharistie wurde wahrscheinlich um einen oder mehrere Tische herum gefeiert. Paulus sah sich offensichtlich genötigt, die Christen in den überfüllten Räumen zu „Anständigkeit und Ordnung“ aufzurufen und die aktive Rolle der korinthischen Frauen beim Lehren, Beten und Prophezeien zurückzudrängen. Die Eucharistiefeier fand offenbar am Ende eines gemeinsamen Mahles statt, bei dem das Letzte Abendmahl Jesu nachvollzogen wurde. Die Teilnehmer brachten dabei ihre eigenen

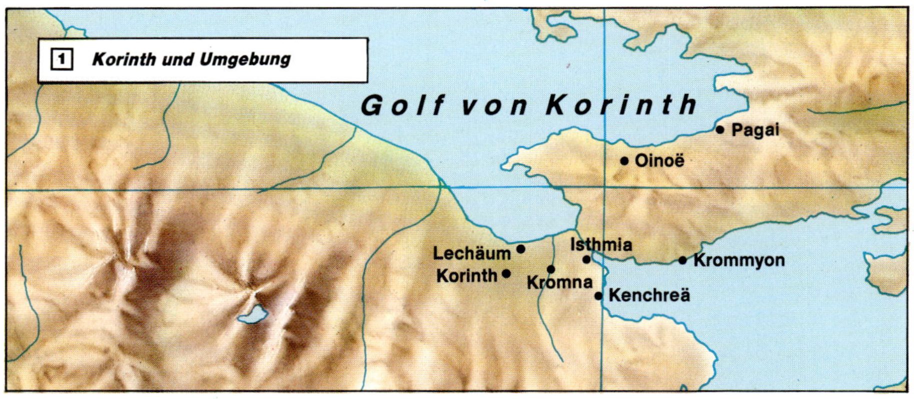

1 Karte links
Paulus kam auf seiner zweiten Missionsreise von Athen nach Korinth (s. S. 172), wo er sich während 18 Monaten aufhielt (Apg 18,11). Korinth war im 1. Jh. n. Chr. ein wichtiges Handelszentrum mit den Häfen Kenchreä und Lechäum auf beiden Seiten des Isthmus.

2 Unten
Eine auf archäologischen Funden beruhende Rekonstruktion einer hellenischen Villa, die kürzlich in Anaploga (einem Teil Korinths) ausgegraben wurde. Vielleicht trafen sich christliche Gemeinden in solchen Häusern, um Paulus zuzuhören (s. Text).

Speisen mit, an denen man ihre Zugehörigkeit zu sehr unterschiedlichen Gesellschaftsschichten ablesen konnte. Die Wohlhabenderen hatten wahrscheinlich Zugang zum *triclinium* und nützten die Gelegenheit zu einem guten Essen vor dem Gottesdienst (vgl. 1 Kor 11,17–22). Paulus schlägt ihnen deshalb vor, zuerst bei sich zuhause zu speisen und sich dann nur zum Gottesdienst zu versammeln.

Ephesus

Die Tatsache, daß Paulus drei Jahre in Ephesus verbrachte, weist darauf hin, wie wichtig diese Stadt für ihn war. Sie war die führende Stadt in Ionien, gehörte zur römischen Provinz Asia und lag an der Hauptstraße, die von Rom in den Osten führte. Ephesus verdankte seine Berühmtheit vor allem dem Heiligtum der Artemis – jedoch nicht als der jungfräulichen Jägerin der griechisch–römischen Tradition, sondern als der asiatischen Muttergöttin, deren Fruchtbarkeit mit zahlreichen angehängten Stierhoden symbolisiert wurde. Der Artemiskult war sehr alt; die Originalstatue bestand wahrscheinlich aus Meteorit–Material. Der Tempel zur Zeit des Paulus ging auf das 4. Jh. v. Chr. zurück und galt als eines der sieben Weltwunder. Das Artemision ist inzwischen ausgegraben worden, ebenso das Theater, wo Paulus sich einer Menschenmenge entgegenstellen mußte, die durch die Silberschmiede angestachelt worden war. Diese verdienten sich nämlich ihren Lebensunterhalt hauptsächlich durch die Herstellung von Figürchen der Göttin und sahen ihr Gewerbe durch die Predigt des Paulus bedroht (Apg 19,29). Das halbkreisförmige Theater hatte Sitzplätze für etwa 20 000 Zuschauer. Die gepflasterte „Kuretenstraße" vom Theater zum Hafen ist ebenfalls freigelegt. Ursprünglich befanden sich Läden auf beiden Seiten. Während des dreijährigen Aufenthaltes in Ephesus besuchte Paulus Kolossä und Laodizea, da er später Briefe an Christen in diesen Städten schrieb. Ephesus war das natürliche Zentrum für die Verbreitung des Christentums in der ganzen Provinz Asien (s. S. 186). Möglicherweise betrachteten die sechs anderen Gemeinden, die in Offb 2–3 erwähnt werden, Ephesus als ihre Muttergemeinde. Viele Hinweise der Apostelgeschichte auf das Ephesus der Zeit des Paulus werden durch andere Quellen bestätigt: Zur Zerstörung von Zauberbüchern (Apg 19,18f) paßt z.B., daß magische Bücher – nach Ephesus als einem Zentrum der Magie – „Ephesische Schriften" genannt wurden. Es ist möglich, daß Erastus (s. Apg 19,22) mit dem gleichnamigen römischen Ädil identisch ist, der auf einer Inschrift aus Korinth erwähnt wird. Die „Asiarchen", die Apg 19,31 als Freunde des Paulus anführt, waren wohl öffentliche Wohltäter der Stadt, da dies damals in der römischen Provinz Asia ein geläufiger Titel für solche Männer war.

SO FUHR ER VON EPHESUS AB, LANDETE IN CÄSAREA, ZOG (NACH JERUSALEM) HINAUF, BEGRÜSSTE DORT DIE GEMEINDE UND GING DANN NACH ANTIOCHIA HINAB. NACHDEM ER DORT EINIGE ZEIT GEBLIEBEN WAR, ZOG ER WEITER, DURCHWANDERTE ZUERST DAS GALATISCHE LAND, DANN PHRYGIEN.
APG 18,21ff

3

4

3 Ganz links
Ein Stich aus dem 19. Jh., auf dem Tarsus, die Heimatstadt des Paulus, abgebildet ist (Apg 21,39).

4 Links
Artemis, die asiatische Fruchtbarkeitsgöttin. Paulus wandte sich gegen die Anbetung dieser Göttin in Ephesus und verursachte dadurch einen Aufruhr.

5 Unten
Das Theater in Ephesus.

6 und 7 Mitte und unten
Ansichten der Kuretenstraße aus dem 1. Jh. n. Chr. in Ephesus.

2 *Die Anaploga-Villa*

5

6

7

DIE RÖMISCHE ZEIT

Der Erste Jüdische Krieg

Der erste jüdische Aufstand gegen die Römer war die Folge des nationalen Eifers der Juden und der schlechten Regierung der letzten Prokuratoren. In der ersten Phase wurde der Aufstand von hohen Priestern und Pharisäern angeführt, z.B. auch vom Historiker Josephus, dem Befehlshaber von Galiläa. Vespasian, unterstützt von seinem Sohn Titus, eroberte sehr schnell Galiläa, Peräa und fast ganz Judäa zwischen 67 und 69 n. Chr., während in Jerusalem revolutionäre Kräfte die aristokratische Führung ablösten und dann sich selbst bekämpften. Die Hauptstadt wurde 70 n. Chr. von Titus eingenommen und zerstört. Masada fiel als letzte Festung 73 n. Chr.

Der Erste Jüdische Krieg gegen Rom war die Folge von Unruhen, die seit der Unterwerfung Judäas unter die direkte römische Kontrolle im Jahre 6 n. Chr. andauerten und durch das Streben nach nationaler Unabhängigkeit und den messianischen Eifer der Juden stets wieder entfacht wurden. Die Bestechlichkeit und die Grausamkeit der letzten zwei Prokuratoren Judäas, Albinus (62–64 n. Chr.) und Gessius Florus (64–66 n. Chr.), waren weitere Faktoren, die zum Ausbruch führten. Gessius Florus z.B. beschlagnahmte im Frühling 66 n. Chr. eine große Geldsumme aus dem Tempelschatz und richtete danach unter den aufgebrachten Bewohnern Jerusalems ein schreckliches Blutbad mit vielen Kreuzigungen an. Die zwei wichtigsten auslösenden Ereignisse waren die Besetzung der Festung Masada durch die Revolutionäre und die Weigerung Eleasars, des Sohnes des Hohenpriesters Ananias, für den römischen Kaiser Opfergaben darzubringen. Als die politischen Führer in Jerusalem, die von König Agrippa II. unterstützt wurden, die Aufständischen mit friedlichen Mitteln nicht zu überzeugen vermochten, wandten sie Gewalt an, doch ohne Erfolg. Während des brudermörderischen Kampfes in Jerusalem wurden jüdische Gemeinden in palästinischen Städten mit gemischter heidnisch–jüdischer Bevölkerung (Cäsarea, Ptolemaïs, Geba, Samaria, Aschkelon) und in der Dekapolis, in Syrien und Ägypten (Alexandria) massakriert. Dem Statthalter von Syrien, Cestius Gallus (63–66 n. Chr.), gelang es nicht, den Aufstand in Jerusalem niederzuwerfen. Er wurde im Oktober 66 n. Chr. auf seiner Rückreise bei Bet–Horon von den Juden in die Flucht geschlagen.

Militärbezirke

Das Land wurde in militärische Bezirke unterteilt, deren Befehlshaber von Josephus in seinem Buch *Der Jüdische Krieg* (II, 563–568) aufgelistet sind. Jerusalem wurde dem ehemaligen Hohenpriester Ananus, Sohn des Ananus, und dem Joseph, Sohn des Gorion, anvertraut. Die zwei Oberpriester, Jesus, Sohn des Sapphias, und Eleasar, übernahmen Idumäa. Die Region um Jericho wurde Joseph, dem Sohn des Simon, Transjordanien (Peräa) Manasse unterstellt. Der Norden und Westen Judäas (die Bezirke von Thamna, Lydda, Joppa und Emmaus) wurden von Johannes, dem Essener, verwaltet. Johannes, der Sohn des Ananias, wurde der Befehlshaber von Nordostjudäa (Gofna und Akrabeta); Ober- und Untergaliläa und das Gebiet von Gamala in der Gaulanitis wurden Josephus, dem Sohn des Matthias (s. Abb. 3), zugeteilt.

Die Befestigung Galiläas und des Golans (66 n. Chr.)

Im Winter 66/67 n. Chr. begann Josephus sogleich, die Verteidigung der ihm unterstellten Gebiete zu sichern, trotz des bewaffneten Widerstandes, den ihm der Extremist Johannes aus Gischala entgegensetzte. In der Gaulanitis stimmte Josephus der Instandsetzung der Mauern von Gamala zu und befestigte Seleuzia und Sogane. In Obergaliläa wurden Mauern um Jamnit, Merot und Akchabaron errichtet. In Untergaliläa wurden die drei Städte Taricheä, Tiberias und Sepphoris und eine Reihe von Dörfern befestigt: Bersabe, Selame, Jotapata, Kafarekcho, Jafa, Sigof, die Höhle von Arbela und der Berg Tabor (Josephus, Leben 187f; Krieg II,573f). Diese Festungen sollten den römischen Stützpunkten in Ptolemaïs (Sigof, Kafarekcho) und Skythopolis (Berg Tabor), den feindlich gesinnten Phöniziern im Nordwesten (Bersabe, Selame, Merot) und der Festung des Agrippa in Cäsarea Philippi (Jamnit, Seleuzia, Sogane) den Weg versperren. Andere dienten dem Schutze großer Bevölkerungszentren (Taricheä, Tiberias, Sepphoris, Jafa). Die übrigen Festungen waren natürliche Bollwerke (Jotapata, Akchabaron und Gamala).

Die Römer greifen Galiläa an (67 n. Chr.)

Im Frühjahr 67 n. Chr. sandte Nero den Vespasian zur Niederwerfung des Aufstandes nach Palästina. Dieser marschierte von Antiochia aus über Ptolemaïs, wo sein Sohn Titus aus Alexandria zu ihm stieß, nach Galiläa. Sie befehligten zusammen insgesamt 60 000 Legionäre und Hilfstruppen, was allein die jüdischen Truppen schon demoralisierte. Sepphoris trat sofort auf die Seite der Römer über. Das Heer des Josephus war in Garis versammelt, aber seine ungeschulten Männer zerstoben, bevor die Legionen des Vespasian sichtbar wurden. Ganz Untergaliläa erlag ohne Kampf, und Josephus floh mit dem Rest seines Heeres zuerst nach Tiberias, dann zur Festung von Jotapata. Diese wurde im Frühsommer 67 n. Chr. von Vespasian eingenommen, und Josephus ergab sich. Die anderen Festungen öffneten entweder ihre Tore (Tiberias und Gischala) oder wurden schnell gestürmt. Nur Gamala leistete erbitterten Widerstand, doch war im Winter 67 n. Chr. der ganze Norden Palästinas in römischen Händen.

Die Eroberung Peräas und Judäas (68–69 n. Chr.)

Die zweite Phase des Krieges umfaßte die Zeit zwischen der Unterwerfung Galiläas und der Belagerung Jerusalems. Auf jüdischer Seite war sie durch einen blutigen Bürgerkrieg gekennzeichnet, der zwischen den fanatischen Nachfolgern des Johannes von Gischala, der mit den Idumäern verbündet war, und den aristokratischen Führern des Aufstandes, denen man ihren zu schwachen Widerstand gegenüber Rom vorwarf, wütete. Vespasian überließ die jüdischen Parteien in Jerusalem ihrer gegenseitigen Zerstörung und wandte sich Peräa zu, wo er die ganze Gegend besetzte und südwärts bis zur Festung Machärus vordrang. Im Spätfrühling hatten die Römer sich auch der Städte Antipatris, Lydda und Jamnia bemächtigt. Bei Emmaus wurde eine Legion stationiert. Nach einem Marsch durch Samaria drangen die römischen Soldaten auch in Jericho ein. Vespasian reiste dann nach Cäsarea, um die Belagerung Jerusalems vorzubereiten. Dort erreichte ihn aber die Nachricht von Neros Selbstmord. Er unterließ alle kriegerischen Handlungen für fast 12 Monate und wartete auf den Ausgang der inneren Streitigkeiten um die Nachfolge Neros. Diese endeten mit seiner Ernennung zum Kaiser am 1. Juli 69 n. Chr. Kurz vorher nahm er Unruhen des Simon bar Giora, eines neuen Anführers der Aufständischen, zum Anlaß, die Eroberung Judäas zu Ende zu führen, indem er Gofna, Akrabeta, Bet-El, Efraïm und

ebenso Hebron im Süden unterwarf. Nur Jerusalem, Machärus, Masada und das Herodeion blieben in jüdischen Händen, als er Palästina verließ, um zuerst nach Alexandria und schließlich nach Rom zu reisen. Die Beilegung des Jüdischen Krieges überließ er seinem Sohn Titus.

Die Einnahme und Zerstörung Jerusalems (70 n. Chr.)

In Jerusalem hielt der Kampf zwischen den drei Parteien an, die von Simon bar Giora, Johannes von Gischala und Eleasar, dem Sohn des Simon, angeführt wurden. Die dritte Partei wurde bald aufgelöst, aber die Feindschaft zwischen Simon und Johannes währte hartnäckig. Gleichzeitig wüteten die Kämpfe gegen die Römer vom Pessachfest bis in den August/September 70 n. Chr. In dieser Zeit kam ein großer Teil der Bewohner Jerusalems durch Hunger oder Massaker um. Bei der Eroberung der Stadt brannte der Tempel nieder. Die Überlebenden wurden gefangengenommen und in die Bergwerke geschickt oder 71 n. Chr. auf dem Triumphzug des Titus in Rom zur Schau gestellt.

Masada – Die letzte Zuflucht der Zeloten

Lucilius Bassus, der Statthalter von Palästina (71–74 n. Chr.), wandte sich den verbleibenden Zentren des Widerstandes zu. Das Herodeion, das Herodes südlich von Jerusalem erbaut hatte, ergab sich ebenso wie Machärus am östlichen Ufer des Toten Meeres nach einigem Widerstand. Nur Masada, ein prächtiger, zu einer Festung umgebauter Wüstenpalast des Herodes, hielt den Römern unter der Führung des Eleasar, eines Nachkommen Judas' des Galiläers, des Begründers der Partei der Zeloten, längere Zeit stand. Im Frühjahr 74 n. Chr. fiel die Festung schließlich in die Hände der Römer, nachdem sie von den Truppen des neuen Statthalters von Judäa, Flavius Silva (73–81 n. Chr.), belagert worden war. Die Zeloten sollen – so erzählt Josephus – sich vorher gemeinsam den Tod gegeben haben.

Politisch–messianische Gestalten im Palästina des 1. Jhs. n. Chr.

Josephus berichtet uns von einer ganzen Reihe von (pseudo–)prophetischen Gestalten, die die Macht beanspruchten, einen göttlichen Eingriff in die Geschichte herbeiführen zu können. Der bekannteste war wohl ein ägyptischer „Prophet", der die Mauern Jerusalems durch ein Wort einfallen lassen wollte. Im Gegensatz zu den meisten seiner Anhänger gelang es ihm, sich der römischen Besatzungsmacht zu entziehen. Als Paulus im Tempel verhaftet wurde, hielt ihn ein römischer Offizier für diesen ägyptischen Propheten (Apg 21,38). Daneben traten während der letzten Phase der Belagerung Jerusalems noch andere, erfolglose Propheten auf.

VOR ZEITEN HABEN WIR UNS DAFÜR ENTSCHIEDEN, WACKERE MÄNNER, DASS WIR WEDER DEN RÖMERN NOCH IRGEND JEMAND ANDEREM DIENEN AUSSER GOTT; DENN DIESER ALLEIN IST DER WAHRE UND GERECHTE HERR ÜBER DIE MENSCHEN. JETZT ABER IST DIE STUNDE GEKOMMEN, DIE UNS BEFIEHLT, DIESE GESINNUNG IN TATEN ZU ERWEISEN. ANGESICHTS DIESER STUNDE SOLLTEN WIR UNS SELBST NICHT SCHANDE BEREITEN.
ELEASARS REDE IN MASADA, JOSEPHUS, KRIEG 7,323f

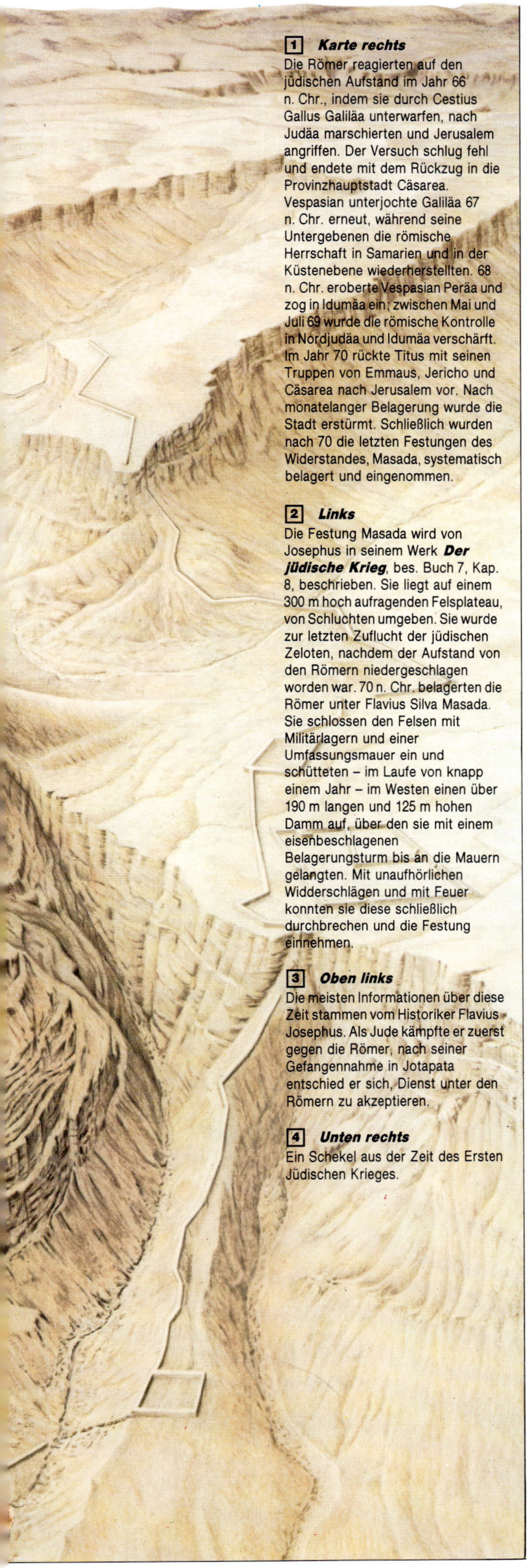

1 Karte rechts
Die Römer reagierten auf den jüdischen Aufstand im Jahr 66 n. Chr., indem sie durch Cestius Gallus Galiläa unterwarfen, nach Judäa marschierten und Jerusalem angriffen. Der Versuch schlug fehl und endete mit dem Rückzug in die Provinzhauptstadt Cäsarea. Vespasian unterjochte Galiläa 67 n. Chr. erneut, während seine Untergebenen die römische Herrschaft in Samarien und in der Küstenebene wiederherstellten. 68 n. Chr. eroberte Vespasian Peräa und zog in Idumäa ein; zwischen Mai und Juli 69 wurde die römische Kontrolle in Nordjudäa und Idumäa verschärft. Im Jahr 70 rückte Titus mit seinen Truppen von Emmaus, Jericho und Cäsarea nach Jerusalem vor. Nach monatelanger Belagerung wurde die Stadt erstürmt. Schließlich wurden nach 70 die letzten Festungen des Widerstandes, Masada, systematisch belagert und eingenommen.

2 Links
Die Festung Masada wird von Josephus in seinem Werk ***Der jüdische Krieg***, bes. Buch 7, Kap. 8, beschrieben. Sie liegt auf einem 300 m hoch aufragenden Felsplateau, von Schluchten umgeben. Sie wurde zur letzten Zuflucht der jüdischen Zeloten, nachdem der Aufstand von den Römern niedergeschlagen worden war. 70 n. Chr. belagerten die Römer unter Flavius Silva Masada. Sie schlossen den Felsen mit Militärlagern und einer Umfassungsmauer ein und schütteten – im Laufe von knapp einem Jahr – im Westen einen über 190 m langen und 125 m hohen Damm auf, über den sie mit einem eisenbeschlagenen Belagerungsturm bis an die Mauern gelangten. Mit unaufhörlichen Widderschlägen und mit Feuer konnten sie diese schließlich durchbrechen und die Festung einnehmen.

3 Oben links
Die meisten Informationen über diese Zeit stammen vom Historiker Flavius Josephus. Als Jude kämpfte er zuerst gegen die Römer, nach seiner Gefangennahme in Jotapata entschied er sich, Dienst unter den Römern zu akzeptieren.

4 Unten rechts
Ein Schekel aus der Zeit des Ersten Jüdischen Krieges.

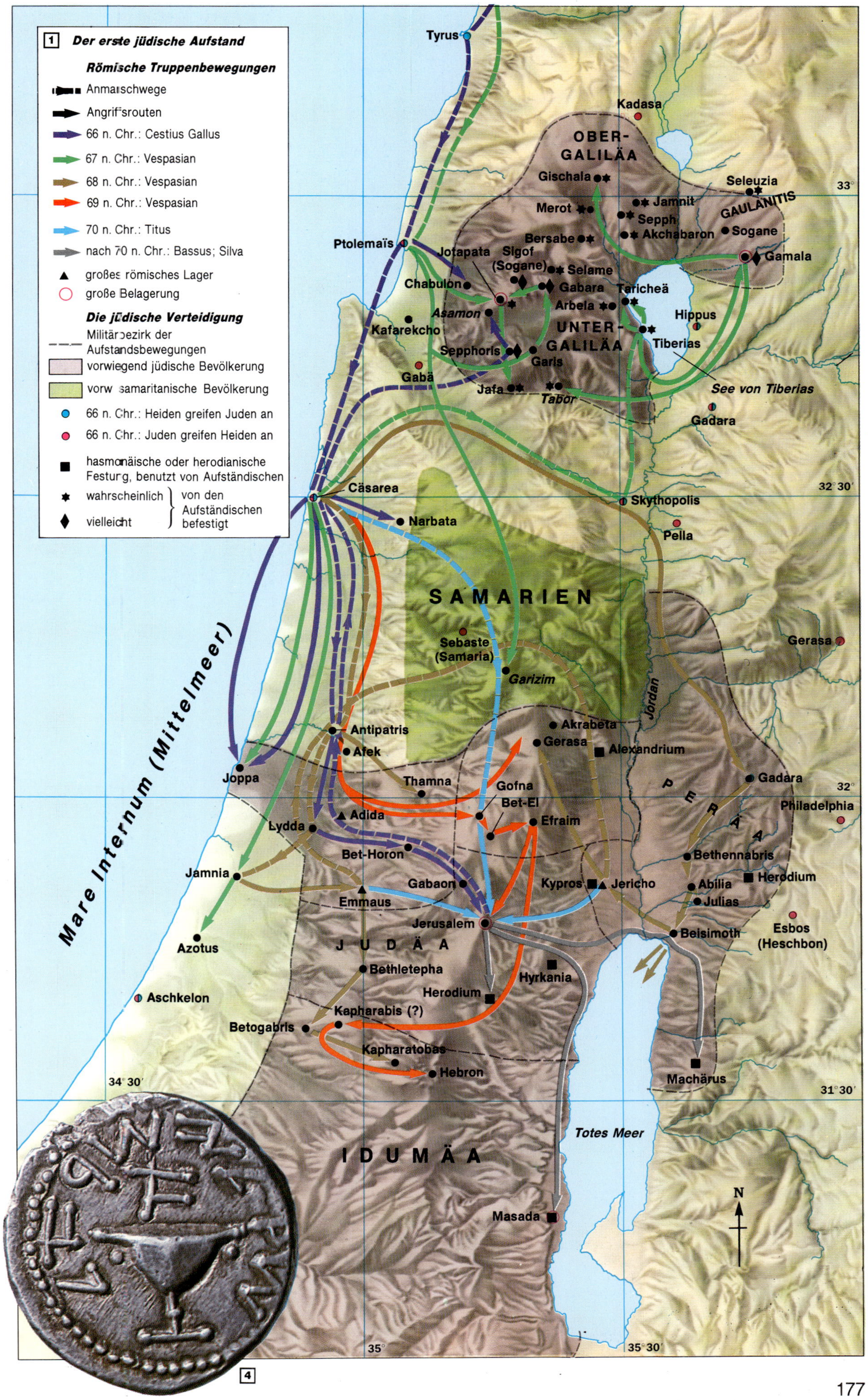

4

DIE RÖMISCHE ZEIT

Das nicht-paulinische Christentum im 1. Jh.

Die frühe Geschichte des Christentums ist so von Paulus dominiert, daß die Existenz anderer christlicher Gemeinden in Asien, Ägypten, Rom, Frankreich und Spanien oft vergessen wird. Wer sie gründete, bleibt im dunkeln.

In der Apostelgeschichte (18,24) und mehrmals in 1 Kor begegnen wir einem Juden Apollos aus Alexandria, der den östlichen Mittelmeerraum bereiste und jene Geschichte von Jesus überall erzählte, die er in seiner Heimatstadt gehört hatte. Aber wie war das Evangelium nach Alexandria gelangt? Wir können nur raten.

Auch in Rom gab es eine christliche Gemeinde, schon bevor Paulus dahin kam. In seinem Brief an die Römer, der drei Jahre vor seiner Ankunft geschrieben wurde, anerkannte er die römischen Christen als schon gefestigte Gemeinde. So sind die Anfänge des Christentums in Rom genauso dunkel wie jene in Alexandria. Ein Autor des 4. Jhs. n. Chr., Ambrosiaster (= Pseudo-Ambrosius), sagt, daß die Römer den christlichen Glauben ohne Apostel und Wunder angenommen hätten. Dies läßt vermuten, daß das Christentum durch nicht genannte Jünger Jesu nach Rom – wie nach Antiochia und wohl auch Alexandria – gelangte.

Frühchristliche Traditionen verbinden auch Petrus mit Rom. Beim Apostelkonvent in Jerusalem im Jahr 48 wurde zwar vereinbart, daß Paulus und Barnabas sich um die Heidenmission kümmern sollten, während die Jerusalemer den Juden das Evangelium zu verkünden hätten. Die Judenmission war aber keineswegs auf Judäa beschränkt, da es jüdische Gemeinden in allen größeren Städten des östlichen römischen Imperiums und auch in Rom selbst gab. Petrus hat sich offenbar nach seiner Zeit in Jerusalem der Missionierung der Juden des Mittelmeerraumes zugewandt: Die vorwiegend heidenchristliche Gemeinde von Korinth kannte Petrus sehr gut – die Petrus-Partei zog dort seine Lehren sogar jenen ihres Gründers Paulus vor.

So war ein Besuch des Petrus auch in der großen jüdischen Gemeinde Roms unvermeidlich. Kaiser Claudius versuchte 49 n. Chr., die Juden aus Rom zu verbannen, aber sie kehrten bald zurück – samt einigen Christen. Zur gleichen Zeit nahmen die Heidenchristen in Rom zahlenmäßig zu, so daß sie zu Beginn des Jahres 57 n. Chr., als Paulus seinen Brief an die Römer abschickte, die Mehrheit bildeten. Falls die Kompetenzaufteilung des Apostelkonvents überhaupt noch bestand, hätte Petrus sich dann den Juden und Judenchristen unter ihnen gewidmet.

Das Christentum erreichte schon früh andere Städte in Süditalien. Als das Schiff des Paulus 60 n. Chr. aus Malta in Puteoli anlegte, nahmen ihn einheimische Christen gastfreundlich auf. Es gab auch schon Christen in Pompeji und Herculaneum vor deren Zerstörung durch den Ausbruch des Vesuvs 79 n. Chr.

Nur unsichere Quellen erzählen, daß Paulus bis nach Spanien gekommen sei. Diese missionarische Arbeit haben wohl andere geleistet, wobei die ans Mittelmeer angrenzenden Gebiete zuerst christianisiert wurden.

Im 7. oder 6. Jh. v. Chr. hatten sich Griechen aus Ionien an der Mittelmeerküste in Frankreich niedergelassen; von dort gelangte griechisches Kulturgut bis ins Rhonetal (Rhodanus) hinauf. Es lag nahe, daß das Christentum allmählich von den Gemeinden in Asia aus auch hierhin gebracht wurde.

Im NT findet sich auch ein Brief, der im Namen des Petrus aus „Babylon" (= Rom) an Christen in Kleinasien gerichtet ist (1 Petrus). Er spricht Christen an, die unter Verfolgungen zu leiden haben (4,12–16), vielleicht unter Domitian (81–86 n. Chr.), oder als Plinius der Jüngere (111–112 n. Chr.) die Christen von Bithynien und Pontus unter Druck setzte. Die beiden Provinzen Galatien und Asia, die unter den Adressaten erwähnt werden, gehörten ursprünglich zum Missionsgebiet des Paulus: Offenbar hatte nachher die römische Gemeinde mit den Christen dieser entlegenen Gebiete Kontakt aufgenommen.

Sieben Gemeinden des Prokonsulates Asia, in welchem ebenfalls Paulus und seine Mitarbeiter von Ephesus aus erstmals das Evangelium verkündet haben, werden am Anfang der Offenbarung des Johannes angesprochen. Die Reihenfolge, in der sie aufgelistet werden, mag auf die Route der Verbreitung dieses Buches hinweisen.

Auch Ignatius, der Bischof von Antiochia (in Syrien), der die Behörden gegen sich aufgebracht hatte und in Rom hingerichtet werden sollte, berichtet von seinem Weg durch Asien (110 n. Chr.). Wir wissen nicht, welche Route man einschlug, nachdem er die Zilizischen Tore passiert hatte. Bis nach Philadelphia nennt Ignatius keine Städte, an denen er vorbeigekommen ist. Von dort aus wurde er nach Smyrna und später nach Troas gebracht. In Troas sandte er den Gemeinden von Philadelphia und Smyrna Briefe; daneben schrieb er auch einen persönlichen Brief an Polykarp, den Bischof von Smyrna. Aus Philippi kommt die letzte Nachricht von ihm. Wahrscheinlich wurde er auf der „Via Egnatia" an die Adria und dann nach Italien gebracht.

Von Alexandria verbreitete sich das Christentum ins Innere Ägyptens aus, wo es sowohl griechisch als auch koptisch sprechende Gemeinden gab. Papyrusfunde in Oxyrrhynchus bezeugen z.B. eine christliche, griechisch sprechende Gemeinde. Unter den ersten Texten, die hiervon veröffentlicht wurden (1908), fanden sich Stücke einer Sammlung von Jesussprüchen in griechischer Sprache. 1945 wurde dann die vollständige, jedoch ins Koptische übersetzte Sammlung (das sog. „Thomasevangelium") unter den Nag–Hammadi–Papyri (4. Jh. n. Chr.) entdeckt.

UND SO KAMEN WIR NACH ROM. VON DORT WAREN UNS DIE BRÜDER ... BIS FORUM APPII ... ENTGEGENGEREIST. ALS PAULUS SIE SAH, DANKTE ER GOTT ... NACH UNSERER ANKUNFT IN ROM ERHIELT PAULUS DIE ERLAUBNIS, FÜR SICH ALLEIN ZU WOHNEN, ZUSAMMEN MIT DEM SOLDATEN, DER IHN BEWACHTE.
APG 28,14 ff

DIE RÖMISCHE ZEIT

Der Zweite Jüdische Krieg

Auslöser waren das Dekret Kaiser Hadrians (117–137 n. Chr.), das die Beschneidung verbot, und sein Plan, auf dem Boden Jerusalems eine römische Stadt zu errichten. Der Krieg brach 132 n. Chr. aus und dauerte dreieinhalb Jahre. Die Aufständischen besetzten Jerusalem und einige Orte in Judäa. Hadrian mußte Julius Severus aus Britannien herbeirufen, um die römische Herrschaft wiederherzustellen. Kleine Gruppen von Juden leisteten in der Wüste Juda lange Widerstand. Einige Höhlen, in denen sie Zuflucht gefunden hatten, wurden 1951–52 und 1960–61 entdeckt. Nach dem Sieg ließ Hadrian seine neue Stadt auf den Trümmern des Tempels errichten und weihte sie Jupiter Capitolinus. So wurde Jerusalem, zu dem die Juden nun keinen Zutritt mehr hatten, zur heidnischen Stadt „Aelia Capitolina".

Nach dem Sieg über die Aufständischen des Ersten Jüdischen Krieges (66–70/74 n. Chr.) durch die Legionen Vespasians und Titus' wurde Palästina, das nun Judäa hieß, von römischen Militärgouverneuren verwaltet. Während ihrer Regierungszeit herrschte für mehrere Jahrzehnte Ruhe in Judäa, bis in den Jahren 115–117, als jüdische Aufstände in Ägypten, der Zyrene, Zypern und Mesopotamien aufflammten, auch Palästina „rebellische Geister hervorbrachte" (Historia Augusta). Unter der Herrschaft Hadrians brach dann in Palästina noch einmal ein eigentlicher Krieg gegen die Römer aus.

Der Anlaß

Da es keinen Historiker wie Flavius Josephus gab, der über diesen zweiten Krieg Bericht erstattet hätte, beruht unser Wissen über die Ursachen und den Verlauf auf viel spärlicheren Quellen. Die Hauptursachen für den Ausbruch des Krieges waren wohl Hadrians Versuche, die Beschneidung in allen Provinzen radikal zu verbieten und auf den Trümmern Jerusalems eine neue heidnische Stadt, Aelia Capitolina, zu errichten. Die Juden waren durch beide Maßnahmen im Wesen getroffen, und als Hadrian Palästina verließ – er war von 129–131 n. Chr. in Syrien und Ägypten –, brach der Aufstand aus.

Der Aufstand

Der Anführer war Schimeon, dem seine Freunde den Beinamen *Bar Kochba*, „Sohn des Sternes" (= Messias, vgl. Num 24,17), gaben, seine Feinde aber *Bar Koziba*, „Sohn der Lüge" (= falscher Messias). Sein wirklicher Name und Titel findet sich auf Dokumenten, die in den Höhlen des Wadi Murabba'at und im Nachal Chever in der judäischen Wüste entdeckt worden sind: Schimeon Bar Kosiba, Fürst von Israel. Das vom römischen Statthalter Tinneius Rufus verwaltete Jerusalem war in jener Zeit keine befestigte Stadt, sondern nur das Quartier der Zehnten Legion, das von den Aufständischen recht schnell erobert war. Diese hielten darauf die Stadt während zwei Jahren: Die Münzen der Revolutionäre preisen neben der „Freiheit Israels" besonders die „Freiheit Jerusalems". Hadrian ließ daraufhin für diesen Krieg einen seiner besten Generäle, Julius Severus, aus Britannien kommen.

Die Dokumente aus der Wüste Juda

Die Bar-Kochba-Papyri aus den Höhlen des Wadi Murabba'at und Nachal Chever lassen uns vermuten, daß das Hauptgebiet, das von den Aufständischen besetzt wurde, die judäische Wüste war. Unter den erwähnten Orten befinden sich das Herodeion, Tekoa und das nicht identifizierte Bet-Maschko. Bet-Maschko, Qirjat Arabajja und En-Gedi waren Zentren des kriegerischen Widerstandes. In den genannten Dokumenten finden sich auch die Namen von einigen Truppenführern: Joschua Ben Galgula, Juda Bar Manasse, Jonatan Bar Ba'ajan und Masabala Bar Schimon. Nach Cassius Dio, einem römischen Historiker, der eine Kurzbeschreibung des Krieges verfaßt hat, waren die römischen Legionäre durch das zerklüftete Gelände daran gehindert, die Juden in einen offenen Kampf zu verwickeln. Daher mußten sie viele kleine Gruppen in Höhlen aufstöbern und dann aushungern. Einige dieser Zufluchtshöhlen in der Wüste Juda sind mit ihren Schädeln und Skeletten ein schreckliches Zeugnis für die „Vernichtung, Vertilgung und Ausrottung" (Cassius Dio) der letzten Widerstandskämpfer.

Die Fluchthöhlen

In der Wüste Juda sind bisher in achtzehn Höhlen archäologisches Material und Dokumente gefunden worden, die aus dem Zweiten Jüdischen Krieg stammen. Diese Höhlen befinden sich von Norden nach Süden im Wadi Murabba'at, im Nachal Chever, Nachal Mischmar, Nachal Hardof und Nachal Ze'elim. In den vier Höhlen in der Nordwand des Wadi Murabba'at wurden hebräische, aramäische, griechische und lateinische Textfragmente, Krüge, Lampen, Waffen, Werkzeuge, Haushaltsgeräte, Sandalen, Stoffe, Kleider und 19 Münzen, von denen neun aus der Zeit des Zweiten Jüdischen Krieges stammen, gefunden. Die „Bassin-Höhle" im Nachal David, die nicht weit von En-Gedi entfernt ist, muß während einiger Zeit einer Familie als Zufluchtsstätte gedient haben. Sie enthielt ein Sammelbecken für Wasser und riesige Krüge für die Aufbewahrung von Nahrungsmitteln.

In vier der fünf Höhlen auf der Nordseite des Nachal Chever wurden Haushaltsgefäße und Schaf- und Ziegenknochen gefunden. Aus der fünften, der „Brief-Höhle", sind uns eine beachtliche Anzahl von Schriften und 19 menschliche Skelette erhalten. In der sogenannten „Schreckenshöhle", die auf der Südseite liegt, sind damals offensichtlich 40 Personen, Männer, Frauen und Kinder verhungert. Neben den Skeletten enthielt die Höhle Behälter für Nahrungsmittel, Kochgeschirr, Lampen und Reste einer Schriftrolle der Zwölf Kleinen Propheten in griechischer Sprache. Die römischen Lager waren an beiden Ausgängen der Schlucht über den Höhlen angelegt, so daß eine Flucht unmöglich war. Zwei Höhlen in der Südwand des Nachal Mischmar wurden von mehreren Familien als Verstecke benützt. Die dritte diente als Lagerraum. Hier wurden unter anderem zwei Papyrusfragmente, gläserne Gefäße, Töpferwaren von guter Qualität, Lampen und Steinwerkzeuge gefunden. Die einzige bewohnte Höhle auf der Südseite des Nachal Hardof enthielt ein Sammelbecken für Wasser und Töpferwaren, aber keine menschlichen Knochen. In der Nordwand des Nachal Ze'elim, in der „Schädel-Höhle", wurden sieben Skelette, Töpferwaren und eine Münze Trajans gefunden, in der „Pfeil-Höhle" Pfeile und Töpferwaren, in der „Höhle der Schriftrollen" unter anderem Fragmente einer ledernen Schriftrolle, ein Gebetsriemen und Papyri.

Die Niederlage

Die entscheidende Schlacht fand 135 n. Chr. bei der Bergfestung von Bet-Ter, südlich Jerusalems, statt. In diesem Kampf fiel Schimeon Bar Kosiba, und so brach der Aufstand nach dreieinhalb Jahren zusammen. Für die Römer war dieser Krieg mit so hohen Kosten und Verlusten verbunden, daß Hadrian in seinem Bericht an den Senat den üblichen Ausspruch „Ich und die Legionen sind wohlauf" wegließ. Für die Juden aber war der Ausgang des Krieges verheerend. „50 ihrer wichtigsten Vorposten und 985 ihrer bekanntesten Dörfer wurden dem Erdboden gleichgemacht. 580 000 Männer wurden bei den verschiedenen Überfällen und Schlachten getötet, und die Anzahl derer, die verhungerten, an Krankheiten starben oder verbrannten, war so groß, daß sie nicht festgestellt werden konnte. So war fast ganz Judäa zur Einöde geworden" (Cassius Dio). Viele Juden wurden in die Sklaverei verkauft.

Die Juden in Palästina nach 135 n. Chr.

Nach dem Zusammenbruch des Aufstandes wurde Hadrians Plan, auf den Trümmern Jerusalems eine römische Kolonie zu errichten, ausgeführt. Aelia Capitolina war eine heidnische Stadt, die von heidnischen Siedlern bewohnt war. Ein Tempel, der Jupiter Capitolinus geweiht war, stand dort, wo ehemals das jüdische Heiligtum gewesen war. Den Juden war es verboten, dort zu wohnen. Sie durften die Stadt nur am Jahrestag ihrer Zerstörung betreten, um auf dem Tempelplatz zu klagen. Die Überreste des Tempels wurden zu einem der heiligsten Orte für die Juden. Obwohl Hadrians Nachfolger, Antoninus Pius (137–161 n. Chr.), das Verbot der Beschneidung für die Juden wieder aufhob und das Judentum wieder eine anerkannte Religion wurde, war Judäa nicht mehr seine eigentliche Heimat. Die Rabbinen, die sich nach 70 n. Chr. in Jamnia wieder versammeln konnten, beendeten ihre große Arbeit an der Wahrung und Anpassung der Tradition in Galiläa. Sie ist in der Mischna (ca. 200 n. Chr.), im Palästinischen Talmud (ca.

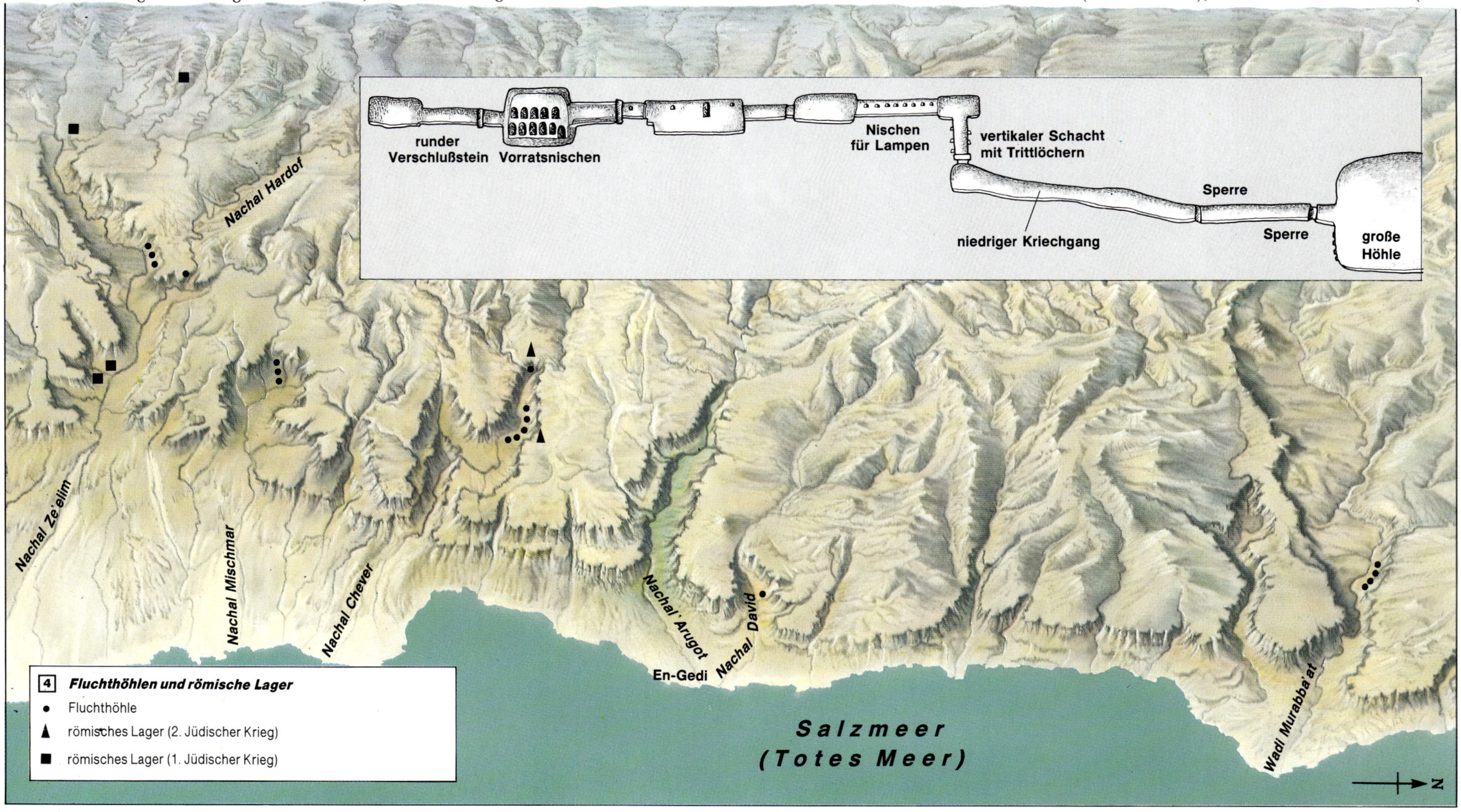

400 n. Chr.) und in der frühen rabbinischen Literatur erhalten.

VON SCHIMEON BAR KOSIBA AN DIE MÄNNER VON EN-GEDI, AN MASABALA UND AN JEHONATAN BAR BE'ANAN, FRIEDEN! IHR SITZT BEHAGLICH, ESST UND TRINKT VOM BESITZ DES HAUSES ISRAEL UND SORGT EUCH ÜBERHAUPT NICHT UM EURE BRÜDER.
AUS EINEM SCHELTBRIEF BAR KOSIBAS AN EINIGE SEINER MITKÄMPFER

1 Karte rechts
Nachdem die Römer den Bar-Kochba-Aufstand niedergeschlagen hatten, war Judäa kein jüdisches Gebiet mehr. Die Juden ließen sich vor allem in Galiläa nieder. Auf Befehl Kaiser Hadrians hatten sie keinen Zutritt mehr zur Aelia Capitolina (Jerusalem).

2 Links unten
Eine Büste Kaiser Hadrians, der den Aufstand Bar Kochbas niederschlug.

3 Unten
Rechts: Eine Silbermünze Bar Kochbas mit den Inschriften „Schimeon" (oben = Vorderseite) und „Zur Freiheit Israels" (unten = Rückseite). – Links: Zwei römische Münzen aus der Zeit Kaiser Hadrians zeigen Judäa als trauernde Frau und die Inschrift „JUDAEA CAPTA".

4 Ganz unten, links
Die uns bekannten Fluchthöhlen und römischen Lager in der Wüste Juda mit einem Querschnitt durch eine Höhle in Chorbat Eitun (Schefela).

5 Ganz unten, rechts
Die „Briefhöhle" im horizontalen Querschnitt: Die tiefe Decke und die Verengungen erschwerten das Vordringen in diese ca. 137 m lange Höhle. Sie barg viele Alltagsgegenstände der Bar-Kochba-Kämpfer. Höchstes Interesse fanden Briefe Bar Kochbas und eine Sammlung von Dokumenten einer Frau namens Babata.

2

3

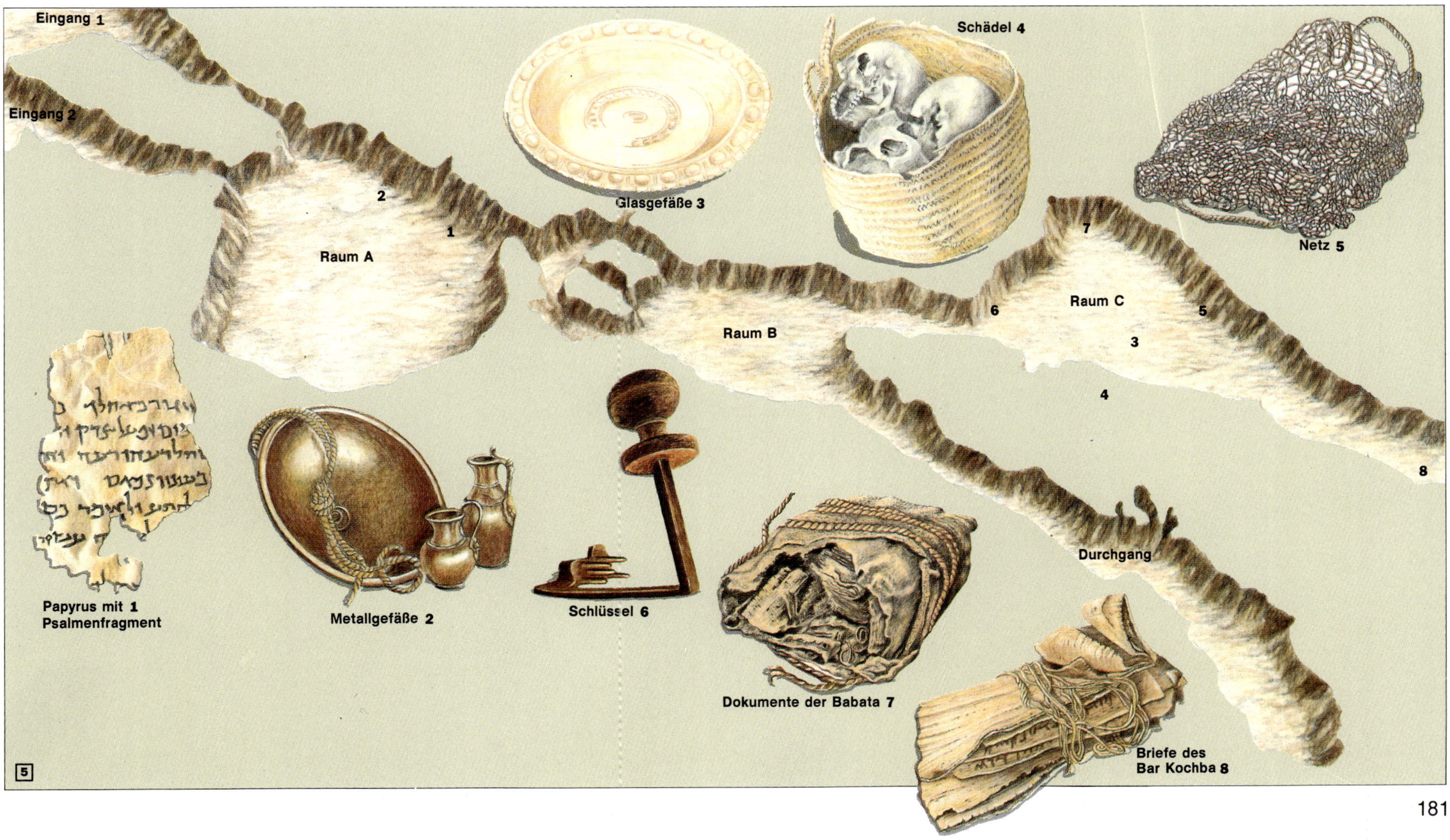

5

DIE RÖMISCHE ZEIT

Die Kirche im 1. und 2. Jh. n. Chr.

In nachapostolischer Zeit verbreitet sich das Christentum im ehemaligen Missionsgebiet des Paulus und weit darüber hinaus. Von vereinzelten Verfolgungen abgesehen, gab es während des 2. Jhs. keine großangelegten Aktionen gegen die Christen. Das Christentum dehnte sich bis an den Indus aus. Im 2. Jh. entstehen die ersten Übersetzungen des Neuen Testamentes.

Rom

Die christliche Gemeinde in Rom gewann mehr und mehr Einfluß auf die Mittelmeerwelt, nicht nur wegen ihrer Stellung als Kirche der Hauptstadt des Imperiums, sondern offenbar auch wegen der Eindrücklichkeit ihres christlichen Lebens. So beschreibt Ignatius, der zu Beginn des 2. Jhs. Bischof von Antiochia in Syrien war, die römische Gemeinde als „hervorragend in der Liebe"; ein halbes Jahrhundert später würdigt Dionysius, der Bischof von Korinth, die Wohltätigkeit der Gemeinde in Rom gegenüber Mitchristen aus anderen Orten und gegenüber allen Notleidenden. Um 96 n. Chr. schrieb Klemens von Rom einen Brief an die Gemeinde von Korinth, in dem er seiner Sorge um die zerstrittenen und rebellischen korinthischen Christen Ausdruck gab. In dieser Zeit muß in Korinth eine ähnliche Situation geherrscht haben wie 50 Jahre zuvor, als Paulus schließlich eingriff. Klemens wird traditionsgemäß zu den ersten Bischöfen Roms gezählt, aber er scheint diesen Brief im Auftrag der ganzen Gemeinde von Rom als ihr Beauftragter für ‚auswärtige Angelegenheiten' geschrieben zu haben. – Um das Jahr 165 n. Chr. herum muß das Verhör eines christlichen Philosophen namens Justin und einiger seiner Anhänger stattgefunden haben. Der Präfekt Roms stellte sie wegen ihres „Aberglaubens" zur Rede und ließ sie hinrichten, als sie sich weigerten, den staatlichen Göttern zu opfern. Sie waren Mitglieder einer Hausgemeinde in Rom, die eher einer Bibelschule glich. Die römische Gemeinde sprach bis gegen Ende des 2. Jhs. vorwiegend griechisch; Viktor scheint um 190 n. Chr. der erste lateinisch sprechende Papst gewesen zu sein.

Kleinasien

Kleinasien blieb während vieler Jahre eines der Hauptzentren des Christentums. Gegen Ende des 1. Jhs. erhielten die „sieben Gemeinden in Asien" (d.h. der Provinz Asia) wegen ihrer Lauheit in der Offenbarung des Johannes eine strenge Ermahnung. Ignatius bezeugt jedoch um 110 n. Chr. mit überschwenglichen Dankesworten die Hilfe und Liebe, die er während seiner Reise durch dieses Gebiet in die römische Arena von seiten dieser Gemeinden erfahren hat. Ein oder zwei Jahre später berichtet Plinius der Jüngere, der römische Statthalter von Bithynien und Pontus an der Küste des Schwarzen Meeres in Kleinasien, das Christentum habe sich so stark verbreitet, daß der Verkauf von Futter für die Opfertiere bedenklich zurückgegangen sei, weil die Christen die Teilnahme an diesen blutigen Opfern verweigerten. Einer der berühmtesten Märtyrer der Provinz Asia war Polykarp, der Bischof von Smyrna, der 155 oder 156 n. Chr. im Alter von 86 Jahren hingerichtet wurde. Verfolgungen der Christen durch die Römer waren aber eine Ausnahme. Polykarp war ohne weitere Belästigungen über 40 Jahre lang Bischof gewesen. In Phrygien entstand um diese Zeit der Montanismus, eine ekstatische Bewegung unmittelbarer Naherwartung und asketischer Tendenz. Sie breitete sich auf weitere Gebiete des Mittelmeerraums aus und zog auch den berühmten Kirchenlehrer Tertullian von Karthago (s. u.) in ihren Bann.

Gallien

Zwischen Kleinasien und Südostgallien (Frankreich) bestanden gute Verbindungen, da Christen aus Kleinasien das Evangelium nach Gallien gebracht hatten. Als die Gemeinden von Lugdunum (Lyon) und Vienna im Rhônetal 177 n. Chr. samt ihren Bischöfen schweren Verfolgungen zum Opfer fielen, berichteten die Überlebenden den Gemeinden in Kleinasien ausführlich darüber. Aus Kleinasien (wohl aus der Gegend von Smyrna) stammte auch der neue Bischof von Lyon, Irenäus, der einer der großen theologischen Schriftsteller der frühen Kirche wurde.

Britannien

Wir wissen nicht mit Sicherheit, wann das Christentum Britannien erreichte. Wahrscheinlich wurde es von Händlern aus Gallien vermittelt. Tertullian bezeugte am Ende des 2. Jhs. n. Chr., daß das Christentum in jener Zeit bereits nach Britannien gelangt war. Obwohl sich diese Aussage in einem rhetorischen Abschnitt befindet, sollte sie nicht einfach als Übertreibung abgetan werden.

Nordafrika

In der lateinischsprachigen Provinz Afrika (heute Tunesien

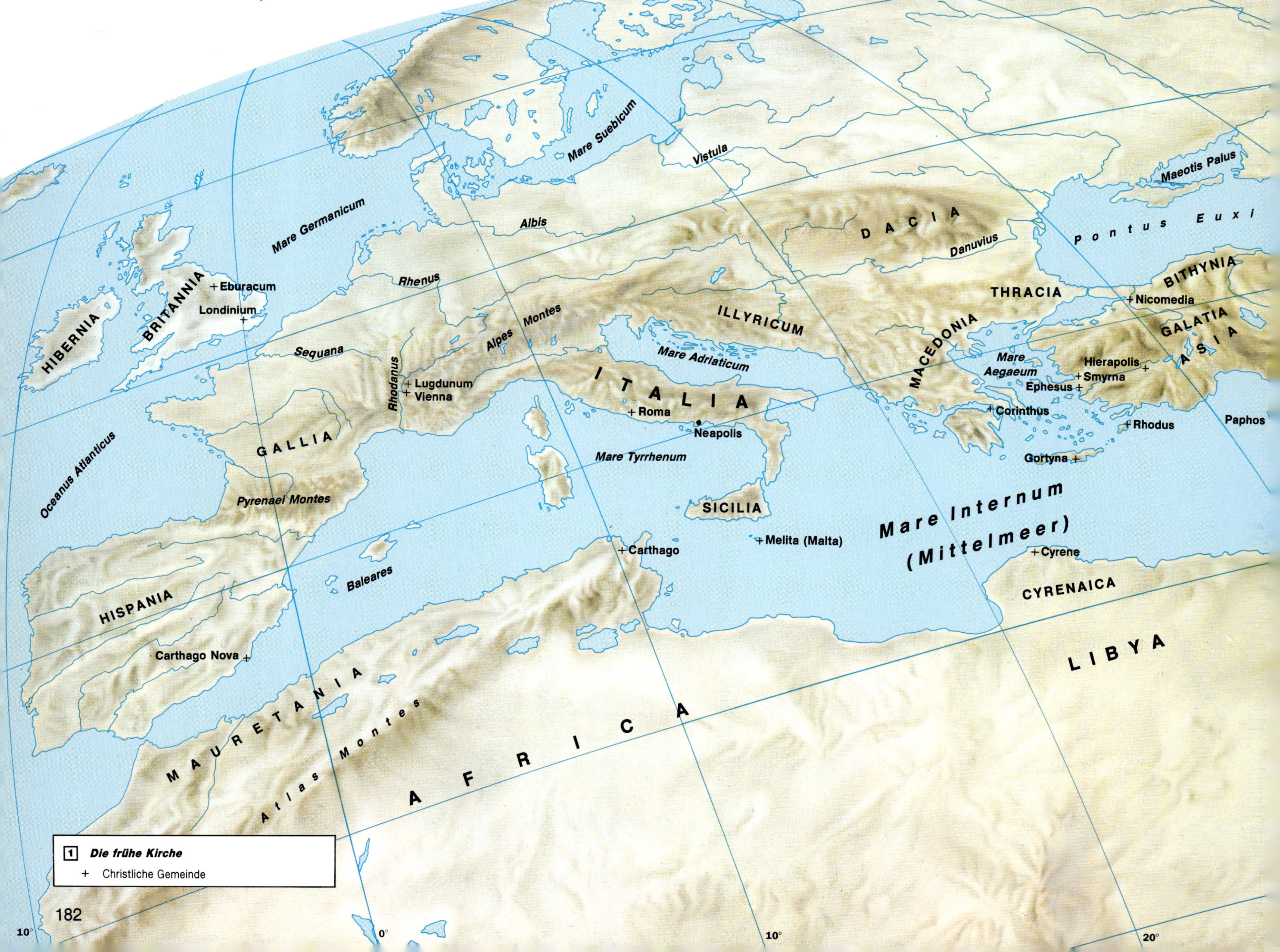

und Algerien), vor allem um Karthago herum (das seit 46 v. Chr. eine römische Kolonie war), hatte das Christentum im 2. Jh. n. Chr. bereits einen festen Platz. Tertullian von Karthago, der erste christliche lateinische Schriftsteller, trat dem Christentum um 180 n. Chr. bei. Im gleichen Jahr wurde eine Personengruppe aus ärmlichen Verhältnissen der benachbarten Stadt Scilli dem Statthalter der Provinz vorgeführt, weil sie sich zum Christentum bekannten. Da sie sich weigerten, ihrem Glauben abzuschwören, ließ der Statthalter sie hinrichten. In einer Kiste – Beweismaterial während des Prozesses – sollen sich „Bücher und die Schriften des Paulus, eines gerechten Mannes", gefunden haben. Offenbar war die Bibel in jener Zeit schon teilweise ins Lateinische übersetzt. Diese Vermutung bestätigen auch die biblischen Zitate Tertullians. – Wer heute Karthago besucht, kann sich das Amphitheater ansehen, wo Perpetua, eine wohlhabende Dame, mit ihrem Sklavenmädchen Felicitas im Jahre 202 n. Chr. wegen ihres christlichen Glaubens hingerichtet wurde.

Ägypten

Die Gemeinde von Alexandria gewann ab 150 n. Chr. durch die Katechetenschule unter der Leitung des Pantänus an Einfluß. Zu den hervorragenden Lehrern, die während der nächsten zwei Generationen an dieser Schule unterrichteten, gehörten Klemens und Origenes. Im Jahre 202 n. Chr. erlitt die Gemeinde von Alexandria Verfolgungen, denen auch Leonidas, der Vater des Origenes, zum Opfer fiel. Sie waren aber von kurzer Dauer, und die Gemeinde konnte sich während 50 Jahren recht ungestört entwickeln.

Palästina

Neben Alexandria erlangte auch Cäsarea als Zentrum christlicher Kultur Berühmtheit, besonders weil Origenes 231 n. Chr. hierher kam. In Jerusalem ließ Kaiser Hadrian 135 n. Chr. auf den Trümmern der alten Stadt die neue, heidnische Colonia Aelia Capitolina errichten. Bald entstand dort wieder eine christliche Gemeinde (die erste war kurz vor 70 n. Chr. ausgezogen), die sich „Kirche Jerusalems" nannte. Sie bestand aus Heidenchristen und genoß jene besondere Achtung, die mit dem Namen der Heiligen Stadt verbunden war.

Mesopotamien

Die Stadt Edessa war im oberen Mesopotamien um 150 n. Chr. das Hauptzentrum des Christentums. Das Königreich Edessa wurde nach der großkirchlichen Abgar-Sage durch die Bekehrung eines Königs Abgar (am ehesten des IX.; 179–216 n. Chr.) zum ersten christlichen Staat. Dort wurden auch die Ruinen einer Kirche gefunden, die zu den ältesten uns bekannten Kirchen gehört. Sie wurde 201 n. Chr. durch eine Überschwemmung zerstört. – In Dura-Europos am Eufrat ist eine Kirche aus ungefähr derselben Zeit entdeckt worden. Einigend wirkte auf die Christen in Mesopotamien um 150 n. Chr. die altsyrische Übersetzung der Bibel, von der uns zwei Evangelienmanuskripte erhalten sind. Eine andere verbreitete Ausgabe der Evangelien war das Diatesseron, eine Darbietung der vier Evangelien in der Form einer einzigen fortlaufenden Erzählung. Dieses Werk stammte von Tatian, einem mesopotamischen Christen, der einige Zeit in Rom als Schüler Justins des Märtyrers verbracht hatte.

Indien

Die Frage, wann das Christentum an die Westküste Indiens gelangte, ist deshalb schwer zu beantworten, weil der Name „Indien" jedes Gebiet am Indischen Ozean bezeichnen konnte, das östlich des Persischen Golfs lag. Frühchristliche Traditionen schreiben dem Apostel Thomas (Mar Thoma) die Missionierung Indiens zu. Es kann sein, daß syrische Christen, die in Thomas den Begründer ihres Glaubens verehrten, das Christentum nach Indien brachten. Eusebius berichtet, daß Pantänus von Alexandria um 180 n. Chr. nach „Indien" reiste und dort eine christliche Gemeinde vorfand. Diese sei vom Apostel Bartholomäus gegründet worden und besitze „die Schriften des Matthäus in hebräischer Sprache". Das Christentum hatte demnach am Ende des 2. Jhs. n. Chr. das Gebiet an der Mündung des Indus erreicht.

1 ***Karte unten***
Im 1. Jh. n. Chr. spiegelte die Verbreitung der christlichen Gemeinden die missionarische Tätigkeit des Paulus wider (s. S. 172), aber es gab auch viele Gemeinden, die unabhängig von Paulus bestanden (s. S. 178). Die Verfolgung der Juden im 2. Jh. n. Chr., besonders nach dem 2. Jüdischen Krieg (s. S. 180), veranlaßte die Christen, ihr jüdisches Stammland zu verlassen. Auch in Britannien, Gallien, Afrika, Ägypten entstanden (meist heidenchristliche) Gemeinden.

2 ***Oben, ganz links***
Das Kolosseum in Rom, wo wahrscheinlich Ignatius, der Bischof von Antiochia, um 100 n. Chr. den wilden Tieren vorgeworfen wurde.

3 ***Links oben***
Der Bau des Kolosseums wurde von Vespasian begonnen und von seinen Söhnen Titus und Domitian beendet. Es wurde 80 n. Chr. offiziell eröffnet, war 50 m hoch, belegte fast 3 Hektar und bot Platz für ca. 70 000 Zuschauer.

Die drei Provinzen Palästinas, Judäa, Samaria und Galiläa, wurden von der Zeit Konstantins an (Beginn des 4. Jhs.) bis 638 n. Chr. von Byzanz aus regiert. Es war die Hauptstadt des Reiches, die von 327 n. Chr. an „Konstantinopel“ genannt wurde.

Eine Zeit des Friedens

Am Anfang lebten diese drei Provinzen in Frieden. Erst gegen Ende des 5. Jhs. n. Chr. brach ein Bürgerkrieg aus, als die Samaritaner mit Gewalt Unabhängigkeit zu erlangen versuchten. Fünfzig Jahre später wagten sie es noch einmal, ohne Erfolg und mit großem Schaden. Doch den Provinzen Palästinas standen weit größere Ereignisse bevor: 614 n. Chr. drang ein persisches Heer in Palästina ein und verdrängte die byzantinische Macht bis 628 n. Chr., als die Römer einen Vertrag mit den Persern abschlossen. Zehn Jahre später ergab sich Jerusalem dem Kalifen Omar und war bis zum Eindringen der Kreuzfahrer im Jahre 1099 n. Chr. unter muslimischer Herrschaft.

Vor diesen Machtwechseln erlebte Palästina seine längste Friedenszeit. Das Volk nutzte die Gunst der Zeit, um Handel zu treiben und ungestört eine eigene landwirtschaftliche Produktion aufzubauen. Daß uns aus der byzantinischen Zeit in Palästina viele Bauten erhalten sind, die keinen kriegerischen Verwüstungen zum Opfer fielen, wie dies in anderen Epochen geschah, weist diese Zeit – trotz Hungersnöten und Kirchenspaltungen – auch als eine Zeit der Prosperität aus.

Kirchen und Synagogen

Zu Beginn breitete sich das Christentum vor allem in den Städten aus. Schon gegen Ende des 3. Jhs. n. Chr. berichtete Eusebius von Cäsarea vom Bau großer Kirchen in den Städten. Aber diese Gebäude sind nicht erhalten, sie fielen wohl dem Erlaß Diokletians von 303 n. Chr., nach dem die christlichen Kirchen zu zerstören waren, zum Opfer.

Als Konstantin an die Macht kam, entstanden an den wichtigsten Wallfahrtsorten neue Kirchen. Konstantin selbst, inspiriert von seiner Mutter, der Kaiserin Helena, veranlaßte diese Bautätigkeit. Als die Suche nach den Stätten des Todes und der Auferstehung Jesu Christi durch die wunderbare Auffindung des heiligen Kreuzes zu ihrem legendären Erfolg kam, ließ er über der Grabesstelle die Auferstehungskirche (griech.: anastasis) und über der Stätte der Kreuzauffindung eine gewaltige Basilika errichten. – Mit seiner Mutter zusammen ließ er auch die Basiliken in Betlehem und auf dem Ölberg erbauen, wobei die dortigen heiligen Höhlen in Krypten umgestaltet wurden.

Das römisch-byzantinische Palästina

Die römische Provinz Palästina wurde unter Kaiser Konstantin von Byzanz aus regiert. Drei Jahrhunderte lang herrschte in Palästina meist Frieden. In den christlichen Ortschaften und an alten Wallfahrtsorten wurden Kirchen erbaut, die sogar von Pilgern aus Spanien und Frankreich besucht wurden. Während des 5. Jhs. zog das monastische Leben in Palästina Mönche aus vielen Ländern an. Zahlreiche Klöster wurden so gegründet. Die jüdische Bevölkerung wurde zeitweilig verfolgt, aber es gelang ihr trotzdem, zahlreiche Synagogen zu errichten, deren prächtige Mosaike und Marmorarbeiten jenen der Kirchen sehr ähnlich waren.

Erst um die Mitte des 5. Jhs. war ein großer Teil der Bevölkerung zum Christentum bekehrt. Die älteren Religionen blieben in dieser Gegend jedoch weiterhin bestehen: Die Juden, die nach ihrem 2. Krieg gegen die Römer aus Jerusalem und dessen Umgebung verbannt waren, ließen sich in vielen Städten und in einigen Dörfern in Galiläa und südlich von Hebron nieder. Auch die Samaritaner behaupteten sich weiter und spielten in der byzantinischen Zeit eine wichtige Rolle, wenn auch ihre archäologischen Spuren spärlich sind. Karte 1 zeigt auch die jüdischen und samaritanischen Synagogen, die sich neben den christlichen Kirchen durchaus sehen lassen konnten.

Klöster

Das christliche Mönchtum entstand in den Wüsten Ägyptens: Unter der Inspiration des hl. Antonius wurde dort um 270 n. Chr. die Lebensform des christlichen Einsiedlers (= Anachoreten) entwickelt, während der hl. Pachomius um 320 die erste Regel für ein gemeinschaftliches monastisches Leben schuf. In Syrien kamen gleichzeitig extreme aszetische Lebensformen auf, wie z.B. die Aufrechtsteher, die Baumbewohner, die Grasesser und Säulensteher.

In Palästina entwickelte sich das Mönchtum im 4. Jh. und verbreitete sich wegen des Zustromes aus aller Welt über das ganze Land. Den Beginn machte Hilarion, der aus Ägypten in seine Heimat zurückkehrte und um 330 in der Nähe von Gaza das erste Kloster errichtete. In Pharan, östlich Jerusalems, führte zur gleichen Zeit der hl. Chariton die monastische Lebensweise ein, die von seinen Schülern Euthymius und Theoktistos mit Lauren und Klöstern über das ganze Gebiet der Wüste Juda verbreitet wurde, so daß im 5. Jh. diese Wüste voll eigenartigen und z.T. rebellischen Lebens war. In die damaligen großen christologischen Auseinandersetzungen griffen die Mönche Palästinas mit ihrer ganzen Theologie und Handfestigkeit ein und zerstritten sich dabei auch untereinander. Eine wichtige Rolle spielte die Kaiserin Eudokia, die zahlreiche Kirchen– und Klosterbauten veranlaßte. Sie wurde in der von ihr errichteten Stephanskirche im Norden der Jerusalemer Altstadt begraben.

Unter Justinian (527–565 n. Chr.) wurde das klösterliche Leben dann vielfach gesetzlich geregelt. Justinian ließ einige neue Kirchen bauen, wie etwa die monumentale Nea Maria in Jerusalem, und viele renovieren, z.B. die Geburtskirche in Betlehem, die von den Samaritanern beschädigt worden war.

(PAULA) ZOG IN JERUSALEM EIN ... UND BESUCHTE ALLE STÄTTEN IMMER WIEDER MIT SOLCHER BEGEISTERUNG UND MIT SOLCHEM EIFER, DASS SIE SICH NUR DADURCH VON DEN EINEN LOSREISSEN KONNTE, INDEM SIE ZU DEN ANDEREN EILTE. VOR DEM KREUZE WARF SIE SICH NIEDER UND BETETE AN, WIE WENN SIE DEN HERRN NOCH DARAN HÄNGEN SÄHE. IM GRABE KÜSSTE SIE DEN AUFERSTEHUNGSSTEIN, DEN DER ENGEL VOM EINGANG DES GRABES WEGGEWÄLZT HATTE, UND DRÜCKTE IHRE LIPPEN VOLLER GLAUBENSDURST NACH ERWÜNSCHTER LABUNG AUF DIE STELLE, AN DER DER LEICHNAM DES HERRN GERUHT HATTE.
HIERONYMUS, BRIEF 108,9, ÜBER SEINE SCHÜLERIN PAULA.

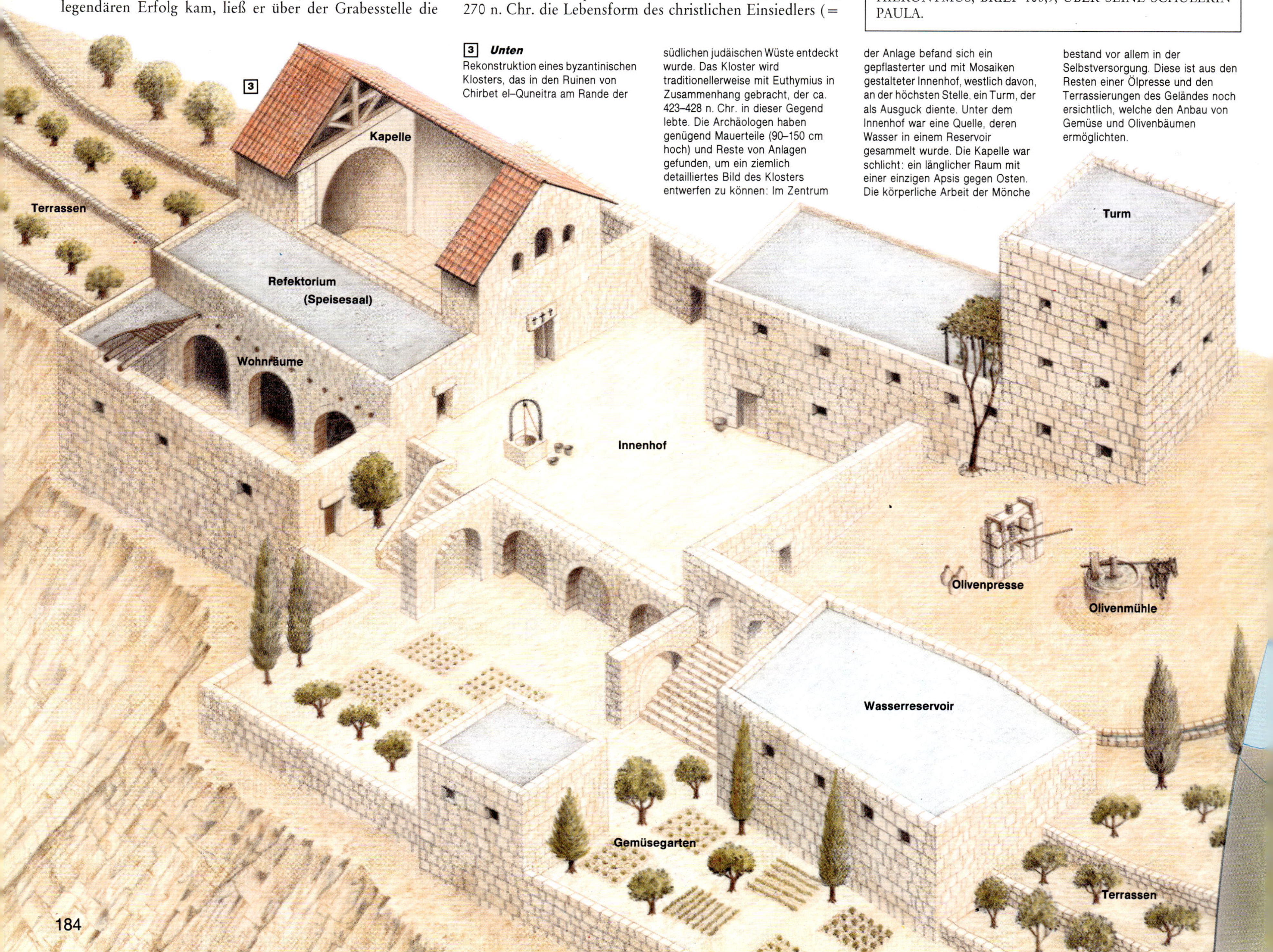

3 ***Unten***
Rekonstruktion eines byzantinischen Klosters, das in den Ruinen von Chirbet el–Quneitra am Rande der südlichen judäischen Wüste entdeckt wurde. Das Kloster wird traditionellerweise mit Euthymius in Zusammenhang gebracht, der ca. 423–428 n. Chr. in dieser Gegend lebte. Die Archäologen haben genügend Mauerteile (90–150 cm hoch) und Reste von Anlagen gefunden, um ein ziemlich detailliertes Bild des Klosters entwerfen zu können: Im Zentrum der Anlage befand sich ein gepflasterter und mit Mosaiken gestalteter Innenhof, westlich davon, an der höchsten Stelle, ein Turm, der als Ausguck diente. Unter dem Innenhof war eine Quelle, deren Wasser in einem Reservoir gesammelt wurde. Die Kapelle war schlicht: ein länglicher Raum mit einer einzigen Apsis gegen Osten. Die körperliche Arbeit der Mönche bestand vor allem in der Selbstversorgung. Diese ist aus den Resten einer Ölpresse und den Terrassierungen des Geländes noch ersichtlich, welche den Anbau von Gemüse und Olivenbäumen ermöglichten.

In Palästina fand die Irrlehre des Monophysitismus (Glaube an eine einzige Natur statt an zwei Naturen Christi) eine beachtliche Anzahl von Anhängern. Einige Bischöfe und Patriarchen benützten diese Lehre als politische Formel, die den Widerstand gegen die byzantinische Herrschaft ausdrückte. Die Karte zeigt die unterschiedliche Verteilung der kirchlichen Bauten und der Synagogen in Palästina.

2 Karte links
Die vom 5. bis zum 7. Jh. unveränderten Grenzen der Provinzen und Stadtgebiete Palästinas.

1 Karte rechts
Von der Herrschaft Konstantins bis zur Eroberung durch die Muslime (638 n. Chr.) wurde Palästina von religiösen Bauten geradezu überschwemmt. Eusebius berichtete von „Einweihungen neu errichteter Orte der Anbetung", aber die meisten Kirchen und Klöster wurden erst nach der Bekehrung Kaiser Konstantins und einer Reihe kaiserlicher Erlasse zur Förderung des Christentums gebaut. Im 6. und 7. Jh. wurden die Kirchen wichtige Zentren der städtischen und regionalen Regierung.

Zur Regierungszeit Vespasians (69–79 n. Chr.) war Kleinasien in sechs Provinzen aufgeteilt, die zu verschiedenen Zeitpunkten entstanden waren: Asia (133 v. Chr.), Pontus und Bithynia (74 v. Chr.; 64 n. Chr. erweitert), Galatia (25 v. Chr.), Cappadocia (17 n. Chr. annektiert; 76 n. Chr. an Galatia angeschlossen; 107 n. Chr. als rechtlich selbständige Provinz errichtet), Lycia und Pamphylia (43 n. Chr.) und Cilicia (102 v. Chr.; 30 v. Chr. an Syria angeschlossen; 72 n. Chr. neu errichtet).

Die Städte

Das System gepflasterter Straßen, welches die Römer in den westlichen Gebieten im 2. und 1. Jh. v. Chr., in den östlichen erst im 1. Jh. n. Chr. anlegten (s. u.), erleichterte die politischen, sozialen und militärischen Aktionen der Regierung, die sich auf die städtischen Zentren stützte. Die Dichte großer und kleiner Städte in den westlichen Regionen Kleinasiens (ungefähr westlich des 32. Längengrades) steht dabei in deutlichem Gegensatz zum spärlich besiedelten Osten.

Die wichtigste Stadt jeder Provinz wurde zur Provinzhauptstadt: Ephesus in Asia (im Westen), Ancyra in Galatia, Caesarea in Cappadocia (im Zentrum), Perge in Lycia und Pamphylia, Tarsus in Cilicia (im Süden) und Nicomedia in Pontus und Bithynia (im Norden).

DIE RÖMISCHE ZEIT

Das römische Kleinasien

Mitte des 1. Jhs. n. Chr. gehörte Kleinasien fast vollständig zum römischen Imperium. Es war durch vielfache, aber feste einheimische Kulturen und Bündnisse geprägt, so daß sich seit 133 v. Chr., dem Beginn der römischen Herrschaft, ein ständiges Wechselspiel zwischen der römischen Verwaltung und der nach Autonomie strebenden einheimischen Bevölkerung ergab.

Die übrigen Städte, die oft genauso alt waren wie die sechs Provinzhauptstädte, wurden nach den Provinzgebieten gruppiert, die von den Römern festgesetzt und verwaltet wurden. Gleichzeitig wurden ältere stammesmäßige, religiöse und sprachliche Bindungen – obwohl sie nicht immer mit den Provinzgrenzen übereinstimmten – von den Römern nicht angetastet, sondern zum Vorteil des Imperiums ausgenutzt. Die lokalen Städtebünde wurden durch ein System von regionalen Gerichtsorten *(conventus)* oder Volksversammlungen aufrechterhalten. Diese hatten zwar eher symbolischen Charakter, waren aber doch für die Amtshandlungen wichtig und sicherten den traditionellen Zusammenhalt. Die regionalen Hauptstädte, die Metropolis genannt wurden, waren die Mittelpunkte, nach denen sich die kleineren Städte ausrichteten.

Der Status der Städte ist auf der Karte durch Zeichen angegeben. Als Beispiele für eine Metropolis sei Isaura erwähnt, die Metropolis der Isaurer, eines wilden und widerspenstigen Volkes im Taurusgebirge, oder Laranda, die Metropolis der Lykaonier, eines alten Volkes, das seine eigene Sprache bis in die römische Zeit bewahrte (Apg 14,11).

In allen Provinzen wurden mehrere Sprachen gesprochen, aber Griechisch war zur *lingua franca* Kleinasiens geworden, während das Latein als Amtssprache der römischen Provinzverwaltung diente. Die phrygische und sogar die keltische Sprache überlebten bis in die frühbyzantinische Zeit.

Münzprägungen

Die Römer erlaubten den Städten Kleinasiens, eigene Münzen – meist aus Bronze – zu prägen. Fast alle Städte und Kolonien machten davon Gebrauch, wenigstens gelegentlich. Die größeren städtischen Zentren führten die Produk-

tion eigener unabhängiger Münzen bis ins späte 3. Jh. n. Chr. fort. Die Aufschriften waren in griechischer Sprache, und die Symbole auf der Rückseite der Münzen wurden von der Stadt gewählt. Das bedeutsame Zugeständnis dieser Städte an das römische Imperium bestand darin, daß die Vorderseite fast unveränderlich und mit wenigen Ausnahmen den Kopf und die Titel des jeweiligen Kaisers aufweist.

Die Straßen

In Kleinasien gab es schon Straßen, bevor die Römer kamen. Die von ihnen eingeführten gepflasterten Straßen erschlossen jedoch den Verkehr auf dem Landweg für jede Jahreszeit, erleichterten die Verbindungen von Stadt zu Stadt und machten das Reisen sicherer. Die wichtigsten Verbindungslinien verliefen dabei nach Osten in Richtung des Eufrat und nach Süden (auf Zilizien und Syrien zu).

Das römische Straßennetz, das die kleinen und großen Provinzstädte miteinander verband, wurde nicht in einem Zug gleich zu Beginn der römischen Herrschaft über Kleinasien errichtet. In den östlichen Provinzen entstand das Straßennetz erst zwischen 76 und 82 n. Chr., wahrscheinlich als militärische Nachschublinien. In der westlichen Provinz Asia hingegen hatten die Römer schon 129 v. Chr., unmittelbar nach der Annexion, ein Straßennetz gebaut. Diese mit Steinplatten belegten Straßen verbanden die größeren Städte Ephesus, Smyrna, Pergamon, Thyatira, Sardis, Philadelphia und Laodizea (die späteren sieben christlichen Gemeinden von Asia) miteinander, sie dienten aber auch als Verbindungslinien zu den kleineren Städten Tralles, Magnesia ad Maeandrum und anderen.

In der Provinz Pisidien wurde 6 v. Chr. unter Kaiser Augustus die mit Steinplatten gepflasterte *Via Sebaste* gebaut, die in Cremna begann, südwärts nach Comama und dann in einem nördlichen Bogen über Antiochia und Ikonion bis nach Lystra verlief. Sie sollte die neu gegründeten Kolonien miteinander verbinden. Die *Via Sebaste* war überdies an das Straßennetz der Provinz Asia angeschlossen. So konnte man von Lystra an auf ihr westwärts von Kolonie zu Kolonie durch Pisidien reisen, in die Provinz Asia gelangen und diese dann – dank eines Straßennetzes, das sich über einen großen Teil des westlichen Küstengebietes erstreckte – von Stadt zu Stadt, von Metropolis zu Metropolis und von Conventus zu Conventus durchziehen.

Paulus benutzte auf seinen Missionsreisen (s. S. 172) sicherlich mehrmals das Stück der *Via Sebaste* von Antiochia bis Lystra (vgl. Apg 13f). Als er und seine Begleiter auf der 2. Reise Derbe verließen (Apg 16,1), durften sie jedoch nicht nach Westen zu den Großstädten von Asia (hauptsächlich Ephesus) reisen, sondern mußten sich nach Nordwesten durch Phrygia (vielleicht nach Philomelium und Synnada) und dann nordöstlich nach Galatia (vielleicht nach Pessinus und Ancyra) wenden: „Weil ihnen aber vom Heiligen Geist verwehrt wurde, das Wort in der Provinz Asien zu verkünden, reisten sie durch Phrygien und das galatische Land" (Apg 16,6). Hier konnten sie nur auf Naturstraßen vorwärts kommen, da die Römer die systematische Pflasterung der Straßen in Lycaonia und Galatia erst 80 n. Chr. begannen. Danach durchquerten sie das entlegene Bergland zwischen Asia und Bithynia, durch das vielleicht keine Straßen führten, und gelangten schließlich an die ägäische Küste, wo sicher seit 129 v. Chr. gepflasterte Straßen existierten: „Sie zogen an Mysien entlang und versuchten, Bithynien zu erreichen; doch auch das erlaubte ihnen der Geist Jesu nicht. So durchwanderten sie Mysien und kamen nach Troas hinab" (Apg 16,7f). – Auf der 3. Reise hat Paulus dann offensichtlich das komfortable Straßensystem durch das Hochland benutzt, das ihn von Galatien und Phrygien direkt nach Ephesus führte (Apg 18,23; 19,1).

Die Verbreitung des frühen Christentums in ganz Asien war eine Folge der erfolgreichen Missionsarbeit des Paulus in der Provinzhauptstadt Ephesus (Apg 19,10). Das römische Straßennetz, das die großen Städte der Provinz miteinander verband – eine der großen Leistungen der Römer in Kleinasien im 1. Jh. v. Chr. –, war dazu im wörtlichen Sinn eine Weg-Bereitung des christlichen Glaubens.

AM TAG DES HERRN WURDE ICH VOM GEIST ERGRIFFEN UND HÖRTE HINTER MIR EINE STIMME, LAUT WIE EINE POSAUNE. SIE SPRACH: SCHREIB DAS, WAS DU SIEHST, IN EIN BUCH, UND SCHICK ES AN DIE SIEBEN GEMEINDEN: NACH EPHESUS, NACH SMYRNA, NACH PERGAMON, NACH THYATIRA, NACH SARDES, NACH PHILADELPHIA UND NACH LAODIZEA. OFFB 1,10f

Archäologie – Historische Geographie

Archäologie befaßt sich mit der Freilegung, Analyse und Deutung von Gegenständen aus der menschlichen Lebenswelt. Ziel ist, die materiale Lebensweise vergangener Kulturen zu erhellen, vom Lebensunterhalt über die sozialen Strukturen bis hin zu den technischen und künstlerischen Errungenschaften. Gelegentlich kann die Archäologie auch Informationen liefern, die einen direkten Bezug zu einem historischen Ereignis des Altertums und näherhin auch der Bibel haben.

Die archäologische Feldarbeit umfaßt hauptsächlich zwei Arbeitsweisen: die Oberflächenuntersuchung (Survey) und die Ausgrabung.

Survey

Die ersten Surveys waren eher Forschungsreisen, welche das Ziel hatten, in der Bibel erwähnte Orte zu identifizieren. Krönender Abschluß der Palästinographie des 19. Jhs. war der *Survey of Western Palestine*, der von einer Gruppe britischer „Royal Engineers" durchgeführt und vom Palestine Exploration Fund finanziert wurde: Von 1872 bis 1877 wurde das ganze Land vermessen und dessen Altertümer aufgenommen; die Ergebnisse wurden in einem Kartenwerk von 26 Blatt zugänglich gemacht. In den 20er und 30er Jahren unseres Jhs. begannen Archäologen dann, anhand datierbarer Keramikstücke, die an der Oberfläche antiker Orte gesammelt wurden, die zeitliche Abfolge der Besiedlung einzelner Orte und ganzer Regionen festzulegen. Heute arbeitet die Survey-Archäologie auf mehreren Ebenen: Lage und Eigenart jedes Ortes werden mit dem allgemeinen Siedlungsmuster einer Region verglichen; als solche gilt gewöhnlich eine klar ausmachbare topographische Einheit mit gemeinsamen Gesteins- und Bodenarten. In der Analyse spielen auch geopolitische, ökologische und anthropologische Faktoren eine wichtige Rolle. Neben Karten im Maßstab 1:50 000 oder 1:20 000 werden heute auch Infrarot-Luftaufnahmen und andere z.T. hochentwickelte Techniken verwendet.

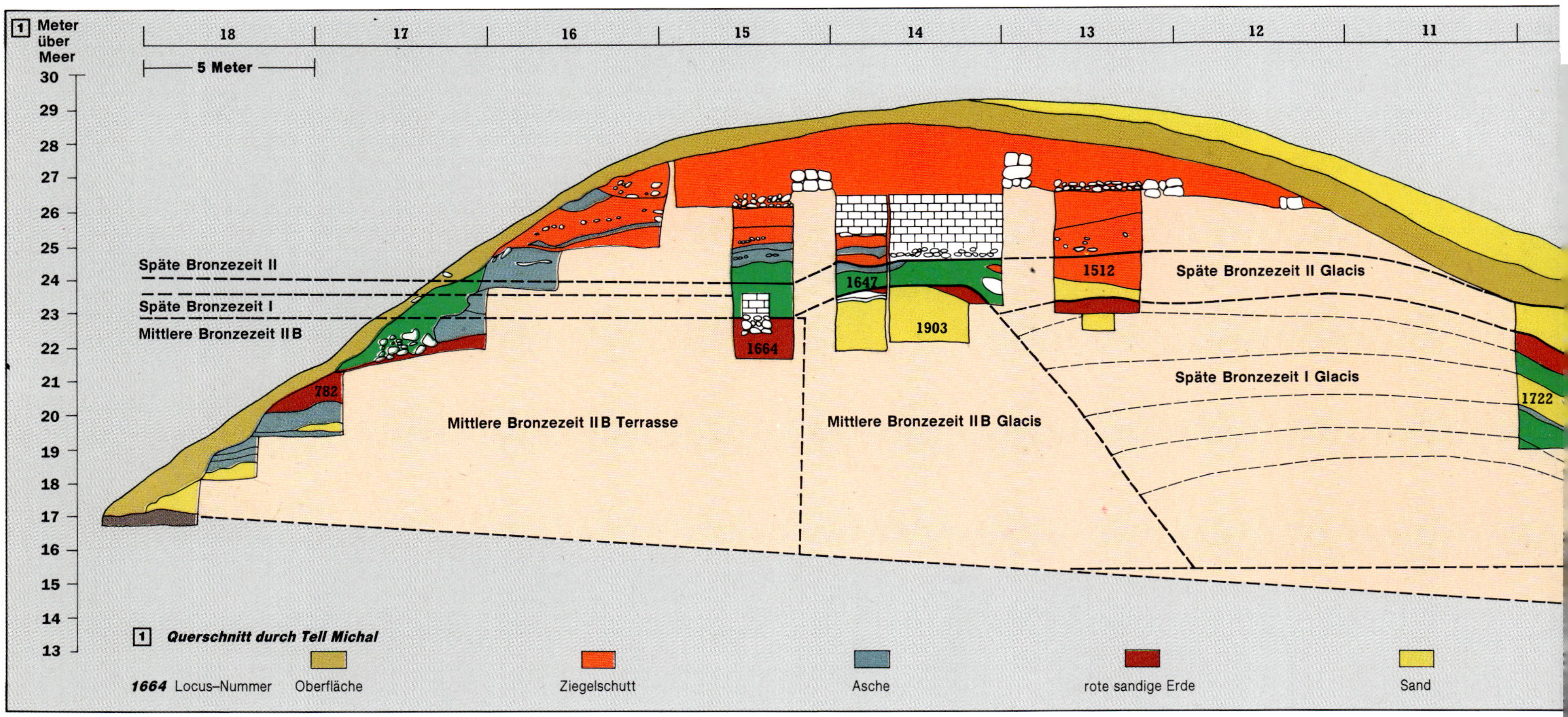

1 Oben
Ein vertikaler Schnitt durch den Tell Michal, der ein System von übereinanderliegenden Erdwällen aus der MB IIB–SB II (ca. 1750–1150 v. Chr.) sichtbar macht. Jede Ablagerung, die bei der Ausgrabung zum Vorschein kam, wurde nach Farbe und Zusammensetzung gekennzeichnet. Die schwarzen Linien trennen archäologische Schichten aus unterschiedlichen Epochen. Die gestrichelten Linien sind hypothetisch.

2 Rechts
Ein horizontaler Plan des Tell Arad im Negeb: Die übereinanderliegenden architektonischen Strukturen stellen verschiedene Stadien der eisenzeitlichen Festung (ca. 1150–600 v. Chr.) dar, über der in hellenistischer Zeit ein viereckiger Turm errichtet wurde.

3 Ganz rechts
Das Luftbild von Tell Beerscheba zeigt einen vertikalen Schnitt (im Vordergrund) und die horizontale Flächengrabung im Stadtbereich.

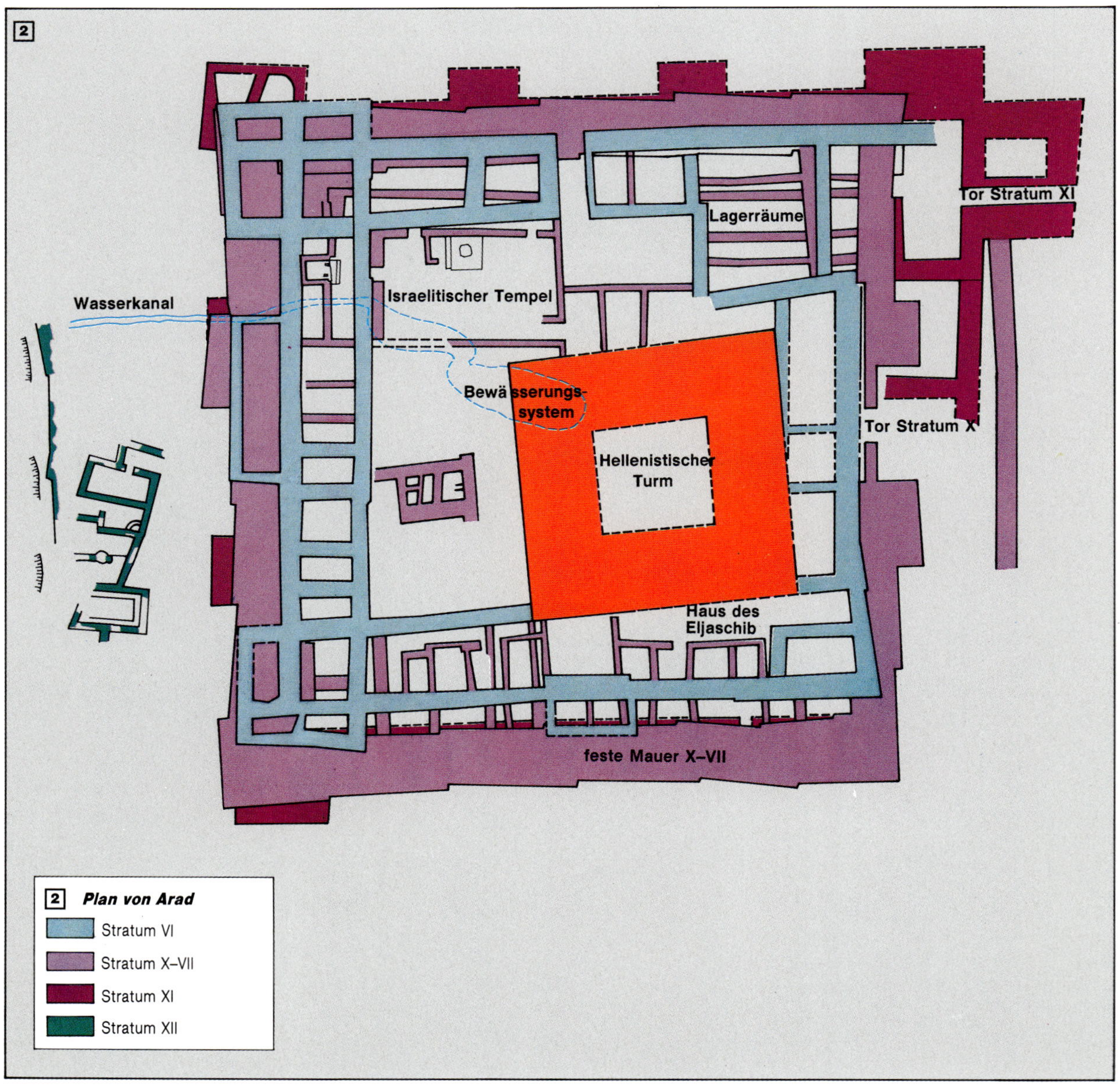

Ausgrabungen und Stratigraphie

Die wissenschaftliche Ausgrabungstätigkeit begann 1890 mit einer stratigraphischen Ausgrabung auf dem Tell el-Chesi. Man konnte aufweisen, daß die Erdhügel, die sogenannten Tells (arabisch tell, modernhebräisch tel), aus Schuttschichten bestanden, die beim wiederholten Zyklus von Errichtung, Zerstörung und Wiederaufbau einer Siedlung abgelagert wurden. Die Gliederung dieser Abfolge von Schuttschichten bezeichnet man als *Stratigraphie eines Tells*, definiert als „die dreidimensionale Beziehung zwischen sämtlichen Schuttablagerungen in einem Tell". Die vielfachen artifiziellen oder natürlichen Geschicke einer historischen Ortslage während Tausenden von Jahren haben oft zu sehr komplexen stratigraphischen Sachverhalten geführt: Wind und Regen konnten Erdablagerungen zwischen oder auf dem von Menschen stammenden, organischen Material bewirken. Objekte unterer Schichten konnten durch das Eindringen von Material aus oberen Schichten oder Auswaschung so verschoben werden, daß sie in höhere Schichten zu liegen kamen. Die Bewohner eines Ortes bauten gewöhnlich Wohnhäuser, Vorratsräume und Ställe, in komplexer strukturierten Gesellschaften auch öffentliche Gebäude wie Tempel, Paläste und Festungen. Größere Gebäude besaßen ein festes Fundament, wozu Gräben für die Einsenkung der Grundmauern ausgehoben werden mußten. Der Zwischenraum zwischen Mauer und Graben wurde jeweils mit frischer Erde und einigen Fundamentbeigaben (wie Kultgegenständen oder Münzen) aufgefüllt. Spätere Bauherren gruben dann oft die Grundmauersteine der zerfallenen Gebäude wieder aus und ließen die so entstandenen leeren Gräben (sog. Steinraubgräben) mit neuer Erde auffüllen. Auch die Beseitigung von Abfall schuf schwierige stratigraphische Verhältnisse, da Abfälle sich z.T. einfach auf den Böden und Straßen ansammelten, z.T. jedoch innerhalb von Wohnhäusern oder in deren Nähe vergraben wurden. Archäologen, die sich mit der Stratigraphie beschäftigen, müssen die räumlichen Beziehungen zwischen den verschiedenen Fundobjekten (Scherben, Knochen, Mauern, Gräber usw.) ihrer Ausgrabung feststellen und dann den ursprünglichen Inhalt jedes Stratums rekonstruieren. Diese stratigraphische Arbeit ist Grundlage jeder Interpretation einer Ortslage.

Registrierung

Eines der wichtigsten Arbeitsmittel zur Erfassung der Stratigraphie ist das Registriersystem. Archäologisches Registrieren geschieht zweidimensional, muß aber das grundlegende Problem der Dreidimensionalität einer Ausgrabung bewältigen. Photographische Aufnahmen aus verschiedenen Blickwinkeln können zwar eine dreidimensionale Perspektive wiedergeben, sind aber nicht maßstabgetreu. Vertikale Schnitte durch alle Ablagerungsschichten ermöglichen eine genaue Rekonstruktion der verschiedenen Besiedlungsebenen eines Tells und sind deshalb ein wesentlicher Bestandteil jeder Ausgrabung. Da jedoch die Schichtabfolgen an verschiedenen Ausgrabungsstellen auf ein und demselben Tell oft sehr stark variieren, kann die stratigraphische Analyse nie allein auf vertikale Grabenschnitte abgestützt werden. Es braucht auch die horizontale Erfassung der ausgegrabenen Fläche mit Hilfe von maßstabgerechten Plänen, auf welchen die absoluten Höhenangaben aller bedeutenden Elemente (Mauern, Böden, Grubenränder und -böden usw.) notiert werden. Solche Pläne sind das beste Mittel, um die dreidimensionale Stratigraphie in einem genauen Maßstab darzustellen. Um den genauen Fundort aller Gegenstände festhalten zu können, werden diesen Seriennummern zugeteilt, die zusammen mit der Angabe der Fundhöhe auf einem Plan eingetragen werden. Auf diese Weise sind alle drei Dimensionen registriert. Homogene Raumeinheiten innerhalb des Tells, vor allem Einheiten des realen Lebens wie Räume, Gruben und Auffüllungen, werden ebenfalls mit einer Seriennummer versehen. Eine solche Raumeinheit wird Locus genannt. Jeder einzelne Fundgegenstand wird seinem entsprechenden Locus zugeordnet. In einem Raum finden sich unter Umständen mehrere deutlich unterscheidbare Schuttschichten, deren Funde auseinandergehalten werden müssen. Dies geschieht gewöhnlich mit Hilfe der Numerierung nach Fund- oder Scherbenkörben. Jede Korbnummer entspricht einer Untereinheit eines Locus.

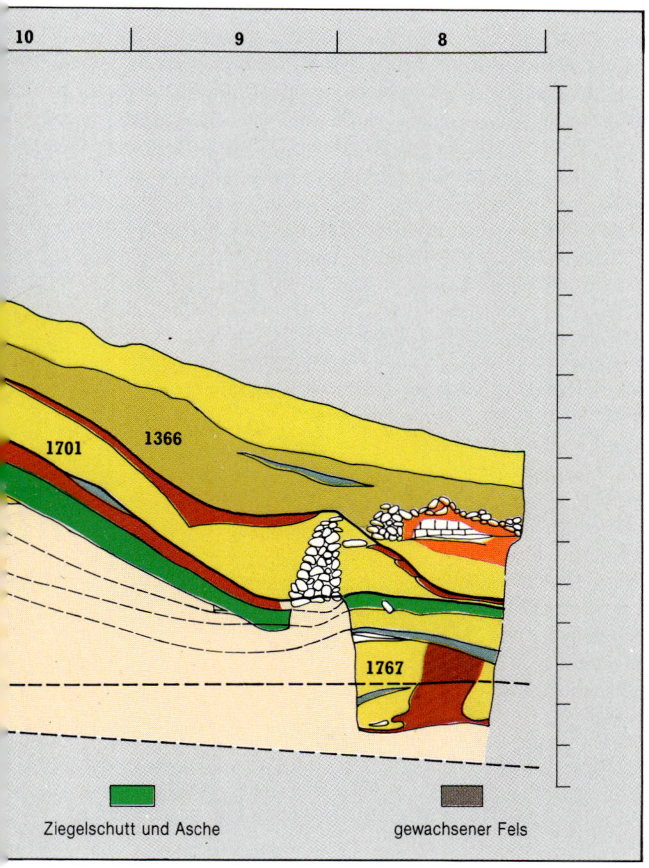

Keramik

Die meistgefundenen Gegenstände, die bei Ausgrabungen einer alten Siedlung anfallen, sind Keramik-Scherben. Einige wenige Gefäße können jeweils aus den Scherben wieder zusammengesetzt werden, bei den meisten ist dies aber nicht möglich. Menge und Art der Scherben geben wichtige Hinweise auf die Besiedlungszeit und die Tätigkeiten, die an einem bestimmten Ort ausgeübt wurden. – Da Tongefäße zerbrechlich waren und stets ersetzt werden mußten, hatten die Töpfer Gelegenheit, ihre Formen und Verzierungen immer wieder modisch zu variieren. Die Bruchstücke, die von charakteristischen Teilen eines Gefäßes (Rand, Boden oder Henkel) stammen oder Ornamente aufweisen, können von Keramikspezialisten nach Typen geordnet werden und erlauben die Bestimmung der prozentualen Häufigkeit eines Typs innerhalb eines Locus oder eines Stratums. Die Bearbeitung der Daten erfolgt immer mehr mit Hilfe des Computers, der sie rasch zu signifikanten Gruppen zusammenzufassen vermag. Obwohl uns nur Scherben geblieben sind, können wir so anhand dieser quantitativen Erfassung von wechselnden Formen und Verzierungen der Keramik ein zuverlässiges Gerüst relativer Chronologie erstellen. Graphische Darstellungen der Häufigkeit verschiedener Keramiktypen zeigen, daß Veränderungen oder Erneuerungen von Formen und Ornamenten zwar nur allmählich allgemein angenommen wurden, daß aber doch mit der Zeit ein Stil den anderen verdrängte, sei es aus ästhetischen Gründen oder um der Nützlichkeit willen.

Archäologie und Geschichte

Stratigraphisch klar bestimmte Objekte können in Typenreihen geordnet werden, welche die Erstellung relativer chronologischer Raster erlauben. Der Hauptpfeiler für diese relative Datierung sind die Keramikfunde. Da zu gewissen Zeiten Keramik importiert wurde, ergibt die Kenntnis über deren geographische Herkunft oft wichtige Hinweise für den kulturellen und wirtschaftlichen Horizont einer Ortslage. Ähnliche chronologische Typologien wie für die Keramik wurden und werden heute noch für andere menschliche Produkte wie Werkzeuge und Waffen aus Metall, Schmuck, Elfenbein- und Knochenschnitzereien usw. aufgestellt. Indem die Archäologen Ähnlichkeiten und Unterschiede festhalten, können sie bestimmte typische Gruppen erkennen, welche die Stilentwicklung im Lauf der Zeiten (z.B. die Entwicklung der Gefäßformen, der Hauspläne oder der Buchstaben des Alphabets) repräsentieren. Solche Veränderungen des Stils werden durch viele Faktoren beeinflußt, z.B. durch technische Verbesserungen oder Funktionsveränderungen, durch fremde Einflüsse oder Wechsel des sozialen Status. Die Typologie der menschlichen Erzeugnisse hat allerdings ihre Grenzen. Bedeutungsvolle typologische Gruppen finden sich vor allem in Städten und Festungen, die bei gewaltsamen Eroberungen zerstört und später großflächig ausgegraben wurden. Da es nur wenige solche Fälle gibt, beschränkt sich unsere Typologie z.B. in der monarchischen Zeit auf gut erkennbare Gruppen von Töpferwaren aus dem späten 10., dem späten 8. und dem frühen 6. Jh. v. Chr. Sie stammen aus der Zeit, in der Schischak, Sanherib und Nebukadnezzar das Land verwüsteten. Über die Keramik des 9. Jhs. v. Chr. in Juda wissen wir hingegen fast nichts. – Um ein absolutes Datum für einen archäologischen Fund zu bestimmen, muß er mit einem sicher datierbaren Gegenstand in Verbindung gebracht werden können, ähnlich den „Leitfossilien" in der Geologie. Für die Urgeschichte und die frühen geschichtlichen Epochen können uns Laboruntersuchungen organischer Materialien absolute Daten mit einer Fehlergrenze von 100 bis 150 Jahren liefern. Für die Bronze- und Eisenzeit können Daten durch den Vergleich mit den Nachbarkulturen Mesopotamiens, Ägyptens oder der Ägäis

Fortsetzung nächste Seite

3

gewonnen werden. Menschliche Erzeugnisse, die Archäologen in einer dieser Nachbarkulturen und in Kanaan/Israel fanden (z.B. mykenische Keramik in Amarna und in Kanaan), oder datierte Importwaren (z.B. gewisse Skarabäen) werden anhand der bereits etablierten historischen Chronologie der Nachbarländer als chronologische Fixpunkte für die absolute Datierung verwendet. Für die Spätantike können uns Münzen wichtige Hinweise geben, da sie oft das Datum ihrer Prägung tragen. – Es gehört nun in die Kompetenz des erfahrenen Historikers, archäologische Funde mit geschichtlichen Ereignissen in Beziehung zu bringen. Früher versuchte man recht schnell, eine Synthese zwischen den historischen Daten der schriftlichen Quellen und den archäologischen Ergebnissen der Surveys und Ausgrabungen herzustellen. Es ist aber für Archäologen und Historiker äußerst schwierig, selbst zu historischen Schlüsselproblemen einen Konsens zu erreichen: Die Zeit der Patriarchen, die Zerstörungsebenen, welche der israelitischen Eroberung entsprechen, oder auch das Stratum in Megiddo, das Salomos Befestigungen entspricht, bleiben trotz 50 Jahren Forschungsarbeit weiterhin umstritten.

Anthropologie und Sozialgeschichte

In neuerer Zeit setzte man sich neue Ziele und entwickelte neue Methoden für die archäologische Erforschung Europas, der Neuen Welt und schließlich auch des Alten Vorderen Orients. Diese Ziele und Methoden sind anthropologisch und sozialgeschichtlich bestimmt.

Die anthropologisch orientierte Archäologie verschiebt den Schwerpunkt vom Einzelgegenstand auf die Gesellschaft, von der Beschreibung zur Erklärung. Sie versucht nicht, die alten Fragen zu beantworten, sondern stellt ganz neue. Die archäologische Arbeit endet nicht mit der Freilegung der Funde, sondern beginnt erst richtig mit deren Deutung als ‚materialer Kultur'. In dieser dokumentiert sich die kulturelle Gesamtsituation einer bestimmten Zeit, da sie zeigt, wie sich eine Gesellschaft ihrer Umgebung gegenüber verhalten hat. Aus archäologischen Sachverhalten, wie der Verbreitung von Siedlungen in einem bestimmten Gebiet oder den Nahrungsgrundlagen ihrer Bewohner, lassen sich verschiedene Weisen menschlicher Anpassung an eine wechselnde Umgebung und die Wechselbeziehungen zwischen einem Volk und seiner Umwelt ersehen. Indem die Archäologie sich mit der Nutzung der Tier- und Pflanzenwelt durch die Menschen auseinandersetzt, gewinnt sie auch gewisse Einsichten in klimatische, geographische oder geologische Veränderungen. Auf dem Hintergrund einer sich ständig verändernden Umwelt untersucht sie die wirtschaftliche Grundlage einer Bevölkerung. Sie fragt nach den Mitteln zur Sicherung des Lebensunterhalts (Landwirtschaft, Jagd, Fischerei oder Hilfe von außen) und den technischen, gesellschaftlichen und politischen Faktoren, die diese beeinflußten.

Die sozialgeschichtlich ausgerichtete Archäologie benutzt die archäologischen Materialien als einzigartige Quelle für das Studium der alten Gesellschaftsformen. Die Archäologen versuchen dann aufgrund des gewonnenen Materials auf folgende Fragen eine Antwort zu finden: Gab es verschiedene Schichten innerhalb einer Gesellschaft? Wie stark unterschieden sich verschiedene Klassen und Parteien voneinander? Gibt es Anhaltspunkte für die Konzentration von Wohlstand, Macht und Ansehen? Wie sicherte sich die Oberschicht ihre Überlegenheit?

Antworten auf diese Fragen können in den archäologischen Materialien gefunden werden, indem ein klar definiertes Gebiet koordiniert untersucht und daraus jenes Material analysiert wird, das für Fragen der Umwelt, der Wirtschaft, der Gesellschaft und auch der Symbol- und Ideenwelt von Bedeutung ist. Auf diese Weise eröffnen die anthropologische und sozialgeschichtliche Methode eine neue Etappe der Archäologie.

Historische Geographie, Philologie, Toponymie

Auch andere Bereiche leisten der Archäologie wichtige Hilfen: Die biblische Geographie befaßt sich mit der Morphologie und den Merkmalen eines Geländes besonders in bezug auf die ökologischen Faktoren, die das menschliche Leben beeinflussen. Dabei werden die Landschaft, die Bodenbeschaffenheit, die Flora und Fauna und die Wasser- und Wetterverhältnisse beobachtet. Viele verschiedene Disziplinen wie z.B. die Geologie, Zoologie und Botanik, aber auch die Kartographie und Luftphotographie sind für ein solch komplexes Unternehmen beizuziehen. Die historische Geographie verbindet Einsichten der Archäologie, der Geographie und der Geschichtswissenschaften zur synthetischen Rekonstruktion von Besiedlung und Nutzung einer Region in historischer Zeit.

Die historische Philologie befaßt sich mit der Analyse von

1 Karte links
Karten zur Bestimmung der landwirtschaftlichen Nutzung des Bodens im Umkreis von alten Siedlungen. Das Land innerhalb des Kreises ist mit einstündigem Fußmarsch von Tell Gerisa aus zu erreichen.

2 Karte unten
Wechselnde Siedlungsmuster während der Frühen (FB) und Mittleren Bronzezeit (MB).

3 Rechts oben
Der Wilson-Bogen in Jerusalem (1869 ausgegraben).

4 Ganz rechts
Ch. W. Warren in einem unterirdischen Schacht am Ostabhang Jerusalems.

5 Rechts
Ausgrabung auf Tell Gezer zu Beginn des 20. Jhs.

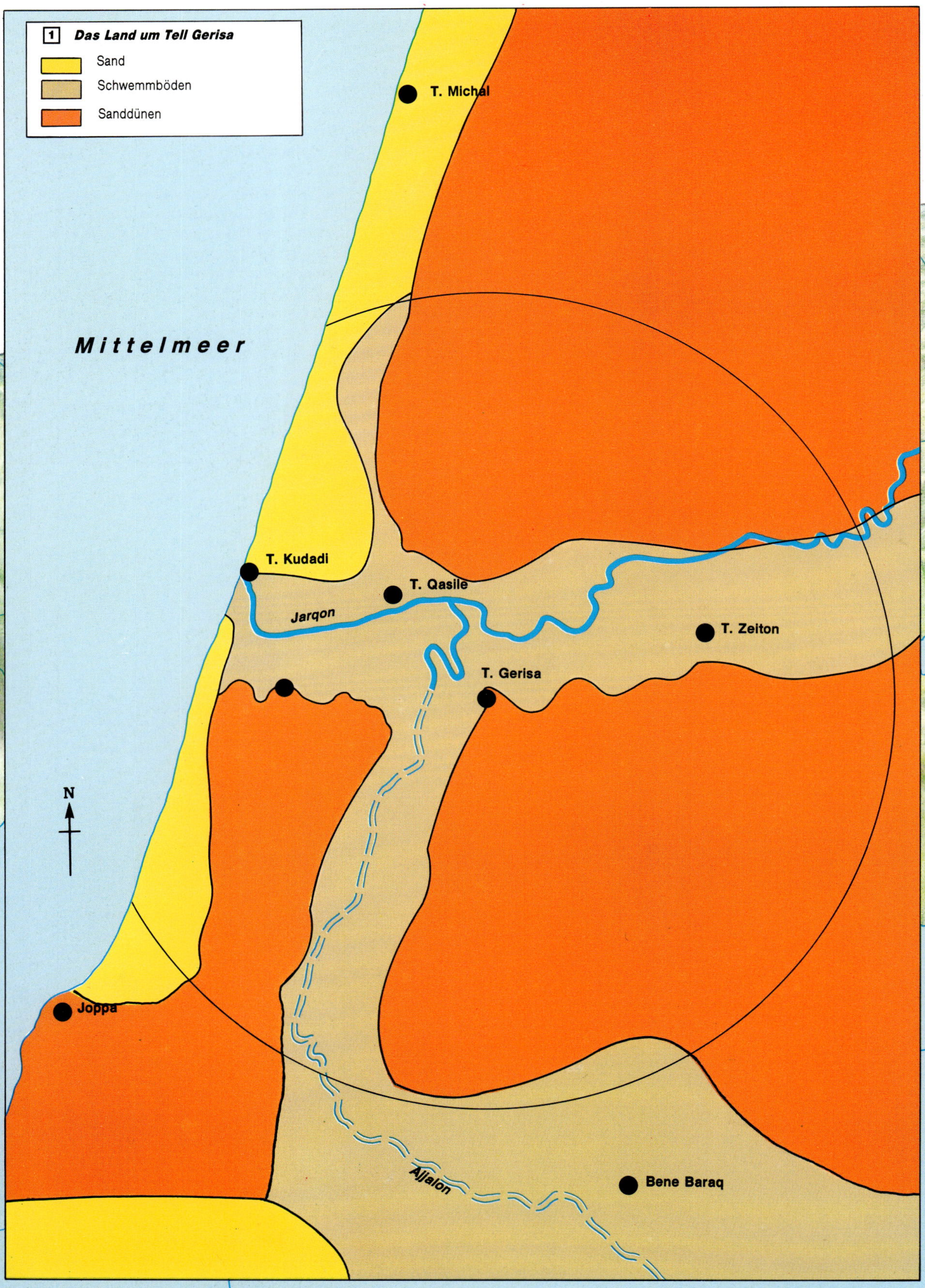

Schriftdokumenten, insofern sie geographische Informationen und Namen historischer Orte, aber auch relevante gesellschaftliche, politische und militärische Angaben liefern. Neben der Bibel sind die Hauptquellen die Schriften der alten östlichen, griechischen und römischen Geographen und Historiker, die Kirchenväter und die rabbinische Literatur. Obwohl diese Texte reichhaltige Informationen enthalten, geben sie ein einseitiges Bild der damaligen Zeit wieder. Sie stellen fast immer die Sicht der herrschenden Elite dar. Über die Lebensweise des gewöhnlichen Volkes wird selten berichtet. Mehr noch, die meisten Dokumente dienen mit ihrer politischen Propaganda und/oder ihrer religiösen Ideologie eindeutig der Aufrechterhaltung der Macht der Oberschicht: Jede Generation schrieb die Geschichte zu ihren Gunsten neu. Geographische Angaben sind in der Regel jedoch zuverlässig, sogar in so propagandistischen Texten wie den prahlerisch zur Schau gestellten Inschriften der Pharaonen und der assyrischen Könige.

Die Toponymie (die Ortsnamenkunde) ist ein sehr technisches Gebiet, das aber faszinierende Einzelheiten über die Sprache, Psychologie, Religion und Gesellschaft eines alten Volkes vermitteln kann. Daß bis in die heutige Zeit zahlreiche biblische und nichtbiblische Ortsnamen – wenn auch in arabischer Sprachgestalt – erhalten blieben, war eine der Überraschungen, welche die westlichen Forscher erlebten, die nach Napoleons mißglücktem Ägyptenfeldzug im Jahre 1799 in den Nahen Osten zu reisen begannen. Die Wahl der Schreibweise auf historischen Karten, wie sie auch dieser Atlas bietet, ist somit vom Zweck der Karte abhängig.

ABKÜRZUNGEN

I. Die biblischen Bücher und ihre Abkürzungen

DAS ALTE TESTAMENT

Die fünf Bücher des Mose (Pentateuch)

Das Buch Genesis (Gen)
Das Buch Exodus (Ex)
Das Buch Leviticus (Lev)
Das Buch Numeri (Num)
Das Buch Deuteronomium (Dtn)

Die Bücher der Geschichte des Volkes Gottes

Das Buch Josua (Jos)
Das Buch der Richter (Ri)
Das Buch Rut (Rut)
Das erste Buch Samuel (1 Sam)
Das zweite Buch Samuel (2 Sam)
Das erste Buch der Könige (1 Kön)
Das zweite Buch der Könige (2 Kön)
Das erste Buch der Chronik (1 Chr)
Das zweite Buch der Chronik (2 Chr)
Das Buch Esra (Esra)
Das Buch Nehemia (Neh)
Das Buch Ester (Est)

Die Bücher der Lehrweisheit und die Psalmen

Das Buch Ijob [Hiob] (Ijob)
Die Psalmen (Ps)
Das Buch der Sprichwörter [Sprüche] (Spr)
Das Buch Kohelet [Prediger, Ecclesiastes] (Koh)
Das Hohelied (Hld)

Die Bücher der Propheten

Das Buch Jesaja [Isaias] (Jes)
Das Buch Jeremia (Jer)
Die Klagelieder des Jeremia (Klgl)
Das Buch Ezechiel [Hesekiel] (Ez)
Das Buch Daniel (Dan)

Das Zwölfprophetenbuch
Das Buch Hosea (Hos)
Das Buch Joël (Joel)
Das Buch Amos (Am)
Das Buch Obadja (Obd)
Das Buch Jona (Jona)
Das Buch Micha (Mi)
Das Buch Nahum (Nah)
Das Buch Habakuk (Hab)
Das Buch Zefanja (Zef)
Das Buch Haggai (Hag)
Das Buch Sacharja (Sach)
Das Buch Maleachi (Mal)

Die Spätschriften

Das Buch Judit (Jdt)
Das Buch der Weisheit (Weish)
Das Buch Tobit (Tob)
Das Buch Jesus Sirach [Ecclesiasticus] (Sir)
Das Buch Baruch (Bar)
Das erste Buch der Makkabäer (1 Makk)
Das zweite Buch der Makkabäer (2 Makk)

DAS NEUE TESTAMENT

Die Evangelien

Das Evangelium nach Matthäus (Mt)
Das Evangelium nach Markus (Mk)
Das Evangelium nach Lukas (Lk)
Das Evangelium nach Johannes (Joh)

Die Apostelgeschichte (Apg)

Die Briefe

Der Brief an die Römer (Röm)
Der erste Brief an die Korinther (1 Kor)
Der zweite Brief an die Korinther (2 Kor)
Der Brief an die Galater (Gal)
Der Brief an die Epheser (Eph)
Der Brief an die Philipper (Phil)
Der Brief an die Kolosser (Kol)
Der erste Brief an die Thessalonicher (1 Thess)
Der zweite Brief an die Thessalonicher (2 Thess)
Der erste Brief an Timotheus (1 Tim)
Der zweite Brief an Timotheus (2 Tim)
Der Brief an Titus (Tit)
Der Brief an Philemon (Phlm)
Der Brief an die Hebräer (Hebr)
Der Brief des Jakobus (Jak)
Der erste Brief des Petrus (1 Petr)
Der zweite Brief des Petrus (2 Petr)
Der erste Brief des Johannes (1 Joh)
Der zweite Brief des Johannes (2 Joh)
Der dritte Brief des Johannes (3 Joh)
Der Brief des Judas (Jud)

Die Offenbarung des Johannes (Offb)

II. Allgemeine Abkürzungen

Abb.	Abbildung
AT	Altes Testament
atl.	alttestamentlich
bes.	besonders
bibl.	biblisch
bzw.	beziehungsweise
ca.	circa
d. Gr.	der Große
d. h.	das heißt
ebd.	ebenda
evtl.	eventuell
f, ff	folgend(e)
geb.	geboren
gest.	gestorben
griech.	griechisch
hebr.	hebräisch
Hl. (hl.)	Heiliger (heilig)
Hrsg.	Herausgeber
hrsg.	herausgegeben
Jh.	Jahrhundert
Jhtsd.	Jahrtausend
lat.	lateinisch
n. Chr.	nach Christus
NT	Neues Testament
ntl.	neutestamentlich
Ps.-	Pseudo-
rel.	religiös
reg.	regiert
röm.	römisch
s.	siehe
sog.	sogenannt
u. a.	und andere, unter anderem
Übers.	Übersetzer, Übersetzung, übersetzt
urspr.	ursprünglich
usw.	und so weiter
v.	von, vom
v. Chr.	vor Christus
vgl.	vergleiche
z. B.	zum Beispiel
z. T.	zum Teil
z. Z.	zur Zeit

Da für manche Leser der hebräische Gottesname zu heilig ist, als daß sie ihn aussprechen möchten, wurde an den Stellen, wo dieses Wort für das Verständnis der geschichtlichen Zusammenhänge unverzichtbar war, das Tetragramm JHWH eingefügt.

BILDNACHWEIS

KARTEN:

Seite 63,4	Z. Zevit, The Problem of Ai. Biblical Archaeological Review 10 (1985) S. 58–67.
Seite 79,4	Photographische Vorlage: Sonia Halliday, Weston Turville, England.
Seite 96,2,3	Mit freundlicher Erlaubnis von M. Aharoni; Burns & Oates Ltd, Tunbridge Wells, England; Westminster Press, Philadelphia.
Seite 152,1,2	L. I. Levine (Hrsg.), Ancient Synagogues Revealed. Israel Exploration Society, Jerusalem 1982.
Seite 153–155	Mit freundlicher Erlaubnis des Israel Department of Antiquities and Museums, Jerusalem.
Seite 160,1	A. Negev, Jerusalem.
Seite 190–191	Broshi/Gophna, Middle Bronze Age II. Palestine – Its Settlements and Population. BASOR 261 (1986) S. 74–90; mit freundlicher Erlaubnis der American School of Oriental Research, Valparaiso University, Indiana.

ILLUSTRATIONEN:

Die Illustrationen stammen von: Irene Bates, Duncan Mackay, Rex Nicholls, Malcolm Swanston. Davon ausgenommen sind:

Seite 26,3,5	Archäologisches Institut, Universität London.
4	Professor B. Hennessy, Sydney.
6	Palestine Exploration Fund, London.
7	The British School of Archaeology, Jerusalem.
Seite 27,8	Professor B. Hennessy, Sydney.
Seite 28,2	Israel Exploration Journal 2 (1952) S. 224–225, Tafel 3, hrsg. von Israel Exploration Society, Jerusalem.
3	Ausgrabungen in Arad unter Ruth Amiran; Zeichnung L. Ritmeyer, Jerusalem.
Seite 29,4	Ausgrabungen unter W. F. M. Petrie; J. C. Hinrichs Verlag, Leipzig o. J.
5	Ausgrabungen unter R. de Vaux; Revue Biblique 69 (1962) Tafeln XIX, XX, XXI.
Seite 30,2	Professor D. Wiseman, Epsom.
3	ET Archiv, London.
Seite 31	Michael Holford, London; mit freundlicher Erlaubnis des Britischen Museums, London.
Seite 32,4	ACL, Brüssel.
Seite 34,2	Paolo Matthiae, Ebla: An Empire Rediscovered. London 1977.
3	Land des Baal, hrsg. E. Strommenger, Mainz 1982.
Seite 35,4	Auf der Grundlage von: Jacquetta Hawkes, The Atlas of Ancient Archaeology. London, und: Mission archéologique de Mari. Le Palais. Vol. II, Louvre, Paris.
5,6	Giraudon, Paris.
Seite 36,2,3	Service des Antiquités, Kairo.
4	Hayes, William, A Papyrus of a Late Middle Kingdom in the Brooklyn Museum, New York 1955.
Seite 37,6	Mit freundlicher Erlaubnis des Orientalischen Instituts der Universität Chicago.
Seite 38,2	Scala, Florenz.
3	W. Stevenson Smith, The Art and Architecture of Ancient Egypt. Harmondsworth 1958.
4,6,7	Mit freundlicher Erlaubnis des Britischen Museums, London.
5	Michael Holford, London; mit freundlicher Erlaubnis des Britischen Museums, London.
Seite 39,8	Photographie Sonia Halliday, Weston Turville, England.
Seite 40,4	Peter Clayton, Hemel Hempstead, England.
5	Uni Dia Verlag, München.
Seite 42,2,3,4	Peter Clayton, Hemel Hempstead, England.
Seite 43,5,6	Peter Clayton, Hemel Hempstead, England.
Seite 44,2	Peter Schaeffer, Ugaritica IV, Tafel 20–21. Hrsg. von Mission Archéologique de Ras-Shamra-Ougarit, Lyon.
3	Paolo Koch, Vision International, London.
4	Damaskus Museum, Syrien.
Seite 45,6,7,8	Paolo Koch, Vision International, London.
9	Cliché Musées Nationaux, Louvre, Paris.
Seite 46,2	Department of Antiquities, Israel Museum, Jerusalem.
3	Othmar Keel, Fribourg.
4	ET Archiv, London.
Seite 47,5	Werner Braun, Jerusalem.
6,7	Michael Holford, London; mit freundlicher Erlaubnis des Britischen Museums, London.
Seite 49,4	J. Vertut, Frankreich.
5	Giraudon, Paris.
Seite 50,3	Mit freundlicher Erlaubnis des Britischen Museums, London.
4	Peter Clayton, Hemel Hempstead, England.
5	National Museum of Antiquities, Kairo.
5a	K. A. Kitchen, Liverpool.
Seite 53,3	Mit freundlicher Erlaubnis des Britischen Museums, London.
Seite 54,4,5	Photographien Sonia Halliday, Weston Turville, England.
Seite 55,6	Mit freundlicher Erlaubnis des Britischen Museums, London.
Seite 60,2	The Ancient Art and Architecture Collection, London.
3	Orni, E. / Efrat, E., Geography of Israel. Jerusalem 1964.
Seite 61,4,5,7	The Ancient Art and Architecture Collection, London.
6	Michael Holford, London; mit freundlicher Erlaubnis des Britischen Museums, London.
Seite 66,5	Werner Forman Archiv, London.
Seite 67,3	Erich Lessing, John Hillelson Agency, London.
4	The Ancient Art and Architecture Collection, London.
Seite 69,7	Department of Antiquities, Israel Museum, Jerusalem.
Seite 71,2	The Ancient Art and Architecture Collection, London; Britain/Israel Public Affairs Committee und United Press International, London; Z. Radovan, Jerusalem.
Seite 76,2	Z. Radovan, Jerusalem.
3,4	Institut für Archäologie, Universität London.
5	Illustration mit freundlicher Erlaubnis des Britischen Museums, London.
5	Mit freundlicher Erlaubnis des Britischen Museums, London.
Seite 77,6,7	Department of Antiquities, Israel Museum, Jerusalem.
8	Z. Radovan, Jerusalem.
9	Peters/Thiersch, Painted Tombs in the Necropolis of Marisa. Hrsg. vom Palestine Exploration Fund, London.
10	Photographie Sonia Halliday, Weston Turville, England.
Seite 81,3	Photographie Sonia Halliday, Weston Turville, England.
Seite 84,1	Mit freundlicher Erlaubnis des Britischen Museums, London.
2	Z. Radovan, Jerusalem.
3	Photographie Sonia Halliday, Weston Turville, England.
Seite 85,4,6,8,11	Photographien Sonia Halliday, Weston Turville, England.
7	Department of Antiquities, Israel Museum, Jerusalem.
9	ET Archiv, London.
10	Michael Holford, London; mit freundlicher Erlaubnis des Britischen Museums, London.
12	Megiddo I. seasons of 1925–34, Strata I–V. Hrsg. vom Oriental Institute, Universität Chicago.
Seite 86,1	Z. Herzog, The City Gate in Eretz-Israel and its Neighbouring Countries. Institute of Archaeology, Tel Aviv.
2	Y. Shiloh, City of David I. Qedem 19. Institute of Archaeology, Hebräische Universität Jerusalem.
3	L. K. Townsend / H. Shank, The City of David after Five Years Digging. Biblical Archaeology Review 11,6 S. 22–38.
Seite 87,4	T. A. Busink, Der Tempel von Jerusalem von Salomo bis Herodes. Bd. I, Leiden 1970.
6	D. Ussishkin, King Solomon's Palaces. Biblical Archaeologist 36 (1973) S. 78–105.

Seite 88,2,2 a	Tel Aviv. Bd. VII (1980), Tafeln 3 und 4. Hrsg. von: The Institute of Archaeology, Universität Tel Aviv.
3	David Harris, Jerusalem.
4,5	Megiddo II. Tafeln 390 und 394. Hrsg. von University of Chicago Press, Chicago.
6	Department of Antiquities, Israel Museum, Jerusalem.
8	Y. Yadin, Hazor. 1972; mit freundlicher Erlaubnis der British Academy, London.
Seite 89,9	G. E. Wright, Shechem – A biblical city. Universität Ontario.
10	E. Rome, Beth-shean. Bd. II, Tafel VI. Hrsg. von der Universität Philadelphia.
11	Photographie Sonia Halliday, Weston Turville, England.
12	Mit freundlicher Erlaubnis von Ruth Amiran, Arad Expedition.
13	Z. Radovan, Jerusalem.
14	W. Braun, Jerusalem.
15	Y. Yadin, Hazor (deutsch: Die Wiederentdeckung der Zitadelle König Salomos). Hamburg 1976.
16	A. Duncan, Mepha Photographs, London.
17	Holle Verlag, Baden-Baden.
Seite 91,3,4	Michael Holford, London; mit freundlicher Erlaubnis des Britischen Museums, London.
Seite 92,2,3	J. Oliver Thomson, History of Ancient Geography. Cambridge 1948.
Seite 93,4	Mit freundlicher Erlaubnis des Britischen Museums, London.
Seite 96,4	Mit freundlicher Erlaubnis des Britischen Museums, London.
Seite 97,5	Cliché Musées Nationaux, Louvre, Paris.
6,7	Mit freundlicher Erlaubnis des Orientalischen Instituts der Universität Chicago.
Seite 98,5	J. W. Crowfoot / K. M. Kenyon / E. L. Sukenik, Samaria Sebaste. 1: The Buildings. Palestine Exploration Fund, London 1942, Tafeln 1 und 2.
Seite 99,2	Michael Holford, London; mit freundlicher Erlaubnis des Britischen Museums, London.
3	Revue Biblique 58 (1951).
Seite 100,2	Cliché Musées Nationaux, Louvre, Paris.
Seite 102,2	F. Roulet, Biblisches Institut, Fribourg; Z. Radovan, Department of Antiquities, Israel Museum, Jerusalem.
3	Badisches Landesmuseum, Karlsruhe.
Seite 103,4	F. Roulet, Biblisches Institut, Fribourg.
5	Cliché Musées Nationaux, Louvre, Paris.
6,7,8	Z. Radovan, Jerusalem.
Seite 105,6	Mit freundlicher Erlaubnis des Universitätsmuseums der Universität Pennsylvania.
Seite 107,3	Vgl. Solar and Lunar Eclipses of the Ancient Near East from 3000 BC. (Butzon und Bercker) Kevelaer.
Seite 110,1	Uni Dia Verlag, München.
2,3,6,7	Z. Radovan, Jerusalem.
8,9	The Ancient Art and Architecture Collection, London.
10	Photographie Sonia Halliday, Weston Turville, England.
Seite 111,4,5,13,14	Z. Radovan, Jerusalem.
11	Cliché Musées Nationaux, Louvre, Paris.
12	Photographie Sonia Halliday, Weston Turville, England.
15	W. Braun, Jerusalem.
Seite 112,4	Z. Radovan, Jerusalem.
5 c	Paul Jordan, Norwich.
Seite 113,5 a	Z. Radovan, Jerusalem.
5 b	Department of Antiquities, Israel Museum, Jerusalem.
Seite 115,6	Museo Civico, Turin.
7	Holle Verlag, Baden-Baden.
Seite 116,1	Michael Holford, London; mit freundlicher Erlaubnis des Britischen Museums, London.
Seite 117,2,3,4	Michael Holford, London; mit freundlicher Erlaubnis des Britischen Museums, London.
6	Palestine Exploration Fund, London.
Seite 119,4	Festung Arad: R. Amiran / Y. Aharoni, Ancient Arad. Festung Ezjon-Geber: Biblical Archaeologist 26–28 (1963–65), Tafel 9. Festung Kadesch-Barnea: Israel Museum, Jerusalem.
Seite 122,3 a,4,5	Michael Holford, London; mit freundlicher Erlaubnis des Britischen Museums, London.
Seite 123,1,2,6	Michael Holford, London; mit freundlicher Erlaubnis des Britischen Museums, London.
Seite 128,4	Israel Exploration Journal 160, Bd. 10, S. 130, Jerusalem.
Seite 129,2	Giraudon, Paris.
3	Michael Holford, London.
Seite 130,2	Mit freundlicher Erlaubnis von Herrn D. Wiseman, Epsom.
Seite 132,2	Mit freundlicher Erlaubnis des Britischen Museums, London.
3,4	The British Library, London.
Seite 133,5	The Bodleian Library, Oxford.
6	Z. Radovan, Jerusalem.
7	Mepha, London.
8	Dietmar Prill, Freiburg.
Seite 134,4	Photographie Sonia Halliday, Weston Turville, England.
Seite 135,3	B. Porten, Archives from Elephantine: The life of an ancient Jewish Military Colony. Berkeley 1968.
Seite 136,1	William McQuitty, London.
2	Z. Radovan, Jerusalem.
Seite 137,3,4	Ester-Rolle: Z. Radovan, Jerusalem.
6,7	Photographien Sonia Halliday, Weston Turville, England.
5	Robert Harding, London.
Seite 138,2	Giraudon, Paris.
Seite 140,6	William Dinsmoor, American School of Studies, Athens.
1	Photographie Sonia Halliday, Weston Turville, England.
Seite 141,2,3,4,5	Photographie Sonia Halliday, Weston Turville, England.
6	Münze: mit freundlicher Erlaubnis des Britischen Museums, London.
Seite 143,4	The Mansell Collection, London.
5	Mit freundlicher Erlaubnis des Britischen Museums, London.
6	The British Library, London.
Seite 144,3	The Mansell Collection, London.
Seite 148,2	L. Ritmeyer, Jerusalem.
Seite 149,3	Mit freundlicher Erlaubnis des Britischen Museums, London.
Seite 152,2	M. Meyers, Ancient Synagogues Revealed.
Seite 156,2	L. Ritmeyer / E. Netzer, Jerusalem.
Seite 158,2	L. Ritmeyer, Jerusalem.
Seite 159,3	E. Netzer, Jerusalem.
Seite 161,4	Photographie Sonia Halliday, Weston Turville, England.
5	The Ancient Art and Architecture Collection, London.
Seite 162,2	Photographie Sonia Halliday, Weston Turville, England.
Seite 166,2	L. Ritmeyer, Jerusalem.
Seite 169,4	N. Avigad, Discovering Jerusalem. Basil Blackwell, Oxford 1984.
Seite 173,4	Photographie Sonia Halliday, Weston Turville, England.
Seite 174,2	L. Ritmeyer, Jerusalem.
Seite 175,3,4,5,6,7	Photographien Sonia Halliday, Weston Turville, England.
Seite 176,2	L. Ritmeyer, Jerusalem.
3	N. Y. Carlsberg Glyptotek, Kopenhagen.
4	Z. Radovan, Jerusalem.
Seite 180,4	L. Ritmeyer, Jerusalem.
Seite 181,2,3	Z. Radovan, Jerusalem.
5	Y. Yadin, The Bar Kochba Revolt. Weidenfels & Nicolson, London.
Seite 182,2	Werner-Forman-Archiv, London.
Seite 183,3	Werner-Forman-Archiv, London.
Seite 184,3	L. Ritmeyer, Jerusalem.
Seite 189,3	Photographie Sonia Halliday, Weston Turville, England.
Seite 191,3,4,5	Palestine Exploration Fund, London.

REGISTER

Viele Orte der Alten Welt haben im Laufe ihrer wechselvollen Geschichte verschiedene Namen getragen. Ortsnamen, die lediglich in der Schreibweise voneinander abweichen, sind im Register unter dem geläufigsten Namen erfaßt. In allen anderen Fällen wird auf die weiteren möglichen Namen mit „s.a. ↗ ...“ verwiesen.

Die hinter den Seitenangaben im Hauptregister begegnenden Buchstaben bedeuten:

B = Bild, Bildlegende, gezeichnete Geländereliefs
K = Karten, Kartenlegende, Stadtplan
S = Schema, Stammbaum, Tabelle
T = Text, einschließlich Bibelzitate

Öfter begegnende Bestandteile in Ortsnamen und ihre Übersetzung:

Abu-: Vater
Beni-/Bene-: Söhne
Bet-: Haus
Biq'at: Ebene
Ch. = Chirbet/Horbat: Ruinenstätte
(ed-)Der: (das) Kloster
Dschebel: Berg
En-: Quelle
Giv'at: Hügel
Har-: Berg
Kafr/Kefar: Dorf
Kerem-: Weingarten
Kirjat-: Ortschaft
Medinet-: Stadt
Nachal-: Bach
Nebi: Prophet
Qaṣr-: Schloß
Ramat-/Ramot-: Anhöhe(n)
Ras-: Kuppe
Scha'r: Tor
T. = Tel/Tell: Ruinenhügel
Wadi: Trockental/Bach während der Regenzeit

BIBELSTELLEN

ALTES TESTAMENT

Bücher des Mose

Genesis

Exodus

Numeri

Deuteronomium

Bücher der Geschichte des Volkes Gottes

Josua

Richter

Apostelgeschichte

Die Paulinischen Briefe

Römer

1 Korinther

2 Korinther

Galater

Kolosser

Die Pastoralbriefe

1 Timotheus

Die Katholischen Briefe

1 Petrus

Offenbarung

NAMENREGISTER

A

F

G

H

I

J

K

L

M

N

O

P

Q

R

S

SACHREGISTER

A

B

C

D

E

F

G

H

I

J

K

L

M

N

O

P

Q

R

S

T

ORTSREGISTER

(Erläuterungen siehe Seite 195)

Register der Übersichtskarte auf der vorderen Einband-Innenseite:

ORTE AUS DER ZEIT DES ALTEN TESTAMENTS

(mit Koordinatenangaben)

Register der Übersichtskarte auf der hinteren Einband-Innenseite:

ORTE AUS DER ZEIT DES NEUEN TESTAMENTS
(mit Koordinatenangaben)

REGISTER DES KARTENWERKS DER SEITEN 24-191

A

B

C

D

E

F

G

H

I

J

K

L

M

N

O

P

Q

R

S

T

U

V

W

X

Z

ATLAS ZUR KIRCHEN GESCHICHTE
ATLAS ZUR KIRCHENGESCHICHTE
DIE CHRISTLICHEN KIRCHEN IN GESCHICHTE UND GEGENWART
Aktualisierte Neuausgabe
HERDER

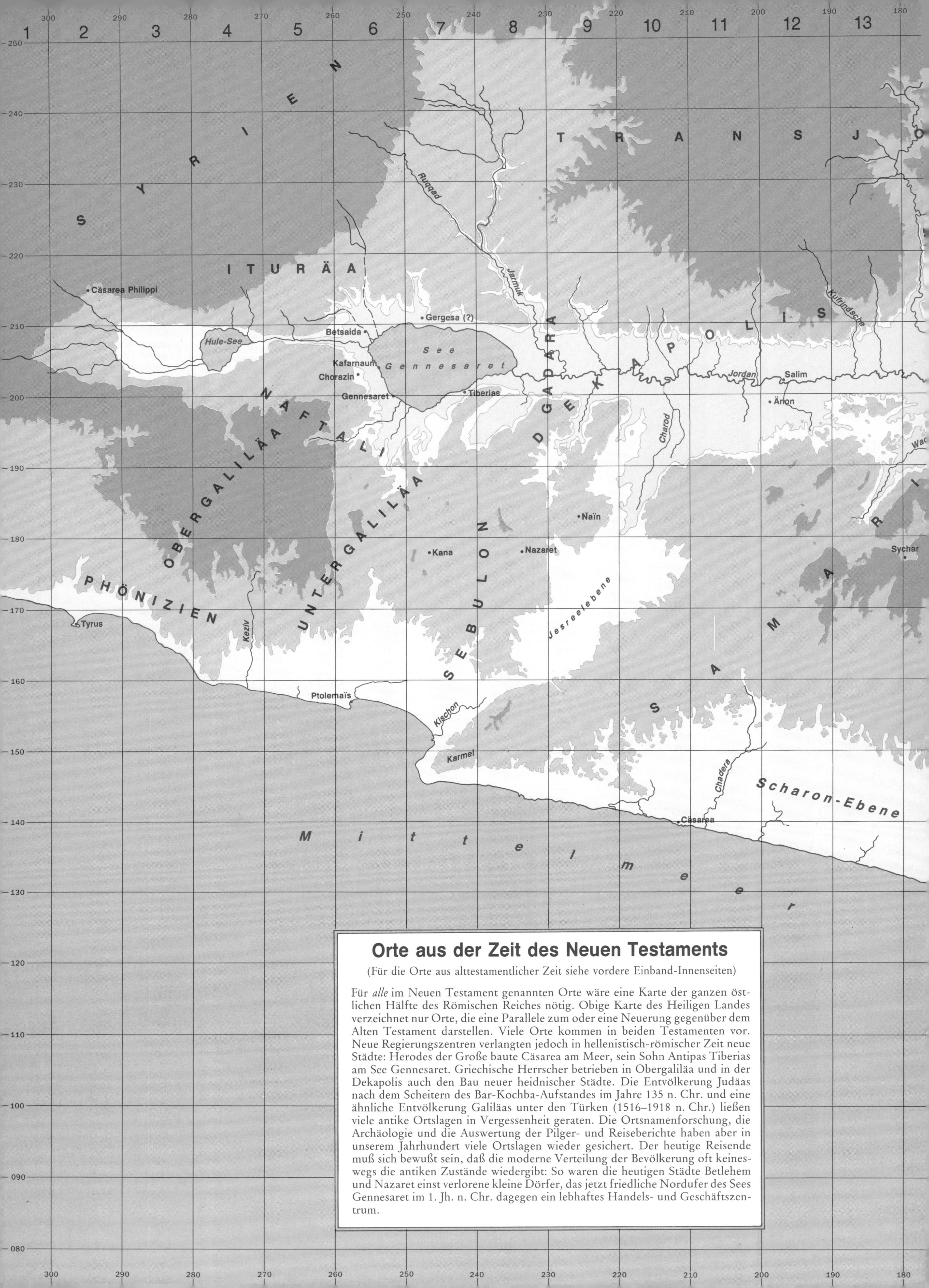

Orte aus der Zeit des Neuen Testaments

(Für die Orte aus alttestamentlicher Zeit siehe vordere Einband-Innenseiten)

Für *alle* im Neuen Testament genannten Orte wäre eine Karte der ganzen östlichen Hälfte des Römischen Reiches nötig. Obige Karte des Heiligen Landes verzeichnet nur Orte, die eine Parallele zum oder eine Neuerung gegenüber dem Alten Testament darstellen. Viele Orte kommen in beiden Testamenten vor. Neue Regierungszentren verlangten jedoch in hellenistisch-römischer Zeit neue Städte: Herodes der Große baute Cäsarea am Meer, sein Sohn Antipas Tiberias am See Gennesaret. Griechische Herrscher betrieben in Obergaliläa und in der Dekapolis auch den Bau neuer heidnischer Städte. Die Entvölkerung Judäas nach dem Scheitern des Bar-Kochba-Aufstandes im Jahre 135 n. Chr. und eine ähnliche Entvölkerung Galiläas unter den Türken (1516–1918 n. Chr.) ließen viele antike Ortslagen in Vergessenheit geraten. Die Ortsnamenforschung, die Archäologie und die Auswertung der Pilger- und Reiseberichte haben aber in unserem Jahrhundert viele Ortslagen wieder gesichert. Der heutige Reisende muß sich bewußt sein, daß die moderne Verteilung der Bevölkerung oft keineswegs die antiken Zustände wiedergibt: So waren die heutigen Städte Betlehem und Nazaret einst verlorene kleine Dörfer, das jetzt friedliche Nordufer des Sees Gennesaret im 1. Jh. n. Chr. dagegen ein lebhaftes Handels- und Geschäftszentrum.